16	3	2	13
5	10	11	8
9	6	7	12
4	15	14	1

David Halberstam

MICHAEL JORDAN
A história de um campeão
e o mundo que ele criou

Tradução
Alexandre Barbosa de Souza
Cide Piquet

editora 34

EDITORA 34

Editora 34 Ltda.
Rua Hungria, 592 Jardim Europa CEP 01455-000
São Paulo - SP Brasil Tel/Fax (11) 3811-6777 www.editora34.com.br

Copyright © Editora 34 Ltda. (edição brasileira), 1999
Playing for Keeps: Michael Jordan and the World He Made
© The Amateurs Limited/Random House, Inc., 1999
This translation is published by arrangement with Random House,
an imprint of The Random House Publishing Group, a division of Random House, Inc.

A FOTOCÓPIA DE QUALQUER FOLHA DESTE LIVRO É ILEGAL E CONFIGURA UMA
APROPRIAÇÃO INDEVIDA DOS DIREITOS INTELECTUAIS E PATRIMONIAIS DO AUTOR.

Edição conforme o Acordo Ortográfico da Língua Portuguesa.

Título original:
Playing for Keeps: Michael Jordan and the World He Made

Capa, projeto gráfico e editoração eletrônica:
Bracher & Malta Produção Gráfica

Revisão:
Magnólia Costa
Nina Schipper

Crédito das fotografias:
Nike (pp. 17a, 17b, 17c, 17d, 155a, 155b, 155c, 155d, 187a, 187b, 187c, 187d, 224, 242, 362, 400 e 4ª capa); Andrew D. Bernstein/NBA Photos (pp. 57, 133, 292a, 292b e capa); Fernando Medina/NBA Photos (pp. 414-5).

1ª Edição - 1999, 2ª Edição - 2013 (2ª Reimpressão - 2020)

Catalogação na Fonte do Departamento Nacional do Livro
(Fundação Biblioteca Nacional, RJ, Brasil)

H43m
    Halberstam, David, 1934-2007
    Michael Jordan: a história de um campeão
e o mundo que ele criou / David Halberstam;
tradução de Alexandre Barbosa de Souza e Cide Piquet
— São Paulo: Editora 34, 2013 (2ª Edição).
448 p.

Tradução de: Playing for Keeps:
Michael Jordan and the World He Made

ISBN 978-85-7326-159-2

    1. Biografias de desportistas. 2. Basquetebol.
I. Souza, Alexandre Barbosa de. II. Piquet, Cide.
III. Título.

CDD - 927

MICHAEL JORDAN
A história de um campeão
e o mundo que ele criou

1. Paris, outubro de 1997 7
2. Wilmington; Laney High, 1979-81 22
3. Chicago, novembro de 1997 28
4. Los Angeles, 1997; Williston, Dakota do Norte, 1962 55
5. Chapel Hill, 1980 63
6. Chapel Hill, 1981 80
7. Chapel Hill, 1982-84 104
8. Chicago, 1984 116
9. Nova York; Bristol, Connecticut, 1979-84 122
10. Chapel Hill; Chicago; Portland, 1984 144
11. Los Angeles; Chicago, 1984-85 158
12. Boston, abril de 1986 168
13. Nova York; Portland, 1986 184
14. Chicago, 1986-87 193
15. Albany; Chicago, 1984-88 196
16. Chicago; Seattle, 1997 215
17. Hamburg e Conway, Arkansas; Chicago, 1982-87 226
18. Detroit, 1980 244
19. Chicago, 1988-90; Nova York, 1967-71 254
20. Chicago, 1990-91 274
21. Chicago; Los Angeles, 1991 284
22. Chicago, 1997-98 293
23. Chicago; Portland, 1992 302
24. La Jolla; Monte Carlo; Barcelona, 1992 306
25. Chicago; Phoenix, 1992-93 314
26. Chicago, 1993 329
27. Birmingham; Chicago, 1994-95 339
28. Chicago; Seattle; Salt Lake City, 1995-97 349

29. Chicago, 1998 377
30. Chicago; Indianápolis, 1998 388
31. Chicago; Salt Lake City, junho de 1998 397
32. Chicago, junho de 1998 421
Epílogo 423

Agradecimentos 435
Nota do autor 439

Sobre o autor 444

1.
PARIS, OUTUBRO DE 1997

No outono de 1997, Michael Jeffrey Jordan, nascido em Wilmington, Carolina do Norte, agora de Chicago, Illinois, chegou a Paris, França, com o seu time, o Chicago Bulls, para participar de um torneio antes do início da temporada, promovido pelo McDonald's — um de seus principais patrocinadores, além de um dos mais importantes da Associação Nacional de Basquete, a NBA. Apesar de contar com alguns dos melhores times da Europa, o torneio não era algo muito competitivo para o nível de jogo de um time de ponta da NBA como o Bulls. Nem era para ser: era parte da incansável e excepcionalmente bem-sucedida tentativa da NBA de mostrar o jogo e suas estrelas em lugares do mundo onde o basquete estava ganhando popularidade, especialmente entre os jovens. Um dos principais objetivos disso era agradar os patrocinadores da liga, abrindo e consolidando importantes mercados internacionais. Como era de se esperar, os norte-americanos não levaram a competição muito a sério. (Nem seus apresentadores. Anos antes, quando o Celtics jogou nesse mesmo torneio, seu tradicional apresentador, Johnny Most, que já tinha alguma dificuldade com nomes de *americanos*, desistiu completamente, e os fãs lá em Boston tinham que ouvir coisas como: "Daí o baixinho de bigode passa para o grandão de barba...".)

O Bulls chegou para jogar o campeonato mundial do hambúrguer, como o time costumava fazer naquela época, com todo o aparato de uma turnê de banda de rock. Os jogadores eram os Beatles do basquete, como havia dito um escritor alguns anos antes, e de fato eles voavam nos mesmos 747 que os Rolling Stones normalmente usavam em suas turnês. Houve um tempo em que Michael Jordan considerava a França uma espécie de santuário, um lugar onde podia tirar férias e livrar-se do peso de sua fama, sentar-se ao ar livre na frente de um café e sentir o prazer de se passar por um turista anônimo. Sua estreia no Dream Team olímpico cinco anos antes e, como consequência, sua fama internacional cada vez maior haviam acabado com essa possibilidade. Seus rendimentos brutos haviam mais do que dobrado, mas ele perdera Paris; era tão reconhecido e assediado ali como em qualquer outro lugar. Multidões gigantescas passavam o dia todo do lado de fora do hotel esperando qualquer oportunidade de ver de relance o homem que os jornalistas franceses chamavam de o maior *basketteur* do mundo. Durante os jogos, os gandulas franceses pareciam não estar muito dispostos a devolver a bola para o seu próprio time, só queriam trabalhar para o Bulls. Alguns jogadores franceses pintavam o número de Jordan, 23, em seus tênis como uma forma de comemorar a surra em grande estilo. No Bercy, o ginásio onde os jogos eram disputados, imitações de seu uniforme eram vendidas pelo equivalente a meros oitenta dólares.

"Jordan é aguardado como um rei", dizia a manchete anunciando a sua chegada no diário esportivo *L'Equipe*. Os ingressos para os jogos haviam esgotado semanas antes, e a imprensa francesa parecia pronta a dar a Jordan o tratamento de um chefe de Estado e rasgar toda a seda disponível — quando, durante uma coletiva, ele confundiu o Louvre, o famoso museu, com o trenó (*luge*), um perigoso esporte de inverno, ninguém ficou bravo com ele, embora esse seja o tipo de erro que um americano normalmente comete e que geralmente os franceses adoram ridicularizar com entusiasmo, para mostrar como o Novo Mundo é bárbaro. "Michael conquista Paris", dizia outro jornal, e um jornalista acrescentava: "Os jovens parisienses que tiveram a sorte de conseguir um ingresso devem ter tido belos sonhos naquela noite, pois seu herói mostrou tudo o que eles esperavam". Notando que Jordan usava a sua famosa boina, o jornalista Thierry Marchand exultou: "Acho que já podemos chamá-lo de Michel". O *France-Soir* foi ainda mais longe: "Michael Jordan está em Paris. É melhor do que o papa. É Deus em pessoa".

Os jogos, na verdade, não foram tão bons; mas também não chegaram a comprometer. O Bulls estava devagar, quase parando, mas mesmo assim conseguiu vencer a final contra o Olympiakos Piraeus, da Grécia. Os grandes parceiros de Jordan, Dennis Rodman e Scottie Pippen, não estavam lá, e Toni Kukoc, que já fora o melhor jogador da Europa, marcou apenas cinco pontos. Jordan fez 27, mas não gostou nada de ter que jogar sem seus dois maiores parceiros. Se tivesse ficado em casa teria sido melhor, pois seu dedo estava infeccionado.

Jordan sabia muito bem que o verdadeiro sucesso em Paris se devia menos a ele do que a David Stern, o representante da liga. O torneio não era meramente um reflexo da internacionalização crescente do esporte, que Stern havia ajudado a promover, mas uma celebração da aliança entre a NBA e o McDonald's, uma das maiores empresas americanas.

Stern, cercado pela maioria dos executivos da NBA e por todos os tipos de executivos do McDonald's, passou muito bem. Todo mundo que era alguém no basquete estava lá. Havia apenas uma exceção notável, a ausência de Jerry Reinsdorf, o dono do Bulls, que raramente dava as caras em eventos do tipo. Stern havia pressionado Reinsdorf para que fosse e aproveitasse os *nachas*, palavra ídiche para "prazer", mas aquele tipo de *nachas* não parecia bastar para atrair o dono do Bulls, um homem que parecia preferir a privacidade ao glamour e adulação discutíveis, coisas que mesmo um homem como ele tinha que suportar em ocasiões como estas. Além disso, havia um bocado de especulação de última hora em torno da eventual presença de outro VIP, Dick Ebersol, o homem de esportes da NBC. Um forte rumor agitava Paris: mesmo com o torneio do McDonald's coincidindo com o início da World Series, Ebersol, cujo coração diziam pertencer ao basquete mais do que ao beisebol, estaria indo a Paris em vez de ocupar um bom lugar à vista de suas próprias câmeras na World Series.

Como seria apropriado, dada a simbiótica relação entre a televisão e os esportes de grande audiência, Stern e Ebersol eram bastante próximos. Não havia hierarquias na relação dos dois. Stern era o tipo apaixonado e sofisticado dos modernos criadores de imagens, e era a empresa de Ebersol que determinava quais imagens seriam veiculadas para todo o país. Diferentemente da maioria no mundo dos esportes, Stern já havia percebido que a imagem era mais importante que a realidade em seu negócio. Ele monitorava de *muito* perto a cobertura da liga, e tomava como uma questão pessoal qualquer desvio do padrão de qualidade de suas transmissões. A bem dizer, quando ele começou a subir na NBA, numa época em que a imagem institucional da liga ainda era bastante negativa, Stern se tornou conhecido por ligar para os executivos da rede já na segunda-feira para reclamar de qualquer espécie de piora na qualidade da transmissão que eventualmente tivesse acontecido no domingo.

Ebersol e Stern tinham interesses comuns quanto ao bom nome e à imagem pública do basquete, especialmente quanto ao comportamento público de seus melhores jogadores, e os dois tinham trabalhado juntos numa colaboração que causara um aumento drástico na popularidade do esporte e nos níveis de audiência. Só a possibilidade de Ebersol vir a abandonar a World Series por jogos de basquete contra adversários fracos, num país estrangeiro, promovidos por uma companhia de hambúrgueres, já mostrava como a sorte dos dois esportes havia mudado nos últimos anos. Essa versão da World Series entre Cleveland e Flórida, mesmo antes de começar, não parecia muito tentadora para o torcedor comum; parecia faltar aquele gosto tradicional da rivalidade, ou mesmo um pouco de bairrismo. A disputa reunia um time de Miami, que tinha uma torcida pequena, contra um time de Cleveland, talentoso mas pouco conhecido. Para o público comum de esportes, nenhuma das equipes tinha criado qualquer tipo de identidade. Não havia rivalidade alguma, nem histórica nem geográfica, entre os dois times. Finalmente Ebersol ficou na América para assistir à Series. Stern bem que o provocou: "Dick, se você quer ficar nos Estados Unidos e assistir à World Series de pior audiência na história, fique à vontade". (Stern estava errado: aquela não era a de pior audiência, e sim a de 1993, quando pela primeira vez as finais da NBA superaram a World Series em audiência.)

Aqueles foram dias muito felizes para David Stern: o beisebol lutava para manter sua imagem e seus níveis de audiência, e Michael Jordan estava trazendo para a NBA uma boa dose de fama numa cidade normalmente lenta para prestar homenagens a celebridades americanas. Então, na noite do último jogo, um negro beirando a meia-idade aproximou-se do setor onde Stern e sua esposa Diane estavam sentados. "Eu queria agradecer você por salvar a minha vida", disse Michael Ray Richardson. Richardson tinha sido uma grande jovem estrela da NBA, uma bela promessa do Knicks, mas havia se autodestruído no álcool e nas drogas, tendo sido um dos primeiros jogadores afastados por conta da política de "três-faltas-e-rua" da liga. Ele agora estava jogando num time de Nice, onde vivia há cerca de um ano. "Se não fosse você, eu teria continuado usando drogas. Por causa do que você fez eu parei. Agora estou limpo." Era uma cena pungente: na quadra, alguns dos maiores jogadores do mundo faziam seus últimos arremessos de aquecimento, e bem ali estava alguém que já pertencera àquele nível, aos 42 anos, um pouco barrigudo, que literalmente se destruíra com drogas mas continuava jogando numa liga de nível inferior, que havia perdido boa parte de todo o dinheiro que ganhara, e mesmo assim sentia-se grato por ter refeito sua vida. Normalmente, David Stern era um homem com resposta para tudo, mas dessa vez ficou praticamente calado. Passou o braço em volta de Richardson e lhe deu um abraço tímido.

Àquela altura, com a temporada 1997-98 prestes a começar, Michael Jordan continuava no auge da fama. Ele era não só o maior jogador de basquete do mundo, como também havia certa polêmica sobre se ele não seria o maior jogador de basquete de todos os tempos. Uma parte considerável das opiniões especializadas achava que sim. De qualquer maneira, a questão transcendia os limites do basquete: seria ele o maior atleta de esporte coletivo de todos os tempos? Comparações eram feitas com o lendário Babe Ruth, um jogador que era muito superior até mesmo aos seus melhores companheiros. É claro que na maioria das vezes essas comparações eram feitas por jovens na casa dos trinta; Ruth jogou sua última partida em 1935 e estava morto há 49 anos.

Mesmo exclusivamente no mundo do basquete, tais comparações também eram difíceis de ser ponderadas. O Bulls de Jordan havia vencido o campeonato nas últimas cinco vezes em que ele tinha jogado toda a temporada, mas o Boston Celtics venceu onze campeonatos dos treze anos em que teve o grande Bill Russell, um gigante, de inteligência, rapidez e força excepcionais. Isso, é claro, numa época em que a liga era totalmente diferente, com muito menos equipes, e o nível da maioria dos atletas não era tão elevado como no basquete contemporâneo; aquela era uma liga em que o talentoso gerente geral do Celtics, Red Auerbach, quase sempre arranjava um jeito de driblar seus rivais e assim cercar Russell de parceiros extraordinários. Por esse motivo, a questão Jordan ou Russell permanecia sem resposta, embora o notável conhecedor de basquete e diretor de cinema Spike Lee tenha levantado um argumento devastador: Jordan era o melhor de todos os tempos, disse ele, porque era um jogador completo; não havia nada que ele não pudesse fazer na quadra — arremessar, passar, pegar rebotes ou jogar na defesa. Portanto, dizia Lee, cinco Michael Jordans ganhavam de cinco Bill Russells ou de cinco Wilt Chamberlains. Este é um argumento muito interessante, pois traz em si uma certa ideia de completude atlética.

Sendo ou não o melhor, não havia dúvida de que ele era o mais irresistível e carismático atleta dos anos noventa. Ele era o atleta que as pessoas comuns no mundo inteiro mais desejavam ver jogar, especialmente nos grandes jogos, porque ele parecia ser sempre capaz de decidir quando chegava a hora H.

Ele já estava rico, tendo ganhado, segundo estimativas, 78 milhões de dólares só de salário e prêmios, mais a renovação de contrato na temporada anterior; a temporada que começava prometia o mesmo tanto, ou mais. Ele estava a caminho de se tornar uma verdadeira corporação de um homem só, e agora se referia aos donos do time de basquete em que jogava, aos cabeças da fábrica de calçados esportivos, à empresa dos hambúrgueres e à de refrigerantes que ele representava como "meus sócios". Ele era provavelmente o americano mais famoso do mundo, mais famoso em muitas partes distantes do planeta do que o presidente dos Estados Unidos ou do que qualquer astro de cinema ou rock. Jornalistas americanos e diplomatas em missões às regiões mais longínquas da Ásia e da África eram frequentemente surpreendidos quando visitavam pequenos vilarejos e viam criancinhas trajando imitações bastante puídas do uniforme de Michael Jordan no Bulls.

Havia consideráveis evidências estatísticas do valor de Jordan para o esporte e de quanto seu brilho pessoal havia acrescentado ao seu espantoso sucesso e rentabilidade. É certo que o basquete já estava a meio caminho disso, como resultado das notáveis conquistas de Magic Johnson e Larry Bird, quando a carreira de Jordan começou a florescer, mas sua chegada nos *playoffs* aumentou muito a audiência do jogo, levando para o esporte milhões de pessoas que eram mais fãs de Michael Jordan do que do basquete profissional. Os índices de audiência das transmissões começaram a subir sistematicamente com suas primeiras aparições nas finais, atingindo a marca inédita de 17.9 no terceiro jogo, contra o Phoenix, em 1993. Essa marca significava um número estimado de 27,2 milhões de americanos. Mas o que realmente interessava a Dick Ebersol com relação a esses números é que grande parte deles era diretamente atribuível a Jordan.

A TV e a liga perceberam isso da pior maneira, um ano mais tarde, quando Jordan estava em seu período sabático no beisebol e o Bulls não chegou às finais. A audiência da maior parte dos outros jogos permaneceu mais ou menos igual, mas a das finais despencou dramaticamente para 12.4, atingindo cerca de 17,8 milhões de americanos. Isso significava que aproximadamente um terço da audiência se devia essencialmente a Michael Jordan. Dois anos depois, quando ele retornou ao basquete e levou o Bulls a outros dois títulos, os índices voltaram a subir (para 16.7 em 1996 e 16.8 em 1997, atingindo o equivalente a aproximadamente 25 milhões de pessoas).

Cada vez mais se usava a frase "o melhor de todos que já usaram um par de tênis" para descrevê-lo. "Se Michael Jordan não é perfeito em sua arte, ele está pelo menos tão perto disso como nós estamos da prova concreta de que tudo é possível", escreveu Melissa Isaacson, do *Chicago Tribune*. Repetidas vezes ele foi escolhido o jogador mais valioso (MVP) da liga, e nas finais do *playoff*, repetidas vezes ele se mostrou capaz de levar um grupo de bons, mas não ótimos, colegas de equipe ao título. Ao final de cada série, o MVP era premiado com um carro novo, oferecido pelo próprio David Stern; nos últimos anos, Stern acostumou-se a brincar dizendo que era o manobrista de Jordan.

Cada vez mais a palavra "gênio" passou a ser empregada para se referir a Jordan. Harry Edwards, um sociólogo negro da Universidade da Califórnia, Berkeley, um homem que não se deixa impressionar facilmente pelos feitos dos atletas contemporâneos, consciente do fato de que o sucesso dos esportistas negros projeta uma sombra opressora sobre muitos jovens negros dos Estados Unidos, afastando-os da possibilidade de fazer carreira em outras áreas, ainda assim colocou Jordan no patamar mais elevado da criação humana, comparando-o a Gandhi, Einstein ou Michelangelo. E mais, disse que se fosse encarregado de apresentar a um alienígena "o maior expoente da criatividade, potencial, perseverança e espírito da raça humana, apresentaria a esse alienígena Michael Jordan". Doug Collins, o terceiro treinador profissional de Jordan, certa vez disse que ele pertencia àquela rara categoria de pessoas que estão tão acima da média que podem ser consideradas gênios, assim como Einstein ou Edison. Collins nunca havia usado essa expressão antes, não, pelo menos, para falar de um jogador. B. J. Armstrong, o talentoso colega de Jordan, frustrado em seus primeiros anos de Bulls por não conseguir atingir o nível de Jordan e talvez suas expectativas, e por achar que para Jordan jogar era muito mais fácil do que para qualquer outro, resolveu ir a uma biblioteca e consultar uma série de livros sobre gênios para descobrir se havia algo que pudesse ensiná-lo a ser como Jordan.

E quando Jordan, após seu terceiro campeonato, decidiu se aposentar, foi relutantemente contar a seu treinador, Phil Jackson, aquela que seria para ele a pior das notícias. Ele já havia planejado a possibilidade de se aposentar, mas se Jackson resolvesse persuadi-lo, ele desistiria da ideia. Ele estava preparado, temendo que o sempre perspicaz Jackson pudesse mesmo dissuadi-lo. Mas Jackson, astuto, respondeu que não tentaria demovê-lo da ideia, que Michael tinha que ouvir com carinho sua própria voz interior. No entanto, lembrava-o do singular prazer que ele estaria negando a milhões de pessoas comuns quando deixasse o esporte, graças a seus dons tão especiais. Seu talento, dizia Jackson, não era meramente o de um grande atleta, mas transcendia o esporte e se constituía numa forma de arte. Seu dom era como o de um Michelangelo, e portanto Jordan precisava entender que ele não pertencia somente ao artista, mas também a todos aqueles milhões que reverenciavam sua arte e que podiam extrair, numa existência repleta de coisas mundanas, um grande prazer daquilo que ele fazia. "Michael", disse Jackson, "o verdadeiro gênio é uma coisa muito, muito rara, e se você foi abençoado com ele, você deveria pensar bastante antes de deixar de usá-lo".

Jordan ouviu com atenção. "Eu agradeço", disse ele, "mas sinto como se fosse uma coisa que eu já fiz — acabou". Ele ouviu sua voz interior e deixou o basquete, mas o fato de Jackson, naquele momento, não ter colocado seus próprios interesses como argumento fortaleceu ainda mais sua relação com ele e, de alguma maneira, ajudou a criar um processo que iria um dia permitir sua volta.

O que era especial nele era sua influência não tanto sobre fãs mas sobre seus colegas. "Ele é um protegido de Deus", disse seu colega de equipe Wes Matthews no primeiro ano de Jordan, e diversos outros jogadores mais talentosos que Matthews concordavam, ainda que usando outras palavras: "Jesus de Nike", segundo Jayson Williams, do Nets.

Paris, outubro de 1997

Jerry West, reconhecidamente um dos cinco ou seis maiores jogadores de todos os tempos, que acabou se tornando o gerente geral do Lakers, também se referiu a ele como um gênio, dizendo que era impressionante como Jordan era completo, não apenas jogando basquete, mas como um jovem destinado, graças a seus talentos, a se transformar na imagem pública de uma liga que já fora tão conturbada. "É como se um Deus generoso tivesse jogado mais pó de ouro sobre Michael do que sobre qualquer outra pessoa", disse ele.

Depois que Jordan levou o Bulls ao segundo título, Larry Bird disse que nunca tinha havido um atleta como ele. "Numa escala de um a dez, se todos os outros superastros são oito, Jordan é o dez", completou Bird.

"Michael Jordan", disse o escritor e morador de Chicago Scott Turow, "é melhor jogando basquete do que qualquer outra pessoa fazendo qualquer outra coisa".

Além dos dotes físicos singulares, ele tinha um inigualável desejo de ser o melhor, uma fúria competitiva interna, uma paixão sem igual pelo esporte. Isto se tornaria cada vez mais claro com o passar dos anos. No início de sua carreira, observadores impressionados com a arte de seu estilo de jogo tentaram explicar sua ascensão ao nível dos campeões somente por seu talento; hoje, com anos de carreira decorridos, quando ele já não pode executar da mesma maneira todos os movimentos que o destacavam dos demais, torna-se cada vez mais evidente que o que o distingue é o desejo indomável, a recusa em deixar que os jogadores adversários ou o cronômetro afetem sua necessidade de vencer. "Parece que ele quer arrancar o seu coração", disse certa vez Doug Collins, "e depois mostrá-lo a você". "Ele é o Hannibal Lecter", disse Bob Ryan, o especialista em basquete do *Boston Globe*, referindo-se ao impiedoso anti-herói do filme *O Silêncio dos Inocentes*. E seu colega de time Luc Longley, respondendo a um repórter de televisão que lhe pediu uma definição de Jordan em uma palavra, disse simplesmente: "Predador".

No começo da nova temporada, que muitos pensavam que seria sua última, Michael Jordan tinha de tal maneira dominado não só o jogo em si mas a psique dos americanos aficionados por esportes que jornalistas de toda a área esportiva já começavam a escrever artigos sobre quem seria o "novo" Michael Jordan. Um dos primeiros artigos desse tipo, escrito por Michael Lupica, para o *Men's Journal*, aventava como possibilidades: Grant Hill, do Detroit Pistons, um jovem muito dotado tanto na quadra como fora, mas talvez não tão carismático como Jordan; Kobe Bryant, o astro adolescente do Los Angeles Lakers, talvez mais entusiasmante que Hill, porém com um jogo de chão lamentavelmente incompleto; e, é claro, Shaquille O'Neal, o jovem gigante do Lakers, um rapaz de talento e força evidentes. Toda essa conversa sobre o novo Michael Jordan surpreendeu enormemente o velho Michael Jordan. "Eu ainda estou aqui", disse ele a seu amigo e treinador Tim Grover. "Não estou indo para lugar nenhum. Ainda não."

O fato de ter existido um Michael Jordan por si só parece, em retrospecto, uma tacada de sorte genética, e a ideia de que alguém pudesse chegar em tão pouco tempo a fazer o que ele fez, tanto na quadra como fora dela, parecia altamente improvável. Pois além da superior qualidade atlética de suas habilidades, havia ainda outras qualidades em jogo. Ele era muito bonito, com um sorriso que parecia esbanjar prazer e acolhimento para todos que o recebiam, e inevitavelmente adquirira consciência de todos os benefícios que advinham de ser tão bem-sucedido no esporte e na boa aparência — a utilidade da fama e da beleza. Ele era alto, mas não muito alto — cerca de um metro e noventa e oito —, com um corpo que parecia incrivelmente perfeito, ombros largos, cintura fina, e apenas 4% de gordura no corpo. (A média em atletas profissionais é entre 7 e 8%, e a média dos homens americanos, entre 15 e 20%.) Ele gostava de roupas e se vestia muitíssimo bem; era provavelmente o americano mais elegante desde Cary Grant, embora a variedade de roupas que lhe caíam bem fosse bem maior. Ele fica melhor de moletom, observou um dos membros da equipe que filmou seus comerciais da Nike, do que a maioria dos astros do cinema usando black-tie. "Faça-me parecer bem", Jordan exigia de Jim Riswold, o publicitário de Portland encarregado dos comerciais da Nike, antes de cada tomada. Riswold certa vez lhe disse: "Michael, eu poderia filmá-lo empurrando velhinhas de baixo de carros no meio da rua, ou afundando filhotinhos em água fervendo, que mesmo assim você pareceria bem".

No passado, o ideal americano de beleza sempre fora branco; durante muito tempo os homens se olharam no espelho esperando ver Cary Grant, Gregory Peck ou Robert Redford. Jordan, de cabeça raspada e tudo, tinha dado à América uma nova definição de beleza para uma nova era.

O que a América e o resto do mundo viam agora era nada menos que um tipo de *seigneur* do Novo Mundo, um jovem cujos modos pareciam simplesmente principescos. Seus modos não se deviam ao berço — seu avô paterno fora meeiro de tabaco na Carolina do Norte. Seus pais eram gente simples e trabalhadeira, os primeiros em suas famílias a desfrutar plenamente dos direitos da cidadania americana, e produziram um rapaz que se portava com uma notável graça natural. Devido à maneira amorosa com que fora criado e por causa da infindável sequência de triunfos que obtivera ao longo dos anos, sua aura pessoal, que o fazia se sentir sempre à vontade, era assustadoramente ampla: ele tinha uma segurança interna simplesmente inabalável.

Suas maneiras para com todo tipo de gente, até no mais breve dos encontros, eram em geral graciosas, principalmente para alguém sujeito a tantas pressões, e aqueles para quem ele sorria pareciam se sentir merecedores daquilo. Ele tinha charme, e consciência disso: sabia usá-lo hábil e naturalmente, nas doses devidas, ocultando-o quando era de seu interesse. Era fácil gostar dele, e as pessoas pareciam ansiar que ele gostasse delas também. O veterano da crônica esportiva Mark Heisler certa vez revelou, num artigo para uma revista, que nunca desejara tanto ser bem quisto por algum atleta como por Michael Jordan. Uma vasta gama de editores de revistas ansiava por publicar artigos sobre ele, porque, como ocorria com a princesa Diana, sua foto na capa aumentava enormemente as vendas. Todos os tipos de ricos e poderosos competiam por sua amizade, para mencionar casualmente seu nome em conversas e, é claro, jogar golfe com ele.

Por conta de tudo isso, Jordan se tornara também um grande vendedor, além de um grande jogador de basquete. Ele conseguia vender o basquete para milhões de pessoas em diferentes países onde esse esporte nunca fora visto antes e para milhões de outras que nunca o tinham visto ser jogado *daquele jeito* antes. Ele vendia tênis Nike para quem quisesse pular mais alto, Big Macs se você estivesse com fome, e primeiro Coca e depois Gatorade se você estivesse com sede. Wheaties se você quisesse algum tipo de cereal, e roupas da Hanes se você precisasse de cuecas. Vendia óculos escuros, colônia masculina e cachorro quente. Acima de tudo, vendia a si mesmo, e isso era — como ano após ano um título de campeão se somava a outro, e jogos e mais jogos eram decididos heroicamente por ele no último minuto — uma venda fácil. Já haviam erguido uma estátua dele na entrada do United Center de Chicago, onde ele jogava, um local que ele detestava, mas que fora construído em grande parte para acomodar o maior número de fãs dispostos a pagar grandes somas de dinheiro para vê-lo jogar. A estátua o mostrava saltando — Michael subindo para enterrar —, mas, comparada ao homem que homenageava, parecia extremamente crua e pesada, a arte não tanto imitando a vida, mas diminuindo-a.

A cada ano ele parecia acrescentar um novo capítulo à sua própria lenda. Quando a nova temporada estava prestes a começar, provavelmente o mais notável capítulo até então tinha sido escrito no último mês de junho, quando ele acordou terrivelmente doente antes do quinto jogo das finais da

Rico, bonito e insuperável nas quadras, Michael Jordan estabeleceu um novo modelo de beleza para uma nova era.

NBA, contra o Utah Jazz. Se o mal-estar era causado pela altitude ou intoxicação alimentar, ninguém sabia dizer. Mais tarde, foi relatado que ele havia acordado com uma febre de 38,5°C. Isso não era verdade. Sua temperatura estava alta, mas não tanto, não mais que 37,7°C, mas ele havia passado tão mal durante a noite que parecia impossível que fosse jogar. Por volta das oito horas, seus guarda-costas ligaram para Chip Schaefer, o treinador do time, para avisá-lo que Jordan estava morrendo de febre. Schaefer correu para o quarto de Jordan e o encontrou na cama em posição fetal, enrolado em cobertores e terrivelmente abatido. Ele não havia dormido nada. Tivera uma dor de cabeça intensa e náusea violenta durante toda a noite. O maior jogador do mundo parecia um zumbi de tão frágil. Era inconcebível que ele pudesse jogar naquele dia.

Schaefer imediatamente providenciou que lhe fosse aplicado soro, tentando hidratá-lo o máximo possível. Também lhe deu alguma medicação para que ele pudesse descansar durante a manhã. Schaefer compreendia melhor do que ninguém a garra que movia Michael Jordan, o espírito invencível que o permitia jogar até mesmo em situações em que a maioria dos profissionais de alto nível eram traídos por seus corpos e, embora relutantes, obedeciam a eles. Durante as finais de 1991, contra o Lakers, quando Jordan teve o dedão do pé seriamente machucado ao saltar em um arremesso que definiria a partida, Schaefer fez o possível para criar um tênis que protegesse o pé de Jordan no jogo seguinte. Jordan rejeitaria o calçado, pois ele limitava seus movimentos. "Prefiro a dor", disse ele.

Nesse momento, vendo-o tão doente num quarto de hotel de Salt Lake City, Schaefer teve a sensação de que, de alguma maneira, Jordan poderia jogar, de que Michael Jordan poderia, como já havia feito em situações como esta, usar a doença como um instrumento de motivação, mais um desafio a ser superado. Ainda fraco e debilitado, ele se dirigira ao vestiário antes do jogo. A notícia de que ele estava gripado e com uma febre de 39°C correu rápido entre os jornalistas, e muitos davam por certo que ele não jogaria. O único que não estava tão certo quanto ao veredicto era James Worthy, da rede Fox. Ele tinha jogado com Jordan na Carolina do Norte e assistira à sua ascensão à condição de melhor jogador da NBA; sabia como Michael se portava em situações como aquela. A febre não significava nada, Worthy disse aos outros repórteres da Fox. Ele vai jogar, Worthy avisou. Ele vai perceber o que é capaz de fazer, ele vai saber dosar a força e vai fazer uma grande partida.

No vestiário, os colegas de Jordan estavam impressionados com o que viam. Sua pele, normalmente muito escura, estava de uma cor estranhíssima, entre o branco e o cinza, lembrou Bill Wennington, e seus olhos, normalmente tão vivos, não tinham brilho algum. Enquanto o jogo não começava, uma equipe de televisão da NBC mostrava imagens de um Jordan fraco e exaurido em sua chegada ao Delta Center, mal conseguindo andar, e também o mostravam tentando se aquecer para a partida. Era um daqueles raros momentos de intimidade nos esportes, quando o poder da televisão permitia ao espectador ver ao mesmo tempo um Jordan doente e um Jordan determinado a jogar. Esta seria uma experiência única: quando antes a doença e a exaustão haviam se mostrado tão claramente no rosto de um atleta como ele, diante de um jogo tão vital? A princípio parecia que o Utah Jazz arrasaria a vulnerável equipe do Bulls. A certa altura do segundo quarto, o Utah vencia por 36 a 20. Mas o Bulls continuou no páreo graças a Jordan, que naquela noite conseguiu fazer uma apresentação de nível excepcional, marcando 21 pontos na primeira metade da partida. No meio tempo, seu time estava atrás apenas quatro pontos, 53 a 49. Era difícil entender como Jordan podia estar jogando, e ainda por cima ser o melhor jogador em quadra.

Jordan mal pôde caminhar para fora da quadra no meio tempo. Durante o intervalo, ele disse a Phil Jackson para não usá-lo muito dali em diante — apenas ocasionalmente. Então ele voltou e jogou quase todo o tempo restante. Jogou um fraco terceiro quarto, marcando apenas dois pontos, mas o Utah ainda não podia considerar o Chicago vencido. No final do último quarto, quando a câmara o mostrou de perto, voltando após uma cesta, Jordan parecia menos o maior atleta do mundo do que o pior corredor de uma maratona, prestes a chegar por último num dia escaldante. Mas sua aparência e o que ele estava fazendo em quadra, quando isso era realmente importante, eram duas coisas diferentes.

Faltando 46 segundos, e o Utah um ponto à frente, Jordan recebeu falta indo em direção à cesta. "Reparem o estado de Michael Jordan", disse o locutor Marv Albert. "Ele parece mal conseguir ficar de pé." Ele converteu o primeiro arremesso, empatando o placar, depois perdeu o segundo, mas conseguiu pegar o rebote. Então, quando o Utah Jazz inexplicavelmente o deixou sem marcação, ele acertou um arremesso de três pontos faltando 25 segundos para o final, o que deu ao Chicago uma vantagem de 88 a 85 e o levou a uma vitória de 90 a 88. Jordan terminou o jogo com 38 pontos, sendo quinze deles no último quarto. Aquela havia sido uma performance inesquecível, uma impressionante demonstração de determinação espiritual; ele havia dado uma demonstração do que o destacava definitivamente de todos os que exerciam a sua profissão. Jordan era o atleta mais talentoso da liga, mas diversamente da maioria dos outros jogadores talentosos, tinha uma qualidade rara entre grandes artistas cuja obra se produz com facilidade: era um superador de limites.

Apesar de extremamente talentoso e especialmente motivado, Jordan nem sempre fora o mais tolerante parceiro de equipe. Mas nos anos que se seguiram ao seu retorno de sua malsucedida incursão pelo beisebol, ele começou a se mostrar um novo e por vezes mais suave Michael Jordan. Seus parceiros passaram a gostar mais dele. Ele se tornara uma pessoa muito mais fácil de trabalhar. Sim, Jordan ainda era duro com Luck Longley e Tony Kukoc, e podia ser cáustico com ambos algumas vezes. Muito se esperava desses dois jogadores, e essa expectativa nem sempre era correspondida. Porém, aquela característica de sua língua quase intempestiva e mordaz havia se atenuado. Obviamente, parte da razão dessa mudança era que ele já havia superado muitos obstáculos. Os três primeiros campeonatos não só confirmaram sua grandeza como também puseram fim ao argumento, que por tanto tempo o assombrara, de que ele era um grande jogador individualmente, mas que não jogava para o time e, portanto, não se tratava de um vencedor. Outra parte da mudança veio do fato de que ele se afastara por quase dois anos de algo que ele amava. Mais velho e mais maduro, Jordan estava num ponto de sua carreira em que sabia que o tempo corria contra ele e que era preciso aproveitar o lado bom do jogo; sabia que isso incluía a amizade com os parceiros de equipe, as exigências de uma longa e exaustiva temporada da NBA e o modo como todos respondiam a isso. E incluía também, é claro, o fato de que seu insucesso no beisebol o levou a perceber pela primeira vez o que significava para um jogador lutar contra seus limites — pois ele não conhecera limites antes, certamente não em sua performance individual.

A vitória sobre o Utah Jazz, e sobre a gripe, tinha ajudado a solidificar o quinto título da NBA para o Bulls, e com isso uma profunda convicção de que essa era uma das melhores equipes de todos os tempos, senão *a* melhor. Mas nem sempre era fácil definir o seu lugar no panteão da fama. Sim, o Bulls havia vencido cinco campeonatos e durante a temporada 1995-96 bateram o recorde de 72 vitórias. Aos olhos de algumas pessoas do meio, a questão do seu lugar exato na história do basquete ainda permanecia em aberto, em parte porque alguns elementos do elenco pareciam limitados e em parte porque eles nunca tinham sido testados por outro grande time, como o Celtics e o Lakers fizeram nos anos 80. O Bulls venceu alguns times muito bons, mas será que foram tantos? Ele era, como alguns fãs sentiam, uma espécie de Ali sem Frazier.

Essa discussão deixava de lado como haviam sido duras as campanhas de seus títulos. Nas primeiras fases do campeonato, o Bulls venceu um Detroit muito forte, que não parecia tão bom no papel, mas era um rival imprevisível e arrasador. Deixava de lado também que no começo dos *playoffs*, por vários anos, foi preciso enfrentar um time muito bom de Cleveland, que certamente poderia chegar ao título se não tivesse esbarrado com Michael Jordan. O Bulls tinha o costume de vencer times que, antes de entrarem nas finais da Conferência ou nas próprias finais, pareciam bastante imponentes e muitas vezes até superiores a ele — até que o Bulls de fato jogasse contra eles e os tirasse do caminho. Uma chave para esse sucesso contínuo era sua notável habilidade defensiva. Times muito bons, formados por jogadores também bons, em longas séries contra o Bulls pareciam times comuns.

Um bom exemplo disso foi a vitória do Bulls sobre o Orlando Magic nas finais de 1996 da Conferência Leste. O Magic era, ao menos no papel, um time jovem e de respeito. Ele tinha ido às finais no ano anterior, tinha astros nas três posições, pivô, ala e armador: Shaquille O'Neal, Horace Grant e Penny Hardaway. A bem dizer, o Orlando parecia em condições de se tornar uma dinastia. No entanto, o Bulls derrotou o Magic em quatro jogos, e depois disso ele nunca mais foi o mesmo. Pouco tempo depois, O'Neal foi para o Oeste, esperando levar a próxima dinastia para a Califórnia em vez de para a Flórida.

Paris, outubro de 1997

2.
WILMINGTON; LANEY HIGH, 1979-81

Se Michael Jordan era uma espécie de gênio, havia poucos sinais disso quando ele era pequeno. Os Jordan de Wilmington, Carolina do Norte, eram gente sóbria, uma família negra de classe média. ("Na verdade, de classe média alta", observou Michael Wilbon, um conhecido colunista do *Washington Post* que era negro, "mas há uma tendência da mídia de diminuir as famílias negras em termos de classe".) James Jordan e Deloris Peoples se conheceram após um jogo de basquete em Wallace, Carolina do Norte, em 1956. Ela tinha quinze anos, e ele estava entrando na Aeronáutica, mas disse que voltaria um dia e se casaria com ela. Deloris também saiu de casa, para o Instituto Tuskegee, no Alabama, mas logo voltou, com saudades de casa. Não passou muito tempo e logo eles estavam casados.

James Jordan era bastante habilidoso com coisas mecânicas; diziam que ele era capaz de consertar qualquer coisa. Quando saiu da Aeronáutica, ainda bem jovem, voltou com a família para a Carolina do Norte, e arranjou um emprego numa fábrica da General Electric. Começou ali como mecânico e logo se tornaria supervisor de três departamentos. Sua mulher trabalhava como caixa num banco da cidade. Os Jordan tinham três fontes de renda: o emprego dele, o dela e a pensão da Aeronáutica, que era bem considerável. A Carolina do Norte havia rompido com as políticas segregacionistas após as grandes lutas por direitos civis dos anos 60, e os Jordan estavam ávidos por fazer parte de um Sul novo, mais moderno, pós-feudal; mais ainda, eles foram alçados até ali graças à grande via de acesso dos negros à classe média: as Forças Armadas americanas. Ambos trabalhavam em empregos não segregacionistas, e seus cinco filhos estudavam em escolas não segregacionistas. Ambos tinham a convicção de que seus filhos não seriam limitados ou sofreriam por questões raciais, e estavam sempre ensinando que suas crianças deveriam tratar a todos da mesma maneira. Quanto menos pensassem em termos de raça, ensinavam aos seus filhos, menos isso pesaria contra eles. Para serem bem tratados, deveriam tratar bem os outros. Eles deveriam ter amigos, e logo teriam de fato, em ambos os lados da barreira racial. Quando Michael era pequeno, se alguém o chamava de crioulo, era mais uma exceção dolorosa do que uma regra da vida na Carolina do Norte. Seus pais lidavam com esses casos de modo decidido; isso queria dizer, explicavam, que a outra criança era ignorante, e que Michael não devia se rebaixar ao nível das pessoas ignorantes.

Os pais da família Jordan, filhos de famílias que tinham passado pelas piores dificuldades econômicas e educacionais, tornaram-se beneficiários de profundas mudanças legais e sociais, e eram determinados com a ideia de que seus filhos iriam alcançar posições mais elevadas e terminar uma faculdade, se possível. Quando, depois do terceiro ano de faculdade, Dean Smith, o treinador de Michael, entendeu que ele já havia aprendido tudo o que podia em Chapel Hill e que era hora de se profissionalizar, Deloris Jordan resistiu firmemente à ideia. Ela queria que o filho ficasse e concluísse os estudos. "Senhora Jordan, eu não estou sugerindo que Michael desista de seu diploma, só estou sugerindo que ele abandone a expectativa de que fazer faculdade é o melhor para ele!"

Aquela era uma família muito disciplinada, cheia de regras, e a primeira delas era que não se deve desperdiçar talento, e sempre trabalhar duro. James Jordan, um militar com um forte sentido de ordem, exigia bastante dos filhos nos esportes. Mas a verdadeira força, segundo os amigos da família, era Deloris Jordan. Era ela que mantinha a esperança em seus filhos, sempre fazendo-os ver que quanto mais era dado a eles, mais seria esperado de volta. Eles não seriam detidos por obstáculos do acaso ou angústias momentâneas. No fundo de sua memória, mais tarde ela diria, estava sua própria experiência de terem permitido que ela voltasse de Tuskegee, ainda caloura, às lágrimas, por causa de saudades de casa: "Minha mãe devia ter me colocado de volta no trem. Eu sempre quis corrigir esse erro com meus próprios filhos", disse certa vez. Quando Michael teve problemas na escola por ter matado aula, ela o levou consigo para o trabalho no banco, trancou-o no carro, em frente a uma janela de onde podia vigiá-lo, e o fez estudar ali o dia inteiro. Dos cinco filhos, Michael era o mais preguiçoso, ou pelo menos o que melhor sabia se livrar de sua parte nas tarefas da casa, astuto em convencer os outros a deixá-lo sair sempre que possível. Mais tarde seu pai brincaria que tinha sido bom que Michael conseguisse trabalho como atleta profissional, porque ele era muito preguiçoso para qualquer outro tipo de emprego.

Michael não era, como seu pai e seu irmão mais velho, Larry, bom para trabalhar com máquinas. E isso era motivo de uma certa frustração, pois ser habilidoso em atividades mecânicas era considerado importante naquela casa. Às vezes James Jordan dizia para Michael então "ficar dentro de casa com as mulheres". James Jordan, a quem seu filho tanto admirava, sempre trabalhara com a língua um pouco para fora, entre os dentes, um costume que ele pegara de *seu* pai; anos mais tarde, Michael Jordan jogaria basquete com *sua* língua para fora, entre os dentes. Logo, milhares de garotos também passariam a jogar basquete com a língua assim, muito porque James Jordan consertava seu carro pondo a língua para fora.

A chave para a assombrosa competitividade de Michael Jordan, segundo alguns de seus amigos de ginásio, colegial e da faculdade, vinha de sua rivalidade com o irmão mais velho, Larry, um atleta formidável, embora num corpo de tamanho errado. Larry tinha uma grande força, habilidade atlética e ambição, mas era pequeno demais para obter nos esportes tudo aquilo que seu coração, sua vontade e seu talento normalmente lhe dariam. "Ele era um touro", disse certa vez Doug Collins. "Lembro-me da primeira vez que o vi: mais para o baixo, um jovem incrivelmente musculoso com um físico invejável, cerca de um metro e setenta, mais um corpo de jogador de futebol americano do que de basquete. No momento em que o vi, entendi de onde vinha a motivação de Michael." Ou como disse Clifton "Pop" Herring, que foi treinador dos dois em Lane High, em Wilmington, "Larry tinha tanta garra e era um atleta tão competitivo que se tivesse um metro e noventa em vez de um e setenta, eu tenho certeza de que Michael seria conhecido como o irmão de Larry, em vez de Larry como o irmão de Michael". E o próprio Michael uma vez disse: "Quando você me vê jogar, está vendo Larry".

Durante muito tempo, mesmo depois de Michael ter ultrapassado o irmão em altura, Larry conseguia saltar tão alto quanto ele; em outra época, numa escola que tivesse um programa de atividades físicas mais variado, disse Ron Coley, um dos treinadores assistentes de Laney High, Larry teria sido um ginasta — teria sido o esporte perfeito para ele. (Larry Jordan viria jogar nas equipes inferiores do Chicago e em ligas amadoras, mas finalmente se convenceria de que a equipe estava só explorando sua ligação com Michael, e por isso largaria o esporte.)

Irmãos mais novos normalmente buscam seu lugar no mundo tentando vencer a aparentemente intransponível e permanente distância que os separa dos mais velhos, que parecem mais talentosos e realizados. Neste caso, Michael tentava fazer o mesmo em relação a um irmão que travava uma guerra pessoal contra o próprio físico. Como consequência, o quintal dos Jordan era diariamente o palco de algum tipo de combate: dia após dia eles lutavam no pequeno garrafão que James Jordan havia construído. Larry era inacreditavelmente forte, e por anos conseguiu dominar o irmão; nos últimos anos da escola, Michael finalmente começou a crescer — muito mais do que qualquer um em sua família. Quando isso aconteceu, Michael começou a achar que seu pai, para compensar as coisas, passou a agradar mais ao irmão mais baixo do que a ele.

Seja como for, isto levou Michael a treinar com mais garra ainda. O interessante, segundo os amigos de Michael dessa época, era a combinação de intensa rivalidade e forte amor fraternal que Michael nutria por Larry. Era uma disputa entre irmãos das mais afetuosas. "Michael e Larry tinham obviamente competido barbaramente quando meninos, e Larry havia sido uma imagem muito forte em sua vida", disse David Hart, diretor de um time da Carolina do Norte, que tinha sido colega de quarto de Michael em Chapel Hill. "Michael amava Larry de verdade, falava dele o tempo todo — realmente o idolatrava. Mas se Michael foi muito além de Larry no esporte, ele nunca deixou que isso afetasse seu sentimento pelo irmão — sua ligação emocional e seu respeito por ele eram muito fortes. Quando Larry estava por perto, ele deixava a fama e o sucesso para se tornar um carinhoso e admirador irmão mais novo." Mas ele também sabia provocá-lo. Anos mais tarde, quando Michael era um astro da NBA, eles jogaram juntos num jogo de exibição. Michael olhou para os tênis de Larry e disse: "Só não se esqueça do nome que está escrito no seu tênis". Era o triunfo final do irmão mais novo.

Os primeiros sinais da excelência atlética de Michael vieram no beisebol: ele arremessou uma série de bolas perfeitas para uma equipe muito boa da liga infantil de Wilmington. Quando ele tinha doze anos, arremessou para Wilmington na final do campeonato regional do Leste na liga infantil. O campeão iria para a World Series da liga inferior. Ele eliminou vários rebatedores naquele dia, mas seu time perdeu de 1 a 0. O basquete, esporte que também o atraía, parecia um sonho distante, em parte porque ele tinha só 1,73 metro e era muito magro. Por um breve período, pouco antes de entrar no colegial e frustrado com sua altura, Jordan começou a fazer alongamentos em barras para ficar mais alto. O crescimento viria com o tempo, mas não por causa de exercícios desse tipo ou academias de musculação.

Já havia sinais de que Jordan tinha muito talento. Harvest Leroy Smith, seu colega de classe e amigo íntimo, que naquele tempo jogava basquete com ele quase todo dia, achava que Michael era o melhor jogador do time do nono ano — ele era pequeno, mas muito rápido. "Você o via arremessar, e se perguntava como ele tinha feito aquilo, porque ele não era tão alto", disse Smith, "mas era a rapidez. A única questão era a que altura ele chegaria — e até que ponto elevaria seu grau de habilidade". Se sua habilidade era um pouco menor do que a de outros jogadores, o que o fazia crescer era a competitividade. "Ele e eu jogávamos todo dia juntos e ele *sempre* tinha que vencer. Se era um jogo de 21 e você ganhava dele, tinha que jogar outro até ele ganhar", conta Smith. "Você não ia embora enquanto ele não ganhasse."

No verão depois do primeiro colegial, Jordan e Smith foram ao ginásio de basquete de "Pop" Herring, que era o melhor treinador de Laney, onde eles entrariam no outono, animados para estrear entre os melhores no segundo colegial, Smith porque tinha 1,98 metro, Jordan porque era muito rápido. Nenhum deles estava com o corpo já plenamente desenvolvido, e todos os jogadores ali, dois, às vezes três anos mais velhos, pareciam infinitamente mais fortes naquele momento em que um ano ou dois no desenvolvimento físico fazem toda diferença. Na cabeça de Smith não havia dúvida de qual dos dois jogava melhor — era Michael, de longe. Mas no dia em que os cortes foram anunciados — era o dia mais importante do ano, que todos estavam aguardando há semanas —, ele e Roy Smith foram ao ginásio de Laney. O nome de Roy Smith estava nela, o de Michael não.

Esse foi o pior dia da jovem existência de Michael Jordan. A lista era em ordem alfabética, de modo que ele focalizou atenções nos Js, e não estava ali, e continuou lendo e relendo a lista, torcendo para que de alguma maneira ele tivesse visto mal, ou que houvesse algum erro na ordem alfabética. Naquele dia ele foi sozinho para casa, entrou no quarto e chorou. Smith entendeu o que estava acontecendo — Michael, ele sabia, nunca queria que o vissem quando ele estava magoado ou derrotado.

Anos mais tarde, os treinadores de Laney entenderam que não tinham tomado a decisão da maneira correta, sem prepará-lo, deixando que ele soubesse que sua hora viria, e que tinham tornado as coisas ainda piores ao escolherem seu melhor amigo. Roy Smith achou que os treinadores estavam loucos — ele era mais alto, mas ele sabia que Michael era melhor. "Nós sabíamos que Michael era bom", disse mais tarde Fred Lynch, o treinador assistente de Laney, "mas nós queríamos que ele jogasse mais e achamos que o segundo time era melhor para ele". Jordan facilmente se tornou o melhor jogador do time B naquele ano. Ele simplesmente dominava o jogo, e isso graças à rapidez, não ao tamanho. Em alguns jogos chegava a marcar quarenta pontos. Ele era tão bom, na verdade, que os jogos do time B se tornaram bastante populares. O time A inteiro começou a chegar mais cedo para vê-lo jogar. Leroy Smith percebeu que se Jordan já era competitivo antes do episódio do corte, depois dele parecia ter ficado mais competitivo do que nunca, como se estivesse determinado a fazer com que aquilo jamais se repetisse. Os treinadores também notaram a mesma coisa. "A primeira vez que o vi jogar, não fazia ideia de quem era Michael Jordan. Eu estava ajudando a treinar o time de Laney", disse Ron Coley. "Nós fomos para Goldsboro, jogar com nosso grande rival, e eu entrei no ginásio quando o jogo do time B já estava terminando. Havia nove jogadores na quadra, embromando, mas havia um garoto dando sangue. Pelo jeito como ele jogava eu pensei que seu time estivesse atrás um ponto com dois minutos de jogo. Então eu olhei para o placar e vi que o time perdia por vinte pontos faltando apenas um minuto de jogo. Era Michael, e eu logo aprendi que ele era daquele jeito".

Entre a época em que foi cortado e o início da temporada seguinte, Jordan cresceu cerca de dez centímetros. Velocidade ele sempre tivera, mas agora estava mais forte e já podia enterrar. Suas mãos estavam bem maiores, notou Smith. De repente, Laney High viu surgir um time de basquete muito bom, e o astro que surgia com ele era Michael Jordan. Ele estava motivado como sempre; era, na prática, o jogador mais esforçado do time. Quando achava que seus parceiros não estavam dando duro o bastante, Jordan cobrava isso deles pessoalmente, e às vezes pressionava os treinadores para que o fizessem. Além disso, os treinadores acharam que ele não era egoísta o bastante, e passaram a pressioná-lo para que arremessasse mais — principalmente porque ele podia criar oportunidades para seus parceiros. Mas quanto mais eles pressionavam, mais ele parecia resistir. Os treinadores terminaram procurando James Jordan com a intenção de trazê-lo para sua causa. "Não sei", disse o sr. Jordan, "eu prometi ficar de fora do negócio do treinamento, eu não quero intervir, não quero ser um desses papais de ligas infantis. Não parece correto para um pai. Mas acho que posso fazer isso se vocês me pedirem". No segundo ano de Jordan, Laney obteve 13 vitórias e 10 derrotas, e no terceiro, 19 e 4; só uma derrota inesperada num torneio regional os impediu de chegarem às finais do estado.

3.
CHICAGO, NOVEMBRO DE 1997

No outono de 1997, quando o Bulls retornava a Chicago depois do torneio parisiense, para começar a corrida rumo ao sexto título, havia problemas no paraíso, se é que Chicago era um paraíso. Raramente uma organização com tantas pessoas talentosas conteve tantos maus sentimentos. Se aquele time seria capaz de retornar intacto era uma questão que pairava sobre todos durante os *playoffs* de 1997. A divisão interna entre diretoria, jogadores e treinador havia se tornado cada vez mais amarga com o passar dos anos.

Por algum tempo, após o quinto campeonato, parecia improvável que Jerry Reinsdorf recontratasse Phil Jackson. Em parte devido ao aumento geral dos salários dos treinadores — treinadores de universidades, que nunca tinham ganhado nada na NBA, estavam agora sendo trazidos à liga por cifras que chegavam a 4 milhões de dólares por ano —, o preço de Jackson tinha se tornado muito alto. Ele acabara de terminar um contrato de um ano pelo qual recebera 2,7 milhões de dólares, o que fazia dele, assim se acreditava, o treinador mais bem pago dos que não acumulavam função de dirigente. No fim das contas, era um bom salário, especialmente em se tratando de alguém que um ano antes era considerado representante de uma espécie de contracultura dentro da NBA. Havia outros treinadores lá fora, talentosos, que se dariam por satisfeitos com um salário de meros 1 ou 2 milhões de dólares por ano, homens verdadeiramente ansiosos por trabalhar com Jordan e Pippen (sem falar em Rodman); por que então, pensava a diretoria, entrar numa briga por alguém que no fundo era apenas um treinador e, portanto, aparentemente a parte mais fácil de ser substituída? Mas havia uma razão forte para tanto, e era isso que fazia o preço de Jackson subir: Michael Jordan jurara que só jogaria para Phil Jackson; de outro modo, ele não voltaria. Era uma chantagem, que se transformou em pressão da opinião pública: trazer Jackson de volta significava trazer de volta a equipe, o que a faria ganhar ou perder seu título na quadra.

Esse momento revelou algo do peso, da face mesquinha do esporte, na medida em que seus custos atingiam níveis assustadoramente elevados no final dos anos 90: a luta por salários justos (ou injustos) e a dissimulada —

mas não muito — guerra de egos que de certa maneira sempre acompanhou as vitórias na era da televisão. Sob certo aspecto, o que estava acontecendo em Chicago era um clássico enfrentamento econômico, que colocava a questão do valor real em dinheiro do talento numa sociedade de entretenimento que estabelecia um prêmio para o grande talento. Será que as realidades tradicionais do mercado se aplicavam a um mundo de fantasia como este? De um lado, um dos mais inteligentes e durões empresários do mundo dos esportes, um homem com a fama de ser um extraordinário negociante, colocava-se contra o treinador e os jogadores do melhor time do esporte, apoiados por uma campanha sem precedentes durante o campeonato, sendo que um dos jogadores era o mais popular da América. Deflagrava-se uma fascinante, e por vezes amarga, luta entre o mundo dos sonhos dos esportes e a fria realidade dos negócios.

Por inúmeras razões, as tensões envolvendo o Bulls eram muito piores do que o normal, mesmo naquele nível de competição entre atletas profissionais, em que os conflitos de personalidade e frustrações em relação a salários e tempo de basquete eram constantes. Parte do motivo dessa insatisfação era a natureza peculiar do dono do Bulls. O sócio-diretor, Jerry Reinsdorf, tinha feito fortuna no mercado imobiliário, arena conhecida pelas negociações difíceis, onde o rigor do processo era parte do prazer do jogo e um fim em si mesmo para os mais habilitados. Uma vez que o basquete era o jogo que os jogadores conheciam mais, assim como o treinador, a mesa de negociação — dura, sem regras, geralmente brutal, a pessoa do outro lado da mesa sendo tratada momentaneamente como um adversário — era o campo de Reinsdorf. Também não tornava as coisas mais fáceis o fato de que Reinsdorf vinha sendo representado nos difíceis e cínicos estágios iniciais das rodadas de negociação por Jerry Krause, cuja habilidade no trato com pessoas não era particularmente famosa e que tendia a personalizar todos os conflitos. Quando agentes e proprietário chegavam às últimas rodadas de negociação, maus sentimentos normalmente vinham à tona.

Reinsdorf era tido como um mestre consumado na arte de negociar. Se ele de fato entendia de que maneira o sucesso do Bulls — os muitos títulos e o público sem precedentes que ele atraía — alterava a natureza da negociação, levando-a da esfera mais privada para a pública, era uma outra questão.

Reinsdorf era muito esperto e durão, um homem extremamente bem-sucedido com poucas ilusões sobre a natureza de seu negócio. O valor de seus empreendimentos havia aumentado extraordinariamente nos últimos vinte anos, em grande medida graças ao seu sucesso com o Bulls. Uma simples equação se colocava aqui: quanto melhor Michael Jordan jogava, mais rico e mais influente Reinsdorf ficava. Ele havia sido um jovem advogado tributarista em Chicago, trabalhando a princípio para a Receita. Então, como tantos outros que começam por aí, ele aprendeu os códigos e se tornou um consultor de tributação para profissionais de Chicago, ensinando-os a abrir empresas. Naqueles anos, ele aprendera, como diria mais tarde, "que se você pretende ser amado e respeitado, acaba não sendo nem uma coisa nem outra". Logo ele formaria sua própria companhia, a Balcor, que no surto imobiliário do final dos anos 80 fazia sindicância em transações imobiliárias. Ele saiu-se bem com a Balcor, vendendo-a para a American Express em 1982 por 53 milhões de dólares, e concordou em ficar como diretor executivo durante cinco anos, abandonando o negócio em 1987. As leis imobiliárias no país mudaram rápida e dramaticamente e logo um mau cheiro apareceria na Balcor. Finalmente, a American Express teve, em um trimestre, cancelamentos de 200 milhões de dólares na Balcor. Pouco depois, eram raras as pessoas que pensavam bem de Reinsdorf na American Express. Ele era um *self-made man*, alguém que construíra sua fortuna por conta própria. Apesar das limitações financeiras, ele passara a tomar conta de dois times de Chicago — o Bulls e o White Sox, de beisebol — num meio hostil e numa cidade estranha, enquanto alguns — mais sagazes, de berços melhores e portanto mais credenciados — o olhavam e zombavam dele. Se havia alguma fraqueza nele, pensavam alguns, é que ele estava acostumado demais a vencer, a conseguir as coisas e a encontrar fraquezas em seus oponentes. Ele se saíra tão bem começando com tão pouco que parecia achar que era mais esperto e mais durão do que qualquer um, pelo menos mais esperto do que os que eram mais duros, e — eis o mais importante — mais durão do que quem era mais esperto que ele.

Em se tratando de seus times, Reinsdorf tinha pelo menos uma vantagem significativa sobre a maioria dos proprietários: ele mantinha uma certa distância emocional dos times, principalmente dos jogadores. Com o passar dos anos, ele foi se dando razoavelmente bem com Michael Jordan. Seus encontros de negócios e eventuais relações sociais foram em geral bastante agradáveis e primaram pelo respeito mútuo; Jordan, que respeitava imensamente o sucesso nos negócios como um fim em si mesmo, parecia admirar aquele homem que conseguira ganhar tanto dinheiro sozinho. Mas Reinsdorf não parecia precisar muito ser amiguinho de Jordan, e não foi nenhuma surpresa ele não ter voado para Paris a fim de desfrutar da glória do Bulls. Esse tipo de carícia no ego não era algo de que ele precisasse ou quisesse.

Reinsdorf sabia que quanto mais precisasse satisfazer o ego mantendo uma relação pessoal com seus jogadores, mais vantagens dava a eles e a seus agentes na mesa de negociações. Naqueles dias, muitos proprietários pareciam ansiosos como atletas universitários, tornando-se fãs entusiastas dos jogadores, e viviam a glória de estar em companhia de seus ídolos e de poderem levar seus amigos ao vestiário para conhecer os craques. Para muitos proprietários, ricos além do imaginável mas normalmente anônimos em seus principais negócios, a vaidade de serem donos de equipes contava mais do que o negócio em si.

Isso não valia para Reinsdorf. Ele era um homem de negócios em primeiro lugar, e antes de mais nada. Embora gostasse de falar sobre sua infância no Brooklin e de seu amor pelas antigas formações do Dodgers dos anos 50, e de mostrar aos que visitavam seu escritório uma cadeira do Ebbets Field (famoso campo dos Dodgers, demolido em 1960), como proprietário, ele conseguia ver o esporte como um negócio bastante darwiniano. Sua visão do processo era bastante criteriosa, quase clínica.

Quando Reinsdorf comprara o White Sox, quinze anos antes, ele estava numa faixa de idade intermediária entre a dos jogadores e a de seus pais; agora, perto da virada do século, ele estava mais velho que os pais e tinha ainda menos vontade de badalar por aí com os jogadores. Por vezes ele fazia parte de comitês que entrevistavam potenciais donos de times de beisebol ou de basquete, e ficava surpreso ao ouvi-los dizer, de maneiras diferentes, que queriam entrar no negócio porque não tinham bastante respeito ou aceitação em suas comunidades locais, particularmente por causa de suas fortunas. Aquele tipo de atenção especial, para ele, era a pior coisa de ser dono de um time — era uma constante e indesejada invasão de privacidade.

Para alguém que não pertencia ao mundo dos negócios, as maneiras de Reinsdorf negociar, especialmente nos momentos críticos, poderiam passar pelas de um brutamontes. Reinsdorf tinha muita consciência do *status* de Jordan, assim como do fato de que este desempenhava um papel fundamental na construção de sua riqueza e poder. Ele sabia dos perigos inerentes a qualquer tipo de discussão pública com o maior ícone do esporte americano. Ninguém que tivesse entrado em qualquer disputa com Jordan, dentro ou fora da quadra, saiu por cima. Mas suas negociações com Jordan (que geralmente eram longas e exaustivas) eram uma exceção. Poucos outros atletas com quem ele negociava possuíam o mesmo poder de persuasão de Jordan na hora do contrato. Sua fama de durão o acompanhou nos dois esportes. Havia um bom número de pessoas do beisebol que, devido à posição linha-dura de Reinsdorf durante a greve de 1995, absolutamente o desprezava. Considerava-se que Reinsdorf havia traído os proprietários de times pequenos ao prolongar uma disputa trabalhista e apoiar restrições salariais; então, quando a greve acabou, mudou de posição, assinando com o grosseiro Albert Belle por uma quantia mostruosa.

Reinsdorf chegou até a brigar na justiça contra a NBA pelo direito de transmissão de um certo número de jogos do Bulls. Ninguém imaginava que um conflito com ele pudesse ser leve. Para Todd Musburger, um agente do showbiz que representava Phil Jackson e brigara com Reinsdorf durante anos ao longo de negociações de contrato, Reinsdorf representava o lado negro do capitalismo americano; ele se acostumara a lidar com pessoas que estavam em posições mais fracas do que ele, e a fazer as coisas de seu jeito, não do jeito dos outros.

O que estava claro, contudo, é que algumas das forças que o serviram muito bem, no mundo extremamente privado e meio secreto das grandes transações imobiliárias, não chegavam nem perto de ser tão eficientes no trato, bem mais público, com brilhantes, criativos e talentosos, embora vulneráveis, jovens atletas, que se sentiam constantemente ameaçados de contusões e cujas carreiras eram, ao menos para eles, terrivelmente curtas. Pois Reinsdorf ia direto às fraquezas de seus adversários e quase sempre as encontrava; explorava-as habilidosamente, talvez até demais, se se pensasse em termos de longo prazo, para seu próprio bem e para o bem de sua organização. Se havia uma coisa que os jogadores temiam eram contusões e o fim de suas carreiras; portanto, o que mais queriam era conseguir contratos de longo prazo — incrivelmente sedutores para eles, ainda que ao longo do tempo fossem, em geral, menos dispendiosos para o time do que uma série de contratos pequenos. Por isso, um dos lados sempre saía perdendo nas negociações. Homens de negócios tinham carreiras longas, e a característica essencial de seu dinheiro era a facilidade de obtê-lo; jogadores tinham carreiras curtas e geralmente chegavam à mesa de negociações, no início, com muito pouco dinheiro. Reinsdorf sabia disso muito bem. Também sabia que os agentes, uma força poderosa nessa nova equação, também gostavam de contratos longos, porque isto significava dinheiro certo.

Reinsdorf, ainda no começo da carreira de Jordan, compreendeu, por exemplo, que a única fraqueza de Jordan nas negociações era um desejo de proteger sua imagem institucional, e seu quase exclusivo valor comercial para as companhias cujos produtos ele vendia; portanto, Jordan estava cauteloso com sua exposição e com não parecer mais um atleta contemporâneo que vendia sua imagem. Ele também sabia que a vulnerabilidade de Scottie Pippen vinha não só de sua infância pobre, mas também do fato de seu pai ter sofrido um derrame ainda relativamente jovem e de ter passado a maior parte da vida numa cadeira de rodas. Por isso, Pippen queria a qualquer custo algum tipo de segurança duradoura e tenderia a optar por um contrato de longo prazo. Em quase todas as negociações, contudo, as vitórias de Reinsdorf, obtendo contratos de curto prazo, tendiam a criar problemas com o tempo, já que ele estava negociando com *talento*, homens de habilidades incomuns e temperamentos artísticos, que comparativamente tinham carreiras profissionais curtas e quase sempre terminavam infelizes.

Com o passar dos anos, por causa das constantes desavenças nas negociações de contratos, a imagem pública da diretoria do Chicago Bulls havia se tornado um desastre, embora isso não parecesse incomodar muito a Reinsdorf, que se supunha imune à opinião pública. Ele parecia se orgulhar de sua reputação de durão, mas aquela força obstinada de negociante que lhe havia sido tão útil em sua primeira profissão acabou fazendo dele uma pessoa incrivelmente difícil e insensível na segunda. O fato de seu advogado Jerry Krause possuir, entre outros, um talento todo especial para ofender o maior número possível de pessoas com as quais lidava, só aumentava o problema.

Vários agentes passaram a acreditar que negociar com o Chicago Bulls era muito mais difícil do que com a maioria das outras organizações do basquete. As negociações costumavam seguir um ritmo lento e complexo: o agente começava negociando com Krause, então Krause apresentava uma proposta pequena e já dizia que não daria mais; depois disso, iniciava-se um longo e debilitante processo. Krause geralmente parecia diminuir o talento do jogador nessas reuniões. No fim, com ambos os lados já exaustos e feridos pelas agressões mútuas, quando se chegava a um impasse, Reinsdorf entrava na sala e a situação se resolvia rapidamente. Reinsdorf, é claro, saía intacto.

O único agente que conseguiu driblar essa situação foi David Falk, o agente de Michael Jordan, que compreendeu a dinâmica do processo e negociava diretamente com Reinsdorf. "Eu não vou me acabar com toda essa conversa", ele disse a um amigo de Chicago. "Eu não vou perder o meu tempo com um testa de ferro que assimila todos os golpes para o chefe nas primeiras rodadas." É claro que o fato de Falk representar Jordan lhe deu privilégios para negociar direto com Reinsdorf.

Mas as tensões no Bulls não eram culpa exclusiva de seus proprietários. Outro fator que causava muito pesar no Bulls era a natureza extremamente volátil dos salários dos jogadores. Algumas leis trabalhistas mais antigas e draconianas que antes conferiam todo poder aos proprietários tinham caído da noite para o dia, produzindo rapidamente uma histórica mudança econômica nos últimos anos. Como que da noite para o dia, o poder havia mudado de mãos, dos proprietários para os jogadores e seus agentes. De repente, uma era na NBA parecia durar apenas quatro ou cinco anos. Um salário que parecia ser o contrato dos sonhos de um jogador parecia quase ridículo comparado ao que outros, mais jovens e menos experientes, ganhariam na era seguinte, talvez apenas dois ou três anos mais tarde e muito antes de o contrato acabar. Esse fenômeno perigoso e explosivo também era motivo de embaraço para os agentes dos jogadores — nenhum deles queria ouvir seu jogador reclamar que um jogador pior e com piores médias tivesse conseguido um contrato melhor com outro time. O mundo dos esportes tinha se tornado tão volátil que a carreira de um jogador podia durar duas ou três eras financeiras, e um dado contrato durar duas. Assim, Michael Jordan entrou na liga com o salário de 6,3 milhões de dólares por sete anos, na época o terceiro maior salário já pago a um estreante, o que o colocou acima da maioria dos jogadores, com exceção de um punhado de veteranos, mas agora ele passaria a receber essa quantia para jogar aproximadamente um quinto da temporada.

Os contratos de Jordan eram de fato indicativos da natureza explosiva das finanças do esporte e de como poderiam ser os melhores contratos. O primeiro, bastante atraente para um estreante que no papel era apenas a terceira opção no *draft*, tinha sido assinado antes de Reinsdorf assumir o Bulls, e foi considerado bom na época para um jovem jogador que ainda não havia sido testado, colocando-o bem acima de muitos outros astros talentosos e experientes. Decorridos três anos de contrato, considerando as habilidades singulares de Jordan e sua capacidade única de fazer fãs tanto em Chicago como fora (além dos telespectadores), e dada a natureza vertiginosa da escala de pagamentos da NBA, o contrato já era anacrônico.

Tecnicamente, aquele primeiro contrato seria de cinco anos, com opção de mais dois anos por, respectivamente, 1,1 e 1,3 milhão de dólares. Perto do quarto ano, Reinsdorf e Falk concordaram em discutir uma renegociação. Isso trouxe para a mesa dois dos mais difíceis negociadores do mundo do basquete. Se muitos agentes achavam que negociar com Reinsdorf (para não falar de Krause) era mais difícil do que com qualquer outro proprietário de equipe, havia dirigentes que achavam que lidar com Falk era um pesadelo por si só, e muitos membros da diretoria da NBA às vezes desistiam de contratar alguns jogadores só por serem representados por Falk. "Negociar com David", disse Reinsdorf uma vez, "nunca é indolor". Mas, por incrível que pareça, os dois se entenderam razoavelmente bem. Ambos, cientes do poder do outro e do quanto estava em jogo, negociaram com cautela. De fato, havia na NBA quem pensasse que, em determinadas circunstâncias de negociação, seria possível colocar Falk como o dono e Reinsdorf como o agente, e não haveria absolutamente nenhuma diferença na transcrição de suas falas.

Falk acreditava que cabia a ele explorar a ideia de um novo contrato. Reinsdorf perguntou se, no caso de ele não querer refazer o contrato, Jordan continuaria dando o máximo de si pelo contrato antigo. Claro, respondeu Jordan. Ele havia assinado, dado sua palavra e a cumpriria: jogaria sempre com todo empenho. Com isso, eles começaram a elaborar o novo contrato. Basicamente, o negócio era entre Reinsdorf e Falk, embora Jerry Krause estivesse presente em todas as reuniões, o que Falk não achava muito interessante, pois Krause parecia determinado a se referir a Jordan com um jogador bom, ou muito bom, mas não como um dos dois ou três melhores, assim como, consciente ou inconscientemente, parecia diminuir a importância de Michael no enorme sucesso financeiro do Bulls. Ao longo de um período de quase um ano — com cerca de catorze demoradas e exaustivas sessões —, eles elaboraram um novo contrato, que duraria oito anos, de 1988 a 1996. O novo contrato girava em torno de 3 milhões de dólares por ano, ou um total de 24 milhões. Falk gostava de lembrar que Jordan passou a ganhar de aproximadamente 1 milhão para algo em torno de 3 milhões por ano; se este fosse considerado apenas um prolongamento de cinco anos do contrato antigo, chegava a quase 5 milhões de dólares por ano, o que era bastante para a época. Na época, aquele foi considerado o maior salário de todos os tempos de um jogador da NBA.

Quando Reinsdorf assinou o novo acordo de oito anos com Jordan, disse para seus amigos que estava assustado — será que estava pagando demais por um tempo longo demais? E se Michael, que havia perdido a maior parte de seu segundo ano com um pé quebrado, sofresse uma contusão que pusesse fim a sua carreira? O que os outros proprietários iriam pensar? Ele se lembrava de ter dito a Jordan, na época, que, se ele próprio fosse um jogador, teria sérias reservas quanto a assinar um contrato de prazo tão longo. Mas Jordan parecia desejar aquele contrato e prometeu a Reinsdorf que não voltaria atrás para tentar renegociar, promessa que ele manteve. Mas tão longo era o contrato, naquele universo explosivo, que na época de seu termo, ao final da temporada de 1996, Michael Jordan estava sendo muito mal pago. Uma das grandes bagatelas do esporte profissional. De certo modo, Reinsdorf reconheceu isso. Ele e Jordan foram jantar no início da carreira de beisebol de Jordan e Reinsdorf disse: "Até eu tenho que admitir que fiz um negócio e tanto", e sugeriu pagar integralmente pelo ano em que ele estivesse no beisebol. (Mais tarde, naquele mesmo dia, Jordan ligou para David Falk e disse: "Acabo de ganhar 4 milhões de dólares".) Na cabeça de Reinsdorf, ele devia aquilo a Jordan. Quando a aventura do beisebol terminou, em março de 1995, Falk ligou para Reinsdorf para dizer que Jordan queria voltar para o Bulls e perguntou-lhe também se ele pagaria pela temporada inteira, embora boa parte desta já tivesse passado. Reinsdorf disse que sim, evidentemente, ele pagaria.

No final da temporada de 1996, Reinsdorf teve que renegociar com Jordan numa era que não guardava nenhuma semelhança com aquela em que negociara seus contratos anteriores. Forças que anteriormente haviam se unido durante algum tempo estavam agora dificultando profundamente todas as negociações trabalhistas: o surgimento de agências potencialmente livres para representar jogadores veteranos; a criação de um teto salarial das equipes; o chamado Caso Larry Bird, que permitiu que um time excedesse o teto salarial para manter seu maior jogador; e, finalmente, um acordo com a Associação dos Jogadores no início da década de 90, que proibia que um jogador renegociasse um contrato já em curso. Quando o caso de Bird foi instituído, os salários de alguns astros fugiram completamente ao controle. O que antes parecia um salário astronômico, passou a ser um salário microscópico. No verão de 1997, Kevin Garnett, um jovem e talentoso jogador, que não havia chegado à faculdade, e que entrara na liga aos 19 anos, rejeitou uma oferta de contrato de sete anos, do Minnesota Timberwolves, de meros 103 milhões. No fim das contas, ele assinou um contrato de 126 milhões de dólares, por sete anos.

Quer Kevin Garnett valesse tudo aquilo ou não — ele não havia ainda jogado nem ao menos um *all-star game* quando assinou —, ele e seu agente sabiam muito bem que a legitimidade do nome do Minnesota estava em jogo. Se Garnett, talvez o jogador mais talentoso da curta história do Minnesota, partisse depois de dois ou três anos, o nome do time não teria nenhuma credibilidade. A venda de ingressos para a temporada cairia drasticamente. Talvez o time tivesse que se mudar para alguma cidade do Sudoeste, onde um novo e rico empresário estivesse só aguardando seu momento de fama. O diretor do Timberwolves que assinou o contrato com Garnett era Kevin McHale, filho de um mineiro da região do ferro de Minnesota. No tempo em que jogava pela Universidade de Minnesota, no fim dos anos 70, McHale achava que com o diploma da universidade poderia treinar e ensinar, e ganhar talvez 15 mil dólares por ano. Em vez disso, ele se mostrou bom o bastante para jogar na NBA, e sendo o terceiro jogador escolhido de 1980, assinou seu primeiro contrato, com o Boston: três anos por 600 mil. Agora, numa era financeira que parecia a anos-luz de distância de quando ele entrara na liga, McHale estava muito descontente com o que sentiu que teria que fazer no negócio com Garnett, embora ele gostasse muito de Kevin Garnett como pessoa. Ele odiava a súbita escalada salarial dos últimos anos, e ali estava ele, forçado pelas circunstâncias, a dar outro lance no ininterrupto crescimento do mercado. Ele havia se tornado, como ele mesmo disse, aquilo que sempre condenara até então. Por algum tempo, atordoado com o que estava fazendo, McHale pensou em largar o emprego no Timberwolves e trabalhar na rede NBC de televisão, e conversou seriamente com Dick Ebersol sobre juntar-se a ele. No fim, acabou ficando em Minneapolis, mas o salário de Garnett, cerca de 18 milhões de dólares por temporada, tornou-se uma referência salarial, e naquele ano os diretores que precisaram renegociar com seus astros tinham uma nova frase nos lábios: conversavam sobre os jovens talentos em termos de "quantos Kevin Garnetts?". Embora o piso salarial, sem nenhuma surpresa, tivesse sido fixado por um dos times mais fracos da liga, desesperado para manter o nome e os torcedores, isso imediatamente afetou a estrutura salarial da liga inteira. Outros jogadores mais experientes em times maiores, representados por agentes ávidos por manter sua imagem diante do agente de Garnett, usavam o exemplo dele como referência para suas negociações.

O contrato de Garnett, como uma série de outros contratos na NBA, também lançou sua sombra sobre o Bulls. Para a maior parte do campeonato, a diretoria do Bulls, por conta de negociações e de uma série de contratos de longo prazo, tinha feito uma das maiores barganhas da história do esporte moderno. Ao longo da temporada de 1996, o quarto título do Bulls, Jordan tinha recebido cerca de 4 milhões de dólares; Pippen havia conseguido um contrato de longo prazo que lhe garantira algo em torno de 3 milhões; Rodman, por sua vez, conseguira para a temporada de 1995-96 2,5 milhões. Toni Kukoc estava ganhando quase 4 milhões. Phil Jackson estava no final de um acordo de três anos que lhe pagava 800 mil dólares por ano, o que era uma ninharia. Estes haviam sido de fato os últimos estertores da velha ordem do basquete.

Mas a maior parte das barganhas terminaria no verão de 1996. Isso significava que o preço do time para 1996-97 seria substancialmente mais alto, principalmente para Jordan, que era um caso à parte e cuja maior parte dos ganhos financeiros até aquele momento vinham de empresas como Nike, McDonald's e Gatorade, e não do próprio Bulls. Negociações assim podiam ser um tanto difíceis. Em tempo, Reinsdorf encontrou-se com Jordan, Falk e Curtis Polk, um sócio de Falk, para jantar no Ritz-Carlton, em Chicago. Jordan era conhecido por gostar de provocar seu agente pedindo garrafas de vinho extremamente caras, em torno de 500 dólares cada (isso era chamado entre aqueles que os conheciam bem como os *desfalks* de Jordan), e essa noite não foi uma exceção, recorda-se Falk. Nenhuma oferta foi feita durante o jantar, todos agiram com hesitação, cientes de que havia muito em jogo, prevenidos contra eventuais situações que mais tarde pudessem ser difíceis de contornar ou que pudessem acabar levando Jordan para outra cidade por uma oferta maior, num gesto precipitado. Aquela tinha sido uma noite agradável, um momento para estabelecer a boa vontade de ambas as partes, necessária diante do que poderia se converter em dias difíceis no futuro. Eles falaram sobre os muitos anos em que Michael jogara em Chicago, sobre como sempre haviam resolvido bem as coisas entre si, e quão poucos problemas haviam tido. Era o tipo de noite em que outros jogadores do Bulls jamais estariam à vontade.

Enquanto se preparavam para as negociações, cada um dos lados mantinha suas defesas, embora a essa altura as de Jordan fossem consideravelmente mais fortes que as de Reinsdorf. Jordan sabia muito bem que ele era individualmente a maior barganha do mundo dos esportes, que Reinsdorf e seus sócios tinham se tornado riquíssimos graças a ele, e que o valor do Bulls tinha aumentado de cerca de 15 para mais de 250 milhões de dólares por seus feitos. Aquele era um momento em que Jordan tinha todo o poder em suas mãos. Ele podia facilmente deixar Chicago e ir para Nova York, o centro da mídia mundial, uma cidade onde ele adorava jogar e um lugar que não desagradaria aos patrocinadores. Se fosse, muito provavelmente iria com ele o título do Bulls. Certamente havia outros jogadores de peso por lá, que simplesmente adorariam jogar com ele e seus amigos Patrick Ewing e Charles Oakley. A ideia de Jordan ir para a odiada e esnobe cidade da costa Leste, levando consigo o título, não era pouca coisa, além de não contribuir muito para aumentar a popularidade já baixa de Reindorf e Krause em Chicago. Nem, pela mesma razão, ajudaria a aumentar a venda de ingressos para jogos do Bulls e do White Sox. Mas, Jordan sabia disso, o Bulls era o seu time. Ele sabia o valor histórico de jogar para um único time e vestir sempre a mesma camisa. Os jogadores que ele mais admirava, como Larry Bird e Magic Johnson, tinham jogado por um único time, e ele sabia que quanto mais títulos o Chicago Bulls vencesse liderado por Michael Jordan, mais ele se diferenciaria da multidão e entraria para os livros dos recordes numa posição singular. Johnson ganhara seus cinco títulos com o Lakers, Bird os seus três com o Celtics, e esses números diziam alguma coisa a Jordan, que levava muito a sério a lealdade ao time.

Algumas semanas depois, eles se encontraram de novo. Jordan, a certa altura, sugeriu que Reindorf fizesse uma oferta: se fosse interessante ele diria sim, caso contrário, diria não. Falk então acrescentou que se a oferta correspondesse a suas expectativas, eles negociariam. E que, se fosse inadequada, eles iriam imediatamente a outro clube, e se esse clube lhes fizesse uma boa oferta, eles não voltariam a Chicago para mais negociações. Esse tipo de atitude havia se tornado um procedimento padrão entre os agentes: o proprietário do time tinha uma oportunidade única; se a desperdiçasse, podia perder o jogador. Não era muito diferente — e Reinsdorf sabia disso — de ter uma arma apontada para a cabeça, mas ele estava relativamente confiante de que, devido ao caso de Larry Bird, seria difícil que alguém pudesse oferecer mais a Jordan. Ainda assim, era um bom incentivo para que ele não perdesse tempo pechinchando e depreciando Jordan.

Reinsdorf começou propondo um acordo de dois anos por 45 milhões, 20 e 25 milhões de dólares, respectivamente. Falk e Jordan voltaram com a proposta de 55 milhões para os dois anos. Reinsdorf disse que aquilo o assustava. Imagine se Jordan estivesse machucado? As proporções do contrato o deixavam irredutível. Era o equivalente ao pagamento de um time inteiro naquele momento. Por fim, fecharam em 30 milhões de dólares por apenas um ano. A decisão de fechar em apenas um ano refletia as dúvidas de Reinsdorf quanto ao tempo que ele estava disposto a pagar tanto, com ou sem o título. (No fim das contas, os 55 milhões sugeridos por Falk eram uma barganha; Reindorf acabou pagando 63 milhões por aqueles dois anos.)

Quando o Chicago venceu o Utah em 1997, pelo quinto título, o próprio Jordan fez um pedido em cadeia nacional de televisão, durante a comemoração da vitória, para que a diretoria reunisse novamente o time e lhe desse o direito de defender o título na quadra. O pedido de Jordan refletia a crença cada vez mais forte entre os jogadores de que a diretoria pensava em desmanchar o time. Comentou-se que isso deixara Reinsdorf contrariado, pois ele sentiu que Jordan o estava pressionando ao ir a público naquele momento, o que de fato era sua intenção. Reinsdorf não estava satisfeito com o fato de o atleta mais popular do mundo usar uma comemoração pública para iniciar uma nova rodada de negociações. Era um verdadeiro golpe. Jordan tinha se voltado para uma força poderosa — a da opinião pública — para sustentar uma era de ouro do basquete numa cidade sedenta por vitórias.

Havia uma razão para Jordan ter tomado essa atitude naquele momento: os treinadores e jogadores estavam conscientes de que o proprietário não estava necessariamente disposto a dar continuidade àquilo. Durante as finais de 1997, Reinsdorf levara Phil Jackson para almoçar em Park City, Utah, onde o time estava hospedado. Após o almoço, ele sugeriu a Jackson que se as negociações se tornassem muito difíceis, o Bulls estaria interessado em lhe pagar uma bela quantia — 1 ou 2 milhões de dólares — para que ele não voltasse, em parte porque ele teria perdido oportunidades em outros empregos, mas desde que ele partisse calado. Este era o primeiro sinal de que o proprietário estava se preparando para as tempestades do verão seguinte. Assim, nas semanas e meses subsequentes à vitória final contra o Utah, houve sérias especulações em torno da volta do time intacto e da permanência de Phil Jackson como treinador. Em particular, a questão de Jackson dominava a mídia local, tornando-se assunto mais importante que a situação das escolas ou o orçamento municipal. Jackson não era um mero treinador, era uma peça-chave, pois Jordan, sabendo que Krause pretendia trazer um novo treinador para a equipe, havia declarado que só jogaria se o treinador fosse Phil Jackson.

Pouco antes do final da temporada de 97, Jordan comentara, brincando com alguns repórteres, que se ele fosse o chefe, pagaria a si mesmo 50 milhões por ano (um aumento de quase 20 milhões), a Jackson 50 milhões, a Pippen 75 milhões — um aumento de cerca de 72 milhões. Então ele percebeu que esquecera de Rodman. "Dennis ganha 25 milhões. Ele provavelmente merece mais, mas meu orçamento é muito apertado", disse Jordan.

Era evidente que a conquista do quinto título não havia aliviado as tensões no Chicago. A relação entre Jackson e Krause havia piorado significativamente no último ano (sem falar da relação entre Jackson e Reinsdorf, que sempre fora problemática), e Jackson parecia oscilar quanto a seus sentimentos por Reinsdorf; além disso, havia a relação entre Pippen e Krause, e todo o resto da organização.

Se Jordan fosse voltar, e a opinião pública de Chicago e toda a liga clamavam por isso, ele queria que o time retornasse essencialmente intacto, e isso significava que uma série de peças-chave tinham que ser ordenadas primeiro. Uma dessas peças era Scottie Pippen, o jogador que permitia que Jordan fosse Jordan nesse estágio de sua carreira, um jogador cujo jogo combinava perfeitamente com o de Michael.

Pippen, diferentemente de Jackson, Jordan e Rodman, ainda estava sob contrato com o Bulls. Quando a temporada de 1997 acabou, ele era talvez a única grande barganha da NBA e o mais infeliz com isso. O Chicago poderia negociá-lo e obter em troca um belo retorno em termos de reforços, mas se o fizesse Jordan e Jackson poderiam perfeitamente fazer as malas. O time se desfaria, e a culpa cairia principalmente sobre Reinsdorf e Krause. Mas se Reinsdorf esperasse um ano, Jackson e Jordan poderiam ter ido embora, e Pippen, que não escondia sua antipatia pela diretoria do Chicago, quase certamente optaria por ser dono do seu próprio passe, e eles não teriam nada em troca. De modo que a escolha de Pippen era difícil — optar pelo curto prazo e uma chance de ganhar o sexto título, e com isso agradar a torcida — de longe a opção mais popular — ou tomar a medida severa de trocá-lo, perdendo Jackson e Jordan, e assim desfazendo o time antes do fim do campeonato.

A antipatia de Pippen por Krause e pela organização era evidente. Ele era possivelmente o segundo melhor jogador da liga, mas com seus 3 milhões de dólares por ano, ele era o 122º mais bem pago. Isso era em parte sua própria culpa, como ele sabia. Havia optado por segurança no início de sua carreira, assinando um contrato de longo prazo, numa era em que um jogador podia, caso sua cotação subisse, renegociar o contrato. As regras mudaram no meio contrato, proibindo o direito de renegociação, e Pippen ficara trancado do lado de dentro. Mas mesmo em situações como essa, havia meios de a diretoria do time conseguir, para jogadores que eles admiravam e que tinham feito bastante pela equipe, um salário atualizado. A diretoria do Bulls não fazia isso. Muito pelo contrário. Krause e Reinsdorf pareciam agir com extrema má vontade para dar qualquer crédito público ao papel especial de Pippen na conquista dos títulos: embora o Bulls nunca tivesse ganhado nenhum título sem Michael Jordan, eles também não tinham ganhado nenhum título sem Pippen.

Krause e Reinsdorf mostravam que seu interesse por Pippen era limitado e que achavam que ele já não estava em sua melhor forma física. Se davam algum tipo de esperança de renegociação, pensava o agente de Pippen, essa só poderia vir de outra equipe. Pippen quase tinha sido trocado por Shawn Kamp, de Seattle, um ano antes, e era óbvio que o Chicago ainda estava interessado nessa troca. Dizia-se que Krause estava ansioso para começar a montar um novo time, sem Jordan; Reinsdorf, que poderia estar disposto a tanto, permanecia cauteloso. Mas no dia do *draft*, na primavera de 1997, ele quase foi negociado outra vez. Desta vez o acordo o levaria a Boston. Era um acordo complicado. Luc Longley, o pivô, aparentemente também fazia parte do acordo. Em certo ponto, o acordo incluía o Denver, que cederia seu jogador escolhido, possivelmente um jogador chamado Keith Van Horn, por quem diversos outros dirigentes, inclusive Krause, se interessavam seriamente. Mas, a certa altura, o New Jersey entrou na jogada e ficou com Van Horn, e o acordo caiu por terra.

Reinsdorf disse mais tarde que a decisão de não negociar Pippen e seguir rumo ao sexto título tinha sido sua. Ele disse que o fizera com sentimentos confusos: já havia visto muitos times envelhecerem da noite para o dia para se deixar levar por falso sentimentalismo. Como o próprio Reinsdorf lembrou, ele perguntara a Krause quão bons eram os jovens que eles estavam por contratar, se eles seriam peças importantes para um novo título, e Krause não parecera muito confiante. Com isso, disse Reinsdorf, ele decidiu partir rumo ao sexto título. Ele não tinha muito interesse pelos sentimentos de Pippen. Negociações assim eram parte do negócio — jogadores, mesmo os grandes jogadores, eram trocados o tempo todo. Jordan não era trocado porque ele era o Babe Ruth do basquete. Scottie Pippen não. Este era um mundo duro e frio, era o mundo dos negócios. Ele havia sido tolo ao deixar Kyle Rote Jr., um dos agentes de Pippen, saber o que ele estava fazendo o tempo todo. O que provavelmente aconteceu foi uma combinação de coisas: a troca ideal de Pippen caindo por terra, e a consciência de que Jordan e Jackson queriam Pippen de volta, assim como os fãs, é claro. Se o time estava desfeito, disse um relações públicas, a reação do público marcaria a imagem das duas franquias por toda uma geração. Isso não significava, é claro, que o Bulls não pudesse mais negociar com Pippen, mas ele não foi colocado à disposição. Com isso, o longo e árduo processo de trazer de volta o resto do time começou.

A declaração de Jordan contribuiu muito para o aumento da influência de Jackson naquele verão. Normalmente os treinadores, mesmo os vitoriosos, eram dispensáveis, os primeiros a ir embora na hora do aperto, e os mais fáceis de contratar nos bons tempos. Mas a lealdade de Jordan a seu treinador mudou essa equação. "Que sorte para Phil", um ex-treinador do Bulls disse na época, com um leve toque de inveja, "ele tem grandes representantes — um muito bom que é Todd Musburger (irmão de Brant, da NBC), e o maior da história dos esportes, que é Michael Jordan. Uma dupla quase invencível".

Nos últimos anos, as negociações em nome de Jackson, entre Todd Musburger e o Chicago, ficavam cada vez mais tensas. Uma das razões era a extraordinária mudança na remuneração dos treinadores, uma mudança de valor de mercado que era difícil para um dirigente aceitar, pois antes esse preço costumava ser definido por times pequenos. Mas bons ventos pareciam soprar na NBA. Devido ao inchaço de tantas folhas de pagamento e a tantos jogadores ganhando salários que pareciam imunes a qualquer motivação, o preço de treinadores credenciados que pudessem motivá-los — Chuck Daly, que fora um mago no Detroit, Pat Riley, que trabalhara tão bem em Los Angeles e Nova York, além dos prodígios dos times universitários — crescera de acordo. Se os treinadores ainda não ganhavam como Kevin Garnett, estavam ganhando o que até recentemente só Michael Jordan ganhava.

Tudo isso era bastante novo, e a ideia de pagar um salário de astro a um treinador parecia estranha à diretoria do Chicago. Em 1992, quando

Jackson, a caminho do seu segundo campeonato, assinou por 800 mil dólares anuais um contrato de três anos, Musburger considerou a cifra muito abaixo do valor de Jackson no mercado, talvez metade do que treinadores de qualidade comparável estavam ganhando; ele tinha certeza de que Jackson merecia muito mais. Mas Jackson não era, achava Musburger, um cliente ideal para guerras desse tipo: ele não era materialista o suficiente e parecia não ligar tanto assim para dinheiro. Ele queria um retorno justo para seus talentos, mas estava desconfortável com a crescente hostilidade que as negociações vinham produzindo. Naquele ponto Jackson acreditava que a organização do Chicago tinha sido muito boa para ele, e 800 mil por ano ainda pareciam um bom dinheiro. A certa altura, durante negociações bastante desagradáveis, Krause disse a Musburger: "Nenhum treinador do Bulls jamais ganhará 1 milhão de dólares. Escreva o que estou dizendo".

Mas Krause estava errado. Levado pelo quarto título e pelas crescentes expectativas e pressões para continuar vencendo em Chicago, o Bulls pagou 2,7 milhões de dólares a Jackson pela temporada 1996-97. Musburger sugeriu a certa altura um contrato de longo prazo, mas não houve nenhum interesse da outra parte, um sinal claro de que então o proprietário não apostava muito naquele time e em seu treinador, e já estava planejando uma nova fase, com um treinador de desejos mais conciliáveis com os da diretoria do time. Um ano mais tarde, quando a questão do salário de Jackson veio à tona, as negociações se tornaram infinitamente mais amargas. Para Musburger, tratar com Krause e Reinsdorf era como negociar com coreanos. Eles escolhiam lugares obscuros para se encontrar, edifícios de Reinsdorf, e exigiam sigilo, apesar de todos os torcedores saberem que renovar o contrato do treinador era uma prioridade máxima e que a capacidade de manter Jordan e outros jogadores essenciais advinha disso.

A essa altura, a má relação entre Krause e Jackson já afetava as instâncias superiores da organização. Desde que Jordan retornara do beisebol, Krause não escondera seu desejo de acabar com a equipe de Jordan. Ele já deixara isso claro em diversas declarações, todas expressando ou deixando entender a mesma coisa, que sua própria ideia de Dream Team era um time vencedor em Chicago, sem Michael Jordan, um time que daria muito mais crédito para a organização — isto é, Jerry Krause. Na época, parece que ele esteve envolvido num intenso romance profissional com o treinador do Iowa, Tim Floyd, e Jackson ouviu de amigos que Krause havia mandado algumas fitas de jogos do Bulls para Floyd. Uma série de pessoas envolvidas com o Bulls achava que Krause enfrentava um dilema pessoal, porque Jackson, um homem que ele havia tirado da geladeira para treinar, que estava abaixo dele na hierarquia, tinha se tornado mais conhecido e popular em Chicago do que ele. Quando Jackson era anunciado nas comemorações dos títulos, a torcida gritava como louca, e quando o nome de Krause era mencionado, a vaia era proporcionalmente intensa.

O que surpreendia Musburger nas negociações com Krause era a visão quase negativa que ele tinha do lugar de Jackson neste universo particular: era muito diferente de como a maioria das pessoas no basquete via Jackson. Outros viam como ele trabalhara bem durante todos aqueles anos, dedicando-se horas a fio à preparação dos jogos, especialmente nos *playoffs*, treinando com habilidade e mantendo unidos egos complexos e conflituosos, que tanto fazem como destroem grandes times da NBA. Mas ainda segundo Musburger, quando Krause falava sobre Jackson, falava sobre o que Reinsdorf e ele haviam feito por Jackson, tirando-o da rua quando ele estava desempregado e dando-lhe aquele bom emprego, pelo qual ele devia lhes ser grato e, portanto, saber o seu lugar. Para Musburger, o interessante quando Krause falava daquele jeito era que isso era completamente inconsciente — ele era incapaz de ver qualquer assunto complicado de qualquer ponto de vista que não o seu.

Quem lidava tanto com Reinsdorf como com Krause costumava achar que havia uma grande diferença entre as atitudes dos dois quando se tratava de negócios. Com Reinsdorf, nenhuma questão era pessoal, nada envolvia o ego, tudo se resumia a dinheiro. Com Krause era bem diferente. O ressentimento de Krause em relação a Jackson era quanto ao crédito por todos aqueles anos de vitórias. A vida era injusta: os treinadores eram mais visíveis, sempre diante das câmeras, já os dirigentes, não. Jackson, devido à natureza de sua personalidade, saía-se muito bem com diversos tipos de pessoas, tanto da mídia como em geral; Krause, por sua vez, tendia a ofender pessoas com o mesmo espectro de abrangência, especialmente gente da mídia, que ele desprezava sobremaneira, cuja missão na vida — descobrir e contar o máximo possível sobre os bastidores do Chicago Bulls — lhe parecia ser o trabalho de espiões inimigos. A palavra usada por ele, em particular, para se referir às pessoas da mídia era "putas".

Krause rezava pela cartilha da "importância da organização na conquista dos títulos", o que irritava muito os jogadores, especialmente Michael Jordan. O dossiê para imprensa do Bulls de 1997-98, em palavras subscritas por Krause, dizia que ele havia sido o arquiteto dos cinco títulos e o responsável pela aquisição de todo o elenco do Bulls, com a exceção de Michael Jordan. No verão, o apresentador de TV Billy Packer ligou para Krause para pedir o telefone da casa de Jackson, pois ele estaria escrevendo um livro sobre grandes treinadores que haviam levado seus times a conquistarem títulos. Packer queria ver se encontrava algo em comum entre o comportamento profissional e a maneira de pensar desses treinadores. "Por que você quer falar com ele?", perguntou Krause. "Fui eu quem formou esse time. Tudo o que ele fez foi treiná-los." Aquela, pensou Packer depois de desligar o telefone, foi uma conversa ao mesmo tempo reveladora e deprimente. "Eu sabia que de vez em quando ele costumava dizer coisas daquele tipo, que eram as organizações e não os jogadores que venciam os campeonatos, mas eu ainda não tinha notado que ele realmente acreditava nisso", Packer mais tarde comentou.

As negociações com Jackson para a temporada de 1997-98 se tornaram mais difíceis ainda. Os interesses comuns já tinham saído de cena havia muito tempo. Estava claro que Reinsdorf detestava negociar com treinadores por meio de seus agentes. Após o final da temporada, ele disse em alto e bom som que jamais contrataria um treinador intermediado por agente, porque os treinadores faziam parte da organização e por isso não precisariam de agente. Musburger, por sua vez, achava que Reinsdorf não estava era acostumado a ser desafiado em seus negócios. Nem mesmo agentes poderosos queriam cruzar seu caminho, receosos de que isso comprometesse seus futuros clientes. Mas Musburger representava, antes de tudo, a televisão, e não tinha o menor receio de fazer inimigos eternos. Mesmo que se tratasse de Reinsdorf.

As raízes do conflito eram relativamente profundas. Um ano antes, durante negociações também complicadas, tinha ocorrido um terrível confronto entre Reinsdorf e Musburger. Numa questão particularmente espinhosa, Reinsdorf, cuja especialidade original era direito tributário, insinuou algo como pagamentos paralelos, de modo que Jackson pudesse investir esse dinheiro sem pagar impostos. Desse modo, o dinheiro poderia ser investido e render livre de tributação por alguns anos. Ele disse que havia feito isso antes em outros negócios, inclusive com seus jogadores de beisebol. Nesse ponto, Musburger comentou que Reinsdorf parecia querer ser também o corretor particular de Jackson, ao que Reinsdorf rebateu: "Seu desgraçado, estúpido, você vai acabar estragando o negócio, do mesmo jeito que o contrato do seu irmão com a CBS. Eu falei com o Neal Pilson [o diretor de esportes da CBS] sobre você, e ele me disse que nunca teve problemas com Brent, mas que não aguentava fazer negócio com você". Essa referência tocou num ponto doloroso para Todd Musburger: ele se esforçara para obter um novo contrato para seu irmão com a CBS, mas a certa altura a CBS voltou atrás e desistiu de Brent, que acabou indo para a ABC. "Eu não devia ter dito aquilo", Reinsdorf comentaria mais tarde. "Eu estava certo no que disse, mas não tinha o direito de ter dito o que disse na frente do cliente dele." De qualquer modo, aquele tinha sido um péssimo momento. Musburger estava convencido de que finalmente havia conhecido o verdadeiro Jerry Reinsdorf, e depois da explosão entendeu que Reinsdorf não iria mesmo fazer negócio com ele.

Em pleno verão de 1997, o acordo inteiro parecia em xeque. Reinsdorf fez uma oferta de 4 milhões de dólares; Musburger havia pedido 7,5 milhões, o que era quase o que Rick Pitino estava ganhando em Boston. Larry Bird, que não era treinador, tinha assinado por 5 milhões em Indiana, o mesmo tanto que Chuck Daly estava recebendo em Orlando. Pat Riley, argumentando em favor de Jackson, fez o melhor contrato de todos: 3 milhões, mais isonomia salarial dentro do time. Jackson, pensou Musburger, não estava muito preparado para negociações tão tempestuosas. Quanto mais as palavras se tornavam ásperas, menos Jackson parecia disposto a discutir. Mas, no mínimo, Musburger queria um acordo justo. Em se tratando de Phil, era uma questão de honra.

Por fim, Reinsdorf disse que não conversaria mais sobre o assunto e viajou num avião particular para Montana para se encontrar com Jackson. "Só para resolver as coisas", ele disse. Ao chegar, entregou a Jackson uma oferta de contrato, que lhe pagaria 5 milhões de dólares por um ano de trabalho, aumentando sua oferta anterior em 1 milhão. Sabendo que o proprietário do Bulls estava indo para Montana, Musburger voou até lá para encontrar seu cliente, embora não chegasse a participar das negociações. "Isto é tudo o que eu tenho", foi o que Reinsdorf disse a Jackson sobre os 5 milhões. Então Musburger, apesar de pressionado por Jackson para aceitar a oferta, pediu 6 milhões. Mas aí eles emperraram de novo. Reinsdorf voou para o Arizona. (Talvez algumas das grandes diferenças entre os dois pudessem ser medidas pelo fato de que quando Jackson sugeriu que Reinsdorf ficasse um pouco mais e conhecesse alguns dos encantos da região, Reinsdorf disse que não precisava, pois já tinha visto tudo do avião.)

Quando voltaram a se falar, Musburger disse que 6 milhões era o mínimo. "Parece que você não entende, quando eu digo que é, é porque é, e pronto", Reinsdorf respondeu.

"Bom, talvez o que tenhamos aqui seja uma força irresistível diante de um objeto irremovível, de modo que não estamos conseguindo seguir adiante", disse então Musburger a Reinsdorf. Mas cerca de nove horas depois, Reinsdorf ligou para ele dizendo que aceitava os 6 milhões. As peças estavam começando a se encaixar. Pippen não havia sido negociado e Jackson conseguira o contrato, embora com uma cláusula que o dispensava se Jordan não renovasse o seu.

A coletiva com a imprensa anunciando a renovação de Jackson não foi exatamente a ocasião festiva que normalmente se vê quando um time traz de volta um técnico vencedor e incrivelmente popular. Jerry Krause anunciou a assinatura do contrato de uma maneira que a maioria dos repórteres locais considerou extremamente maliciosa, ressaltando que era apenas por um ano, independentemente de o Bulls conquistar ou não o sexto título. A consequência disso foi um novo *round* entre o treinador e seu chefe. Jackson disse que Krause parecia estar torcendo contra o seu próprio time, ao que Krause explodiu: "Eu não me importo com nada disso, mesmo que o time vença os 82 jogos, daqui a um ano você cai fora".

Agora que Jackson havia assinado, Reinsdorf tinha o caminho livre para sair à conquista de Jordan. Antes, porém, havia uma pendência a ser resolvida. Reinsdorf tinha ouvido dizer que Jordan estava aborrecido com ele. Seria verdade? Jordan disse que sim. Reinsdorf perguntou por quê, e Jordan mencionou que quando eles assinaram seu contrato anterior, o de 30 milhões de dólares, Reinsdorf teria dito que um dia iria se arrepender daquilo. Reinsdorf alegou não se lembrar, mas que se tinha mesmo dito tal coisa, pedia desculpas. No seu entender, isso punha fim à desavença. Mas as coisas não seriam assim. Mais ou menos na mesma época, Jordan se encontrou com Henry Louis Gates, o reconhecido historiador e escritor de Harvard, e citou-lhe a frase. Após todos aqueles anos sendo mal pago, mas mesmo assim carregando o Bulls nas costas nos piores momentos e ajudando a levá-lo a cinco campeonatos, disse a Gates, uma frase como a dita por Reinsdorf foi um soco na boca do estômago. Essas palavras acabaram saindo no *New Yorker*. Um ano depois, num ensaio para sua fotobiografia, Jordan voltou com a mesma frase. Esta indicava com clareza uma ferida que ainda estava aberta, e provavelmente refletia uma diferença de personalidades: o que Reinsdorf imaginava ter dito num tom irônico para consigo mesmo tinha sido entendido de modo completamente diverso por um atleta excepcional e orgulhoso, que entendeu a frase como uma tremenda falta de respeito.

Eles começaram a discutir o próximo contrato. Reinsdorf começou oferecendo 25 milhões de dólares, alegando que o anterior, de 30 milhões, tinha sido uma compensação pelos anos em que ganhara pouco. Logo ele estava chegando outra vez nos 30 milhões, mas Jordan achava que merecia um aumento — afinal, eles tinham ganhado o campeonato e ele tinha sido mais uma vez o MVP das finais. Um aumento, argumentou ele, iria recompensá-lo pelo bom trabalho realizado. Jordan e Falk sugeriram um aumento de 20%, que resultaria num total de 36 milhões. Reinsdorf resistiu, mas finalmente Jordan sugeriu que em vez dos 20% ficassem com 10%, levando seu salário à cifra inédita de 33 milhões. Reinsdorf imediatamente concordou que aquilo era justo e repentinamente se surpreendeu quando Falk propôs um novo acordo, de dois anos, de 36 e 40 milhões de dólares respectivamente. "David, o seu cliente não acabou de aceitar por 33 milhões?", perguntou Reinsdorf. "Não estou certo, Michael?" Jordan disse sim. Então, o negócio estava fechado, mas estava claro que a tensão que parecia envolver toda a organização atingia até mesmo o seu maior astro.

Dessa maneira, o preço de ser o melhor time do basquete e com o melhor elenco de todo o esporte começava finalmente a atingir um nível de mercado. Jordan estava na brincadeira por 33, Jackson por 6, Rodman, com vários benefícios, por quase 10 milhões; apenas nesse subtotal já havia 49 milhões de dólares. Ron Harper ganhava 5 milhões, Kukoc, 4. Pippen ganhava 3 milhões. O esperado dia em que ganharia um salário à sua altura ainda estava longe de chegar, e certamente não seria em Chicago. Mesmo sem contar os reservas, o custo do treinador somado ao do provável time principal elevava a folha de pagamento a mais de 60 milhões.

Nesse momento em que todos os outros já haviam assinado contratos novos e lucrativos, a raiva de Scottie Pippen aumentava cada vez mais. O fato de ele quase ter sido negociado de novo, quando todos os seus colegas de equipe e seu treinador estavam conseguindo belas recompensas, deixava-o muito nervoso. Para Jimmy Sexton, o principal agente de Pippen, o problema não era tanto o dinheiro, mas o respeito. Antes do início da temporada, seu descontentamento já tinha chegado ao limite. Ambas as partes chegaram a esse impasse depois de uma novela longa e tediosa; no verão de 1997, a coisa estava tão saturada, foram tantas as reclamações, os ditos e desditos, que tentar encontrar a verdade nessa situação era como procurar uma agulha num palheiro. A situação ficava ainda mais feia porque Jimmy Sexton já tinha representado Horace Grant, um grande ex-ala do Bulls que optara por ser dono do próprio passe, e que acabara assinando com o Orlando depois da temporada de 1994. Na época, a saída de Grant causou grande irritação: Reinsdorf tinha feito um acordo de cavalheiros com o próprio Grant, e depois Sexton o convencera a voltar atrás. Pior ainda: o Bulls não tinha recebido nada em troca. Ele não queria que o mesmo acontecesse no caso de Pippen. Este percebeu que havia duas formas de fazer negócio em Chicago: o de Jordan e o dos outros. Pippen via como a diretoria do Bulls se sentia à vontade ao negociar com Jordan — o modo como Reinsdorf o tratava como a um dos seus — e, embora ele reconhecesse a habilidade e tudo o que Jordan era capaz de fazer, diversamente dele, achava que também merecia algum tipo de *status* especial, pois ele não era apenas um pedaço caro de carne. Que ele não era apenas um membro do Dream Team, mas um de seus *astros*, e um dos cinquenta maiores jogadores da NBA de todos os tempos. Merecia aquele *status* especial que sempre lhe fora negado em Chicago.

Durante as finais de 1997, Pippen sentiu muitas dores no pé, mas mesmo assim conseguiu jogar. Entretanto, depois de acabada a temporada, ele não pediu para ser operado. O verão já havia terminado e outra temporada se iniciava. A maioria dos jogadores evitava cirurgias, mesmo que se tratasse de uma operação simples, mas no caso de Pippen, ele não confiou no Bulls e em seus médicos. Com a proximidade do início da nova temporada, Pippen, sentindo-se impotente e individualmente desrespeitado, escolheu a única saída para manter-se por cima: não fazer nada em relação ao pé. Essa era sua maneira de colocar o dedo na cara de Reinsdorf e Krause, um sinal da raiva que sentia: estava disposto a prejudicar tanto a sua saúde como as chances de seus colegas.

Sentindo-se mal mas profundamente determinado — de modo quase doentio —, sua desconfiança trazia sobre ele mais sentimentos ruins e mais desconfiança. Naquele verão, Pippen jogou em alguns jogos beneficentes, patrocinados por outros jogadores da liga, embora não tivesse operado o pé nem sido liberado pela comissão médica. O fato de ter jogado nessas condições produziu uma série de telefonemas furiosos de Krause, que lhe pedia para parar e desistir. Esses recados, por sua vez, deixaram Pippen ainda mais irritado, pois o Bulls parecia estar dizendo que ele era sua propriedade, que ele pertencia ao Bulls. Contrariado, ele reclamou com Jimmy Sexton que os faxes de Krause eram racistas — contudo, era mais provável que eles fossem exatamente como as outras coisas vindas de Jerry Krause, apenas o mau jeito de um executivo que não tinha a menor intimidade com aquele grande e sensível jogador.

Krause era excepcionalmente deselegante em quase tudo que envolvesse outras pessoas, sua evidente fraqueza emocional sempre lhe causava problemas ao lidar com uma posição de poder sem a mínima habilidade exigida por aquela atmosfera tão carregada. Krause era esperto, tinha um olho treinado e era inacreditavelmente trabalhador, e em todos os aspectos imagináveis ele tinha surpreendido ao se tornar um executivo de primeira linha da NBA. Qualquer espécie de situação que exigisse uma postura pessoal — fundamental para um executivo num posto de diretoria, particularmente nesta em que grande parte do trabalho era lidar com seres humanos extremamente suscetíveis — parecia sempre fugir de sua alçada. Em todas as negociações, sua autoestima parecia estar em questão tanto quanto o valor da pessoa com quem ele lidava. Discordâncias de sua opinião — algo comum no toma-lá-dá-cá das vultosas negociações esportivas, e que qualquer um mais tranquilo e mais seguro relevaria — tinham o poder de tirá-lo do sério por mais tempo do que o normal. Ele era inteligente, sério e imensamente vulnerável. O tipo de trabalho que fazia exigia que a pessoa soubesse resolver os problemas alheios. Em vez disso, Krause parecia estar sempre criando problemas. Todo tipo de questão que demandasse um pouco de leveza e isenção, em relação a negócios, com ele se tornava extremamente pessoal. Seu problema, como uma vez Reinsdorf chegou a comentar, era que ele se encantava com as pessoas e depois se desapontava quando ficava claro que sua relação era comercial, não afetiva. O fato de haver um componente de descontrole em quase tudo o que ele fazia parecia não incomodar Reinsdorf, em absoluto; por seu lado, Reinsdorf não achava assim tão mau que Krause deixasse tanto a dever como pessoa — agentes, jogadores e o pessoal da mídia já estavam quase sempre exaustos quando Reinsdorf subia no ringue.

Por conta do pé contundido, muito contrariado, Pippen não estava em condições de jogar quando a temporada começou, e isso podia perdurar até a metade segundo os médicos do time. Perto de atingir a plenitude de sua forma física, estava Dennis Rodman, o provocativo ala/pivô, que tinha se tornado uma espécie de ídolo da contracultura do basquete na sociedade contemporânea americana, devido ao fato de que ele pintava o cabelo de cores diferentes para cada ocasião, tinha o corpo coberto de tatuagens e muitos piercings. O que exatamente Rodman estava criticando — cabelos normais, peles sem marcas e corpos lisos — nem sempre era fácil de perceber. Ele reclamava muito e em voz alta contra as injustiças da NBA, onde, naquele ano, se fossem atendidas todas as exigências contratuais, repletas de benefícios, ele poderia faturar cerca de 10 milhões de dólares, além do que vinha de seus patrocinadores. Rodman tinha entrado no Bulls dois anos antes para sua segunda fase profissional, e se tornara parte essencial do time.

Phil Jackson achava que aquela seria uma temporada especialmente difícil. Ele já havia visto Pippen mal, mas, dessa vez sua raiva era maior do qualquer coisa que ele já tivesse presenciado, e havia se transformado num tipo de ódio cego que o levava a fazer coisas que iam contra seus próprios interesses. A distância entre os jogadores e os dirigentes era inédita na história do basquete moderno, ainda mais em se tratando do time campeão. Em Los Angeles, Jerry Buss e Jerry West, do Lakers, faziam seus jogadores se sentir como membros de uma família, e West sabia muito bem como as mudanças nas leis trabalhistas do basquete e acordos coletivos para salários defasados afetavam muitos aspectos comerciais do jogo, do mesmo modo que o aspecto humano das relações entre executivos e jogadores. O Boston, sob o comando do inabalável Red Auerbach, ainda era como uma família até meados dos anos 80, embora uma família de uma outra época, muito mais dada a emoções intensas do que aos sentimentos superficiais do final do século. Em Detroit, nos anos 80, a parceria entre Bill Davidson, Jack McCloskey e Chuck Daly havia ajudado a estabelecer uma marca forte e consistente, que primava por um relacionamento exemplar de jogadores e diretoria.

O afastamento entre jogadores e diretoria não deixava de ter um lado bom para Jackson, um homem flexível e sutil. Ele soube usar esse isolamento dos jogadores em relação à diretoria — a crença de grande parte dos jogadores de que a diretoria era essencialmente hostil a seus objetivos e não queria a conquista do sexto título — como uma força de união. Com o fim da temporada, Reinsdorf sentiu que Jackson havia beirado a traição, pelo modo como havia lidado com as tensões existentes e colocado os jogadores contra os dirigentes. Se aquilo era deslealdade ou simples astúcia, transformar um problema em uma vantagem, era impossível saber ao certo.

Jackson estava certo de que a temporada seguinte, de 1997-98, ganhassem ou perdessem, seria a última daquele time — "a última dança", como ele a chamava. Unido para essa última dança, ao menos aparentemente, estava um time mais velho e enfraquecido. Num esporte em que o atleta atinge o auge normalmente aos 27 ou 28 anos, Jordan estava perto de completar 35 (na temporada seguinte); Rodman estava com 37, e Pippen com 33. (Quando o Bulls ganhou seu primeiro título, Jordan tinha 28, Pippen e Horace Grant tinham 26.) Ron Harper faria 34 em janeiro e estava obviamente ao fim de sua carreira: jogava com artrite nos dois joelhos e era chamado de "Pernas Bambas" pelos parceiros. Toni Kukoc, em quem Krause tinha investido tanto, emocional e financeiramente, ainda precisava provar ser um jogador que podia atuar num nível alto e consistente, com a garra necessária. Os jogadores reservas eram mais espertos do que talentosos.

Além disso, os próprios jogadores sabiam como era difícil vencer três campeonatos consecutivos, mesmo nas melhores circunstâncias. O segundo ano fora bem mais difícil que o primeiro, pois à medida que as expectativas iam aumentando, as pressões se tornavam cada vez maiores. John Paxson, um jogador fundamental no time, que tinha participado das três primeiras conquistas, e que agora era apresentador de um programa esportivo, avisara os jogadores que o terceiro era sempre mais difícil que o segundo, pois não era fácil manter o mesmo nível de motivação e concentração. Ainda assim, Jackson achava que o Bulls tinha grandes chances de conquistar outro título. Os quatro jogadores mais experientes — Jordan, Pippen, Rodman e Harper — eram atletas extraordinários, estavam ainda em grande forma e jogavam como jovens. E mais, eram jogadores brilhantes. Jackson sabia que seu time tinha certas vantagens: inteligência, experiência e, sobretudo, cabeça no lugar, o que era muito importante nos *playoffs*. O Bulls sabia como e quando se concentrar e pôr em prática aquilo que o treinador dizia antes do jogo — uma vantagem que o diferenciava dos outros times, mesmo de alguns que tinham jogadores aparentemente mais talentosos.

Um pouco antes do início, Jackson conversou com Jordan e Pippen sobre a temporada seguinte. Os dois queriam saber se aquele seria o último capítulo de vitórias, e Jackson respondeu que sim, ele achava que eles tinham tido sorte de conseguir ficar unidos tanto tempo. Eles tinham que aceitar o fato de que tudo estaria acabado em junho. Sua opinião geral sobre a temporada era compartilhada por Jordan. "A gente vai ter mesmo que se superar dessa vez, não é?", disse Jordan. Jackson concordou, mas imaginava como Jordan faria para conseguir isso, especialmente com Pippen fora. Jordan sentia-se em condições razoavelmente boas, e bastante à vontade consigo mesmo àquela altura. Ninguém no esporte profissional tomava mais cuidado com o próprio corpo do que Jordan, e era por isso que ele ainda tinha aquela condição física, mesmo passados muitos anos do ponto em que seu corpo e suas habilidades deviam ter começado a declinar. Devido ao fato de o Bulls estar há tanto tempo num ritmo de vitórias, todos os anos a temporada pesava mesmo no meio de junho. A cada ano, Jordan sentia mais a necessidade de diminuir seu ritmo.

Pela ausência de Pippen, e com o banco mais fraco do que nunca, haveria um fardo ainda maior sobre Jordan naquele ano, e Jordan e seu *personal trainer*, Tim Grover, decidiram tentar chegar ao pico um pouco mais devagar do que de costume. Naquele verão, os exercícios começaram muito mais tarde do que o normal, e uma vez que Jordan estava em boa forma quando chegou para os treinamentos, Jackson fez pela segunda vez um programa de treinos apenas uma vez por dia em vez de duas, como era de praxe, para proteger Michael e os outros atletas mais velhos.

A importância de Jackson para aquele time não podia ser subestimada. Durante anos ele não tivera o reconhecimento merecido de seus colegas treinadores e da mídia, porque se presumia que era fácil treinar grandes jogadores como Jordan e Pippen. Ao longo de toda a jornada dos três primeiros títulos, ele não havia sido indicado sequer uma vez para Treinador do Ano. Que era fácil vencer com aqueles jogadores, era uma verdade de duas faces: se por um lado eles não eram apenas bons jogadores, mas também extremamente receptivos às ideias do treinador, por outro era extremamente difícil integrar um superastro da envergadura de Jordan a um jogo de equipe. Era sempre difícil obter dele o máximo sem inibir seu talento natural para tomar conta da partida, diminuindo instintos, habilidades e individualidades dos parceiros. Jackson tinha que maximizar as vastas habilidades de Jordan sem o deixar roubar o oxigênio dos outros jogadores, dentro e fora da quadra. Grandes jogadores, grandes egos: a vitória, na NBA e em qualquer outra parte, raramente permitia que os jogadores controlassem seus egos. Quanto mais um time vencesse, mais aqueles egos outrora moderados pelo bem da equipe tendiam a se manifestar com mais ênfase.

Jackson fazia essa delicada alquimia com tanta habilidade, e foi assim por tanto tempo, quase uma década, que isso por si só era surpreendente, dadas as pressões e motivações individuais na NBA, onde grandes e apaixonados jogadores rapidamente se cansavam de grandes e apaixonados treinadores, e vice-versa. Na moderna NBA, cheia de astros, era extremamente difícil manter o sucesso por muito tempo, e ainda mais manter uma boa relação treinador-atleta por qualquer período de tempo. Pat Riley, uma pessoa incrivelmente motivada, evidentemente tendo sucesso como treinador devido a suas limitações como jogador, tinha tido uma brilhante passagem pelo Lakers, que, entretanto, se estendera além da conta; aos olhos dos jogadores, ele parecia estar sempre exigindo compromisso demais deles, e ocorrera uma verdadeira rebelião contra ele no final de sua estadia em Los Angeles. O fato de que era Michael Jordan quem brigava para manter Jackson como treinador visando o sexto título era a mais alta honraria que um treinador poderia obter na NBA, muito mais importante do que o prêmio de Treinador do Ano.

Ao longo daqueles anos em Chicago, Jackson conquistara a confiança da maioria dos seus jogadores. Ele era esperto com eles; tratava-os como indivíduos e trabalhava habilmente para evitar que se chateassem. Acima de tudo, tratava-os com respeito. Agora, depois de tanto tempo como treinador, a maioria dos jogadores percebia quão apropriadamente ele trabalhara para integrar Jordan ao esquema, o que não era tão evidente quando esse processo difícil e doloroso começou, sete ou oito anos antes. Ele tinha conquistado e ainda mantinha o respeito de Jordan, sem que parecesse seu peão, o que faria cair seu conceito com os outros onze jogadores. Isso não era pouco. Sua habilidade em fazer Jordan acreditar na eficiência de um esquema tático de triângulos, e assim o fazendo passar a bola mais prontamente, era talvez o seu maior mérito.

Já em meio à disputa do segundo título, Steve Kerr, a quem foi pedido que descrevesse o segredo do sucesso do Bulls, respondeu que se tratava de um time incomum, no sentido de que muito de sua reputação e de seu caráter vinha do treinador. Para os jogadores mais limitados, não era fácil trabalhar com Michael Jordan, notou Kerr. Para homens orgulhosos como os atletas profissionais, também não era fácil lidar com legiões de repórteres todos os dias, sabendo que mesmo que você estivesse respondendo a suas perguntas, eles não tinham o menor interesse em você — tudo o que realmente queriam saber era sobre Jordan, ou eventualmente Pippen, Rodman ou Jackson. Num time com aqueles superastros, era fácil que os outros egos fossem esmagados. Jackson, sentia Kerr, era extremamente talentoso em manter todos envolvidos e deixar claro que cada jogador tinha o seu papel. O papel dos reservas era extremamente difícil, pois todos sabiam que sem Jordan nada de bom acontecia ao time, mas os jogadores também sabiam que se não fizessem sua parte e estivessem sempre prontos, nada de bom aconteceria tampouco.

4.
LOS ANGELES, 1997; WILLISTON, DAKOTA DO NORTE, 1962

O Bulls começou a brigar cedo na temporada 1997-98. Tudo aquilo que Jackson temia que pudesse dar errado não tardou a acontecer. Eles estavam com 6 vitórias e 5 derrotas quando chegaram a Los Angeles para enfrentar o sempre enrascado time do Los Angeles Clippers. Se as coisas andavam fracas para o Bulls, iam ainda pior para o Clippers, que estava com uma vitória e 10 derrotas, sob o comando de Bill Fitch, o antigo treinador de Phil Jackson na universidade. O Clippers era provavelmente o pior time da liga. Eles jogavam num ginásio horrível, o velho Los Angeles Sports Arena, e costumavam atrair meros 2 ou 3 mil torcedores em jogos contra times menores. Os ingressos só esgotavam quando o Bulls ou o Lakers davam as caras por lá, ocasião em que seus torcedores costumavam torcer pelo time visitante e só acordar para gritar o nome do Clippers se ao final da partida o time ainda tivesse alguma chance. O Clippers parecia ser um time amaldiçoado: não importava se terminavam mal uma temporada ou se começavam contratando novos talentos universitários; parecia que eles nunca melhoravam, e quando conseguiam alguns jogadores jovens e habilidosos, estes partiam assim que tivessem uma chance.

Naquela noite, contudo, o Clippers parecia destinado a vencer. O Bulls estava terrível, sem nenhum vestígio daquela aura de invencibilidade. Aquele era o quinto jogo fora de casa, e ainda era preciso vencer mais um. No início do segundo quarto, o Los Angeles liderava o placar por 36 a 18. Jordan tinha começado mal, convertendo apenas três de seus catorze arremessos. Gradualmente, o Bulls deu início a uma reação, e começou a encostar no Clippers. Ao final da noite, Jordan estaria marcando 18 de 36, o que significava que ele convertera quinze de seus 22 últimos arremessos. Jordan tinha tomado para si a tarefa de levantar o time, e ao final do tempo regulamentar o placar estava empatado, 92 a 92, com Jordan tendo marcado os últimos sete pontos do Chicago. No primeiro tempo da prorrogação, o Clippers liderava com 102 a 98, faltando apenas 39 segundos, mas Jordan saltou e converteu mais dois pontos. Então, a quinze segundos do fim, ele sofreu falta, mas desperdiçou o primeiro arremesso. Jackson berrou para que ele perdesse deliberadamente o segundo; ele errou, mas conseguiu pegar o rebote. A oito segundos do final, ele subiu para a cesta e empatou a partida.

No segundo tempo da prorrogação, Michael marcou nove pontos para o Bulls, o que significava que 22 dos 26 últimos pontos do time tinham sido dele. Los Angeles não marcou nada no segundo tempo da prorrogação. Embora Jordan tivesse dado mostras de estar exausto, incluindo três arremessos desperdiçados no final, ele marcou os últimos treze pontos da partida. Ele tinha se recusado a deixar o vulnerável Bulls daquela noite perder um jogo por parecer não estar apto a corresponder às expectativas. Ele jogou 52 minutos e marcou 49 pontos. Um jogo desimportante se tornava um jogo importante; uma provável derrota se tornava uma vitória. Esse era o tipo de coisa que acontecia dez ou doze vezes durante a temporada, sua vontade de vencer triunfando sobre a exaustão de seu corpo. Muito poucos entenderam o que aconteceu — era preciso estar com o time dia após dia e ver todos os jogos, especialmente os que pareciam menos importantes, para entender que ele fazia aquilo toda noite. Aquela especial força de vontade fazia uma enorme diferença nos registros da campanha, e isso significava que ao final da temporada o Bulls teria a vantagem de jogar em casa as finais da Conferência Leste.

O jogo do Bulls contra o Clippers naquela noite foi marcado pelo encontro dos caminhos dos dois técnicos e velhos amigos Phil Jackson e Bill Fitch. Dessa vez, eles compunham uma cena contrastante. Jackson, em busca do sexto título, no seu nono ano como treinador, tinha o melhor percentual de vitórias da história do basquete. Fitch, que 35 anos antes havia selecionado Jackson no colégio, em Williston, para a Universidade de Dakota do Norte — e que sempre fora um obsessivo por trabalho —, estava agora treinando o que provavelmente era o pior time da liga e certamente trabalhando para a organização mais conturbada. Fitch tinha começado a temporada com a duvidosa distinção de ter perdido mais jogos do que qualquer outro treinador na história da NBA; essa era a derrota 1.052. Fitch tinha exercido grande influência sobre a carreira de Jackson, e quando Joe Jackson, o irmão mais velho de Phil, falava sobre a carreira dele, sempre mencionava a sorte que ele tinha tido por ter sido treinado por alguém tão jovem e talentoso quando estava no colegial — um técnico que podia e de fato proporcionou tanto a ele.

Depois do jogo do Clippers, Jackson saboreou sua primeira vitória fora de casa e o fato de ter escapado de uma vergonhosa derrota diante do Clippers, mesmo pelo mais apertado placar. Ele tinha afeição por Fitch. "Ele ainda está sob o impacto do jogo — não vai dormir esta noite, vai ficar acor-

A fúria: Michael Jordan sobe para enterrar em cima do Clippers, no velho Los Angeles Sports Arena.

dado a noite inteira vendo filmes." Eles o chamavam de "Capitão Vídeo" em Boston, quando treinava o Celtics, por causa da mania de ficar em casa sozinho assistindo a vídeos. Eles se conheciam desde o segundo ano colegial de Jackson, em 1962. Agora Fitch estava ganhando 2 milhões de dólares por ano, e Jackson, que um dia fora seu protegido, ganhava 6 milhões, nada mal para nenhum dos dois, mas, dadas as dificuldades em treinar seus respectivos times, os salários deveriam ser o contrário.

Estar num jogo da NBA em Los Angeles em 1997, mesmo sendo um jogo do Clippers, marcava um longo caminho desde a Escola Williston naquela primavera de 1962, quando Fitch conheceu e decidiu recrutar Jackson. Jackson estava no segundo colegial, e já era um atleta promissor: jogava futebol, basquete e arremessava no beisebol, além de ser membro da equipe de atletismo, ter quase dois metros de altura (1,95 m) e pesar 73 kg. Jackson crescia num ritmo acelerado — um ano antes ele tinha 1,85 m e pesava 64 kg, o que lhe rendera o inevitável apelido de "Ossos". Fitch acabara de assumir o cargo de treinador de basquete no time da universidade. Outro treinador tinha recebido a mesma oferta e aceitado, mas sua esposa disse que se ele fosse para Grand Forks teria que ir sozinho, porque lá era frio demais. Logo, Fitch ficou com a vaga. Ele se esmerou na escolha dos novatos, tentando criar de uma hora para outra um programa de basquete numa escola conhecida por seus times de futebol e hóquei. Antes, em Craigton, Fitch havia treinado tanto basquete como beisebol e tinha sido uma espécie de olheiro de beisebol do Atlanta Braves, na época em que ficou sabendo de um jovem chamado Phil Jackson. Diziam que Jackson, de quem Fitch havia ouvido falar mas não conhecia pessoalmente, era um rapaz alto e magricela, com dois metros ou mais. "Não deixar passar", era uma de suas anotações de espionagem.

Fitch, louco para começar logo seu programa, foi até Williston num dia frio de abril para assistir Jackson jogar num campeonato amador. "Ele estava praticando arremesso de disco, estava ventando muito e ele era magro como um lápis. Minhas anotações de olheiro de beisebol estavam corretas. Nunca tinha visto ninguém tão magro e ao mesmo tempo tão forte arremessando disco. Acho que ele estava preso ao chão para não sair voando. Eu me apaixonei assim que o vi. Ele era tudo o que um olheiro quer: um jovem muito bom, educado, tudo 'sim, senhor; não, senhor', um ótimo aluno, um jovem determinado a vencer — e isso se via de cara. Filho de beatos. Eu disse que o queria no meu time naquele mesmo dia." Vendo a urgência do treinador, Jackson mostrou para Fitch o que ele chamava de o "truque do carro". Ele se sentava no banco de trás de um carro qualquer e, esticando seus braços compridos, abria as duas portas ao mesmo tempo.

Alguns meses depois, Fitch atravessou o estado para ser orador do Banquete Anual do Colegial, em Williston, com a firme decisão de levar Jackson para Dakota do Norte. "Simplesmente a coisa mais perigosa que já fiz em toda a minha vida", lembrou-se, "de lá para cá eu já fiz até uma cirurgia cardíaca, mas a vez em que estive mais perto da morte foi naquela viagem. Houve uma terrível nevasca, mais de meio metro de neve, a pior tempestade em muitos anos. Ninguém estava conseguindo passar. Por toda a estrada, os carros estavam cobertos de neve. Naqueles dias em Dakota do Norte, uma das coisas que se fazia em viagens longas era levar velas no porta-luvas, para, no caso de ficar preso, acender as velas e esperar ser encontrado por alguém. Havia carros com velas acesas ao longo da estrada toda, e achei que eu fosse o único que tinha conseguido escapar. Três dias depois, ainda havia corpos congelados dentro dos carros pelo caminho". Fitch, de algum modo, conseguiu dar um jeito de chegar para a festa, onde fez muito sucesso junto à torcida local ao convidar o jovem Phil Jackson para o palanque, sacar um par de algemas e dizer: "Eu quero você", enquanto o algemava.

Jackson gostou imensamente de Fitch: ele era jovem, na época apenas 32 anos, e animado, sua energia e seu entusiasmo contrastavam drasticamente com a aparente frieza do treinador que o procurara antes, Johnny Kundla, da Universidade de Minnesota. Talvez pelo fato de o time representado por Kundla ser muito mais poderoso, acostumado a arrematar todos os jogadores pelos quais se interessava, ele tivesse aquele jeito tão aéreo e distante. Ele convocara Jackson e quatro outros candidatos para uma peneira na universidade, em Minneapolis, dizendo-lhes que eram os cinco escolhidos para o time B do ano seguinte (calouros não podiam ser escolhidos para o time principal naquela época). Era como se eles não tivessem nada a decidir: ele os queria, logo, eles viriam. "Vocês serão a turma do próximo ano. O nosso programa é ótimo. Vocês vão gostar do programa, vão gostar da universidade, e se tiverem qualquer dúvida, me liguem." E com isso saiu da sala. "Aquele era o seu jeito de selecionar", disse Jackson trinta anos depois, sem nenhuma maldade. Ele escolheu o Dakota do Norte.

Ele adorou jogar no Dakota do Norte. Quando era pequeno, ele já mostrara um enorme potencial como arremessador de beisebol e diversos times profissionais se interessaram por ele, mas por algum motivo que nem mesmo ele entendia, acabou sendo empurrado para o basquete. Paul Pederson, dois anos mais velho do que Jackson, já era um astro do time e também um excelente aluno, e Fitch propositadamente os colocou no mesmo quarto para que Pederson instruísse Jackson naqueles primeiros anos de universidade. Pederson achava que Fitch sempre soubera que sentia algo especial por Jackson e era sempre muito cuidadoso com ele. Severo e duro para com a maioria dos jogadores, ele era surpreendentemente gentil com Jackson, ciente de tudo o ele estava tendo que passar enquanto seu físico ia se transformando e conhecendo seu conflito emocional causado pelo modo rígido com que fora criado, num lar fundamentalista, e a vida mundana, para alguns até mesmo pecaminosa, de universitário.

Jackson era um atleta bom e esforçado, com talentos incomuns e alguns pontos fracos. Alto, um pouco desengonçado, mas com alguma velocidade nos pés, ele tinha aqueles braços compridos e um bom arremesso em gancho com a esquerda que sempre o ajudou no tempo de universidade. O que Fitch tinha que trabalhar com ele era a defesa, especialmente a marcação sob pressão. Pelo fato de ele estar querendo aumentar sua agilidade na universidade, mas também por pensar eventualmente em levá-lo para o esporte profissional, Fitch trabalhava constantemente com Jackson numa coisa que eles chamavam de formação de hóquei. Era uma formação três-a-três, e a função de Jackson era comandar a pressão da defesa. Fitch sempre o usava contra os jogadores menores e mais rápidos. Era uma prova de destreza bastante difícil, de que Jackson se valeria muito no futuro.

Todos os times de Dakota do Norte em que Jackson jogou se saíram bem enquanto contaram com ele. Nos dois anos seguintes, terminaram em terceiro e quarto lugares respectivamente, no Torneio da Segunda Divisão da NCAA,[1] perdendo duas vezes para um time de Southern Illinois liderado por um jovem chamado Walt Frazier, a quem Jackson era incumbido de marcar, embora com limitado sucesso. ("Ele era muito mais rápido do que eu", lembra-se Jackson. "E me deixou duas vezes comendo poeira.") Por uma série de razões étnicas, Dakota do Norte não era considerada uma terra fértil para o basquete, e a maioria dos olheiros do basquete acreditava que dali só saíam garotos brancos, lentos, pesados e obedientes. Mas havia dois olheiros prestando atenção nele. Um era Jerry Krause, então trabalhando como olheiro do Baltimore Bullets (que mais tarde viraria Washington Bullets, e depois Washington Wizards). Krause veio ver Jackson no inverno de 1966-67, seu último ano, gostou dele e quis levá-lo para o Bullets para jogar no profissional.

---

[1] National Collegiate Athletic Association: associação que congrega todos os esportes universitários nos Estados Unidos. (N. T.)

Krause, que viria a desempenhar um grande papel na vida de Jackson, tinha ouvido falar de um jovem um tanto esquisito de Dakota do Norte, de braços exageradamente compridos, e dirigira através de uma tempestade de neve, o que como se vê parecia fazer parte da dura vida de qualquer olheiro, para ver Jackson jogar contra o Loyola. "Jerry, você já viu braços mais compridos do que esses?", Bill Fitch perguntou, e então pediu que Jackson fizesse o "truque do carro", o mesmo que impressionara Fitch quatro anos antes. Naquela noite, como lembrou Krause, Jackson convertera dezoito lances livres. Krause esperava conseguir Jackson na terceira rodada, mas o New York Knicks também estava de olho nele.

Red Holzman estava interessado em levar Jackson para o Knicks e gostara muito dele. O que mais o impressionara era o modo como Jackson conduzia a marcação, porque ele era surpreendentemente solto para alguém que não era exatamente um atleta leve. "Como você conseguiu tirar isso dele? Como conseguiu que se movimentasse tão bem?", Holzman perguntou a Fitch depois de vê-lo fazer a marcação. Fitch contou-lhe então sobre a tática do três-a-três. O Knicks ficou com ele na segunda rodada, antes da escolha do Baltimore.

Era estranho para Jackson estar no centro de toda aquela histeria do basquete contemporâneo, treinando o atleta mais famoso do mundo, voando todo dia em jatinhos particulares, precisando de seguranças para escapar das multidões depois dos jogos, e ganhando cerca de 60 mil dólares por jogo, inclusive nos *playoffs*. Aquela quantia era quase o dobro da do primeiro contrato com os Knicks, que era de dois anos inteiros. Sua carreira profissional, que completou trinta anos em 1997, era grande parte da história moderna da NBA. A televisão era tão recente nas grandes planícies, onde crescera, que ele assistira a poucos jogos da NBA, nenhum antes de ir para a universidade; os eventos esportivos televisionados em sua infância, e que lhe permitiam assistir — não em sua própria casa, é claro — tinham sido os jogos da World Series. Na universidade, ele conseguira ver alguns poucos jogos da NBA. E nunca um do New York Knicks.

Um time que competia na Associação de Basquete Americana (ABA), o Minnesota Pipers, também o procurara e oferecera um contrato de dois anos, com garantia, de 25 mil dólares. O Knicks cobriu a oferta, oferecendo 26 mil por dois anos — 12.500 e 13.500 —, mais um bônus de 5 mil dólares na assinatura do contrato. Parecia uma enorme quantia de dinheiro na época, e Jackson assinou com entusiasmo. Ele estava certo de seu futuro: jogaria por alguns anos, faria os cursos de graduação no verão, obteria eventualmente um diploma em psicologia, e depois iria para algum tipo de trabalho em que pudesse usar seus conhecimentos. Ele estava certo de que sua vida já estava arranjada. Ele viajou para Nova York no início de maio de 1967. Foi uma experiência reveladora. Red Holzman, ainda não o treinador, mas o encarregado de tratar com os jogadores, foi encontrá-lo no aeroporto. Foram de carro até Manhattan, e quando passavam por um túnel no Queens, um moleque jogou uma pedra na janela de Holzman e o vidro se espatifou. Holzman, absolutamente enfurecido, xingou até perder o fôlego. Finalmente controlou sua raiva, virou-se para Jackson e disse: "Esse é o tipo de coisa que você vai ter que aturar morando em Nova York".

Jackson teve um breve encontro com Eddie Donovan, diretor geral do time, que nunca o vira jogar. Donovan perguntou-lhe o que ele sabia sobre basquete profissional, e Jackson respondeu que havia visto alguns *playoffs* quando estava na universidade. Aquilo pôs um ponto final na conversa. Ele nunca tinha visto nada parecido com Nova York. Era o auge da guerra do Vietnã e havia um protesto naquele dia. Ele esperava que, por Nova York ser uma cidade liberal, aquela fosse uma manifestação contra a guerra, mas naquele dia de primavera a manifestação era a favor da guerra, feita por trabalhadores de direita, e a coisa ficou feia. Aquilo o deixou surpreso e ao mesmo tempo um pouco assustado. Ele foi andando sozinho pela cidade e a certa altura parou num pequeno café onde duas garçonetes brigavam por uma gorjeta. Ele continuou seu passeio, encontrando em outros lugares da cidade pessoas que viviam embaixo de caixotes de papelão, criticando a guerra. Este seria um lugar fascinante para jogar, ele concluiu. Sua busca — então ele percebeu — finalmente tinha começado.

"Phil sempre me surpreende", disse Bill Fitch anos depois. "Quando eu o vi pela primeira vez, a última coisa que pensei foi que ele pudesse se tornar um jogador profissional — não achei que ele se tornaria um pastor, mas que ele queria sair dessa. Quando ele entrou na universidade, achei que pudesse vir a ser um professor universitário algum dia. Daí ele foi ficando cada vez melhor e alguns anos depois estava jogando pelo Knicks; ele de fato se tornou um jogador profissional, e dos bons. Eu me lembro de tê-lo visitado em Nova York naqueles dias. Acho que passamos todo o tempo juntos no Greenwich Village, e ele tinha o cabelo até o ombro, não era um hippie, mas um super-hippie. Então eu fui embora naquela noite, e a última coisa que eu pensei é que ele fosse virar treinador de basquete."

5.
CHAPEL HILL, 1980

No verão de 1980, Michael Jordan teve a oportunidade de treinar no ginásio de basquete Dean Smith, o que era uma grande coisa na Carolina do Norte, porque se acreditava que só os melhores jogadores eram convidados. Seu amigo, Leroy Smith, foi com ele, e eles foram colocados juntos com dois jogadores brancos do oeste do estado, Buzz Peterson e seu colega de equipe Randy Shepherd. Buzz já era uma figura conhecida nos esportes colegiais da região, um candidato a Mr. Basketball na Carolina do Norte, uma honraria que era concedida ao jogador de maior destaque do colegial. Isso fazia dele um dos astros do ginásio, juntamente com Lyn Wood Robinson, que tinha sido o cestinha do time do colegial no campeonato estadual, e já estava sendo considerado o próximo Phil Ford, um jogador que fora não só um grande astro da Carolina, mas um dos mais talentosos e temidos cestinhas da NBA antes que as contusões arruinassem sua carreira.

Anos mais tarde, devido ao fato de Smith e outros treinadores não terem demonstrado quão impressionados ficaram quando o viram pela primeira vez, viria a ser parte do mito de Michael Jordan que ele fora escolhido apenas num segundo momento, alguém com quem os treinadores tinham topado por acaso no ginásio e a quem tinham decidido oferecer a oportunidade de entrar para a universidade. Essa versão o colocava como uma pessoa de habilidades normais, com a equipe da Carolina surpresa pelo constante desabrochar de suas habilidades, assim como os times adversários.

Isso não era exatamente verdadeiro. Michael Jordan teve um desenvolvimento normal, mas não *tão* normal. A equipe de treinadores da Carolina do Norte sabia desde o primeiro dia em que ele aparecera, naquele verão de 1980, que ele era imensamente talentoso. Ao final daquela semana, embora os treinadores quisessem mesmo Peterson e Robinson, a principal escolha recaiu sobre Michael Jordan, de Wilmington Lane. Eles tinham ouvido falar de Michael Jordan pela primeira vez no início daquele ano, quando Michael Brown, o diretor do programa esportivo da escola do condado de New Hanover, Wilmington, ligou para Roy Williams, um jovem assistente da equipe de Dean Smith, e disse que tinha um jogador que era muito provavelmente o melhor jovem atleta em quem já tinha posto os olhos. Aquela ligação ocorrera no início do segundo colegial de Jordan, logo depois de seu primeiro surto de crescimento. A princípio, Williams estava designado para ficar de olho nele, mas no último minuto os papéis foram trocados, e a tarefa acabou ficando para Bill Guthridge, que era o principal assistente de Smith. Quando Williams, cujo interesse havia despertado com o telefonema de Brown, perguntou a Guthridge o que ele tinha achado do menino Jordan, Guthridge respondeu que era difícil dizer. Tudo o que ele tinha feito naquela noite fora arremessar um bocado de vezes, disse Guthridge. "Mas ele tem algo mais", acrescentou, querendo dizer que no mínimo ele tinha uma habilidade atlética que o permitiria correr e saltar melhor que a maioria dos garotos. O que Bill Guthridge disse a Dean Smith foi que Mike Jordan era bom o bastante para competir na Conferência da Costa Atlântica (ACC), bastante dotado atleticamente, com habilidades ainda por desenvolver. Aquela foi a única vez que um olheiro o procurou em seu segundo ano colegial.

Uma das tarefas de Roy Williams era assegurar que os melhores jogadores do estado fossem para o ginásio de Smith, mas além de escalar Buzz Peterson e Lyn Wood Robinson, ele chamou também o treinador da escola de Jordan, Pop Herring, e conseguiu que Jordan e Leroy Smith viessem. Cerca de quatrocentos garotos do colegial tinham ido até lá naquela semana, jogadores de todas as idades, tamanhos e habilidades. Alguns eram do interesse do Carolina do Norte, mas a maioria tinha pouco talento e esperava que com um impulso daquele ginásio conseguissem entrar para o time de suas escolas. Estava brutalmente quente naquele primeiro dia. Roy Williams estava encarregado de todos eles, e assegurou-se de que todos pudessem jogar um pouquinho no Carmichael Gym, que era onde o Tar Heels se apresentava em seus jogos locais. Desse modo, quando fossem para casa, todos poderiam contar para seus amigos que haviam jogado no histórico ginásio. Por causa disso, Williams tinha que entrar e sair com eles do ginásio bem rápido, e ele organizou as coisas do melhor jeito que pôde: os grandes jogavam com os grandes e os pequenos com os pequenos. Ele os dividiu em grupos de trinta, o que significava que eles podiam jogar três partidas de quadra inteira ao mesmo tempo.

Ele também ficou atento para aquele jovem de Willmington, Mike Jordan, e logo se apresentaria para um garoto novo, meio esquálido. Quando o grupo de Jordan terminou, Williams o separou dos outros e sugeriu que ficasse para uma segunda sessão. Depois Jordan deixou o ginásio com os outros, mas deu um jeito de voltar ao ginásio para uma terceira sessão. Aquilo impressionou Williams, que adorava qualquer sinal de um "rato de quadra", mas ele ficou ainda mais impressionado com o que viu em Jordan: a habilidade atlética em estado bruto que o diferenciava de todos os outros garotos presentes e fazia dele o tipo de jovem jogador que todo treinador sonha em encontrar. Quando os exercícios terminaram, Williams voltou ao escritório de Eddie Fogler, outro assistente de Smith e um amigo íntimo, e disse: "Acho que acabei de ver o melhor jogador de colegial da minha vida".

"Quem é?", perguntou Fogler.

"Mike Jordan — o garoto de Wilmington", respondeu Williams, que viria a ser um dos treinadores de maior sucesso nacional no Kansas. Ele tinha ficado simplesmente boquiaberto com a habilidade atlética, rapidez, impulsão e intensidade na defesa de Jordan — os garotos que ele marcava simplesmente não conseguiam respirar. Além disso, Jordan parecia ter aquilo que os treinadores costumam chamar, na falta de expressão melhor, de faro para a bola. De certo modo, não importava o que acontecesse — uma bola perdida, uma bola impossível de recuperar nos limites da quadra —, pois Jordan parecia alcançar a bola mais rápido do que qualquer um. Essa foi a primeira mostra dos feitos de Michael Jordan.

Buzz Peterson, Randy Shepherd, Michael Jordan e Roy Smith facilmente se entrosaram por causa do basquete. A primeira dupla podia ser de garotos brancos de classe média de Asheville, na região dos apalaches, e a segunda de dois garotos negros da cidade costeira de Wilmington, porém, mais do que qualquer coisa, eles eram quatro apaixonados "ratos de quadra". Aconteceu de Shepherd e Jordan ficarem no mesmo grupo e jogarem juntos todos os dias, enquanto Peterson e Smith estavam em outro grupo. Todos os dias, Shepherd contava a seu antigo parceiro o que tinha acontecido no treino, e todo dia as novidades eram sobre Jordan. Elas aumentavam diariamente. "Ei, Buzz, aquele cara, o Mike, do quarto do lado, é mesmo bom, ele tem uma tremenda impulsão", contou Shepherd no primeiro dia. No segundo dia foi: "Ele é ótimo", e no terceiro: "Buzz, você não imagina o que é jogar com ele — é só você chamar uma ponte aérea (um passe lançado acima do aro, de modo que um outro jogador possa interceptar o passe no ar e enterrar) e pronto. Ele não gosta muito de jogar fora do garrafão, mas dentro ele é um matador, porque é muito rápido e sobe muito alto". No quarto dia: "Buzz, a gente nunca viu ninguém como ele. Acho que esse cara pode jogar na NBA". Jordan era pele e osso, achava Shepherd, mas já dava para ver o desenvolvimento da movimentação, quando ele pegava a bola, passava por debaixo da cesta, virava no ar e convertia. Poucos garotos no colegial conseguiam fazer aquilo.

No meio da semana, Randy Shepherd, que se considerava um jogador mais para peão do que para rei — um jogador de limitados talentos inatos, que trabalhava aplicadamente para maximizar cada aspecto de seu jogo e que dava tudo de si para melhorar seu físico —, estava sonhando mais alto com seu futuro no basquete. Ele havia chegado ao ginásio achando que ser admitido na Universidade de Chapel Hill, o que era praticamente certo para seu amigo Buzz, estaria além de seu alcance, e que ele teria que se contentar com uma escola pequena e de menor prestígio. Mas nesse momento, pelo fato de aquele Michael Jordan fazer com que ele se saísse tão bem, começava a sonhar com a possibilidade de ficar na Carolina do Norte. Ao final da semana, havia uma conversa de alguns técnicos do Carolina sobre a hipótese de Shepherd ir para lá emprestado. Ele não foi, preferindo em vez disso jogar no Asheville da Carolina do Norte. Mas ele sempre suspeitou que Michael o tivesse favorecido.

Isso era uma coisa absolutamente fascinante, pensava Shepherd. Lá estavam eles, quatro garotos da Carolina do Norte, dois negros e dois brancos, se entendendo tão bem, saindo sempre juntos. Embora ele e Buzz fossem os melhores amigos no colegial e tivessem jogado no quintal de Buzz tantas noites, tantas vezes invadindo o ginásio da escola quando já estava fechado, ele podia sentir a separação que o basquete estava provocando entre eles, assim como entre Roy e Mike. Pois Randy Shepherd tinha um agudo senso do que acontecia ao seu redor, em parte porque Roy Williams e os outros treinadores do Carolina não desgrudavam os olhos de Buzz Peterson e Mike Jordan. Não era algo declarado, mas estava claro que Randy e Roy ficariam no basquete universitário de alguma escola pequena, não alcançariam o nível de seus dois amigos. Buzz e Mike seriam bastante requisitados; acabariam em algum time de renome — Carolina, Duke ou Kentucky — e provavelmente seriam astros por lá, e ambos poderiam jogar profissionalmente.

Havia um reconhecimento não oficial desse fato entre os quatro, com uma incipiente amizade entre Jordan e Peterson, devido ao nível mais elevado da habilidade dos dois. "Roy e eu estávamos um ponto ou dois abaixo, e nós entendíamos isso", Shepherd diria anos mais tarde. "Michael e Buzz estavam só começando a surgir, e o futuro era deles, claramente. Eles viam seus destinos de forma muito similar, e isso os aproximava mais e mais." A separação não foi exatamente a de dois colegas de escola, um indo para a universidade, outro ficando para trás na pequena cidadezinha, tendo que levar a vida como trabalhador braçal; mas também não foi muito diferente disso.

Buzz Peterson tinha sido pego pela exuberância de seu novo amigo. Jordan parecia ter uma alegria quase inata. Seu prazer parecia vir só do basquete, e ele irradiava o tipo mais natural de autoconfiança. Ele já estava começando a dar sinais do grande jogador que viria a ser, mas isso acontecia com uma inocência quase infantil, que não resultava arrogante, mas suave. Anos depois, quando Peterson, já maduro, se tornou um treinador do basquete universitário, ele entendeu melhor o processo pelo qual Jordan estava passando: a explosão de talento e segurança emocional. A coisa que Michael mais amava no mundo era o basquete, e depois de todos aqueles anos lutando contra a limitação da altura, ele estava apenas começando — de repente tinha chegado a um metro e noventa e quatro — a compreender suas reais possibilidades. Ele estava se conduzindo à superação de seus próprios limites e descobrindo, naquele momento em particular, que graças ao dom de sua habilidade não havia limites para ele. "Ele sabia que ainda ficaria muito melhor e pela primeira vez teve a sensação daquilo que o futuro lhe reservava — e estava adorando", disse Buzz.

O ginásio de Dean Smith era muito rígido; enfatizava os fundamentos, de modo que não havia muitas oportunidades para Jordan mostrar seu talento puro. No máximo, uma ocasional enterrada, mas os jogadores não eram encorajados a partir em direção à cesta e fazer tudo sozinhos. No quarto dia, Buzz Peterson ainda não tinha visto Jordan jogar porque ele estava em outro grupo, mas um dia, ao voltar do treinamento físico, viu um bate-bola numa das quadras externas. Alguns dos novos jogadores do time do Carolina, como Mike O'Koren, Al Wood e Dudley Bradley estavam passando por ali e chamaram Jordan e outros para jogar com eles. O jogo estava muito intenso e físico. Numa certa jogada, O'Koren partiu em direção à cesta e jogou a bola no peito de Roy Smith com tanta força que Smith pensou que seu coração fosse sair pela boca. Mas havia uma certa liberdade nesses jogos de brincadeira que não era permitida nos coletivos mais controlados do programa de treinamentos, e Michael Jordan parecia estar gostando disso. Tudo aquilo que Shepherd vinha dizendo sobre Jordan, Peterson descobriu que era verdade. O que o impressionava vendo seu novo amigo jogar era como tudo parecia fácil para ele, que era capaz de um grande desempenho atlético sem aparentemente fazer muito esforço. Ao vê-lo, Peterson percebeu não só que ali estava alguém com potencial para a grandeza, mas também, pela primeira vez em sua carreira, os limites de seu próprio jogo, que havia coisas que ele nunca seria capaz de fazer por mais que se esforçasse.

Os melhores jogadores do segundo ano colegial estavam começando a receber cartas de universidades interessadas e também a ser escolhidos para os melhores ginásios, onde os melhores jogadores do colegial se apresentavam para os melhores treinadores. Buzz Peterson já havia sido convidado para o ginásio B.C. All-Star, cujo nome vinha de seu proprietário, Bill Cronauer, em Milledgeville, Georgia. Jordan, com a experiência de apenas uma temporada no time principal, não tinha atraído muita atenção àquela altura de sua carreira, por isso não foi convidado para nenhum ginásio. Um jogador que queria ir para o ginásio de Cronauer precisava, ao que tudo indica, apresentar cartas de três treinadores expressando seu interesse, coisa que Jordan não tinha. Ele havia perguntado a Peterson sobre o assunto, e só anos depois Buzz entenderia isso como parte do instinto competitivo de Jordan: de fato, ele se perguntava "como você consegue e eu não?". A competição sempre esteve nas veias de Michael. (Anos depois, quando Jordan, prestes a assinar um contrato de publicidade dos tênis da Nike, conheceu Sonny Vaccaro, o principal caçador de talentos da Nike, a primeira coisa que fez foi zombar de Vaccaro, que dirigira o Dapper Dan, um ginásio colegial, por não tê-lo escolhido anos antes.)

Depois que Roy Williams, então o mais jovem membro da comissão técnica, deu a dica de Jordan, os outros treinadores do Carolina começaram a prestar atenção nele e todos viram o mesmo que Williams tinha visto. Estava claro que havia três jogadores no ginásio nos quais a comissão técnica do Carolina tinha interesse — Buzz Peterson, Lynwood Robinson e Michael Jordan — mas eles queriam principalmente Jordan. Dean Smith, que para não criar falsas esperanças nos jogadores nos quais não estava interessado era cuidadoso em mostrar qualquer tipo de emoção, desinteressado de qualquer outra coisa a não ser os poucos jogadores que ele visava, almoçou duas vezes com Williams. "Ao final da semana, nós tínhamos decidido que se só fosse possível escolher um jogador em todo o país", lembrou Roy, "ele seria Michael Jordan. Foi difícil chegar a um consenso, pois ele ainda não era muito conhecido e nós queríamos que continuasse assim, mas ao mesmo tempo era claro que ele era o melhor jogador ali, e nós sabíamos que ele iria crescer e melhorar ainda mais — quão bom ele era exatamente, nós não sabíamos, é claro."

O que poucos sabiam era que a fama de Jordan já estava começando a se espalhar não só dentro do mundo universitário, mas também no basquete profissional, através da rede de ex-alunos da Carolina. Doug Moe, que era então o treinador assistente do Denver Nuggets, voltou para fazer uma visita naquele verão, como costumavam fazer os ex-alunos da Carolina. Um dia ele ligou para seu colega Donnie Walsh, assim como ele um membro do Carolina, e seu chefe em Denver.

"Como vai o Worthy?", Walsh imediatamente perguntou, porque James Worthy, que havia acabado de completar seu ano de calouro já era conhecido como um provável superastro, um jogador de notável velocidade e agilidade.

"Esqueça o Worthy", disse Moe. "Tem alguém aqui que vai ser um grande, grande jogador."

"Quem?", Walsh perguntou.

"Um garoto chamado Jordan. Mike Jordan."

"Ele é bom mesmo?"

"Donnie, eu não disse bom. Eu disse grande. Eu estou falando de Jerry West e Oscar Robertson", disse Moe, o que impressionou Walsh, porque Moe tinha critérios rígidos, um treinador que achava que ninguém depois dele sabia jogar bem de verdade. A notícia estava começando a circular, pelo menos no mundo fechado das pessoas do Carolina.

Foi nessa altura que Roy Williams conseguiu arranjar para Jordan uma vaga no ginásio Five Star, de Howard Garfinkel, próximo a Pittsburgh. Esse ginásio não só atraía os melhores jogadores como também não se parecia tanto com um açougue, como a maioria das instituições do gênero. O treinamento lá, pensava Williams, era simplesmente o máximo, com a participação de muitos dos melhores treinadores colegiais e universitários do país. Williams ligou para Garfinkel para contar sobre Jordan e perguntar se havia uma vaga para ele. Mais do que isso, ele sugeriu que eles pusessem Jordan junto com os melhores do Five Star.

Williams achou que estava fazendo a coisa certa: ele estava seguro de que Jordan acabaria indo para algum ginásio — um jogador bom como ele não ficaria muito tempo incógnito — e ele ajudaria um treinador local assegurando que seu melhor jogador fosse para um ginásio bastante bom e recebesse um bom treinamento. Um dia, ele esperava, aquela boa ação teria sua recompensa. Além disso, Williams conversou com Tom Konchalski, um assistente de Garfinkel, sobre Jordan. Mais tarde, ambos, Konchalski e Garfinkel, estavam com a impressão de que os treinadores do Carolina tinham olhado para Jordan, gostado dele, mas estavam inseguros quanto a suas reais qualidades por causa da pequena tradição em competições do ginásio de Smith, e queriam que ele fosse para o Five Star para vê-lo jogar contra os melhores. Garfinkel estava grato pela deferência.

Dean Smith não estava tão seguro quanto à coisa toda, mostrando-se mais do que irritado com Williams por ter ido adiante e o levado para um ginásio. "Por que você fez isso?", ele perguntou, e Williams imaginaria mais tarde se não fora mesmo longe demais. Evidentemente, Smith não via nenhuma vantagem especial em deixar outros treinadores verem aquele jovem exposto numa vitrine. No Five Star, os melhores jogadores eram colocados todos juntos, e os treinadores — alguns deles da universidade, alguns do colegial — escolhiam os jogadores para os seus times, que competiam uns contra os outros durante toda a semana. Brendan Malone — na época um treinador assistente em Syracuse, que mais tarde seria do Detroit Pistons e depois do New York Knicks, e por um breve período treinador do Toronto Raptors — deveria estar ali escolhendo jogadores para o seu time, porém sua mulher tinha sofrido um acidente de motocicleta, de modo que ele pediu a Konchalski que escolhesse em seu lugar. Ele deu a Konchalski instruções bastante específicas: queria Greg Dreiling como pivô e Aubrey Sherrod, um armador altamente requisitado de Wichita, como seu número dois. Em diversas ocasiões anteriores, Malone havia escolhido jogadores até então desconhecidos, e era mais do que sensível a todo o processo. Quando ele chegou, um dia depois do *draft*, perguntou a Konchalski se ele havia escolhido Sherrod. Não, disse Konchalski, eu escolhi um garoto da Carolina do Norte chamado Mike Jordan. Malone ficou furioso. "Quem diabos é Mike Jordan?", ele perguntou. "Brendan", Konchalski respondeu, "eu acho que você não vai ficar desapontado. Na verdade, eu acho que você vai ficar muito feliz".

Michael Jordan, é claro, estava eufórico por estar no Five Star. Ele voou para Pittsburgh com Leroy Smith; ambos estavam exultantes e aterrorizados. Uma coisa era ir para o ginásio de Dean Smith em Chapel Hill, onde estavam entre estrelas do colegial mais ou menos famosas e com o qual seu próprio treinador do colegial já tinha tido algum vínculo; outra coisa era ir para um lugar aonde os melhores da América estavam indo, jogadores sobre os quais já se escrevia nas revistas de basquete. Eles tinham ouvido dizer que havia dezessete da seleção nacional do colegial ali. Alguns deles, dizia-se, já tinham recebido mais de cem cartas de universidades interessadas e que guardavam suas cartas em caixas de sapatos. Até ali, Jordan e Smith tinham recebido muito poucas cartas: Carolina do Norte — Wilmington, East Carolina, Appalachian State de Boone, e não mais do que isso. Era o momento do tudo ou nada para eles, o momento em que poderiam subir, sendo escolhidos por algumas das melhores escolas e realizar seus sonhos, ou cair, e talvez nem mesmo serem aceitos numa universidade. O pai de Larry Smith trabalhava como soldador na Marinha e sua mãe era costureira; se ele se saísse bem, poderia ganhar uma bolsa, eliminando uma enorme obrigação financeira. Além disso, eles sentiam estar representando Wilmington, e era importante causar boa impressão, para não parecerem caipiras longe de casa.

O Five Star era uma viagem ao passado na história do basquete. Não havia nada de sofisticado ali. O ginásio de Garfinkel era um lugar onde jovens jogadores chegavam cheios de esperanças, achando que se jogassem bem estariam no caminho mais rápido para a universidade, quiçá para o profissional, além de muitos jovens treinadores compartilhando das mesmas expectativas de se tornarem assistentes na universidade, e talvez, um dia, treinadores de verdade. De certo modo, Garfinkel era como um informante de turfe, só que em vez de cavalos ele passava informações sobre jovens jogadores de basquete. Sua maior habilidade e contribuição era ser capaz de escolher um jovem jogador quando ele ainda não tinha sido descoberto e mostrá-lo para o mundo, de modo que mais tarde as pessoas diriam que ele tinha sido descoberto no Five Star. Garfinkel, na verdade, falava como um personagem de Damon Runyon, e seu escritório em Nova York era, a bem dizer, uma mesa nos fundos do Carnegie Delicatessen.

Mais tarde, Garfinkel identificou aquela semana como a do nascimento de uma estrela. Ele se lembrou do momento em que o *draft* estava para começar. Todos esperavam que Konchalski escolhesse Aubrey Sherrod e, em vez disso, ele escolheu Michael Jordan. Decidido a ver o que aquele garoto da Carolina do Norte era capaz de fazer, Garfinkel programou as coisas para que ele pudesse assistir à primeira partida de Jordan. Tudo o que ele precisou foram três jogadas de Jordan. "Na verdade", comentou, "bastou ver uma". Jordan estava jogando na defesa, roubou a bola do adversário e atravessou a quadra. Ele não enterrou porque não era permitido no Five Star. Então disparou com uma explosão que Garfinkel nunca tinha visto antes, e, ao se aproximar da cesta, diminuiu a velocidade e deixou a bola suavemente deslizar para a cesta.

Aquele era um ginásio de treinos e havia certa precaução contra enterradas, por medo de que algum garoto se machucasse na tentativa de enterrar, e, ainda mais importante, pela sensação de que se isso fosse permitido, eles não iriam querer fazer outra coisa: acreditariam que enterrar era sua passagem para o nível seguinte. Mas mesmo sem enterradas, o jogo no Five Star era muito mais franco do que no ginásio de Dean Smith, e oferecia a Jordan oportunidades melhores de mostrar suas habilidades físicas.

Garfinkel assistiu a mais algumas jogadas e ficou surpreso: Michael era o jovem jogador mais explosivo que ele já tinha visto na vida. Era mais rápido do que qualquer outro, tinha maior impulsão e ainda jogava com um grau excepcional de vontade e controle. Esta, a parte mais surpreendente. A maioria dos jovens com aquele nível de condição física tendia a jogar sem dosar sua energia, como se achasse que a força física fosse um fim em si mesmo. Mas aquele jovem tinha um grau de sutileza em seu jogo que contrastava com sua pouca experiência.

Com Jordan ainda jogando, Garfinkel foi até o telefone e ligou para seu amigo Dave Krider, que também trabalhava com informações sobre jogadores. Krider era o encarregado da seção de seleções nacionais na *Street and Smith's*, uma publicação esportiva considerada a bíblia das universidades que procuravam bons jogadores. A grande reputação de Garfinkel vinha do fato de ele ser alguém que reconhecia grandes talentos antes de qualquer um, e agora ele estava agindo depressa para passar a informação de um novo craque para outro informante. Mesmo durante a ligação, ele continuava de olho no jogo. Jordan estava jogando com outros nove jovens talentos, a maioria deles com mais experiência que ele, e vários que já eram potenciais astros do esporte universitário, e mesmo assim ele dominava o jogo. No curto espaço de tempo em que Garfinkel esteve assistindo, Jordan interceptou três arremessos e roubou duas bolas. "Dave, eu estou vendo uma coisa fora do comum. Tenho um novo craque aqui. O nome dele é Mike Jordan. Ele é incrível. Ele está na sua lista?" Trinta segundos depois, Krider voltou e disse que nunca tinha ouvido falar. "Bem, ele é um dos dez melhores do país. Você tem que incluir o nome dele em pelo menos uma de suas listas. Se não fizer isso logo, todo mundo vai começar a rir de você."

Krider ligou de volta mais tarde para dizer que suas listas já estavam fechadas e que provavelmente era tarde demais para alterações, mas que ele iria conversar com seu editor. (Krider na verdade estava furioso com o que aconteceu — mais tarde ele viria a achar que o cara da Carolina do Norte que lhe passava as informações da lista, que tinha fortes conexões com a Universidade da Carolina do Norte, tinha deliberadamente deixado Jordan fora da lista dos vinte melhores do estado porque não queria nenhuma outra universidade em seu caminho.) Poucas horas depois, Krider ligou de novo para Garfinkel e disse que era mesmo impossível incluir Jordan. "Diga para o seu chefe que mesmo que custe cem dólares para fazer a alteração, vale a pena, porque o garoto vai se tornar uma estrela, e vão rir da sua cara se você não o puser na lista", Garfinkel disse. Mas era de fato tarde demais. Depois, naquele mesmo dia, Garfinkel contou a Jordan que tentara incluí-lo na lista de Krider.

Duas semanas depois de Garfinkel tê-lo escolhido, Jordan já era considerado o MVP da liga e do *all-star game*. Ele estava começando a fazer nome. Brendan Malone ficou encantado com Jordan, não só por sua habilidade mas também por ser bastante receptivo às ideias do treinador. Nada seria melhor do que trazer Jordan para Syracuse, pensava Malone, mas, ao vê-lo ir para as diversas unidades de treinamento toda manhã, ele notou que em qualquer lugar aonde ele fosse havia a sombra de um treinador — a de Roy Williams, ou de algum outro treinador do Carolina. Sempre havia alguém do Carolina por perto.

Buzz Peterson também foi ao Five Star, mas chegou uma semana depois de Jordan. Quando chegou, a única pessoa de quem se falava era Jordan. Mais uma vez eles poderiam passar um bom tempo juntos, ambos haviam entrado para a elite do colegial, prestes a entrar em seu último ano. Peterson já tinha treinado no B. C., onde tinha se saído bastante bem, aumentando assim sua reputação, melhor do que Aubrey Sherrod. Foi um dia daqueles em que tudo o que ele arremessava caía. Anos depois, ele ainda se lembrava do quanto tinha acertado naquela dia memorável: 12 de 15. Depois do jogo, Eddie Fogler foi atrás dele para dizer que o Carolina do Norte o queria no time. "Muita gente vai vir atrás de você", disse Fogler, "mas nós queremos que você saiba que queremos muito você. Queremos que você saiba que o seu lugar é com a gente". O futuro de Peterson parecia garantido.

Ele e Jordan se tornaram ainda mais próximos durante aquela primeira semana no Five Star. Eles jogaram um contra o outro no campeonato de um-contra-um, e Jordan venceu por um placar apertado. Eles gostavam um do outro, e naquela semana Jordan sugeriu que fossem visitar o time do Carolina do Norte e dividissem um quarto. "A gente podia ganhar um campeonato nacional juntos por lá", disse Jordan e, com a inocência e o entusiasmo da juventude, Peterson imediatamente concordou. Eles iriam juntos para o Carolina, dividiriam o quarto e ganhariam o título juntos. Eles trocaram telefones e decidiram manter contato durante o ano.

O *draft* naquele ano foi intenso para os dois. Mas o Carolina estava na frente para a escolha. Quando era mais jovem, Michael Jordan havia se interessado pelo time do estado da Carolina do Norte, porque David Thompson, um jovem e incrível jogador, muito acima da média, tinha ido para lá. Mas depois que Jordan foi para o Dean Smith, e o próprio Smith pareceu estar tão interessado, o Carolina passou a ser sua primeira opção. (Anos depois, já tendo conhecido muita gente importante e poderosa, inclusive o presidente Bush, perguntaram a Michael Jordan se ele havia ficado nervoso quando foi apresentado ao presidente. "Não, a única pessoa que já me deixou nervoso foi Dean Smith.") É claro que havia outras possibilidades. A Virgínia também estava interessada, e eles tinham não só Ralph Sampson, um pivô capaz de servir os companheiros e deixá-los na cara da cesta, facilitando a conquista de títulos, como também usavam tênis Adidas, os quais Jordan preferia, e muito, aos Converse que eram usados pelo Carolina. O Carolina do Sul também tinha feito a sua pressão, e a certa altura dos acontecimentos ele foi levado para conhecer o governador, um sinal da preocupação do estado com a sua formação. Houve um breve momento em que Dean Smith andou preocupado com o Duke, porque Deloris Jordan gostava demais de Jim Banks que jogava no time. Mas no fim, devido às boas relações de Dean Smith e do programa do Carolina com o estado, era extremamente difícil roubar um bom colegial do Carolina do Norte. Poucos jogadores naturais da Carolina em quem Dean Smith estava realmente interessado eram levados de seu time. A certa altura, Brendan Malone ligou para perguntar se Jordan gostaria de visitar Syracuse.

"Ei, treinador, eu bem que gostei de treinar com você, mas já decidi ir para outro lugar", disse Jordan.

"Eu acho que sei onde é", disse Malone, "De qualquer jeito, boa sorte, Michael".

E ele foi para o Carolina. Leroy foi para o Charlotte, também da Carolina do Norte, onde se saiu bem, tornando-se o segundo em número de rebotes do time, atrás de Cedric Maxwell.

Carolina era a universidade modelo do estado. Jordan já havia visitado Chapel Hill antes, numa das atividades do programa de formação cívica para estudantes pertencentes a minorias do colegial; um grande amigo seu do colegial, Adolph Shivers, já estava lá, e sua irmã, Roslyn, também pretendia ir para a mesma escola. Além disso tudo, a família de Jordan gostava de Dean Smith, e seus pais, especialmente de Roy Williams, que havia feito um primeiro contato com Michael e que manteve a comunicação com seus pais desde então. Naquela época, Williams era apenas um assistente de graduação, o posto menos importante da comissão técnica do Carolina. Ele fazia todo o trabalho pesado, e recebia o salário mais baixo — 2.700 dólares no primeiro ano e 5 mil quando Jordan chegou. Com o passar dos anos, uma das razões de Michael Jordan continuar tão intensamente fiel ao Carolina eram os sacrifícios que homens como Williams haviam feito enquanto ele esteve lá, dando o sangue como assistentes e ganhando salários ridículos. Aqueles sacrifícios, acreditava Jordan, tinham feito dele e de seus amigos mais próximos pessoas melhores, por isso ele valorizava essa transformação e sentia que lhes devia algo em troca.

Aquela dívida de gratidão era compartilhada pelo pai de Michael. James Jordan apreciava a companhia de Roy Williams imensamente e sua mulher mais tarde chegou a dizer ao treinador: "Ray (como ela chamava o marido) realmente gosta de você, porque ele acha que você dá duro pelo seu salário, e isso é uma coisa que realmente mexe com ele. É o modo como ele vê a vida". Durante o último ano de Jordan no colegial, Williams, numa conversa com o pai de Jordan contou como ele gostaria de cortar madeira, tanto pelo exercício como pela própria lenha, que ele precisava arranjar um forno a lenha para sua casa para se livrar das contas de aquecimento. James Jordan quis saber as medidas de sua lareira e disse que poderia resolver a questão do forno. Algumas semanas depois, James apareceu com um forno que ele mesmo havia feito. Ele sentiu um grande prazer em fazer aquilo — adorava trabalhar com as mãos e fazer fornos para amigos; aquele era o décimo terceiro que tinha feito. Roy Williams quis pagar pelo trabalho, e James não gostou nada. "Treinador", disse ele, "estou realmente cansado pelo trabalho que deu, por trazer isso até aqui e carregar para dentro da sua casa. Se eu tiver que carregar de volta e fazer toda a viagem de volta até Wilmington vou ficar muito zangado". Embora a NCAA tivesse regras um tanto rígidas quanto a jogadores aceitarem presentes de treinadores, não havia nenhuma cláusula contra assistentes receberem fornos a lenha de fabricação caseira de pais de jogadores. E o forno ficou, mais um laço entre Michael Jordan e Chapel Hill. Quando Williams foi promovido na hierarquia de treinadores do Carolina e se mudou para uma casa melhor, James Jordan construiu também outro forno para a casa nova. Quando Williams arranjou um emprego em Kansas e pôs sua casa à venda, o comprador perguntou que tipo de forno a lenha ele tinha. "É um Fisher?", perguntou, referindo-se a uma famosa marca de fornos. "Não", respondeu Williams, "É um Jordan".

Num certo momento durante o último ano de Jordan no colegial, houve uma pequena turbulência. O Kentucky, uma das grandes forças do basquete, fez uma proposta para Buzz Peterson. Por um momento, Peterson flertou com a possibilidade de ir para Lexington. Ali era obviamente a terra do basquete, o futebol americano era muito mais fraco do que na Carolina, e ele estava tentado pelo Wildcat Lounge, local onde moravam os jogadores. Kentucky parecia tratar os jogadores como verdadeiros deuses e, para sua personalidade adolescente, a chance de se dar tão bem e ter acesso tão rapidamente a uma universidade parecia uma ideia fantástica. Por um momento ele mostrou interesse e continuou hesitante, mas num domingo ele avisou o Kentucky que estava indo para lá. No dia seguinte, o telefone tocou e era seu treinador, Rodney Johnson, que havia ouvido de Randy Shepherd sobre sua mudança de planos. "É verdade sobre o Kentucky?", ele perguntou. "Sim", respondeu Peterson. Foi aí que o Carolina começou a pressionar.

Os tentáculos do programa esportivo do Carolina não eram coisa para se subestimar. Rodney Johnson era leal ao Carolina, e ele e Roy Williams eram velhos e bons amigos; eles já tinham jogado juntos, e como adversários, quando eram meninos. E Johnson sempre trabalhou no ginásio Dean Smith. Ele não iria deixar que a prata da casa fosse para um poderoso time rival.

Na segunda-feira de manhã, Johnson passou duas horas e meia com Buzz tentando dissuadi-lo da ideia; sutilmente, mas não muito, ia destacando as vantagens de Chapel Hill. Naquela noite, ninguém menos que Michael Jordan ligou para Peterson, e ele teve certeza de que o pessoal do Carolina tinha colocado Michael a par da situação. "Eu ouvi dizer que você está pensando em Kentucky", disse Jordan. Buzz disse que sim, que era verdade, que ele tinha adorado o programa de Lexington e iria mesmo para lá. "Mas eu pensei que nós fôssemos para a universidade juntos, que dividiríamos o quarto e ganharíamos o campeonato", disse Jordan, e Peterson pôde sentir a decepção — na verdade, a dor — em sua voz.

No dia seguinte, Dean Smith em pessoa apareceu na casa de Peterson. Aquilo foi um o golpe de misericórdia. Para alguém com o prestígio de Dean Smith no estado, aquilo era uma coisa incrível, muito mais do que a visita de um governador ou senador; se Dean Smith tinha atravessado o Estado para selecioná-lo, quem seria ele para não ir para o Carolina? No final da semana ele estava de volta ao Carolina. O último ano da escola havia sido um grande ano para Buzz Peterson: ele era o Mr. Basketball da Carolina do Norte, e havia ganhado um prêmio da companhia Hertz por ter sido o maior atleta do estado. Quando finalmente anunciou a universidade para onde iria, o evento foi transmitido pela mídia para todo o estado, e a casa de Peterson ficou cheia de repórteres de televisão e do jornal. O pai de Peterson, Robert, ficou furioso com toda aquela comoção, sentindo que aquilo era um exagero: fama demais, cedo demais, para alguém tão jovem. Algo que certamente criaria muita pressão e expectativa. Ele achou que todos aqueles jornalistas ameaçavam a pureza de seu filho, e berrou para os repórteres que o deixassem em paz, que o deixassem ser só um garoto como qualquer outro.

Naquele outono, Michael Jordan apareceu em Chapel Hill durante o fim de semana do *draft*. Todo mundo que estava ali devia se comportar da melhor maneira, tanto os veteranos da escola, que queriam causar boa impressão lá no Carolina, como os mais jovens, cujo trabalho era promover o ginásio de Dean Smith e seu programa. As portas de todos os quartos estavam abertas para que os recrutas pudessem ver como os jogadores viviam. James Worthy, na época no segundo ano e já cotado como um candidato à seleção nacional, estava em seu quarto quando ouviu uma voz no corredor. Uma voz forte ecoou, e dizia coisas como: "Aqui vai ser o meu lar. Eu ainda vou ser um astro aqui". Worthy ficou imaginando de quem seria aquela voz e saiu para o corredor e viu um rapaz magro, quase esquelético. Worthy pensou consigo mesmo: se esse garoto vier para cá, nós vamos ter que ensinar-lhe boas maneiras e a ser mais modesto. Mesmo que ele fosse tudo isso, Worthy lembrou ter pensado então, não é assim que nós falamos por aqui — pois a modéstia era uma parte muito importante do treinamento do Carolina. Aquela foi a primeira vez que ele viu Michael Jordan.

Ainda haveria muitos outros lugares para Michael Jordan visitar ali, antes de iniciar sua carreira universitária em Chapel Hill. Ele e Buzz Peterson continuaram sua amizade durante todo aquele verão, e jogaram juntos algumas partidas amistosas: a Capitol Classic, em Washington, na qual Jordan enfrentou Patrick Ewing, considerado o melhor jogador colegial do país, e depois a McDonald's All-American, em Wichita. Durante esse tempo as famílias de Jordan e de Peterson também se aproximaram. No torneio do McDonald's, os dois jovens começaram jogando na defesa, e Peterson, que naquele dia marcou dez pontos, pôde sentir que Jordan estava prestes a dar o fora, que ele havia atingido um nível mais elevado. Adrian Branch, um jogador extremamente requisitado, já contratado pelo Maryland, também estava no time e jogava muito bem, mas Michael esteve brilhante, marcando trinta pontos, convertendo treze vezes em dezenove arremessos (dezessete anos mais tarde, seu total de pontos continuava insuperável nesse torneio) e pegando dois rebotes. Depois do jogo, os jurados que escolhiam o MVP — John Wooden, Sonny Hill e Morgan Wooten — elegeram Branch, numa decisão que pareceu levemente tendenciosa, pois Wooten era o treinador da escola de Branch. Por essa razão, contudo, Wooten havia se abstido de votar. Branch foi o escolhido, segundo os outros dois jurados, porque tinha convertido nos momentos mais decisivos da partida.

A decisão surpreendeu algumas pessoas na torcida e os próprios jogadores, pois Jordan parecera ter dominado a partida. Um pouco depois de a decisão ser anunciada, Buzz Peterson olhou para trás do banco e viu sua mãe e Deloris Jordan saindo de seus lugares e indo em direção aos jurados. Ambas pareciam estar muito bravas, e ele achou que aquilo poderia ser perigoso para Morgan Wooten. Quando se aproximavam, Buzz viu Bill Guthridge, o assistente do Carolina, tentar acalmá-las, o que só a muito custo conseguiu. Nesse momento foi possível ver de onde vinham a garra e a competitividade de Michael, pensou Peterson.

Depois do jogo, Billy Packer, que havia coberto o jogo para a CBS, ia deixando as imediações da quadra juntamente com Bob Geoghan, um dos patrocinadores, quando Deloris Jordan, ainda bastante nervosa, abordou-o, comentando a decisão. "Eu não me preocuparia muito com isso, senhora Jordan", Packer teria dito. "Isso é só um jogo amistoso, e Jordan ainda terá muitos no futuro — eu acho que o seu filho tem uma incrível carreira pela frente."

Se a decisão de escolher Branch como o MVP foi equivocada, seria Lefty Driesell, o treinador do Maryland, quem por isso no fim pagaria. Cerca de três anos depois, quando Jordan estava terminando o terceiro ano, o Carolina pegou o Maryland no Maryland Cole Field House. No final de um jogo bastante disputado, Jordan, recebendo uma brilhante assistência de Sam Perkins, partiu para a cesta e cravou uma das mais vibrantes enterradas de sua carreira. Foi como se ele tivesse passado com o corpo inteiro pelo aro da cesta. A enterrada acabou recebendo o nome de "Rock-a-Bye", e seria incluído em vários vídeos dos melhores momentos de Jordan. "A coisa mais incrível que eu já vi um jogador colegial fazer", lembrou Michael Wilbon, que então cobria a ACC como um jovem cronista esportivo para o *Washington Post*, e que desconhecia a polêmica entre Jordan e Branch. "Foi uma coisa realmente raivosa — um verdadeiro petardo." Um jogador que assistia ao jogo pensou ter entendido a raiz e a causa daquela fúria. Buzz Peterson sabia que Jordan gostava de sempre dar o troco a quem o provocasse, e tinha certeza de que aquilo tinha sido pela história com Branch, que tinha cometido o erro, embora involuntário, de ser o premiado com o título de MVP no torneio nacional do McDonald's.

Houve mais uma visita naquele verão. Tanto Peterson como Jordan tinham sido escolhidos para um time, jogando no Festival Nacional de Esportes. Era um programa pré-olímpico realizado em Syracuse, Nova York, e 48 jovens atletas estavam lá. Os times eram escolhidos por região: Leste contra Oeste, Norte contra Sul. Tim Knight, o filho do treinador do Indiana, Bob Knight, era um dos organizadores do evento. Tim Knight tinha apenas dezoito anos, mas havia passado muito tempo de sua juventude no ginásio do pai, e por isso tinha um bom olho para talentos. Quando chegou em casa, ele disse a seu pai que tinha visto um jogador que seria o melhor colegial do país. "Quem é?", perguntou o pai. "Um tal Michael Jordan, que aliás já assinou com o Carolina do Norte", ele respondeu.

Poucos dias depois, Bob Knight, bem ao estilo dos treinadores do basquete, sempre sondando tudo, ligou para Dean Smith para falar de outros assuntos e, por acaso, mencionou que tinha ouvido falar que Smith tinha um grande jogador com ele. Anos mais tarde, Knight se lembraria de que naquele momento Smith tentou disfarçar, talvez sugerindo Buzz Peterson, que tinha sido o jogador mais promovido na mídia. Mas Knight rebateu em seguida: "Não, estou falando de um cara chamado Michael Jordan". Ele notou que Smith ficou hesitante, e Smith perguntou por que o interesse em Jordan. "Porque meu filho, Tim, o viu jogar em Syracuse e disse que ele vai ser o maior jogador de todo o país", disse Knight.

"Bom, eu espero que sim", disse Smith, já num grande esforço para limitar a atenção da mídia sobre Jordan. "Você sabe que ele não foi tão requisitado assim. Ele é daqui mesmo da região, Wilmington — ele é só uma opção regional."

"Bom, Tim acha que ele é ótimo", disse Knight.

Alguns anos depois, Smith e Bob Knight estavam num comitê procurando jogadores para o time olímpico, tentando decidir entre dois garotos que ninguém parecia conhecer. Tim Knight, na época estudante de Stanford, havia visto os dois jogarem, e Bob Knight viu as anotações de Tim, que diziam que ambos eram bastantes limitados.

"Bem", disse Dean Smith, "eu não sei se você conhece Tim Knight, mas se ele diz que eles não são bons, é porque eles não são".

6.
CHAPEL HILL, 1981

Em 1981, quando Michael Jordan chegou ao campus como um calouro, Dean Smith estava no auge do seu poder e reputação, e seu programa era considerado o melhor programa de basquete no país, embora não tivesse vencido nenhum campeonato nacional. Bob Ryan, um dos mais importantes cronistas da NBA, uma vez escreveu que Smith não convidava os jogadores, mas escolhia quem queria. Ryan quis dizer que o programa de Smith era tão rico e seu dinamismo tão intenso, que ele, diferentemente dos outros treinadores, tinha o privilégio da escolha, de pegar os jogadores que queria e que se encaixariam mais rápido ao programa, em lugar de jogadores de talento que poderiam não se adaptar a exigências incomparavelmente rigorosas. Aquela não era uma declaração desrespeitosa; na verdade, continha um alto teor de verdade, mas irritou Dean Smith do mesmo jeito.

Os treinadores e jogadores que tinham a honra de ser recebidos nos treinamentos do Carolina sempre encontravam muito com o que se impressionar. A primeira coisa que se notava era a quietude do lugar, um silêncio quase total, exceto pelo barulho das bolas ou um eventual grito de "Calouro!", quando a bola saía da quadra, ou pelo soar de um apito que significava o fim de uma atividade e o início de outra, ou ainda o grunhido de um jogador quando chegava ao final de mais uma interminável corrida das que Smith pedia para que seus rapazes estivessem sempre em forma. A outra coisa era o brilhantismo e o cuidado com que tudo era organizado, com uma programação diária que previa detalhadamente cada minuto do treinamento. Rick Carlisle, que havia jogado contra o Carolina quando era do Virgínia, mais tarde entrou no Carolina como treinador assistente do profissional e, para ele, ver o Tar Heels treinar foi uma revelação. Não só cada segundo do treinamento era contado, como também havia sempre alguém ao lado da quadra com o dedo erguido mostrando quantos minutos faltavam para terminar a atividade. Assim, ficava claro por que o Tar Heels estava sempre tão calmo e unido, independentemente da pressão da torcida, pensou Carlisle. O segredo estava ali naquele ginásio, onde eles praticavam repetidamente cada possível situação de jogo: como jogar, por exemplo, quando estivessem perdendo por seis pontos, faltando quatro minutos para o final. Nada devia surpreendê-los, e nada, de fato, jamais os surpreendeu.

Ninguém podia chegar atrasado aos treinos, pois nunca se deveria atrasar o programa. Atrasos prejudicavam o time, e nada que prejudicasse ou diminuísse o ritmo da equipe poderia acontecer. Quando eles pegavam a estrada, tudo deveria se desenrolar da maneira correta: os jogadores tinham que estar bem-vestidos e sempre pontuais, todos os jogadores deveriam acertar seus relógios de acordo com o que eles chamavam de "horário de Guthridge" (uma brincadeira com o horário de Greenwich), em homenagem ao principal assistente de Smith, Bill Guthridge, que na maioria das vezes viajava com eles. No ano em que Jordan era calouro, o ônibus do time estava saindo para Carmichael, rumo ao campeonato da ACC, exatamente no horário previsto, quando um carro estacionou. No carro estava James Worthy, a estrela do time, que por causa de um sinal fechado não conseguiu chegar a tempo. O ônibus saiu na hora exata e Worthy teve que ir atrás de carro, sabendo que ouviria um sermão quando chegasse. Em outra ocasião, três novatos se atrasaram três minutos para uma refeição antes do jogo, porque tinham ido cortar o cabelo e foram retidos por um barbeiro cuidadoso. Por isso eles não começaram jogando, e só entraram depois de três minutos no banco.

Dean Smith gostava de cuidar de tudo, e não gostava de surpresas; por isso, tudo no Carolina era rigorosamente controlado. Havia uma estrutura extremamente hierarquizada, na qual cada um devia esperar sua vez. O treinador, por exemplo, tomava as decisões mais cruciais sobre o que time deveria fazer — onde se hospedar durante a viagem e em que locais os jogadores fariam as refeições —, conjuntamente com os membros mais velhos na equipe. Os calouros ocupavam a posição mais baixa da hierarquia, inclusive abaixo dos assistentes. Na prática, quando uma bola perdida saía da quadra e alguém gritava "Calouro!", um deles, não o assistente, tinha que sair correndo para buscá-la. Os intervalos para beber água eram feitos em turnos: a pausa era de três minutos, sendo que os primeiros a serem chamados eram os veteranos; trinta segundos depois, os juniores, um minuto depois, os segundanistas, e no fim, faltando um minuto, o treinador dizia, como se tivesse esquecido: "Ah, sim, calouros!".

Tudo era construído em torno do conceito de equipe e contra a ideia de individualidade e os perigos da personalidade individual. No cerne da coisa havia um sistema bastante disciplinado. Observadores próximos de Dean Smith achavam que, com o passar dos anos, ele acabava perdendo jogos que poderia ter vencido se tivesse aberto mais o jogo e dado mais liberdade jogadores, e isso porque ele acreditava que, a longo prazo, ia-se mais longe trabalhando em equipe e sacrificando as individualidades pelo bem do time. Ele também achava que aquele tipo de disciplina e abnegação também serviria aos jogadores mais tarde, em suas vidas. Expressões de um certo tipo de emoção eram desencorajadas. Se um jogador cometesse uma falta técnica durante um jogo, no treino seguinte ele era obrigado a sentar-se no chão e tomar Coca-Cola enquanto seus colegas davam voltas extra para pagar por seu erro. Com o passar do tempo, raríssimos jogadores do Carolina cometiam faltas técnicas. Tudo no programa do Carolina tinha um propósito múltiplo: respeito pelo time, pela autoridade, pelo jogo, pelos adversários. Os jogadores de Smith nunca deviam fazer nada que diminuísse o adversário. Certa vez, quando o Carolina estava jogando contra um fraco Georgia Tech e estava dezessete pontos à frente no placar, Jimmy Black e James Worthy combinaram uma jogada ensaiada na qual Black fazia uma assistência para Worthy passando a bola por trás do corpo enquanto o outro enterrava. Smith ficou furioso, e imediatamente tirou ambos da quadra. "Não faça isso", ele disse, verdadeiramente nervoso, "não fique se mostrando para as pessoas! O que você acharia se você estivesse perdendo por dezessete pontos e alguém fizesse isso com você?!".

De tudo isso, resultava uma ética, um sistema e, finalmente, uma comunidade, que se não era única, certamente era especial dentro do poderosíssimo esquema do esporte contemporâneo americano. No final dos anos 70, o Carolina tinha desbancado a UCLA da condição de melhor programa de basquete dos Estados Unidos. A dupla Alcindor-Jabbar, Walton e seus incríveis parceiros (alguns deles mais facilmente recrutados, uma vez que o pivô já estava garantido) e depois o próprio John Wooden já tinham saído do time, os calouros eram escolhidos, e o grande atrativo do time, aquilo que o mantinha de pé, havia acabado. Diversos treinadores tentaram recuperar o passado glorioso da UCLA, e todos partiam antes do que pretendiam. Nos anos 80, quando o passado veio assombrar a UCLA, o Carolina soube aproveitar a situação para se fortalecer.

Dean Smith era o homem perfeito para um programa de alta qualidade numa escola excelente na época. Uma época em que a autoridade do treinador ainda não havia caído por terra devido às pressões materiais do mundo exterior, as quais permitiam que jovens talentos entrassem na universidade com muitas ilusões e permanecessem por muito pouco tempo, na maioria das vezes, logo partindo para o profissional — isto é, cada vez mais trocando o diploma por um primeiro contrato de três anos. É certo que quando Smith se aposentou essas pressões já estavam afetando o Carolina, e seus astros dos últimos anos, como Rashid Wallace e Jerry Stackhouse, tinham ficado menos tempo e pareciam menos preparados para entrar no mundo profissional do que os que vieram antes deles, como Worthy, Jordan e Sam Perkins. Dean Smith era calado e meio introvertido, em contraste com o gregário Frank McGuire, que o precedera no comando e que tinha o talento e o charme dos melhores políticos de ascendência irlandesa de sua geração. Smith era especialmente sensível aos limites naturais de seu carisma pessoal. Alguns treinadores eram emotivos, mas ele não. Ele parecia estar sempre no mesmo estado emocional; além disso, seus colegas o criticavam por sua falta de entusiasmo antes dos jogos, isso porque ele tratava um jogo de início de temporada contra o Davidson e um jogo de final com a mesma tranquilidade. Provavelmente era isto que os jogadores gostavam nele: a consistência e o fato de que nunca jogava com suas emoções.

Os primeiros anos de Smith no Carolina tinham sido duros. A princípio, ele era um estranho no ninho, um transplante do Kansas, um homem sem nenhuma raiz local numa região onde isto contava muito, um homem modesto e um tanto desacostumado com a agitação da vida universitária, que era a norma no mundo esportivo. Ele era também, à sua própria maneira, muito ambicioso e motivado. Um homem que contava o mínimo possível com a sorte e possuía um forte sentido de certo e errado, que ia muito além do basquete. O modo como encarava o basquete era uma espécie de extensão de sua religiosidade.

A princípio, ele tinha tido problemas nos recrutamentos porque McGuire, antes dele, cometera muitas infrações. Seus primeiros times não se saíram lá muito bem, e Billy Cunningham, um dos primeiros grandes jogadores que escolheu — um homem que certa vez saiu correndo do ônibus do time para arrancar uma foto de Smith que estava sendo colada no campus — sempre imaginou se Smith teria tido sucesso 25 anos depois, numa era seguinte. A questão não era o seu talento como jogador, pensava Cunningham, mas se, sob as pressões para vencer sempre, ele teria tido a chance de criar o tipo de dinâmica vitoriosa que acabaria servindo a ele mesmo e à universidade tão bem. Se havia algum atrativo no sistema do Carolina, era que, uma vez que você estava ali, naquilo que estava ao alcance da comissão técnica, não havia estrelas. O décimo segundo homem no banco era tratado tão bem quanto o melhor jogador, e Dean Smith tinha tanto interesse num jogador do banco como teria pelo melhor jogador do time, e o trataria igualmente bem fora das quadras.

Cunnigham, o jogador do Carolina no *all-american* e altamente cotado como primeira opção dos grandes times, acreditava que, no mínimo, Smith tinha sido mais duro com ele do que com os jogadores menos dotados — repreendendo-o com sarcasmo se Cunningham arremessava demais, ou cedo demais numa posse de bola, ou não fizesse um número de pontos razoável. As lições eram claras: não havia favoritos e a habilidade excepcional não garantia ao jogador nenhum tipo de privilégio da parte do treinador. Em vez disso, Smith nitidamente acreditava que os mais talentosos deviam ser os mais cobrados. Como os outros jogadores viam a correção do programa, a ausência de privilégios para os mais talentosos, e como aprenderam que a lealdade do treinador a eles não tinha nada a ver com os números de pontos marcados por jogo, quase todos acatavam seu estilo; tanto os bons como os ruins sabiam no fundo que seria melhor serem cobrados do que adulados.

À medida que seu programa se tornava mais e mais bem-sucedido e que Dean Smith ficava, gostasse ou não, cada vez mais famoso do que qualquer um na universidade, seus amigos começaram a achar que ele se sentia mal com aquela fama, como se houvesse algo errado em um treinador se tornar mais conhecido e influente do que um professor renomado ou o reitor de uma grande universidade. (Ele inclusive não gostou quando a Universidade da Carolina do Norte inaugurou uma nova arena de basquete e a batizou com seu nome. O Dean E. Smith Center, o *Dean Dome* como era chamado. Ele continuou aguentando só porque achava que a universidade precisava daquilo, e as pessoas no comando da empreitada o tinham assegurado de que o projeto poderia falhar se não usassem seu nome.) Smith também estava ciente das utilidades que sua função podia ter. Ele se tornou um bom recrutador porque permaneceu fiel a si mesmo. Ele não podia ser como Lefty Driesell, que era considerado um brilhante recrutador. Driesell tinha um estilo mais quente, não tinha nenhuma modéstia com relação à sua pessoa e ao seu tino para a coisa; era um falastrão alegre e antiquado. Ao contrário, Smith era involuntariamente calmo e modesto, o estimado pastor local que por acaso era tão comprometido com vencer no basquete como com a ideia de uma vida boa, virtuosa e religiosa. (As crenças religiosas de Dean Smith eram importantes em sua vida: por muito tempo ele fumou, mas, constrangido, costumava disfarçar quando fazia pausas para fumar, não muito diferente de um adolescente tentando enganar os pais, e também gostava de beber de vez em quando, às escondidas, é claro.) Devido à natureza quase formal de sua personalidade, ele se dava muitas vezes melhor com os pais do que com os próprios jogadores. Com os pais, sua total ausência de carisma era muitas vezes uma qualidade; ele era habilidoso em assegurar-lhes que sabia o que era melhor para seus filhos a longo prazo, e que seus valores eram uma extensão dos deles.

Sua grande força não estava, no fim das contas, em suas palavras, mas em sua vida. Seu programa era a sua própria verdade e, quanto mais ele o tocava adiante, mais poderoso se tornava o magnetismo do programa. No final, o que ele fazia, o tipo de rumo que seus jogadores tomavam, e a reverência com que o tratavam, diziam mais sobre ele do que qualquer outra coisa. Isso tinha suas vantagens: permitia que ele fizesse suas escolhas de jogadores numa clave mais baixa e suave do que muitos concorrentes. Dean Smith era especialmente bom com gente antiquada e temente a Deus, como os Worthy e os Jordan, que tinham educado seus filhos sob um rígido sistema de valores, acreditavam no trabalho duro e desconfiavam de qualquer treinador que parecesse prometer um caminho fácil para seus filhos.

Dean Smith nunca prometeu nada. Os outros programas estavam sempre oferecendo dinheiro, carros e, acima de tudo, prometendo que haveria onde jogar — dizendo que um jogador seria titular quando ainda era um calouro. Acontecia de um veterano do colegial chegar ao campus de uma universidade como candidato e ver que tinham feito uma montagem de uma foto sua vestindo o uniforme de titular. O trabalho de Smith era o contrário: nós não vamos prometer quantos minutos você vai jogar, mas achamos que você pode jogar aqui, que podemos fazer de você um jogador melhor, sabemos que você vai ter uma educação maravilhosa e achamos que você vai gostar das pessoas, especialmente dos outros jogadores. A premissa era: quanto melhor fossem os jogadores, mais provável era que o Carolina ficasse com eles; ao passo que os não escolhidos eram aqueles que poderiam causar problemas no futuro. Esse tipo de escolha pegava bem na maioria das famílias. Mitch Kupchak fora avisado por seu técnico no colegial para tomar cuidado com treinadores universitários muito cheios de promessas: "Imagine para quantos outros jogadores eles estão dizendo a mesma coisa". Quando Kupchak foi a uma universidade para uma entrevista, deparou-se com outros dois homens tão altos como ele na antessala do escritório do treinador. Ele foi o último a ser chamado e o treinador prometeu que ele poderia chegar a ser o pivô titular ainda calouro. Quando ele voltou para casa, ficou pensando o que o treinador teria dito aos outros dois jovens.

As apostas no mundo do basquete cresceram nos anos 60, 70 e 80, e as recompensas para os responsáveis por programas fortes foram ficando cada vez maiores, mas Smith continuou notavelmente fiel a seus princípios. A grande maioria dos jovens treinadores considerados bons formadores de equipes vendiam, acima de tudo, a si mesmos, e não seus programas. Dean Smith nunca cometeu esse erro — o que ele estava vendendo era o programa, e a universidade, um grande programa de basquete numa grande universidade americana, e mesmo que não acenasse com uma carreira no profissional mais tarde, um jovem podia ser bem preparado para enfrentar seu futuro profissional e poderia ter acesso a uma maior variedade de alternativas para escolher. Ele se valia dos jovens talentosos de que o Carolina já dispunha como um instrumento adicional em sua seleção. Eles eram a prova da excelência de seu programa e eram excepcionalmente bons para ajudar a escolher, com a esperança de poderem seguir seus passos na carreira. "Nós fazemos parte de um grupo muito especial, porque somos amigos uns dos outros", parecia estar dizendo. "Venha e junte-se a nós, seja parte de algo único. Você vai gostar e nós vamos gostar de você."

A tradição era importante. Em Chapel Hill, o passado não só existia e era reverenciado, como era habilmente utilizado para abrir as portas do futuro. O sentido de passado, de todos aqueles grandes times e daqueles grandes jogadores que tinham sido verdadeiros astros em Chapel Hill e ido para o profissional, com sua fama, era parte importante da mística do lugar, sua assombração e presença ainda vivas. Não era um fator abstrato no processo de seleção, mas algo essencial. No Carolina, os melhores recrutadores eram os jogadores que já integravam o programa e aqueles já formados que tinham ido para o profissional. Se tinham em vista algum craque em potencial, estavam sempre prontos a pegar o telefone e fazer uso da autoridade que advinha de seu sucesso, e dizer como tinham adorado a época em que tinham jogado no Carolina. E era assim que acontecia de, às vezes, um trêmulo estudante de colegial desligar o telefone uma noite em sua casa e, no dia seguinte, contar para os amigos que James Worthy ou Michael Jordan tinham ligado e falado maravilhas do Carolina. Mas ainda mais do que os alunos, havia a amizade e o entusiasmo dos atuais jogadores e a camaradagem construída dentro do programa, que eram fatores muito eficientes. E, é claro, os atuais jogadores temperavam suas conversas com referências a jogos informais que eles faziam durante o verão, quando os grandes ex-alunos — Phil Ford, Walter Davis, Mitch Kupchack, Mike O'Koren, e depois James Worthy, Sam Perkins e Michael Jordan — voltavam e jogavam com eles todos os dias. Era coisa fina.

Cada vez mais se evidenciava um agudo contraste com os outros programas onde a escolha principal era feita inteiramente pelos treinadores e assistentes, onde as autoridades evitavam a qualquer custo o contato dos jogadores com os novatos quando não havia mais ninguém por perto. Em muitas escolas os desvios éticos eram relevados significativamente, e seus programas tinham um caráter mais cínico. Nesses programas, os treinadores não davam as costas por um segundo, com receio de que os jogadores conversassem com os novatos sobre as promessas feitas no calor das negociações, que logo se quebravam quando chegavam ao campus. Em algumas escolas onde os treinadores possuíam excelentes programas de basquete ou futebol americano, fortes laços de lealdade nasciam entre os ex-alunos e os estudantes; no Carolina, os sentimentos mais fortes vinham dos próprios jogadores.

Nenhuma escola trabalhava sua relação com o passado tão habilmente quanto o Carolina. Mitch Kupchak já havia terminado seu primeiro ano no Washington Bullets e voltara para Chapel Hill no verão, quando foi apresentado a um garoto desengonçado, de quem soubera ter apenas quinze anos. "Mitch, venha até aqui. Quero que você conheça James Worthy", Roy Williams disse mais tarde. "Estamos todos aqui torcendo para que James se torne um astro." E Kupchak também se lembraria disso alguns anos depois quando ele voou de Los Angeles para Nova Orleans para ver o Carolina disputar o título com Georgetown. Foi no primeiro ano de Jordan, e Kupchak estava por ali, no saguão do ginásio, quando Bill Guthridge trouxe até ele um rapaz magricela e disse: "Michael, quero que você conheça um de nossos grandes jogadores do passado, Mitch Kupchak".

Devido ao fato de haver tantas regras em Chapel Hill e ao sacrifício e paciência que as atividades exigiam, era essencial que os garotos vestissem a camisa do programa. Com o tempo, a maioria deles o fazia. Casos de garotos que se desapontavam e pediam transferência eram extremamente raros. Os jogadores vestiam a camisa do programa porque os propósito era evidente: as regras existiam para fazer de você um jogador melhor, além de uma pessoa melhor, não para tornar Dean Smith mais famoso ou mais rico, ou ainda fazer com que ele conseguisse trabalhar na NBA. Boa parte do programa era mantida pela pressão das próprias pessoas envolvidas, pelo fato de que aqueles alunos dos últimos anos, estrelas em evidência, o apoiavam e souberam esperar sua vez. Que calouro ousaria dizer que as regras não se aplicavam a ele quando os melhores jogadores do time eram os porta-vozes do sistema?

Era como se houvesse uma universidade dentro da universidade, com suas próprias lições, mais lições de vida do que de basquete. Por trás daquilo tudo havia uma série de valores ultrapassados, quase calvinistas, correndo um perigo cada vez maior diante da cultura materialista dos esportes nos Estados Unidos, guiada progressivamente por uma força predatória, a nova cultura do entretenimento, segundo a qual o dinheiro compra tudo, principalmente a lealdade. No Carolina, a ética parecia vir de outra época: quanto mais você se sacrificava por um objetivo — quanto mais você pagava em termos pessoais —, mais isto significaria para você um dia. A coisas que vêm facilmente não se dá valor. Havia uma segundo corolário: a equipe era mais importante que o indivíduo, não importava quão exaltado, talentoso e promovido fosse o indivíduo. Aquilo que você fazia na quadra, fazia junto com e para os seus companheiros. Quanto mais pensasse neles e menos em você, melhor.

Quando estavam perto de deixar o Carolina, os jogadores sentiam uma enorme ligação com aquele homem distante, muitas vezes ranzinza e intocável, mas que por outro lado tinha exercido papel importantíssimo em suas vidas e na de seus melhores amigos. Quando estavam quase partindo, o véu em torno dele caía, e ele se revelava um amigo, não só uma figura de autoridade. O essencial para eles era uma crença fundamental que tinham, que seu treinador se importava mais com eles como pessoas do que como jogadores de basquete, e que tinha trabalhado duro para prepará-los para a vida, mais do que para a NBA. "Era como se houvesse uma longa lista de coisas que Dean Smith pudesse ensinar; o basquete estava no fim dessa lista", James Worthy diria anos mais tarde. "Prepará-lo para a vida era muito mais importante do que qualquer outra coisa. Smith nos ensinou a ser pacientes, a esperar nossa vez, a ser corteses com as pessoas, a respeitar os colegas e o jogo."

O que fortalecia a relação, é claro, era que Smith parecia prestar mais atenção a eles quando se formavam, guiando suas carreiras tanto quanto possível, pondo mais energia em jogadores cujo talento era mais limitado do que naqueles cuja habilidade livrava-os de dificuldades até a graduação. No meio profissional, os dirigentes aprenderam a ser extremamente cautelosos com os jogadores de quem Dean Smith exigira demais — normalmente isso era inconsciente, mas era o seu jeito de retribuir a alguns de seus jogadores menos talentosos pelos anos de lealdade ao programa. Às vezes parecia que seu verdadeiro compromisso com eles começava só depois que estavam prontos para serem escolhidos por algum time.

Assim que os jogadores americanos começaram a ir para a Europa, alguns executivos italianos o procuraram para estudarem a possibilidade de um contrato com Billy Cunningham, um jogador que estava prestes a se tornar um grande astro da NBA. Smith os encaminhou, em vez disso, a outro jogador. "O homem que vocês estão procurando na verdade é Doug Moe", disse Smith. "Ele seria perfeito para vocês." Doug Moe assinou com eles e jogou na Itália por dois bons anos. Quando ele voltou para os Estados Unidos, parecia estar hesitante, ainda inseguro demais para o nível universitário. Dean Smith pressionou Moe para que voltasse à escola, mas Moe não lhe deu ouvidos. Certo dia Moe recebeu um telefonema de Smith. "Você tem uma entrevista em Elon (uma pequena faculdade próxima a Burlington, Carolina do Norte) hoje, às duas horas. Vista paletó e gravata." Lá ele trabalhou como treinador assistente e logo terminou seus estudos e conseguiu o diploma.

Os rapazes de Dean Smith tinham que assistir às aulas, e sua frequência era monitorada de perto. Eles tinham também que ir à igreja, a não ser que apresentassem uma carta dos pais dizendo que não tinham esse costume em casa. Havia todo tipo de lições que nada tinham a ver com basquete. Lições sobre como conversar com a imprensa, como olhar nos olhos dos repórteres e pensar antes de falar com eles. Eles aprendiam a lidar com o assédio das pessoas, a se vestir, a fazer o pedido num restaurante e a se levantar quando uma senhora se aproximava da mesa.

As lealdades que esse programa criou — à escola, ao homem e acima de tudo aos colegas — no fim das contas era uma exceção notável no meio esportivo universitário de então. Dean Smith era para eles, e para sempre, o Treinador. Homens já adultos, na casa dos trinta e dos quarenta, o consultavam quando tinham que tomar decisões críticas em suas carreiras. Quando ex-jogadores do Carolina, em times profissionais rivais, se encontravam em *playoffs* decisivos, ficavam antes do jogo conversando sobre o Treinador. Houve um ano em que George Karl, da turma de 73 do Carolina, treinador do Seattle SuperSonics, conversou com Mitch Kupchak, da turma de 76, assistente da diretoria do Lakers, os grandes rivais da costa Oeste, para ver se podiam passar em Chapel Hill no caminho para o *all-star game*, em Nova York, para ver o Treinador e assistir a um jogo do Carolina-Duke. Eles foram. Certa vez, quando uma terrível tragédia aconteceu na família de Scott Williams, um ex-jogador do Carolina, aquilo foi sentido como uma tragédia do Carolina. Seu pai matou sua mãe e depois se matou. No funeral da mãe de Williams em Los Angeles, um executivo da NBA notou que além de Dean Smith estavam lá Mitch Kupchak e James Worthy, ex-jogadores que tinham passado por Chapel Hill muito antes de Williams. "Eu não sabia que você o conhecia", disse o executivo para Kupchak.

"Ele era um dos nossos", disse Kupchak.

Donnie Walsh, membro da família do Carolina e em 1998 diretor do Indiana Pacers, sentiu que havia um problema em ter sido do Carolina ao tentar montar seu próprio programa profissional. O perigo, Walsh percebeu, era que Dean Smith era uma figura tão poderosa em sua vida que você já estava acostumado a ouvi-lo e tomar sua palavra como lei, mas não podia fazer isso por muito tempo se estivesse trabalhando com uma equipe, porque o seu interesse e o dele não eram necessariamente compatíveis. A diretriz primária de Smith era: adiantar os garotos mais atrasados; e a sua, melhorar o seu programa. As duas não eram necessariamente a mesma coisa. Larry Brown, outro membro do Carolina, prestava atenção demais a ele, como diziam, e pegou alguns dos garotos de Smith, o que a princípio agradou a este, mas então, quando eles foram cortados, Smith ficou furioso, porque quando um dos seus meninos era cortado era como se estivessem mexendo com ele.

"Essa história de Dean Smith no Carolina do Norte é uma espécie de culto", disse Chuck Daly, ex-treinador do Penn, do Detroit Pistons e do Dream Team. Daly era um dos poucos convidados de fora para o jogo de golfe organizado por Smith todo verão em Pinehurst. "A maioria dos cultos é uma coisa ruim. Este é uma exceção, mas mesmo assim é um culto." Ou como um ex-treinador da NBA, Kevin Loughery, um homem que passou tempo demais treinando times fracos, e a quem também era concedida a honra de participar das reuniões em Pinehurst, acrescentou: "Eu nunca torci para o Carolina. Eu sempre torço pelo mais fraco. Eu sei muito bem o que é estar com o time menos talentoso. Mas depois que eu conheci Dean Smith, entendi que, se não podia torcer por ele porque seus times tinham tantos talentos, pelo menos não conseguia torcer contra. Eu me sinto tocado pela lealdade, pela reverência que tantos homens realmente vitoriosos têm por ele. Isso dá a ideia de que seu sentimento por ele é absolutamente genuíno".

Nem todo mundo de fora do programa, especialmente aqueles que competiam com ele, o admirava tanto assim. Alguns não gostavam dele pela aparência de piedade que tinha aquele homem de instintos competitivos tão selvagens. Outros se ressentiam de que ele parecia projetar a ideia de estar num patamar moral mais elevado, de ser mais puro e menos materialista do que os outros: como se treinar basquete fosse mais nobre do que ser um advogado ou um agente; como se treinar o basquete universitário fosse mais puro do que treinar o profissional; e finalmente, como se treinar o Carolina fosse mais puro do que treinar qualquer outro time. Alguns o achavam menos puro do que a imagem que faziam, outros se incomodavam com o modo como ele tentava manipular a imprensa, constantemente procurando, a despeito da qualidade de seus times, o papel de mais fraco. Dean Smith foi o único homem na história que venceu setecentos jogos sempre tendo sido o mais fraco, disse Lefty Driesell. Mike Krzyzewski, o treinador do Duke, que mantinha um programa rival de força e integridade comparáveis às do Carolina e que competiu com ele pela vitória, e pelos mesmos jovens talentos, disse certa vez que se um dia se tornasse presidente dos Estados Unidos, o emprego que daria a Dean Smith seria o de chefe da CIA, "porque ele é o cara mais ardiloso que eu conheço".

Havia uma outra coisa muito importante sobre Dean Smith, que a maioria dos torcedores brancos não percebia: ele era, como notou Michael Wilbon, um herói maior e um deus maior na América negra do que na América branca. Para os negros americanos, que eram extremamente conscientes de sua história na Carolina, Smith tinha ido muito além dos limites nas questões raciais.

Partes da América negra enfrentaram uma espécie de dilema em março de 1982, apontou Wilbon, quando o Georgetown, treinado por John Thompson, que é negro, disputou com o Carolina o título da NCAA. Thompson, segundo Wilbon, era considerado um dos nossos pela população negra, mas Dean Smith também era visto com bons olhos, como uma espécie de visitante amigável. Ele havia acabado com o segregacionismo em seu programa muito antes de outras escolas do Sul, não sob pressão, mas com graça, habilidade e até mesmo ternura. Ele também ajudou a acabar com o segregacionismo num restaurante popular do centro de Chapel Hill no início de sua carreira, numa época em que seu próprio emprego parecia estar ameaçado, e quando o antissegregacionismo não estava na moda.

Já em 1961, Smith tentou recrutar Lou Hudson, um grande jogador que infelizmente havia sido incapaz de satisfazer os requisitos acadêmicos para entrar no Carolina e acabou indo para o Minnesota, e depois partiu para uma excepcional carreira profissional. Smith continuou tentando e por fim conseguiu recrutar Charlie Scott, em 1966. Smith tratou Scott durante seus anos ali com muita sensibilidade, numa região que não estava ainda inteiramente preparada para aquela visão tão devastadora: um jogador negro no Carolina. Smith fez de Scott um membro da família do Carolina desde o início, levando-o para a igreja logo em sua primeira visita — uma igreja de brancos, não de negros. Quando um torcedor da Universidade da Carolina do Sul gritou cruéis epítetos racistas para Scott, dois assistentes do Carolina tiveram que deter Smith para ele não subir nas arquibancadas. Diferentemente de muitos treinadores naqueles dias, que eliminaram o segregacionismo de seus programas mas não de seus corações, Smith foi até o fim; anos mais tarde, Scott batizou seu segundo filho com o nome do Treinador. O efeito sobre os jogadores negros que viriam foi considerável. "Meu pai admirava Smith muito antes de ele ter vindo à nossa casa. Meu pai fez só até a oitava série, mas ele lia jornais e assistia Walter Cronkite na televisão; era um homem que sabia das coisas", James Worthy disse certa vez, "e ele sabia o que Dean Smith tinha feito em Chapel Hill e como ele tratara Charlie Scott, não só usando-o, mas ajudando-o, e aquele era o tipo de homem com quem ele queria que eu treinasse. Aquele sim era um negócio mais importante para ele do que o dinheiro que algumas escolas estavam oferecendo".

A trajetória ideal de carreira para um jogador bem recrutado pelo Carolina seria ficar sentado durante quase todo o ano de calouro, tendo como consolo e recompensa treinar com o time principal diariamente e receber a camaradagem de seus colegas. Esse jogador podia fazer algumas eventuais aparições, muito mais de efeito psicológico do que qualquer outra coisa. No segundo ano, mostrando que valia a pena, ele poderia jogar de sete a oito minutos num jogo. Em seu terceiro ano, ele poderia estar no time e jogar cerca de 25 minutos. No último ano, ele se tornaria literalmente o dono do pedaço, tomando decisões juntamente com o treinador. Acima de tudo, em Chapel Hill o conceito de equipe ofuscava totalmente as habilidades individuais. Havia uma forte crença nos meios profissionais de que o sistema do Carolina suprimia o individualismo, mas James Worthy, um atleta brilhante e um exemplo clássico do sistema do Carolina, mostrava outra realidade: o sistema tinha sido elaborado não tanto para reduzir o potencial atlético e o individualismo dos jogadores, mas para reduzir riscos. A bola tinha que ser passada sempre. O objetivo era proporcionar bons arremessos para todos. Isso significava que um ótimo atleta, que em qualquer outra escola arremessaria 25 vezes por partida, no Carolina o faria só doze ou quinze vezes. Em seu último ano no Carolina, a caminho de se tornar um consenso nacional e a escolha número um na NBA, Worthy teria uma média de apenas dez arremessos e 14,5 pontos por partida; Michael Jordan, que passaria sete temporadas marcando trinta pontos por jogo, teria uma média de apenas 17,5 pontos por jogo em sua última temporada no Carolina.

Às vezes era difícil para os olheiros profissionais dizer quão bons eram os jogadores do Carolina, porque o programa, por um lado, fazia alguns jogadores parecerem melhores do que realmente eram — como eles se tornavam beneficiários do sistema, suas forças aumentavam e suas fraquezas eram escamoteadas, ao menos parcialmente — e, por outro, com frequência, ofuscava os talentos de grandes estrelas individuais, que poderiam marcar dez ou quinze pontos a mais por jogo em outro sistema. No final da década de 80, quando os salários dos jogadores profissionais aumentaram como nunca, cada vez mais os jovens talentos passavam voando pela universidade, ficando apenas um ou dois anos antes de saírem e assinarem contratos lucrativos. Como resultado, quando escolhiam a universidade para onde iriam, optavam por programas que exibiriam suas habilidades individuais. Eles davam ouvidos ao canto de sereia dos treinadores que lhes prometiam desde o primeiro dia que eles seriam o principal jogador do time, e que o ataque se armaria em torno deles.

Aquilo significava que o sistema de valores que Dean Smith orquestrara tão cuidadosamente por mais de duas décadas no Carolina corria o risco de se tornar anacrônico no outono de 1981, quando Michael Jordan foi para Chapel Hill. Ali ocorreu a chegada de um jovem notavelmente talentoso, alguém que graças à sua excepcional habilidade atlética poderia prontamente ter representado um desafio às práticas existentes. Mas mesmo que se tentasse abafar as notícias sobre o talento de Jordan, como Smith e sua equipe tentavam fazer, talento era talento. Embora Jordan estivesse feliz dentro do esquema de Smith, sempre havia ali na ACC algum momento em que se evidenciava como aquele jovem era brilhante, em jogos comuns nos quais ele explodia com velocidade no ataque, ou uma excepcional movimentação em direção à cesta, ou ainda uma estonteante jogada de defesa. Na metade de seu ano de calouro, mesmo que não se transmitissem tantos jogos pela televisão, como aconteceria nos anos seguintes, surgiu o boato, entre os aficionados da ACC, de que havia no Carolina um garoto genial, que estava sendo considerado o novo Julius Erving.

Então, o que Dean Smith fez com Michael Jordan foi nada menos que brilhante. Ele veio trazendo-o lentamente — muito mais rápido do que provavelmente queria e talvez pudesse em outros tempos, mas esta era uma nova era —, entretanto ele nunca quebrou as regras do programa por Jordan. Ele fez Jordan construir seu caminho para o estrelato através do programa. Michael Jordan teria que jogar de acordo com as regras do Carolina: teria que merecer cada coisa. Ele precisaria desejar superar todo o árduo e difícil trabalho das atividades práticas. Como resultado, ele se tornou um jogador infinitamente mais completo e, talvez o mais importante, um jogador que apesar de seu talento natural respeitava a autoridade e era fácil no trato com os diversos treinadores com quem trabalharia no profissional.

Ainda antes do início da temporada, já se tinha noção do talento e da ousadia de Jordan. Mal entrou na escola, ele foi dizendo para os alunos mais adiantados que iria enterrar na frente deles — jogadores como James Worthy, Sam Perkins, Jimmy Black e Matt Doherty, membros de um time que havia ido às semifinais da NCAA no ano anterior. A princípio havia certa irritação com a arrogância dele, mas isso foi desaparecendo gradualmente, primeiro porque as provocações eram sutis, mais alegres e festivas do que arrogantes e mal-humoradas, mais como um menino brincalhão do que como um sujeito convencido; segundo, porque quase sempre ele podia fazer o que dizia. A provocação era parte do seu jogo, pensava Buzz Peterson. Ele usava isso como um autoestímulo, pois se falava muito tinha de mostrar muito. E mesmo nessas primeiras atividades que precediam o início da temporada, Jordan já estava mostrando muito.

Ele queria entrar para o time titular ainda no primeiro ano. Com sua sede, seu entusiasmo pelo basquete e uma confiança cada vez maior no quanto era bom, o futuro começaria naquele momento. Mas havia duas pessoas a superar: Jimmy Braddock, um veterano a caminho do terceiro ano, cujo grande trunfo era a experiência, e Buzz Peterson, seu colega de quarto e melhor amigo, que também queria a mesma coisa. A competição entre dois colegas de quarto tinha suas peculiaridades. Peterson não era como muitos jogadores brancos do colegial, que eram ótimos arremessadores, mas chegavam ao apogeu aos dezoito anos. Ele era de fato um atleta muito bom em vários esportes, tanto que seus treinadores no colegial, em Asheville, pensavam que ele poderia até ser um *quarter-back* na Liga Nacional de Futebol (NFL) algum dia. Ele tinha velocidade, boa movimentação e rapidez, assim como um excelente arremesso de longa distância.

Seus colegas o comparavam a um jogador da NBA, Rex Chapman, talentoso, rápido, quase impetuoso defensor do Kentucky. Mais, a vaga do segundo armador — isto é, a do arremessador — estava livre quando Peterson e Jordan chegaram — uma das razões por que Peterson no fim decidiu ir para Chapel Hill em vez de Kentucky. Superar Peterson foi mesmo um desafio para Jordan. Peterson era realmente veloz: nas corridas de 40 jardas que disputaram no primeiro dia, Peterson chegou em segundo, atrás de James Worthy e na frente de Jordan, o que o deixou muito contrariado.

A princípio, a competição entre eles parecia relativamente equilibrada. Se Jordan, por um lado, era mais atleta, Peterson, por outro, era provavelmente um pouco mais experiente como jogador em geral. Ele tinha recebido um treinamento melhor na escola, tinha mais noção de jogo, era melhor arremessador e provavelmente tinha mais domínio dos fundamentos da defesa. Mas Peterson sabia que para Jordan, por ser mais atleta, chegar a um nível superior de jogo era apenas uma questão de tempo. Michael não somente saltava mais alto e era mais veloz, como também tinha aqueles braços e mãos enormes, que o tornavam letal quando partia para a cesta. Além disso, com toda aquela rapidez, ele era também um defensor duro. A outra coisa que Peterson notava era a garra de Jordan — que era obstinado por superar-se e parecia embeber-se das orientações dos treinadores.

O que Buzz Peterson não sabia sobre Jordan no início, aliás, algo que poucos sabiam e que a maioria aprenderia do jeito mais difícil, era de sua fúria competitiva, seu intenso desejo de ser o melhor e sua habilidade singular de se automotivar, até mesmo usando pequenos artifícios, reais ou imaginários, para isso. Aquela habilidade se tornaria bastante conhecida de todos, e jogadores e treinadores da NBA aprenderiam a ponderar sobre tudo o que diziam a respeito de Michael Jordan, para que mais tarde não se arrependessem das palavras mais inocentes ditas sobre ele. Mas isso foi no início de sua carreira, quando ninguém conhecia essa habilidade de autossuperação. Neste caso em particular, ele usava o fato de Peterson ter tido maior reconhecimento no colegial, de ter conquistado mais títulos, inclusive o de Mr. Basketball da Carolina do Norte e o Prêmio Hertz, e de ter recebido convites de mais instituições anos antes. Ainda mais grave era o fato de que algumas pessoas nas quadras de Wilmington provocaram Jordan quando ele ingressou na universidade, dizendo que ele jamais conseguiria jogar lá, que ele ficaria como banco de Peterson, porque Buzz era de longe melhor jogador: "Michael, você vai ficar atrás de Buzz Peterson, ele é o jogador do ano, e você só é bom em Laney High. Cara, você não vai sair daquele banco". Para a maioria dos atletas, palavras como essas se perdiam rapidamente na memória, mas Jordan havia aprendido cedo a utilidade desse tipo de provocação, assim como aprendera quando fora cortado no seu segundo ano colegial. Elas viravam uma arma que ele podia usar para superar seus limites.

Jordan, de fato, começou jogando no primeiro ano. Ele estava não só superando Peterson, quando este se contundiu, mas, e igualmente importante, estava vencendo numa disputa acirrada com Jimmy Braddock, um jogador veterano. Os treinadores consideravam Braddock mais completo em termos ofensivos, porém Jordan tinha melhores habilidades defensivas.

Dean Smith detestava ser o responsável pela estreia dos calouros. Fazer isso, conceder a eles precipitadamente minutos preciosos e a chance da fama (assim como a chance de cometer erros que custavam caro em grandes jogos), ia contra o propósito de sua sólida hierarquia. Smith tinha uma lei que proibia os calouros de falar com a mídia antes das primeiras partidas da Conferência. Smith era extremamente precavido contra o que a mídia podia causar a seu time. Os repórteres mexiam com a cabeça dos jogadores e costumavam ressaltar mais os indivíduos do que os compromissos. Particularmente, ele não gostava do foco que a mídia colocava sobre os calouros, que não tinham ainda sido doutrinados pelo programa, com toda a sua disciplina. Mas no Carolina tudo era uma conquista, e o fato é que quando a temporada começou, Michael Jordan já havia conquistado seu lugar no time titular. Apenas três calouros na história do Carolina haviam conseguido este feito: Phil Ford, uma referência para todos os arremessadores; James Worthy, que tinha começado a frequentar o ginásio de Smith no primeiro ano colegial, e sobre quem Smith disse certa vez — usando a frase que os profissionais usavam para se referir às estrelas dos times colegiais — que esperava que ele saísse da escola em ótimas condições porque estavam loucos para fisgá-lo; e Mike O'Koren.

Mas se Jordan conquistou o direito de estreia, não conquistou o direito de se gabar muito disso. Pelo contrário: por ser naturalmente arrogante, por estar sempre dizendo aos colegas que iria enterrar, ele foi eleito — uma amostra tanto de afeição como da necessidade de controlá-lo — para um dos mais onerosos serviços para um calouro: carregar o projetor de filmes que o time levava em suas viagens de visita a escolas. O projetor, quando ainda não havia videocassete, era grande e pesado, e não havia como alguém, mesmo sendo forte e jeitoso como Michael Jordan, carregá-lo através do aeroporto sem parecer ridículo. Isso também fez dele alvo de muitas brincadeiras bem-humoradas.

Algumas pessoas achavam que Dean Smith era um pouco mais duro com Jordan durante as atividades diárias do que com os outros jogadores, como se reconhecesse suas possibilidades mais amplas e sua ambição sem limites, e as usasse, estabelecendo para ele padrões mais elevados do que para os outros. Roy Williams, também o fazia trabalhar mais nos treinos. "Eu dou duro como qualquer outro", respondeu Jordan.

"Mas, Jordan, você me disse que queria ser o melhor", lembrou-o certa vez Williams. "E se quiser ser o melhor, tem que se esforçar mais do que qualquer um." Houve, segundo William, uma longa pausa enquanto Jordan meditava sobre a questão.

Finalmente ele disse: "Treinador, eu entendo. Você vai ver. Fique de olho".

Ele tinha certas especialidades que não podiam ser treinadas, dons atléticos naturais. A velocidade, que foi fundamental em Chapel Hill. Todos deviam ser velozes, todos deviam estar em grande forma física. Jordan obviamente tinha uma velocidade incomum, embora tivesse chegado em terceiro naquele primeiro dia. Os jogadores dali em diante correriam em grupos separados, de acordo com o tamanho e a posição. O grupo C era para os mais altos, que em tese eram mais lentos. O grupo B era para os jogadores de marcação e atacantes mais baixos, os de meia-altura, que eram supostamente rápidos, mas não muito. E o grupo A era o dos armadores, os jogadores mais rápidos do time, sendo exceções aqueles um pouco mais altos e muito rápidos, como o grande Walter Davis. Tecnicamente, Michael Jordan deveria estar no grupo B, mas desde o começo Dean Smith o colocou no A, com o intuito de exigir mais dele.

Os outros jogadores aprenderam a aceitá-lo. Michael falava muito, mas também jogava muito. "Ele era como um mosquito, que ficava o tempo todo buzinando e se gabando de que iria fazer e acontecer", lembrou certa vez Worthy. "Você o espantava, e logo ele estava de volta, abusando mais um pouquinho. Teimoso como o diabo." Mas todos os dias durante os treinos, por algum momento, tinha-se uma breve amostra de seu incrível talento.

Certa vez, quando ele jogava contra o time principal em Chapel Hill, numa das primeiras atividades, ele surpreendeu a todos com uma de suas jogadas, ainda mais porque a fez em cima de dois gigantes, ambos futuros jogadores das seleções nacionais, Worthy e Sam Perkins. Foi uma jogada que James Worthy guardaria na memória por um bom tempo, um sinal do que estava por vir nas duas décadas seguintes. Jordan saiu em disparada e Perkins tentou detê-lo. Jordan passou a bola para a mão esquerda, para protegê-la de Perkins, mas aquilo deu a Worthy, que estava exatamente atrás de Perkins, uma excelente condição para interceptá-lo. Mas embora Worthy tivesse ido para cima de Jordan, quando este se livrou de Perkins, Michael girou o corpo de modo a evitá-lo e arremessou de um ângulo impossível, usando o corpo como uma espécie de guarda-chuva para proteger a bola; no final do movimento, ele estava quase totalmente de costas para a cesta. A bola, é claro, caiu.

Os treinos não pararam por causa disso — os treinos nunca paravam em Chapel Hill. Mas pelo menos aquele foi um momento para respirar, e depois todo mundo estava comentando a jogada. Worthy nunca tinha visto nada igual. Aliás, ninguém. O controle do próprio corpo, a habilidade de se ajustar no curto espaço. Mas aquilo de que ele mais se lembrava era que a manobra fora feita por puro instinto: Jordan conseguira tomar uma decisão e fazer seu corpo obedecer seu cérebro naqueles microssegundos após ter saído do chão. Foi uma combinação de habilidade atlética, puro instinto para o basquete e rapidez de raciocínio nunca vista. Anos depois, Worthy se lembraria disso como a primeira vez em que se teve um primeiro vislumbre do que vinha pela frente. Michael tinha dezoito anos.

O Carolina era um ideal para ele, que estava jogando com homens experientes, talentosos e exigentes, num programa disciplinado em que tudo era cuidadosamente planejado com grande antecedência. Ele não tinha que carregar um time nas costas, e podia aprender sem ser o centro das atenções. Não eram muitos os jovens talentosos, ainda em idade de crescimento — pois Michael cresceria naquele ano —, que conseguiam se sair como ele num programa que possuía treinadores tão capazes, como Dean Smith, Bill Guthridge, Eddie Fogler e Roy Williams. Isto significava que ele poderia amadurecer no seu próprio ritmo.

Jordan havia conquistado o privilégio da estreia, mas com algumas restrições. Naquele ano, a revista *Sports Illustrated*, sabendo que o Carolina vinha com munição pesada — a opção número um em todo país —, pediu a Dean Smith que os deixasse colocar seu time titular na capa do número anual sobre a pré-temporada do basquete universitário. Smith concordou com certa relutância, mas com uma condição: eles poderiam colocar quatro titulares, mas não o quinto — o jovem de Wilmington. A equipe do *Sports Illustrated* implorou, pois já tinham ouvido um bocado de coisas a respeito de Jordan, mas Smith foi irredutível. Ele colocaria à disposição deles os outros jogadores e ele próprio, mas não seu calouro.

"Michael, você não fez nada para merecer sair na capa de uma revista. Não ainda. Os outros fizeram. É por isso que eu acho que você não deve sair nessa foto", explicou Smith. De fato, aquela edição da *Sports Illustrated* estampou Sam Perkins, James Worthy, Matt Doherty e Jimmy Black. Como se o basquete da NCAA fosse quatro-contra-quatro. Mais tarde, depois que o time venceu o campeonato, publicaram um pôster com um desenho do time campeão — só que dessa vez com Michael Jordan. Dean Smith soube lidar brilhantemente com a situação; ele não tinha negado a um jovem aquela fama passageira, mas colocado desafios para um jovem que, acima de tudo, gostava de ser desafiado. (Naquele ano, Billy Packer e Al McGuire apareceram em cadeia nacional selecionando seus novos jogadores para o próximo campeonato nacional. McGuire escolheu Wichita, Packer escolheu Carolina. "Eu ouvi dizer que o Carolina tem um calouro no time titular", disse McGuire, antigo treinador do Marquette, "e eu sei que não se vence um título nacional com um calouro.")

Havia um caráter um tanto marginal nas primeiras aparições de Jordan, não muito diferente das primeiras vezes em que Julius Erving aparecera, quando ele estava apenas começando na antiga ABA. Como na época poucos jogos da ABA eram transmitidos, a antiga lenda do Dr. J. circulou no boca a boca, pela descrição maravilhada de alguma jogada espetacular por alguém que também não a tinha visto, mas que ouviu de algum amigo confiável que estava contando para outro fanático por basquete. Quando Michael chegou ao Carolina, a ESPN ainda estava no segundo ano de atividades, e eram relativamente poucos os jogos televisionados. Isto, somado à natureza discreta do ataque do Carolina, significava que os momentos em que a elite do basquete podia ver Jordan fazendo uma grande jogada eram poucos. O que se sabia de fato eram, na maioria das vezes, histórias contadas e recontadas por viciados em basquete, olheiros, assistentes, pessoas da imprensa sensacionalista, gente sempre aflita por saber quem seria o próximo astro do basquete. Naquela temporada, Michael Wilbon já tinha ouvido um bocado sobre aquele tal garoto que era o fenômeno de Chapel Hill. Mas era quase sempre da boca para fora, gente que dizia ter visto uma jogada, quando, na verdade, tinha ouvido de alguém que tinha visto e acreditado mesmo assim. Algumas dessas jogadas aconteciam em jogos, mas a maioria era durante os treinos. Às vezes num jogo amistoso regional: aquele jovem fenômeno chamado Jordan, que jogava no Carolina, de repente surgia como que da névoa, assim se dizia, saía de um carro num parque em Raleigh, amarrava o cadarço, e começava a impressionar a todos ali por uma hora, antes de voltar para seu carro e desaparecer tão misteriosamente quanto havia aparecido. Para as pessoas, as informações sobre ele tinham uma característica fantasmagórica ou legendária: ele tinha apenas 1,85 m mas saltava mais do que outros mais altos que ele, disse alguém. Ele tinha 2,0 m e dominava a bola como Magic Johnson, até melhor do que homens menores, disse outro alguém. Outras histórias tinham a característica tantalizante de soarem ao mesmo tempo verdadeiras e exageradas. Numa certa enterrada, ele tinha parado no ar durante uma eternidade, muito mais tempo do que Julius Erving jamais conseguiu, ou se dirigira à cesta, saltara no ar e passara a bola para a mão esquerda no último momento. Alguns dos olheiros profissionais que diziam ter acesso livre aos treinamentos de Dean Smith contavam que Jordan, durante os treinos, fazia jogadas que nem mesmo Perkins e Worthy conseguiam marcar. Ele ainda era calouro nessa época, quase ninguém no mundo do basquete o tinha visto jogar, e Wilbon se lembra que uma feroz polêmica já havia começado quanto ao fato de Dean Smith estar ou não escondendo o jogador.

A verdade é que os treinadores geralmente gostavam bastante do seu progresso. Ele não só dava duro nos treinos, como também era um aprendiz rápido, com excepcional poder de concentração. Tinham lhe ensinado no colegial a fazer a marcação das jogadas de fundo de uma determinada maneira; o Carolina marcava de maneira oposta, mas em apenas uma sessão de treinamento Dean Smith conseguiu ensinar-lhe o jeito do Carolina. Como o próprio treinador mais tarde refletiu, aquilo já era um primeiro sinal da força de vontade e do desejo de Jordan de melhorar e se projetar a um nível mais alto de jogo. Seu ano de calouro nem sempre foi fácil. Ele não era muito bom arremessador, e os adversários veteranos, no intuito de deter Worthy e Perkins, frequentemente marcavam por zona e o deixavam livre para arremessar. Num jogo de início de temporada contra o Kentucky, ele ficou arremessando e errando o jogo inteiro. Assistindo àquele jogo estava o ex-craque do Tar Heel, Phil Ford, e seu colega do profissional, Otis Birdsong. "O que esse menino Jordan tem com o Treinador Smith?", Birdsong perguntou a Ford.

O caminho para o quadrangular decisivo estava difícil em 1981-82. Havia quem achasse que o Virginia, com o gigante Ralph Sampson, fosse o melhor time do país. As duas escolas acabaram com seus jogos regulares da temporada. Então, no torneio da ACC, quando ainda não havia o cronômetro de posse de bola no basquete universitário, o Carolina venceu um jogo entediante no qual Sampson simplesmente ficou parado em baixo da cesta e o Carolina, faltando seis minutos para o final, partiu para uma tentativa de cadenciar o jogo, trabalhando a bola nos quatro cantos da quadra, recusando-se a arremessar. O placar estava 44 a 43 a favor do Carolina quando eles entraram nessa cadência, e cinco minutos e meio mais tarde, quando o Virginia tentou esboçar uma reação, ainda estava 44 a 43. Na semifinal da NCAA, o Carolina bateu o Houston por 68 a 63, passando por um time que tinha em seu elenco dois futuros astros da NBA, Akeem (mais tarde Hakeem) Olajuwon e Clyde Drexler.

Aquela vitória desenhava um desfecho perfeito para a final, Carolina contra Georgetown, um daqueles jogos dos sonhos em que provavelmente as duas melhores equipes do país, bastante diferentes em estilo e temperamento, se encontrariam para a disputa do título. Alguns torcedores brancos, indóceis por acreditarem que John Thompson e seus times davam mostras de um novo tipo de nacionalismo negro nos esportes, estavam dispostos a ver esse jogo como o jogo dos chapéus brancos contra os chapéus pretos, e não havia dúvida de quem estava usando os chapéus brancos. Na verdade, Smith e Thompson eram amigos íntimos, ambos tinham programas fortes, ambos insistiam que seus garotos assistissem às aulas e se diplomassem, embora Thompson tendesse a trabalhar com garotos que já tinham viajado um longo caminho para chegar à universidade e que tinham pela frente um caminho ainda mais longo, mais do que a maioria dos garotos de Chapel Hill.

Naqueles dias, porque Patrick Ewing teve mais tarde uma boa ainda que um tanto limitada carreira profissional — em parte devido a suas próprias limitações, aquelas mãos imperfeitas e uma significativa dificuldade de escapar de uma marcação dupla, em parte por ter jogado com muitos treinadores, e por muito tempo com jogadores muito ruins —, é difícil lembrar dele como a poderosa força que ele era quando jogava no Georgetown. Quando calouro, ele era grande, musculoso e rápido. Ele corria muito mais do que a maioria dos jovens grandalhões, e parecia ser o protótipo de um novo tipo de jogador alto, combinando tamanho incomum e semelhante habilidade atlética. Ele parecia pairar acima da quadra, intimidando seus oponentes de várias maneiras. Para os jogadores universitários mais jovens e menos musculosos, que ainda não tinham desenvolvido totalmente seus corpos, ele era no mínimo digno de respeito. Ainda assim, o Carolina dificilmente se deixava intimidar. Se Georgetown era fisicamente mais forte, o Carolina estava seguro de que tinha um time melhor, muito mais coeso, e que estava muito mais bem preparado para o jogo, como diria James Worthy anos mais tarde. Pois se o Georgetown parecia projetar sua imensa força física, especialmente a do pivô, Patrick Ewing, o Carolina do Norte dispunha de uma força física quase equivalente, mas que parecia ser de um tipo diferente, uma combinação de força, velocidade e sutileza, exemplificada pelo jogo de James Worthy.

Aquele era um dos raros jogos em que cada detalhe correspondia às expectativas da torcida. A defesa do Georgetown era simplesmente arrasadora — cinco jogadores muito bem-dotados fisicamente colocando uma enorme pressão sobre a bola durante os quarenta minutos. Só mesmo um time tão bem treinado e posicionado como o Carolina do Norte, um time com excelente passe, no qual cada um parecia saber exatamente seu papel, poderia ter resistido ao assalto da incansável pressão do Georgetown. A maioria dos outros times teria cedido antes. Ewing tinha sido intimidador desde o início, talvez até demais para o seu próprio bem. Ele parecia querer bloquear tudo o que os jogadores do Carolina faziam, e de fato foi advertido por interceptar bolas descendentes em 5 de 9 arremessos. "Eu vou falar uma coisa do Ewing", disse Brant Musburger, comentando o jogo para a CBS, depois da terceira vez que ele fez isso, "ele não se envergonha". A certa altura, Georgetown vencia por 12 a 8, e todas as quatro cestas de Tar Heel tinham sido pontos válidos em bolas interceptadas por Ewing. (Alguns meses depois, quando Ewing e Jordan tinham sido escolhidos para o Playboy All-American Team e estavam juntos em Chicago, Jordan perguntou a Ewing por que ele havia interceptado tantas bolas logo no início daquele jogo. Ewing respondeu: "O treinador me disse para não deixar entrar nada".)

Aquele jogo foi simplesmente basquete universitário da melhor qualidade. Worthy estava impossível — ele acabou convertendo treze de dezessete arremessos, num total de 28 pontos. Ele estava forte, incrivelmente rápido com ou sem a bola, e estava conseguindo arremessar rapidamente no meio da marcação. Qualquer um que entendesse um pouco de basquete podia olhar para ele e ver que sua carreira profissional prometia ser ainda melhor que a universitária. Jordan era outra questão. Ele era jovem, ainda não tinha habilidades muito destacadas com a bola. Somente um olheiro experiente, com o costume de imaginar o futuro, seria capaz de ver o que ele poderia se tornar. Mas havia dois sinais.

O primeiro era o rebote. Ele tinha sido o melhor nos rebotes, com nove, porém, mais do que os números, era o tipo de rebote que ele pegou — muitos deles parecendo fora de alcance — e o fato de alguém com sua altura ter a rapidez e a impulsão para pegar tantas bolas. A outra coisa que os olheiros perceberam foi uma jogada que ele fez em cima de Ewing, o mais assustador do basquete universitário. Faltando cerca de três minutos para o final e com o time vencendo por 59 a 58, o Carolina começou sua tática de cadenciar o ataque, jogando com o relógio a seu favor. De repente, Jordan viu uma brecha, pegou a bola e partiu para a cesta, inclinando o corpo e já prevendo de onde a defesa viria. Quando Michael se aproximou da cesta, Ewing, com sua excepcional rapidez, pulou para fazer o bloqueio. Jordan, ainda no ar, e parecendo vulnerável à respeitável força de Ewing, passou a bola para a mão esquerda e soltou-a logo acima da mão estendida de Ewing. A bola subiu suavemente e tão alto que, por um momento, pareceu que passaria por sobre a tabela. "A bola subiu uns três, quatro metros", disse Billy Packer, um dos apresentadores do jogo. No banco, Roy Williams estava certo de que ele tinha arremessado alto demais e que a bola passaria por cima da tabela. Em vez disso, ela bateu bem alto na tabela, voltou com leveza e caiu suavemente dentro da cesta. Foi a jogada de um campeão.

Aquela cesta fez 61 a 58, mas o Georgetown reagiu. Duas cestas depois, os Hoyas venciam por 62 a 61 e o Carolina tinha a posse de bola. Faltando 32 segundos para o final, o Carolina pediu tempo. Smiths conhecia John Thompson muito bem e sabia que ele era um grande fã de James Worthy. Thompson não iria querer que Worthy o vencesse. A opção seguinte seria Perkins, mas eles também o estariam marcando. Em jogos importantes, nos segundos finais, treinadores como Thompson fazem seus oponentes jogarem com seus jogadores menos importantes, não com os jogadores de pressão. Isso significava que o jogador mais provável de estar sem marcação seria o talentoso calouro, Michael Jordan, e Smith mandou que a bola fosse para Jordan. "Faz essa, Michael", Smith disse. Na hora em que seus colegas passaram a bola para ele, ele estava, como Smith suspeitara, bem aberto. Faltavam dezessete segundos para o final, e ele estava a dezessete passos da cesta. Era um arremesso que faria balançar o coração de qualquer treinador, fazendo um esquema para um craque nos segundos finais de um jogo importante. Ele converteu, como foi pedido, e seu marcador só conseguiu chegar quando ele já estava no ar e havia lançado a bola. Na sequência, o Georgetown tentou desesperadamente lançar a bola de sua quadra, e Dean Smith conquistou seu primeiro título nacional. Esse foi também o primeiro grande passo na lenda de Michael Jordan. Diversos jogadores profissionais, muitos dos quais prestavam relativamente pouca atenção ao basquete universitário, assistiram àquele jogo, e viram um calouro tomar para si a grande responsabilidade do arremesso decisivo (e um treinador experiente e muito conservador que tinha fé suficiente num calouro para lhe dar aquele arremesso). Lenny Wilkens, que no futuro seria treinador de times adversários de Michael Jordan em muitos jogos importantes, lembra-se de ter assistido àquele jogo na televisão e soube mais tarde que foi a primeira vez que alguém chamado Michael Jordan apareceu em sua tela. "Aquele garoto ainda vai ser alguém muito especial", pensou Wilkens. "O garoto do Carolina tinha começado a subir de uma maneira que poucos calouros conseguiam."

Depois do jogo, no meio de toda a comemoração, Billy Packer foi outra vez até Deloris Jordan, como fizera no ano anterior, no McDonald's All-American, quando tinha dito a ela que não ligasse para a escolha de Adrian Branch como MVP. "Está vendo, senhora Jordan", disse ele, "a decisão do MVP do McDonald's não parece tão ruim agora, não é?".

7.
CHAPEL HILL, 1982-84

Amigos e treinadores acharam que Jordan ficou diferente depois daquilo. Ele sempre tivera uma certa arrogância, mas antes da temporada do segundo ano havia uma nova segurança, quase uma insolência contida. Era como se ele tivesse começado a perceber que tudo aquilo que andara dizendo sobre si mesmo podia ser de fato verdade. Seu sonho e sua vida estavam se tornando uma mesma coisa. Buzz Peterson, que esteve com ele todos os dias naquele período, achou que Michael tinha entendido que podia ser não apenas bom, mas grande.

Que ele tinha passado para um nível diferente era óbvio para todos em setembro, naquele período de quatro semanas em que todos — jogadores do último ano, calouros e ex-alunos agora na NBA — jogavam contra todos diariamente no Carmichael, esperando as atividades começarem oficialmente. James Worthy estava lá, se preparando para os primeiros treinamentos no Lakers, assim como Sam Perkins, Mike O'Koren, Al Wood e Walter Davis. Nos primeiros dias, Jordan parecia ser apenas um entre os vários jogadores em quadra, e então de uma hora para outra, depois de quase uma semana, ele começou. Apesar de estar jogando contra tarimbados profissionais da NBA, parecia haver um salto notável em sua autoconfiança, e ele se tornou o principal jogador em quadra, marcando pontos em cima deles quando bem quisesse.

Sua autoconfiança se igualava a seu talento físico. Ninguém poderia detê-lo. Para Matt Doherty, um de seus parceiros, aqueles primeiros jogos de seleção antes da temporada foram a primeira pista concreta de como Jordan poderia ser bom. Ali estava ele, prestes a entrar no segundo ano da faculdade, jogando contra jogadores já firmados na NBA e mostrando que era tão bom quanto eles. Isto significava que talvez só o céu fosse um limite para Michael — e talvez, naquele momento, o céu estivesse bem longe. Outro parceiro, Steve Hale, via da mesma forma. Hale notou outra coisa sobre Jordan: mesmo em jogos para seleção, ele tinha se tornado incrivelmente determinado. Havia uma tendência, em jogos desse tipo, quando não havia treinadores por perto, de os jogadores se restringirem a fazer o que era seu forte, a aumentar suas forças e evitar qualquer elemento do jogo em que fossem mais fracos. Mas Jordan, acreditava Hale, estava constantemente trabalhando a parte fraca de seu jogo, tentando desenvolvê-la. Isto era, segundo Hale, mais um sinal de seu desejo de ser o melhor.

Ele voltou à universidade mais forte, maior e mais rápido. Para grata surpresa dos treinadores, ele ainda estava crescendo. Em 15 de outubro de 1982, no primeiro dia de atividades de seu segundo ano, o momento de cada temporada em que os treinadores escolhiam o que Dean Smith gostava de chamar de dados objetivos, eles notaram as mudanças. Roy Williams tinha medido sua altura, que era de 1,95 m quando calouro, e agora, um ano depois 1,98 m. E mais, seu corpo estava ganhando massa e se tornando mais forte e veloz. No ano anterior, ele tinha corrido as 40 jardas em 4:55 minutos, o que era muito bom. Os treinadores que estavam cronometrando Jordan neste ano compararam seus relógios: Williams marcara 4:39, um treinador tinha marcado mais tempo, e outro menos. Eles decidiram ficar com 4:39, cientes de que podia ter sido ainda menos. Aquela era a faixa que só os atletas mais rápidos do mundo — velocistas de categoria olímpica e *cornerbacks* da NFL — conseguiam atingir. Ali estava um jovem capaz de fazer todas as outras coisas que podia numa quadra de basquete, cujos instintos antecipatórios sobre o ritmo de jogo eram tão puros, e que tinha além de tudo uma velocidade incomum. Os dois axiomas de todos os treinadores de basquete eram que não se podia treinar velocidade, nem altura: eram dons naturais. Ali eles tinham um jogador com ambas as coisas, velocidade *e* altura, assim como talento e paixão, e que era muito receptivo aos treinamentos — alguém que parecia, como disse James Worthy certa vez, uma esponja que absorvia tudo ao seu redor.

Dean Smith notou com prazer seu ganho de altura e, mais ainda, de autoconfiança. Jordan, segundo ele, estava se tornando o jogador principal nos treinos. Ele quase sempre ganhava nas práticas homem a homem, e quando passaram ao cinco-contra-cinco, Smith notou, o time de Jordan sempre conseguia ganhar.

Dean Smith e os outros treinadores também estavam lidando com ele com grande astúcia. Depois de seu ano como calouro, Smith chamou-o de lado e mostrou-lhe um filme que apresentava cenas de suas falhas na defesa. Então Smith perguntou: "Michael, você se dá conta de como pode ser bom na defesa?". E acrescentou que se ele trabalhasse duro na defesa, poderia ser um jogador completo, tanto na universidade como no profissional, e Smith lembrou-lhe que uma das leis mais elementares do basquete era: no fim das contas, é a defesa que ganha o jogo. Em certas noites, suas habilidades ofensivas o abandonavam, mas como a defesa é produto de trabalho árduo, ela sempre estará lá. Os parceiros de Jordan podiam ver aquela ideia tomar forma no segundo ano, na medida em que se evidenciava que às vezes ele estava mais interessado na defesa que no ataque, e se concentrava em aniquilar o adversário. Outra coisa que Smith fazia nos treinos era colocar Jordan sob pressão, para que ele se sentisse desafiado a ter sobre si a responsabilidade de carregar os colegas mais fracos e fazê-los crescer diante de adversários mais talentosos.

Sua melhora em apenas um ano, daquele quase rude e de certa forma inseguro calouro para o novo, mais forte e confiante segundanista, era evidente. Billy Cunningham, um dos primeiros craques de Dean Smith e que por volta de 1982 se tornou treinador do Philadelphia 76ers, caiu dos céus e assistiu a um treino; depois ele se virou para Smith e disse de Jordan: "Treinador, ele vai ser o maior jogador que o Carolina já teve".

Smith, ansioso por proteger Jordan daquele tipo de especulação e das expectativas concorrentes que tanto mal podiam fazer a alguém tão jovem, além de igualmente preocupado com o caráter igualitário de seu programa — todo mundo é igual e ninguém é mais igual que os outros, principalmente o melhor jogador do país —, quase explodiu para cima de Cunningham. "Não! Nós já tivemos grandes jogadores aqui! Michael é só mais um deles!" Mas o que ele tinha dito era verdade, segundo o próprio Cunningham — Jordan era melhor do que todos. E lá estava ele, nem bem vinte anos e fazendo coisas que não se aprendiam na escola, e que só raros profissionais sabiam fazer.

O que era interessante na intensidade de Jordan nos treinos, pensou Steve Hale, é que não era comum em jogadores tão naturalmente dotados. Hale tinha noção de suas próprias limitações técnicas e físicas, e entendera desde o início que só conseguiria jogar no Carolina se se esforçasse para atingir um nível muito mais alto de jogo, e se tornasse uma espécie de camicase, a toda hora se jogando atrás de bolas impossíveis e dando um pouco de sangue em cada jogo. Jordan, por sua vez, que obviamente possuía o mais elevado nível de técnica e condição física, estava ali diariamente, treinando como se precisasse daquilo. Essa era uma combinação poderosa.

O salto qualitativo de Jordan não diminuíra sua insolência. Ele continuou provocando os outros como antes, de um modo quase infantil. Uma das movimentações que Dean Smith mais gostava de treinar era a explosão: um treino com dois jogadores no qual a bola era dada ao atacante a uns quinze passos da cesta e o defensor tinha que pará-lo. A maioria dos jogadores do Carolina adorava esse exercício e podia assistir à emergência de um dos maiores jogadores, no mano a mano, da história do basquete, o jovem que parecia descender diretamente da linhagem do grande Julius Erving. Ali estava ele, em seu ginásio, aperfeiçoando sua técnica. Os que tinham que tentar detê-lo não gostavam tanto daquela atividade. Como detê-lo?, imaginava seu colega Buzz Peterson. Ele tinha aqueles braços imensos e mãos enormes — segurava a bola com uma só mão melhor do que a maioria dos outros segurava com as duas — e tinha uma inigualável e explosiva passada inicial que logo deixava o defensor para trás. Nenhum dos defensores que Dean Smith colocava para tentar detê-lo — Steve Hale, Buzz Peterson ou Jimmy Braddock — gostava desses momentos: principalmente porque Michael depois ia para o quadro negro do vestiário e escrevia em números romanos quantas vezes ele tinha enterrado em cima de cada um deles, I, II, III, IV...

Outra coisa que seus colegas começaram a notar era que Michael parecia ser guiado por um desejo — ou necessidade — de vencer nunca visto antes. O fantasma daqueles dias em que perdia as disputas para seu irmão Larry ainda o assombrava. Todo atleta de alto nível precisa ter essa garra, e ninguém conseguia jogar no Carolina sem que tivesse sido de longe o mais determinado de seu bairro, da escola e do colegial, mas Jordan estava acima da média, evidentemente. Ele detestava perder: jogos importantes, jogos sem importância, coletivos, e até jogando Banco Imobiliário com seus amigos (ele era capaz de jogar o tabuleiro com casinhas, hotéis e tudo mais para o alto caso seu oponente estivesse muito na frente). Jogando baralho ou bilhar, sua obsessão pela vitória ficava explícita — e, a bem da verdade, ele costumava inclusive alterar um pouco as regras para garantir a vitória. Uma tacada que ele errasse não valia porque alguém falou bem na hora em que ele ia jogar. Uma vez, o Carolina tinha ido jogar com o Virgínia em Charlottesville, e passaram perto de um salão de jogos; Jordan desafiou todos os parceiros do time a tentar ganhar dele. Matt Doherty topou a parada, eles jogaram e Doherty, para a surpresa de Jordan, ganhou. Jordan jogou o taco no chão, olhou com atenção a mesa e falou: "Essa mesa não tem as medidas oficiais", e saiu.

Ele odiava perder em qualquer tipo de situação, e isso seria uma marca registrada ao longo de sua vida. Toda competição tinha um quê de vida ou morte. Se ele perdia num jogo de cartas, ficaria jogando até ganhar uma partida. No segundo ano, o Tar Heels foi para Atlanta jogar contra o Georgia Tech. Roy Williams estava encarregado de fazer a checagem dos quartos. Ele sabia que os jogadores estariam no salão de jogos do hotel. Jordan estava lá, mexendo com todo mundo, dizendo que tinha vencido na mesa e se divertindo feito um louco com a situação. Williams ficou contente com o clima, vendo todos os seus rapazes tão à vontade entre si, e juntou-se a eles na brincadeira, até que Jordan desafiou-o também: "Você está rindo, Treinador, deixa eu cuidar de você, então. Venha, escolha um taco".

Eles jogaram três partidas e Williams, um excelente taco, venceu as três. No final, quando a brincadeira acabou, Jordan nem dirigia a palavra a Williams, não agradeceu ou disse boa-noite quando o grupo se dispersou para dormir, nem falou com ele quando ele passou na checagem dos quartos ou no café da manhã. Uma hora depois, eles estavam entrando no ônibus, Williams no lado do corredor e Eddie Fogler, o outro assistente do treinador, na janela. Williams não havia dito nada sobre o caso para Fogler. Jordan subiu no ônibus, passou direto por eles, e Eddie, acostumado ao jeito brincalhão de Jordan, sentiu um certo clima no ar e perguntou: "Ei, Michael, o que houve? O Treinador Williams ganhou de você ontem no bilhar?".

Jordan bastante irritado, virou-se para Williams e disse: "Você ficou contando para todo mundo!".

"Michael", disse Fogler, "Roy não me disse nada, dá para ver pela sua cara o que aconteceu. A derrota ficou estampada na sua cara".

E havia o golfe. Naquele ano ele aprendeu a jogar golfe, e sua competitividade passou a se mostrar no golfe também. Certo dia naquela primavera, ele estava jogando com três de seus colegas: ele e David Hart, seu manager e colega de quarto para aquela temporada, contra Peterson e Doherty. Era um jogo disputado, com muitos *woofing*, e quando chegaram ao último buraco, quem marcasse primeiro ganhava — quem perdesse pagava as Cocas e aguentava a enchação dos outros. Os quatro estavam próximos do buraco, um buraco no alto. Três deles jogaram e conseguiram chegar ao *green*, mas a tacada de Michael passou por cima da cerca que ficava atrás do buraco. Tudo dependeria de ele conseguir jogar para o *green*, e ele, um principiante, precisaria de um verdadeiro milagre para fazê-lo. Mas, numa jogada perfeita, ele conseguiu, acertou o buraco e ganhou o jogo. Quando voltavam para o quarto, Hart parabenizou-o pela tacada e perguntou como ele tinha conseguido aquele milagre. Michael olhou para os lados, como para se assegurar de que ninguém estaria ouvindo: "Não foi uma tacada", disse ele, "eu joguei com a mão".

Para o segundo ano de Jordan, Smith o tinha mudado de posição para a três, ou ala, com Buzz Peterson na dois da defesa. Embora James Worthy tivesse se profissionalizado depois do terceiro ano, aquele ainda era um time muito bom, apesar de bem mais jovem e não suficientemente testado. Mas do desabrochar do talento de Jordan ninguém mais tinha dúvidas.

Naquele segundo ano, houve inúmeros exemplos de sua excepcional habilidade defensiva, seu instinto de jogo, e sua velocidade, com os quais ele era capaz de quebrar os adversários mais talentosos. Uma dessas ocasiões foi durante um jogo contra o Virgínia. Devido à presença de Ralph Sampson, o Cavaliers era um time poderoso naqueles anos, e nessa ocasião estava ranqueado como número um do país. O Carolina tinha vencido o primeiro jogo em Charlottesville, e então, no dia 10 de fevereiro, estava jogando no Carmichael. Seria um jogo memorável por vários motivos. Pouco antes da metade do jogo, Buzz Peterson machucou o joelho; infelizmente, seria uma contusão da qual ele jamais se recuperaria totalmente. Com Peterson fora de jogo, o poder ofensivo do Carolina diminuía muito, e o Virgínia, com a vantagem de um gigante, assumiu completamente o controle da partida, abrindo uma vantagem de dezesseis pontos.

Mas então, lentamente, o Carolina começou a reação. Aos 4:12 minutos, o Virgínia ainda vencia por dez pontos, 63 a 53. A defesa do Carolina apertou e o Cavaliers não conseguiu mais marcar o resto do jogo. O Tar Heels continuou vindo para cima. O Virgínia tinha ainda a vantagem de 63 a 60 faltando 1:20 minuto para o final, quando Sampson desperdiçou um lance livre. Então Jimmy Braddock errou um arremesso de três pontos, mas Jordan pegou o rebote e marcou, 63 a 62, faltando 1:07 minuto. Rick Carlisle, um talentoso defensor do Cavaliers, pegou um rebote no ataque para o Virgínia. Ele viu a defesa dupla do Carolina chegando. Um deles era Michael Jordan, mas Carlisle estava confiante de que poderia superá-los, pois já o havia feito antes. Com as coisas apertando, ele começou a bater bola, como costumava fazer durante os treinos e jogos anteriores, certo de que teria uma oportunidade de passar e ter a quadra livre. Então, uma coisa terrível aconteceu. A bola não voltou para ele do chão, e quando ele foi ver, Michael Jordan, com a bola que estava com ele poucos segundos antes, corria para a cesta para tentar uma enterrada com apenas uma das mãos, subindo tão alto e com o braço tão aberto que por um instante Carlisle pensou que talvez ele pudesse errar. O mesmo que pensou Dean Smith, que depois do jogo lhe perguntou: "Michael, por que você simplesmente não colocou a bola? Você podia ter errado a enterrada". Jordan olhou para ele com um sorrisinho e respondeu: "Treinador, eu não tinha planos de errar".

O Virgínia recuperou a posse de bola faltando cinquenta segundos para o final. O Cavaliers foi para o ataque e Carlisle tentou um arremesso no último segundo e errou. Ralph Sampson, com seus 1,94 m de altura, foi ao rebote com as duas mãos, mas de alguma maneira Michael Jordan alcançou a bola primeiro e com uma das mãos jogou-a para fora. Aquilo deu a vitória ao Carolina. Uma jogada para entrar para a história, tirar a bola do Grande Ralph. Foi a décima oitava vitória consecutiva do Tar Heels, mas o time ainda teria que ser reformulado com a ausência de Peterson naquela temporada.

As contusões de Peterson e de outros jogadores importantes (o pivô Brad Daugherty tinha jogado o final da temporada com uma fratura de cansaço no pé) limitaram o time, e o Tar Heels foi surpreendido na final regional do Leste por um desconhecido time da Georgia, num placar de 82 a 77. A última derrota foi amarga para um time que sentia que era melhor do que havia jogado. Os times do Carolina, afinal, esperava surpreender outros times em jogos importantes, e não serem surpreendidos por times menores, oriundos de programas mais fracos. Foi um final abrupto e amargo de uma temporada frustrada.

O jogo foi em Syracuse num domingo; além disso, a maioria dos treinadores tinha saído em viagem para recrutar novos jogadores. Roy Williams fora designado por Dean Smith para voltar aquela noite com os jogadores para Chapel Hill. O recado de Smith era claro: eles não deveriam relaxar suas atividades acadêmicas, pois faltavam apenas cinco semanas no ano escolar, e ele queria que todo mundo se saísse bem. No voo de volta para Chapel Hill, domingo à noite, Williams deu o recado aos jogadores. Na segunda à tarde, Jordan foi ver Williams.

"Treinador", disse Michael, quase se desculpando, "eu acho que preciso de descanso, estou cansado. Estou jogando sem parar, até durante o verão, há dois anos, e a verdade é que eu não tiro uma folga há muito tempo. Acho que preciso dar uma parada".

Williams disse que a seu ver aquilo parecia justo, e encorajou Jordan a descansar um pouco, para que não se esgotasse. Mais tarde naquele mesmo dia, Williams saiu para correr um pouco, ainda chateado com a derrota para o Georgia, precisando aliviar-se de suas próprias frustrações, e quando voltou encontrou Michael de uniforme de treino, com uma bola na mão.

"Eu achei que você iria tirar folga", disse Williams.

"Não consigo, treinador", ele respondeu. "A gente não venceu — eu preciso trabalhar mais. Tenho que melhorar." Aquilo, para Williams, foi mais um sinal de que nada seria capaz de impedi-lo de ser um campeão. Ali estava Michael, um jogador que acabara de completar uma brilhante temporada na qual cumprira a promessa de seu ano de calouro e conquistara todos os tipos de honraria, incluindo a das Conferências, a Nacional e em breve a do *Sporting News*, de melhor jogador do ano. E ele seria um campeão, segundo Williams, pois não se tratava só de talento e inteligência, mas também de coração.

Houve outros relances de sua determinação e resistência à derrota diante de qualquer oponente. Num jogo contra Maryland, Ben Coleman, um jogador grande e forte do Maryland, vinha correndo lado a lado com Matt Doherty, e Coleman deu um tapa de leve no rosto de Doherty. Aquilo foi a conta para Michael Jordan. Quase no final do jogo, o Carolina tinha a posse de bola e uma grande vantagem no marcador, já partindo para a tática de cadenciar o jogo. Coleman estava posicionado próximo à cesta. Jordan saltou para a cesta e enterrou bem em cima de Coleman, pôs o dedo bem na cara dele, e disse, frio como só ele sabia ser: "Nunca mais bata no rosto de um dos nossos jogadores!". Foi um momento bastante violento, o vencedor falando com o vencido, apesar de Coleman ser tão maior e mais forte, e que para Williams pareceu a imagem de Ali diante de um vencido Liston.

Maryland perdeu o arremesso seguinte, e o Carolina veio para cima com a bola. Jordan continuou segurando a bola, sem nenhuma pressão sobre ele. Adrian Branch, do Maryland, gritou para Herman Veal, um de seus colegas, para pegá-lo. "Você quer pegá-lo?", gritou Veal de volta para Branch. "Vá você mesmo!"

No banco do Carolina, Dean Smith, que se orgulhava de nunca se exaltar, virou-se para Roy Williams e perguntou: "O que ele disse? O que ele disse?".

"Ele disse", Williams respondeu, "exatamente o que você acha que ele disse".

O terceiro ano de Jordan no Carolina foi bastante rico, mas terminou numa decepção amarga. Buzz Peterson era de novo seu companheiro de quarto (eles não ficaram juntos no segundo ano porque os treinadores queriam que Jordan dividisse o quarto com Brad Daugherty). Buzz Peterson nunca mais se recuperaria de sua contusão no joelho, e estava passando por um período difícil. Ele era usado cada vez menos nos jogos e estava perdendo espaço para outros como Steve Hale, que jogava com uma intensidade que beirava a violência. (Anos depois, quando perguntaram a Michael Jordan quem era seu melhor marcador na NBA, ele costumava dizer que Steve Hale, em Chapel Hill, tinha sido tão duro com ele nos treinos como com qualquer outro no profissional.) Peterson achava que estava dando tão duro como sempre, mas Jordan não concordava. Ele achava que seu amigo mais íntimo estava passando por um período de bloqueio mental devido à contusão. Jordan, que só tolerava o nível mais intenso de competição, achava que seu companheiro de quarto tinha se tornado um pouco hesitante. "Tem algo errado com você", Jordan disse a Peterson, "parece que se eu der um murro no seu peito minha mão vai sair do outro lado". Na hora, Peterson achou que Jordan estava errado, porém mais tarde, analisando em retrospecto, notou que de fato havia algo de hesitante em seu jogo, um medo quase inconsciente de se machucar de novo. Michael, devido à intensidade de sua personalidade e seu instinto para perceber a fraqueza dos outros jogadores, tinha sido o primeiro a perceber isso.

Foi um ano doloroso para Peterson. O sonho de ser um grande jogador estava morrendo diante dele e por um breve momento ele abandonou o jogo e foi para casa sozinho. Quando voltou, viu que a pessoa que mais o queria de volta era Jordan. Michael pessoalmente se encarregou — numa espécie de gesto de boas-vindas — de colocar todas as roupas de Peterson em perfeita ordem, pendurando suas calças em cabides e dobrando cuidadosamente todos os uniformes e outras roupas. Era seu modo de ser afetuoso com alguém com quem ele se importava e que passava por um período difícil.

No terceiro ano de Jordan, que seria seu último em Chapel Hill, ele jogou com Sam Perkins, Brad Daugherty e Kenny Smith, que se tornaria o quinto jogador na história do Carolina a jogar como titular ainda calouro. Havia quatro jogadores na primeira rodada do *draft* da NBA naquele time, três deles — Jordan, Peterson e Daugherty — selecionados entres os cinco melhores. Antes do início da temporada, havia uma expectativa entre os jogadores, com o surgimento de Brad Daugherty, provavelmente o mais talentoso pivô clássico que jogou no Carolina no período de Dean Smith, quanto à qualidade deles. Falava-se não apenas em vencer o campeonato da NCAA, mas em ser reconhecido como um dos cinco ou seis melhores times universitários de todos os tempos. "Nós tínhamos a sensação", diria Steve Hale alguns anos depois, "de que se jogássemos dez vezes contra qualquer time no país, venceríamos nove". A certa altura, esse time do Carolina venceu 21 partidas consecutivas, mas então perdeu para um aparentemente desconhecido time do Indiana na semifinal do Leste do torneio da NCAA.

Era amplamente assumido nos meios do basquete que Bobby Knight superara Dean Smith naquela noite em particular. Ele escalara Dan Dakich, um jogador mediano, para marcar Jordan, e as ordens de Knight para Dakich eram simples: "Você tem que impedi-lo de fazer cortes para trás, e de chegar à cesta com facilidade; tem que mantê-lo afastado da tabela. Não deixe ele conseguir nada fácil. Faça o que for preciso". Tanto Knight como Dakich, ao se lembrarem da história, contam que quando Knight explicou para Dakich que ele deveria marcar Jordan, Dakich foi ao banheiro e vomitou. (Alguns meses depois, quando Knight treinava Jordan no time olímpico de 1984, ele o provocava ameaçando escalar Dakish, como especialista na defesa, para marcar Jordan.) Mas a estratégia funcionou. O Indiana jogou com excepcional habilidade e disciplina, executando seus ataques com precisão singular. Jordan chegou rápido às quatro faltas, o que limitou seu jogo, e o Indiana rumou para a vitória.

Aquela foi uma derrota que marcou os jogadores. Anos mais tarde, Steve Hale, que se tornaria médico, ainda achava esse assunto doloroso, algo de que ele não conseguia falar facilmente. Ele nunca foi capaz de assistir a uma reprise desse jogo. Ele se lembra, contudo, de ter visto Michael Jordan sozinho no ginásio no dia seguinte, trabalhando suas jogadas, determinado a melhorá-las.

Dean Smith entendeu que era hora de Jordan se tornar profissional. Uma das grandes forças de Smith, segundo seus jogadores, era que ele sempre fazia o que era melhor para eles, e a melhor coisa para Michael Jordan era continuar a carreira. Ele tinha sido o jogador universitário do ano outra vez, ganhara o Prêmio Naismith, e mais uma vez estava na seleção nacional. Mas a verdade era que as defesas estavam caindo em cima dele, por zona ou duplas, e Smith sentia que o último ano de Jordan seria ainda mais difícil. Para aquilo que ele poderia aprender no basquete universitário, o trabalho já estava cumprido. Agora era hora de ele se preparar para um jogo diferente, mais rápido e de maiores desafios individuais. O perigo era que se ele ficasse na universidade poderia sofrer alguma contusão que afetasse seriamente seu valor, que provavelmente seria alto.

Smith tinha, é claro, começado a pesquisar para onde Jordan poderia ir no profissional, e a conclusão foi que certamente seria para um time grande. Billy Cunningham, o treinador do Philadelphia 76ers e um fanático do Tar Heel, queria Jordan a qualquer preço. O 76ers seria o quinto a escolher, e quando a escolha se aproximava, Cunningham tentava desesperadamente antecipar sua vez, chegando até, no entender de outros diretores, a oferecer em troca o talentoso Andrew Toney. "Mas não havia o que bastasse", Cunningham disse anos mais tarde, "porque Rod (Thorn, o diretor do Chicago) sabia exatamente quanto Michael valia". Logo ficou parecendo que Jordan seria escolhido no mínimo na terceira opção, que seria a vez do Chicago. O salário inicial seria provavelmente de no mínimo 700 mil dólares por ano, talvez mais, e seria por no mínimo três ou quatro anos.

Dean Smith resolveu explicar o que ele considerava a melhor atitude a tomar para a família Jordan. Duas pessoas questionavam suas intenções. Uma delas era Deloris Jordan, que queria a qualquer custo que Michael terminasse a universidade com sua turma, e que sempre tivera um sonho particular, um sonho que compensava em muito o sacrifício dela e de seu marido, que duas de suas crianças, Michael e sua irmã Roslyn, se formassem em Chapel Hill no mesmo dia. Somente aos poucos ela se acostumaria com a ideia de que ele se formaria um ano ou dois depois. A outra pessoa que estava cautelosa com a ideia de se tornar profissional era o próprio Michael. Ele amava o Carolina — o programa, os treinadores, as amizades — e, no que lhe dizia respeito, dada a derrota para o Indiana, ainda havia uma tarefa a cumprir: mais um campeonato nacional para vencer.

A decisão era dele, mas na verdade já tinha sido tomada por seu treinador. Na noite anterior, antes de Michael aceitar a decisão e fazer uma coletiva com a imprensa, ele saiu para jantar com Buzz Peterson, ainda indeciso quanto ao caminho a seguir. Jordan saiu para a coletiva cedo na manhã seguinte, e Peterson ficou na cama. Quando Jordan voltou, Peterson perguntou o que ele iria fazer.

"Você não vai querer saber", ele respondeu.

"Eu achei que você fosse ficar", disse Peterson um pouco magoado por perder um amigo e vendo parte de seu próprio sonho desfeito. "Eu achei que a gente fosse ficar juntos, dividir o quarto e se formar juntos." Mas Jordan apenas balançou a cabeça e Peterson entendeu que a decisão não fora realmente sua, que Jordan, como sempre, tinha obedecido à autoridade, no caso, a Dean Smith. Alguém tinha tomado a decisão por ele.

O grande testemunho da maneira habilidosa com que Dean Smith tratava jovens jogadores de talento não foi apenas o fato de ele ter ajudado Jordan a se tornar um atleta completo, determinado e com consideráveis habilidades defensivas, mas o fato de que Jordan trocou Chapel Hill com relutância pelo profissional, e permaneceu intensamente comprometido com sua velha escola e seu velho treinador. Como profissional, ele não só vestia os calções do Carolina por baixo do seu uniforme, como também consultava regularmente Smith e o considerava, segundo alguns amigos, como uma espécie de segundo pai. Raramente um programa universitário funcionaria tão bem com um jovem jogador tão talentoso.

A influência que Dean Smith tinha sobre ele, o grau de respeito que Jordan tinha por seu treinador era imenso, e continuou a crescer com o passar dos anos. Ele ganhara do Carolina não apenas uma grande disciplina para acompanhar sua habilidade natural, mas algo mais, um sentido do que é certo e o que é errado e de como se comportar dentro e fora de uma quadra de basquete. Ele continuaria a consultar seu ex-treinador em muitas decisões importantes, e certamente Dean Smith seria uma presença constante em sua vida. Muitos anos depois de Jordan deixar o Carolina, ele voltou para um amistoso antes do início da temporada. Ele e seu amigo Fred Whitfield chegaram ao Carmichael (que logo seria substituído pelo Dean Smith Center) um pouco atrasados. O estacionamento estava completamente lotado, e ele teve que estacionar longe da entrada. Whitfield achou uma vaga perto da porta de acesso a deficientes físicos e sugeriu que Jordan, já um pouco apressado, estacionasse ali. "Ah, não, eu não posso fazer isso", ele respondeu. "Se o Treinador Smith soubesse que eu parei em uma vaga para deficientes, ele me faria sentir muito mal — eu não seria capaz de encará-lo."

8.
CHICAGO, 1984

Em 1984, o Chicago Bulls era uma organização frágil, lutando para se manter numa cidade onde o basquete parecia ser o esporte de uma liga menor, disputando um segundo lugar durante o inverno com o amado Black Hawks, um time de hóquei. Chicago era antes de mais nada uma cidade do futebol, onde o destino do Bears refletia a autoimagem da cidade. O Bears era um time duro, jogando um esporte duro, numa cidade dura, a cidade dos grandes ombros, como a chamava Carl Sandburg. No verão, a parte norte da cidade pertencia ao Cubs, e a parte sul, ao White Socks. Em 1984 o basquete profissional era uma coisa marginal. Numa cidade louca por esportes como Chicago, este fato dizia mais sobre os proprietários do Bulls do que sobre a própria cidade.

Nos dias que antecederam a chegada de Jerry Reinsdorf e seu grupo, o membro mais importante da diretoria era Arthur Wirtz, uma importante e temida figura do mercado imobiliário em Chicago. Wirtz era muito diferente dos novos proprietários dos esportes nos anos 90. Ele era uma figura formidável na rígida estrutura de poder da Chicago de seus dias, um antiquado e poderoso barão, na época em que Chicago ainda tinha uns poucos barões que sabiam como exercer seu poder. Ele era um homem enorme, talvez 1,94 m, e com quase 136 kg, parecendo-se muito, segundo um de seus sócios, com Sydney Greenstreet, e costumava construir grandes e austeros edifícios de mármore, que pareciam uma extensão arquitetônica de si mesmo. Ele era um leão dos velhos tempos nos negócios, e tinha muito pouco interesse por esportes, menos ainda por basquete. Mas ele era o proprietário do Chicago Stadium, e o que ele gostava era dos inquilinos, e um time da NBA pagava bem nos 41 jogos do ano, sem contar os *playoffs*.

Ele não era homem de firulas ou de promoções ou marketing, os ingredientes-chave do mundo dos esportes modernos. Quando Brian McIntyre, mais tarde o diretor de mídia da NBA, trabalhava para o Bulls, no final dos anos 60, ele descobriu, para seu desespero, que havia apenas uma pessoa trabalhando na bilheteria. Incrivelmente, ninguém da administração do Bulls estava designado exclusivamente para vender bilhetes para a temporada, o sangue dos esportes profissionais. Apenas cerca de duzentos bilhetes para a temporada haviam sido vendidos em 1984, quando Michael Jordan foi escalado. A piada padrão naqueles tempos, disse McIntyre, era que houvera um assalto no escritório no meio da noite: um número enorme de bilhetes tinha sido devolvido.

McIntyre sugeriu que contratassem um bando de universitários por meio período e os colocassem para vender ingressos, e seu pagamento seria de 10% de comissão. Mas Wirtz não queria saber de sua sugestão — ele achava que não conseguiriam vender tantos ingressos e que — igualmente importante —, se vendessem, ele odiaria a ideia de pagar os 10%. Quando McIntyre começou a trabalhar lá, ele se lembra, o contrato da rádio local era de cerca de vinte jogos, a 5 mil dólares cada. Finalmente, o preço subiu, embora a transmissão fosse feita por uma estação de sinal mais fraco, de modo que boa parte da cidade não conseguiu ouvir os jogos. O que McIntyre se lembra melhor foi um incidente num ano em que o Bulls chegou aos *playoffs*. Ele estava atrasado para o serviço, por isso dirigia em alta velocidade, e foi pego por um guarda por excesso de velocidade. McIntyre tentou oferecer ingressos para os *playoffs* para se livrar da situação. "Eu detesto basquete", disse o guarda. "Você tem algum para hóquei?" O guarda, concluiu McIntyre, falava em nome de toda a Chicago.

Na temporada anterior, Reggie Theus, a estrela do time, se reunira com os treinadores e conseguira uma folga antes do início da temporada. Kevin Loughery, o treinador, irritado com isso e com a aparente convicção de Theus de que todo ataque deveria terminar com um arremesso seu, colocou-o no banco. Aquilo irritou Theus e a torcida do Chicago, para quem ele era a única estrela do time. Certa ocasião, Theus começou a agitar uma toalha acima da cabeça para incitar a multidão a ficar do seu lado. Noutra, parece que ele chegou a pedir uma pizza durante uma partida.

Nem mesmo o cara ou coroa pelo direito de escolher o melhor jogador universitário do país dava certo para o Chicago antes da era Jordan. Cinco anos antes, com base em seu jogo pálido e sua última colocação, o Bulls decidiu na moeda com o Los Angeles um jovem de East Lansing, Michigan, chamado Magic Johnson, bastante conhecido na região por ter jogado no Big Ten. A possibilidade de recrutar Magic Johnson tinha gerado considerável expectativa local, e a diretoria do Bulls tinha tentado explorar isso, propondo que a torcida escolhesse cara ou coroa.

Aquilo foi um erro, segundo Johnny Kerr, o primeiro treinador do time e, desde 1975, seu apresentador. Kerr tinha tido uma breve passagem como treinador do Phoenix Suns quando uma ocasião similar surgiu, com a entrada de Lew Alcindor na liga. A torcida do Phoenix também foi convocada a escolher a face da moeda, a diretoria do Suns entendeu mal a torcida, e o Milwaukee conquistou o direito de escolher Alcindor. Devido a este problema, o Suns ficou com Neal Walk, um refugo de proporções cataclísmicas. "Escute a torcida e você vai acabar sentado com eles", Kerr alertou depois disso.

Quando os direitos para a escolha de Magic Johnson estavam sendo decididos, Rod Thorn pediu cara, conforme a torcida. Deu coroa. Em vez de Johnson, o Bulls ficou com David Greenwood, um jogador decente, mas no fim das contas um aventureiro; eles não escolheram nem mesmo Sidney Moncrief, que foi para o Milwaukee, onde se tornaria um dos melhores jogadores da liga na década. Antes, Johnathan Kovler, o sócio-gerente do Bulls, disse brincando que aquela foi uma moeda de 25 milhões de dólares. "Na verdade eu estava errado", anos mais tarde ele notou. "Acabou sendo uma moeda de 200 milhões de dólares."

Todas as recentes escolhas do Chicago tinham sido infelizes. Às vezes o problema era que escolhiam alto num ano de poucos talentos, e às vezes, quando escolhiam alto, simplesmente escolhiam errado. Em 1980, um ano relativamente bom, eles escolheram Ronnie Lester, cuja carreira foi destruída por um joelho contundido, enquanto o 76ers escolheu depois o talentoso Andrew Toney. Em 81, o Bulls escolheu Orlando Woolridge, que chegara bastante fora de forma e cujas estatísticas eram sempre melhores do que seu jogo no todo; Larry Nance e Tom Chambers foram escolhidos depois dele. Em 82, escolheram Quintin Dailey, que lutava com um sério problema de drogas; Ricky Pearse e Paul Pressey foram as escolhas seguintes. Quando o treinador do time, Mark Pfeil, pressionou Dailey quanto a seus hábitos fora da quadra, ameaçando-o com o fato de que se ele não desse um jeito em sua vida acabaria na rua, Dailey respondeu: "Eu vou acabar na rua? Eu já vivi na rua. Eu *sobrevivi* na rua. Eu posso fazer mais dinheiro na rua do que no basquete. Isso não é uma ameaça para mim". Então, em 1983, escolhendo em quinto, num ano fraco, Chicago ficou com Sidney Green, um homem grande e de modestas habilidades. A rotatividade de pessoal era constante, por isso a rotatividade de treinadores principais era comparável. No breve período que vai de 1978-79 e termina com a chegada de Doug Collins para a temporada de 1986-87, os treinadores principais tinham sido Scotty Robertson, Jerry Sloan, Rod Thorn (logo após ele ter despedido Sloan), Paul Westhead, Kevin Loughery, Stan Albeck, e finalmente Collins.

Na temporada de 1983-84, eles venceram apenas 27 jogos, perdendo 55, o que lhes rendeu a terceira escolha em 1984, atrás do Houston e do Portland. Todos na NBA então, ao que parecia, queriam homens altos. Isso antes de Michael Jordan e jogadores de sua estatura aparecerem para mudar a filosofia do *draft*. Era claro que a melhor escolha disponível era Akeem Olajuwon, da Universidade de Houston. Teoricamente, todos ali queriam Olajuwon. Ele era grande, atlético, tinha uma boa ética de trabalho, de modo que havia razões para acreditar que ele se tornaria melhor a cada ano, o que de fato aconteceu. Depois dessa, muita gente do basquete achava que Michael Jordan seria a escolha mais óbvia. Mas ele era um arremessador, não um pivô, nem ala nem armador. Poderia um mero arremessador reerguer um time inteiro? A mitologia da NBA a esse respeito dizia que não. Um arremessador era uma peça final que completava um time campeão, não sua peça central.

O gigante número dois parecia ser Sam Bowie, que tinha jogado no Kentucky. Bowie era alto e inteligente, mas havia um problema: ele tinha sofrido uma séria contusão na perna quando era jogador universitário (mais casos desse tipo aconteceriam na NBA), e havia uma outra questão, mais séria: saber se ele de fato gostava do jogo e se tinha a paixão necessária para estimular a si e ao time em busca de um resultado melhor. O Bulls estava a par do fato. Eles tinham escolhido Ronnie Lester recentemente, que havia chegado com problemas médicos. Mas Portland, que tinha a segunda escolha, claramente estava a fim de apostar alto. Algumas pessoas achavam que aquilo era seguir o exemplo do Trail Blazers, que construíra seu time campeão a partir de um pivô, Bill Walton (embora Bowie não fosse nenhum Walton); outros achavam que era porque eles já tinham um jogador do tamanho e do tipo de Jordan, Clyde Drexler, que tinha passado uma temporada difícil como estreante no ataque ultradisciplinado do treinador Jack Ramsay. Para o gosto dos olheiros do Chicago, Portland estaria apostando alto demais. Poucos acharam que aquela era uma grande jogada. Bobby Knight, que tinha sido treinador de times adversários de Jordan na universidade e seu treinador nos primeiros jogos preparatórios para as olimpíadas de 1984, tinha se apaixonado por ele e pressionado seu amigo íntimo Stu Inman, o jogador do Portland encarregado da seleção, para escolher Jordan em vez de Bowie.

"Mas a gente precisa de um pivô", disse Inman.

"Stu, escolha-o e jogue com ele no centro", Knight respondeu.

Um dos sócios do Bulls naqueles dias era Kovler, um jovem rico, um dos herdeiros da fortuna da fábrica de bebidas Jim Beam, e uma espécie de viciado em basquete. Ele era o cabeça de uma vasta rede de proprietários, com numerosos outros sócios. Numa ocasião, uma excelente oportunidade foi oferecida ao Chicago, mas lhe escapou antes de Kovler conseguir reunir todos os sócios e fechar o negócio. O principal olheiro, trabalhando apenas para Thorn, era um jovem chamado Mike Thibault, que era um típico homem da NBA, alguém nascido — ou fadado — para estar em torno do jogo, toda sua vida, como um treinador assistente ou um olheiro, conhecendo o jogo, amando-o, nunca ganhando muito dinheiro, viajando em jatinhos para pequenas cidades para assistir a jogos aparentemente sem importância entre times desconhecidos. Mas ele havia sido escolhido para o fascinante mundo dos olheiros do basquete, a busca do grande jogador desconhecido, a esperança de obter alguns jogadores médios que, juntos, com a especial sinergia do esporte, fariam um todo maior que suas partes.

A terceira escolha valia ouro. Por causa de sua expansão, havia cada vez mais times na liga, o que significava que as primeiras escolhas estavam ficando raras. Equívocos, devido ao aumento de salários, também se tornavam cada vez mais caros. Thibault tinha trabalhado sobre Michael Jordan em mais de dez ocasiões naquele ano, e Rod Thorn também. Thibault e Thorn concluíram que, embora fosse difícil dizer ao certo devido à particular natureza do programa do Carolina, Michael Jordan provavelmente se tornaria um jogador profissional muito bom. Ele poderia perfeitamente se tornar um grande jogador. Ele era decerto uma raridade: um jogador de basquete completo.

Até que começasse a observar Jordan, Thibault achava que Magic Johnson era o jogador universitário mais competitivo que ele já vira. Mas nesse momento ele começava a pensar que havia um fogo em Jordan que superava até mesmo o de Johnson. Thibault vira Jordan dominar totalmente algumas partidas, e o que ele sempre ouvia dos treinadores assistentes do Carolina era que Jordan era ainda mais espetacular durante os treinos. Thibault concluiu logo que queria Jordan, e só esperava que Portland ficasse com Sam Bowie.

Rod Thorn concordou. Thorn tinha receio da condição física de Bowie, especialmente após o desastre com Lester, por conta de sua aparente falta de interesse no jogo; por outro lado, alimentava alta confiança em Jordan. Ele não tinha assistido a tantos jogos como Thibault, mas se tornara uma espécie de amigo de Dean Smith e ganhara o direito de assistir aos filmes dos jogos da ACC na sala de projeção de Chapel Hill. Aquela podia ser considerada uma cortesia e tanto, e ajudara não só na escolha de jogadores do Carolina, como também na de seus adversários. Havia uma série de coisas em Jordan das quais Thorn gostava muito. Ele estava melhorando nitidamente a cada ano, acrescentando qualidades a seu jogo, especialmente defensivas, mas acima de tudo crescia na parte atlética — os velozes rompantes durante uma partida em que ele surgia do nada e numa súbita explosão fazia uma jogada que nenhum jogador universitário seria capaz de fazer. Sentado ali, vendo com seus próprios olhos, Thorn viu uma jogada de Jordan que o levou a parar e voltar a fita várias vezes para ver de novo, de tão impressionado que ficou. Algumas das jogadas de ataque de Jordan, alguns de seus instintos defensivos, simplesmente não podiam ser ensinados. "Eu estou vendo pela primeira vez um tipo de jogador diferente", concluiu Thorn, "diferente de tudo o que eu já tinha visto antes". Quando a temporada começava e ele começou a falar para sua equipe em Chicago sobre Jordan, seu tom de voz foi ficando cada vez mais confiante. Eles estavam prestes a escolher um grande jogador, disse ele.

Dean Smith estava apostando alto nele, mas geralmente era assim com todos os outros jogadores. Entretanto, o fato de Billy Cunningham ter demonstrado interesse em Jordan confirmava para Thorn e Thibault que eles estavam no caminho certo. Eles ainda estavam um pouco em dúvida com relação a Kovler. Thibault temia que Kovler ainda estivesse pensando em escolher um pivô, e disse a Thorn que caberia a ele, no dia da escolha, caso Kovler hesitasse em ficar com Jordan, tomar a dianteira e fazerem eles mesmos a escolha. Mas não foi necessário, pois Kovler estava com eles e, no dia 19 de junho de 1984, o Chicago Bulls arrematou Michael Jordan do Carolina do Norte, como terceira opção nacional.

Havia outro jogador de quem Thibault gostou muito naquele ano, um garoto branco e pequeno chamado John Stockton, que jogava no Gonzaga, time de uma pequena universidade em Spokane. Thibault achou que Stockton era bastante forte, que tinha mãos grandes e ótima visão de jogo. O Chicago chegou a tentar trocar jogadores e direito de escolha para ficar também com Stockton, mas Frank Layden, do Utah, vira o mesmo que Thibault, e o Jazz acabou ficando com ele na sua primeira rodada de escolha. Mas a Thibault desde o início intrigara a ideia de ver Jordan e Stockton jogando juntos.

No dia da escolha, Ron Coley, que por algum tempo trabalhara como assistente no Laney High, Wilmington, ligou para James Jordan. "Esqueça Oscar Robertson e Jerry West", disse Coley ao pai de Michael, invocando os nomes dos dois maiores arremessadores de seu tempo, "porque o maior jogador da história do basquete acaba de ser escolhido para o profissional."

9.
NOVA YORK; BRISTOL, CONNECTICUT, 1979-84

O basquete profissional vivia algo como um bem-vindo renascimento no ano em que Michael Jordan entrou para o profissional. Graças, principalmente, ao surgimento da rivalidade entre Magic Johnson e Larry Bird, isto é, Lakers e Celtics. Cinco anos antes, quando eram novatos, a liga era um fracasso comercial completo. A Madison Avenue recusara e, portanto, o mesmo aconteceu com a televisão. O último jogo das finais de 1980 — aparentemente o clássico perfeito para uma transmissão de TV, confrontando um Lakers em ascensão, liderado pelo jovem Johnson, com o Philadelphia 76ers, liderado pelo carismático Julius Erving — fora exibido para a maior parte do país já muito tarde da noite, numa reprise da CBS.

O esporte universitário, por outro lado, estava indo muito bem. Todo o país parecia estar adorando o muito bem promovido *Final Four*, e de fato, um dos maiores retornos que a NBA teve ao iniciar os anos 80 veio do fato de a rivalidade entre Bird e Johnson ter surgido no campeonato da NCAA de 1979. Aquele tinha sido um ponto alto do basquete universitário, o confronto quase ideal entre duas grandes equipes: o poderoso estado do Michigan contra o pequeno e sem tradição estado de Indiana, e um astro negro, Johnson contra um astro branco, Bird.

Quando os dois entraram na NBA, o basquete profissional estava mal das pernas. Na esquizofrênica sociedade americana, o jogo profissional era considerado uma coisa marginal. Era visto como coisa para negros, no qual a maioria dos jogadores estavam envolvidos com drogas e dispostos a jogar para valer apenas nos minutos finais das partidas. Além disso, acreditava-se que os jogadores ganhavam salários exorbitantes, embora naquela época a soma anual dos vencimentos da maioria dos jogadores titulares de cada equipe, em geral, não ultrapassasse 1 milhão de dólares.

No inverno de 1982, apesar do advento da rivalidade entre Bird e Johnson, a CBS transmitia poucos jogos; até mesmo para os sete jogos finais era difícil conseguir o horário nobre na televisão. A NBA considerou o desinteresse das televisões um comportamento insensato — menos é mais, diziam eles — como se para transmitir tantos jogos tivessem que abrir mão de algum produto muito valioso. Mas aquela situação estava para mudar. Quando os proprietários se encontraram no *all-star game* naquela temporada, falou-se de um eventual fechamento de dois ou três dos clubes mais fracos, e da união dos dois times da região das montanhas rochosas, o Utah e o Denver. O dono do Cleveland era tão insensato — um homem chamado Ted Stepien, que parecia ter um impulso incontrolável de trocar jogadores valiosíssimos por outros apenas medianos e que já estavam no final de suas carreiras — que, para trazer um novo e bem estabelecido dirigente local, chamado Gordon Gund, a liga deu ao time dois bônus de escolha para tentar reparar os danos causados. Havia também a ideia de dividir a temporada em duas seções para aumentar o interesse dos torcedores e, para acalmar os ânimos dos torcedores que reclamavam de que os jogadores não se esforçavam durante os 48 minutos, estabelecer uma contagem para a vitória de cada quarto da partida.

Naquele ano o *all-star game* foi em Nova Jersey, casa do Nets, um time cheio de problemas. O Nets, muito provavelmente, nunca daria certo, localizado no meio do nada, num subúrbio inóspito, e com uma diretoria que mudava mais do que os próprios jogadores do time. Na véspera de sua saída da ABA e sua entrada na NBA, o Nets tinha conseguido a façanha de abrir mão da escolha de Julius Erving, um jogador tão magnético que tinha sido ele próprio uma das principais razões da fusão. A procura por ingressos para o *all-star game* era tão ridícula — havia ainda cerca de 5 mil ingressos à venda às vésperas do jogo — que passou a ser responsabilidade de cada empregado da NBA distribuir o maior número possível de ingressos para os conhecidos, de modo que as câmeras de televisão, mostrando as arquibancadas, não flagrassem os milhares de lugares vagos no jogo que deveria ser um dos pontos altos da temporada.

Por volta da mesma época, já havia um bom número de forças em movimento que mudariam não só a viabilidade da liga como uma entidade profissional, como também a visão geral dos líderes de corporações americanas e das pessoas que davam as ordens na Madison Avenue. Uma dessas forças era a própria diretoria da liga: David Stern, um jovem com uma incrível paixão pelo basquete e pelos jogadores e com um sentido cada vez mais apurado para as relações públicas contemporâneas, não era ainda o diretor, mas estava se tornando uma das forças dominantes da NBA.

O próprio diretor da liga, Larry O'Brien, parecia surpreendentemente passivo diante de sua função (exceto para aparecer nos jogos decisivos, com cobertura da televisão). O'Brien era um político habilidoso, oriundo dos mais altos escalões das Organizações Kennedy, um cabo eleitoral antiquado, que trabalhava bem com outros políticos profissionais na época em que esse tipo de gente ainda existia. Ele era íntimo de John Kennedy e, assim como muitos outros que privaram da convivência do presidente, uma grande parte de O'Brien morreu em 22 de novembro de 1963. Provavelmente era verdade que, por causa do crescimento da televisão e do surgimento da moderna política dos meios de comunicação (isto é, o uso correto dos refletores e dos medidores de audiência), sua importância como cabo eleitoral e contato político tinha já se esgotado. Ele ensaiou ainda um movimento em direção ao governo Lyndon Johnson, chegando a chefe dos Correios, mas Johnson nunca de fato confiou nele, por causa de seu passado kennediano, e muitos de seus amigos mais antigos, totalmente fiéis a Kennedy, consideraram sua mudança de lado como uma traição.

O'Brien tinha chegado na NBA em abril de 1975 como diretor, com uma incumbência principal: promover a fusão da NBA com a rival ABA, e ele conseguiu isso com notável eficácia e habilidade. Dali em diante, ele parecia ter muito pouco gosto pelo esporte e pelos jogadores. Mas houve uma exceção: quando ele foi ao Boston Garden. O Celtics tivera boas equipes em sua época e ele ainda adorava voltar para o Garden, onde quase todos na multidão pareciam conhecê-lo e tratá-lo como um herói de volta à casa. Naqueles momentos gloriosos, seus dois mundos, o basquete e a política, se uniam, e ele se sentia novamente jovem e otimista. Além desses momentos, ele parecia um diretor bastante descompromissado, um homem desapontado com o rumo de sua vida, como se de alguma maneira aquela promessa de um belo futuro com a qual os jovens como ele, em 1961, sonhavam, nunca tivesse sido cumprida. Geralmente, ele fazia o que a equipe o pressionava a fazer, no final dos anos 70 e começo dos 80, mas o fazia sem verdadeira paixão ou interesse.

Antes de mais nada, David Stern estava determinado a mudar completamente a imagem da liga. Stern acreditava que a estabilidade psicológica e financeira dependia de suas relações corporativas. Ele observava e invejava a relação quase simbiótica que havia entre a NFL e as empresas da iniciativa privada americana, tão bem estruturada por Pete Rozelle. Ele desejava desesperadamente um mesmo tipo de apoio financeiro de empresas, que dessem à sua conturbada liga a legitimidade de que ela tanto precisava. Ele queria as melhores empresas americanas como patrocinadoras, nada menos que isso; empresas como a Coca-Cola e o McDonald's, que representavam a América de depois da Segunda Guerra. Se elas topassem, todas as demais fariam o mesmo. E logo ele saiu atrás delas.

Porém, quando Stern visitou os escritórios das grandes agências de publicidade do país, os representantes das grandes companhias que ele almejava, deparou-se com uma resistência intransponível, embora muitas delas patrocinassem o basquete universitário de bom grado. Uma agência da Madison Avenue, representante de uma empresa automobilística, mostrou-se especialmente ríspida — o publicitário disse que fora instruído pelo dono da empresa para aceitar patrocinar o basquete universitário e não o profissional, porque este tinha negros demais. A resposta foi: "Sim, conhecemos suas pesquisas, mas o dono da empresa, o meu chefe, acha que o seu negócio é 'muito para negros'". Quando Stern tentava lhes mostrar os estudos populacionais que a liga havia feito, mostrando que o público do profissional não era tão diferente do universitário, e que o espectador médio era jovem, recebia os olhares mais insípidos. A impressão era o que contava, notou Stern, e a impressão geral das grandes empresas americanas era de que o jogo era opaco; não sendo considerado tanto como um esporte, mas como um reflexo de algo que a maioria dos americanos queria conhecer o mínimo possível: a América negra.

Quando Stern começou a ganhar poder dentro da organização, uma de suas primeiras contratações foi a de Rick Welts, um jovem brilhante que tinha trabalhado para o SuperSonics de Seattle e se saído muito bem numa situação parecida. As ordens de Welts eram muito claras: ele deveria ser uma espécie de homem de frente de Stern, trabalhando na Madison Avenue, tentando conquistar para a liga clientes importantes de grandes corporações. Mas ele não teve mais sucesso do que Stern, e pelo mesmo motivo. O basquete ainda era negro, e havia problemas óbvios em fazer os formadores de opinião do país aceitar um esporte em que um número desproporcional de grandes jogadores era de uma etnia minoritária. "Éramos considerados", disse Welts mais tarde, "tanto quanto a luta na lama ou as corridas de tratores".

O que frustrava tanto Welts como Stern era que o basquete universitário — em particular o tradicional *Final Four* — era um negócio extraordinariamente popular e rentável. O basquete universitário era quase tão negro como o profissional, mas a impressão era tudo, e o universitário era tido, talvez inconscientemente, como algo que ainda funcionava dentro de uma hierarquia branca, sob forte supervisão branca, um mundo de soldados negros, cujos generais continuavam sendo brancos. (Essa, pelo menos, era a razão pela qual muitas pessoas no mundo dos esportes não gostavam de John Thompson e de sua equipe, o Georgetown, uma sensação de que ali a hierarquia branca não funcionava. O próprio Thompson era negro, e o time passava uma imagem de movimento pela consciência negra.)

Nova York; Bristol, Connecticut, 1979-84

Como resultado, o esporte universitário ainda era considerado uma extensão do *mainstream* americano, ao contrário do profissional, uma vez que ninguém era capaz de conter os atletas nesse momento em que eles tinham contratos sem cláusula de rescisão. Estava claro que, com as mudanças nas leis trabalhistas dos esportes, os jogadores se tornavam mais poderosos do que os treinadores. Os jogadores eram normalmente considerados preguiçosos, o que era um equívoco sem tamanho, levando-se em conta o tanto que tinham que se esforçar numa temporada muito mais competitiva. Pior, por conta da questão racial, qualquer história sobre algum jogador envolvido com drogas virava motivo para rotular o esporte, embora pessoas esclarecidas sobre a NBA e Wall Street — ambos locais de alta pressão, onde quase todo mundo recebia salários absurdos — soubessem que o uso de cocaína entre jovens nas duas praças era praticamente idêntico. Mas isso não era um grande consolo. Welts tinha ido a Nova York ansioso por executar suas novas tarefas, mas, depois de meses, ele se sentou um dia em seu quarto de hotel e percebeu que estava falhando. Chegou a ponto de querer chorar, mas lembrou-se de que estava velho demais para isso.

Se havia algo de positivo no trabalho de Welts, era David Stern. De algum modo, não importasse quão longo e cansativo tivesse sido o seu dia, Stern todas as noites consultava-se com Welts, só para mostrar que se importava. De uma coisa ele tinha certeza: Stern era o patrão perfeito. Ele era jovem, entusiasmado, de uma inteligência incrível, e não só amava o basquete como acreditava nele — assim como Welts.

Stern também estava absolutamente convencido de que o motivo daquela resistência era racial. Ele acreditava que se a NBA fosse capaz de demonstrar alguma disciplina e limitar os piores ou, pelo menos os mais evidentes excessos que de fato aconteciam, as pessoas poderiam enxergar o que havia de realmente empolgante no jogo: a incomparável capacidade atlética dos jogadores e a garra com que eles competiam.

A luta ainda era difícil. A cerveja patrocinadora da NBA na época demonstrava nítido interesse de voltar atrás em seu apoio, limitando sua participação àquilo que chamavam de "mercado específico" — um termo educado para se referir a um grupo segmentado (e segregado) da população, no caso, os negros. Mais do que acabar com a publicidade na televisão, voltar atrás significava promover a NBA de modo disfarçado, em bares e lojas de áreas de população de predominantemente negra, resultando em uma imagem de que os negros constituíam um mercado à parte, de segunda classe. Com o tempo, trabalhando com um executivo chamado Tom Shropshire, Stern assinou com a cervejaria Miller.

Já que a impressão contava mais do que a realidade, Stern decidiu, juntamente com outros membros da liga e com a ajuda da Associação dos Jogadores, mudar essa imagem. No início dos anos 80, durante boa parte da liderança de Stern, dois acordos foram firmados com a Associação de Jogadores: um deles foi para a realização de testes *antidoping* e o outro sobre a fixação de um teto salarial para as equipes. Ambos foram importantíssimos para mudar a imagem da liga profissional não só para o americano médio, mas também diante das grandes empresas. Os rumores eram de que a NBA estava colocando ordem na casa, e que os jogadores estavam começando a mostrar mais maturidade, especialmente em se tratando de jovens tão ricos como muitos deles — talvez eles não fossem tão maus assim, afinal de contas. Nada agradava mais aos grandes empresários americanos do que a ideia de que seus empregados compartilhavam de sua visão de futuro, e aqui havia uma prova viva: membros de sindicato — bem, na verdade, ricos membros de sindicato — endossaram uma visão da diretoria sobre a saúde da corporação. Eles estavam se mostrando *responsáveis*.

Com a regra do teste *antidoping*, a liga na verdade admitia que existia o problema e agora tomava uma atitude para corrigi-lo, juntamente com os próprios jogadores. Se um jogador se apresentasse voluntariamente antes do teste, ele manteria seu salário e receberia tratamento. Na terceira vez, seria expulso para sempre. O acordo era bom tanto para lidar com o problema em si como para proteger os direitos civis dos jogadores. Como achava Stern, a Associação dos Jogadores tinha sido uma parceira valiosa. Ele era especialmente grato a Bob Lanier, ex-pivô do Detroit que odiava o preconceito estereotipado de que se o sujeito é alto, negro, bem-vestido, e jogador de basquete ou ex, estava envolvido com drogas.

Com o teto salarial, proprietários e jogadores efetivamente se tornavam sócios; os jogadores tirariam 53% de todas as rendas. Isso numa época em que os salários em todos os esportes cresciam astronomicamente, e com a vantagem, para os jogadores de basquete, de que eles de fato jogavam duro, como os torcedores de verdade sabiam. Era um jogo de astúcia, mas eles também corriam bastante, além de ser um jogo de adrenalina. Ao contrário do beisebol, que não era de adrenalina, e cujos jogadores, em geral, vinham perdendo mais popularidade do que os de basquete. As câmeras de televisão mostravam com frequência novos jogadores de beisebol multimilionários que não pareciam estar correndo tanto.

Dentro da própria NBA, Stern estava ganhando bastante crédito por ter firmado aqueles dois acordos, e isso solidificou sua posição de candidato natural à sucessão de Larry O'Brien, cujo contrato de sete anos estava para expirar em 1984. Anos depois, Kevin Loughery, ex-jogador e treinador, diria que cinco pessoas tiraram a NBA do buraco em que ela estava: "Julius Erving, Magic Johnson, Larry Bird, Michael Jordan e, é claro, David Stern". Stern não era o tipo de homem que aceitava o crédito por tal papel; a capacidade de autodepreciação era o seu forte. Ele era bom em uma coisa: nunca deixava ninguém achar que ele estava tirando o peso de seus ombros (principalmente quando estava) ou que ele estava recebendo crédito por coisas que ele não tinha feito — ou que, no caso, tinha.

Stern foi o primeiro a mostrar que todas as forças da sociedade como um todo estavam trabalhando a seu favor: Larry Bird e Magic Johnson entraram na liga pouco antes de ele se tornar diretor, e Michael Jordan chegara na mesma temporada que ele. Além disso, ele era esperto o bastante para dar atenção à importância de outros elementos, especialmente à chegada da TV a cabo, pois Johnson e Bird chegaram no outono de 1979, o que coincidiu exatamente com o início das transmissões de uma pequena emissora esportiva chamada ESPN. Isso era parte da sabedoria inata de David Stern, de que se a longo prazo você faz a coisa certa, sem tentar sempre receber crédito por tudo o que você fez, as pessoas começam a lhe dar o crédito devido, e às vezes até mais. E outra: se eles achavam que qualquer decisão durante um negócio difícil parecia pelo menos justa, era mais provável que eles quisessem voltar a fazer negócio com você.

Ele tinha aprendido isso ainda menino. Ele era filho de um dono de confeitaria no bairro de Chelsea, em Mannhatan, e apesar de ter tido uma vida razoavelmente privilegiada, passando pela Rutgers e pela Faculdade de Direito de Columbia, suas raízes eram bastante simples, e ele trabalhou na confeitaria durante toda a época de escola. A loja, localizada na Oitava Avenida, entre as ruas 22 e 23, não era longe do Madison Square Garden. Ela era bem-sucedida, apesar da feroz competição dos supermercados, muito maiores, da região, pelo fato de permanecer aberta por mais tempo — das 9h à 1 da manhã, de segunda a sábado, e das 9h às 2 da manhã no domingo. Fechava apenas dois dias no ano, nos grandes feriados judaicos. Era a típica história americana de uma geração trabalhando sem parar e se sacrificando para que a geração seguinte pudesse ter melhor educação e, assim, maior liberdade de escolha.

Para Stern, não havia melhor escola para prepará-lo para um emprego que exigia um bom contato com o público do que trabalhar atrás do balcão de uma confeitaria. Dick Ebersol, o diretor de esportes da NBC e amigo de Stern, achava que nunca tinha conhecido ninguém com maior círculo de amizades, nem que se sentisse tão à vontade lidando com tantos tipos de pessoas, desde Michael Eisner a Tiger Woods, assim como com seus empregados, como David Stern. Ebersol tinha certeza de que a origem daquela boa relação com o público estava na confeitaria de Stern.

A chave para o sucesso da confeitaria de Stern era o trabalho duro e honesto misturado com certo tipo de disposição e uma preciosa dose de cortesia em seu gerenciamento. Seu pai, William Stern, tinha crescido num orfanato, e era movido pela ideia de proteger sua própria família de uma vida dura como a dele, que era um trabalhador incansável e nunca tirava o peso dos próprios ombros. Era difícil um freguês perceber que ele era o proprietário. Ele sabia a importância da boa educação básica, de oferecer, além dos produtos, um sentido de dignidade e respeito próprio. Ele tratava bem a todos que entravam em sua loja, e ensinou isso a seu filho, que aprendeu também que era muito comum, em lojas do tipo, proprietários e funcionários tratarem os fregueses baseados no modo como estes se vestiam, ou pelo que isso revelava de seu *status*.

A confeitaria de David Stern não julgava as pessoas pela roupa, e essa tinha sido uma lição bastante importante para ele assim que passou a se deslocar da porção simples da sociedade americana para uma em que a maioria das pessoas era mais privilegiada do que ele, onde era preciso lidar com titãs do comércio e da indústria todos os dias. Isso nunca foi tão claro para ele como no período em que estudou na Faculdade de Direito de Columbia, preparando-se para o que parecia ser o suprassumo da sociedade americana, enquanto trabalhava diariamente, depois da aula, com o que era evidentemente seu mais baixo estrato. Para Stern, algumas pessoas que trabalhavam no comércio eram simpáticas, outras não, agiam de acordo com a roupa do freguês, e outras simplesmente nunca eram simpáticas. O fato de seu pai ser bom, gentil e generoso com todos que entravam em sua loja era, ele tinha certeza, a chave de seu sucesso incomum.

David Stern era bastante sensível às grosserias que comerciantes — entre outros — podiam facilmente, e às vezes sem notar, fazer com seus fregueses. Logo que saiu da faculdade, ele e sua mulher, Dianne, ambos normalmente vestidos, foram procurar um carro novo. O vendedor desde o início tratou-os com estupidez, levantando muitas questões sobre o preço do carro, como se pessoas vestidas como eles jamais pudessem comprar um carro de luxo. Cada vez mais nervoso com o velho vendedor, Stern pediu que um outro vendedor o atendesse, e escolheu um jovem que acabara de ser promovido. "Você vai fazer a venda mais fácil da sua vida", disse para o jovem, e então comprou o carro em questão de minutos.

Stern era um fanático por esportes quando garoto, um torcedor do

Giants, embora às vezes o vendedor de cerveja conseguisse para ele entradas grátis para ver o Yankees, e ele também fosse. A grande questão de sua infância foi, segundo ele mesmo, quem foram os três melhores *centerfielders* do New York: Willie Mays, Mickey Mantle, ou Duke Snider. No inverno, ele torcia para o Knicks, e costumava entrar nos jogos com sua carteirinha da escola por cinquenta centavos, e dar uma gorjeta para um funcionário do ginásio para que lhe conseguisse um lugar melhor. Ele amava o jogo, e amava o Knicks, coisa que não era fácil. O Knicks daquela época não era, lamentavelmente, grande coisa. E um torcedor devotado estava condenado a uma eterna decepção. "Eu ficava arrasado todo ano", ele disse. "O meu jogador favorito era Harry Gallatin, Harry, o Cavalo, porque ele dava duro e jogava contra (Bill) Russell e o Celtics todos os anos, e Russell sempre acabava com ele."

Na verdade, Gallatin enfrentara Russell apenas em dois anos. Russell era sete centímetros mais alto e anos-luz a sua frente em termos físicos, mas provavelmente ele acabara de fato com Gallatin em ambas ocasiões. Depois que se tornou membro da NBA, Stern algumas vezes se encontrou com Bill Russell, e sempre dizia ao ex-jogador do Celtics que Gallatin tinha sido melhor que ele. Russell respondia com uma profunda e animada gargalhada, querendo dizer que tinha sido uma pena ele não ter pego Gallatin em todos os jogos de todas as temporadas. Em 1990, Stern estava em Springfield, Massachusetts, quando Gallatin foi anunciado no Hall da Fama do Basquete, e ele correu para se apresentar ao seu herói. "Eu estou emocionado de conhecê-lo. Você é o meu herói", Stern lhe disse.

Gallatin olhou desconfiado. "Sai dessa, você não deve nem saber quem eu sou".

"Claro que eu sei quem você é — você é Harry, o Cavalo, e você era o meu herói quando eu era criança, o que significa que será sempre o meu herói", respondeu Stern.

Depois de formado em direito, em 1966, Stern foi trabalhar com Proskauer, Rose, Goetz e Mendelsohn, um dos maiores escritórios judaicos de advocacia de Nova York, numa época em que os escritórios de advocacia eram bastante segmentados etnicamente. Muito cedo ele aprendeu que a firma estava defendendo a NBA no processo de Connie Hawkins, um processo aberto por um talentoso jogador colegial cuja carreira na NBA fracassara num período anterior, de menor tolerância, porque um procurador local tinha dito ao representante da liga que Hawkins estava associado com apostadores que tentavam comprar os jogos. Aquele era um caso em que a liga estava, evidentemente, do lado errado, e ninguém sabia disso melhor do que

Stern. Ele também sabia que em situações como essa a responsabilidade de advogados de corporações era assumir em casos em que sabiam estar do lado errado. O que ele precisava era de um acordo, pois o promotor havia se utilizado de um procedimento errado anos antes.

O que ele adorou nesse caso foi a tomada de depoimentos, pois o colocou em contato, durante horas a fio, com os fundadores da liga: Eddie Gottlieb, Red Auerbach, Maurice Podoloff e Fred Schaus. Parecia uma aula sobre a história do basquete. Mais tarde, quando tomava os depoimentos no caso de Oscar Robertson, no qual a Associação dos Jogadores havia mudado o direito dos times de controlar a liberdade de escolha e movimentação dos jogadores, ele se deparou entrevistando jogadores como Robertson, Lenny Wilkens, Bill Bradley e Dave DeBuschere. Ele ficou impressionado com a inteligência, integridade e bondade deles. Grandes astros, que de fato podiam ter sido arrogantes, pareciam na verdade demonstrar bom senso, modéstia e força interior. Uma coisa ele estava aprendendo: a liga era seus jogadores, nada mais, nada menos, e os melhores de seus jogadores, brancos ou negros, eram homens incomuns. A maioria deles tinha se feito sozinha, muitos deles eram a primeira geração da família a ter algum sucesso. Homens que se ergueram sozinhos, pelo trabalho duro, até chegarem à posição privilegiada em que estavam. Com o tempo, quando Stern se tornou representante da NBA, essa observação lhe foi útil. Porque a maioria dos representantes, em esportes profissionais, era escolhida pelos proprietários, eram, para todos os efeitos, empregados do dono. Mas Stern era diferente. Ele chegou com tanto amor pelo esporte, que apesar de se dar bem com os proprietários e trabalhar admiravelmente para eles, grande parte de sua alma estava comprometida com o jogo em si — isto é, com os jogadores.

Stern se considerava a pessoa mais sortuda do mundo: ele era pago para fazer o que faria de graça. Ele estava sempre ocupado: a sociedade se tornava cada vez mais litigiosa, e os esportes profissionais, devido à natureza arcaica de suas leis trabalhistas, era o alvo perfeito de tantos litígios. Da época em que ele entrou para a firma de Proskauer, em 1966, até quando começou a trabalhar para a liga, como conselheiro, em 1978, ele passou a maior a parte do seu tempo trabalhando em assuntos da NBA.

Logo que se tornou conselheiro da NBA, Stern passou a ser conhecido como o *consigliere* de Larry O'Brien. A liga lutava com os problemas de sua imagem, mas as coisas estavam mudando. De certa forma, era a própria luz sobre a liga que mudava, segundo Stern. A televisão estava lançando luzes mais fortes e maiores sobre o esporte, e revelava sua beleza a um número cada vez maior de pessoas.

O momento que definiu a separação da velha NBA, ligada às tradições, da nova e mais moderna NBA, que estava por surgir, promovendo e celebrando seus astros, foi o *all-star game* em Denver, no final de janeiro de 1984. Até então, o fim de semana do *all-star game* tinha sido um evento marginal: havia o jogo em si e um tradicional e entediante jantar na noite anterior. O beisebol, ao contrário, parecia saber usar melhor seu passado glorioso. Stern sempre quis que a liga tivesse mais contato com seu próprio passado, e ele e outros jovens em torno dele estavam torcendo por uma celebração maior do *all-star*. No final, eles tiveram uma ideia de dupla função: além do jogo normal, no domingo, no sábado eles fariam um jogo de veteranos, e ressuscitariam o velho torneio de enterradas da ABA, que ainda hoje é conhecido pela famosa imagem do jovem Julius Erving saltando da entrada do garrafão para uma estrondosa enterrada com a qual venceu o torneio em 1976. Os mais jovens estimularam Stern para que o fizesse e ele adorou a ideia. O'Brien, contudo, não gostou nada. Stern pressionou e finalmente O'Brien concordou. "Tudo bem", disse ele, com notável falta de entusiasmo, "desde que isso não vá me deixar constrangido, nem nos custe um níquel sequer". Então, os patrocinadores apareceram. American Airlines, para as passagens dos jogadores, Schick, para colaborar também, e aquela nova rede de televisão chamada ESPN, para filmar e exibir uma semana depois.

Até então, a NBA costumava precisar de apenas 250 quartos de hotel para o fim de semana do *all-star game*, mas agora, como que da noite para o dia, o número dobrara. O Denver Nuggets vendeu entradas para os eventos de sábado por dois dólares e fez um brilhante trabalho publicitário. O lugar estava lotado. Naquele fim de semana, pela primeira vez, o passado e o presente da NBA se fundiram. Larry Bird e Magic Johnson juntos com Oscar Robertson, Elgin Baylor, Jerry West e todos os outros grandes jogadores do passado. Julius Erving, então perto de completar 34 anos, graciosamente concordou em tomar parte no torneio de enterradas, disputando com o jovem Larry Nance. Em sua última enterrada, como era de se esperar, foi até o outro lado da quadra e partiu. Quando chegou na entrada do garrafão, ele pulou (alguns puristas acharam que ele chegou a passar um pouco da linha), e a multidão parecia subir junto com ele. Foi um sucesso incrível. Ninguém ficou constrangido, David Stern logo substituiu Larry O'Brien, e um ano depois um jovem chamado Michael Jordan entrou para a liga pronto para vencer o torneio de enterradas, se assim quisesse.

O fato de que poucos anos depois a NBA se tornasse um esporte da moda, especialmente entre os jovens, a quem a Madison Avenue tanto prezava, era algo surpreendente. O que era ainda mais notável é que esse fenô-

Saltando da linha de lance livre, Jordan flutua no ar para vencer seu primeiro Torneio All-Star de Enterradas, em 1988.

meno não se limitava aos EUA, mas era mundial. Logo, os patrocinadores começaram a ver nesse esporte, mais do que no futebol ou no beisebol, uma abertura para o mercado jovem internacional. Stern se mostrou receoso de receber todo o crédito pelas mudanças. As verdadeiras razões, como ele era o primeiro a dizer, estavam completamente além de seu controle, e diziam respeito, antes de mais nada, às mudanças tecnológicas, mais especificamente ao surgimento da TV a cabo. De repente, passou a haver programas de uma hora de duração, apenas com notícias do esporte no país. "Nós estávamos, sem saber", disse Stern, "entrando numa nova idade de ouro dos esportes, principalmente do basquete, motivada pelo enorme crescimento da televisão, principalmente a cabo". Isso levou a um aumento do número de jogos transmitidos nacional e regionalmente, e a um aumento das possibilidades de marketing, Stern costumava apontar.

A idade de ouro não teve um início dourado. A ESPN começou transmitindo em 7 de setembro de 1979, uma data que praticamente coincidia com a entrada de Magic Johnson e Larry Bird na NBA. A TV a cabo, resultado de avanços tecnológicos advindos do programa espacial, estava apenas começando a existir àquela altura. A ESPN ainda não parecia ser algo sólido. Ela começou na base da barganha, com 1,4 milhões de espectadores potenciais com a opção de contratar o serviço. Aquilo fora ideia de um homem chamado Bill Rasmussen, que não era exatamente um dos grandes no esporte americano. Ele tinha então 46 anos e seu último emprego integral tinha sido o de encarregado de informações esportivas do New England Whalers, na velha Associação Mundial de Hóquei, um emprego do qual ele foi sumariamente despedido porque o time não conseguiu chegar aos *playoffs* pela primeira vez em muitos anos. "Eles fizeram o que a maioria dos times faz em situações semelhantes: despedem alguém de baixo, como o relações públicas", disse Rasmussen mais tarde.

Embora sua ideia tivesse levado a uma enorme explosão no mundo dos esportes americano, e a uma ainda maior com a internacionalização dos esportes, a visão original de Rasmussen não era nem nacional nem global. Ele tinha pensado no início em algo local ou regional, para mostrar os esportes amadores de Connecticut especialmente os jogos de basquete das universidades de Connecticut, Yale, Wesleyan e Fairfield, entre outras. Ele não fazia ideia da tecnologia que isso exigiria, mas tinha certeza de que haveria audiência.

Rasmussen criara certa vez uma rede regional e informal de rádio para transmitir os jogos de futebol da Universidade de Massachusetts, de modo que ele tinha alguns contatos no esporte universitário e uma noção do material necessário: uma espécie de unidade móvel, que pudesse ir a várias universidades. Ele e John Toner, o diretor de esportes da UConn, conversaram sobre a ideia, e Toner o encorajou. Então, em junho de 1978, Rasmussen reuniu alguns amigos para saber suas opiniões a respeito. Um deles mencionou que havia uma nova descoberta, chamada recepção via satélite, que abriria o mundo da TV a cabo e que poderia ser a chave para uma nova forma de transmissão muito barata. Naquela tarde, Rasmussen ligou para os escritórios da RCA. Ele falou com um homem chamado Al Parinello, que estava encarregado de vender espaço num satélite de comunicações. O volume de espaço no satélite de que ele precisava era tão pequeno que Parinello perguntou onde ficava seu escritório e disse que estaria lá no dia seguinte.

Parinello explicou-lhe o que o satélite faria, e veio equipado com sua tabela de preços. Para o uso normal da TV a cabo — cinco horas por dia —, eles teriam que pagar 1.250 dólares por dia. Havia outra taxa também, ele disse, mas ninguém antes tinha optado por ela. Rasmussen perguntou qual era. Para ter o serviço 24 horas por dia, o preço era de 34.167 dólares por mês. Outra pessoa que estava na reunião era o filho de Rasmussen, Scott, de 22 anos, que fez as contas rapidamente e concluiu que o serviço integral sairia por apenas 1.139 dólares por dia. A decisão foi fácil: eles escolheram o serviço de 24 horas.

A questão seguinte foi a escolha da programação para o dia inteiro. Scott Rasmussen sugeriu jogos universitários de futebol americano. Bill Rasmussen sabia por experiência própria com a Universidade de Massachussetts que a NCAA permitia a apresentação de reprises. Mesmo que as grandes redes tivessem os jogos mais importantes universitários acertados, só alguns poucos jogos estavam sendo transmitidos. E quanto a todos os outros jogos que nunca iam ao ar? Será que eles poderiam transmiti-los ao vivo ou mesmo em reprises? Talvez mostrar jogos antigos? E todos os outros esportes universitários que nunca ninguém jamais sequer pensou em televisionar? Passar jogos de hóquei universitário? Luta greco-romana? Campeonatos femininos? Os campeonatos de basquete das Conferências regionais, que abriam caminho para a NCAA, e pelos quais os torcedores eram tão aficionados? Valendo-se da amizade de Toner, Rasmussen conversou com o comitê de televisão da NCAA e os encontrou interessados e receptivos — televisionar mais jogos, especialmente os de esportes menos populares, parecia uma boa ideia para todos os envolvidos, principalmente para os garotos que praticavam esportes que, de fato, eram ignorados pela maioria das pessoas.

Os Rasmussen alugaram um escritório barato em Plainville, Connecticut. As mesas, Rasmussen gostava de lembrar, eram portas antigas com pernas improvisadas. No início de setembro de 1978, Parinello ligou para Rasmussen para alertá-lo: se ele ainda estivesse interessado em transmitir os jogos, que tratasse de enviar logo seu projeto para a FCC,[2] pois eles é que selecionariam os projetos de concessão de canais. Foi o que ele fez. Poucos dias depois, o *Wall Street Journal* dava na primeira página um artigo explicando detalhadamente como funcionaria a nova tecnologia dos satélites para a transmissão a cabo. De repente, a RCA foi inundada de requisições de vagas em satélite por todas as grandes emissoras. Mas a FCC oferecia as vagas para quem chegasse primeiro com sua requisição, e Rasmussen estava, de longe, na frente dos grandes. Ele havia conseguido uma coisa que não tinha preço. Quando, no final de setembro, os canais obtiveram a concessão, a Entertainment Sports Programming Network (ESPN), de Plainville, era a única empresa desconhecida a ter um canal.

Duas horas depois da divulgação dos agraciados com a concessão de canais, lembrou Rasmussen, o telefone tocou em seu escritório. Era uma companhia de investimentos de Nova York, representando uma empresa de comunicações, que queria comprar sua vaga no satélite. "Senhor Rasmussen", disse a voz ao telefone, "eu trabalho para uma grande investidora de Wall Street, e temos um cliente muito poderoso interessado no seu espaço, e nós podemos fazer do senhor um homem bastante rico ainda antes de desligar o telefone". Tudo o que ele pôde aprender com aquele telefonema foi que estava entrando em um negócio muito vultoso. Algum tempo depois, ele imaginava que poderia ter fechado um negócio de 5 milhões de dólares. A essa altura, todos os membros da família passaram a entrar no negócio e a colocar algum dinheiro para começar. Uma companhia investidora da Pennsylvania, percebendo que ali havia algo valioso, colocou 250 mil dólares e prometeu procurar outros eventuais financiadores. Logo, a Getty Oil entrou com 10 milhões dólares, o que corresponderia a mais ou menos 85% das ações da empresa. Este foi, de fato, o investimento fundamental, e significou que a televisão de Rasmussen realmente entraria no negócio.

Anos depois, já tendo sido colocado de lado, em uma empresa que surgira de uma ideia sua, mas mesmo assim bastante rico, Rasmussen pensou que o que tinha acontecido mostrava como eram as coisas nos Estados Unidos. Ele ficou impressionado com o fato de que alguém como ele, que viera de fora daquele meio, sem fortuna, sem acesso ao dinheiro, nem experiência

---

[2] Federal Communications Commission: regulamenta as transmissões interestaduais e comunicações por cabo, rádio e televisão. (N. T.)

de televisão, tivesse tido uma ideia de tão grande originalidade e importância, ao passo que nenhum dos grandes executivos das maiores empresas de comunicações — muitas delas exclusivamente do ramo dos esportes — tinha pensado nisso.

Em fevereiro de 1979, Rasmussen fechou negócio com a NCAA para um pacote de diversos esportes, inclusive futebol americano. Então Anheuser-Busch fez um acordo de publicidade de 1,4 milhões de dólares, o maior contrato de publicidade de todas as empresas de TV a cabo até então. Uma logomarca foi criada na ocasião. O nome deveria ser ESPN-TV, mas por um erro de gráfica, a marca ficou mesmo ESPN. A companhia instalou-se em Bristol, Connecticut, pois ali era um local barato. Nem todos, no entanto, foram receptivos aos novos vizinhos. Um ex-prefeito de Bristol, concorrendo às eleições, viu as duas enormes antenas da empresa e achou que aquilo acabaria com os pássaros da região e que contaminaria todos os moradores da cidade com a irradiação. Em setembro de 1979, a ESPN iniciou suas transmissões.

Uma revolução tecnológica orquestrava o início de uma profunda mudança cultural. Sem que ninguém notasse de fato, o futuro dos esportes já tinha chegado. A atenção sobre os atletas nos Estados Unidos, que crescera com o aparecimento do rádio no começo do século (uma inovação tecnológica que aumentou grandemente a popularidade do beisebol), e depois, nos anos 50, crescera ainda mais com as transmissões de televisão (o que ajudou em muito o futebol americano profissional, dando-lhe maior *status*), estava prestes a dar outro enorme salto, que dessa vez abarcaria todos os esportes, principalmente o basquete. Foi naquele mesmo ano que Michael Jordan cresceu consideravelmente num intervalo de tempo muito curto, chegou à equipe principal de seu colégio em Laney e se tornou seu principal jogador, e que Michael Brown telefonou para Roy Williams contando que tinha alguém muito talentoso em quem o Carolina devia dar uma olhada.

Mas nem tudo foram flores para a ESPN. Faltando um ano para a estreia, o pessoal da Getty Oil decidiu que Rasmussen não era a pessoa ideal para comandar seu próprio negócio e o colocou para fora. Durante alguns anos, a incipiente emissora parecia não estar lucrando de acordo com seu potencial. No início, antes de haver um reconhecimento comercial efetivo de todo o seu potencial, a emissora perdeu, segundo alguns, rios de dinheiro — algo em torno de 30 milhões de dólares só no primeiro ano, e 40 milhões até 1982. Os executivos da Getty Oil foram dominados pela situação. A certa altura, eles quiseram dar o fora, mas acharam que emissora ainda não tinha dado tudo o que podia, e que precisavam ficar um pouco mais. Mas então, gradualmente, a coisa foi se firmando — sobretudo graças à paixão dos espectadores, aqueles grandes fanáticos por esportes, que estavam envolvidos mesmo antes de a emissora começar a dar lucro. Louca para sair do buraco, a ESPN resolveu pedir às empresas de TV a cabo locais uma taxa de cinco centavos por assinante. As empresas não gostaram muito da ideia, mas sob a pressão dos assinantes — os torcedores — elas aceitaram. A partir de 1983, os assinantes passaram a pagar, ainda que indiretamente.

As coisas estavam começando a esquentar. A Texaco comprou a Getty Oil e colocou a ESPN à venda. Em abril de 1984, a ABC comprou a emissora, não tanto por desejarem assumir a empresa, mas para evitar que Ted Turner, o cabeça da CNN e, portanto uma força crescente na TV a cabo, ficasse com ela. O valor do passe da ESPN crescera exponencialmente — a ABC valia 237 milhões de dólares. Os Rasmussen ainda tinham 12,5% das ações da empresa, o que significava que cerca de 30 milhões de dólares do negócio eram deles. A entrada da ABC mudou esse quadro: trouxe a tecnologia de ponta em televisão para a ESPN. Em 1984, a ESPN estava estabelecida, atingindo 34 milhões de lares americanos, e já se tornara parte da vida dos amantes do esporte. Os torcedores estavam um pouco à frente dos homens que tomavam as decisões na televisão. Eles sabiam o que queriam, isto é, um bom jogo para assistir todas as noites, e aquela singular e modesta emissora, com sua programação que às vezes era brilhante, outras nem tanto, podia dar isso a eles.

O ano em que a ESPN realmente atingiu sua maturidade, 1984, foi também o ano em que David Stern se tornou diretor da NBA, e que Michael Jordan deixou a Universidade da Carolina do Norte para ir jogar no Chicago Bulls. Dois anos antes disso, a ESPN tinha transmitido seu primeiro jogo da NBA, como parte de um contrato de dois anos. E o mais importante: a emissora transmitia jogos universitários desde o início, em 1979, de modo que os jogadores universitários, ao entrarem na NBA, já eram estrelas conhecidas dos telespectadores. O basquete estava ganhando maior alcance, primeiro nos Estados Unidos, e logo em todo o mundo. O esporte ultrapassou as fronteiras nacionais, mais que seus dois rivais no país, o futebol americano e o beisebol, em parte porque suas regras eram mais fáceis de entender. No novo mundo comercial e tecnológico, ligado via satélite, os Estados Unidos estavam com tudo. Era o país mais rico do mundo, com possibilidades de transmitir muito mais informação do que qualquer outro, por já possuir toda a estrutura tecnológica necessária para isso. Além da língua internacionalmente aceita, os Estados Unidos produziam uma cultura popular de grande expressão, uma força que conquistava os jovens de todo o mundo, sempre ansiosos por romper com dogmas e restrições das gerações anteriores. Tudo isso favoreceu David Stern e a NBA.

Para o bem ou para o mal, nos anos 80, os Estados Unidos exportavam não equipamentos eletrônicos ou carros, mas sua cultura: *fast-food*, Coca-Cola e Big Macs; padrões de vestuário mais informais e despojados; música popular, filmes e programas de televisão. E os esportes. O novo esporte em ascensão no mundo, que estava ganhando popularidade entre os jovens, não era o futebol, embora este fosse o preferido em muitos lugares do mundo, mas o basquete. O futebol nos Estados Unidos era visto como um jogo muito lento, no qual jogadores de defesa, apesar de menos talentosos, podiam neutralizar as habilidades de atacantes melhores, um erro que a NBA tomava cuidados para evitar. As tradições nacionais de outros países encaram isso como imperialismo, essa americanização — também chamada de democratização — de suas culturas como uma nova espécie de barbárie, mas seu apelo junto aos jovens (e que logo passaria aos mais velhos) era inegável. Cada vez mais o surgimento de novas tecnologias altera o ritmo da vida no mundo desenvolvido para um ritmo cada vez mais rápido. O basquete era um esporte de velocidade: a ação rápida, os pontos sucessivos, o placar mudava rapidamente.

Se os Estados Unidos se tornavam o lar de uma nova cultura internacional, era evidente que cedo ou tarde um esportista americano se tornaria uma figura marcante do ponto de vista comercial dessa nova cultura, o perfeito vendedor de uma vasta gama de produtos exportados por empresas dessa nação rica e soberana cultural e comercialmente. Tal figura deveria ser um atleta inigualável de um esporte reconhecido mundialmente, mas também popular nos Estados Unidos. Pelé, o grande jogador de futebol brasileiro, talvez fosse um potencial candidato ao posto — seu carisma e talento falavam por si, e ele possuía aquele sorriso que abria caminho entre as antigas e historicamente rígidas barreiras nacionais. Mas seu auge se deu antes do período da grande internacionalização da economia, e o futebol era, obviamente, um esporte com pouco apelo nos Estados Unidos. Muhammed Ali talvez fosse outra possibilidade, pois era bonito, charmoso e divertido, mas seu período de glórias também já havia passado, nos anos 60 e 70, além de seu esporte se caracterizar por uma brutalidade inerente e de ele ser considerado maldito para os grandes investidores da Madison Avenue por ter cometido dois erros fatais: usar um nome muçulmano e ter se oposto a uma guerra invencível na Ásia. Os poderosos da Madison Avenue jamais bateriam à porta de Ali, embora ele tenha, mais tarde, feito comerciais de um inseticida antibaratas (D-Com).

Em retrospecto, era inevitável, portanto, que o jogador elevado à categoria de representante por excelência do grande e novo império esportivo, cultural e comercial teria que ser americano e jogador de basquete. Os outros grandes esportes americanos estavam descartados pelo tipo de calçados que usavam. Não havia batalhas comerciais a serem travadas entre fabricantes de chuteiras de futebol ou de beisebol como aquelas dos anos 80 para ver quem seria o líder mundial de tênis para basquete. Nike, Converse e Adidas estiveram em guerra, e quem lucrou com ela foi a NBA. O mesmo sucedeu com hambúrgueres e refrigerantes. Os jogadores da NBA, como ficaria provado pelos comerciais da Nike, eram altamente mercadológicos e atrativos, especialmente para os jovens consumidores, que não estavam ainda tão sujeitos a preconceitos raciais como os mais velhos — as pessoas que até então decidiam as coisas na Madison Avenue.

Além disso, o basquete era apoiado por todo tipo de novidade tecnológica, não só pelos satélites. A tecnologia estava nas duas extremidades do processo: as câmeras no jogo eram melhores, como os aparelhos de televisão eram maiores e melhores. Devido à qualidade da imagem, os jogadores de basquete difundiam uma imagem de intimidade física e emocional entre os espectadores. Naqueles mínimos uniformes, faziam coisas que exigiam movimentos acrobáticos, defendiam e atacavam, de modo que sua capacidade física e suas emoções se evidenciavam, ao contrário dos jogadores de futebol americano, cheios de armaduras pesadas, e de beisebol, que tradicionalmente não costumavam transparecer suas emoções. Os jogadores de basquete projetavam uma imagem de intimidade emocional e física. E bastava um superastro do basquete, um verdadeiro craque na quadra, junto com quatro companheiros, atacando e defendendo, para decidir sozinho uma partida e incendiar a imaginação do público, de uma maneira como um jogador de beisebol entre outros nove ou mais, ou de futebol americano, junto com outros 22 jamais poderiam. De repente, com a ajuda dos melhores produtores de imagens disponíveis, os encantos de Michael Jordan, Charles Barkley e Magic Johnson se tornaram evidentes.

Como a Nike apresentava jogadores individuais, tais como Michael Jordan, como astros, e como a liga e a rede de televisão passavam a conspirar juntas na promoção desses astros, uma nova diretriz básica, que na época foi mal compreendida, começou a determinar as ações da liga. Parte de um novo fenômeno, maior, que estava ocorrendo no mundo dos esportes, e na sociedade em geral, porém, de modo mais explícito e claro no basquete. O basquete e seus cabeças tiveram que fazer uma escolha irrevogável: ou eles tomavam esse caminho do esporte moderno ou sua liga perderia importância e pereceria. Passou a ser mais interessante promover os jogadores, individualmente, do que os próprios times. Uma coisa que no passado era uma maldição para os proprietários, treinadores e muitos jogadores antigos, o culto à personalidade, tornou-se, ainda que inconscientemente, a palavra de ordem nos esportes, de maneira a conquistar um número cada vez maior de torcedores. Seus advogados, proprietários e patrocinadores não mais viam a si mesmos como competindo contra times rivais, ou mesmo contra esportes rivais. Eles competiam por uma fatia muito maior e contra figuras mais difíceis de vencer — astros do rock, de cinema e de todas as outras formas de diversão do mundo moderno —, competiam pelos dólares do mundo do entretenimento. Os ginásios teriam que ser novos, modernos e ter instalações luxuosas, além de apresentar constantemente novas atrações: ginastas e mulheres dançando na quadra e música *pop* o tempo todo nos alto-falantes. Gigantescos telões deveriam ficar suspensos no alto dos ginásios, de modo que o torcedor pudesse ver não só o que estava acontecendo, mas eventualmente, e talvez com maior prazer, também ver a si mesmo na televisão. Silêncios e intervalos nos novos ginásios seriam considerados coisas aborrecidas acima de tudo.

Puristas que adoravam o jogo como um fim em si mesmo e que eram cautelosos com essa nova cultura do estrelato nos esportes estavam abismados. A diretoria do Bulls, assim como outros da velha guarda da liga, não estava inteiramente de acordo com a nova diretriz. Quando foi ao ar o primeiro grande comercial da Nike dos tênis de Michael Jordan, o diretor geral do Bulls Rod Thorn estava bastante irritado. "O que você está querendo do meu jogador", Thorn perguntou a David Falk depois de assistir ao comercial, "fazer dele um jogador de tênis?".

"Para falar a verdade", disse Falk, "é exatamente isso o que eu quero fazer."

O tipo de público que passou a ir aos ginásios também mudava: de fanáticos torcedores, que eram até menos frequentes, para gente de mais dinheiro que podia pagar por camarotes luxuosos, cujo interesse num time era mais casual e descompromissado com a camisa que vestiam. O fato de Jordan estar preparado como poucos para desempenhar seu papel de astro do entretenimento e ainda assim continuar sendo integralmente um jogador de basquete fez dele uma exceção. Outras equipes, recrutando jovens jogadores, nem sempre tiveram a mesma sorte.

E foi assim quando Michael entrou para a liga, uma série de mudanças estavam acontecendo, tanto em termos tecnológicos como na economia mundial, que afetariam seu futuro e das quais ele acabaria por se tornar o principal beneficiário. O próprio David Stern mais tarde comentaria que mal notou a chegada de Jordan à liga, de tão enfronhado que estava em assuntos legais e comerciais que então ocupavam sua agenda. Na verdade, aquilo de que ele mais se lembrava do *draft* daquele ano foi o fato de o Portland ter tramado tão intensamente para ficar com Olajuwon. Ainda assim, a chegada de Jordan logo no início da carreira de Stern seria um fator determinante de seu singular sucesso como diretor da liga. Se Stern tinha em mente não apenas o sucesso, mas um novo tipo de respeitabilidade para a liga, a chegada de Michael Jordan foi como uma resposta para seus anseios.

Nada revelou mais as mudanças trazidas pela cobertura da TV a cabo e a crescente audiência da liga do que o acordo proposto pela NBC pelos direitos de transmissão dos jogos da NBA em 1989. A CBS teve o direito nos dezessete anos anteriores, e em 1989 estava fazendo um trabalho bastante competente. Faltando um ano para o contrato expirar, os direitos foram disponibilizados para nova concorrência. A CBS vinha de um contrato de quatro anos por 188 milhões de dólares, ou 47 milhões por ano, e tinha o direito de igualar a oferta de qualquer outro concorrente. Mas a NBC de Dick Ebersol queria muito o basquete. Ele tinha certeza de que o basquete estava crescendo. Se por um lado Bird e Magic estavam chegando ao fim de suas carreiras, por outro, o Pistons tinha boas perspectivas, e era claro que Michael Jordan estava chegando ao auge de sua força e seu time melhorava com isso. Ele fez uma oferta de 600 milhões de dólares por quatro anos. David Stern, sempre alerta para novas oportunidades e jovens consumidores, também pediu a inclusão no pacote de um programa matinal para crianças; a NBC queria fazê-lo, a CBS não. (O programa deveria se chamar *Os Bastidores da NBA* [NBA Inside Stuff].) A CBS achou que a NBC tinha oferecido dinheiro demais, especialmente tendo em vista a situação de Bird e Magic Johnson, e passou. Neil Pilson, o diretor de esportes da CBS, ouvira dizer de sua equipe que não haveria problema, pois as finais seriam provavelmente entre Utah e Cleveland.

Pilson estava errado, assim como a CBS. As primeiras finais cobertas pela NBC foram as de 1991, o primeiro ano em que o Bulls chegou lá, e o aumento de audiência foi impressionante. O primeiro jogo decisivo entre Bird e Johnson tinha sido em 1984, e atingiu um índice de meros 7.6. Três anos depois, em outro desses encontros, o índice chegou quase a 16. Comparativamente, o último jogo das finais de 1998 teve um índice nunca antes visto no basquete: 22.3.

O novo contrato da NBC significou que David Stern tinha conquistado uma parte essencial de seu objetivo primeiro, que era a respeitabilidade.

Aquela foi uma vitória excepcional para ele. Naquele dia, Ebersol perguntou a Stern o que ele faria para comemorar. "Eu vou para casa jantar com Dianne", disse ele.

"Mas quem irá contar aos proprietários?", perguntou Ebersol, sabendo que em vitórias assim era um prazer muito especial para alguém da liga fazer as ligações, avisando os proprietários — seus chefes —, e assim receber o crédito pelo negócio. Russ Granik e Garry Bettman, seus dois assessores fariam as ligações. E assim, o mais impressionante de todo o processo, Ebersol pensou mais tarde, era o fato de que Stern era um homem tão seguro de si que deixava seus assistentes fazerem ligações daquele tipo.

10.
CHAPEL HILL; CHICAGO; PORTLAND, 1984

Quando algum de seus jogadores estava prestes a se profissionalizar, Dean Smith costumava fazer previsões e orquestrar toda a operação, convidando apenas agentes que ele aprovasse e assegurando-se de que seus garotos não seriam trapaceados por oportunistas de plantão. Naqueles dias, dois homens que trabalhavam juntos, Donald Dell e Frank Craighill, tinham sido convidados para visitar o Carolina. Dell tinha sido um astro do tênis e acabou se tornando agente representando outros tenistas; Craighill era um homem de finanças que fora para Chapel Hill e se tornado um acadêmico, algo que Smith apreciava muito. Smith parecia gostar de ambos, e logo eles se tornaram parte do programa do Carolina. Na época, o verdadeiro amor de Dell era o tênis, o basquete era uma paixão secundária. A parceria Dell-Craighill fora muito proveitosa para os jogadores de Smith, proporcionando, por exemplo, um contrato muito bom para Tom LaGarde, um pivô alto e um pouco desengonçado, com um joelho já contundido, e que fora recrutado em nono lugar no país em 1977. Um contrato que se dizia ter sido melhor que o de Walter Davis, que fora a quinta opção naquela mesma temporada. Smith tinha gostado daquilo, daquela habilidade de fazer o bem por um jogador de qualidade inferior. Com isso, a dupla passou a cuidar de outros jogadores do Carolina do Norte, incluindo Phil Ford, Dudley Bradley e James Worthy.

Quando Dean Smith decidiu que Michael Jordan deveria sair depois do terceiro ano, David Falk seria o mais provável parceiro de Dell naquela representação. Havia um elemento de casualidade na maneira como Dell e Falk vieram a representar Jordan. Naquele ano, o escritório de Dell e Craighill se desfez: Dell e Falk ficaram juntos, e Craighill e outro membro da firma, Lee Fentress, abriram um escritório rival. A separação colocou Dean Smith num dilema. Ele era ligado a ambos os grupos, e por isso estava inseguro quanto ao caminho que seus rapazes deveriam tomar.

Quando um de seus jogadores se profissionalizava cedo, como no caso de Jordan, Smith gostava de meditar sobre a questão para assegurar-se de que o valor pago pelo jogador valia a desistência do diploma. Neste caso, ele havia deixado Dell e Falk cuidarem dessas considerações, de modo que a responsabilidade estava nas mãos deles. Smith finalmente deixou que eles ficassem com Jordan, enquanto Sam Perkins ficaria com Craighill e Fentress.

Naquela época, o normal era que Dell fizesse o contrato original e Falk, muito mais jovem do que Dell, porém muito mais entendido em basquete, cuidasse das etapas seguintes, negociando com o jogador inclusive os contratos relativos ao tênis que ele usaria, então um negócio ainda não muito vultoso. Quando Jordan saiu, em 1984, os ex-jogadores do Carolina no profissional falavam muito mais de Falk do que de Donald Dell, porque Falk os representava mais diretamente, era o homem com quem eles falavam e que cuidava de seus negócios, coisa que, com o novo tipo de celebridade que os jogadores da NBA passaram a ser, havia deixado de ser irrelevante. Como Falk notou mais tarde, "Dean Smith ainda me via como uma criança e Dell como o adulto, mas seus jogadores já começavam a me ver como o cara, a pessoa com quem eles realmente negociavam".

A partir do momento em que ele passou a ser agenciado por Dell, dado o crescimento do volume dos contratos de publicidade, Michael Jordan estava no fundo indo atrás de David Falk, escolhendo-o, como ele mesmo gostava de dizer, porque Falk tinha o mesmo estilo de cabelo de seu pai — isto é, era praticamente careca. Poucos se beneficiaram tanto das mudanças no basquete e no esporte americano em geral quanto David Falk. Num breve período de tempo — na verdade, uma década —, ele passou de um jovem brilhante lutando para entrar no mundo dos esportes, que parecia bloqueado pelo prestígio e sofisticação de Dell, a quem ele imitava no jeito de vestir e de falar, à condição um milionário cuja influência parecia às vezes rivalizar com a do próprio membro da liga e ser até maior do que a de muitos proprietários. Duas coisas contribuíram para sua ascensão: primeiro, as dramáticas mudanças nas leis trabalhistas, com as quais o poder passou quase totalmente dos proprietários para os jogadores, e assim para seus agentes; segundo, o brilhante trabalho de Falk representando Michael Jordan. Uma nova era estava começando, e ele estava presente em sua criação. Numa era de livre agenciamento e salários aparentemente ilimitados, seu arsenal de atletas chegou a incluir não apenas Michael Jordan, mas também cerca de vinte dos jogadores mais importantes da liga — entre outros, Patrick Ewing, Allen Iverson, Juwan Howard, Alonzo Mourning, Dikembe Mutombo, Keith Van Horn e Antoine Walker —, muitos dos quais assinaram com ele esperando que Falk fizesse com eles o mesmo que fizera com Jordan: transformá-los em ícones culturais, que transcendessem os limites do basquete ou, na pior das hipóteses, que conseguisse contratos de 20 milhões de dólares por ano, o que em 1998 faria deles alguém ao sol.

David Falk nem sempre usava esse seu novo poder com discrição. Ele não hesitava em deixar claro quem estava abaixo na hierarquia em que todos trabalhavam. Não fazia parte do trabalho de um bom agente ser simpático, mas tratar bem os clientes e, se necessário, fazer inimigos no processo. Havia um consenso de que ninguém fazia mais por seus clientes do que David Falk, e portanto não era de espantar que ninguém tivesse mais inimigos. No mundo do basquete profissional, sempre havia uma questão: seria uma boa ideia ser um jogador menor da lista de Falk? Será que um proprietário soltaria sua raiva em cima de um jogador menos importante de Falk, coisa que ele não poderia fazer com um de seus jogadores de primeira linha? Conseguiria um jogador menor de Falk obter algum privilégio dos proprietários de equipe interessados em conquistar algum favor de Falk quando quisessem contratar um superastro?

O fato de as pessoas mais poderosas do basquete frequentemente falarem mal de seu agente pelas costas não incomodava Michael nem um pouco. Ele estava bastante satisfeito por ter subido em sua carreira com tanta popularidade, mas não estava nem aí para as boas relações de seu agente com a estrutura do poder. Como Jordan disse certa vez a respeito de Falk, mencionando um dos mais temidos jogadores da liga, "Ele é bem como Rick Mahorn — ninguém gosta dele a não ser quando ele está em seu time". Se você quer um cachorro para proteger sua casa — disse John Thompson, amigo e cliente de Falk — você não vai querer um *poodle*.

A ascensão de David Falk à posição de poderoso do mundo dos esportes não ocorreu facilmente. Ele era um garoto de classe média de Long Island, que não tinha nada de especial a não ser sua paixão por esportes e o desejo de ser advogado. Seu pai tinha dois açougues. Ele estudou em Syracuse mas não se formou, um sinal de que estava muito longe de pertencer ao mundo da Ivy League e do seleto grupo de sua geração que se destacaria profissionalmente, quando entrou para a faculdade de direito — dificilmente a sua primeira opção. "Eu era um marginal na escala de jovens estrelas brilhantes do mundo do direito, e tive que me acostumar com a ideia de que ninguém me ofereceria nada."

Ele foi admitido na Faculdade de Direito George Washington, em Washington D. C. No período em que esteve ali tentou fazer uma contato com mundo dos esportes como estagiário num escritório de agenciamento de atletas. Ele tentou contatar Bob Woolf em Boston, e Larry Fleisher em Nova York, mas eles trabalhavam sozinhos, não tinham uma equipe. Mas então alguém sugeriu Donald Dell. Falk ligou várias vezes para Dell e nada, até que um dia, furioso com a dificuldade de contatá-lo, continuou ligando até que Dell atendesse, o que aconteceu, segundo Falk, na décima sétima tentativa. Eles marcaram um encontro e, ainda segundo Falk, Dell o deixou esperando por três horas, mas ao final conseguiu o estágio, ora estudando à noite, ora no verão, e trabalhando para Dell durante o dia. Ele foi designado para trabalhar com Arthur Ashe, a quem ele admirava muito, e tomou a missão com rara intensidade, conferindo, como poucos agentes fazem, todas as entradas de grandes quantias nas declarações de Ashe, e tornando-se indispensável para ele.

Mesmo naqueles primeiros anos, ele era apaixonado e dedicado a seus clientes. Houve um ano em que ele representou um jovem jogador de basquete chamado Rod Griffith, que tinha sido recrutado pelo Denver. Naquele outono, as limitações de Griffith se tornaram óbvias para a diretoria do Nuggets, e ele estava por um fio, prestes a ser cortado. Falk ligou diariamente para Donnie Walsh, o diretor geral do Denver, para falar bem de seu jogador. E de fato, no dia em que o Nuggets pretendia cortar Griffith, Falk apareceu no ginásio do Denver — teria sido apenas obra do acaso? "Eu fiquei impressionado, porque não existem voos comerciais de Washington até a Academia da Força Aérea, onde estávamos treinando, o que significa que ele provavelmente conseguiu entrar num avião militar e decolar para lá. Aquele grau de compromisso com o atleta era impressionante, e acabou funcionando, pelo menos por algum tempo, porque não cortamos Griffith naquele dia."

Falk parecia estar sempre ligado. Era como se ele tivesse uma mente hiperativa: ele raciocinava rápido, via as coisas rapidamente, e tinha a compulsão de falar depressa. As palavras e os pensamentos dele pareciam explodir, como se ele quisesse ouvir suas próprias palavras antes dos outros, talvez por medo de que se não falasse rápido o bastante, alguém roubasse suas ideias e o crédito por elas. À medida que foi se tornando poderoso, Falk foi deixando cada vez menos dúvidas quanto ao fato de que o tempo dele era extremamente valioso, com certeza mais do que o seu, e provavelmente mais valioso do que o de qualquer outra pessoa, com exceção talvez de Michael Jordan. Negociar com Falk, segundo um diretor geral da NBA, era como lutar contra um polvo: ele estava sempre se movimentando e nada parecia atingi-lo. "Ele ameaçava, prometia, gritava. Se você não fizesse o que ele queria, você estava acabado para ele, seu time nunca mais ganharia nenhum outro jogo, e você seria demitido por sua falta de visão. Por outro lado, se fizesse o que ele queria, poderia ser o primeiro na fila para ter o próximo Michael Jordan."

Seus jogadores estavam sempre com a razão quando havia um conflito, e evidentemente havia muitos associados a David Falk. Todo o resto do mundo estava errado. Os dele eram sempre os mocinhos. Uma referência em um livro sobre Michael Jordan escrito por Sam Smith, tendo por base depoimentos e entrevistas com Horace Grant, trouxe à tona uma série de ofensas verbais contra Grant, tendo como alvo sua suposta falta de inteligência. Alguém que ficasse no caminho de Falk em meio a um processo, sugeriu ele certa vez ao escritor Rick Telander, podia ser esmagado.

A maioria dos proprietários e dirigentes antipatizava muito com ele, mas admitiam que era preciso não gostar dele e ao mesmo tempo fazer tudo para acostumar-se com ele para que seu novo astro, desgostoso com seu contrato de meros 18 milhões de dólares por ano e em torno de quem um estádio de 3 bilhões de dólares tinha sido construído (batizado, é claro, com o nome de uma companhia aérea), não mudasse de ideia, e essa atitude era o que bastava para evitar tal mudança para um clima diferente e mais feliz em um novo ginásio, batizado com o nome de uma companhia aérea rival.

O que os dirigentes às vezes imaginavam era quais seriam os limites do poder de Falk — e qual a natureza de seus impulsos? Quando um astro do basquete parecia um pouco triste com alguma coisa, será que era o jogador quem estava triste ou Falk? Será que Falk gostaria de tomar um sol de inverno em Miami em janeiro e fevereiro em vez Minneapolis ou Vancouver? Seria ele capaz de roubar seu principal jogador e levá-lo para outro time, em outra cidade, onde Falk já tinha um outro astro, mas já precisando de algum talento de apoio? Uma coisa que era constante em Falk: onde quer que ele estivesse, apertando as mãos de seus muitos jogadores, ele sempre parecia se sentar nos *melhores* lugares.

Michael Jordan e David Falk ajudavam-se a se fazer um ao outro, e cada um merecia um notável grau de reconhecimento por suas especiais colaborações. É fato que Michael, na verdade, era quem tinha feito as coisas: foi para a quadra e converteu a cesta decisiva seguidas vezes. Mas também era verdade que David Falk tinha ajudado a revolucionar todo o processo de representar um jogador de basquete profissional, entrar num time, além de ter criado a ideia do astro comercial, proeza que tinha proporções iconográficas e que causava grande comoção na época. Antes de Falk ter feito o primeiro grande contrato de Jordan, as maiores verbas publicitárias para calçados eram as dos tenistas profissionais: Arthur Ashe, Jimmy Connors ou John McEnroe podiam estar ganhando milhões enquanto jogadores de basquete ficavam apenas com pequenas frações. O acordo com Jordan mudou isso: um jogador de basquete, um esporte coletivo, também podia ser um astro.

Desde o início, Falk sentia que Michael Jordan era especial, que ele seria capaz de ir além das tênues fronteiras de seu esporte, que ele tinha algo carismático e que as pessoas iriam entender e reagir a isso, qualidades que o situavam numa elite especial de atletas, de Pelé, Muhammad Ali e Arthur Ahse, mais famosos fora dos Estados Unidos do que dentro.

O que David Falk ajudou a fazer com Michael Jordan mudava a natureza da função do agente nos esportes. O ritmo em que as coisas começaram a acontecer foi perfeito, uma série de fatos foram se encaixando, principalmente os advindos das novidades tecnológicas no mundo das comunicações. Também era verdade que eles tinham encontrado o atleta perfeito para aquele período, um virtuoso de um esporte cujo único requisito artístico, mais do que evidente mesmo para os ainda iniciantes, era que se tratava de um jovem articulado e de uma beleza impressionante a praticá-lo. Dean Smith, representando a outra parte do mundo de Michael Jordan, não estava satisfeito com a ilimitada balbúrdia comercial que o sucesso de Jordan produzira (nem com o fato de um agente ser mais poderoso do que um treinador), e parecia ter dito que sua filha era capaz de representar Michael tão bem quanto David Falk. Era verdade ainda o fato de que embora Falk tivesse feito mais por Jordan do que qualquer outro agente já fizera na história, ele nunca mais levou qualquer outro jogador do Carolina depois de Jordan.

A verdade sobre Falk é que ele viu o futuro antes de todo mundo. Por que, afinal de contas, o que tinha aconteceu com Jordan não tinha acontecido antes com o aparecimento de Magic Johnson? Ele chegara em 1979 com um troféu da NCAA debaixo do braço, e levou o Lakers ao título em seu primeiro ano, jogando de maneira brilhante na final contra o Philadelphia. Los Angeles com certeza tinha uma estrutura de mídia muito melhor do que Chicago para promover um ícone dos esportes que ultrapassasse os tradicionais limites sociais e culturais da sociedade. Como Jordan, Johnson também tinha um sorriso contagiante. E até, é bem possível que o jovem Johnson tivesse tido uma personalidade ainda mais efervescente do que a de Jordan quando mais novo. Diferentemente de Jordan, ele tinha ainda um apelido ótimo, Magic. Mas o ritmo da coisa foi importante: Johnson chegara como que na véspera daquela grande e moderna explosão dos esportes e sua nova cultura; Jordan chegou logo depois que os pioneiros já tinham aberto o caminho. Ou melhor: Jordan colheu o que Johnson e Bird plantaram. Mas também era fato que Johnson, ao contrário de Jordan, era mal representado por pessoas que o viam apenas como jogador de basquete. E, em grande medida devido aos lucros de Jordan, Johnson mudou de agente.

Quando Jordan se profissionalizou, em 1984, o dinheiro do patrocínio dos tênis do jogador estava começando a crescer exponencialmente. As grandes marcas de então eram Converse e Adidas. A Nike era ainda relativamente pequena, dificilmente a marca nos pés de um grande jogador de basquete — apesar de suas ações estarem subindo cada vez mais. No início dos anos 80, acreditava-se que apenas Kareem Abdul-Jabbar tivesse um contrato de seis dígitos — 100 mil dólares. Bird e Johnson estariam na casa dos 70 mil. Apenas poucos anos antes, em 1977, a Nike chegou a pagar a Marques Johnson, o terceiro jogador a ser escolhido naquele ano, apenas 6 mil dólares. Um ano mais tarde, Phil Ford, profissionalizando-se, recebeu 12 mil. Em 1981, quando Mark Aguirre era a primeira opção do *draft* naquele ano, conseguiu um contrato de 65 mil dólares. No ano seguinte, James Worthy, representado por Dell (e Falk), que tinha sido o número um do país, assinara um contrato de longo prazo com a New Balance, de oito anos por 1,2 milhão de dólares — cerca de 150 mil por ano. Aquilo para Falk foi a virada.

Quando Jordan entrou para o profissional, como o próprio Falk gostava de lembrar, o efeito da publicidade nos esportes foi como o da descoberta de Colombo, quando o mundo inteiro achava que a Terra era plana. O beisebol ainda era o esporte mais profundamente entranhado no coração da América e o futebol americano o mais excitante. Os patrocínios que a maioria dos atletas recebia eram bastante limitados, exceto as raras exceções, como Joe Namath; os patrocínios que os atletas negros recebiam eram ainda menores. O jovem Willie Mays tinha sido um carismático jogador do esporte mais celebrado no país, e sua força, impossível de negar, imitar ou esconder, mas o consenso na Madison Avenue era que o país não estava preparado para um negro recebendo patrocínios numa nação predominantemente branca. Mays fora um astro nos anos 50, quando a imagem que se tinha era mesmo de que o país não estava preparado; agora, trinta anos depois, a Madison Avenue ainda parecia acreditar que o país continuava despreparado.

Falk, contudo, achava que era hora de ultrapassar a barreira racial no mundo da publicidade dos esportes; o país tinha mudado, a população era outra. Alem do mais, como ele já havia trabalhado com tênis, Falk achava que a pura habilidade atlética era parte de um pacote, e que alguns jogadores tinham algumas qualidades pessoais que os tornavam ótimos vendedores. Ele sentia que Michael Jordan era diferente da maioria dos outros jogadores de esportes coletivos, que ele exercia atração, tinha charme e uma certa graça. Jordan era bem-visto pelas pessoas, causava excelente impressão nos mais variados tipos de pessoas, e tinha, decididamente, um sorriso de vencedor.

Falk decidira desde o início que quando fosse se reunir com as empresas de calçados lançaria o desafio de Kennedy: O que você pode fazer por nós? O que vocês fariam em termos de marketing? De quanto seria o orçamento da propaganda na televisão? Dariam a Jordan sua própria linha de calçados esportivos? Sua própria linha de uniformes? Falk sabia que estava entrando num território ainda virgem. Magic Johnson, já um comprovado campeão, um extrovertido vencedor — o que podia ser melhor? — não havia recebido nada daquilo, nem Julius Erving. Falk entendia que as apostas estavam contra ele. Não só havia ainda o preconceito contra negros fazendo propaganda, como também o fato de que Jordan não fora sequer a primeira opção do *draft* e Chicago não era um grande centro de mídia como Los Angeles e Nova York. E mais: Jordan não era um homem tão alto, e naquela época os homens altos é que recebiam as altas quantias.

O pessoal da Converse estava abismado com a audácia de Falk — na verdade, a arrogância — ao exigir tanto por alguém de quem eles nem sequer tinham ouvido falar. Como disse Joe Dean, um de seus representantes, "Nós temos 63 pessoas trabalhando para nossa empresa que medem mais de 1,94 m de altura", querendo dizer que a empresa se especializara em contratar ex-jogadores de basquete, e que o basquete formava a cultura da empresa. "Nós fazemos as coisas do jeito certo. Vamos tratar você como tratamos Magic Johnson, Larry Bird e Dr. J." Segundo Falk, eles nem sabiam o que estavam dizendo. O que eles realmente queriam dizer era: "Nós somos os poderosos, temos os melhores jogadores, não precisamos ser criativos, não precisamos tentar nem pensar nisso, enfim, não precisamos mesmo de você". Falk não era o único nessas negociações a se incomodar com a reação deles. James, o pai de Michael, também foi parte integrante dessas negociações e, observando-o, Falk rapidamente concluiu que o sr. Jordan era um impressionante homem de negócios. A certa altura das negociações com a Converse, James Jordan virou-se para eles e disse: "Vocês não têm nenhuma ideia nova, criativa?".

Por acaso, as necessidades da Nike combinavam com as de Falk. Na época, a Nike saía de um período de vacas magras. A Nike tinha sido uma das primeiras empresas de calçados esportivos a pegar a onda do *jogging* nos anos 70 e prosperara da noite para o dia. Mas então a empresa parecia ter chegado a um beco sem saída. A Nike ainda era pequena no mundo do basquete. Todos os grandes jogadores usavam Converse: Bird, Johnson e Isiah Thomas. "Se você fosse a qualquer quadra e perguntasse que tênis eles queriam, eles diriam 'Converse'", disse Peter Moore, um dos executivos da Nike, anos mais tarde.

A estratégia da Nike no passado foi patrocinar um grande número de jogadores bons, mas não excelentes, por uma quantia relativamente limitada — o contrato padrão girava em torno de 8 mil dólares por jogador, mas estava longe de competir com a Converse e a Adidas. Se fosse marcado um jogo de qualquer time contra todos os astros da Converse, o resultado seria desastroso, algo como Angola contra o Dream Team uma década mais tarde. Mas aquela política estava prestes a mudar, movida por pressões de orçamento, entre outras coisas. Phil Knight, da Nike, queria fazer cortes no orçamento do basquete em geral — gastavam dinheiro com muitos jogadores, sem muito retorno comercial.

O executivo da Nike encarregado de fazer uma nova política era Rob Strasser, a pessoa que lidava com talentos na Nike. Strasser não era um típico homem de corporações, cauteloso. Mais do que isso, era um homem movido por impulsos e confiança em seus próprios instintos, que lhe diziam para entrar nessa. *Just do it*, como alguém poderia dizer. A nova política da Nike era direcionar toda sua atenção para um jogador, fazendo dele o mascote da Nike, concentrando toda a publicidade nele e, se tudo desse certo, fazendo dele mais que um jogador. Como todos os outros astros já tinham contratos de publicidade, eles teriam que escolher um novato. Com a proximidade do processo seletivo, a questão que se colocava era que novato escolher.

Assim como os times de basquete profissional, os fabricantes de tênis também tinham seus olheiros. O da Nike era uma figura onipresente chamada Sonny Vaccaro, que parecia conhecer bastante bem o mundo do basquete da costa Leste e tinha bons contatos em algumas universidades. Ele era amigo íntimo de John Thompson, do Georgetown, Bill Foster, do Duke, e Jim Valvano, da Estadual da Carolina do Norte. Seu trabalho no Dapper Dan, um dos primeiros jogos colegiais nacionais, colocou-o numa posição invejável junto aos treinadores do colegial que queriam promover seus garotos e junto aos treinadores universitários que queriam recrutá-los. Vaccaro vivia entrando e saindo de quadras, ginásios, universidades, era hábil no contato e um bom vendedor em um mundo que gravitava essencialmente em torno de conseguir melhores contatos do que os já obtidos. A coisa mais natural do mundo para Sonny Vaccaro era aventurar-se em alguma quadra à procura de algum diamante bruto.

Sonny Vaccaro não conhecia Michael Jordan pessoalmente, mas o observava de perto desde seu ano de calouro, e desde então soubera que Jordan era especial. Nada o impressionara mais do que aquela cesta decisiva de Jordan na final da NCAA de 1982. Aquilo tinha sido especial, um garoto tentando o último arremesso, sob enorme pressão, e convertendo-o como se fosse a tranquilidade em pessoa.

Vaccaro não teve dúvida sobre que jogador escolher: Michael Jordan. Num encontro estratégico no início do inverno de 1984, ele insistiu em Jordan o quanto pôde. Akeem Olajuwon podia ter se profissionalizado em melhor posição, mas era nigeriano, novo no esporte, e ainda derrapava no idioma. O único outro jogador com algum grau de carisma era um jovem do Auburn chamado Charles Barkley. Num ponto, Vaccaro foi questionado, por se tratar de uma decisão importante para a empresa: se ele estava disposto a apostar toda a sua carreira na Nike na escolha de Jordan. É claro, ele respondeu. E se ele tivesse a opção de escolher dez jogadores por 50 mil ou um por 500 mil dólares, ainda assim escolheria aquele único jogador? É claro que sim, ele disse, se o jogador fosse Michael Jordan. E assim o pessoal da Nike resolveu procurar Jordan.

A Nike, contudo, representava um certo problema para Michael Jordan, porque na verdade Jordan não gostava muito dos tênis Nike. Ele tinha usado Converse no Carolina porque Dean Smith era ligado a eles, mas o calçado que ele preferia e a empresa que ele queria mesmo era a Adidas. Infelizmente, o pessoal da Adidas não parecia pensar da mesma maneira. Mas Falk e a Nike tinham os mesmos interesses, e naquele verão, enquanto rolavam as Olimpíadas, Rob Strasser e Peter Moore foram a Washington encontrar-se com Falk, que, segundo Moore, estava cheio de ideias, mas nem todas muito inspiradas. Talvez, sugeriu Falk, a Nike pudesse fazer um comercial mostrando Jordan numa enterrada, sincronizada com o arco do logotipo da Nike. Ou um comercial com Jordan praticando arremessos e no qual a trajetória da bola até a cesta desenhasse o logotipo. Falk queria que Jordan tivesse sua própria linha de tênis, e eles concordaram, pois também era do interesse deles. A única ideia que Falk propôs e ambas as partes gostaram foi para o nome da linha: Air Jordan. Moore desenhou um simples esboço cujo centro era um emblema com asas e uma bola de basquete dentro. Moore era um designer de reconhecida capacidade — foi ele que deu ao mundo o logo de Michael saltando no ar, prestes a enterrar, conhecido como *Jump Man Logo*. Ao final do encontro, todos pareciam satisfeitos com o rumo que estavam tomando.

Ainda assim, mesmo tornando-se cada vez mais claro que a Nike estava bastante interessada em Jordan e que lhe daria tudo o que ele quisesse, a falta de interesse de Jordan pela Nike era um problema. Falk e os pais de Jordan tiveram dificuldade até para convencê-lo a pegar o voo para Portland. Como a maioria dos jogadores que se profissionalizavam por aqueles dias, o que ele considerava o patrocinador de tênis ideal era: você escolhe o tênis de que mais gosta, consegue algum dinheiro por isso, e então pega um monte de tênis de graça e distribui para os amigos. O fato de que o acordo do tênis pudesse fazer parte de algo maior, a venda de sua própria imagem como jogador, e que ele poderia ganhar mais dinheiro com aquilo do que com seu próprio salário, era algo que ele ainda não compreendia totalmente, porque ninguém ainda compreendia isso de fato, nem a Nike, nem Falk. Por fim, Deloris Jordan disse ao filho que ela e seu pai estariam naquele avião para Portland, e era melhor que ele estivesse também.

A Nike fez uma apresentação especial para ele. Embora relativamente modesta pelo padrão das que viriam, na época foi bem além do comum. O pessoal da Nike fez um vídeo com as melhores cenas de Jordan na universidade e nas Olimpíadas, e deixaram no ponto para ele. No momento-chave, contudo, quando Strasser apertou o *play*, o equipamento não funcionou. Depois de um tempo funcionou, e o vídeo, acompanhado da canção "Jump", com as Pointer Sisters, foi mostrado à família Jordan. Peter Moore também tinha preparado um desenho dos tênis, que seriam coloridos, não só brancos. Prepararam também projetos de agasalhos e todos os outros acessórios esportivos. Num dos esboços, os tênis estavam pintados de vermelho e preto. "Eu não posso usar esses tênis", disse Jordan. "Essas são as cores do diabo."

"Michael", disse Strasser, "a não ser que você queira que o Chicago Bulls troque suas cores pelo azul do Carolina, essas vão ser as suas cores".

Para Peter Moore, era como recrutar um grande jogador colegial para o universitário. E então todos foram para a gigantesca loja da Nike, que parecia uma enorme loja de brinquedos, só que com roupas esportivas: entre e fique à vontade, pegue tudo o que quiser e jogue em seu carrinho. Jordan saiu com seis sacolas imensas cheias de coisas. Depois disso, havia a questão do carro. Sonny Vaccaro sugeriu que dessem a Jordan um veículo razoável. Àquela altura, Rob Strasser disse que sabia que Jordan adorava carros, e que lhe dariam um. Então, tirou do bolso um Porsche de brinquedo. Era uma piada, mas Phil Knight não estava brincando, e suou frio quando Strasser falou, certo de que seu dinheiro estava sendo desperdiçado com um jogador que ainda não havia sido testado e com quem eles ainda nem haviam assinado. "Michael", logo Strasser acrescentou, "com o dinheiro que você vai ganhar, poderá comprar todos os carros que quiser".

James e Deloris Jordan estavam começando a gostar da Nike, pensou Peter Moore. Eles estavam evidentemente impressionados com o entusiasmo de Strasser, com o fato de que a empresa via Michael como alguém especial, e com a energia gasta na apresentação. Quanto aos sentimentos do próprio Michael, era impossível dizer qualquer coisa. Ele sentou-se ali com Falk e seus pais, durante o encontro, sem demonstrar nenhuma emoção. Falk, que ainda não conhecia seu cliente muito bem naquela época, estava surpreso. Ali estava uma empresa fazendo de tudo — do ponto de vista humano e financeiro — e aquele jovem permanecia aparentemente imune a seus poderes

Air Jordan: para a linha de tênis esportivos de maior sucesso comercial de todos os tempos, a Nike criou o logo de Michael saltando no ar, prestes a enterrar, conhecido como *Jump Man Logo*.

de sedução. Quando saíram do encontro decisivo, Jordan virou-se para Falk e disse: "Vamos fechar o negócio".

"Mas você não deu um sorriso, nem mostrou qualquer entusiasmo", Falk disse a ele.

"Eu estava usando minha máscara de negócios", Jordan respondeu, e com isso Falk vislumbrou que não estava lidando apenas com mais um jogador brilhante e talentoso, que havia coisas naquele jovem que ele ainda precisava conhecer.

Naquela noite foram todos jantar fora. Quando a família Jordan entrou na limusine, lá estava, outra vez, passando o vídeo de Michael na universidade. O pessoal da Nike escolheu um restaurante popular no centro, e quando os executivos da Nike e a família Jordan desceram as escadas para chegar à sua mesa, várias pessoas reconheceram Michael Jordan no caminho. Moore notou imediatamente que aquilo era algo novo para Michael. Ele desceu as escadas muito à vontade, com graça, um verdadeiro príncipe, e as pessoas começaram a se virar e olhar para ele.

Enquanto as pessoas olhavam, Michael percebeu que o reconheciam e devolveu o sorriso com naturalidade. Era claro que o poder daquele sorriso era formidável. Ali estavam pessoas da classe média alta de Portland, todos brancos. A situação foi para Moore como uma revelação, pois a energia do sorriso daquele rapaz era única. Quando Jordan sorria, a raça simplesmente ficava em segundo plano. Michael passava a ser alguém com quem você gostaria de estar, alguém de quem você gostaria de ser amigo. Tratava-se de um sorriso realmente carismático, Moore refletiu anos depois: pertencia a um homem completamente em paz consigo mesmo e, portanto, em paz com os outros. Parecia querer dizer que dali em diante só aconteceriam coisas boas. E mais, havia algo de elevado, algo que elevava as pessoas comuns além de seus próprios preconceitos. Se Michael Jordan, o dono daquele sorriso brilhante, não se incomodava, por que motivo alguém deveria se incomodar?

Mais tarde, naquela noite, quando os executivos da Nike despachavam a família Jordan de volta na limusine ao som das Pointer Sisters, Rob Strasser virou-se para Peter Moore e perguntou se ele achava que conseguiriam contratar Jordan. "Acho que sim", Moore respondeu. "Eles pareceram todos bastante à vontade conosco." Então acrescentou, "Caso a gente consiga, acho que teremos alguém muito especial — ele tem uma personalidade de um tipo que eu nunca vi antes em um esportista". Se ele jogar bem mesmo, pensou Moore, acho que de fato teremos conseguido um grande negócio.

E eles de fato tinham conseguido. Mas lhes custaria caro. Falk pedira algumas garantias de publicidade, e o acordo resultou em uma virada na história do entretenimento esportivo, pois Jordan conseguiu quase 1 milhão de dólares por ano, durante cinco anos. Mal sabiam os executivos da Nike — ou mesmo os do Bulls — que haviam fechado um negócio que podia ser considerado uma das maiores barganhas de todos os tempos.

Quando voltou a Chapel Hill, Jordan contou a Buzz Peterson que a Nike faria uma linha de tênis com seu nome. O sucesso está subindo à cabeça, Peterson pensou, todos esses prêmios e troféus, o Naismith e tudo mais. Não, insistiu Jordan, eles vão mesmo colocar o meu nome numa linha de tênis. "Michael", Peterson argumentou, "eles não fizeram isso com Larry Bird nem com Magic Johnson, e eles são astros da NBA. Você não foi nem o primeiro a ser recrutado". Mais tarde, depois que a linha Air Jordan foi lançada, Michael comentou com alguns de seus amigos que se tivessem algum dinheiro, não seria má ideia comprar ações da Nike, pois ele achava que o negócio iria realmente decolar. Bem, pensou Peterson, o Treinador o manteve na linha por bastante tempo, mas agora ele está se achando o maior.

11.
LOS ANGELES; CHICAGO, 1984-85

Então, lá estava ele a caminho de Chicago, como o homem da Nike. Mas antes havia os Jogos Olímpicos. Ele estava mais do que pronto para o profissional. Os Jogos Olímpicos e os treinamentos para o pré-olímpico contra os jogadores da NBA tinham sido uma singular demonstração de como ele seria bom.

Naquele verão em Los Angeles, Jordan tinha sido escolhido o melhor jogador do elenco de estrelas do time olímpico americano. A princípio, o treinador Bobby Knight estava um pouco inseguro quanto a ele: era muito talentoso, Knight disse a Billy Packer durante os treinos no Centro Olímpico, mas era um finalizador fraco, principalmente para alguém que deveria ser o arremessador do time. Mas logo Knight se tornaria um dos mais exaltados defensores de Jordan. Aquele treinador, um dos mais exigentes do basquete, ficou impressionado com a intensidade de sua presença na defesa, como ele era fácil de treinar, e quão competitivo ele era — a bem dizer, um líder nato.

Logo de início, Knight chamou-o para um canto e disse que poderia às vezes vir a ser duro com ele, no sentido de motivar outros jogadores menos entusiasmados, e Michael disse que por ele tudo bem. Logo ele se destacaria como o porta-voz do time. No dia da final, quando enfrentariam a Espanha pela medalha de ouro, Knight tinha preparado seu discurso mais eufórico — que aqueles quarenta minutos seriam os mais importantes de suas vidas, e que eles se lembrariam daquele dia para sempre. Quando ele entrou em seu escritório naquele dia, viu um pedaço de papel amarelo em sua cadeira. Nele estava escrito este singelo recado: "Treinador, não se preocupe. A gente já nadou demais pra morrer na praia". Assinado: "O time". Aquilo evidentemente era coisa de Michael Jordan, Knight concluiu, porque ninguém mais teria coragem de fazer aquilo. Então Knight ficou calado e simplesmente disse a eles: "Vamos ganhar".

No meio tempo, com os Estados Unidos vencendo por apenas 27 pontos, Knight decidiu pegar pesado com Jordan pelo menos um pouco, para que o time não desanimasse no segundo tempo. "Que diabos, Michael", ele gritou, "quando você vai começar a jogar? Você só está fazendo cesta de rebote!"

Jordan abriu um grande sorriso. "Treinador", ele disse, "parece que eu li em algum lugar que o senhor tinha dito que eu era o jogador mais rápido que você já treinou...".

"Sim", disse Knight, "mas o que isso tem a ver com o que eu disse?".

"É, treinador, é que eu me movimento tão rápido que você nem viu", ele respondeu.

Mais tarde, tentando fazer um paralelo entre o volúvel Knight e o aparentemente mais controlado Dean Smith, perguntaram a Jordan como era jogar para ambos. Jordan respondeu que eles eram muito parecidos, mas que Smith usava o ataque dos quatro cantos enquanto Knight usava palavras de quatro letras.

Era óbvio que ele era o melhor jogador do time americano. Depois que os Estados Unidos arrasaram a Espanha, os repórteres perguntaram a um dos jogadores espanhóis, Fernando Martin, o que achara dele. "Michael Jordan?", ele perguntou, "Muito rápido. Muita impulsão, muito veloz. Muita impulsão".

Os Jogos Olímpicos tinham dado muitas vantagens a Jordan para seu contrato com o Bulls. Quando ele jogou seu primeiro jogo profissional, já era um jovem muito rico. Donald Dell tinha cuidado do contrato principal. O Chicago estava num beco sem saída — ali estava aquele jovem e talentoso jogador, que tinha sido obviamente o melhor jogador do time olímpico, e o Bulls era uma empresa fraca e com a credibilidade por um fio. Ele assinou por sete anos e um total de 6,3 milhões de dólares, considerado o terceiro maior contrato de um estreante na história da liga, atrás apenas dos de Olajuwon e Ralph Sampson, ambos pivôs. "Foi necessário um certo toma-lá-dá-cá", Jonathan Kovler disse na ocasião. "Nós demos e eles tomaram." Além disso, havia o contrato milionário da Nike. Ele estaria sendo bem pago e os donos do Chicago estavam satisfeitos. "Aí vem Mr. Jordan", eram os dizeres da primeira propaganda anunciando o homem que a diretoria esperava que se tornasse a nova estrela dos esportes na cidade.

Jordan se saiu muito bem em sua primeira entrevista coletiva em Chicago. David Falk tinha escrito algumas coisas para ele dizer, mas ele demonstrou não precisar de grande ajuda: tinha um talento natural para lidar com a imprensa. Alguém lhe perguntou sobre seus colegas de equipe no Chicago e ele respondeu simplesmente que, bem, não achava que o Bulls sairia invicto. Falk nunca mais se preocuparia em preparar Michael para entrevistas coletivas.

Ele já começou a dominar o time no primeiro dia de treino. Rod Thorn e Kevin Loughery acharam que tinham feito a escolha certa, e tudo o que eles tinham visto naquele verão, durante os Jogos Olímpicos, confirmava seu julgamento. Não se tratava apenas de sua habilidade atlética, mas de concentração: ao contrário de muitos jogadores dotados de habilidade atlética excepcional, Jordan, tão bem treinado e inteligente, era capaz de usar seus dotes com muito propósito. Dia após dia, ele se mostrava capaz de usar sua velocidade, impulsão e força para preparar-se para o arremesso. A habilidade de preparar os arremessos era um dos dons que separava os profissionais dos universitários. As defesas no profissional eram tão mais duras que muitos jogadores com bons olhos para o arremesso, e que pareciam invencíveis na universidade, rapidamente se apagavam. Faltava-lhes a força física ou a rapidez para preparar seus arremessos naquele nível, e eles acabavam dependendo de seus companheiros para ficarem desmarcados. Desde o início ficou claro que Jordan possuía uma qualidade única em preparar seus arremessos, talvez mais do que qualquer outro na liga.

Já no primeiro dia de atividades, Jordan dominaria completamente os treinos. Ninguém era capaz de detê-lo nos exercícios homem a homem. Logo, os outros jogadores começariam a ficar de lado e observá-lo. Certa vez, durante uma disputa de bola, Jordan pegou o rebote, atravessou a quadra até a linha do lance livre e saltou para uma estrondosa enterrada. "Acho que não precisamos mais treinar essas jogadas", Loughery disse a um de seus assistentes. Mais tarde, ele diria a Rod Thorn: "Acho que tiramos a sorte grande".

Poucos se davam conta de como ele era forte, porque parecia muito magro. Bobby Knight era um dos que percebia e falava para todos que encontrava sobre a força secreta de Jordan, que era a fonte de sua habilidade. "Você não percebe a força dele porque ele não é do tipo que aparenta, um desses brutamontes, mas está tudo ali, e quando ele o enfrenta e você o está marcando, e ele apoia a mão em seu joelho, aparentemente de leve, é como se você estivesse imobilizado por uma prensa de aço", disse Knight. E seu corpo ainda não tinha passado por nenhum programa de preparação física de alto nível.

Outra coisa que Loughery tinha visto e realmente adorado desde o início era o tamanho das mãos de Jordan. Elas eram simplesmente enormes. O próprio Loughery, no passado, tinha sido um excelente arremessador. Mas ele não tinha mãos muito grandes. Na verdade, muitas vezes ele as cobria com alguma substância para ter maior controle sobre a bola. Todos os craques com quem Loughery tinha trabalhado, exceto talvez Moses Malone, tinham mãos enormes. Julius Erving tinha mãos enormes. Larry Bird tinha mãos enormes. Magic Johnson tinha mãos enormes. Michael Jordan tinha mãos enormes. Chegava a ser injusto, pensava Loughery, para caras como aqueles era como jogar com uma bola de beisebol em vez de uma de basquete, pelo modo como eles conseguiam controlá-la. Aquilo fazia o jogo muito mais fácil para eles, que podiam ficar no ar e ainda fazer coisas com a bola, enquanto os outros jogadores, com mãos normais, não conseguiam nada fora do chão.

Desde o início, Jordan foi muito melhor do que se esperava. Todo mundo achava que era bom, mas ninguém achava que ele seria tão bom, tão veloz, e que se tornaria um superastro imediatamente. Ele tinha entrado na liga com um arremesso considerado B- pelos padrões da NBA, melhor do que se esperava, e provavelmente melhor do que os próprios olheiros tinham sugerido. A parte mecânica era bastante boa, mas a trajetória era um pouco plana. No fim das contas, não parecia uma média tão boa como era de fato, pois todos os outros aspectos de seu jogo eram A. Mas ele era ávido por melhorar, e ele e Loughery trabalhavam em seu arremesso todo dia, às vezes durante uma hora antes do treino, às vezes uma hora extra depois, sempre trabalhando técnica e trajetória. Até nisso ele era competitivo: eles arremessavam apostando, e nos primeiros, Loughery sempre vencia, mas Jordan forçava-o a continuar jogando até que Loughery esmorecia e Jordan podia vencer. Jordan não gostava de parar de jogar até que vencesse.

Ele era sempre o primeiro a chegar nos treinos e o último a sair, o jogador da NBA mais esforçado nos treinos que eles já tinham visto. O único problema era o grau de dominação que ele exercia sobre todos os outros. A princípio, Rod Thorn ligou para o Anjo da Guarda — como era conhecido o centro de treinamento do Bulls — para falar com Loughery, e descobriu que todo mundo já tinha ido embora. No dia seguinte, ele perguntou por que os treinos tinham terminado tão cedo. "Eu tive que deixar todo mundo ir embora mais cedo, porque Michael estava acabando com eles."

Naqueles dias, nos treinos, eles jogavam coletivos de cinco contra cinco até que um dos times fizesse dez cestas. O time que perdesse tinha que dar voltas na quadra — dez, para ser exato. Jordan não gostava de ficar dando voltas na quadra, por isso era muito duro naqueles jogos. Uma vez, com seu time ganhando de 8 a 0, Loughery mudou-o para o time mais fraco. Michael ficou furioso com isso, e pela primeira vez discutiu com Loughery. A vida era injusta, jogar naquele ginásio depois de todo aquele luxo no Carolina, mas ser trocado de time depois de ter conseguido uma boa vantagem no placar parecia especialmente cruel. Loughery manteve sua posição. "O placar, Michael — seu time está perdendo." Michael começou a jogar feito louco, claro, era o que Loughery queria, e seu time reagiu e venceu por 10 a 8.

Depois, ele encarou Loughery e disse: "Eu ganhei, viu?", depois bateu a porta do vestiário. (Poucos anos depois, quando Loughery estava treinando o Washington Bullets, seu time foi jogar contra o Chicago e levava vantagem de oito pontos no final do último quarto. Então Jordan começou uma de suas famosas reações. Quando conseguiu a cesta que deu ao Bulls a vantagem, correu até onde estava Loughery e disse: "Que nem no Anjo da Guarda, hein treinador?".)

Segundo Loughery, ele seria um grande jogador, mas não só por seu talento e sua notável capacidade física, mas sobretudo porque amava o basquete. Aquele amor não podia ser treinado ou disfarçado, era algo que sempre o acompanhava. Ele realmente gostava dos treinos, dos jogos, não podia viver sem jogar. Nem todos os jogadores tinham aquele amor pelo esporte. Todos os jogadores modernos, pensava Loughery, amavam mesmo o dinheiro que ganhavam. Mas o amor de Jordan era sincero, e lhe dava uma grande vantagem sobre os outros.

Por isso, assim como por possuir um metabolismo singular — que um dia lhe permitiria jogar 54 buracos numa partida de golfe antes de uma disputa decisiva de *playoff* no basquete e mesmo assim não ficar exausto — ele parecia nunca perder o ritmo. Sua energia era única. Era normal que jogadores vindos do universitário, acostumados a jogar apenas 24 jogos por temporada, esmorecessem em sua primeira temporada da NBA, com exaustivos 82 jogos e uma árdua agenda de viagens. Mark Pfeil, o preparador físico do time, alertou Jordan sobre a fadiga, dizendo-lhe que controlasse seu ritmo com cuidado, porque havia muitos jogos e as viagens eram cansativas. Jordan parecia, no máximo, ficar assustado com as preocupações de Pfeil. "Você está cansado? Precisa de alguns minutos?", Pfeil perguntava.

Jordan abria um sorriso e dizia: "Observe".

Jordan deixou sua marca na liga já no início da temporada. Em seu segundo jogo, em Milwaukee, Mike Dunleavy o viu saltar de perto da linha do lance livre para uma longa tentativa de enterrada, um movimento que apenas Julius Erving havia sido capaz de fazer. Dunleavy cutucou Kevin Grevey, sentado a seu lado, e disse: "Eis seu primeiro grande erro". E então Jordan desceu sobre a cesta e converteu, e Dunleavy percebeu que aquele tinha sido *seu* o grande erro, não de Jordan.

Havia também alguns sinais evidentes de que ele era durão e tinha uma garra incomum. Bastante cedo, o Bulls pegou o Washington, que tinha naqueles dias Jeff Ruland e Rick Mahorn, dois jogadores muito fortes, conhecidos como o "Feio" e o "Malvado". Ruland derrubou Jordan após um drible, e ele foi ao chão com um baque surdo. Ele se levantou, fez seus lances livres e voltou para a marcação, e continuou a partir para cima de Ruland e driblá-lo com rigor como sempre fazia. Em outro jogo, contra o Milwaukee, na época um time muito bom treinado por Don Nelson, ele foi para cima de Sidney Moncrief, um dos três melhores defensores da liga. Moncrief foi realmente incapaz de detê-lo, e logo parecia que Nelson tinha mudado seu esquema defensivo para que todo mundo marcasse Jordan. Em vão: o Chicago venceu. Foi, disse o repórter Ron Rapoport, como se um único homem estivesse atravessando um piquete de cinco jogadores e nenhum deles conseguisse impedi-lo. Estreantes não faziam coisas assim.

Desde o início começaram a surgir multidões, tanto em casa como na estrada. A bilheteria no Chicago Stadium praticamente dobrou, de 6.365 por jogo para 12.763 logo nos primeiros meses de sua primeira temporada. As vendas de pacotes para a temporada toda, item que até então não representava muito (o Bulls tinha vendido apenas 2.047 pacotes no ano anterior à sua chegada ao time), cresceram cinco vezes ao longo de seus primeiros três anos, atingindo a marca de 11 mil. Sempre que os jogos do Bulls eram transmitidos para Chicago, os índices de audiência mostravam que 30 mil lares a mais estavam acompanhando a partida.

Mas a verdadeira loucura, a michaelmania, ainda não tinha começado. Para onde quer que ele fosse, as multidões eram cada vez maiores, mas, a situação ainda estava controlável. Tim Hallam, na época assessor de imprensa do Bulls, se lembrava dos primeiros sinais do culto a Jordan num jogo antes da temporada em Gary, Indiana, no qual Jordan marcou quarenta pontos. Depois do jogo, segundo Hallan, havia uma pequena aglomeração de crianças seguindo-o pelos corredores do ginásio. Naquele outono, o *Sporting News* pediu a Michael que posasse vestindo um avental de médico na capa, sob a manchete: "O próximo Dr. J". Ele topou, embora Hallam achasse que, na verdade, Michael não quisesse fazê-lo, por achar aquilo comercial demais. A bola que a revista usaria não era a que ele gostava de usar, e Hallam percebeu que, na foto, Michael colocou a mão sobre o logotipo do fabricante — ele não faria publicidade para outra empresa. Até naquele momento ele foi cuidadoso quanto à sua responsabilidade para com seu patrocinador.

Jordan era especialmente bom em lidar com repórteres. Naqueles primeiros anos, sempre acessível e amigável. A razão disso era, em parte, sua boa educação, em parte, a compreensão de que aquilo seria bom para seu trabalho, em parte, sua natural segurança e, em parte, seu bom senso. Ele percebeu que poderia aprender muito sobre a liga e os outros times — inclusive sobre quais jogadores tinham problemas com os colegas ou treinadores

— em conversas informais com repórteres. Logo ele começou a obter informações em troca de pequenas ninharias sobre si mesmo, aprendendo com os políticos que para se conseguir informações era necessário dar informação. Ele parecia ter um sexto sentido para identificar os jovens repórteres com potencial, os que em breve seriam famosos e teriam suas próprias colunas — Mike Lupica, Michael Wilbon, David Remnick e Jan Hubbard —, aqueles com quem valia a pena gastar algum tempo livre. Michael Jordan já tinha um bom faro para o sucesso.

Embora o fascínio da mídia pela sua figura fosse pequeno comparado ao que seria em breve, já havia uma absurda comoção em se tratando de um jogador do Bulls naquele momento, e logo Hallam começou a ser bombardeado por pedidos de entrevista com Jordan. Ele simplesmente anotava esses pedidos num papel, colocava em um envelope cor-de-rosa e entregava a Jordan, que retornava religiosamente cada pedido com um telefonema — até perceber, no meio da temporada, que ele era o único jogador do time que fazia isso. A grande regra implícita na NBA era que, se um repórter queria falar com um jogador, ele teria que cercá-lo no vestiário. Até que Jordan e Hallam chegaram a um acordo: quando Hallam achasse que a entrevista valeria a pena, Jordan a concederia. Mas ele podia também deixar que Hallam falasse por ele (embora ele já estivesse dando algumas entrevistas por dia).

Naqueles primeiros dias, ele ainda podia andar pelos aeroportos com relativa tranquilidade. Às vezes, quando era reconhecido, havia uma ligeira comoção, e nessas horas ele era extremamente polido. Numa dessas ocasiões, quando o Bulls tomava café no aeroporto de Dallas, às sete da manhã, Jordan estava na fila com sua bandeja, assim como os outros jogadores, quando um torcedor se aproximou e pediu um autógrafo. Michael respondeu educadamente que ele teria prazer em fazê-lo, mas que teria primeiro que terminar de comer. O homem explodiu: "Vocês, malditos atletas, são todos iguais: são todos mimados". Com o tempo, a febre por Michael Jordan foi piorando cada vez mais, e os executivos decidiram pegar sempre os voos mais cedo para evitar as multidões nos aeroportos; eles aprenderam a camuflá-lo nas saídas e entradas dos voos, às vezes mantendo-o no portão de embarque até o último minuto. No começo dos anos 90, já estavam fretando aviões.

O primeiro ano exigiu uma série de adaptações. Não se tratava apenas de haver quatro vezes mais jogos do que na NCAA — ele amava jogar e parecia ter uma energia inesgotável. O difícil era alguém tão bom adaptar-se a um programa tão fraco. Em Chapel Hill, tudo era de primeira. O programa era cuidadosamente pensado e brilhantemente executado. O treinamento tinha uma profundidade — ali os próprios assistentes eram considerados melhores do que muitos treinadores — inigualável. Havia um bom número de jogadores realmente bons e todos eles eram absolutamente comprometidos com o programa. Os jogadores sempre davam tanto de si nos treinos como nos próprios jogos. As instalações também eram de primeira, com certeza melhores do que as da maioria dos times em que ele tinha jogado. E, acima de tudo, o propósito era claro e contínuo.

Em Chicago, as coisas eram bem diferentes. Kevin Loughery era um bom técnico, mas sua equipe em geral estava longe de se parecer com a do Carolina. As instalações eram péssimas. Pior, os próprios jogadores eram uma decepção. Não só limitados em talento, alguns até com problemas por abuso de drogas, o que comprometia suas performances, mas também não tinham muita vontade de vencer, nenhum grande objetivo a ser atingido. Um dia, ainda como novato, quando o Bulls estava viajando, Jordan foi convidado para uma pequena reunião no quarto de um dos jogadores. Ao chegar à festa, ele encontrou vários de seus colegas usando drogas — alguns fumando maconha, outros usando cocaína — e saiu dali o mais depressa que pôde. Nada podia ser mais distante da realidade que conhecera no Carolina.

Tudo naquela organização parecia um pouco desgastado. Paul Westhead, recém-chegado para uma breve visita como treinador do privilegiado universo do Lakers, ficou chocado ao descobrir quão parcos eram os recursos do Bulls em termos de seleção de pessoal, equipamentos de vídeo e mesmo de instalações. O Anjo da Guarda, um antigo orfanato transformado em ginásio, era um lugar inóspito e com chão de cimento, janelas mal pintadas (causando uma impressão sombria) e uma atmosfera sempre abafada. A mudança daquele centro de treinamento para o novo, bonito, caríssimo e luxuoso ginásio, em Deerfield foi um exemplo do efeito Jordan: o Anjo da Guarda era o passado da NBA; o Berto Center, com seu sistema de segurança que mantinha afastados os torcedores e repórteres (havia uma sala de imprensa bastante confortável, com uma janela panorâmica que dava para a quadra, mas que com um apertar de botão era fechada por uma cortina), era o futuro da NBA.

Duas previsões a respeito de Jordan foram quase proféticas em seu primeiro ano. Uma delas veio de Larry Bird, quando o Chicago enfrentou o poderoso time do Celtics. Depois do jogo, Bird destacou a performance de Jordan. O mais impressionante, pensou Dan Shaughnessy, o cronista do Celtics na época, é que não se tratava de um astro comentando com um jornalista sobre a nova revelação do basquete. Bird falou de livre e espontânea vontade e sem pressão o que realmente achava, mas, acima de tudo, por estar admirado com Jordan. Ele nunca tinha visto um jogador transformar tão completamente um time como fizera Michael. "Já nesse ponto de sua carreira, ele está fazendo coisas que eu nunca fiz. Quando eu era novato, não fazia isso. Meu Deus! Teve uma jogada: ele estava com a bola na mão direita, depois a baixou, e daí trouxe de novo para cima. Eu cheguei a tocar na bola, fiz falta, e ele ainda assim conseguiu converter. Tudo no ar!" Dali a pouco, Bird previu, o Chicago Stadium lotaria toda noite por causa dele.

A outra previsão veio de outro grande da NBA, Jerry West — um jogador tão brilhante que o logo da NBA foi criado a partir de sua silhueta, e então diretor geral do Lakers —, considerado o melhor olho para talentos da liga. Depois de ver Jordan em uma de suas primeiras partidas, West disse a Josh Rosenfeld: "Ele é o único jogador que eu já vi que me lembra a mim mesmo".

Aquela não foi uma temporada ruim. Jordan era o novato do ano e, embora jogasse com parceiros fracos, o Bulls melhorou sua média, vencendo dez jogos a mais do que no ano anterior. Ele era jovem, bonito e rico, e morava num condomínio em Chicago onde ele mesmo fazia a maior parte da faxina. A Nike tinha contratado um jovem chamado Howard White, um ex-jogador do Maryland e amigo íntimo de Moses Malone, para ser seu intermediário junto a Jordan, a fim de ajudar a guiá-lo naquele mundo selvagem que cercava a NBA, um mundo cheio de pessoas querendo explorar a fama dos atletas. Aquela tinha sido uma decisão sensata da parte da Nike, que resultou numa genuína amizade. White, mais velho e experiente, ajudou Jordan a guiar-se naquela primeira temporada, que teoricamente seria difícil, e a evitar muitos dos perigos que apareciam no caminho dos novatos. Jordan parecia estar lidando muito bem com a fama. David Stern lembrou que quando Jordan foi escolhido o novato do ano, concurso promovido pela empresa de barbeadores Schick, a NBA teve que gastar praticamente todo o seu limitado orçamento publicitário para conseguir fretar um avião exclusivamente para trazê-lo e levá-lo de Chapel Hill, aonde ele tinha voltado para completar os estudos e conseguir seu diploma, para São Francisco, onde se daria o encontro dos proprietários do time.

Os tênis Air Jordan foram um sucesso instantâneo e arrasador, faturando cerca de 130 milhões de dólares. Houve certa inveja na liga por aquele sucesso comercial tão súbito, pois achavam que ele ainda não merecia tudo aquilo, que seu time ainda não havia ganhado nada. Um pouco desse ressentimento surgiu no *all-star game*, onde ele apareceu vestindo o agasalho da Nike. Alguns dos jogadores veteranos, liderados por Isiah Thomas, combinaram que dariam um gelo em Michael. Todos esses jogadores pareciam ter ligações com o dr. Charles Tucker, que era um representante de esportes. Depois do jogo, o dr. Tucker cometeu o erro de comentar diante dos repórteres o que tinham pensado. Thomas e Johnson ainda tentaram negar a intenção (Magic estava ao menos no time adversário, de modo que seu envolvimento com a ideia fora menor). Dois dias depois do jogo, o Bulls enfrentou o time de Thomas, o Pistons, e Jordan marcou 49 pontos. Por algum tempo, o incidente marcou a relação entre Jordan e Johnson, mas com o passar dos anos Johnson se redimiu. O mesmo não aconteceu entre Michael e Thomas.

Com o avançar da temporada, Jordan, para a surpresa de Mark Pfeil e outros, estava ficando mais forte. Ele surpreendeu até mesmo a seus colegas de equipe. Assim que ele chegou e passou a dominar os treinos, notou seu colega Sidney Green, todo mundo dizia que ele perderia o pique no meio da temporada. "Mas no meio da temporada ele ainda estava do mesmo jeito", disse Green. "Então nós dissemos: 'quando chegar o terceiro quarto ele vai estar pedindo água', mas no terceiro quarto ele ainda estava bem, talvez até melhor." Green fez uma pausa e depois comentou algo que se tornaria um refrão: "Michael Jordan é a verdade. Só a verdade, nada mais que a verdade. E que Deus nos abençoe".

12.
BOSTON, ABRIL DE 1986

Aquele tinha tudo para ser um jogo menor dos *playoffs*. O pequeno Chicago Bulls contra o poderoso Boston Celtics. Mas foi, como disse Dick Stockton, que transmitiu para a CBS, a festa de estreia de Michael Jordan, sua estreia de fato como um jogador profissional de basquete, diante de toda uma nação indubitavelmente fanática por esportes. Em retrospecto, o que ele fez naquela tarde de 20 de abril de 1986 era perfeitamente previsível, dado o seu gosto por partidas difíceis. E de fato o próprio Jordan já o previra: ele tinha jogado golfe em Boston na véspera com Danny Ainge, um dos jogadores do Boston, e dois repórteres. No final do jogo, Jordan virou-se para Ainge e disse: "Você vai ter uma surpresa amanhã".

"Eu não vou ter surpresa nenhuma", disse Ainge. "O DJ vai estar te marcando." DJ era Dennis Johnson, o melhor marcador do Boston.

"Bem, diga ao DJ que eu tenho uma surpresa para ele amanhã", Jordan avisou Ainge. "Diga a ele que descanse bastante para o jogo."

Aquele era o cenário perfeito: um jogo de *playoff* no sagrado Boston Garden, contra o melhor time da liga, transmitido em rede nacional. Era o segundo ano de Jordan na liga e ele ansiava por um jogo daquele nível. Ele tinha perdido praticamente todo o ano por ter quebrado o pé no terceiro jogo da temporada.

O time do Celtics daquele ano era considerado por muitas pessoas do basquete, inclusive muitos dos próprios jogadores do time, o melhor da era Larry Bird. O time tinha perdido apenas um dos 41 jogos em casa. Doze anos mais tarde, Kevin McHale, um de seus grandes astros, e então diretor de operações do Minnesota Timberwolves, refletiu sobre aquele ano em particular. "Se um deus piedoso chegasse para mim e dissesse: 'Certo, McHale, você sempre foi um bom sujeito, então eu vou deixar você voltar e jogar mais uma temporada, já que você gostava tanto de jogar', então eu escolheria a temporada de 1985-86".

Aquele era o desafio ideal, jogar contra o Celtics, em rede nacional, numa tarde de domingo e, melhor ainda, contra Dennis Johnson. O Celtics tinha trazido DJ porque ele era grande e talentoso, e o time queria desesperadamente alguém que fizesse frente a Andrew Toney, o grande arremessador do Philadelphia, que por seu sucesso contra o Celtics, antes de DJ, tinha ganhado o apelido de "Matador do Boston". DJ era possivelmente o melhor marcador da liga.

Se o pré-requisito para um time constituir uma dinastia no esporte era dominar completamente um campeonato, o Celtics da era Larry Bird não se caracterizava como tal. Pois eles tinham que dividir o poder com o Lakers de Johnson. Juntos, eles certamente seriam uma dinastia: ao longo de uma rivalidade de nove anos, Los Angeles venceu cinco títulos e o Boston três, sendo a única exceção o Sixers, de Julius Erving. Quando do primeiro título do Celtics no período de Bird, Red Auerbach, sempre elegante e espirituoso na vitória, ergueu a taça e disse: "Onde está a hegemonia do Lakers agora?".

Em 1985-86, o Celtics tinha um grande time. Para alguns puristas, especialmente os que gostavam de jogadores altos, eles eram simplesmente o melhor time da era moderna, dispondo de um magnífico ataque com Bird, McHale e Robert Parish — que tinha 26 participações em jogos do *all-star* — e uma retaguarda com Johnson e Ainge. Bird, Parish e McHale eram chamados de "Os Três Grandes", e eles tinham naquele ano mais um reforço quase ideal para o time, o lendário Bill Walton, que em sua melhor fase fora um dos melhores pivôs do basquete. Embora em 1985 suas habilidades já estivessem reduzidas devido a uma série de contusões no pé, ele ainda era, por alguns minutos, um jogador quase miraculoso em sua grande técnica na defesa e no servir ao ataque.

Naquela temporada, Walton, nos últimos momentos de sua carreira, e depois de uma série de complicadas cirurgias no pé, usou seu próprio dinheiro para rescindir um bom contrato com o Los Angeles Clippers. Aquilo permitiu-lhe abandonar uma espécie de Purgatório para um Paraíso, embora ganhando muito menos. (Ele gastou cerca de 800 mil dólares para rescindir o contrato com o Clippers.) Primeiro ele tentou o Lakers, ligando para Jerry West, um velho amigo, mas West lhe disse: "Bill, eu te conheço, adoro seu jogo, mas eu vi os raios-X do seu pé e simplesmente não posso fazer nada por você no momento". Com isso, Walton pegou o telefone e ligou para Red Auerbach, o maestro de todos aquelas conquistas do Celtics. "Aqui é Bill Walton do Los Angeles Clippers. Eu gostaria de jogar no seu time. Acho que posso ajudar." Larry Bird estava na sala quando Walton ligou e disse imediatamente a Auerbach que o contratasse, sem nem mencionar seu pé — se Walton achava que estava bom para jogar era o que bastava para Bird.

Por causa da fama de Walton de astro encrenqueiro, o Celtics resolveu fazê-lo baixar à terra. Em seu primeiro dia, Walton pediu a um funcionário do time que lhe trouxesse um café. No dia seguinte, havia um grande cartaz

Boston, abril de 1986

no vestiário com o seguinte recado: "Pegue você mesmo o seu maldito café, Bill". Ninguém podia achar que era mais do que os outros naquele time, embora todos soubessem que aquele era o time de Larry Bird. Quando certa vez Walton fez uma crítica a Rick Carlisle num treino, Bird disse: "Ei, Rick, diga pra ele calar a boca — você só está aqui há um ano, mas deve ter jogado mais partidas do que ele em toda sua vida".

Empolgado com o fato de ter deixado aquela Sibéria que era seu antigo time, e por estar àquela altura de sua carreira jogando com parceiros tão bons, tendo um papel normal, sem ter que carregar o time nas costas, Walton achava que esse tinha sido o ano mais feliz de sua vida. Ele estava adorando também o fato de estar substituindo Danny Ainge como o alvo preferido das brincadeiras de seus colegas. Naquele time isso significava alguma coisa. Eles eram bons, e porque eram bons também eram arrogantes. Eles faziam entre si aquelas piadas de vencedores. Num jogo em Los Angeles, num bate-bola antes da partida, McHale e Carlisle estavam sozinhos. Carlisle, que parecia um garotão, vestia uma simples e velha malha sem nenhuma marca do Celtics. Eles estavam arremessando de lados opostos da quadra. McHale então se virou para um guarda e perguntou: "Quem é aquele cara?", apontando para Carlisle. "Será que é um novo jogador do Lakers?". E o guarda disse que achava que Carlisle era do Celtics. "Eu nunca o vi na minha vida", disse McHale. "Ei, o treinador Jones não vai gostar nada disso. Talvez ele seja um espião do Lakers." Então os seguranças se aproximaram e tentaram expulsar Carlisle. E o jovem jogador saiu gritando: "Eu estou com ele", apontando para McHale, que apenas balançava a cabeça.

Houve também o jogo em Portland, em que Bird concluiu que o basquete era muito fácil, e resolveu que naquela noite só arremessaria com a mão esquerda. Ele acertou as quatro primeiras, e McHale gritou para Jerome Kersey, o jogador que marcava Bird: "Ei, Jerome, espere até ele começar a jogar com a direita". Algumas vezes, ele caminhava até o outro lado da quadra e dizia para algum adversário que DJ ou Ainge iria acabar com ele naquela noite. McHale tinha conquistado o direito de fazer aquilo, pois em sua estreia na NBA contra o Washington Bullets, Bird, que chegara na temporada anterior, chamou Elvin Hayes, o grande astro do Washington, e disse: "Elvin, o nosso novato, McHale, está dizendo que vai comer o seu jantar".

A confiança deles crescia na presença de seu único e realmente grande jogador, Larry Bird. O time era movido por sua força de vontade. Sua grandeza e fibra o destacavam, e era contagioso. Seus colegas não ousavam desapontá-lo. A única coisa que eles não gostariam que acontecesse era que

Bird pensasse mal deles, porque ele era o maior que todos já tinham visto, e portanto ele tinha o direito de julgar o que acontecia naquele pequeno mundo fechado dos jogadores.

Ninguém naquele time tinha o direito de aborrecê-lo, nem mesmo os juízes. Num jogo daquele ano contra o Hawks, em Atlanta, eles jogaram mal na primeira metade, e terminaram atrás por 22 pontos. Pior, o Hawks ficou provocando, e ainda mais à medida que aumentava a vantagem, e eles nem eram grandes jogadores. K. C. Jones estava tão desgostoso com seu time que ficou calado durante todo o intervalo. Na hora de começar o segundo tempo, Bird, com uma cara estranhamente fechada, foi até os juízes e disse: "Nós não vamos desistir, e vocês também não desistam", um claro aviso de que ele pretendia levar a coisa a sério. Eles reagiram, marcando dezessete pontos no terceiro quarto. No final do quarto, o Celtics estava perdendo por apenas oito pontos, e acabaram ganhando o jogo na prorrogação. Os parceiros de Bird vibraram com seu quase heroísmo e passaram a contar com aquele tipo de coisa todas as noites.

Isso acontecia todo dia, não só nos jogos, mas também nos treinos. Uma vez, o time verde (dos reservas) pegou o time branco num dia ruim e disparou no placar. Todo mundo começou dizer besteiras, e até K. C. Jones, desapontado com seus jogadores, entrou na brincadeira. Aquilo mexeu com Bird e de repente ele começou a acertar cestas de três pontos, uma atrás da outra. Todas arremessadas, de propósito, de distâncias cada vez maiores. Primeiro de 6 metros, depois de 7, depois 7,5, 8, e até de 10 metros. Acertou todas. O treino estava acabando, o placar estava apertado, e com tempo para apenas mais uma jogada, Bird pegou a bola e partiu para o ataque. Quando chegou à metade da quadra, o time inteiro dos reservas partiu para cima dele, deixando Parish, McHale, Ainge e DJ completamente livres. Bird arremessou dali mesmo e a bola caiu. Com isso, os titulares venceram e Bird saiu pulando com os braços erguidos, comemorando a vitória.

Ele fazia isso mais por exemplo do que por conselhos, embora fosse capaz de provocar seus parceiros com palavras quando achava que eles estavam jogando menos do que podiam. Seus colegas de equipe sabiam que ninguém tivera mais dificuldades do que ele. Quando ele entrou para a NBA, todos sabiam que era um ótimo arremessador e um passador talentoso — tinha mãos enormes e muita visão de jogo — mas o fato de um jogador de tão limitada capacidade física para os padrões da liga ser tão bom nos rebotes realmente surpreendia a todos. Ele era bom em rebotes porque treinava, e além disso tinha o dom de aproveitar as mínimas falhas da defesa dentro do garrafão para, de algum modo, com seu corpo desajeitado e fraco, alcançar a posição que queria. Se a bola passasse por perto, não tinha como lhe escapar: ele tinha aquelas mãos enormes mas suaves, e pulsos muito fortes. A chave do jogo de Bird, coisa que poucos notavam segundo Jimmy Rodgers, assistente do Boston por muitos anos, eram aqueles pulsos. Ele na verdade arremessava usando os pulsos — uma leve flexão do pulso, e só.

Outra coisa que ele tinha, assim como Magic Johnson e Michael Jordan, era um grande senso de onde estava cada jogador na quadra, o tempo todo. Bill Fitch, o primeiro treinador profissional de Bird, pedia para que seus jovens jogadores fotografassem (como ele chamava isso), usassem seus olhos como câmeras. Bird era o melhor fotógrafo da praça na opinião de Rodgers. Um breve relance para um jogador, e ele já sabia onde estavam os outros nove, inclusive os juízes. Isso significava que seus passes no escuro não eram assim tão no escuro, pois ele sabia onde os jogadores estavam, para onde se moviam e quanto tempo levariam para chegar. Seu sentido de antecipação ia além de saber o que os outros estavam pensando, inclusive seus próprios colegas.

Certa vez, no início de uma temporada, Parish não jogaria e Walton seria o titular. Walton chegou cedo e estava praticamente sozinho na quadra, fazendo alongamento, quando Bird, que também chegava cedo, apareceu. "Eu sei o que você está pensando", disse Bird a ele. "Está pensando que vai pegar todas as bolas do Robert, arremessar e fazer uns vinte pontos. Bem, esqueça. Essas bolas vão sobrar todas para mim. O seu trabalho é ficar com os rebotes do lado fraco." O espantoso nisso, diria Walton mais tarde, é que Bird estava certo. Era exatamente o que ele estava pensando.

Bird forçava seus parceiros a serem mais durões. Ele dava duro, na verdade muito duro, e esperava deles nada menos do que isso. Houve uma temporada em que Cedric Maxwell voltou ao time, assinando um grande contrato — dizia-se que de quatro anos, a 800 mil dólares cada — e não vinha disposto a fazer trabalho pesado, segundo alguns colegas do próprio time. Um dia, depois do treino, Maxwell estava no vestiário dizendo que agora que ele tinha aquele grande contrato, poderia fingir uma contusão qualquer e se aposentar. Bird, irritadíssimo com aquilo tudo, retrucou: "Você quer uma contusão no joelho? Não quer jogar? Coloque o joelho aqui que eu cuido disso para você agora mesmo". Era um claro aviso de que o contrato não tinha nada a ver com o suor que teriam que gastar nos treinos e nos jogos. Todos deviam jogar no duro. Eles eram privilegiados por estarem ali, por estarem fazendo uma coisa de que gostavam e ganhando muito por isso. E piadas sobre contusões que acabavam com a carreira eram de muito mau gosto — pois se tratava de algo temido como a morte.

Como Bird transpirava aquele misto de austeridade mental e ódio pelas derrotas, além de uma vontade de jogar sempre o máximo que podia, gradualmente seus parceiros passavam a adotar as mesmas atitudes, como que por osmose. "Eu presenciei de muito perto", notou Danny Ainge. "A gente não queria desapontá-lo. Todos nós queríamos estar à altura dele. E isso era a grande coisa de Larry: o efeito de sua presença sobre os colegas. Todos no time cresciam, não só por causa da expectativa dele com relação a nós, mas por causa da expectativa que ele tinha em relação a si mesmo, que era ainda mais alta." McHale, na universidade, era conhecido por ser um jovem talento, mas não especialmente duro, e Parish, quando entrou na liga, era tido como um jogador suave, mas quando passaram a jogar com Bird as coisas mudaram. Bird não permitiria isso. No vestiário, antes de um jogo importante, Bird, que geralmente não era dado a eloquência, dizia coisas como: "Eu vou acrescentar mais um capítulo ao meu livro hoje à noite: mais uma vitória do Celtics", e seus companheiros acreditavam que ele se superaria e levaria o time com ele.

Embora os nomes de Bird e McHale estejam inseparavelmente ligados na história daquele ataque do Celtics, sempre houve uma certa tensão entre eles, devido às diferenças de personalidade. McHale era considerado um trabalhador sério e comprometido com o time, mas talvez não tão dedicado como Bird. Este achava que se McHale, com aqueles braços enormes e seus grandes deslocamentos, fosse um pouco mais dedicado, ninguém seria capaz de detê-lo e ele marcaria cinquenta pontos fáceis em todos os jogos.

Havia noites em que Bird decidia que McHale não estava se esforçando o bastante para ficar livre, e não passava a bola para ele. McHale, por sua vez, um sujeito muito gregário, que poderia muito bem se tornar um político ou um empresário da noite porque adorava conversar, e que ia ao ginásio toda noite não só para jogar mas também para desfrutar da companhia de seus colegas, parecia achar que Bird era muito cabeça dura, e que não tinha outro interesse na vida a não ser o basquete. Havia uma certa verdade nisso. Anos depois, Walton diria que Bird tivera apenas três momentos de real felicidade em sua vida: os três títulos do Celtics. Era bem provável que Bird e McHale tivessem razão. Especialistas na carreira de Bird notavam que sempre que se referia ao maior jogador com quem tinha jogado, ele sempre mencionava Dennis Johnson em vez de McHale, e achavam que essa era sua maneira de dizer que Kevin McHale nunca tinha atingido o máximo de seu potencial.

A vida de Larry Bird tinha uma certa pureza por conta disso. Sua vida era o basquete, nada mais. Numa era em que a construção de novas arenas custava cerca de 1 bilhão de dólares e possuíam luxuosas instalações, ele sempre se referia ao lugar em que seu time jogava como "o ginásio". Seu sistema de valores era simples e sem frescuras. Ele não conhecia, nem tampouco parecia interessado em nenhum outro universo. O que ele pensava dos outros era tão somente fruto do modo como eles se comportavam na quadra: se eram bons e jogavam para o time ganhar, ou se eram vagabundos que só pensavam em estatísticas e em suas próprias necessidades. Ele não gostava nem um pouco daquela moda que tinha começado no basquete e que sua própria chegada na liga e sua rivalidade com Magic Johnson ajudaram a criar. Outras pessoas, Magic por exemplo, adoravam a fama e a celebridade que as mudanças na cultura do esporte traziam; Bird não, ele achava que aquilo desvirtuava a própria essência de sua vida, que era jogar basquete pensando na vitória de seu time. Ele não sentia nenhuma falta daquelas alturas da fama, e era muito cuidadoso com o tamanho da queda.

Quanto à outra faceta da cultura *pop*, de que fazia parte, e que tanto atraía seus colegas — uma vez que eles também eram astros da cultura *pop* e cada vez mais havia cruzamentos entre as tribos, astros do rock e do cinema saindo com astros do basquete, sempre bem-vindos nos programas de entrevistas da TV —, ele não tinha o menor interesse. Certa vez, o Celtics jogava em Dallas e tiveram uma noite livre; Bird estava sentado com uns amigos no saguão do hotel, onde havia uma multidão de jovens. De repente, eram umas sete da noite, aqueles jovens começaram a sair do saguão, como se estivessem indo todos a algum lugar. Uma coisa intrigante, já que o Celtics só jogaria na noite seguinte. "Aonde estavam indo?", perguntou a Shaughnessy, seu amigo jornalista do Globe. Estavam indo a um show de Bruce Springsteen, respondeu Shaughnessy. "Quem?", perguntou Bird, e Shaughnessy, pensando num paralelo entre os dois astros, em suas raízes americanas e na mesma despretensão de ambos, respondeu: "Ele é o Larry Bird do rock n'roll". Aquilo deixou Bird curioso o bastante para que ele fosse ao show, e embora não tivesse gostado muito da música, gostou do modo como Bruce trabalhava duro e do fato de que suava bastante. Aquilo ele entendia.

Consciente de suas limitações físicas e de que jamais poderia descuidar do corpo, nem por um momento, a cada verão voltava para sua casa em Indiana e ficava treinando, tentando não apenas manter a forma, com um regime severo, mas também melhorar seu jogo, criando novos arremessos. Num ano, chegou com um novo arremesso em que ele saltava como se fosse arremessar do alto e só soltava a bola quando descia. Noutro, apareceu com um arremesso bom para alguém como ele, que já não era mais nenhum garoto: fingia que ia correr e então dava um passo para trás e só aí, sem marcação, arremessava. Outra vez foi a melhora de sua mão esquerda; ele tinha entrado na liga com um bom arremesso de mão esquerda, mas conforme sua carreira progrediu, sentiu necessidade de ter outra opção, e a refinou. Nos primeiros treinamentos antes da temporada, os outros jogadores gostavam de ver o que Bird tinha trazido de novidades do verão.

Bird esperava de seus parceiros a mesma dedicação e a mesma lealdade que ele demonstrava ter pelo time. Na temporada de 1986-87, teve uma de suas grandes noites num jogo contra Julius Erving, que já estava em seu último ano. Ele provocara o ex-grande astro, falando um monte de besteiras e contando seus pontos e os de Erving para o doutor: 42 a 6. De repente, Erving explodiu. Houve uma rápida porém pesada discussão, surpreendendo a todos, porque aqueles dois pareciam estar acima daquele tipo de coisa, e eram conhecidos por seu respeito mútuo. No dia seguinte Bird chegou levemente cabisbaixo e assistiu a um vídeo com a briga. Lá estava Julius indo para cima dele e desferindo diversos socos. O que o vídeo mostrou deixou-o branco: ele viu Moses Malone e Charles Barkley ajudando Erving e segurando Larry — e Robert Parish parado, sem fazer nada. Parado enquanto seu colega brigava. Bird voltou a fita só para ter certeza: sim, Parish tinha ficado ali e permitido que ele fosse socado. Bird ficou furioso e deixou o treinamento. Seus amigos mais próximos nunca souberam se os colegas de Bird entenderam o que aconteceu, o que tinha deixado Larry fora de si, mas ele contou para um colega, quase sem acreditar: "Você viu Robert na hora da briga? Você viu aquilo?".

Na temporada 1985-86, o Boston era um time sem nenhuma fraqueza. Isiah Thomas, que tinha estudado o Celtics para fazer com que seu time, o Pistons, fosse assim também, lembrava-se de uma citação de K. C. Jones que, naquela temporada, só aumentava a arrogância do time. O Celtics estava saindo para uma viagem de quatro jogos fora de casa, e alguém perguntou a Jones quantas vitórias ele esperava: "Quatro está de bom tamanho", respondeu.

Para o jovem Michael Jordan, novo na liga, louco para ser campeão, o Celtics era o exemplo máximo de excelência. Eles eram o Carolina do Norte do profissional: tinham tradição, lealdade, austeridade mental, objetivos claros, em suma, profundidade.

Enquanto o Celtics podia até fazer pouco caso da liga naquele ano, Jordan passava pela pior temporada de sua vida. O Bulls tinha vencido o Cleveland na prorrogação no primeiro jogo da temporada, e Jordan recebera uma falta maldosa de Bill Laimbeer no segundo jogo, mas ainda conseguiu levar o time à segunda vitória. Mas então, três noites depois, no jogo contra o Golden State, ele quebrou o pé esquerdo. Aquela foi a única contusão séria em toda sua carreira. Ele tinha saltado muito alto para alcançar a bola, e quando desceu, meio sem equilíbrio, bateu forte com o pé. Embora os raios-X não mostrassem nada, ele começou a ter problemas quando tentava fazer jogadas mais explosivas, e não conseguiu jogar nos últimos dois jogos fora de casa.

Finalmente, de volta a Chicago, eles diagnosticaram a fratura no osso navicular. Mesmo com a tomografia, foi difícil enquadrar o ângulo exato da fratura. Ninguém sabia avaliar a gravidade da contusão e quanto tempo levaria para ele ficar bom. A princípio, falava-se de seis a oito semanas, mas aquele otimismo logo desapareceu. De uma hora para outra, Michael estava forçado a ficar sentado toda a temporada, enquanto seu pé se recuperava. Aquilo foi uma frustração, pois o jogo era sua principal diversão, era o que lhe dava sua identidade; Michael era um dos raros jogadores de basquete cujo contrato incluía uma cláusula de amor ao esporte, que o permitia chegar a qualquer quadra do país, calçar um par de tênis e entrar no jogo, coisa que ele fazia frequentemente. Essa cláusula faria balançar qualquer diretoria sensata, preocupada com contusões e com medo de perder seu jogador mais talentoso se algum valentão resolvesse prejudicar o grande astro. Mas ele havia insistido naquela cláusula, o que mostrava seu prazer puro e quase infantil pelo basquete.

A contusão foi terrível. Era sua segunda temporada e ele já estava afastado da coisa que mais amava, morando num pequeno apartamento naquela cidade que lhe parecia ainda tão estranha. Um inverno em Chicago sem jogar foi uma prova difícil. Ele pediu permissão para voltar a Chapell Hill e se recuperar. Ele era dono de um condomínio por lá, onde tinha muitos amigos, incluindo toda a equipe técnica do Carolina. A permissão foi concedida e ele passou todo o tempo bem ao seu estilo. Impossibilitado de correr e saltar, ficava várias horas do dia praticando seu arremesso. De vez em quando, sem o conhecimento das autoridades do Chicago, participava de jogos com os amigos. Mesmo assim, aquele foi um período difícil para ele — nunca tinha percebido antes como amava o esporte.

O monitoramento por tomografia era um processo ainda recente, e o pé de Michael serviu como um estudo de caso. Pelo fato de o equipamento ser tão novo, os médicos ainda não sabiam avaliar a evolução da cura, pois não havia muitos casos precedentes. Às vezes, o doutor John Hefferon achava que aquilo era como ver o mato crescer. A lentidão do processo começou a deixar Jordan nervoso, de tão aflito que estava para voltar ao jogo. Quando seu pé começou a ficar bom e a dor passou, ele ficou cada vez mais convicto de que estava pronto para voltar. Cada visita ao consultório de Hefferon ele achava que seria a última, que o gesso finalmente seria tirado. Em fevereiro e março, mais disposto do que nunca, ele chegaria ao consultório de Hefferon trazendo um par de tênis debaixo do braço, crente que sairia dali curado e pronto para jogar. Inúmeras vezes ele disse a Hefferon que estava bom, e este lhe respondia que não estava assim tão seguro, até que Jordan um dia autografou os tênis e deu de presente para a secretária de Hefferon. Um dia, Hefferon lhe disse que teriam que engessar de novo, e Jordan simplesmente se recusou. Hefferon teve que fazer de tudo para persuadi-lo. O argumento de Jordan, em todos os momentos críticos de sua vida, era sempre o mesmo: "Ninguém conhece meu corpo melhor do que eu, e eu sei que estou pronto para jogar". Mais do que ninguém, Hefferon levava qualquer coisa que Michael Jordan dissesse muito a sério. Aprendera naqueles dois anos trabalhando com ele que Michael não apenas era um grande atleta e um homem inteligente, mas também que sabia descrever como ninguém os sintomas de uma dor ou doença. Ele tinha, segundo Hefferon, uma incrível consciência corporal, e era um paciente que valia a pena escutar.

Hefferon, cauteloso ao tomar sozinho uma decisão como aquela, consultou-se com outros ortopedistas, mas nenhum deles se mostrou absolutamente seguro quanto à situação de Jordan. Os médicos do esporte viviam num mundo sem garantias, lidando com jovens apaixonados, sempre loucos por retomar suas atividades. O risco de lhe dar alta precipitadamente era óbvio. Mas, com o aumento das tensões, ficou claro para Hefferon que o risco físico que todos temiam não era maior do que outro risco, o da ausência do mais talentoso, carismático e vibrante jogador da própria organização. Quando Hefferon, depois conversou com o diretor do time, Jerry Krause, ele quis saber qual era o risco de reincidência da contusão. Hefferon disse que não havia como ter certeza, mas diria que em torno de 10%. Mas, Hefferon, contudo, disse que se tratava de um jogador extremamente vibrante, que estava afastado de sua principal fonte de prazer, que estava desesperado para jogar, e que se não dessem ouvidos a Jordan, eles teriam problemas pela frente. Se não deixassem Jordan jogar, ele jamais os perdoaria. Por conta disso, Hefferon disse que aqueles 10% eram um risco que valia a pena correr.

E assim a coisa transcorreu, nesse ir e vir entre médico, jogador e diretoria. Nesse meio-tempo, Krause cometeu seu primeiro (e seriam dois) erro fatal em relação a Jordan, erro que criaria um clima a princípio sem importância, mas que depois se agravaria entre os dois. Conversando com Jordan, Krause refutara um dos pedidos de Jordan para jogar, dizendo que ele e Reinsdorf tomariam a decisão, porque Jordan era sua propriedade. Aquilo foi algo colossalmente estúpido para se dizer a qualquer jogador, principalmente a um jogador negro, e Michael Jordan jamais esqueceria ou perdoaria aquilo. Foi o início de um afastamento entre o astro e o chefe da organização, que com os anos se tornaria cada vez mais amargo e que nunca sararia completamente.

O segundo erro foi mais sutil. Jordan chegou a acreditar — assim como a maioria das pessoas que acompanhavam o time — que a diretoria do Bulls tinha outra razão para mantê-lo fora. O Bulls tinha vencido os primeiros três jogos com ele. Sem ele, perdera oito dos nove jogos seguintes. Quando finalmente deixaram que ele voltasse a jogar, embora com limites rígidos de tempo, eles chegaram a um recorde de 24 vitórias em 43 jogos. Jordan e outros achavam que Reinsdorf e Krause queriam deixá-lo de fora não só para proteger seu pé contundido, mas também para garantir um lugar no próximo *draft*. Os sete times com a pior campanha da NBA teriam preferência na escolha dos melhores universitários do ano. Se conseguisse, o Bulls poderia ter a chance de ficar com Brad Daugherty ou Len Bias, as duas revelações do ano. Para alguém com a competitividade de Jordan, aquela ideia era um pecado; significava que as pessoas para quem ele trabalhava não estavam tão comprometidas com a vitória como ele estava, que aceitavam a ideia da derrota — que para ele era absurda — e que estariam dispostas a entregar os pontos só para melhorar o elenco para as próximas temporadas. Mesmo em um time ruim e com jogadores fracos como o Bulls de então, o notável é que Michael Jordan nunca aceitou a ideia da derrota. Ele acreditava que, enquanto jogasse, o Bulls poderia ir sempre aos *playoffs* e, se chegassem lá, ele certamente levaria o time ao título.

Com o tempo, e à medida que aumentavam as dúvidas sobre quando ele voltaria a jogar, decidiu-se marcar uma reunião com todos os grandes do Bulls: Reinsdorf, Krause, Lester Crown (um poderoso executivo de Chicago que era provavelmente o maior acionista do time), Stan Albeck (o treinador que entrara no lugar de Kevin Loughery), Hefferon, outros dois médicos, e o próprio Jordan. Novamente, Jordan tomou a palavra: "Ninguém", ele disse, "conhece o meu corpo melhor do que eu. E eu digo que estou 100%". Mas ninguém aceitou. No final, chegaram a um acordo: Jordan poderia jogar, mas apenas seis minutos por tempo. Só para garantir que Albeck se lembraria dos limites, Reinsdorf escreveu-lhe uma carta a respeito. Aquilo deixava Albeck dividido entre Jordan, que queria jogar mais tempo, e Reinsdorf, que queria que a decisão fosse rigidamente respeitada. Em uma partida, Albeck permitiu que Michael jogasse cinco segundos a mais, e para as regras da NBA aqueles cinco segundos foram contabilizados como um minuto inteiro. No dia seguinte, Krause ligou para Albeck e disse que alguém estava muito contrariado por ele ter deixado Jordan jogar sete minutos. Depois disso, Tim Hallam recebeu ordens para ficar sentado na mesa de súmula com um cronômetro para garantir que Jordan não excedesse o limite de tempo. Jordan, é claro, não gostava nada desse limite. Ele queria jogar nos *playoffs* e ter uma chance de pegar o Celtics.

O Bulls ainda estava atrás do Cleveland na briga pela última vaga nos *playoffs*, mas com a volta de Jordan o time começou a encostar no Cavaliers. O Bulls tinha ido a Indiana para seu septuagésimo sétimo jogo. Mas o Indiana conseguiu uma rápida vantagem, e no meio tempo o Bulls estava perdendo por quinze pontos. Albeck começou o segundo tempo com Jordan. "Coloque a gente de volta no páreo", disse ele, e Jordan cumpriu à risca: em menos de quatro minutos, o placar estava empatado. O jogo continuava disputado, mas, faltando 28 segundos, o Chicago estava um ponto atrás. Contudo, o tempo de Jordan tinha acabado. Albeck tinha que tirá-lo do jogo, e Jordan reagiu, gritando para Albeck: "Você não pode fazer isso! Nós temos que ir para os *playoffs*!". Mas Albeck mesmo assim o tirou do time e colocou Kyle Macy. Nos últimos segundos, o armador do Chicago John Paxson tentou um longo arremesso, uma última esperança, no entender de Albeck, e suas preces foram atendidas: o Bulls venceu.

Depois do jogo, os jornalistas que cobriam o Chicago pressionaram duramente Albeck. "Como você pode fazer isso com Michael?", eles perguntavam, e nem mesmo ele sabia a resposta. No dia seguinte, um jornalista ligou para Reinsdorf perguntando o que tinha acontecido, e Reinsdorf disse que Albeck era ruim de matemática. Com isso, Albeck ficou sabendo que seria despedido no final da temporada. Mesmo com o tempo limitado, Jordan conseguiu dominar os últimos jogos: o Bulls venceu cinco dos seis jogos, e Jordan teve uma média de 29.6. Aquilo os levou direto aos *playoffs* contra o Celtics.

No primeiro jogo no Boston Garden, Jordan foi bem. O Celtics não tomou o cuidado de colocar dois homens em sua marcação, e ele marcou 49 pontos. Foi uma boa performance para um jogador de talento, mas não foi extraordinária; o Bulls organizou o ataque em função de Jordan, servindo-o e deixando-o livre. Mas o Boston venceu facilmente, 123 a 104. O jogo do domingo seria especial. Foi uma partida brilhante, o dia em que ele conquistou a atenção do mundo do basquete. De certa forma, sua fama começou naquele jogo. Ninguém estava realmente preparado para aquilo. Segundo Dick Stockton, o locutor da CBS, a grande coisa dos esportes é que todas as vezes que você vai a um estádio de beisebol ou a uma arena como a do Boston Garden, você nunca sabe quando irá presenciar algo extraordinário, que entrará para a história. Quando menino, Stockton assistira à famosa pegada de Willie Mays, do arremesso de Vic Wertz, na World Series de 1954. Já adulto, ele transmitiu o famoso jogo da World Series de 1975, no qual Carlton Fisk conseguiu a fantástica rebatida que deu ao Red Sox a vitória por 7 a 6 sobre o Cincinnati Reds, num jogo considerado por muitos como um dos maiores jogos da World Series de todos os tempos. Agora, quando transmitia esse jogo, ele teve novamente a sensação de presenciar um fato histórico.

O Celtics era tão favorito que tratou o Bulls como um time menor, e não lhe deu muita atenção. A arrogância do time se refletia na torcida do Boston, segundo Stockton. Evidentemente a torcida não era a mesma de um jogo contra o 76ers, então o principal rival do Celtics na Conferência Leste. Durante algum tempo, a multidão ficou mais calada do que o normal, vendo Jordan fazer uma das suas, só esperando que ele esgotasse seu repertório, só esperando que o Celtics tomasse o natural comando da partida. Mas aos poucos, conforme o jogo seguia e Jordan parecia brincar com os jogadores do Celtics, Stockton diz ter sentido um crescente murmúrio de descrédito, apreensão e até mesmo admiração vindos da torcida. Era como se eles não tivessem mais certeza de seu papel: deveriam aplaudir o virtuose ou demonstrar sua ansiedade diante do fracasso do Celtics, que não conseguia se desvencilhar do Bulls?

O Michael Jordan que jogou naquele dia se parece no vídeo com o irmão caçula de Michael, que jogou nos anos 90. Ele era mais magro, nitidamente menos musculoso. Naquela época ele pesava entre 83 e 86 kg, cerca de 15 menos do que os 97 que teria sete anos depois. Ele ainda usava algum cabelo; a cabeça raspada, que se tornaria sua marca registrada, e depois a de uma geração de jovens negros na NBA, ainda estava por vir. Ele ainda usava bermudas curtas, não aquelas compridas que também virariam moda na NBA.

O que ficou daquele jogo foi seu ritmo, sua habilidade em ver a quadra inteira e o reconhecimento, numa fração de segundo, do tempo que ele tinha em cada posse de bola para tomar uma decisão, passar a bola ou arremessar. Poucos faziam isso. Stan Albeck perguntou certa vez a Michael o que ele achava quando os times faziam marcação dupla nele. Sua resposta impressionou o treinador: "Sei que tenho entre meio segundo e um segundo para tomar uma decisão — ponho a bola no chão e saio batendo, ou passo pela marcação, ou arremesso antes que o segundo marcador chegue. E se eu passo pela marcação, posso ir direto pra cesta. Mas você que saber o que acontece depois?". Sim, respondeu Albeck. "Então tem um cara de dois metros na minha frente, mas eu enterro por cima dele de qualquer maneira."

Bill Walton e Dennis Johnson, ambos grandes jogadores de defesa, estouraram em faltas naquele dia, e Parish e Ainge terminaram o jogo com cinco faltas cada um; Walton fez quatro faltas em Jordan, Johnson três, e Ainge, Parish e McHale, uma cada. Ele provocou o total de dez faltas entre alguns dos melhores jogadores de defesa da liga. Repetidas vezes Jordan conseguiu driblar e chegar à cesta, e sua agilidade levou Walton a perder a cabeça no último segundo. Para Walton, aquela foi uma performance emocionante, senão dolorosa. De modo geral, quando você é um pivô jogando na defesa é possível antecipar os movimentos do atacante vindo em sua direção e saber de onde ele virá e o limite de seu alcance. No entanto, lá estava aquele jovem que parecia desafiar os limites da normalidade, que vinha, depois de escapar da primeira linha de defesa, formada por grandes jogadores — normalmente o jogador já teria perdido o pique, estaria sem fôlego para mais um drible, e você estava ali pronto para bloqueá-lo —, e ainda assim ele conseguia continuar driblando e flutuava na sua frente como se tivesse asas. Você achava que já tinha mapeado sua trajetória, mas ele sempre a alterava. Ou você achava que já tinha entendido seu plano de ataque, e ele, no ar, passava a bola de uma mão para outra. Era uma coisa impressionante.

O Celtics sabia que Jordan era bom, mas nunca acharam que ele e seu time pudessem ser uma ameaça. Mas naquele dia ele simplesmente dominou a partida. O que impressionou Bob Ryan, do *Boston Globe*, foi que Jordan trabalhava no tradicional esquema ofensivo do Chicago; o time não ficava armando jogadas para ele ficar livre ou recebendo todas as bolas. O fato é que ninguém conseguia detê-lo ou marcá-lo, porque ele era rápido demais. Ao longo da partida, os jogadores do Celtics começaram a gostar de assistir. A maioria deles estava consciente do que se passava. Segundo Chris Ford, um assistente do Celtics, foi um prazer vê-lo jogar naquela tarde. Ele estava vendo um jogador atingir um nível em um jogo de *playoff* que ninguém jamais tinha visto antes, e contra o melhor time da liga.

No meio do terceiro quarto, antes de Dennis Johnson atingir seu número de faltas, Danny Ainge entrou em seu lugar. Johnson era um pouco mas alto, mas Ainge era mais rápido; ninguém, contudo, conseguiria deter Jordan naquele dia. Ainge decidiu que pelo menos faria Jordan ficar mais na defesa. (Ainge conseguiu marcar 24 pontos.) Para ele, foi um magnífico dia de basquete: "O perigo é que ele estava jogando tão bem que você se sentia tentado a parar de jogar e observá-lo. Não era só o que ele fazia, mas como ele fazia. Nós sabíamos, quando fomos para o jogo, que ele era muito bom, mas nenhum de nós sabia ainda que ele seria o melhor jogador de todos os tempos. Mas naquela tarde começamos a aprender".

No final do primeiro tempo da prorrogação, Jordan perdeu uma cesta que teria vencido a partida. O Celtics venceu no segundo tempo da prorrogação por 135 a 131. No final, ele estava simplesmente esgotado. O jogo durara 58 minutos e Jordan jogara 53, sendo os últimos 39 sem nenhum descanso. K. C. Jones disse mais tarde: "Eu achei que ele jogou 78 minutos. É o que parecia".

Michael Jordan marcou 63 pontos, um recorde em *playoffs*. Nem todos se deram conta de como aquele jogo tinha sido notável. Kevin McHale estava tomando banho depois do jogo quando lhe trouxeram a súmula da partida, onde ele viu quantos pontos Michael tinha feito e ficou impressionado. O próprio Jordan não ficou muito satisfeito. Depois do jogo, ele disse aos repórteres: "Eu trocaria todos os pontos que fiz pela vitória. Eu queria muito vencer". Anos depois, quando as pessoas comentavam sobre esse jogo esperando dele algum tipo de nostalgia, rapidamente ele mudava de assunto. "Não é um dos meus favoritos", ele diria, para logo acrescentar, "porque nós perdemos. Este fato não muda".

Ninguém ficou tão impressionado quanto Larry Bird. "Aquilo era Deus vestido de Michael Jordan", disse ele na coletiva para a imprensa depois do jogo.

Os cronistas esportivos adoraram a frase de Bird, uma frase inesquecível para uma performance inesquecível, assim como adoraram o jogo, um Davi contra vários Golias — e adoraram o fato de o jogo ter sido à tarde, porque tiveram bastante tempo para trabalhar seus textos e imortalizar os acontecimentos daquele jogo. "Ele pintou sua própria obra-prima no teto da Capela Sistina, e nem precisou de uma escada", escreveu Ray Sons, do *Chicago Sun-Times*. "Michael pode voar."

Ele acertou dezenove dos 21 lances livres e 22 de seus 41 arremessos. De suas cestas, treze foram arremessando, sete em infiltrações, uma enterrada e uma num arremesso interceptado na descendente.

Bird, com seu instinto para reconhecer jogadores talentosos, já o havia notado, e agora os outros também: aquele era o protótipo de um novo jogador, um superjogador. Tinha havido grandes arremessadores antes, tais como Julius Erving e David Thompson, mas seus jogos eram incompletos: Erving tinha uma grande habilidade física e ninguém partia para a cesta com tanta virilidade como ele, e David Thompson tinha uma grande impulsão, mas nenhum deles era considerado muito bom em arremessos. E ali estava aquele jovem jogador, sem nenhuma fraqueza identificável: podia arremessar, driblar, pular e passar.

Chris Ford, que fora treinador de Bird e contra Jordan, concluiu que apesar das grandes diferenças entre eles, estilos e corpos, suas semelhanças eram ainda maiores. Havia a vontade de vencer, a fome de títulos, o poder que tinham de erguer seus times e a sensação de que eram invencíveis. Segundo Ford, eles tinham ainda uma coisa em comum, que os destacava da maioria dos outros jovens talentosos que entravam para a liga em times fracos por acasos do *draft*, e que não podiam esperar até que os três anos de seu primeiro contrato terminassem para mudar para um time melhor. Ambos tinham o mesmo sentido de dever. "Se você é escolhido por um time que está por baixo, então parte da responsabilidade que advém do seu contrato é revolucionar o time e fazer dele um time vencedor — isto é, um campeão. Era uma obrigação profundamente compreendida por eles. Era mais do que ser apenas um jogador, mas ser um cidadão, e ambos entendiam dessa forma. Larry achava que devia a Boston um time campeão, e Michael sentia o mesmo por Chicago. Era parte de seus trabalhos, parte de seus contratos", disse Ford. "Receio que poucas pessoas pensem assim hoje em dia."

Depois daquela vitória conquistada a duras penas, o Celtics mudou a estratégia para o terceiro jogo. Comentando sobre o dia seguinte de treinamento, alguém lembrou o nome dos outros jogadores do Bulls: Dave Corzini, Jawann Oldham, Sidney Green, Kyle Macy e Gene Banks — nenhum deles ameaçador para o Celtics. A nova estratégia seria: marcação dupla em Jordan desde o começo, para que a bola não chegasse a ele. Funcionou. Eles foram para Chicago para o terceiro e, se necessário, quarto jogos, dois dias depois. Kevin McHale tomou o avião sem bagagem, apenas um par extra de tênis e seu material de barbear. Alguém perguntou a ele onde estava sua mala. "Não vou precisar", disse ele, "nós vamos ficar apenas uma noite". De fato. Sob o novo esquema defensivo para deter Michael, ele teve mesmo muita dificuldade para conseguir a bola, e o Boston venceu facilmente, 122 a 104.

A lembrança daqueles jogos duraria ainda muitos anos. Durante as finais da Conferência de 1998, contra o Indiana Pacers, um repórter perguntou a Larry Bird, então treinando o Pacers, sobre aquela partida. Bird, querendo desfazer a imagem de que Jordan era invencível, disse: "A única coisa de que eu me lembro é que nós ganhamos". Quase ao mesmo tempo, Bill Walton, então um locutor da NBC, entrou no vestiário do Bulls para entrevistar Jordan, que o lembrou de que havia doze anos ele tinha feito Walton estourar em faltas, tirando-o da partida.

13.
NOVA YORK; PORTLAND, 1986

Não muito depois daquele jogo, dois viciados em basquete se juntaram e criaram uma série de comerciais que aumentaria ainda mais a fama de Michael Jordan e a levaria muito além dos limites do esporte. Jim Riswold era um jovem irreverente que escrevia para uma pequena agência de publicidade de Portland, Oregon, chamada Wiedan & Kennedy, e Shelton Jackson "Spike" Lee era um cineasta que batalhava no início de sua carreira no Brooklin.

Riswold era na verdade de Seattle, onde estudara na Universidade de Washington; inseguro ainda de quem ou do quê ele queria ser na vida, levou sete anos para terminar a faculdade, e nesse meio-tempo se formou em filosofia, história e comunicação. Como adorava basquete, trabalhava meio-período no Seattle SuperSonics, fazendo divulgação e um pouco de publicidade. Aquilo acabou introduzindo Riswold no mundo da propaganda, porque como não era muito comum as colunas de classificados trazerem vagas para filósofos em empresas, ele decidiu que a propaganda seria o meio em que seus talentos, quaisquer que fossem, dariam frutos. Em 1984, o ano em que Michael Jordan entrou para a liga, Riswold deixou Seattle e foi trabalhar para a Wieden & Kennedy.

Portland era, por assim dizer, a cidade natal da Nike. Naquela época, porém, a Nike fazia a maioria de seus grandes acordos publicitários com a Chiat/Day, uma das principais agências de publicidade, famosa por seus talentosos criadores. Embora a Wieden & Kennedy tivesse uma parcela da conta da Nike, esta era relativamente pequena e sem importância. A agência era conhecida na época como "a outra da Nike", uma alcunha um tanto pejorativa. Quando Riswold entrou ali, contudo, a Wieden & Kennedy conseguiu um contrato para fazer o comercial de uma pequena motoneta da Honda. Com Riswold liderando a equipe de criação, eles tiveram uma ideia bastante original: um filme de fotografia granulada e nada convencional, com Lou Reed pilotando sua motoneta Honda, ao som de sua canção "Walk on the Wild Side". Era difícil dizer se aquilo era trabalho de algum profissional de muito talento ou se de um amador que tivesse tido uma ideia muito original, mas o fato é que o comercial era atual e absolutamente cativante, talvez pelo fato de que o nome da moto só aparecia no minuto final.

Outros bons filmes da Honda viriam, todos igualmente interessantes. A série acabou se tornando uma marca forte para aquela pequena empresa, tão distante do grande centro que era Nova York, e ajudou a Wieden & Kennedy a conseguir o contrato com a Nike para os comerciais de Michael Jordan. Quando Jim Riswold ficou sabendo que sua agência faria os comerciais com Michael Jordan, ele teve tanta certeza de que era o homem certo para aquele trabalho que foi até seus chefes e literalmente implorou para fazê-los.

O filme anterior de Jordan feito pela Chiat/Day era bastante tradicional. Mostrando sua excelência atlética e exuberância física. Quem ele era — que tipo de homem era, se era alguém que as pessoas só gostariam de ver numa quadra ou alguém do tipo que convidariam para jantar, enfim, se havia algum grande mistério em sua figura — não aparecia no comercial. Mas Riswold tinha outras ideias. Ele ouvira dizer uma vez que Bill Russell considerava Michael Jordan um grande sujeito, e que uma vez chegou a parabenizar os pais de Michael por terem criado não apenas aquele grande jogador, mas também uma ótima pessoa. Aquilo deixara Riswold intrigado, pois, como todos que tinham convivido com Russell, ele sabia que ele não cumprimentava nenhum jogador contemporâneo, nem mesmo ex-jogadores do Celtics. Na verdade, sua aventura como diretor geral do SuperSonics, para muitos, não tinha acabado muito bem, em grande parte porque muitos dos jogadores mais novos, inicialmente empolgados com a ideia de jogar para o grande Bill Russell, logo passaram a sentir apenas o seu desprezo e desgosto por eles.

Uma vez que Jordan era alguém tão exemplar, a ponto de merecer elogios de alguém tão rigoroso como Russell, ele representava um verdadeiro desafio para um publicitário: como mostrar essas qualidades especiais em um filme de apenas trinta segundos? Até ali, a única facilidade era o fato de ele ser um atleta brilhante, o que tinha feito milhões de adolescentes americanos que queriam pular mais alto comprar os tênis da linha Jordan, mas havia um limite para esse tipo de mensagem. Se a Nike pudesse mostrar que ele também era um ser humano interessante, se pudesse revelar o charme natural que tantas pessoas, inclusive Riswold, sentiam ao conhecer Michael, então eles teriam um verdadeiro protagonista para seus filmes, alguém que eles poderiam começar a mostrar aos poucos, ao longo de uma série de filmes. Naquela época, 1986, Riswold e Bill Davenport, seu produtor executivo, estavam em Los Angeles filmando outro comercial e foram ao cinema. O filme que eles viram, *Sobre Ontem à Noite*, não tinha nada demais, mas assistiram a um trailer de outro filme que deixou Riswold muito impressionado. O nome do filme era *She's Gotta Have It*. Mostrava o diretor e estrela do filme, um jovem magricela, negro, chamado Spike Lee, divulgando seu filme de porta em porta vendendo meias, duas por cinco dólares, e dizendo às pessoas que se elas não fossem assistir, ele ficaria ali nas ruas vendendo meias pelo resto da vida. Meias, duas por cinco, ele dizia e o trailer acabava.

Riswold era louco pelo humor da revista *Mad* e do Monty Python, assim como Jack Sikma e Gus Williams, e o trailer o encantou na hora. Então ele foi assistir ao primeiro filme de Spike Lee, feito com orçamento mínimo, 175 mil dólares. Riswold achou-o divertido e quase inocente. Anos depois, Spike Lee, pensando sobre isso, concluiu que Riswold e Davenport tinham gostado de seu filme por um certo estilo *funk* que ele tinha. Que não era afetado, porque naquela época ele nem tinha como sê-lo; era o que ele passou a chamar involuntariamente de *pauvre*. Para economizar, Lee, além de fazer o papel principal, rodou o filme em seu próprio apartamento.

A grande surpresa do filme para Riswold foi que ele mostrava um certo culto a Jordan — na verdade, um culto ao Air Jordan. O protagonista, Mars Blackmon, era um carteiro em Nova York, louco pela bela Nola Darling. A única coisa no mundo de que ele gostava mais do que de Nola era o seu par de tênis Air Jordan, e não os tirava nem quando iam fazer amor. Aquilo tinha caído do céu para Riswold: um filme que já tinha dentro dele um comercial pronto. ("A única coisa que a Nike me deu para o filme", disse Lee um tanto irritado, anos depois, "foi o pôster de Michael Jordan que aparecia no apartamento de Mars. Eu tive que comprar dois pares de Air Jordan com dinheiro do meu próprio bolso — parte do orçamento".)

Spike Lee, talentoso e moderno por natureza, não era o típico garoto do subúrbio. Ele era a terceira geração de estudantes da Morehouse College, o que o situava como membro de uma elite negra. Lee tinha grande consciência da riqueza da cultura negra, assim como da hegemonia da sociedade branca, que sempre oprimia ou ignorava sua importância. Seu pai era músico de jazz, um purista que se recusava a utilizar equipamentos modernos, e sua mãe ensinava inglês e história negra na Saint Ann's, uma escola particular de alto nível do Brooklin. Lee desde sempre torcera pelo Knicks, e uma de suas maiores crises da infância tinha sido quando seu pai fez uma apresentação ao mesmo tempo em que acontecia a final da NBA entre New York Knicks e Los Angeles Lakers. Spike preferiu o jogo, é claro.

Mars Blackmon, o personagem de Lee, era, como ele próprio um torcedor do Knicks e alguém que vivia em apuros entre seu amor pelo basquete e pela mulher. Na vida real de Spike, por exemplo, na primavera de 1985, seu namoro estava em franca decadência, e ela estava querendo ter uma

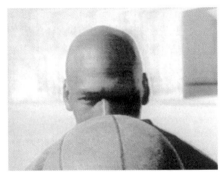

As primeiras propagandas da Nike com Michael Jordan e o cineasta Spike Lee no papel do personagem Mars Blackmon, um fanático por basquete, mas, acima de tudo, um fã de Jordan.

conversa séria sobre o relacionamento dos dois. Ele, por sua vez, estava muito animado com o fato de o Knicks ter conseguido Patrick Ewing para dar alguma atenção a ela. A relação com a garota logo terminou, mas a com o time ficou ainda mais intensa — Lee foi correndo ao ginásio no dia seguinte à contratação de Ewing para comprar ingressos para a temporada inteira, um pacote pelo qual mal podia pagar. Ele começou com os ingressos populares, ficando nos setores mais agitados da torcida, mas com o tempo, e com a fama e influência (o Knicks usaria um video-clip de Spike Lee para atrair Alan Houston do Detroit uma década depois) que conquistou no papel de Sancho Pança de Michael Jordan, passou a ocupar os melhores lugares do ginásio. E terminou nas melhores cadeiras cativas do Madison Square Garden, melhores até que as de outro cineasta fanático por basquete, Woody Allen. Para Lee, o jogo era mesmo uma arte, e ele via em Michael Jordan mais do que um atleta, um artista, no panteão dos gênios negros que haviam transcendido todas as dificuldades de nascença e da sociedade em que viveram — gente do calibre de Duke Ellington, Miles Davis, John Coltrane e Louis Armstrong.

Quando Lee escreveu *She's Gotta Have It*, foi difícil para ele não fazer de seu herói e alter ego um torcedor do Knicks, e por um tempo seu jogador favorito era Bernard King, do Knicks. Mas depois Lee percebeu que Michael Jordan era único e que seria o próximo grande astro do basquete, e então a decisão ficou fácil.

Dos três jovens negros que disputavam a liberal e quase promíscua Nola Darling no filme, Mars de início parecia o menos cotado — um pouco patético, vítima da moda, dificilmente aquele escolhido por ela. O grande favorito era Jamie Overstreet, de pele mais clara e bonitão, esperto até demais, mas também — e para Lee o basquete era sempre uma metáfora para algo maior — fã de Larry Bird. Lee faz Mars dizer a certa altura do filme: "Bird é o filho da puta mais feio da liga". De certa forma, Mars é o personagem mais simpático do filme ou, pelo menos, o mais cativante; ele fala um dialeto das ruas, animado, gostoso, manhoso.

Riswold adorou o filme e sentiu que aquele talentoso diretor poderia ser a pessoa mais indicada para ajudá-los a resolver o problema dos comerciais de Jordan, nos quais deveriam aparecer suas qualidades sem que ele se tornasse algo que não era, um ator.

No dia seguinte, Riswold ligou para Spike Lee. A princípio, o diretor estava um tanto desconfiado, achando que podia ser um trote de um colega da faculdade de cinema. ("Spike ainda atendia seu telefone naquela época", Riswold notou.) Riswold simpatizou com ele já pelo telefone; disse que queria que Lee trabalhasse no comercial como Mars Blackmon e, na verdade, também que dirigisse o filme. Para Lee, que acabara de sair da faculdade, aquele telefonema era tudo o que ele precisava. Inocentemente, só porque ganhou um prêmio na faculdade com seu melhor filme até então, *Joe's Bed-Stuy Barbershop: We Cut Heads*, ele havia esperado telefonemas de gente como Steven Spielberg e George Lucas. Mas essas ligações, é claro, nunca aconteceram. "Eu vou trabalhar com Michael Jordan?", Riswold se lembra que ele perguntou. Sim, iria. Lee foi bastante receptivo à ideia de dirigir um filme publicitário, um campo que tradicionalmente era vedado a diretores negros. Além disso, ele ganharia cerca de 50 mil dólares pelo trabalho. Depois de contratar Lee, Riswold e Davenport foram falar com Jordan, que aprovou o projeto.

Anos depois, Riswold refletiria que ser uma agência pequena, fora do circuito, no Oregon, tão distante da capital publicitária do mundo, tinha sido um grande incentivo para todos. Havia menos obstáculos no caminho: menos inibição, menos regras e muito menos tradição. Não havia ninguém dizendo a Riswold o que ele podia e o que não podia fazer. Não havia ninguém lhe dizendo que ele não podia ousar usar o dinheiro da Nike e a reputação da Wieden & Kennedy para apostar num jovem diretor negro que ninguém conhecia. E a cor da pele não contava em Portland. Aquela era um cidade sem guetos típicos para os padrões do estado, e parecia muito menos impregnada pela consciência racial do que outras cidades americanas. Muitos dos jogadores negros do Trail Blazers ficavam por lá depois de terminar suas carreiras, porque aquele era realmente um bom lugar para se viver e criar uma família. De fato, a primeira vez em que um Kennedy perdeu em eleições primárias foi no Oregon, em 1968, quando Robert Kennedy perdeu para Gene McCarthy, e os democratas atribuíram a derrota à ausência de um gueto, que costumava formar a típica coalizão que lhes garantia suas vitórias.

Os comerciais deram certo por diversas razões. A primeira era que tanto Riswold como Lee eram fanáticos por basquete e levaram para o trabalho seu deslumbramento de torcedores. A cor da pele para eles não era relevante. Riswold não pensava em Jordan como um negro. Ele sempre tinha adorado aquele esporte, que era um esporte de negros, e tinha a certeza, como muitos de sua geração, de que se as pessoas enxergassem o basquete como ele — com sua arte e beleza —, elas o adorariam tanto ou até mais do que outros esportes na época mais populares. E, é claro, quanto mais gostassem, menos ligariam para a questão racial. E ali estava aquele jovem que, além de um grande jogador, era um rapaz bonito.

Nova York; Portland, 1986

Michael Jordan testou Spike Lee, como era de costume. No primeiro encontro, Jordan, que já era famoso, mediu Spike Lee de cima a baixo, e disse apenas: "Spike Lee", mas de uma forma que soava como um desafio, segundo Lee, como se estivesse dizendo: mostre-me do que você é capaz. Mas eles se deram bem. A coragem da Nike, como notaria Lee mais tarde, estava no fato de eles o terem deixado dirigir e atuar com Jordan. Não haveria muita ousadia em mostrar Jordan como herói — ele já era uma estrela, além de bonito. Era possível fazer com ele coisas impossíveis com Larry Bird, por exemplo. Mas ali ele estava ao lado daquele sujeito franzino, esquisito, que era negro e se vestia de modo peculiar. A maior parte da América podia não estar preparada para aceitar Spike Lee ao lado de um ícone.

Mas tudo deu certo desde o começo. Jordan não estava muito à vontade e se mostrou um pouco hesitante nas primeiras tomadas — ele foi ficando mais seguro com o passar dos anos —, mas logo se mostraria pronto para encarnar o mocinho perfeito. Nos primeiros comerciais, Mars aparecia falando como um típico torcedor. O primeiro que eles filmaram mostrava Mars nos ombros de Jordan, segurando no aro e usando um enorme medalhão dourado escrito MARS. Nesse meio-tempo, Jordan, com o sorriso mais maroto possível, deixa Mars pendurado lá e faz uma enterrada com ele ainda pendurado.

Desde o começo, Jordan impressionou todo mundo com seu charme natural e presença de espírito, além de sua óbvia segurança. Ele sabia quem era e *gostava* de ser quem era. Não havia nada de ameaçador nele. Ele tinha senso crítico — você precisava conquistar o respeito dele, e ele era bastante ciente de como era usado — e também simpatia natural e extrema elegância masculina. Se aquilo já era evidente em qualquer coisa que ele dizia, o era ainda mais no sorriso e nas expressões de seu rosto, no costume de mover as sobrancelhas na hora certa. Ele era bonito, agradável, tinha um sorriso radiante e provavelmente era o maior jogador de basquete do mundo.

Os comerciais faziam um perfeito contraponto com sua outra face: Jordan, o predador, o guerreiro que saía duas ou três noites por semana para destruir as equipes inimigas. Os outros times tinham matadores, os torcedores assistindo os comerciais da Nike tinham um homem bem-humorado e inteligente, alguém de quem todo mundo gostava. "Nós inovamos, e fizemos isso não por virtuosismo, mas por sentirmos qual seria a coisa certa a fazer, que era mostrá-lo como um ser humano", Riswold disse anos mais tarde. "O resto foi consequência."

"O que Phill e a Nike fizeram", disse o próprio Jordan depois de a campanha estar há anos no ar, "foi me colocar num sonho".

Os comerciais da Nike eram tão bons que se autossustentaram no ar, e inspiraram outras marcas, como McDonald's, Coca-Cola, Hanes e Gatorade, a fazer campanhas similares. Isso por sua vez tornou a dinâmica mais poderosa, permitiu que David Falk fosse a outras empresas e lhes dissesse que muito de suas campanhas publicitárias nacionais já estavam prontas. Ou como disse Falk certa vez: "A linha Air Jordan abriu caminho para todos os outros acordos. A Nike gastou mais de 5 milhões de dólares em publicidade, pelo que agora é possível ir até um estilista como Guy Laroche e dizer 'Não precisa mais gastar tanto em publicidade, porque a Nike, o McDonald's e a Coca-Cola já estão constantemente colocando você na televisão'". Foi o que chamaram de "efeito apagador". Phil Knight odiou, mas não importava.

Assim nasceu um ícone americano. Na moderna cultura do entretenimento, numa sociedade obcecada pela celebridade, feitos praticados em celuloide muitas vezes se tornavam substitutos da realidade, e um público de pessoas cada vez mais despreparadas passava a tomar o que acontecia nas telas de TV como realidade. Homens cujo heroísmo era exclusivamente artificial e se limitava aos estúdios de Hollywood eram, cada vez mais, tidos como heróis de verdade, e suas atitudes, embora fabricadas em laboratórios de cinema, tinham uma repercussão tão grande que forjava sua própria realidade. O mesmo tinha acontecido no passado: o Congresso, por gratidão, mas também por ilusão, já tinha concedido uma medalha a John Wayne como um herói Americano, embora quando jovem ele tivesse fugido da convocação para a Segunda Guerra Mundial, para dar início à sua carreira no cinema. Mais tarde, um jovem chamado Sylvester Stallone, que nem sequer se dignara a lutar no Vietnã, passando esses anos como professor num colégio para moças na Suíça, construiria sua carreira em cima de um personagem amargo e incompreendido que havia sido combatente na Guerra do Vietnã. Mas agora, dada a força crescente da cultura popular, a fronteira entre o autêntico e o falso, mais do que nunca, tinha se perdido.

Aquilo fazia de Michael Jordan um ícone cultural quase único. Pois ele estava na quadra, noite após noite, exibindo sua supremacia atlética, vencendo jogos importantes um atrás do outro e, no último minuto, superando a cada aparição o nível de qualidade dos melhores jogadores do mundo. Aquilo dava a Jordan um grande poder de influência sobre os torcedores americanos de esportes em geral: mesmo aqueles cujo interesse por basquete era mínimo foram começando a se interessar, devido aos rumores sobre a ascensão do novo superastro. Além disso, havia a outra face, que, graças à criatividade dos comerciais da Nike e à frequência com que eram exibidos, lhe deu a força de um astro do cinema. Os filmes eram curtos, mas eram tantos, tão benfeitos e atraentes que foram construindo uma história. Seu efeito cumulativo acabava criando uma figura com o poder e o carisma de uma estrela de cinema de primeira grandeza. E diferentemente de muita gente que Hollywood empurrava para dentro dos lares e das salas de cinema americanos, belos porém artificiais, Michael Jordan era de carne e osso. Ele era muito cuidadoso com seu comportamento fora das quadras, entre outras razões, porque não queria causar nenhum dano à imagem que se cristalizava entre o público e que estava se mostrando extremamente lucrativa.

E assim ele foi gradualmente indo além das fronteiras do esporte, levado por sua grande habilidade e sua aparência; seu carisma penetrava fundo na alma do público americano, mais fundo do que qualquer astro dos esportes já fora. O sucesso levava a mais sucesso. Era uma dinâmica que se autoalimentava: aqueles que não conheciam ou não gostavam de basquete eram pegos pelos comerciais e a beleza do homem que aparecia neles, e eventualmente começavam a assistir aos jogos em que ele apareceria. Quando era alguém que já gostava de basquete, ele quase sempre fazia alguma coisa excepcional, e assim de alguma maneira todos eram fisgados. Ele estava ficando melhor dentro da quadra e mais famoso ainda fora dela. Num mundo em que tantas estrelas e heróis eram falsos, ele continuaria notavelmente autêntico.

14.
CHICAGO, 1986-87

Stan Albeck durou um ano. Naquele ano, Michael Jordan perdeu 64 jogos da temporada. Mas Jerry Krause não estava satisfeito com Albeck, e a possibilidade de que ele lhe desse uma chance justa era remota; seu emprego tinha acabado efetivamente naquela noite em que Michael Jordan machucou o pé, em Oakland. Seu sucessor foi Doug Collins. Collins tinha 35 anos na época; era um dos treinadores mais jovens da NBA. Ele era entusiasmado, motivado e muito inteligente. Ninguém entendia o ritmo do jogo melhor do que Collins. Às vezes seus jogadores achavam que ele era esperto até demais. "Se fosse possível pedir trinta tempos num jogo, ele venceria sempre", disse certa vez seu assistente de longa data Johnny Bach, que o admirava muito.

Collins tinha sido um grande jogador da Universidade de Illinois. Ele tinha 1,98 m, era magro e muito rápido, uma rara exceção, um jogador branco que parecia ser tão rápido quanto os jogadores negros a seu redor. Em seus melhores anos como profissional, ele chegou a ter uma média de vinte pontos por partida, mas sua carreira terminou prematuramente devido a contusões que sofreu antes de completar trinta anos. Ele estava excitadíssimo com seu novo trabalho e com a perspectiva de treinar o melhor jogador da liga, e achava que ele e Jordan teriam algo em comum. Ele estava seguro de conhecer bem as pressões do basquete moderno, melhor do que muitos treinadores mais experientes, alguns dos quais nunca tinham jogado. Além disso, sabia muito bem o que era ser afastado por uma contusão. Em seu primeiro encontro com Michael Jordan, em junho de 86, Collins conversou com seu astro sobre a contusão e sobre os problemas circulatórios, naquela região em particular. Aquela era, segundo ele, um tipo de contusão de difícil tratamento e recuperação árdua. De modo que sugeriu a Jordan pegar leve naquele verão e não forçar o pé nos treinamentos físicos. Collins acrescentou que também tinha sofrido o mesmo tipo de contusão, dando a entender que eles tinham vivido experiências semelhantes, e que ele não queria que acontecesse a Jordan o que lhe acontecera.

Jordan deu uma olhada meio fria para Collins e disse, com uma voz um tanto distante e pouco encorajadora: "Aquele foi o seu pé, este é o meu".

Não foi o primeiro encontro ideal. Mais tarde, Collins notou que Jordan tinha entendido mal sua tentativa de ser solícito. Jordan não entendeu aquilo como uma tentativa gentil de um jovem treinador receber de volta um jovem que tinha sofrido uma contusão séria, porém como uma outra tentativa da diretoria de manipulá-lo.

Naquele verão, haveria um jogo beneficente em Las Vegas, ex-jogadores da UNLV contra ex-jogadores do Carolina, e Collins não queria que Jordan jogasse. Ele sugeriu que Jordan fosse ao jogo e não jogasse, e colocasse a culpa em Collins. "Eu assumo o papel de vilão para você." Jordan, é claro, foi, jogou e dominou a partida, tornando-se o cestinha. Depois do jogo, os dois saíram para jantar.

"Eu sei que você não está feliz porque eu joguei", disse Jordan, "mas eu quero que saiba de uma coisa. Eu passei o pior ano da minha vida por causa dessa contusão, e um monte de gente que não me conhecia nem sabia nada sobre meu corpo ficava me dizendo o que fazer. Eles ficavam me dizendo o que era bom para mim, mas na verdade só estavam pensando no que era bom para eles. Nunca mais quero passar por isso".

Collins disse que entendia. "Eu não estou dando uma de diretor nesta questão. Eu sou apenas um cara que adorava jogar e que perdi boa parte da minha carreira por causa da mesma contusão, e não quero que o que aconteceu comigo aconteça com você."

Com isso, eles começaram a se aproximar. Mais tarde, naquele verão, Jordan foi visitar Collins em sua casa no Arizona, uma visita de caráter profissional, mas também social, cujo objetivo principal era que os dois se conhecessem melhor. Era para ser uma breve parada: eles jogariam golfe pela manhã, e Jordan tomaria o voo de volta para Chicago no mesmo dia. Collins costumava jogar com dois amigos que eram muito bons. Ele e Jordan se separaram, cada qual jogando com um dos amigos de Collins. A dupla de Collins venceu, e Jordan, sempre competitivo, detestando a ideia de ir embora derrotado, decidiu ficar mais um dia para a revanche. Sua dupla venceu o segundo jogo e ele pôde voltar para casa feliz.

O Bulls abriu aquele ano jogando contra o Knicks em Nova York. Segundo Collins, o Knicks tinha um time forte, com Patrick Ewing, Bill Cartwright e Gerald Wilkins, entre outros. O Chicago tinha pouco a mostrar — Michael Jordan e, às vezes parecia, um número excessivo de reservas. Mas Michael Jordan estava absolutamente imbatível naquela noite, contente de estar de volta, e mais ainda no Madison Square Garden. Sua energia era contagiante, e Collins achou que talvez fosse perigoso que ele exagerasse na dose. Até metade do jogo, ele tinha feito dezesseis pontos, e Collins podia sentir sua ânsia para dominar a partida. "Michael, pega leve", disse Collins no intervalo, "você não precisa fazer tudo. Espere e deixe o jogo rolar".

Collins estava tenso e suava muito; quando o jogo recomeçou sua camisa estava ensopada. Ele mascava chiclete e, como era supersticioso, não o jogava fora. De tão nervoso, sujou o rosto de pó e nem percebeu. Faltando dois minutos para o final, durante um pedido de tempo, Jordan foi até Collins com um copo de água. "Ei, treinador", disse ele, "tome um pouco de água e aproveite para limpar essa sujeira do rosto". Então abriu um sorriso: "Eu não vou deixar você perder o seu primeiro jogo". E não deixou. O Bulls venceu por 108 a 103. Michael Jordan marcou cinquenta pontos, inclusive os últimos onze de seu time, e 21 dos últimos 31. Ele estava voando naquela noite — às vezes subia tanto numa enterrada que seus pulsos batiam no aro, mas naquele jogo ele estava tão bem que quase bateu os cotovelos. "Eu quase enterrei a própria cesta", disse ele. Quando o jogo acabou, ele disse a seu pai que tinha ficado muito animado com a imensa e ruidosa torcida no Madison Square Garden. "Então você estava jogando com a multidão, e não na quadra?", James Jordan lhe perguntou. "Eu sempre jogo com a multidão", respondeu o filho.

15.
ALBANY; CHICAGO, 1984-88

Como a ascensão de Michael Jordan no mundo do basquete envolveu aspectos geracionais — os jovens torcedores foram atraídos primeiro, animados pela beleza e originalidade de seus movimentos, enquanto os torcedores mais velhos ficavam imaginando se ele seria o tipo de jogador capaz de erguer um time —, não foi nenhuma surpresa o fato de a primeira pessoa a notar a habilidade de Jordan, na casa de Phil e June Jackson, ter sido seu filho Ben, quando Michael jogava sua última partida universitária, em 1984. Ben tinha começado a observar Jordan quando ele ainda jogava na ACC, e insistira com seu pai para que começasse a prestar mais atenção nele, especialmente depois de Jordan ter sido a estrela do time olímpico de 1984. "Papai, você tem que ver ele", Ben sempre dizia. Logo apareceria na casa dos Jackson, como em tantos outros lares americanos, uma foto do pequeno Ben Jackson num uniforme do Chicago Bulls, camisa 23, com a língua para fora, na pose clássica de Jordan.

Phil Jackson, que nessa altura treinava um time da liga inferior, CBA (Continental Basketball Association), foi conferir Michael Jordan. Quando este ainda era calouro, Jackson saiu de Albany, onde treinava o Patroons, e foi até Glens Falls, Nova York, para assistir a um amistoso do Bulls. Ele sentou no balcão, que era muito acima do chão e não servia muito bem para quem estava interessado em avaliar um jogador na quadra. Naquela primeira vez ele não conseguiu ver muito, exceto que Jordan parecia querer driblar toda vez que pegava a bola. Depois do jogo, Jackson foi ao vestiário e conversou com Kevin Loughery, que tinha sido seu treinador. Loughery lhe disse que Jordan era o cara, e que seria um grande, grande astro. Mas o mundo de Michael Jordan, então iniciando uma brilhante carreira e prestes a se tornar o novato do ano e encher os bolsos com o dinheiro dos patrocinadores, e o mundo de Phil Jackson, então lutando por um salário miserável na CBA, não podiam ser mais distantes. Jackson também treinava, naquele verão, a liga de Porto Rico, porque isso aumentava seu orçamento e porque os treinadores puristas que ele conhecia, como Red Holzman, tinham lhe dito que aquele era o teste final para uma pessoa saber se realmente gostava de treinar, o que provavelmente era verdade.

Ele estava ganhando cerca de 35 mil dólares por ano na CBA, mais cerca de 12 mil naquele bico de verão. Estava batalhando para voltar à NBA, pois notava que estava se tornando uma espécie de pária no conservador mundo do basquete. Quando ele ia a eventos como testes para olheiros do basquete universitário, ninguém parecia interessado em conversar com ele.

No final dos anos 70, a idade começou a pesar para Jackson, depois de uma bem-sucedida, senão luminosa, carreira como ala/pivô reserva em dois times campeões do New York Knicks. Ele era um jogador extremamente popular em Nova York, dando a muitos torcedores dali a sensação de que ele tinha um espírito brincalhão e irreverente. Ele morava no coração de Manhattan, podia ir a pé de seu apartamento, no West Side, até o Madison Square Garden, e costumava andar pela cidade de bicicleta. Recém-chegado da provinciana Dakota do Norte, Jackson era não só um estudante ávido pelo jogo, mas também um pesquisador na cidade, e era extremamente acessível naquela cidade que conhecia e amava o basquete, e que se apaixonara pelo time do Knicks. Ao contrário da maioria dos atletas profissionais, ele não se isolara da cidade a seu redor e gostava da qualidade de vida rica e contrastante de Nova York. "Ele era diferente da maioria dos profissionais", contou o jornalista e seu amigo íntimo Charley Rosen. "Achava que o que as pessoas faziam e pensavam era tão importante quanto o que ele próprio fazia e pensava. Tinha tanta curiosidade pelas pessoas quanto as pessoas tinham por ele. Ele não se fechava numa redoma."

O fato de Jackson ter tido uma carreira profissional se devia unicamente a sua inteligência, dedicação e capacidade de se reciclar diante das necessidades de seu treinador e seus colegas. Sua habilidade no ataque, que lhe serviu tão bem em Dakota do Norte, era praticamente inútil no profissional. Na universidade, ele era considerado alto e dono de um bom gancho, mas para o profissional ele não era alto o bastante, e seu gancho não funcionava tão bem diante de defensores altos, fortes e que facilmente o bloqueavam. O que o salvou foi sua paixão pelo jogo, aqueles braços compridos, e sua vontade de se superar na defesa. Ele tinha um jogo bastante físico, e os adversários logo aprenderam a respeitar aqueles imprevisíveis mas sempre perigosos cotovelos. "Eu tinha que jogar contra ele todo dia nos treinos, e era fatal", disse certa vez seu companheiro de equipe Bill Bradley. "Ele batia na gente toda hora — mas não era por mal, era uma coisa física — e tinha uns braços compridos. Era como ser marcado por uma aranha gigante. Depois de treinar com ele, jogar contra outros defensores era fácil."

Ele era uma peça perfeita para aquele time. Era um time de especialistas, um ótimo lugar para aprender a jogar. Às vezes parecia que o New York tinha um treinador de talento, Red Holzman, e outros cinco treinadores na quadra. Os jogadores eram, mesmo para os padrões da época, surpreendentemente baixos — o time titular era formado por quatro defensores e um atacante — mas todos podiam arremessar, passar e todos jogavam bem na defesa. A bola passava rapidamente de um jogador para o outro, e todos trabalhavam juntos para criar oportunidades de arremesso.

Quando os pivôs mais talentosos daquele time — Willis Reed, Dave DeBuschere e Jerry Lucas, melhores arremessadores do que ele — começaram a se aposentar, Jackson acabou se tornando titular. Então, a verdadeira fraqueza do seu jogo — a falta de um arremesso preciso e certa vulnerabilidade com a bola no chão — apareceu, apressando o fim de sua carreira como jogador. Ele era um jogador que proporcionava a um time muito bom cerca de vinte minutos de jogo ágil e intenso — apenas o suficiente para que os titulares pudessem descansar. Sua presença na quadra ajudava a garantir que não haveria falhas na defesa nem vacilos estratégicos. Mas se o time precisava de 35 minutos e de intensidade no ataque, ele não era o homem certo. Nenhum time que jogasse contra o Knicks no final de sua carreira perdia muito tempo elaborando estratégias para deter Phil Jackson.

Ele vivia uma espécie de exílio em 84, treinando na CBA, enfrentando a fama de ser um cara diferente, talvez liberal demais. As pessoas que o conheciam bem sabiam como ele era inteligente, mas as pessoas no topo do mundo do basquete se incomodavam com sua reputação de hippie, alguém que tinha se revelado contra o fundamentalismo do Meio-Oeste durante sua juventude em Nova York, deixando o cabelo e a barba crescer e se tornando um porta-voz da contracultura no basquete profissional. Ele e seu companheiro de equipe, Eddie Mast, deixaram a barba crescer em homenagem aos novos tempos, mas Red Holzman nunca se incomodou com isso. Ele os chamava de "Smith Brothers", referindo-se aos dois barbudos da embalagem das pastilhas contra tosse. Como Holzman diria anos mais tarde, Jackson era um jovem absolutamente fascinante, "sempre tentando equilibrar sua rebeldia com sua religiosidade".

Jackson protestara contra a Guerra do Vietnã, e em geral parecia mais politizado do que se esperava de um jogador de basquete. Naqueles dias, era bastante normal que os atletas falassem sobre suas ideias políticas, desde que fossem ideias convencionais. No final dos anos 60 e início dos 70, Jackson passava por uma fascinante viagem de descoberta pessoal — política, filosófica e sexual. Se os seus protestos acabaram se tornando mais pessoais do que políticos, pelo menos ele demonstrava suas ideias, ideias que entre os executivos do basquete nem mesmo existiam.

Não ajudou muito o fato de ele ter escrito um livro com Charley Rosen, *Maverick*, publicado com uma foto de Jackson barbudo na capa. Pior do que a capa era o conteúdo do livro, pois em algumas passagens, ele contava com detalhes algumas de suas experiências com drogas, inclusive as de expansão da mente com LSD. Na hora dos contratos, era dessas coisas que os poderosos do basquete se lembravam, não de sua inteligência ou de seu amor pelo basquete.

Assim, no outono de 1984, Jackson estava treinando pela segunda temporada na CBA e começando a imaginar se conseguiria uma oportunidade como assistente na NBA. Não que ele não gostasse de treinar na CBA ou em Porto Rico. Para quem gosta de basquete, era bom treinar nesses lugares porque em ambos se aprendia muito. Os jogadores iam e vinham na CBA, a maioria deles à espera do dia em que as luzes se acendessem e eles fossem chamados para a NBA. Jackson sabia que se seus jogadores fossem um pouco bons, seriam levados assim que começassem os *playoffs* — e era assim que devia ser.

Entretanto, havia algo de mundano e excitante em treinar na CBA. A equipe ganhava um ponto para cada quarto que vencesse por jogo, e três pontos pela vitória da partida; o treinador do Patroons ganhava 25 dólares de bônus por cada ponto. Isso significava que se os Patroons vencessem o jogo, ganhando em todos os quartos, Jackson saía ganhando 175 dólares. Não à toa, nos jogos em casa, ouvia-se às vezes a comemoração solitária de June Jackson, de longe mais empolgada do que qualquer outro torcedor, ao final de cada quarto em que o Patroons saía vencedor. "Ótimo. O dinheiro do mercado!", ela gritava.

Na CBA, você pagava os seus pecados. O nível do jogo era instável, os relacionamentos entre jogadores e treinadores geralmente eram tensos: certa vez, um jogador da CBA, furioso por ficar no banco muito tempo, afundou a cabeça do treinador na privada do vestiário. Às vezes, alguns times faliam por atrasos na folha de pagamento. Uma vez um treinador recebeu como pagamento um faqueiro. Outra ocasião, o Patroons estava interessado em um pivô do Casper Wildcats, do Wyoming, chamado Brad Wright — de 2,10 m de altura, vindo da UCLA. O Casper recusou na hora negociá-lo. Na época, os donos do Casper tinham uma promoção na qual levavam um carro zero para a quadra, abriam o teto solar pediam que os torcedores fizessem, com o programa do jogo, aviõezinhos e tentassem acertar dentro do carro pelo teto. Dada a distância entre o carro e as arquibancadas, e pouca aerodinâmica dos aviõezinhos, era quase impossível atingir esse objetivo. Mas uma vez um torcedor construiu um ótimo avião de papel e conseguiu acertar na mosca. Precisando do dinheiro para pagar o carro que tiveram que oferecer, o Wildcats vendeu Brad Wright para o Albany.

Aquele não era um mundo de voos fretados, nem de viagens comerciais para treinadores. Apesar das longas distâncias entre as diversas sedes dos jogos, o Patroons geralmente viajava num enorme furgão dirigido por Phil Jackson. Nos dias de jogo, ele e seu assistente Charley Rosen submetiam os jogadores a um exaustivo treinamento antes de viajarem, entravam no furgão e depois ligavam o aquecimento tão forte que eles inevitavelmente pegavam no sono. Então Jackson e Rosen aumentavam o volume da música; Jackson pisava fundo, bom piloto que era, enquanto fazia as palavras-cruzadas do New York Times sobre o volante. O furgão ficava lotado, os nove jogadores, todos enormes, mais os dois treinadores. Algumas das viagens eram difíceis, enfrentavam um tempo horrível e sempre chegavam em cima da hora do jogo, Jackson e suas palavras-cruzadas, ouvindo música com Rosen, e os jogadores dormindo atrás. Numa ocasião, indo para um jogo contra o Toronto, eles foram parados por um guarda na fronteira do Canadá. O guarda apontou para a traseira do carro e perguntou: "Qual o propósito da viagem?". Jackson, exausto, respondeu: "Estou contrabandeando escravos foragidos para o seu país".

Se na CBA as finanças de alguns times estavam sempre por um fio, em Porto Rico as coisas eram muito diferentes. Cada treinador que entrava ganhava um carro novo, e a primeira coisa que os treinadores que já estavam lá diziam aos seus colegas que chegavam era que, não importava o que acontecesse — pois era muito comum que fossem despedidos depois de alguns poucos jogos —, você jamais deveria devolver as chaves antes de receber tudo o que lhe era devido, porque aquela era a única garantia de que não acabaria sem nada. Quando Jackson chegou, seus amigos disseram que não se preocupasse caso fosse despedido, porque logo outro time o contrataria. De fato, no primeiro time que treinou mandaram-no embora e ele foi logo contratado pelo maior rival, que ficava numa cidadezinha a apenas 6 milhas dali.

As coisas na liga porto-riquenha eram ainda mais quentes, devido ao enorme contraste cultural entre os jogadores e os técnicos, além da questão da língua. Alguns dos poucos jogadores de Nova York que jogavam em Porto Rico se ofereciam para traduzir as instruções de Jackson para os jogadores e se divertiam dizendo exatamente o contrário do que Jackson dizia. Aquilo fazia com que o treino fosse elementar, envolvendo apenas os fundamentos do jogo, e que Jackson utilizasse os mais variados recursos para conseguir se comunicar com os jogadores. Isto é, ele tinha que tentar entender quem era cada um deles e o que queriam da vida, o que mais tarde seria muito útil em sua carreira. Ele também era razoavelmente bem pago — 1.500 dólares por semana, durante oito semanas —, quando pagavam.

Tanto na CBA como em Porto Rico, Jackson trabalhou no basquete profissional, sem facilidades ou espaço para autopiedade. Ele era bom em todas essas coisas. Ele era esperto e tinha uma boa memória fotográfica, o que lhe permitia, na falta de recurso a videoteipe, lembrar como tinha sido o desempenho de cada jogador na quadra. Ele também era muito bom com os jogadores. Tratava-os com respeito, como indivíduos, nunca estabelecendo regras que eles não fossem obedecer, tais como checagem dos dormitórios e toque de recolher. Ele percebia suas idiossincrasias e tentava, dentro do possível, ajustar-se a elas. E havia ainda outra coisa que o ajudava em seu trabalho, segundo Charley Rosen, tanto ali como mais tarde na NBA, a mesma coisa que na época também pesou contra ele: ele *era* diferente. Ele não pensava nem falava como os outros treinadores, e era mais difícil para os jogadores entendê-lo. Ele não se dirigia a eles com leis e autoritarismo. Ao contrário, era acessível, atencioso, tratava-os com dignidade e não fazia uso de seu poder a qualquer hora, como a maioria dos outros, só para ser conhecido como treinador rigoroso. Ele tentava entender os objetivos do time e procurava criar metas comuns a todos. Jackson era de fato muito esperto, estava sempre um passo à frente dos outros, de modo que eles sabiam que não podiam trapacear. Para Rosen, o fato de ele não ser facilmente previsível era uma garantia. Mantinha todo mundo interessado.

A outra coisa que Jackson tinha a seu favor, ainda segundo seu amigo e assistente Rosen, era que apesar de toda sensibilidade e boa vontade para entender seus jogadores, ele era bastante durão, e havia uma integridade que embasava tudo o que dizia. Ele podia ser um treinador de bastante tato e competente, um homem cuja própria experiência de vida o tinha tornado bastante tolerante para com vaidades e suscetibilidades alheias, além de ser capaz de ver as pessoas como elas eram na verdade, mas ele era também um profissional exigente e irredutível em certas questões. Phil Jackson podia estar atrás de um equilíbrio entre filosofias orientais e uma vida mais simples e pura naquele mundo cada vez mais materialista, mas era também um competidor implacável.

Como os treinos não tinham um nível muito elevado, ele costumava treinar junto com o time. Por ter sido um grande jogador de defesa, ele exigia muito dos jogadores fisicamente, e ele mesmo ainda era bastante forte no jogo. Os jogadores, que eram quinze ou vinte anos mais novos que ele e talvez mais rápidos do que jamais conseguira ser, não conseguiam espaço quando ele os marcava. Um deles, chamado Dave Magley, que vinha do

Kansas, conseguiu numa disputa com Jackson alguns arremessos em cima dele, mais do que Jackson gostaria. Charley Rosen lembra-se de ter visto Jackson dando uma joelhada na coxa de Magley só para lembrá-lo do preço de se jogar no profissional.

Acreditando que aquilo era um dos primeiros elos do universo do basquete, Jackson achava que os treinamentos eram sagrados, e por isso não aceitava a presença de pessoas estranhas. Ele tinha aprendido com Red Holzman que aquele era o lugar onde os jogadores podiam cometer erros e o treinador podia criticá-los sem medo de que suas palavras vazassem para fora dali. O mesmo valia para suas preleções. Elas também eram sagradas. Certa vez, numa partida, o time adversário tinha contratado um famoso mascote fantasiado de galinha, o San Diego Chicken, para animar a torcida. Durante um pedido de tempo, a galinha instalou-se no meio do time como se fosse um de seus jogadores. Jackson, um homem zen, foi até ele com um grande sorriso no rosto e disse: "Ei, galinha, dê o fora daqui ou eu chuto o seu traseiro!".

Naquela época, ele imaginava se algum dia seria chamado para a NBA. Outros de sua geração, jogadores que não tinham passado o que ele passou na selva da CBA, estavam sendo chamados e ele ainda estava na expectativa. Jackson frequentava lugares onde o pessoal do basquete profissional se reunia, como o Chicago Combine, que era um grande mostruário de talentos do basquete universitário, ainda à espera de uma oportunidade melhor. Ele frequentava aqueles lugares na esperança de ver se sobrava algum craque para o Patroons, mas principalmente com o intuito de ser notado pelos grandes da NBA. Mas nada acontecia, ninguém nem se dava conta de sua presença para reconhecê-lo. Finalmente, Jackson decidiu que sua melhor chance seria com o estranho e enigmático Jerry Krause, que era o diretor geral do Chicago Bulls. Krause era também um tipo estranho no mundo do basquete de alto nível, ainda mais distante do tipo padrão da NBA do que Jackson. Pois Jackson, apesar de tudo, tinha dois metros de altura, era ex-jogador, e tinha inúmeros amigos entre os jogadores e na imprensa; Krause nunca tinha jogado, nem na faculdade, e era baixinho e atarracado, medindo cerca de 1,65 m, e estava sempre muito além do peso. Krause vivia fazendo dietas para emagrecer: uma vez Reinsdorf chegou a oferecer-lhe um prêmio se ele conseguisse; e, mais de uma vez, Krause apostou com Jordan que conseguia perder um tanto de peso em tantas semanas, e sempre perdia. Dizia-se que era capaz de coisas notáveis como olheiro, mas que era absolutamente incapaz de passar reto por uma loja da Dunkin' Donuts. A prova de sua queda por doces estava sempre estampada em suas roupas pelas manchas de creme.

Seu apelido entre os jogadores era "Crumbs" (migalhas). Krause com certeza não era um típico homem do basquete, alguém que bem ou mal conhecia o jogo, falava sua língua e se dava bem com os outros, um homem normal que entrava e saía dos vestiários com naturalidade.

Recrutar jogadores universitários não era um trabalho fácil, e nos anos 60 e 70, antes do surgimento da ESPN e da TV a cabo, quando muitos jogos passaram a ser gravados e disponíveis em vídeo, significava milhares de viagens em pequenos aviões e viagens em desconfortáveis carros de aluguel até ginásios de escolas que eram conhecidas apenas por outros olheiros. Aqueles homens conviviam com a solidão o tempo todo, e uma maneira que tinham de superá-la era viajando juntos. Os principais cinco ou seis olheiros pareciam estar sempre unidos: Scott Stirling, Jerry Colangelo, Stu Inman, Jerry West, Bob Ferry. O lado bom era que eles se sentiam menos sozinhos, na companhia uns dos outros; o lado ruim era que eles costumavam enxergar as mesmas coisas e um reforçava a opinião do outro. Se um determinado jogador se apresentava mal, eles costumavam acabar com a imagem dele de forma unânime, o que tendia a obscurecê-lo exageradamente.

A maioria dos outros olheiros não era muito simpática a Krause. Ele nunca ia a seus clubes e parecia estar sempre forçando a barra um pouco demais. Não se vestia bem, e sua aparência deixava sempre um pouco a desejar. Bob Ferry, que media 2,03 m, e que durante os dez anos em que jogara na liga tivera vários confrontos com Krause, quando ambos trabalharam para o Baltimore Bullets, adorava alfinetá-lo quando estavam assistindo aos jogos. Eram brincadeiras um pouco perigosas, envolvendo os hábitos de higiene de Krause e seus carros, que viviam cheios de embalagens das diversas lojas de fast-food que havia entre as pequenas cidades que visitava pelo país. A provocação de Ferry beirava a crueldade; era o tipo de brincadeira que nas escolas os rapazes mais populares faziam com os desprezados, como notou certa vez um dos outros olheiros.

Krause nunca devolvia essas provocações. Sua resposta era trabalhar mais do que qualquer outro. Ele era um olheiro, e isso bastava. Não havia nada além disso. Ele sabia que tinha um bom olho para a coisa; o resto de seu corpo pouco importava, além do mais, não havia nada que ele pudesse fazer a respeito. Com o passar dos anos, ele conseguiu transformar a adversidade numa força a seu favor. Implacável em sua determinação e trabalhando muito duro, de certo modo excluído da companhia de seus pares, ele criaria sua própria rede de pessoas, e parecia estar sempre procurando um talento nos menores buracos do mundo do basquete. Primeiro foram as pequenas faculdades para negros do Sul, antes que os jovens talentos negros, nos anos 60 e 70, começassem a ser aceitos nas maiores escolas do país. Quando aquele riquíssimo veio começou a secar, ele foi para a Europa, onde ainda havia algumas pechinchas, e onde ele podia descobrir potenciais novos craques para a NBA, como o pivô russo Arvidas Sabonis, que podia passar por um Walton, ou o armador iugoslavo Drazen Petrovic, que equivaleria a um Peter Maravich.

Nos primeiros tempos, ele conversava com alguns dos poucos olheiros de quem gostava e em quem confiava sobre o que faria quando tivesse um time seu, como estava certo de que teria. Eles olhavam para aquele baixinho, muito acima de seu peso ideal, malvestido e pouco asseado, sabendo como a aparência era importante em qualquer escritório de negócios, e depois balançavam a cabeça e pensavam algo como: "Jerry, você é bom no que faz, e ninguém dá tão duro quanto você, mas isso nunca vai acontecer, nem agora nem nunca".

Quando encontrava alguém de valor, ele não telefonava e falava cinco, dez minutos, mas conversava por horas a fio e fazia longas anotações, conferindo depois, com o passar dos anos, como suas previsões se confirmavam. Trabalhando sozinho, sem ninguém para ajudá-lo, ele se tornou famoso por sua mania de segredos, na verdade quase uma paranoia, escondendo dos outros olheiros o que ele tinha achado de alguém que porventura eles também tivessem visto numa mesma partida. Quando acontecia de algum olheiro aparecer num jogo em que Krause estivesse, ele se fazia invisível, ou fingia que nem tinha reparado no jogador que ambos tinham obviamente ido conferir. Quando o Bulls se sagrou campeão e com a opção no *draft* bem no fim da primeira rodada e alguém lhe perguntou quem ele achava que seriam os dois ou três melhores jogadores que apareceriam, ele se tornou uma esfinge e falou o mínimo possível. Até Jerry Reinsdorf costumava provocá-lo a esse respeito: "Para com isso Jerry, você não precisa ficar tão mudo. Não vamos ficar com nenhum dos primeiros, porque nós somos o número 27 da lista de escolha".

Na parede de seu escritório havia uma citação anônima: "Ouvir tudo, ver tudo, dizer nada". Na primeira vez em que o assistente do Bulls Johnny Bach viu esse quadrinho de Krause, achou muito engraçado. Bach era um aficionado por história, um sério estudioso da Segunda Guerra Mundial, e reconheceu imediatamente o slogan do almirante Wilhelm Canaris, o chefe da Abwehr, a Inteligência alemã. "Jerry", disse ele, "esta é uma frase bastante esquisita para um judeu como você, que veio de Skookie (pequena cidade próxima a Chicago, Illinois), colocar na parede". Então Bach teve certeza de que seu chefe não fazia a menor ideia da origem daquelas palavras.

O "Detetive", como os repórteres e os outros olheiros o chamavam, se tornaria a cada ano mais cheio de segredos: ele registrava seus jogadores nos hotéis com nomes falsos, e os trazia para o centro de treinamentos do Bulls para exercitarem-se depois da meia-noite, quando ninguém estivesse por perto, e nenhum repórter pudesse aparecer. Uma vez ele levou Will Perdue, então um veterano do Vanderbilt, para uma sessão de treinamento, o que não foi nenhuma grande surpresa, pois todo mundo sabia que o Bulls estava atrás de um pivô grande e esforçado. Billy McKinney, um dos assistentes de Krause, foi ao aeroporto tarde da noite para pegar Perdue, e desavisadamente ligou do telefone do carro: "Aqui é agente azul chamando agente laranja. A encomenda já está comigo e estou a caminho para entregá-la". A sessão seria bem tarde da noite e Perdue estava registrado com nome falso, o que criou um problema no dia seguinte, quando o motorista encarregado de ir pegá-lo no hotel ficou perambulando pelo saguão chamando pelo pseudônimo de Perdue, que àquela altura já tinha esquecido qual era.

Jerry Krause queria que o Baltimore Bullets chamasse Phil Jackson em 1967, que ele sempre considerou um de seus achados. Krause não era o tipo de homem que deixava escapar algo em que investira, e ele se manteve em contato com Jackson todos aqueles anos, respeitando sua inteligência e achando que com o passar do tempo ele se tornaria um ótimo treinador. Quando Jackson foi para a CBA, Krause era a pessoa com quem ele tinha mais contato fora dali. Certa vez, ele ligou para Jackson e pediu que lhe passasse uma análise dos jogadores da CBA, e Jackson aproveitou a oportunidade: uma rara ocasião em que podia mostrar sua inteligência. Sentou-se ao computador e fez um relatório detalhado sobre todos os jogadores importantes da liga. Krause ficou impressionado; Jackson era tão bom como ele suspeitara. Logo eles estariam entabulando longas conversas, em que Krause adorava cada pequeno detalhe das curiosidades sobre o mundo do basquete, e se mantinha informado acerca das novidades daquele mundo quase subterrâneo do basquete profissional. Os telefonemas de Krause logo seriam a única ligação de Jackson com a NBA; Krause, por seu lado, ficava extremamente impressionado com os relatórios de Jackson, seu conhecimento do jogo e a sutileza com que sugeria as diferentes maneiras de incentivar cada jogador. Phil Jackson era muito esperto, pensava Krause. Na verdade, se havia um problema com ele, era ser esperto demais para um assistente de certos tipos de treinador — que podiam se sentir incomodados com o fato de ele ser mais esperto do que eles.

Krause tinha feito uma turnê como encarregado pessoal dos jogadores do Bulls no final dos anos 60 e início dos 70. Dick Motta era o treinador, e a relação entre eles foi terrível — ambos eram extremamente emocionais e juntos mostravam apenas o que havia de pior um no outro. Motta simplesmente odiava Krause, que por sua vez abominava Motta. Pat Williams, o diretor geral, que constantemente percebia as farpas que os dois trocavam, achava que seu trabalho requeria habilidades diplomáticas dignas de um secretário de Estado. A gota d'água foi o *draft* de 1970. Naquele ano, Krause estava louco por um jogador da Universidade Estadual do Novo México chamado Jimmy Collins. Motta por acaso tinha assistido aos jogos da NCAA e estava muito impressionado com um armador chamado Nate Archibald, da Universidade do Texas-El Paso, cujo talento no passado tinha sido limitado pelo ritmo lento de seu time. Naquela noite, Motta ligou para Williams dizendo que eles precisavam conseguir Archibald. "Ele vai ser um grande jogador na NBA", disse. Krause estava igualmente interessado em Collins. A coisa foi caminhando e a decisão foi tomada: na primeira rodada eles escolheriam Collins, e na segunda, Archibald, na vigésima sétima posição.

"E se Archibald não estiver mais na segunda rodada?", Williams perguntou a Motta.

"Se isso acontecer nós teremos que jogar contra ele o ano todo", ele respondeu. O Cincinnati o escolheu na segunda posição da segunda rodada, e ponto final. Collins foi um fiasco, tendo jogado 612 minutos em duas temporadas antes de parar, enquanto Archibald jogou por treze anos e foi escolhido seis vezes para o *all-star game*. Dali em diante, a relação entre Motta e Krause se tornou realmente venenosa, e logo Motta colocou uma decisão para a diretoria: ele ou eu. Então, Krause saiu e foi para o Phoenix.

Krause voltou a Chicago como diretor geral depois do primeiro ano de Michael Jordan, trazido pelas mãos de Reinsdorf, que tinha organizado o grupo que comprara o time. Quando Krause nomeou Stan Albeck como o principal treinador, ele sugeriu a Albeck que contratasse Jackson como seu assistente. Chamado de Porto Rico para uma entrevista, Jackson apareceu em Chicago de barba, vestindo um chapéu Panamá com uma longa pena do lado, e uma camisa de cores berrantes. Na verdade, ele destoava completamente. Krause não queria a primeira escolha de Albeck, um homem chamado John Killilea, e Albeck não queria Jackson, e ali começou uma longa partida de xadrez entre os dois, e no final ambos abriram mão de suas escolhas.

Três anos mais tarde, Phil Jackson ainda estava na CBA, e decidiu que era hora de sair, pois não poderia passar a vida toda ali. Ele e June tinham quatro filhos, e ele tinha mais uma menina do primeiro casamento. A bem da verdade, eles estavam subsidiando aqueles anos na CBA com o dinheiro que Phil tinha ganhado como jogador. Se a NBA ainda estava vedada a ele, então ele procuraria outro tipo de trabalho. Havia a possibilidade de voltar para a universidade e se tornar um acadêmico — talvez em filosofia ou religião — ou ainda entrar para uma faculdade de direito. Ele fez um teste vocacional que mostrou sua aptidão para todas essas áreas. E outro, que mostrara que ele daria um bom guia de trilhas ou um bom dono de casa. Ele estava pensando no que fazer da vida quando Jerry Krause ligou outra vez. Anos depois, quando as coisas tinham se tornado muito difíceis entre os dois, Krause diria que havia tirado Jackson da fila dos desempregados, coisa que era tanto verdade como mentira, pois embora Jackson estivesse de fato procurando emprego, ele nunca chegou a receber nada da previdência. E o mais importante era que, de qualquer modo, um homem com o talento de Phil Jackson jamais ficaria desempregado por muito tempo.

No outono da temporada 1987-88, surgiu uma vaga na equipe de Doug Collins quando um de seus assistentes, Gene Littles, foi para o Charlotte Hornets trabalhar como encarregado de pessoal dos jogadores. Krause disse a Jackson que se candidatasse à vaga. Ele e Butch Beard, outro ex-jogador do Knicks, eram os únicos dois interessados. "Desta vez, quero que você corte o cabelo, vista um bom terno, e apareça com a barba feita", Krause lhe disse. E sugeriu ainda outra coisa: que ele fosse com os dois anéis dos títulos que conquistara com o Knicks. Jackson não pareceu muito satisfeito com a ideia, pois ia de encontro a seus instintos de modéstia, mas Krause insistiu, dizendo que seria bom para os jogadores mais jovens vê-lo com aqueles anéis. Doug Collins não parecia nutrir nenhuma afeição especial nem por Beard nem por Jackson, e Krause avidamente deu o emprego a Jackson. O fato de Jackson ser considerado um sujeito estranho e até então desprezado no primeiro mundo do basquete provavelmente contou a seu favor; uma vez que Krause parecia acreditar que, ainda que inconscientemente, Jackson assumia uma dívida de gratidão para com aquele que lhe ofereceu sua primeira grande chance na NBA. Krause sempre gostou de pensar no futuro e de ter um treinador debaixo de suas asas.

Com isso, as portas se abriram para a NBA. Como o trabalho começou junto com a temporada de basquete, June Jackson e as crianças ficaram em casa em Woodstock, onde June havia recém-aberto uma pousada, e ele instalou-se num hotel em Chicago. A mudança de situação não podia ter sido melhor para Jackson. Doug Collins era um treinador brilhante e entusiasmado, e tinha dois outros assistentes mais velhos, homens já com seus sessenta anos, que seriam extremamente úteis no processo de adaptação de Jackson à nova NBA: Tex Winter, uma lenda do mundo do basquete, que fora treinador quarenta anos antes, e Johnny Bach, que também era um dos homens mais espertos e mais respeitados no meio.

Jackson chegou no momento em que o Bulls começava a amadurecer. No ano anterior, Krause conseguira a melhor escolha de sua carreira, aquela que lhe dera a reputação que tinha. Ele havia escolhido os dois jogadores que dariam o apoio de que Michael Jordan precisava: Scottie Pippen e Horace Grant, que formariam o cerne da equipe do primeiro ciclo de títulos do Chicago. Pelo fato de o jogo de Pippen ainda não ser muito refinado — quem olhasse para ele veria o imenso potencial físico para a construção de um jogador único e de grande talento natural, mas também notava-se como ele havia sido mal treinado —, o trabalho de Jackson naquele ano seria prepará-lo. Ele trabalhou para refinar seu jogo, tentando mostrar-lhe como melhorar seu arremesso e aproveitar sua invejável aptidão física. Aquilo ajudou a criar um laço de confiança entre os dois homens que acabaria sendo muito útil no futuro.

Phil Jackson não começou assim tão bem com Michael Jordan. Antes, ele havia conversado com seus colegas treinadores e o assunto da grandeza de Jordan veio à baila. Jackson citou Red Holzman, que dizia que os grandes jogadores eram aqueles que faziam dos outros ao seu redor jogadores melhores. Doug Collins então sugeriu a Jackson que fosse dizer aquilo a Jordan. Jackson, imaginando se não estariam aprontando uma para ele, acabou concordando e foi dizer isso a Jordan, ainda que com um certo tom de desculpas, mencionando que Collins tinha lhe pedido que o fizesse. Jordan ouviu sem nenhuma interrupção, o rosto impávido, embora não estivesse gostando do que ouvia. Mais tarde, ele comentaria o fato com seus colegas e acrescentaria que era fácil fazer aquilo quando se jogava ao lado de gente como Earl Monroe, Walter Frazier e Bill Bradley.

Aquela era uma ladainha que Michael Jordan ouviria muito, por muito tempo ainda, e cada vez mais alto: ele podia ser o maior jogador individualmente falando, o maior no combate direto, homem a homem, mas será que ele passaria no teste da grandeza do basquete? O de fazer os colegas aumentarem a produção? Mais ou menos nessa época, o velho amigo de Jackson Bill Bradley, então senador, recebeu uma visita de seu velho colega Oscar Robertson, geralmente considerado um dos dois maiores armadores de seu tempo. "Esse Michael Jordan é mesmo especial", disse Bradley, e Robertson discordou. "Não acho, não", disse ele, "pelo menos para mim, não". Bradley ficou intrigado e perguntou a Robertson o que ele queria dizer. "Um jogador realmente grande faz até o pior do time parecer bom", respondeu, "e para mim Michael ainda não está nesse nível".

Entre a elite do basquete, Jordan ainda não era visto como alguém do mesmo nível que um Larry Bird ou um Magic Johnson, que todos os anos levavam seus times às finais. O fato de os parceiros de equipe de Bird serem, entre outros, McHale, Parish, Johnson e Ainge, os de Johnson, Abdul-Jabbar, Worthy e Mychal Thompson (os três que tinham sido a escolha número um em seus anos de *draft*), além de Michael Cooper e Byron Scott, e os de Jordan, Granville Waiters, Quintin Dailey, Dave Corzine, Brad Sellers e Orlando Woolridge, ninguém lembrava. Michael Jordan estava cansado de saber que as pessoas achavam isso dele; ele estava louco para ter parceiros que pudessem subir de nível. Sua fúria se reservava aos deuses do basquete que o deixavam chafurdando com o mínimo de ajuda, mas até então ele nunca tinha falado com seu agente para tentar tirá-lo do Chicago para que pudesse trabalhar com jogadores melhores. Ele encarava como seu dever levantar aquele time. Mas não ajudava nada a sua relação com Krause o fato de ele achar muito lento o processo de melhora do time.

Jerry Krause considerava o time que assumira em 1985 um verdadeiro desastre. Alguns dos jogadores eram bons rapazes, mas sem talento; outros não tinham talento e o caráter também ficava a desejar. No total, cinco jogadores daquela primeira formação passaram por programas de reabilitação por uso de drogas. O caso mais típico era Orlando Woolridge. Ele era talentoso, de constituição forte, com um corpo que parecia ter sido esculpido em pedra, mas, na opinião de seus próprios colegas, não tinha um jogo muito físico. Jordan certa vez gritou com Woolridge num treino: "Se eu tivesse o seu físico, as pessoas sairiam da frente correndo". Krause não podia esperar para trazer gente nova e o fez rápida e friamente, armando um esquema de escolhas que em breve criaria sua fama e lhe daria a influência necessária para futuros *drafts*.

Lentamente, ele foi formando um novo time. Seria algo novo no basquete, um time formado em torno do arremessador, o que significava que os outros jogadores teriam que aprender a não serem egoístas. Acima de tudo, ele precisava de um ataque forte e um elemento de proteção a Jordan em jogos nos quais os adversários tentassem jogar sujo com ele. E o preço que teriam que pagar por ir atrás dele seria alto.

A primeira peça fundamental veio na primavera de 1985, quando Krause viu um garoto jogando para o Virgínia Union que tinha um corpo enorme, forte e que se atirava no chão atrás de qualquer bola perdida. O nome do garoto era Charles Oakley, e ele tinha, para Krause, todos os requisitos de um grande pegador de rebotes: bom corpo, boa atitude, e, como uma bênção extra, boas mãos. Krause então ligou para Clarence "Big House" Gaines, o lendário treinador do North Carolina Central, uma de suas fontes prediletas. Os times de Gaines sempre jogavam contra Oakley, e Gaines achava que Oakley era a escolha ideal: grande, forte, ávido e com grande senso de justiça, bom de se treinar, e que só tenderia a melhorar.

O problema com Oakley, e o que preocupava Krause, era que como os jogadores universitários mais velhos iam passando de um torneio para o outro e depois para o Chicago Combine, sua cotação ainda estava subindo. Naquele ano, o Chicago escolheria em décimo primeiro. Cleveland em nono, e o Phoenix, que tinha fama de escolher sempre muito bem, em décimo. Jerry Colangelo do Phoenix jurou que escolheria Ed Pinckney, mas Krause estava preocupado com o Cleveland. Por fim, ele fez um acordo com o Cavaliers: deu-lhes Ennis Whatley e uma chance de escolha na segunda rodada. O Cleveland escolheu Charles Oakley para o Chicago, o Chicago escolheu Keith Lee para o Cleveland, e depois eles trocaram os jogadores. Em Chicago, a torcida que ficava ligada no *draft* vaiou a escolha de Lee, e também a troca por Oakley. Mas a primeira peça estava colocada.

Oakley revelaria ser tudo aquilo que Krause desejava, e mais. O melhor de tudo: Michael Jordan, que a princípio via com certa desconfiança, quando não com hostilidade, as atitudes da diretoria, adorou Oakley, e este se tornaria não apenas o elemento de proteção de Jordan, seu segurança na quadra, mas também seu melhor amigo no time.

Krause ainda não tinha acabado de negociar. Ele ainda queria alguns arremessadores para jogar ao lado de Jordan, e que limitassem as marcações duplas que ele iria sofrer. Escolheu Kyle Macy do Phoenix, um excepcional arremessador apesar da limitada força física para a NBA, e que apesar de ter jogado trinta minutos por jogo no seu primeiro ano, as limitações que mostrava, especialmente na defesa, eram óbvias. Mas Krause fez outra manobra para compensar, escolhendo um jovem chamado John Paxson do San Antonio. Muito antes de Krause contratar Macy, ele já estava atrás de Paxson, o irmão mais novo e mais baixo do *all-star* Jim Paxson. A essa altura, havia outras ofertas na mesa por Paxson, uma de Atlanta e uma bastante boa do Phoenix. Quando Macy chegou ao Bulls, Paxson entendeu que o Chicago iria retirar a oferta. Para sua surpresa, Krause melhorou a oferta: três anos garantidos. Para um jogador lutando desesperadamente para se manter na liga, que tinha conseguido uma média de 4.5 pontos por partida em suas duas primeiras temporadas, aquilo era uma bênção.

Mas havia um atrativo adicional em jogar ao lado de Michael Jordan: mais chances de arremessar desmarcado do que o normal, por causa dele. Krause disse a Paxson que estava querendo algo novo no Chicago, um time estruturado em torno de um arremessador, o que era no mínimo intrigante. Todos no time teriam que arremessar bem, e a bola seria passada com muita rapidez. Paxson gostou da ideia e achou que seus talentos caberiam bem naquele tipo de jogo. Macy provavelmente seria o melhor arremessador que teriam, embora a questão sobre se ele teria condições físicas para fazer seu jogo permanecesse no ar. Apesar de Macy ter jogado mais tempo e conseguido um média melhor, era óbvio que Paxson era em geral melhor jogador e melhor atleta, e, mais importante, Jordan gostava mais dele.

A coisa mais importante em relação a Jordan era conquistar seu respeito, quando não sua confiança absoluta, e Paxson tinha conseguido ambas as coisas quando ainda estavam na faculdade. Os dois tinham jogado juntos numa equipe de seleção universitária que tinha excursionado pela Europa. Num jogo em um pequeno ginásio da Iugoslávia, Paxson converteu um longo arremesso no último segundo que definiu a partida. Jordan nunca se esquecera desse arremesso e nunca foi tão exigente com Paxson como era com os outros parceiros. No ano seguinte, Macy saiu do time, e Paxson trabalhou duro e encontrou o caminho para entrar em perfeita sintonia com Jordan: ele sabia exatamente o que Jordan faria e o que não faria, e estava sempre trabalhando com ele no jogo. "Ele estava sempre ligado a Michael", disse uma vez Chuck Daly, "sempre pronto para atacar quando ele pegava a bola".

Jordan não ficou nada contente com o *draft* do ano seguinte. Não era uma temporada de bons talentos à disposição, e o Bulls, ficando em nono na escolha, optou por Brad Sellers, de Ohio. Ele era alto e magro, 2,13 m de altura e apenas 99,8 kg, e tinha um jogo refinado, mas não forte. Ele parecia poder arremessar de fora, mas não era o homem para um jogo mais corporal, que era o que o Bulls precisava. Sellers foi uma escolha de Krause, e os treinadores mantinham um pé atrás com relação a ele. O jogador que Doug Collins, um dos assistentes, e Michael Jordan queriam muito trazer para o Bulls era um talentoso defensor do Duke chamado Johnny Dawkins, que tinha jogado bem na ACC e fora o responsável por uma vitória difícil do Duke sobre o Carolina do Norte na época em que Michael Jordan ainda estava em Chapel Hill. Por algum tempo parecia que o Bulls iria escolher Dawkins. Na noite anterior ao *draft*, Collins tinha até chegado a dizer ao treinador do Duke, Mike Krzyzewski, que o Chicago escolheria Dawkins, representado por David Falk, na sua vez. Mas Krause não queria Dawkins: ele o achava magro demais, pensava que era o tipo de jogador que não tinha corpo para aguentar o ritmo da NBA. Contudo, Dawkins se revelou um jogador muito melhor do que Brad Sellers, e sua carreira durou sólidos oito anos.

Aquele era o tipo de coisa que Jordan não esquecia facilmente. Tanto ele como Falk acharam que aquela tinha sido a prova de uma fraqueza de Krause. Ambos achavam que o ego de Krause se mostrava naqueles *drafts*. Ele não aceitava a melhor escolha quando esta era óbvia, porque se a escolha óbvia de fato resultasse num sucesso, ele não teria nenhum crédito; por isso, ele era tentado a se arriscar em escolhas menos previsíveis, que, se dessem certo, dariam-lhe também o crédito especial de que ele precisava tão desesperadamente. Muito do ressentimento e desconfiança de Jordan com relação a Krause nasceu no caso da escolha entre Dawkins e Sellers, episódio que lhe serviu para abrir os olhos para a sua própria situação.

Krause cometeu outro erro na escolha de Sellers. Ele não só escolheu Sellers como também tentou vendê-lo para os técnicos e jogadores, comentando entusiasticamente quão bom profissional ele seria. Michael Jordan nunca deixaria Krause esquecer suas próprias palavras. Ele logo percebeu que Sellers era um jogador delicado, quando o Bulls precisava desesperadamente de força. Sellers não jogava como pivô, mas como um ala num corpo de 2,13 m de altura, e Jordan passou a ser quase violento com ele nos treinos.

Era um aviso do que viria pela frente. Krause estava sempre tendo que aprender como era difícil encontrar os jogadores certos para treinar com Michael Jordan. Quando Jordan pegava pesado com algum companheiro do time, ele ficava lá, desafiando o jogador a dar mais de si, de uma maneira que poucos jogadores, especialmente naquele time, conseguiam suportar. Quando os treinadores às vezes perguntavam se ele não achava que estava sendo duro demais com algum jogador, ele respondia, com razão, que se eles não suportavam a pressão nos treinos, como aguentariam a pressão dos *playoffs*? Quando Johnny Bach disse certa vez que ele estava acabando com um jogador durante os treinos pré-temporada, Jordan respondeu friamente: "Eu tenho que ficar em forma, Johnny".

A verdade era que naquela época já havia uma divisão na organização do Bulls que acabaria tendo graves consequências. Michael Jordan passara a atormentar Jerry Krause e a tratá-lo basicamente com desprezo. Aquele certamente não era o Jordan mais atraente, pensavam mesmo aqueles que ficaram de seu lado na disputa e que também não gostavam nada de Krause. Seu comportamento era um tanto cruel, talvez até desnecessário. As origens do conflito eram complexas. Em parte, com certeza, a maneira como Krause lidara com a contusão de Jordan, embora Jordan pudesse ter culpado igualmente — o que não fez — Jerry Reinsdorf.

Por outro lado, Jordan parecia nutrir uma aversão inata por alguém que parecia ter uma necessidade tremenda de receber crédito por muitas coisas, algumas que ele tinha feito, outras não. Além disso, Krause tinha um comportamento que contrastava drasticamente com a modéstia que era a marca registrada do programa do Carolina, começando por Dean Smith, que nunca exigia crédito por coisa alguma.

Por ter tido um caminho tão longo e difícil rumo ao topo e por ter sido um estrangeiro no mundo dos esportes por tanto tempo, Jerry Krause tinha tendência a tomar para si mais crédito do que merecia quando fazia alguma coisa. Os casos que contava quase sempre aumentavam sua importância nos fatos. Ele gostava de dizer às pessoas como tinha sido o primeiro a ver e a falar do grande Earl Monroe quando ele estava em Winston-Salem. Embora na verdade Wiston-Salem fosse uma típica pequena escola negra que os olheiros tradicionalmente haviam deixado de reparar no passado, as qualidades de Earl Monroe nunca foram exatamente um segredo. Quando o Bullets o escolheu, ele era a segunda escolha nacional. Tanto Gene Shue, treinador principal do Baltimore, como Bob Ferry, seu assistente, tinham tido papéis importantes em sua escolha. "Jerry não teve nada a ver com a escolha de Earl Monroe", disse Gene Shue anos mais tarde. "Jerry era nosso olheiro, um jovem que dava duro por nós, ninguém trabalhava mais do que Jerry. Mas Earl nunca foi um segredo: todos sabiam algo sobre ele, eu mesmo tinha visto alguns jogos com ele e o considerava espetacular, um dos jogadores mais empolgantes que eu já tinha visto. As únicas dúvidas com relação a ele vinham de algumas pessoas da NBA, que o julgavam mais um *showman* do que um verdadeiro jogador, e por isso se perguntavam se ele realmente se encaixaria na NBA. Mas eu amava aquela parte do jogo dele. Você deve se lembrar que Baltimore era uma cidade dura para treinar. Então, o que algumas pessoas consideravam ruim, eu via como um bônus adicional — eu procurava alguma vida para um clube que estava quase morto. Jerry não tinha nenhum poder de decisão." Anos depois, Kevin Loughery, o treinador do Bulls na época em que Reinsdorf e Krause assumiram o comando, e que jogara ao lado de Earl Monroe durante quatro anos, disse que no momento em que soube da mudança na diretoria, soube também que ele não continuaria ali por muito tempo. "Eu estava em Baltimore quando Krause trabalhava lá, e sabia que ele tinha sido um glorioso joão-ninguém naquela época, sabia que as histórias que ele contava agora — que tinha lançado Earl Monroe etc. — eram todas muito exageradas, e a última pessoa que ele iria querer por perto era alguém que conhecia o seu passado."

Ouvindo as histórias de Krause sobre Monroe, Michael Jordan costumava gritar dentro do ônibus para ele: "É, Jerry, e se não fosse pelo seu olho brilhante, será que Monroe teria caído para terceiro do país?". Jordan também dizia que em poucos anos, quando as pessoas já não se lembrassem tão bem das coisas, Krause diria que também tinha sido responsável pela escolha do próprio Michael. O que incomodava alguns treinadores era o fato de que, no início, Krause parecia gostar dessas provocações, ou pelo menos não as entendia, como se aquilo finalmente o tornasse um deles. Parte do problema entre Jordan e Krause tinha, contudo, raízes em algo tão antigo quanto o jardim de infância, em que alguns garotos são populares, enquanto outros parecem ter nascido para ser o alvo das brincadeiras dos outros. Jordan era talentoso, brilhante, o melhor em qualquer coisa que fizesse, e via em Krause — baixinho, nada atraente e desesperado para entrar para o "clube", mas longe de conseguir os requisitos necessários — seu oposto, a pessoa condenada a estar sempre fora de qualquer grupo.

Aquela era uma situação estranha e infeliz, e de nada serviu a nenhum deles. Krause costumava ficar muito no pé dos jogadores, e isso só fazia com que Jordan o provocasse ainda mais. Tex Winter, uma das raras figuras na organização do Bulls que se entendiam bem tanto com Jordan como com Krause, e que não ficava do lado de nenhum dos dois, achava que Jordan, naqueles momentos, era desagradável e até mesmo cruel. Mas também achava que Krause fazia muita questão de se aproximar de Jordan e tornar-se seu chapa. Doug Collins percebeu o que estava acontecendo e tentou tirá-los daquilo. Tendo uma relação com Krause que lhe dava relativa segurança, Collins lhe disse que seu trabalho não era tentar ficar amigo de Jordan, mas ganhar seu respeito, e talvez fosse mais fácil consegui-lo mantendo-se o mais distante possível.

16.
CHICAGO; SEATTLE, 1997

Nas primeiras semanas da temporada de 1997-98, as tensões entre os membros da equipe, especialmente Michael Jordan e Scottie Pippen, de um lado, e de outro Jerry Krause, aumentavam a cada dia. Não eram apenas rumores de bastidores: a coisa tinha chegado ao nível das provocações, muitas delas bastante desagradáveis e desnecessariamente juvenis. A situação não era boa em nenhum aspecto. Alguns achavam que Jordan estava tomando as dores de Pippen, que estava mal-humorado e amargo, mas como não era muito bom com as palavras não saberia controlar sua raiva no calor do momento. Phil Jackson sentia-se pego em meio àquele embaraço. A situação poderia trazer problemas para todos envolvidos, no mínimo para os jogadores reserva, que, sem muito poder e influência nas negociações de seus contratos, não gostavam nada da ideia de uma disputa entre o superastro do time e seu chefe. Para eles, naquela briga ninguém sairia ganhando. Parte do problema devia-se ao fato de Krause estar sempre junto de seus jogadores, muito mais do que a maioria dos outros diretores — nos vestiários, no ônibus, nos aviões fretados para o time, em qualquer lugar. A maioria dos diretores tinha como regra manter-se a uma certa distância dos jogadores no dia a dia. Jackson tentara tirar Jordan daquela situação, mas não adiantou. Como acontecera antes com Doug Collins, ele também sugerira inúmeras vezes a Krause que permanecesse menos tempo com os rapazes, pois eles entendiam sua presença como provocação. Jackson por fim entendeu que Krause não tinha muita noção de limites; ao contrário, Krause sentia-se, na posição de encarregado das operações envolvendo o basquete, com o direito de ir e vir de onde bem entendesse e achava que não havia necessidade de conhecer seus limites. Viajando com o time nas primeiras cinco ou seis semanas da temporada, ele argumentava, poderia ter uma boa ideia de como os jogadores estavam e do que precisavam. Mas, para estes, a todo instante ele estava ultrapassando o que consideravam o reino do jogador — o ônibus e o avião, assim como os vestiários, eram hábitats dos jogadores, tradicionalmente, não por nenhuma lei; era onde eles podiam relaxar e se divertir. Suas próprias regras, não as da diretoria, era o que valia nessas áreas.

Nessa temporada, devido às tensões envolvendo o contrato de Pippen, o sentimento do time em relação a Krause era o pior possível. Pippen, que participava da viagem com o time apesar da contusão no pé, tentava não só melhorar seu salário, mas reparar uma certa injustiça acumulada desde o passado: por duas ocasiões o Bulls quase o negociou, e, para ele, Krause nunca fora muito claro a esse respeito. Além do mais, isso significava que a seu ver o Bulls não tinha respeito pela sua contribuição nos cinco títulos, não, pelo menos, da maneira como Michael Jordan era respeitado. No início da temporada, quando o time chegou a Los Angeles vindo de Phoenix, acreditava-se que o pessoal do Phoenix tinha demonstrado ao agente de Pippen que o jogador que eles mais queriam era Scottie. O contraste entre a ansiedade deles e o quase desdém do Bulls alimentava ainda mais a sua raiva.

Depois do jogo contra o Clippers em Los Angeles, Bill Walton, que transmitia os jogos do Clippers, saiu do vestiário do Bulls balançando a cabeça, lamentando a situação de Pippen. Era uma coisa nunca vista, segundo ele, um jogador da categoria de Pippen, num time campeão, totalmente descontente com a diretoria e vociferando que queria ser negociado com outro time. Naquela noite, Pippen também esteve com Kent McDill, um dos repórteres que cobria o Chicago, e disse-lhe que jamais jogaria de novo pelo Bulls. Nunca mais. Como não dava para dizer quão sério ele estava falando, a princípio McDill não deu a notícia. Mas no dia seguinte, quando Pippen pressionou McDill para que escrevesse, ele teve que acreditar. Com aquilo, as tensões ficaram ainda mais fortes, e mais ofertas e contraofertas foram sendo feitas de ambos os lados.

Depois da vitória sobre o Clippers, o Bulls partiu para o Norte, rumo a Sacramento. No avião, algumas provocações entre Jordan e Pippen e Krause. No dia seguinte, outras ainda aconteceriam no vestiário em Sacramento, basicamente envolvendo o suposto papel de Krause no *draft* de Earl Monroe. Depois de uma vitória sobre o Sacramento Kings, os jogadores embarcaram no avião para Seattle. Durante o voo, Pippen ficou bebendo cerveja. Quando pousaram, havia dois ônibus, um para os jogadores e outro para a equipe técnica. Krause foi no dos jogadores, o que a maioria dos treinadores achou um grande erro. O ônibus, muito mais do que o avião, era um lugar de farra. Quando os jogadores e a equipe técnica iam de avião, eles tendiam a ficar cada um na sua, Jordan, Pippen e Ron Harper com seu joguinho de cartas, e os outros separados, cada qual fazendo uma coisa. Uns comiam, outros dormiam, alguns liam, e outros ainda se isolavam do resto com seus fones, ouvindo música. O avião era um lugar de solidão, mais do que de convivência. O ônibus, ao contrário, era um lugar muito mais explosivo; jogadores e treinadores ficavam aglomerados, havia pouca coisa para fazer, muitas conversas de que todos participavam, recheadas com a habitual delicadeza das conversas de atletas superalimentados sobre adversários e mulheres. O nível das brincadeiras e das provocações caía muito nos ônibus. Antes, Jackson tinha conversado com Reinsdorf sobre a presença de Krause no ônibus dos jogadores, era óbvio que ele não era bem-vindo, e aquilo era uma constante fonte de tensões e atritos. A resposta de Reinsdorf foi que se Jackson quisesse, podia muito bem dar um basta naquelas provocações. Jackson, em vez disso, incomodado com a queda do nível das provocações com Krause, a maior parte delas vindas de Jordan, conversou com Jordan sobre isso várias vezes. Michael concordou, ele mesmo não se orgulhava daquilo, mas havia situações em que ele não conseguia se conter. Em outras palavras, o problema iria continuar.

Jackson sugeriu a Krause que não usasse o mesmo ônibus do time e que tomasse uma limusine no aeroporto se fosse necessário. Mas Krause se recusou. A presença dele no ônibus do aeroporto de Seattle até o hotel parece que incendiou os jogadores. As provocações começaram outra vez, começando com Jordan, que mencionou a incomum habilidade de pescador de Krause. Logo Pippen juntou-se a ele.

Jordan era bom naquilo; ninguém na liga era melhor do que ele em matéria de azucrinar os outros. Ele sempre sabia até que ponto provocar Krause e, aos primeiros sinais de perigo, parar. Jordan podia ter seus acessos de fúria, mas era um mestre em controlá-la. Ele era maduro e dono de uma grande capacidade de raciocínio, além de uma frieza profissional que o permitia ligar e desligar suas emoções quando bem quisesse, e assim usar sua raiva como um instrumento. No mais, ninguém na liga era tão habilidoso em criar uma fúria artificial quando fosse necessário.

Pippen era diferente. Suas emoções eram mais cruas e estavam sempre à flor da pele, além do que tinha muito menos controle sobre elas. Quando entrava numa situação dessas, especialmente se tivesse bebido, não era tão bom como Jordan em saber quando parar. Quando Jordan começou a provocar Krause no ônibus, Pippen tomou a palavra e disparou para Krause: "Quando você vai parar de tomar todo o crédito por ter me escolhido e por minha carreira?". Disse isso em alto e bom som, reclamando que o Bulls lhe desse um novo contrato ou que o negociasse. E disse isso de maneira incisiva, falando ainda mais alto e ficando mais mal-humorado. Era a voz do descontentamento e do álcool. Enfim, Jackson ergueu uma garrafa de cerveja, como se dissesse a ele que ele tinha bebido demais e que devia parar (sintomático de como a equipe estava dividida foi o fato de Joe Kleine, o pivô reserva, ter achado que Jackson estivesse fazendo um brinde a Pippen). "Não se preocupe", Krause disse a Jackson, "eu posso suportar isso". Esta não era a questão, pensou Jackson, a questão era muito mais séria.

Aquela foi uma cena bastante deprimente: Michael podia brincar, pois nunca ultrapassava os limites, mas quando Scottie entrou na brincadeira, de alguma forma, o limite pareceu ter sido ultrapassado.

No dia seguinte, os jornalistas vieram mais uma vez com a história da exigência de Pippen ser negociado e seu juramento de que nunca mais jogaria pelo Bulls. Era o início da temporada, o Bulls estava lutando em quadra sem um de seus melhores jogadores e com o risco de perdê-lo para sempre. Era um momento de crise. Os outros jogadores estavam aborrecidos e, antes do aquecimento, Jackson convocou uma breve reunião com o time. Pippen desculpou-se com seus colegas pela atitude exigente quanto ao seu contrato, mas foi também firme quanto à decisão a tomar. Disse que jamais voltaria a usar o uniforme do Bulls. "Eu amo todos vocês, mas acho que está tudo acabado", disse ele. Jackson temia que Pippen pudesse estar chegando a um beco sem saída, um ponto da situação em que prejudicaria o time e a si mesmo por dizer coisas das quais não podia voltar atrás. A diretoria não teria com ele os mesmos critérios que tinha com Michael Jordan.

Pippen, sem a mesma dureza de Jordan, era muito mais vulnerável às regras do jogo social, que pareciam atingi-lo cada vez mais à medida que ele crescia em talento e notoriedade. A jornada de sua carreira, de onde partira até onde chegara, fora muito mais longa do que a de Jordan, e os mecanismos de defesa que tinha para sua vida fora do basquete eram muito mais fracos. Desse modo, seu controle emocional fora das quadras era um tanto questionável. Mais no início de sua carreira, sua volubilidade também fora problemática em quadra, tendo sido fácil para seus adversários mais sensatos conseguir desconcentrá-lo da partida. Mas ao longo de uma extensa e cada vez mais reconhecida carreira, seu comportamento em quadra foi se estabilizando; nesse momento, ele era uma das principais estrelas da liga, com os cinco anéis de seus cinco títulos, era difícil fazê-lo cair na provocação durante uma partida. Mas fora das quadras, o comportamento de Pippen era outra coisa. E sua falta de controle, achava Jackson, num mundo selvagem como o da NBA já naqueles tempos, em que as apostas corriam cada vez mais altas, podia ser facilmente usada contra ele.

Nos dias que se seguiram, Jackson conversou várias vezes com Pippen para tentar acalmá-lo. As diversas declarações que Pippen dera aos repórteres continham, entre outras coisas, a ideia implícita de que estava saudável o bastante para jogar se quisesse, mas não queria por causa do contrato. Os treinadores estavam seguros de que não era verdade. Eles tinham percebido num treino que ele estava sem explosão. Mas a mera sugestão de que estivesse fazendo corpo mole já era grave o bastante, pensava Jackson. Basicamente, Jackson disse a Pippen que seu dia estava chegando, mas que ele teria que esperar, pois já *tinha* um contrato para aquele ano, e se houvesse outra crise entre ele e a diretoria ele é quem sairia perdendo, visto que seu nome ficaria para sempre manchado na liga, especialmente entre as equipes de renome. O único caminho para sua liberdade seria voltar a jogar naquela temporada, jogar bem e no ano seguinte procurar agentes independentes para negociar seu passe.

Jackson ficou bastante surpreso com a hostilidade da reação de Pippen, que normalmente o ouvia e aceitava seus conselhos, mas que naquela ocasião parecia estar fora de seu alcance. Estava claro para ele que nem Jackson nem Jordan tinham o direito de lhe dizer o que fazer, porque ambos já ganhavam muito e ele não. Se fossem capazes de defendê-lo diante da diretoria, seria no máximo para evitar que ele fosse negociado, mas não para conseguir-lhe um contrato melhor no próprio Bulls. Pippen não deu ouvidos ao conselho deles e por um instante pareceu ficar ressentido com eles também.

Um tanto irritados com o comportamento de Pippen, Jordan e Jackson tentaram por outro lado: passaram a criticar para a imprensa as recentes declarações de Pippen. Ambos diziam que tinham voltado para essa temporada, primeiro de tudo interessados no título, e uma das razões para isso tinha sido Scottie Pippen. Ele era a única grande estrela do time de 1997 que ainda permanecia com o mesmo contrato, e tinha pedido a Jackson e Jordan que voltassem. Jackson lembrava as palavras de Pippen: "Não me deixem aqui sozinho". Agora que eles tinham voltado, parecia que era Pippen que estava dando as costas para eles. Jackson ficou surpreso com o incidente e entendeu que, ao longo dos anos, muito mais mal tinha sido causado a Pippen do que ele pensava.

O Bulls jogou bem naquela noite contra o SuperSonics — um dos três times que eles poderiam ter pela frente nas finais —, mas perdeu na prorrogação, quando Tony Kukoc desperdiçou um arremesso no último segundo. Quando saíram de Seattle, foi provavelmente o momento de maior crise do time na temporada, estavam com 8 vitórias e 6 derrotas, eles vinham dando duro e ainda teriam que passar por um grande time. Jordan estava muito bem, embora estivesse jogando tempo demais: sua média estava baixa, num claro sinal de fadiga. Ele estava tentando carregar o time inteiro já no início da temporada e em todos os jogos. Rodman finalmente começou a entrar em forma e a jogar bem, mas Kukoc, de quem o Bulls esperava e precisava muito, estava com um desempenho irregular e discreto. A chave seria Pippen. Para ter sucesso naquela temporada, o Bulls teria que comer muita poeira para suprir a falta de Pippen. Talvez, se o time tivesse sorte, haveria alguns poucos jogos em que eles conseguissem um bom nível. Então, quando ele voltasse, recuperado e saudável, o time recuperaria a força que o levaria aos *playoffs*. Agora Pippen ameaçava não só ficar fora durante toda a temporada, mas criar uma situação em que ele estivesse sendo negociado de modo punitivo por uma diretoria antipática com um time qualquer. Ao deixarem Seattle, Jackson não tinha certeza da volta de Pippen, ou, se voltasse, em que estado de espírito estaria. Ele temia que se repetisse o que aconteceu naquele jogo dos *playoffs* de 1994.

Se houve um fato definitivo na carreira de Jackson como treinador do Bulls, foi o que aconteceu na temporada em que o Bulls deixou de conquistar o título, e envolveu não apenas coisas que ele fez, mas também que deixou de fazer. Foi durante as finais da Conferência Leste, contra o Knicks, na primeira temporada em que Jordan estava fora, jogando beisebol. Faltava 1.8 segundo no terceiro jogo, e a partida estava empatada em 102; Jackson pediu um tempo e planejou uma jogada que daria o arremesso final a Tony Kukoc. Scottie Pippen, que vinha carregando o time na ausência de Jordan, e que era um sério candidato ao título de MVP, ficou nervoso com a decisão e se recusou a voltar à quadra. (Uma das razões por que Pippen estava tão chateado naquele momento era que na posse de bola anterior os treinadores tinham chamado uma sobra de bola para Pippen pela direita, mas Kukoc, como vinha acontecendo seguidas vezes naquela temporada, não abriu o espaço para Pippen, embora este tivesse sinalizado para ele sair. Com a confusão, o Bulls estourou o tempo de posse de bola.)

Aquilo foi algo impressionante, um grande jogador se recusando a voltar ao jogo devido ao clima que se criou. Ninguém jamais tinha ouvido falar de uma coisa assim. Já tinha acontecido de jogadores de menor expressão, tirados no início da partida, se recusarem a voltar quando o treinador pedia. Mas nada deste tipo: um superastro se recusando a voltar no momento decisivo de um jogo de campeonato. A primeira reação de Jackson foi de perplexidade. Ele virou-se para o assistente e disse: "Ele não quer voltar! O que é que eu vou fazer?!".

"Dane-se ele", disse Jimmy Cleamons, um dos assistentes. "Nós jogamos sem ele."

A maioria dos treinadores numa situação como aquela teria estourado com o jogador e partido para cima dele. Mas Jackson trocou algumas palavras esquentadas com Pippen na hora exata em que ele disse que não voltaria e lhe deu as costas. Enfim, Kukoc acertou o arremesso e o Chicago venceu a partida, mas isso não teve a menor relevância diante do ato de Pippen.

No fundo, o que Jackson fez foi deixar os jogadores lidarem com a situação, algo que ele aprendera com Red Holzman, seu treinador em Nova York. Eram os jogadores que decidiam: eram tanto juízes como jurados das situações. Que eles conversassem e decidissem a coisa certa a fazer. Quanto a Jackson, ele sabia que aquilo era algo com que Scottie Pippen teria que viver por bastante tempo, e não seria fácil. A questão não era tanto como puni-lo, mas o que significava, como contextualizar aquele episódio, julgar o fato não isoladamente, mas junto com outras coisas que Pippen tinha feito pelo time ao longo dos anos. Naquela atmosfera explosiva, Jackson pensou não só em si mesmo, mas no futuro da equipe em geral e do jogador em questão, que no passado tinha sido tão importante para o time. Ele conhecia a história inteira, não deixaria que um ato isolado, por mais infantil que fosse, apagasse todas as coisas boas que ele tinha feito.

Apesar de tudo ele ficara chocado. Foi até o vestiário depois do jogo, e lá estava o veterano pivô Bill Cartwright, talvez o jogador mais respeitado do Bulls, murmurando para si mesmo: "Eu não acredito que ele fez aquilo... Eu não acredito que ele fez aquilo... Eu nunca vi isso acontecer antes...". Sentindo pena, Jackson não conseguiu conter as lágrimas (teve que tirar suas lentes de contato, o que durou mais ou menos cinco minutos). Depois, foi encontrar Pippen e os outros jogadores. Ele foi bastante cuidadoso com as palavras: o que Pippen fez foi algo terrível, disse ele — foi algo impensável para qualquer jogador. Pippen, ele disse, jamais conseguiria se livrar do que fez, teria que lidar com a situação, não só se retratando com a imprensa, mas também, e principalmente, com os colegas, que ele magoara muito. Então Jackson disse que ele saísse e fosse falar com a imprensa, e que, em hipótese alguma, mentisse sobre o que tinha acontecido. Com isso, deixou-os sozinhos para fazerem suas orações, pois gostava sempre de lembrar que havia Deus acima de tudo. Então, enquanto eles meditavam a sós, ele saiu e foi falar com a imprensa. Bill Cartwright, ainda sensibilizado pelos acontecimentos, já tinha conversado com todo mundo.

Quando Jackson voltou, os jogadores já começavam a conversar entre si. Cartwright falou com emoção e ênfase. Disse ele a Pippen: "Depois de tudo o que passamos juntos, depois de todo o sacrifício que fizemos para vencer sem Michael, como você pode fazer isso?". Essas palavras não vinham da boca de algum membro da diretoria, mas dos próprios companheiros de Pippen. O que ainda não se sabia era se ele aprenderia a lição e seria capaz de reconquistar o respeito de que desfrutava da parte dos colegas antes de tudo aquilo acontecer. Mas o fato de naquele momento Jackson não ter sido tão duro com Pippen foi um elemento decisivo em sua carreira como treinador, e como muita gente na organização já estava ansiosa por se livrar de Pippen, Jackson foi provavelmente o responsável por manter o time intacto para o próximo ciclo de títulos. Era típico da visão de Jackson pensar que o importante era o longo prazo.

Naquela noite, Tim Hallam, o assessor de imprensa do Bulls, conversou com Jackson. Hallam sabia que aquele era um momento crucial para o time. Mas encontrou Jackson surpreendentemente sossegado com o episódio. "Não vai dar problema nenhum", disse Jackson. Hallam mais tarde concluiria que aquilo, mais do que os títulos conquistados, definiu Jackson como treinador.

No dia seguinte, um atordoado Michael Jordan, então no Double A Birmingham Barons, ligou para Jackson, querendo saber da história em detalhes. "Eu não estou acreditando que ele fez isso", disse Jordan. "Como pôde acontecer uma coisa assim?". Jackson disse que não havia explicação, mas na verdade havia. "Como está Scottie?", Jordan perguntou.

"Bem, ele se retratou, mas não parece ter se arrependido", disse Jackson.

Era claro que Jordan, produto de um meio no qual, não importava como você se sentia, você tinha que obedecer ao treinador, não conseguia entender tal heresia. "As pessoas nunca mais vão se esquecer do que ele fez", disse Jordan.

"Não tenho tanta certeza assim, Michael", Jackson respondeu. "As pessoas perdoam muita coisa com base nas verdadeiras intenções dos outros, e Scottie já passou por muitas coisas."

No outono de 1997, com Pippen mais uma vez ameaçando se autodestruir, Jackson decidiu que estava na hora de voltar um pouco atrás, para explicar as consequências de sua atitude para com ele, porém, mais importante, para acalmar os ânimos e deixar que os colegas de Pippen pudessem se aproximar dele. O desempenho de Pippen em 1994 fora perdoado pelos companheiros e pela torcida, mas se neste momento ele se recusasse a honrar seu contrato, a voltar e jogar num time competitivo que queria o título, se continuasse sabotando esse ideal, não haveria perdão. Jackson queria manter Pippen longe de Krause e insistiu para que Pippen não viajasse com o time por um tempo. Além disso, Ron Harper, que era a pessoa mais próxima de Pippen no time, passou a desempenhar um novo papel — o de amigo que lhe mostrava como ele era importante para o time, que contava com ele e acreditava nele. No entender de Jackson, naquele momento eles precisavam de menos histórias nos jornais e mais tempo para Pippen encarar a realidade de sua situação. Era hora de deixar Pippen se lembrar de que adorava jogar basquete no Chicago Bulls.

Os humores no time começaram a mudar. Até ali as coisas tinham sido relativamente tranquilas, quase alegres, apesar das tensões com a diretoria. Havia um consenso de que esta seria a última vez e de que eles iriam aproveitar ao máximo. Este time era muito diferente, num ponto essencial, do time que vencera os três primeiros títulos. Aquele time era muito mais jovem: para muitos dos jogadores, recém-saídos do banco, como B. J. Armstrong, Stacey King e Will Perdue, aquele foi seu primeiro time na NBA. Poucos deles sabiam o que era amargar num time perdedor, ao longo de uma temporada de crise, sabendo que no máximo conseguiriam 35 ou 40 vitórias. Este era muito diferente. Bill Wennington, Joe Kleine, Jud Buechler, Randy Brown, Ron Harper e Steve Kerr tinham jogado em outros times e sabiam e aceitavam os limites de sua posição na liga, além de saberem que tinham sorte de estar num time com chances de chegar ao título. Para alguns, aquele já era o terceiro ou quarto time em que jogavam: sabiam quando estavam numa boa situação. Seu equilíbrio emocional era bom e aceitavam de bom grado as exigências — ou a falta delas — de Jackson em relação a eles. Isso fazia do Bulls uma equipe fácil de treinar. Um time que geralmente vivia com bom astral, no qual os jogadores comuns tentavam se manter o mais longe possível das brigas de Krause, Pippen e Jordan.

Mas nesse momento o time estava precisando lutar, mal mantendo sua média e sem muita confiança no fato de que, com a volta de Pippen, tudo iria mudar. Talvez ele voltasse, talvez não. Com 8 vitórias e 7 derrotas, Jackson convocou outra reunião com o time. Eles já tinham perdido mais jogos do que na primeira metade da temporada anterior, quando a média final tinha sido de 69 e 13, foi o que Jackson disse. Pior, eles estavam perdendo para times que deveriam derrotar com facilidade, e estavam falhando em algo crucial para um time campeão: pecavam na hora de decidir jogos disputados. A marca registrada dos campeões — marca do Bulls durante boa parte da década de 90 — vinha sendo dominar o time adversário nos últimos minutos, quando o jogo estava no final. De alguma maneira, eles vinham perdendo essa pegada. Os outros times, sentindo essa fraqueza, estavam indo para cima deles e vencendo.

Depois daquela reunião, as coisas começaram a mudar, muito por causa de Michael Jordan. Ele voltou à sua marcha de guerreiro. Agora cada jogo era diferente: ele entrava nesses jogos como se fossem jogos de *playoff* decisivos. Ele retomou o ritmo na defesa. Voltou a pressionar os parceiros para

Com Dennis Rodman fazendo o "trabalho sujo" e pegando rebotes, o Bulls voltou a ser imbatível. Na foto, Jordan sobe para converter contra o Phoenix Suns.

que se superassem. E nenhum seguiu seu exemplo tão bem quanto Dennis Rodman, que também melhorou muito seu jogo. "Dennis é o nosso MVP da temporada", disse ele aos repórteres. "Nós não estaríamos fazendo nada disso sem a ajuda de Dennis. Eu nunca vi um colega jogando tanto desse jeito." Rodman parecia se destacar na ausência de Pippen, sobretudo com os elogios de Jordan, como se ele fosse o número dois, em vez de o número três do time; agora eram Michael e Dennis contra o resto. Após os dezoito jogos seguintes, sua média de rebotes passou de treze para dezessete por jogo, um pequeno indício de como ele estava se esforçando. Novamente, o Bulls voltava a ser durão. Não havia nada de artístico naqueles jogos. Eles estavam saindo do fundo do poço, conseguindo rebotes em cima de jogadores mais altos, com uma defesa melhor, formada por jogadores recém-saídos do banco, que cumpriam perfeitamente seus papéis. Ainda que não parecesse aquele Bulls que dominava as partidas, sempre confiante, dos dois últimos anos, de qualquer modo eles estavam voltando a vencer. A média ainda não estava muito boa, mas eles estavam jogando duro e liderando a liga em uma importante categoria: constituíam o time cujos adversários conseguiam os menores placares na liga.

17.
HAMBURG E CONWAY, ARKANSAS; CHICAGO, 1982-87

O *draft* da NBA de 1987 forneceu as condições para o primeiro título do Bulls. Nessa ocasião, o Bulls recrutou Scottie Pippen e Horace Grant, aquele não apenas um eterno *all-star*, mas um jogador presente na lista dos cinquenta melhores da NBA em todos os tempos, e este, reconhecidamente um dos dois ou três melhores alas da liga. Ambos eram fortes e começaram a despontar tarde. Dos dois, Grant era, na época dos torneios que antecediam o *draft*, um jogador mais lento; enquanto Pippen já estava chamando atenção por seu físico e braços muito longos, de modo que sua cotação começou a subir rapidamente. A Central Arkansas, predominantemente branca, não era exatamente uma força do basquete que atraía legiões de olheiros todos os anos. Numa época em que os olheiros eram mais sofisticados, capazes de identificar num relance quais daqueles adolescentes americanos se tornariam atletas profissionais dez anos mais tarde, Scottie Pippen foi o jogador que mostrou que, mesmo na nova indústria dos esportes nos Estados Unidos, havia espaço para surpresas. Ele tinha sido um jogador colegial bastante bom em Hamburg, uma pequena cidade no Arkansas, senão o melhor do time. Ele não era tão alto, 1,85 m, e era extremamente magro. Tinha boa visão de jogo, segundo seu treinador daquela época, Donald Wayne, porém tinha pés lentos (fato que surpreenderia seus adversários da NBA, se soubessem), isto porque seus pés cresceram mais depressa do que o restante do corpo. No colegial, ele dera tão poucos sinais de sua futura habilidade atlética que nenhuma faculdade da região — todas na segunda e na terceira divisão — demonstrou qualquer interesse em recrutá-lo, apesar dos esforços de seu treinador. Diversos treinadores assistentes foram observá-lo, mas nenhum ficou muito impressionado.

Finalmente, mais como um favor a um bom rapaz do que numa intuição do grande atleta que sairia dali, Donald Wayne ligou para seu velho treinador na universidade, Don Dyer, que então treinava a equipe do Central Arkansas em Conway. Wayne pediu a Dyer que desse um chance a Pippen — ele achava que Pippen era uma boa pessoa, se não um grande jogador, e acreditava fervorosamente que todo rapaz que tinha ética merecia, se fosse possível, uma chance de entrar para a universidade, como uma possibilidade de superar a pobreza da região rural em que vivia. Será que Dyer lhe faria aquele favor? Daria uma chance a Pippen de entrar na universidade? Ele não podia garantir nada; Pippen talvez não fosse bom o bastante para o basquete universitário. O que Wayne queria mais do que qualquer coisa era abrir uma porta para Scottie Pippen; ele achava que não havia nada mais enriquecedor para um jovem do que a universidade — quando se tem a oportunidade, pode-se pelo menos optar por continuar uma carreira ou não. Dyer gostava de Wayne e decidiu arriscar; ele o fez não por achar que estivesse diante de um grande jogador, mas como um favor a um jovem que treinara. Pippen não tinha nenhuma escolaridade na época: chegou dentro de um programa nacional para jovens carentes (Pell Grant), e trabalhou a princípio como assistente da equipe. Mas logo dois alunos que jogavam no time de Dyer abandonaram a universidade e Pippen pode ficar com uma das vagas.

Dyer lembra-se dele quando pesava 63 kg, mas Arch Jones, então assistente de Dyer e seu sucessor, lembra-se de algo como menos de 60 kg. Porém, havia algum talento no rapaz, pensava Dyer. Ele foi bem em seu primeiro ano, jogando cada vez melhor, até que no final do ano chegou a titular. Ele tinha boa noção de jogo, em parte porque fora armador no colégio e aprendera a enxergar toda a quadra. Além disso, estava começando a crescer — 1,90 m no segundo ano, 1,98 m no terceiro, e cerca de 2,0 m no último. No segundo ano, ele perdeu metade da temporada devido a seu fraco desempenho acadêmico, que o impediu de ser convocado. Mas, para Dyer, eles estavam começando a formar um time muito bom, principalmente graças a Pippen. De repente, ficou claro que ele era o melhor jogador que eles conseguiam em anos. Seu corpo se desenvolveu, ele passou a pesar cerca de 88 kg, mas ainda era muito rápido e continuava com uma ótima visão de jogo. Dyer o testou em três posições diferentes: nas duas armações e ala. Aquilo foi bom para Pippen quando ele entrou no profissional, porque enquanto seu tamanho dizia que jogava como ala, ele ficou tanto tempo na universidade conduzindo a bola que seus talentos eram muito variados. Ele ainda estava crescendo no último ano, e Dyer achava que ele poderia ir para o profissional. Não era fácil avaliar sua qualidade com aqueles adversários — Arkansas Tech, Ouachita State e Henderson State —, mas havia momentos em que ele parecia ser melhor do que qualquer um na liga e fazia coisas que Dyer e Jones só tinham visto profissionais fazerem.

Quando Scottie Pippen chegou à universidade, aos dezessete anos, ele escreveu numa redação na aula de educação física que quando crescesse queria ser um jogador da NBA. Àquela altura, ainda tão magro, isso parecia um sonho impossível. Mas no terceiro ano ele era o melhor jogador do time, quiçá da Conferência, e no entender de seus treinadores não havia limites para seu talento. Eles achavam que sua condição atlética o levaria à NBA, mas não tinham condições de avaliar isso. Conversavam com ele sobre seu sonho, e diziam que o achavam viável, se ele continuasse se dedicando. Se durante um treino as coisas ficavam mais fáceis para Pippen do que para os outros jogadores, e se ele não estava dando o máximo de si, Jones o pressionava. "Não vai ser fácil", ele dizia, querendo dizer que não seria fácil conseguir um lugar na NBA daquele jeito. Este era o seu bordão: "Não vai ser fácil".

Dyer e Jones começaram uma campanha para conseguir-lhe uma chance no profissional. Dyer conhecia Bob Bass, que trabalhava para o San Antonio naqueles dias, e então Bass entrou em contato com ele para falarem sobre Pippen, e escreveu para o Dallas Mavericks. Não obteve resposta. Ao mesmo tempo, Jones, iludido por sua pouca experiência como treinador, pegou o telefone um dia e ligou para Marty Blake, que era o chefe dos olheiros na NBA. "Marty, você não me conhece e nem a minha Conferência", começou ele, "mas eu tenho aqui um rapaz que é ótimo jogador e eu acho que ele pode jogar na NBA". A Conferência, a Arkansas Intercollegiate (AIC), era pequena, mas Blake, que dedicara sua vida a ela desde os anos 50, a conhecia bem. Jones descreveu as características de Pippen, mencionando os braços compridos e sua habilidade em várias posições. Blake levou-o a sério e disse que enviaria um olheiro. Aquilo deflagrou o processo, e em breve uma série de olheiros começou a rumar para o Arkansas.

Jerry Krause ouviu falar de Pippen pela primeira vez por intermédio de Marty Blake, que ligou para Krause para avisá-lo de que haveria um jogo no Arkansas no qual Pippen jogaria, que poderia haver outros olheiros por perto, e que Krause deveria prestar atenção, pois Pippen parecia ser um atleta excepcional. As duas coisas que ele mencionou sobre Pippen foram sua rapidez e seus braços muito longos. Então Krause enviou Billy McKinney para ver Pippen, mas McKinney era novo como olheiro e não havia assistido a muitos jogos da segunda divisão, de modo que achou difícil avaliar o que viu. No dia seguinte, Krause perguntou a McKinney o que ele tinha achado e este respondeu que não sabia. "O que você quer dizer com isso?", Krause perguntou. "Bem, ele é mesmo um bom atleta, e tem mesmo braços compridos, mas o nível do jogo lá é terrível."

(O papel de McKinney no recrutamento de Pippen acabou se tornando um ponto crítico na relação entre ele e Krause. Depois que McKinney deixou o Bulls, Krause achou que McKinney estava ganhando muito crédito por isso, e os dois, que tinham sido relativamente íntimos, pararam de se falar. A amizade mais tarde foi reatada, mas logo em seguida rompida novamente, quando McKinney, então trabalhando para o Seattle SuperSonics, colocou em seu currículo que tinha sido ele o descobridor de Pippen, e Krause mandou que ele retirasse a afirmação.)

Eles ligaram para o treinador de Pippen e pediram fitas de vídeo, mas as fitas não ajudaram muito. Quando Krause e McKinney foram ao torneio de Portsmouth, o primeiro dos torneios de exibição dos jogadores que iriam para o *draft*, e Krause viu um jogador magricelo entrando na quadra, ele cutucou McKinney e disse: "Aquele deve ser Pippen". "Como você sabe?", Mckinney perguntou. "Esses são os braços mais compridos que eu já vi na minha vida." Krause considerou aquele um dos raros momentos na vida de um olheiro em que ele pôde ter certeza de ter visto o lampejo de um futuro brilhante. Ele pensou consigo mesmo: "Minha nossa, eis algo realmente diferente e especial". Ele experimentara essa sensação somente em raras ocasiões do passado: quando trabalhava como olheiro do beisebol e vira pela primeira vez o jovem Kirk Gibson, e quando, já como olheiro do basquete, bateu os olhos em Earl Monroe. Uma das coisas que um olheiro de talento é capaz de fazer é pegar um jogador jovem e projetar como ele será no futuro, olhar para um jovem e prever o que o processo de amadurecimento — acompanhado de treinadores profissionais — fará.

Estava tudo ali, pensou Krause, um corpo esguio porém forte, uma impressionante naturalidade, graça e fluidez. Pippen ainda não era um bom arremessador, mas tinha mãos excelentes, de longos dedos, o que ajudaria muito se ele trabalhasse no arremesso, pois já podia controlar a bola com facilidade. Vendo Pippen, Krause teve a sensação de que aquele era um jogador que, assim como Michael Jordan, poderia jogara em três posições na NBA: ala, arremessador ou armador. Ele tinha habilidade atlética suficiente — rapidez, força e instinto — para se tornar um bom defensor. O Bulls já estava à frente da maioria das outras equipes de basquete por ter seu próprio programa de condicionamento físico, dirigido por Al Vermeil, irmão do treinador de futebol americano Dick Vermeil.

Pippen jogou muito bem em Portsmouth, e o segredo agora estava revelado. "Treinador", ele disse a Arch Jones quando voltaram a Conway, "acho que me saí bem: eles querem que eu vá para o próximo jogo no Havaí". Mas, se havia um problema para Krause, era o fato de que Pippen já não era segredo. A cotação de Pippen estava começando a crescer, e depressa; de fato, na recente história da NBA, poucos jogadores tiveram uma ascensão tão rápida por uma atuação no primeiro jogo depois da temporada, que os fizessem chegar ao topo da lista da primeira rodada do *draft*, como Pippen. Aquilo foi um pesadelo para o "Detetive": seu jogador desconhecido conseguia entrar na primeira rodada do *draft*, e pior, muito provavelmente seria disputado. Mas então, na moderna era do basquete, nenhum jogador de talento ou de grande potencial permanecia desconhecido por muito tempo. No Havaí, o jogo de Pippen foi ainda mais impressionante, e sua cotação subiu de acordo. E havia ainda o Chicago Combine pela frente, que era uma importante vitrine para os jogadores que tentavam se colocar para o final da primeira ou início da segunda rodada de escolha.

Nem Jimmy Sexton, nem Kyle Rote Jr., os novos agentes de Pippen, estavam muito interessados em que ele jogasse no Chicago Combine. Eles sabiam do interesse de Krause nele, assim como do de diversos outros dirigentes — de fato, Krause vinha falando de Pippen como um potencial superastro — e, se ele fosse para o Combine, poderia se prejudicar, caso se saísse mal. Krause também confirmou essa preocupação, pois estava nervoso com o crescente interesse em Pippen. O próprio Krause estava disposto a pagar umas férias para Pippen no Havaí durante a semana do Chicago Combine, só para mantê-lo escondido. A única pessoa que não estava satisfeita com a ideia era o próprio Pippen, que estava gostando da competição e estava ansioso por descobrir que, depois de jogar tanto tempo numa liga menor — ele nunca, diferentemente de qualquer jogador de programas mais fortes, tinha ido de avião para um jogo antes —, ele não só era tão bom como outros jogadores de renome, como ainda melhor do que eles, e poderia acabar com todos. Ele estava louco para ir para Chicago e mostrar que não era apenas conversa fiada. Ele foi e jogou ainda melhor que no Havaí; provavelmente foi o melhor jogador. (Don Dyer veio para a exibição em Chicago e procurou Bob Bass, do San Antonio. Bass olhou para Dyer e disse: "Você bem que tentou me avisar sobre ele, não?".)

Jerry Krause estava ficando cada vez mais nervoso: seu diamante bruto estava cada vez menos protegido. Agora ele queria que Sexton e Rote limitassem as exibições de Pippen para os outros times. Isso foi um ano depois de Len Bias ter sido escolhido o segundo do país pelo Celtics e logo em seguida morrer de overdose, e a maioria dos times insistia em trabalhar um pouco com os jogadores para ter alguma informação sobre quem eles realmente eram. Krause implorou a Sexton e Rote que não levassem Pippen para lugares como New Jersey e Cleveland, que tinham boas posições no *draft*.

Pippen também estava começando a ficar irritado com essa parte do jogo, voando para cidades diferentes, conhecendo pessoas estranhas, proprietários poderosos e diretores, tendo que responder a suas perguntas e ser a pessoa que eles queriam que ele fosse. Ele pediu a Sexton que o acompanhasse nas viagens, o que não era muito comum. Eles já tinham visitado Indiana e Phoenix, e tinham pela frente New Jersey e Cleveland quando chegaram a Chicago para o encontro com Krause e Doug Collins. Collins era jovem, animado e carismático e fez um comentário bastante lisonjeiro sobre Pippen: disse que o imaginava jogando junto com Michael Jordan durante uma década! Disse também que via um grande futuro para aquele time jovem, com não apenas um, mas diversos títulos pela frente. Ele não usou o termo "dinastia", mas a visão que tivera era a de uma verdadeira dinastia. Pippen adorou a ideia: tinha gostado de Chicago, de Collins, e a ideia de jogar com Michael Jordan era muito sedutora. Depois ele disse a Sexton que não queria mais continuar com as viagens, que não queria mais visitar nenhuma cidade: se fosse possível, gostaria de jogar em Chicago.

Em Chicago, Pippen passou por um treinamento físico com os técnicos, que o levaram também para Al Vermeil. Krause soube na hora que Vermeil tinha visto o mesmo que ele em Pippen. Desde o início, Vermeil vira nele uma excepcional fluidez. Aquilo significava que ele tinha um corpo cuja eficiência estava muito acima da média, disse Vermeil a Krause: "Ele é tão elástico que não parece gastar tanta energia quanto os outros quando corre — ele não fica forçando o chão quando está correndo. Quanto mais viam os exercícios de Pippen, mais ficavam impressionados. Um dos testes que o Bulls usava era uma atividade com bola e deslocamento. O treinador colocava algumas bolas no círculo do garrafão e o jogador tinha que tentar enterrar o máximo de bolas que pudesse em trinta segundos. Era, entre outras coisas, um exercício de velocidade para frente e lateral. No centro de treinamentos do Bulls, era conhecido como um exercício matador. Pippen bateu o recorde: enterrou quinze bolas. Noutro exercício, pediam a Pippen que saltasse quatro vezes seguidas, e um computador ajudava a marcar a altura dos saltos e o tempo que levava entre um salto e outro. Mais uma vez seu desempenho foi excepcional. Na ocasião, ele pesava cerca de 90 kg e media 2,0 m, e Vermeil achava que ele podia engordar mais 10 kg sem perder a velocidade.

A questão agora seria se o Bulls, que escolheria em oitavo, teria chance de ficar com ele. O Sacramento aparentemente estava interessado nele, e estava em sexto no *draft*. Mas Seattle pelo menos não estava; seu interesse era em um pivô, e Seattle tinha a quinta e a nona escolhas. No último momento, Krause conseguiu uma troca, ficando com a quinta escolha do Seattle e dando-lhe de volta uma na segunda rodada, além de um jogo de exibição no outono, o que significava que eles teriam uma grande plateia, pois Michael Jordan estaria lá. Em poucas semanas, Scottie Pippen passou de uma opção intermediária para o número cinco do país.

Horace Grant foi uma surpresa ainda maior do que Scottie Pippen. Johnny Bach, um talentoso treinador assistente, foi quem primeiro bateu os olhos nele, mais por acaso do que qualquer outra coisa. Todos os treinadores recebiam fitas para avaliar e também deviam conferir alguns jogadores colegiais. Bach estava observando um jogador chamado Joe Wolf, que tinha 2,11 m e jogava no Carolina, que talvez pudesse ser aquele tão desejado pivô que eles ainda não haviam conseguido. Johnny Bach não gostou do jogo de Joe Wolf. O que ele viu foi um jogador bom, porém limitado, com a ajuda de um programa ótimo. Ele provavelmente seria um nômade na NBA. O que ele fazia na universidade, pensou Bach, talvez fosse seu máximo. Wolf não parecia tão rápido, e Bach, que tinha treinado em todo tipo de condições e durante quatro décadas, também não gostou do jeito como ele corria em quadra. "Olhando ele correr eu o achei pesado, e pensei que no futuro ele poderia vir a ter problemas de coluna", disse ele.

Mas ao longo dessas observações, ele assistiu a uma das partidas de Wolf contra o Clemson, e ficou intrigado com o pivô do Clemson que o marcava, Horace Grant. Grant não era tão alto nem tão pesado, mas compacto e forte, além de muito rápido. Ele tinha uma velocidade rara em alguém com aquela estatura. Tinha um grande instinto para os rebotes e ia de uma tabela à outra com grande facilidade. Ele não tinha recebido um grande treinamento, pensou Bach, nada parecido com o de Wolf, mas era maior da cintura para cima. Ele ainda era magro, mas tinha ombros muito largos, o que significava que ainda poderia encorpar — não seria mais um Brad Sellers. Bach pediu mais vídeos ao Clemson, e quanto mais ele via, mais se assegurava de que Grant era o jogador de que precisavam. Os outros treinadores assistiram às fitas e concordaram, portanto a opinião foi unânime. Como eles tinham Jordan e estavam prestes a conseguir Pippen, os treinadores acharam que um pivô com a velocidade de Grant seria muito melhor do que alguém como Wolf para o time que eles tinham em mente. Quando Horace Grant passou pela sessão de treinamento físico, Al Vermeil também ficou bem impressionado. Naqueles dias Grant, pesava cerca de 97 kg, porém Vermeil julgou que seria fácil para ele, dada a largura de seus ombros, chegar a 105 sem perder a velocidade.

Embora o desempenho de Grant em algumas das atividades não tivesse sido tão impressionante como o de Pippen, em termos atléticos ele estava acima da média para alguém de seu tamanho. Ele correu vinte metros em

2,98 segundos, o que era muito bom para um pivô. (Poucos anos depois, após um treinamento constante, ele não só ficou maior e mais forte, como estava mais rápido, fazendo os mesmo vinte metros em 2,85 segundos.) No fim das contas, aquele foi um ótimo desempenho: Grant era ainda mais rápido do que eles esperavam, além de ser um arremessador melhor.

Quando chegou o dia do *draft*, a pessoa que tinha mais dúvidas era alguém cujo emprego estava em jogo, assim como o de todos os demais, Jerry Krause. Em um determinado momento, ele apontou para Grant, mas no fim parecia que estava dando adeus à própria ideia. Dean Smith estava insistindo muito em Joe Wolf, e Krause sabia que Michael Jordan também o queria muito. Collins achou que era a sombra de Brad Sellers sobre sua cabeça, pois Sellers tinha chegado como um gigante e jogara mal, causando uma grande decepção. Krause tinha sofrido um bocado por essa escolha equivocada, especialmente da parte de Jordan. Agora, ali estava Grant, um jogador de corpo ainda indefinido. Seria ele outro Sellers? Eles não poderiam desperdiçar outra boa escolha com um pivô. Quando você tem um superastro como Michael Jordan em seu time, você não tem tantas chances assim de escolher os parceiros certos para jogar ao lado dele. E a própria superioridade de Jordan no Bulls mostrava que eles ainda não estavam fazendo as melhores escolhas.

Se alguém influiu de modo decisivo no momento de Krause escolher Grant, esse alguém foi Tex Winter, o membro da equipe técnica mais próximo de Krause. Winter nunca tomava parte nas infindáveis disputas internas da diretoria do Bulls, suas opiniões caracterizavam uma espécie de pureza do basquete. No dia do *draft*, na hora da segunda e última escolha do Bulls, Krause parecia tentado a ficar com Wolf. "Jerry", disse Winter — e ele era a única pessoa que poderia ter dito aquilo sem parecer desleal — "todo mundo da equipe técnica quer Grant. É unânime. Como é que você ainda está pensando em Wolf?". Krause voltou atrás e eles ficaram com Grant.

Michael Jordan acompanhou o *draft* com bastante cuidado. Havia dois jogadores do Carolina a quem ele teria preferido, Wolf como pivô e Kenny Smith como armador. (Smith foi escolhido logo depois de Pippen e seguiu uma carreira profissional muito bem-sucedida.) Todo mundo no Bulls parecia em transe. Doug Collins disse a Jordan no dia seguinte: "Michael, eu não costumo me entusiasmar muito com jogadores jovens que acabaram de sair da faculdade, mas acho que esses dois podem ser realmente especiais".

Jordan deu uma olhada para Collins, como que dizendo, "essa é nova". "Bem, é o que veremos", disse ele. Ele costumava não dar muita corda para Krause. Quando Krause disse a Jordan que ele iria adorar jogar com

Scottie Pippen, sentiu a incerteza no ar de Jordan: "Bem", disse Jordan, nitidamente desconfiado, "foi você quem trouxe Brad Sellers também, não foi?".

Agora que as peças pareciam estar se encaixando, ainda levaria algum tempo para a confirmação dos resultados. Ambos os jogadores eram jovens e, por assim dizer, sem polimento. Nenhum deles estava preparado para os rigores e a disciplina da NBA; ambos eram rapazes do interior que chegavam à cidade grande, jovens repentinamente ricos, aproveitando todas as vantagens de seu novo mundo, os prazeres do dinheiro, fama e recente libertação da realidade provinciana do Sul. Naqueles dias, eles aproveitaram para badalar bastante com um jogador chamado Sedale Threatt, que parecia ser dono de um preparo físico que lhe permitia ficar na farra a noite toda e chegar novo e disposto na manhã seguinte. Pippen e Grant, jovens e impressionáveis, não pareciam ter a mesma sorte. Motivo pelo qual Krause logo trocaria Threatt com o Seattle, literalmente dando-o de graça, para proteger os novos jogadores.

Os treinadores sentiam que estavam de posse de todas as peças de que precisavam para um time destinado ao sucesso, mas também sabiam que seria um processo duro. O Bulls estaria disputando a mesma Conferência não apenas com o Boston, que já mostrava alguns primeiros sinais de declínio, mas também com o Detroit, que estava em ascensão, tendo feito uma série de ótimas escolhas, além de exercer uma espécie de poder psicológico sobre o Bulls.

O primeiro ano de Pippen e Grant, 1987-88, foi o primeiro ano da nova ordem dentro do Bulls. Pela primeira vez, quase todas as peças pareciam se encaixar, e os pesadelos do passado pareciam de fato ter sido esquecidos. Doug Collins, em sua segunda temporada, era um treinador entusiasmado. Ele também era jovem, completando 36 anos naquele verão, e sua juventude se equilibrava com a experiência de seus assistentes, Tex Winter e Johnny Bach. Winter era um treinador de treinadores, um grande purista do basquete, que alguns achavam gostar mais dos treinos do que dos jogos, pela pureza que havia neles, em contaste com as partidas do profissional, e pelo fato de simplesmente adorar formar novos jogadores. Outros profissionais da liga, como Bucky Buckwalter, se impressionavam com a façanha de Krause de ter posto um treinador jovem e empolgado como Collins, cujo contato com o basquete era ainda recente e que conhecia bem a pressão existente sobre os jogadores no basquete moderno, trabalhando com assistentes como Winter e Bach. Aquela também foi a temporada em que Phil Jackson começou a trabalhar como treinador assistente.

Foi um período cheio de emoções. Charles Oakley vinha se destacando como um excelente ala. John Paxson se revelava um talentoso parceiro de Jordan, aquele que seria capaz de converter um arremesso decisivo caso Jordan estivesse muito marcado. Mas havia um longo caminho pela frente. Scottie Pippen podia ter sido o jogador mais esforçado em Conway, Arkansas, mas, diante dos padrões extremamente rigorosos que Michael Jordan impunha aos treinamentos a cada dia, sua atitude parecia ainda um tanto negligente. Grant era melhor nos treinos, mas seu caminho estava emperrado, pois desde o início disputava a vaga com Charles Oakley. Jordan ainda era o jogador mais durão da equipe, ninguém mexia com ele. Certa vez, durante um treino antes do início da temporada de 1989, um jogador que ainda não estreara, chamado Matt Brust tentou desafiar Jordan. Brust era um moleque grande e durão do Saint John's, com cerca de 1,95 m de altura e quase 100 kg, um jogador bastante físico. Ele estava forçando a barra nos treinos, tentando impressionar, se não com seu talento, ao menos com sua força. Em um dos jogos, Jordan correu para a cesta e Brust deu-lhe uma trombada dura, derrubando-o na quadra. Jordan se levantou sem dizer nada, sem nem sequer olhar para ele, mas alguns jogos depois ele driblou Brust; Jordan vinha com a bola na mão direita e Brust também veio pela direita em sua direção. No último segundo, Michael passou a bola para a mão esquerda e desceu o cotovelo com toda a força na cabeça de Brust, deixando-o inconsciente. Brust ficou ali estatelado por alguns minutos, foi o fim dos treinos para ele.

Embora o caminho ainda fosse longo para o Bulls, às vezes era possível vislumbrar o futuro. Uma dessas ocasiões foi num jogo amistoso contra o Lakers. No ano anterior, o Lakers tinham acabado com o Bulls num amistoso em Chapel Hill, mas desta vez o jogo foi disputado. Ainda mais interessante, Pippen fez um ótimo trabalho marcando James Worthy.

Doug Collins trabalhara intensivamente com Pippen e Grant. Ele os estimulava diariamente para melhorarem suas performances e para aceitarem melhor a vida na NBA, pois vencer naquela liga exigia um nível de profissionalismo e compromisso que eles estavam longe de alcançar. Às vezes parecia que Collins estava sempre por perto, sua voz sempre alta, constantemente os motivando, exigindo mais empenho e que ambos se tornassem melhores dentro e fora das quadras. Eles teriam que aprender que se estivessem em um voo comercial e a aeromoça dissesse para apertarem os cintos, eles tinham que apertar os cintos, e não ficar brincando com ela. Tinham que aprender a jogar diariamente dando o máximo que podiam, não como se fosse uma aula fácil. Certa vez, na noite de um jogo importante, Grant parecia estar com um início de dor de cabeça e Michael sugeriu — num tom que todos puderam ouvir no vestiário — que ele tomasse uma aspirina. Noutra ocasião, num jogo contra o Denver, na época um bom time, Pippen deu a entender que estava com problemas na mão e Collins o mandou jogar. Pippen ficou preocupado. E se no fim do jogo você não tiver que pegar na bola e ficar só marcando Alex English? perguntou-lhe Collins. Pippen recusou-se terminantemente a jogar, mas Collins deixou claro que achava sua atitude inadequada e que ele estava decepcionando a equipe inteira e seu treinador.

Collins vinha de um passado difícil e se esforçara para ser um astro da NBA. O que sempre o motivou, além de seu talento, foi a paixão pelo jogo. Na Illinois State, ele fora treinado por um homem chamado Will Robinson, que sabia como seu protegido era magro e pouco musculoso, e o forçara a alcançar a condição física que, ao lado de seu talento, lhe permitiria crescer na liga. Robinson fez Collins treinar boxe todos os dias antes dos treinos de basquete. Havia uma razão para isso, ele dizia: "Acho que você vai conseguir entrar na NBA e quando isso acontecer muita gente vai invejá-lo pelo que você tem, muitos serão maiores e mais fortes que você. E virão para cima de você e vão acertá-lo; e se você não reagir, vão arrancar suas tripas para fora e, quando eles o fizerem, você nunca mais vai conseguir voltar a arremessar".

Essa brutalidade era o que Collins estava tentando passar para eles, e parece que estava conseguindo. A melhora do time era evidente, eles venceram cinquenta partidas naquele ano, mas mesmo assim era nos treinos que se percebia a diferença mais gritante. "O primeiro sinal do time que estava por vir", disse mais tarde Collins, "foram os treinos do primeiro e do segundo anos". Eles eram fenomenais: Oakley disputando com Grant, e Jordan com Pippen. Aqueles pareciam estar numa guerra, pois só poderia haver um vencedor. Estes, mais como se estivessem numa aula, pois Jordan tinha um grande interesse no sucesso de Pippen — o que não acontecia entre Oakley e Grant. Se Pippen se superasse, Jordan teria um parceiro mais qualificado; se Grant subisse de produção, Oakley poderia perder a vaga no Bulls. Oakley era maior e mais forte, além de ter uma postura admirável como profissional, ao passo que Grant era visivelmente mais rápido, mais atlético e possuía um arremesso mais eficiente. O grande trunfo de Oakley, contudo, era sua disposição para enfrentar qualquer um em seu caminho, tanto nos treinos como nas partidas. Depois do quarto dia de atividades antes da temporada, no ano de sua estreia, Horace Grant entrou na sala de musculação para uma longa conversa com Vermeil, e pediu que elaborasse para ele um programa de dieta completo, para ganhar peso e força. Ele sabia pelo ritmo que estava adotando nos treinos que não seria capaz de se tornar o grande jogador que queria ser, se não se esforçasse para ficar mais forte. "Eu preciso ficar forte", disse ele a Vermeil.

A relação entre Jordan e Pippen era bem diferente, como entre professor e aluno. Jordan era capaz de ver o talento bruto de Pippen, pois sabia que este não tinha tido os mesmos privilégios que ele tivera no programa do Carolina. Ele combinara com Pippen trabalhar desde as jogadas mais elementares até o aprendizado do dia a dia na liga. (Havia, porém, uma jogada que só Pippen conseguia fazer: debaixo da cesta, mas fora da quadra, Pippen conseguia, sem pisar no chão, saltar com a bola na mão esquerda e enterrar. E Jordan não conseguia. Johnny Bach achava que era por causa do tamanho das mãos de Pippen.)

Quanto mais Jordan sentia que Pippen estava levando as coisas a sério, mais ele se dispunha a ajudá-lo. Isso levou algum tempo, porque demorou até que Jordan se certificasse de que Pippen era durão, de que realmente gostava do jogo e estava totalmente comprometido com o time. Eles eram parceiros de equipe, unidos pelo talento, mas não exatamente amigos, pois havia uma diferença de classe social entre eles. Jordan era uma pessoa segura de si em tudo o que fazia, firme como um rochedo; Pippen, por sua vez, era muito inseguro — a pobreza do Arkansas deixara nele suas marcas. Aos poucos, os dois foram se aproximando. Jordan, temeroso de se comprometer com um jogador que ainda não conhecia bem, e Pippen gradualmente receptivo a Jordan, senão como um mestre, ao menos como um exemplo a seguir. Cada vez mais, Collins via os dois juntos depois dos treinos, praticando arremessos, Jordan ensinando a Pippen os fundamentos do basquete, como quebrar a marcação dupla ou como forçar a infiltração quando a defesa está marcando sob pressão. Anos mais tarde, depois de testemunhar a melhora progressiva de Pippen, mesmo depois dos títulos conquistados, Collins notou que, em alguns aspectos, Michael Jordan — trabalhando com um atleta de garra e talento nunca devidamente reconhecidos — tinha feito de Pippen um clone de si mesmo. No fim das contas, o jogador que surgira dali, ao lado de Jordan, podia muito bem ser considerado um produto do programa do Carolina de Dean Smith.

Segundo Collins, se houve algum fator que facilitou o trabalho naqueles primeiros dois anos, foi a presença efetiva de Michael Jordan nos treinamentos, suas demonstrações diárias de um jogador dedicado e sua recusa em deixar que os colegas relaxassem nas atividades. Tudo isso fazia dele o treinador ideal, porque não só oferecia o exemplo, como também era a voz que todos respeitavam em lugar de Collins, que sabia que Jordan era o treinador emocional do time e conhecia o perigo que havia em sobrecarregar jovens jogadores — que se ele se limitasse a corrigir os erros, logo perderia a autoridade e os jogadores se desinteressariam. O fato de grande parte do treinamento ser levado quase inconscientemente pelo melhor jogador do time permitia que ele se concentrasse em aspectos mais essenciais do processo.

Depois dos treinos, Collins ficava cerca de 25 minutos só nos arremessos de Jordan e, a seguir, fazia o mesmo com Pippen. Depois reunia os jogadores em um lado da quadra e treinava disputas homem a homem. A disputa era justa, Jordan, Pippen e Paxson sempre se enfrentavam e sempre disputavam nos arremessos a dinheiro. Jordan adorava. Para Pippen, aquilo foi uma verdadeira lição — ele nunca tinha estado num ambiente tão competitivo, e essa competitividade estava começando a contaminá-lo. Jordan gostava de apostar em tudo e adorava os jogos homem a homem com seus colegas, apostando em todas as partidas de 21. Ele chamava esses jogos de "Clube do Pombo". Depois dos treinos, ele levava as mãos à boca e soprava, querendo dizer que estava chamando os pombinhos para serem abatidos, para que ele pudesse ganhar seu dinheiro. Em geral eles apostavam pouco, cem dólares no máximo, uma vez que jogavam todos os dias, mas aquilo era um incentivo a mais para os treinos.

Num deles, Jordan se machucou levemente e ficou de fora, mas ele observou tudo de uma das salas dos treinadores, inclusive as apostas do um-contra-um no final do treino. Naquele dia em particular, Horace Grant, que era um arremessador incrível, estava provocando os outros. Ele estava impossível: primeiro passou por cima dos arremessadores, depois destruiu Pippen. Jordan, sentado ali no escritório, com um sorriso surpreso, via Grant ficar cada vez mais cheio de si. No final, quando Grant derrotou Pippen e sua euforia chegou ao auge, Jordan entrou na quadra e inocentemente convidou Grant para uma disputa. Ele estivera à espreita, como uma cobra antes de dar o bote no coelho. Sugeriu que quem ganhasse aquela ficasse com tudo, e Grant, é claro, sabendo-se numa maré boa, aceitou o desafio. Mesmo machucado, Jordan acabou com ele facilmente.

Michael Jordan ainda queria e precisava ganhar sempre e em tudo. Naqueles dias, quando eles ainda usavam aviões comerciais, às vezes passavam seu tempo livre nas salas de jogos dos aeroportos, jogando Pac-Man. Por um tempo, Dave Corzine, que sempre levava consigo muitas moedas de 25 centavos, foi considerado o campeão do Pac-Man. Com o tempo, porém, Jordan comprou um Pac-Man e ficou treinando em casa até conseguir vencer Corzine.

Em seus primeiros anos no Chicago, Jordan comprou uma mesa de pingue-pongue e a colocou no salão de jogos de seu apartamento. No começo ele não era muito bom, e ficava furioso porque sempre perdia para Howard White, o representante da Nike e seu amigo mais íntimo. Charles Oakley também jogava bem, e Jordan ficava muito nervoso porque ambos conseguiam ganhar dele em sua própria casa. White ficava espantado de ver Oakley e Jordan, aqueles dois homens imensos, jogando pingue-pongue numa sala tão pequena e de teto tão baixo — a sala parecia ficar tomada por aquela energia competitiva. White aprendera que se ganhava de Jordan tinha que jogar e jogar, até que ele conseguisse vencer.

Richard Dent, o defensor e astro do Chicago Bears, tornou-se amigo íntimo de Jordan e, é claro, Jordan o obrigava a competir com ele. Dent gostava de andar de bicicleta, e Jordan certa vez o ouviu dizer que tinha corrido 30 milhas. Algumas semanas depois, quando Jordan chegou ao Havaí depois de uma viagem ao Japão, levantou-se após cerca de duas horas de sono, ligou para Howard White e disse que queria sair para andar de bicicleta. "Quantas milhas você está pensando?", perguntou White. "Trinta milhas", respondeu Jordan. "Meu Deus", pensou White, "ele está competindo comigo e com Richard Dent".

O esporte que mais o frustrava era o tênis. Por suas habilidades — velocidade, reflexos e força —, ele deveria ser um bom jogador de tênis, mas talvez por ter começado tarde, o segredo do esporte parecia lhe escapar. Howard White, apesar de problemas com os joelhos, sempre ganhava dele e o fazia correr por toda a quadra. O golfe, e não o tênis, é que se tornaria o jogo preferido de Jordan.

Em certa ocasião, ainda naqueles voos comerciais, eles chegaram a Portland para jogar contra o Trail Blazers. Como acontecia às vezes, os carregadores de bagagem entraram no avião logo que ele chegou ao terminal, pois sabiam que Jordan estava a bordo e queriam conhecê-lo, apertar sua mão e, quem sabe, conseguir um autógrafo. Nessa ocasião em especial, Mark Pfeil, um dos assistentes, viu Michael mexendo no bolso e tirando uma nota de cinquenta dólares para dar a um dos carregadores. "Michael, não há necessidade de fazer isso. Esta é a minha função: eu sou o encarregado de dar as gorjetas."

"Mark, olha só", Jordan disse. Então Pfeil foi até a esteira que trazia as malas e viu todo o seu time amontoado, olhando para a saída das malas. Michael tirou de seu bolso uma nota de cem e a colocou na esteira. Logo todos os outros jogadores estavam colocando as suas. A aposta era para ver de quem seria a primeira mala a sair, e é claro que foi a de Jordan. Michael ganhou cerca de novecentos dólares com a brincadeira, e no final tinha um enorme sorriso no rosto. "Nada mal para um investimento de cinquenta dólares", disse ele a Pfeil.

Ele não precisava só ganhar: tinha que ganhar de verdade. Quando Johnny Bach estava treinando o time B, Jordan perguntava a Bach o que ele faria para detê-lo. Bach mencionava algum dos jogadores do banco, dizendo que iria apagar Jordan daquela vez. Depois do treino, depois de Jordan evidentemente ter conseguido derrubar o esquema de Bach, ele sorria e dizia: "Parece que não funcionou como você queria, hein, Johnny?".

A maior disputa que Jordan teve com Doug Collins naqueles primeiros dois anos aconteceu durante um treino no segundo ano de Collins. A coisa envolvia, acima de tudo, o placar de um jogo interno do time. O jogo deveria ir até 7, e a certa altura Jordan disse que estava 5 a 4, enquanto Collins dizia que estava 5 a 3. "Está errado!", disse Jordan, muito irritado. A discussão ficou extremamente acalorada, e o ginásio inteiro de repente ficou quieto, só ouvindo os dois brigarem: um jovem treinador envolvido numa discussão aos berros com seu astro mais talentoso, um jogador que nunca desafiava seus treinadores.

"Você diria a mesma coisa se eu fosse Dean Smith?", Collins perguntou, e Jordan disse que não. Aquilo foi um tiro no coração, que só o deixou ainda mais irritado.

De repente, ele saiu andando para fora da quadra. "Eu estou indo embora", ele disse.

"Michael, ainda não acabamos por hoje", disse Collins. "Eu estou fora", disse Jordan. Tim Hallam, o assessor de imprensa do time, estava lá e presenciou Michael Jordan, o jogador mais esforçado que qualquer um já tinha visto, pegar sua mala e deixar o ginásio.

"Michael, você não pode simplesmente ir saindo assim", disse Hallam. "Então fique só vendo", Jordan respondeu, e saiu.

Nada se comentou e Jordan voltou no dia seguinte. A bem dizer, Collins decidiu deixar passar, o que provavelmente era a melhor coisa a fazer. Mas, cerca de dois anos depois, quando conversava com jornalistas após os treinos, um deles perguntou se ele já havia conversado com Jordan. "Não", ele disse. "Mas eu sei que Michael me adora." Assim que ele disse isso, viu Jordan entrando pela porta do vestiário. "Michael", disse Collins, "você me daria um beijo só para mostrar a todos como você me adora?". Jordan abaixou-se e deu um beijinho em Collins. E o incidente terminou aí.

O Bulls estava no alto, fazendo a transição de um time em ascensão, o que já era muita coisa — time cujo único grande jogador, além de fazer seus quarenta ou cinquenta pontos por partida, ainda dava sangue —, para um time que venceria metade de seus jogos, que, enfim, naquele primeiro ano de Pippen e Grant, venceu cinquenta jogos, o mínimo necessário para ficar entre os melhores da NBA. Era um time jovem e talentoso. Faltava ainda um pivô, mas Jordan, Pippen e Grant eram considerados os três melhores jogadores que havia. Além disso, na arrumação da casa, Krause tinha armazenado várias boas opções nos recrutamentos, portanto, havia razão para se pensar que o Bulls em breve teria ainda mais craques.

Mas assim que o time ficou melhor, Krause começou a dar sinais de precisar de mais reconhecimento. Já estava falando com um monte de gente a respeito da importância da organização. Organizações, não só jogadores e equipes técnicas, conquistam títulos, ele dizia, e isso se tornou o seu lema. Para alguém que dirigia uma equipe de esporte que tinha como astro Michael Jordan, esse era um assunto realmente interessante — a organização era muito mais importante no beisebol e no futebol americano do que no basquete, esporte em que o número de jogadores era muito menor e em que as universidades serviam às ligas menores. A conversa tocava a Jordan, mas logo começou a chegar também a David Falk. Entre outras coisas, aquilo significava que Krause se achava tão importante para o Bulls como Michael Jordan, um opinião não muito inteligente. Havia sinais de que essa atitude, que diminuía a importância dos jogadores, se refletiria nas futuras negociações.

Em 1988, David Falk, Jerry Reinsdorf e Jerry Krause começaram a trabalhar no segundo contrato de Michael Jordan. Este podia ser o melhor jogador de basquete e ter dado muito dinheiro ao Bulls, mas as negociações eram enlouquecedoramente lentas, apesar de Falk e Reinsdorf estarem se dando bem. Como dois desses três homens se chamavam Jerry, Krause era chamado de Jake. Falk repetia sempre tudo o que Jordan tinha feito pelo Bulls, o enorme aumento nas vendas de ingressos para a temporada, o aumento dos preços de tudo — entradas, ingressos, concessões de publicidade, estacionamentos —, os ótimos contratos de rádio e televisão que o Bulls tinha então. O Bulls estava ganhando 40 milhões de dólares a mais por ano por causa de Jordan, era o argumento de Falk. Então, por que os proprietários estavam hesitando em lhe dar os 4 milhões que Falk e Jordan queriam? (Àquela altura, o maior dos salários era o de Magic Johnson, que tinha um contrato de 25 milhões de dólares por dez anos, que Jerry Buss tinha conseguido em lugar do anterior, que era de 1 milhão por ano, por 25 anos.) "Olhe o que ele fez por você!", Falk sempre dizia. Então, Krause entrou na conversa e disse: "Olhe, David, nós admitimos que Michael é um jogador de basquete muito bom. Mas quanto disso você acha que se deve à organização?

O fenômeno Michael Jordan foi um dos fatores responsáveis pelos incríveis aumentos nas cifras dos contratos da NBA.

E o fato de termos mais seis atendentes reservando ingressos para a temporada? E o fato de ter mais gente registrando pedidos no escritório? E Doug Collins, que fica toda noite até de madrugada assistindo às fitas dos jogos e pensando em novas jogadas? E neste momento Billy McKinney provavelmente está no Havaí ou no Alaska procurando um novo talento!".

"Jake, você quer saber quanto eu acho que tudo isso vale? Nada. Então, o que mais você tinha para me dizer?", disse Falk.

Krause começou a discutir, mas Reinsdorf o deteve. "Fique quieto", ele disse. "Olhe, eu admito que ele é o maior vendedor de ingressos da história do esporte, mas eu não vou lhe pagar 4 milhões por ano. Simplesmente não vou."

Reinsdorf ofereceu 3 milhões. E eles finalmente chegaram a um contrato de longo prazo, que na época foi o melhor da liga: 26 milhões por oito anos, uma média de 3,25 milhões de dólares por ano. Como Falk gostava de deixar claro, aquilo significava que seu cliente estava ganhando 30% a mais de salário do que Magic Johnson. Mas quando chegou a hora de anunciar, Krause ainda queria vencer — eles anunciariam que era por oito anos (o que mostrava que o Bulls tinha se dado bem nas negociações, amarrando Jordan por um bom tempo, mas não foi dito por quanto). Será que por medo de mostrar que tinha se dado mal? Mais uma vez, Falk argumentou com Krause e Reinsdorf: não era justo, ele comentava, dizer que Jordan estava sendo trancado, talvez até o fim da carreira, sem dizer também que ele seria o jogador mais bem pago da liga. Enfim, Reinsdorf interveio mais uma vez. "Jake, David está certo: é pegar ou largar."

Falk imaginou que a coletiva seria um evento histórico, que Reinsdorf diria que tinha assinado com o melhor jogador da liga, talvez até o fim da carreira do astro. Mas, em vez disso, Krause se levantou e disse que tinham uma declaração a fazer, que eles tinham assinado com um de seus melhores jogadores, Michael Jordan, um contrato bastante logo. "Meu Deus", pensou Falk, "eles vão estragar tudo — até parece que eles estão falando de um reserva". Quando Krause perguntou se alguém tinha alguma dúvida, um dos repórteres se colocou: "Jerry, por que você decidiu assinar com Michael por oito anos?". "Eu acho que você não ouviu direito. Quem falou em oito anos?" "A nota que você divulgou para a imprensa." Todo mundo ali sentiu como seriam as coisas dali para a frente: quanto mais o time fizesse, mais difíceis seriam as negociações.

18.
DETROIT, 1980

O problema do Bulls é que havia outro time que chegara com força um pouco antes, e que estava desafiando a hegemonia do prestigiado Celtics de Bird, McHale e Parish. Era o Detroit Pistons, liderado por Isiah Thomas, Bill Laimbeer e Adrian Dantley. O Pistons era um time muito durão e forte (apelidado de "Bad Boys", o que incomodava alguns executivos da NBA), e tinha um jogo muito agressivo, que desafiava até a própria natureza do basquete. "Detroit era nosso abutre", disse uma vez o assistente do Bulls Johnny Bach. Se eles não conseguissem passar pelo Pistons, eles poderiam dar adeus às finais.

O Pistons tinha se tornado uma força poucos anos antes do Bulls, graças à habilidade e ao talento de seus dirigentes, Jack McCloskey, o diretor geral, e seu amigo íntimo Chuck Daly, o treinador. Quando o Bulls começou a elevar o nível de seu jogo, ficou claro que o time tinha chegado um pouco depois do Pistons, que já estava um pouco mais entrosado, forte e determinado. Embora em 1987-88 o Bulls tivesse conseguido dois talentos para uma equipe ainda fraca, na temporada anterior o Pistons já tinha conseguido John Salley e Dennis Rodman, e aquele time já era superior. A sombra sobre o Chicago Stadium, quando o Bulls começou a ficar bom, não era a de Larry Bird, do Celtics, nem a de Magic Johnson, do Lakers, mas a de Isiah Thomas e do Pistons.

A ascensão do Pistons começara em 1981, quando, na ocasião com a segunda opção do país, escolheu Isiah Thomas. Ele era pequeno — registrado com 1,85 m e talvez até mais baixo —, tinha um imenso talento, era esperto, e não tinha medo de nada. Se tivesse 1,98 m, ele seria Michael Jordan, disse o relações públicas do time, Matt Dobek. Dallas tinha a primeira opção, mas Thomas deliberadamente evitou a diretoria do Dallas durante uma visita antes do recrutamento, dizendo que não tinha nenhuma vontade especial de jogar ali; em suas palavras inesquecíveis, ele não entraria naquela "brincadeira de caubóis". Sua tática funcionou bem, e a diretoria do Dallas Mavericks voltou atrás e escolheu Mark Aguirre em seu lugar. Se Thomas não tivesse apavorado a diretoria do Dallas, e se o Pistons tivesse ficado com

Aguirre — um jogador de talento, mas não espetacular —, o Pistons nunca teria chegado ao topo.

Thomas também tentou evitar o recrutamento pelo Pistons, mas Jack McCloskey já vinha o observando atentamente havia algum tempo. Ele era o tipo de armador em torno do qual se podia construir todo um time, pensava McCloskey. "Mas eu não quero jogar aqui", ele dissera a McCloskey em seu primeiro contato. "Eu quero jogar no Chicago."

"Bom, Isiah", respondera McCloskey, "isso não tem a menor importância, porque nós vamos escolhê-lo, e você vai jogar conosco".

"Mas que jogador vocês tem para jogar comigo?", ele perguntara.

"Eu vou arranjar alguns", prometera McCloskey.

Eles tinham consciência de que ele seria um grande jogador, o baixinho que, por ser muito inteligente, ter o dom da liderança e ser bom arremessador, conseguia dominar a partida quase sempre. Ele era ágil, leve e tinha grande estilo, uma preciosidade saída do gueto do coração de Chicago, um produto de um ambiente em que a maioria dos jovens normalmente se envolvia com drogas e raramente conseguia chegar a ter qualquer tipo de sucesso material. Talvez justamente por ter saído de um mundo como aquele, Isiah Thomas tinha uma resistência física incomum para um jogador de seu tamanho. E ainda era inteligente, de fato brilhante. "Ele é mais inteligente do que todos nós juntos", Daly sempre dizia.

O que eles não conheciam era sua obsessão pelo sucesso, sua incrível capacidade de liderança e, finalmente, o impacto decisivo de sua força de vontade sobre aqueles que conviviam com ele.

Em sua primeira coletiva com a imprensa, Thomas mencionou elevar o Pistons ao nível de jogo do Celtics e do Lakers, e muitos ali presentes não conseguiram conter o riso diante de tal ambição. Em seu primeiro dia de treinamento no Pistons, ele se deparou com Ronnie Lee, um jogador muito forte, famoso por pegar pesado na marcação contra os atacantes. Lee fechou a passagem com o corpo desde o começo, e continuou fazendo-o até Thomas perder a calma e dizer-lhe: "Faça isso mais uma vez e eu te quebro". Funcionou. Teria sido uma briga e tanto, pensou McCloskey, que via tudo de fora da quadra.

Embora a princípio tivesse ficado decepcionado com o recrutamento pelo Pistons, Thomas ajudou a construir a cultura do time. Ele vinha de um dos programas mais fortes do país, o da Universidade de Indiana, comandado por um dos treinadores mais exigentes em seu trabalho, Bobby Knight, e era acostumado à excelência e à tradição, a jogar sempre num nível incrivelmente alto se não quisesse ouvir sermões impiedosos. O Pistons, ao contrário, não tinha nada daquilo: faltava-lhe identidade, tradição, cultura e, aparentemente, objetivo. Ele não pretendia deixar as coisas continuarem daquele jeito, e desde o seu ano de novato, começou a ir às finais da NBA todos os anos para estudar os times que chegavam e tentar entender o que eles tinham de diferente, qual era o segredo que os tornava campeões. E esse segredo não era nada fácil de descobrir. Magic Johnson era talvez o amigo mais próximo de Thomas no profissional, e ele costumava estar nos *playoffs* quase todo ano, mas quando Isiah tentou tirar aquele segredo dele durante as finais, ele disse quase irritado: "Eu não vou lhe dizer como é que se chega nesse nível de jogo, isso você vai ter que aprender sozinho".

O que era preciso para chegar aos *playoffs*? E como vencer ao chegar lá? Ele falou não só com gente do basquete, mas também com pessoas do futebol americano, com Al Davis e Chuck Noll. Ele começou aprendendo que deveria haver um propósito único, um objetivo comum a todos na equipe, um consenso de que a única coisa importante era a vitória. Jogadores do Celtics que tinham vindo de outros times com a reputação de só se importarem com suas próprias estatísticas haviam mudado ao chegar ao Boston e aceitar o conceito de equipe. Tornaram-se jogadores capazes de sacrificar seu desempenho pessoal pelo bem do time, e faziam seu papel ainda que com algumas limitações. Os times campeões, como ele percebeu, sempre estavam isolados, puxando o resto do mundo atrás de si. Se eles não tivessem inimigos tentando tomar o que era seu por direito, criavam inimigos imaginários para lhes dar a motivação de que precisavam para atingir seus objetivos.

Para a primeira temporada de Thomas, o Pistons, numa daquelas negociações da NBA que ninguém levava muito a sério, contratou um pivô chamado Bill Laimbeer, que parecia a caminho de se tornar no máximo um reserva de valor mediano. Ninguém achava que aquela seria uma aquisição de grande importância, ou que Laimbeer pudesse ser uma peça fundamental para a criação de uma equipe vencedora. Ele jogara em Notre Dame no universitário, e McCloskey o observara no pré-olímpico de 1980 e achara que ele era uma verdadeira piada, lento e desajeitado, um jogador de pouco talento e habilidade. Depois ele foi para a Europa refinar seu jogo. Quando voltou aos Estados Unidos, ele foi para Cleveland, onde jogou como reserva de James Edwards (que mais tarde se tornou *seu* reserva); McCloskey, sempre atento, ficou surpreso ao perceber que Laimbeer se tornara um jogador muito diferente. Ele agora podia arremessar e embora, nas palavras de Chuck Daly, praticamente não saísse do chão, também era muito eficiente nos rebotes, pois sabia como e onde se posicionar. Ele tinha seus limites como pivô, mas era melhor que o do Pistons. McCloskey e Daly concordavam que um pivô que podia arremessar e pegar rebotes, mesmo que fosse lento — era um verdadeiro achado. Jogadores mais velozes poderiam ser usados para protegê-lo na defesa. Então, o Detroit fechou o negócio.

Em pouco tempo, McCloskey e Daly notaram que Laimbeer parecia ter pouco amor pelo esporte; na verdade, Daly nunca conseguiu ter certeza de que ele gostava de jogar. Ele era péssimo nos treinos, e antes dos jogos, quando estava se preparando, costumava reclamar para Mike Abdenour, o preparador físico, da insuportável fadiga mental que estava sofrendo, como se não pudesse disputar nem mais uma partida. Ele era sempre o primeiro a deixar o ginásio depois do treino físico, e quase nunca ficava além do tempo normal, como a maioria dos jogadores fazia para exercitar um pouco mais o arremesso.

Entretanto, ao menos ele tinha espírito competitivo e, se não gostava do jogo em si, gostava da competição que havia nele. Às vezes parecia, segundo o treinador assistente do Pistons Dick Harter, que ele disputava contra si mesmo, para provar que não era apenas mais um pivô branco, lento, dispensável e incapaz de dar tocos, mas que poderia jogar naquela liga no nível mais alto. Ele queria apagar o fato de ter jogado numa instância menor do basquete profissional. A escolha de Laimbeer foi a segunda de uma série que, em sete anos, faria McCloskey se igualar aos arquitetos de times de basquete de primeiro escalão, escolhas de diversas peças que pareciam a princípio não só de valor limitado mas até insignificantes, e que, quando reunidas na mesma equipe, produziam um conjunto muito mais valioso.

Laimbeer não era uma pessoa fácil de lidar. Ele falava demais fora da quadra e batia demais dentro dela. Ele era deliberadamente indelicado com os repórteres nos vestiários do Pistons e antes dos jogos, quando o tempo dos jornalistas estava chegando ao fim, ele fazia sua própria contagem regressiva: "Cinquenta segundos, mídia... trinta segundos, mídia... Tempo! Fora, mídia!". Ele jogava sujo, e sabia disso: era a única chance, para um jogador tão limitado fisicamente, de permanecer na liga. Às vezes ele se gabava de algo que tinha feito numa partida — os raros arremessos que convertia e com os quais fazia jogadores mais talentosos, como Parish ou Abdul-Jabbar, perderem a cabeça. "É um jogo emocional, não físico", ele dizia. Ele era desprezado na maioria dos estados pelos torcedores dos times adversários, inclusive por muitos jogadores de times oponentes, que acreditavam que ele, se quisesse, poderia muito bem causar-lhes contusões capazes de pôr fim a uma carreira, e poderia fazer isso por acaso, por ter uma certa maldade inata.

Nem com seus colegas e treinadores ele era diferente. Muitas vezes até parecia mimado. Ele era deliberadamente grosseiro com os treinadores, inclusive com Daly, que havia lhe dado sua grande chance; nas constantes desavenças entre o treinador e os jogadores, não só ele não apoiava Daly, como chegava a fazer-lhe oposição aberta. Daly podia viver com isso: Laimbeer era exatamente o que era. Com relação aos colegas, ele era normalmente rude e estúpido nos vestiários, deixando clara sua postura conservadora. Se alguém mencionava sua falta de delicadeza, ele dizia: "Eu não espero ter nenhum desses caras como amigos depois que eu parar de jogar". Mesmo que o treinador e os colegas se sentissem mal com sua falta de polidez e cortesia, eles o aceitavam porque ele jogava duro e era incrivelmente esperto em quadra.

Laimbeer e Thomas dividiram o quarto durante o primeiro treino. Thomas não podia ter tido um parceiro mais diferente: alto, branco, classe média alta. Seu pai dirigia uma empresa, por isso diziam que Laimbeer era o tipo raro de jogador da NBA, que só a muito custo ganharia tanto dinheiro como seu pai. Ele era republicano e ateu, ao passo que Thomas vinha de um gueto, era negro, democrata e seriamente religioso. (Seu nome completo era Isiah Lord Thomas III.) De algum modo, eles se entenderam. O que Thomas admirava em Laimbeer era sua crença: ele era fiel a suas ideias políticas e a seu desejo de vencer. Viu que poderiam ser amigos, dividir o mesmo quarto e formar a base para criar um Pistons novo e campeão. Uma coisa que essa união trouxe para o Pistons, como notou mais tarde Dick Harter, "foi a força de dois dos jogadores mais inteligentes que já existiram. Eles tinham determinação, mas isso não era tudo. Eles tinham determinação e muita, muita inteligência".

Pouco a pouco, outras peças foram agregadas ao conjunto. O processo muitas vezes parecia dolorosamente lento para Thomas. Sem colegas talentosos em seus primeiros anos no time, ele se acostumou a arriscar mais do que seus treinadores desejavam (no segundo ano, ele arremessou mais de 1.500 vezes, quase trezentas a mais do que estaria arremessando nos anos áureos do Pistons). Daly tentava fazer com que ele passasse mais a bola, mas o problema era que ele, assim como Michael Jordan faria mais tarde no Chicago, não confiava em seus parceiros de equipe, e com razão. Em duas ocasiões, Thomas ficou tão decepcionado por ter perdido que desejou abandonar o basquete. Certa vez, o preparador físico, Mike Abdenour, ligou para Daly e disse que era melhor ir falar com Isiah, porque ele estava tão deprimido em seu quarto que pensava em largar tudo. "Mas o que você vai fazer se parar?", perguntou Daly a Thomas. "Voltar para a universidade e conseguir meu diploma em criminalística", respondeu Thomas. "Vai precisar fazer mestrado?", Daly perguntou. Thomas não sabia ao certo. "Quanto você vai ganhar?" Mais uma vez Thomas não tinha resposta. Mas de uma coisa ele tinha certeza: "Eu não posso continuar perdendo desse jeito. Não vou suportar mais jogos como esse". Daly não continuou forçando o jogador, ele simplesmente pediu a Isiah que refletisse sobre aquilo por alguns dias antes de tomar a decisão. Ele sabia que o que levava Thomas àquele ponto de desespero, a paixão pelo jogo e por competir, faria com que ele continuasse jogando. Que aquela decepção era a outra face do amor pelo basquete e da necessidade de vencer.

A peça adquirida a seguir pelo Pistons foi Vinnie Johnson, um arremessador incrível, compacto e forte, resultado de uma transação com o Seattle. Ele tinha sido uma opção relativamente boa da primeira rodada, de Baylor, mas como então o SuperSonics já estava com bons jogadores, gente como Gus Williams, Dennis Johnson e Fred Brown, Vinnie não chegou a se destacar muito. Além disso, o Seattle queria um ala chamado Greg Kelser. E assim Johnson entrou para o time, parecendo ter a mesma garra de Laimbeer e Thomas. Sua entrada proporcionou ao Pistons um grande aumento de respeitabilidade diante das outras equipes, e eles passaram de 21 para 39 vitórias na temporada. Depois, eles passaram um tempo apagados, para em meados dos anos 80 ressurgir com força e darem os passos que os levariam diretamente ao auge. O primeiro e talvez mais importante desses passos foi a contratação de Joe Dumars, da Universidade Estadual de McNeese. Ele era grande, tinha um bom arremesso e também jogava na defesa. Se você precisasse de um defensor para jogar ao lado de Thomas, Dumars era a pessoa certa, bom tanto no ataque como na defesa.

Naquele ano, o Pistons ganhou a força de mais um jogador: Rick Mahorn, que da noite para o dia transformou o Detroit num time muito mais físico e concentrado. Mahorn era grande e forte, e, embora não fosse especialmente talentoso, era um jogador que qualquer treinador gostaria de ter em sua equipe, porque era um bom parceiro, inteligente, divertido e sensato na quadra. Abençoado com um grande senso de humor, ele se dava bem com qualquer um, principalmente com os mais jovens, a quem costumava falar sobre a complexidade da vida na NBA. Ter Rick Mahorn no time significava que o grupo seria mais alegre e saudável fora da quadra em todas as ocasiões. Em quadra, ele era um reforço temido pelos adversários. Com Mahorn ali para cobri-lo, Laimbeer — já um grande apanhador de rebotes, mas sem muita presença física no garrafão — começou a despontar. Um ano depois, o Detroit trocaria Kelly Tripucka, um grande cestinha, mas com problemas na defesa, por Adrian Dantley, do Utah, um jogador que viria a disputar seis *all-star games* até o fim de sua carreira. Dantley, um tanto baixo para jogar de ala, era contudo muito forte e determinado. Ainda que não fosse o complemento ideal para alguém rápido como Thomas, ele trouxe para o Pistons um poder extra de fogo no ataque. Cada vez mais, ele pegava a bola e partia com sua força para a cesta, naturalmente cavando faltas para o Pistons. Bob Ryan, cronista esportivo do *Boston Globe*, referia-se em geral a um certo tipo de atitude física de ataque como "um Dantley": era quando o jogador marcava, por exemplo, trinta pontos, sendo sete em arremessos comuns e desesseis em lances livres. "O maior Dantley de todos os tempos — isso devia ficar gravado em sua lápide", disse certa vez Ryan, "foi de 9-28-46, ou seja, nove arremessos, 28 lances livres, num total de 46 pontos". McCloskey adorava o estilo de Dantley porque ele levava o time adversário a ficar pendurado em faltas e permitia que seus jogadores se preocupassem mais com a defesa enquanto ele ficava arremessando os lances livres.

No ano seguinte, o Pistons trouxe as últimas duas peças que faltavam para compor o time que partiria em busca do título. Embora eles estivessem com uma posição ruim no recrutamento, em 1986 se saíram extraordinariamente bem. Ficaram com John Salley, um jogador alto, leve e muito bom no toco, e Dennis Rodman, que eles já queriam havia algum tempo. Mesmo escolhendo Salley na décima primeira posição da primeira rodada e Rodman só no começo da segunda, Rodman era quem eles realmente queriam. Eles tinham começado a ouvir falar dele no meio da temporada, como um jovem atlético, que já no segundo ano da universidade tinha ido para a Estadual de Southeastern Oklahoma. McCloskey tinha visto Rodman numa das partidas que sucederam a temporada e se encantara com seu jogo. Ele era essencialmente um jogador sem formação, mas tinha um talento surpreendente e bruto. Com uma grande impulsão, pés ligeiros, ele parecia um velocista olímpico que fora parar no basquete. Ele corria pela quadra inteira com a maior facilidade, e McCloskey enxergara nele uma força de vontade fora do comum. "Foi aquilo que me pegou. Era só olhar para ele e perceber — seus olhos pareciam soltar faíscas. Ele tinha sido tão rejeitado no basquete e fora dele, e por tanto tempo, que agora que finalmente tinha uma chance diante de jogadores mais cotados, nada o deteria. Ele estava descobrindo que era melhor do que os outros e isso se via nos seus olhos."

De repente, o Pistons era um grande time. Tinham um grande elenco que podia se revezar. O talento dos dois novatos era evidente, assim como as chances de um grande treinador como Chuck Daly. Não havia time mais forte naquilo que Johnny Bach chamava de rinha de galo, a área próxima à cesta, onde o Detroit tinha Laimbeer, Mahorn, Salley e Rodman. O Pistons podia fazer alterações de acordo com o time oponente, usando seus melhores atacantes em certas situações e, em outras, seus defensores. Eles tinham, como disse o relações públicas Matt Dobek, cinco estrelas, coisa que nenhum outro time na história jamais teve: cinco estrelas que jamais jogavam ao mesmo tempo — o que parecia contraditório —, exceto se o Pistons estivesse com a vantagem, faltando pouco tempo para o final do jogo, pois aí mesmo que Laimbeer fosse lento, podia jogar na defesa, pois os outros quatro eram todos grandes jogadores de defesa. Assim eles podiam acabar com seus adversários no final do jogo.

Eles se tornaram o adversário que todos temiam. Eram incrivelmente fortes e Laimbeer era considerado pelos outros jogadores como o mestre do arremesso fácil, um jogador que gostava de provocar os outros quando estavam mais vulneráveis, fazendo com que perdessem o controle emocional. Seu segredo era a completa e total imunidade ao que os outros achavam — ele parecia se fortalecer com o ódio das torcidas adversárias. O Pistons se tornou o time dos "Bad Boys", um título tirado do personagem de Al Pacino em *Scarface*. "Diga olá para o 'Bad Boy', você nunca mais vai ver ninguém tão mau quanto eu." Na temporada de 1988-89, o Detroit teve que pagar 29.100 dólares em multas por infrações, Portland vinha em segundo com apenas 10.500 dólares. Laimbeer, Rodman e Mahorn sozinhos eram responsáveis por 11 mil, mais do que qualquer outro time.

Os treinos do Pistons ficaram mais fortes, melhores e mais duramente disputados, segundo alguns jogadores, do que muitos jogos da NBA. No primeiro dia de treino naquele ano, Daly disse aos jogadores que cada um deles teria em jogo os minutos equivalentes a seu esforço nos treinos. Todos se esforçaram. Ninguém escapava às rígidas regras do time — eles treinavam duro e jogavam dando sangue. "Nós éramos", disse Isiah Thomas, "o último time de gladiadores".

Daly era o homem ideal para treinar aquele time inteligente e bem-humorado. Ele trabalhara muito tempo antes nas ligas menores do basquete, desde quando era treinador no colegial de Punxsutawney, na Pennsylvania, por longas oito temporadas, e lentamente foi galgando posições do basquete universitário, quase sempre como assistente. Se houve alguém que pagou seus pecados, esse alguém foi Daly. Ele nunca deixou o sucesso lhe subir à cabeça. Como treinador principal, ou não, ganhando milhões ou não, ele tinha a alma de um aficionado. Alguém que fazia o que fazia porque era a única coisa de que gostava. Ele aceitou o emprego em Detroit, dizia-se, só porque o time na época estava tão ruim que ninguém mais o pegaria para treinar. Alguns anos antes, Bob Ryan havia encontrado Daly no fim de semana do *all-star game*, num momento em que Daly estava à procura de emprego. Ele tinha sido recentemente convidado a se retirar após uma breve temporada incompleta no Cleveland — então um dos piores times da liga —; estava desempregado e nada otimista quanto a seu futuro. Já tinha cinquenta anos, como contou Ryan, e os empregos ficavam sempre com os mais jovens: "Quem iria querer alguém da minha idade?". Daly gostava das consequências do sucesso de seu time, o dinheiro extra que lhe davam as emissoras de TV e as grifes de roupas, e ele era perfeito para aquele papel. "Papai Almofadinha (Daddy Rich)", era como os jogadores o chamavam.

Uma coisa que se somava à sua paixão por vencer era o fato de ele ter aprendido cedo algumas lições difíceis, e ele nunca se esqueceu de que o basquete não era uma guerra, mas um jogo, apenas uma pequena parte da comédia humana. Ele tinha um incrível ceticismo diante da natureza dos homens, refletindo suas raízes irlandesas, que se mostrava na citação de Yeats, de que em tempos de grande alegria os irlandeses se lembravam de que a tragédia podia estar virando a esquina.

Foi o que quase aconteceu ao Pistons na temporada de 1986-87, a primeira com Salley, Rodman e Dantley jogando juntos. O Celtics estava começando a decair. Embora tivesse vencido 59 jogos naquele ano, ao final da temporada o Detroit, que tinha vencido 52, estava vindo com força total. Os jogadores eram jovens e se revezavam mais. Naquele ano, eles perderam para o Celtics numa série do *playoff* muito disputada, mas, de qualquer maneira, o Pistons estava em franca ascensão. Eles estavam a caminho de tomar o lugar do Celtics como o grande time do Leste, ficando entre o Bulls e sua própria sorte. Um ano depois, o Pistons venceu o Celtics e chegou às finais, que poderiam ter vencido se Isiah Thomas não tivesse machucado o tornozelo no sexto jogo.

O Pistons era um adversário especialmente perigoso para um time como o Bulls, que ainda era novo e cujos jogadores não tinham, apesar de seu talento, alcançado a resistência física e mental dos campeões. A força do Pistons, essa resistência física e mental, bem como sua clareza de propósitos, fazia do time o adversário mais difícil para uma equipe ainda em ascensão. O Pistons tinha uma grande habilidade em descobrir e aproveitar as fraquezas físicas e psicológicas de seus oponentes. Mais do que isso, a natureza competitiva de Michael Jordan trabalhava a favor do Detroit: Chuck Daly criou uma estratégia de defesa chamada "Jordan", especialmente planejada para dificultar ao máximo o jogo de Jordan contra o Detroit, obrigando-o a trabalhar cada arremesso e a se esforçar muito durante a partida. Jordan, como guerreiro que era, mordeu a isca por um bom tempo e caiu na armadilha, trazendo o Bulls sempre à altura do jogo do Pistons, mas ainda ficando um pouco para trás.

Embora o Pistons estivesse a um passo de desbancar o Celtics, Chuck Daly olhava e sentia que seu time não teria uma longa hegemonia. Aquele era um time movido por força de vontade e talento. O tempo das grandes boas escolhas em ótimos *drafts* tinha passado, e Daly notava que o Bulls, além de ter o melhor de todos os jogadores, tinha também Scottie Pippen, outro astro que começava a despontar. A época em que Jordan tinha que carregar o time inteiro sozinho, jogos em que ele marcava quarenta ou cinquenta pontos — o que Daly chamava de "placares astronômicos de Jordan" — também já era coisa do passado. Um grupo talentoso gradualmente foi se formando ao seu redor. Pippen seria o arauto do novo time campeão, Daly estava certo disso. Ele ainda não tinha chegado a esse nível, mas logo chegaria. Tudo o que ele precisava era de força psicológica, e isso, para alguém que treinava todos os dias com Michael Jordan, ele conseguiria em pouco tempo.

19.
CHICAGO, 1988-90; NOVA YORK, 1967-71

Em 1988, estava claro para o Chicago que para fazer algo a respeito do Pistons teriam que arranjar um pivô. O Pistons tinha Laimbeer e, na cobertura deste, James Edwards, além de Mahorn, Salley e Rodman. O Bulls tinha dois bons alas, mas jogava sem pivô fazendo o centro. Dave Corzine era um jogador esforçado, popular com a diretoria e com os colegas, mas tinha limitações evidentes, e se tornara um alvo fácil para a torcida, que demonstrava sua insatisfação com o desempenho do time vaiando o jogador. Jerry Krause, por sua vez, avaliava os pivôs que estariam à disposição para o próximo *draft*, via seu time atingir o patamar das cinquenta vitórias e achava que tinham poucas chances de conseguir o tão desejado pivô. A turma do ano seguinte incluía Rik Smits, altíssimo com seus 2,23 m, uma certa habilidade, mas basicamente incompleto, um jogador que precisaria de muito investimento; Ron Seikaly, de Syracuse; e Will Perdue, de Vanderbilt. Eles teriam mais chances de ficar com Perdue, mas ele estava longe de ser o jogador ideal para levar o time aos títulos.

Então Krause começou a pensar nos pivôs que já estavam na liga, e o lugar mais indicado pareceu-lhe ser Nova York, onde a chegada de Patrick Ewing tinha criado uma linha de gigantes para o Knicks, com Ewing e o veterano Bill Cartwright. Sem muito sucesso, nem Ewing nem Cartwright pareciam muito à vontade um com o outro, Cartwright de repente parecia estar à disposição para os planos do Bulls. A ascensão de Horace Grant tinha dado a Krause mais algumas fichas: embora Charles Oakley tivesse se destacado como o segundo melhor apanhador de rebotes da liga por dois anos seguidos, no final do primeiro ano de Grant ficou claro que ele era melhor jogador em termos gerais e que era preciso lhe dar mais tempo de jogo. Isto significava que Oakley talvez pudesse ser usado na troca. Krause queria usá--lo no direito de opção por Smits, mas nada aconteceu, pelo que ele passou a se concentrar em Cartwright, que chegara à liga na condição de astro, um daqueles jovens que despertam muita atenção desde cedo em suas carreiras — ele fora capa da *Sports Illustrated* quando jogava na universidade. Ele não tinha, contudo, um grande corpo para a NBA: era alto e esguio, ombros estreitos, e não tinha aquele corpo definido de jogadores como Ewing e Olajuwon. O que seu corpo não mostrava é que ele era um jogador duro e inteligente, e que adaptara extremamente bem suas limitações às condições da NBA, trasformando-se assim não em um atacante, mas em um especialista na defesa. Ele tinha bom senso, estudava cuidadosamente os pivôs contra os quais jogava, e era extremamente aplicado nas posições de defesa. Ninguém cobria Patrick Ewing melhor do que Bill Cartwright, todo mundo sabia disso. E isso se tornaria um grande trunfo para o Bulls.

Cartwright sempre tinha problemas com seus pés, e o Bulls foi conferir esse ponto com muito cuidado. Anos mais tarde, Krause diria que aquela negociação tinha sido a mais difícil que já fizera. Oakley era sua primeira grande conquista para o Bulls, um jogador que tinha tudo o que um executivo do basquete poderia desejar: era bom, dedicado e destemido. Uma vez que Cartwright tinha um histórico de contusões, Krause foi muito cauteloso ao escolher naquele ano. Em lugar de Dan Majerle, também conhecido na mídia como "Trovão", um jogador que ele queria muito, e sobre quem falara com muito entusiasmo para a diretoria do Bulls, Krause escolheu Perdue, de modo a ter alguém para cobrir o centro. De todos os pivôs disponíveis, Krause preferia Seikaly, de Syracuse, que tinha um jogo mais ofensivo, mas Seikaly foi escolhido antes de chegar a vez do Chicago, e Smits, sem nenhuma surpresa, foi o segundo no recrutamento.

Devido ao ritmo da negociação, o Bulls não teve chance de contar antes a Oakley. Ele e Jordan, seu amigo mais próximo no time, estavam a caminho de Las Vegas para assistir a uma luta de Mike Tyson quando ouviram as notícias pela televisão. Ambos ficaram furiosos. Jordan parecia ainda mais irritado do que Oakley, que era o policial do time, o homem designado para defender Jordan contra qualquer jogada suja. Mas, de repente, seu protetor estava sendo trocado por Cartwright, um jogador cujo estilo Jordan decididamente não gostava. "Johnny, quem vai ser o novo policial?", Jordan perguntou a Bach, logo após a negociação. Era uma boa pergunta.

"Horace Grant", Bach sugeriu.

"Diabos, eu consigo bater em Horace", disse Jordan. "Como ele vai conseguir me defender?"

Jordan não respeitava Cartwright nem como homem nem como jogador. Ele o chamava de "Medical Bill",[3] por causa de suas contusões. Ele achava que Cartwright não tinha boas mãos, e às vezes, nos treinos, passava bolas que não precisariam ser tão rápidas para que Cartwright falhasse e

---

[3] Trocadilho com o nome do jogador, que significa "Conta do Médico". (N. T.)

provasse que ele estava certo. Michael Jordan nunca se mostrou tão equivocado em relação a um jogador como quanto a Cartwright, como homem e jogador, mas levaria dois anos para que ele percebesse e admitisse seu erro. Cartwright deu ao Bulls algo de que eles precisavam muito: um pivô de qualidade. Seu jogo era limitado — de fato suas mãos não eram muito boas —, e suas habilidades no ataque foram diminuindo com o passar dos anos, assim como seu corpo, especialmente os joelhos, começou a decair. Mas ele era inteligente e determinado, e representaria um ganho considerável para a defesa. Mas apesar de sua chegada, aquele não foi um bom ano para o Bulls.

Em algum ponto da temporada de 1988-89, em seu terceiro ano como treinador principal, Doug Collins começou a perder o seu time. Foi um ano difícil, porque tinham vencido cinquenta jogos no ano anterior, e neste momento, com Cartwright, tudo indicava que eles chegavam ao ápice de sua grandeza. Collins foi talvez o treinador ideal para aquele time jovem. Ele estimulara Grant e Pippen sem descanso, e não havia dúvida de que eles tinham prosperado bastante sob seu treinamento. Ninguém duvidava da inteligência de Collins. Mas se havia uma coisa que ele não era capaz de fazer — o que era considerado uma vulnerabilidade na temporada longa e árdua da NBA — era se acostumar. Seus assistentes o avisavam que era importante deixar as coisas caminharem, conviver melhor com as derrotas, especialmente naquelas noites em que o treinador saía do ginásio certo de que seu time deveria ter vencido. Uma qualidade essencial para treinar na NBA era a habilidade de deixar as coisas acontecerem.

Mas Collins não era desse tipo. Ele era muito claro com relação a isso: "Eu sou quem sou e treino do meu jeito", ele dizia. Mas, pelo fato de ser tão motivado e emocional, e de nunca conseguir agir de outro modo, na terceira temporada os jogadores começaram a se desinteressar. Eles começaram a reclamar dele, do fato de ser tão emotivo. Um dia ele estava gritando, no outro, abraçando e dizendo que amava todo mundo. De certo modo, faltava-lhe o equilíbrio emocional necessário para treinar um time na NBA — normalmente, os jogadores é que eram volúveis, e o treinador, fincado em seu próprio centro, é que os mantinha constantes. Michael Jordan já estava se mostrando relativamente cauteloso em suas declarações, pois tinha sido treinado para não desafiar autoridades sempre que possível, e um treinador, diferentemente de Krause, era uma figura de autoridade para ele, mas aqueles ao seu redor sentiam essa hesitação. "Um treinador jovem, muito emocional", ele dizia aos amigos.

Ao mesmo tempo, a distância entre Collins e Krause aumentava abruptamente. Logo que Collins chegou ao Bulls, havia um entendimento de que

Tex Winter seria seu assistente e de que o esquema ofensivo de Winter, em triangulação, seria o esquema do time. Na verdade, foi Winter, o amigo mais antigo e próximo de Krause, quem deu a palavra final de aprovação sobre Collins. Winter foi a primeira contratação de Krause. Em 1985, no dia em que a indicação de Krause foi anunciada, Winter, então com 63 anos, que estava assistindo à ESPN, apontou para a televisão e disse à esposa: "Aquele homem, Jerry Krause, ele vai me ligar em 24 horas e me oferecer um emprego", o que de fato aconteceu.

A marca registrada de Winter, o ataque em triangulação, usava os jogadores em uma série de posições diferentes, até que se conseguisse um posicionamento melhor para o arremesso. Este esquema devia manter a defesa sob constante pressão, e os jogadores de ataque sempre estavam à procura de um clarão, um ângulo melhor, uma brecha. A expectativa era de que assim Jordan tivesse uma vitrine para seu talento e os demais jogadores se envolvessem um pouco mais no ataque. Mas essa expectativa foi frustrada.

Michael Jordan não era um defensor desse esquema, e a própria esperança de Collins de que ele funcionasse também não era muito grande. Logo, o esquema foi abandonado. Em lugar dele, o Bulls mais uma vez dependia basicamente do talento de Jordan. Collins estava sempre criando novas jogadas. Quando o outro time fazia uma jogada que funcionava contra o Chicago, no dia seguinte o Bulls a acrescentava a seu repertório. "Uma jogada por dia", era como os jogadores se referiam ao seu esquema ofensivo.

No terceiro ano, era comum presenciar cenas bizarras nos treinos. Todos os treinadores ficavam juntos, exceto Tex Winter, sentado sozinho com suas anotações, como se tivesse sido enviado por outro time para estudar o Bulls. Seu isolamento do resto da equipe técnica do Bulls não era um bom sinal. "Doug", disse certa vez Winter, "você é um cara inteligente, mas eu fico pensando se você sabe o que está fazendo".

Pior do que isso, a relação entre Collins e Krause tinha se tornado venenosa. Eles começaram se desentendendo acerca de decisões do *draft* e assuntos referentes aos jogadores. A polêmica que tiveram em torno de Brad Sellers e Johnny Dawkins foi especialmente feia. Outros desentendimentos se seguiram. Em 1988, as tensões tinham atingido um nível perigoso. Collins, belicoso e incapaz de esconder suas vontades e emoções, estava desafiando Krause abertamente. Por que ele sempre saía com os treinadores? Por que ele sempre os acompanhava nas viagens? Porque eu sou o diretor geral, respondia Krause, e Collins lhe dizia que não havia a menor necessidade de o diretor geral viajar com o time. Collins chegava aos treinos, olhava para ver se Krause estava por lá, e gritava para ele: "O que você está fazendo aqui?

O que está fazendo na quadra?". Era uma disputa por espaço, pelas pessoas, e estava se tornando uma guerra de egos extremamente ácida.

Phil Jackson sabia que a coisa ia mal. Até ali, Jackson conseguira se dar razoavelmente bem com todo mundo na equipe técnica. Ele e Johnny Bach gostavam um do outro, e Bach lhe ensinara bastante sobre como fazer relatórios sobre novos jogadores. Jackson queria bem a Tex Winter e parecia se dar bem até mesmo com Krause. Ele sabia das idiossincrasias de Krause, sua falta de senso de limite, mas achava-o inteligente (afinal de contas, ele tinha tido o bom senso de contratá-lo), e conseguia se entender com ele. Jackson, ainda sem percebê-lo, provavelmente seria o próximo treinador. Quase uma década depois, em 1997, quando ficou claro que Krause estava interessado em um treinador da Universidade Estadual de Iowa chamado Tim Floyd, para substituir Jackson, alguém comentou com ele que Krause estava apaixonado por Floyd. Jackson pensou por um minuto e disse: "Eu me lembro de quando ele estava apaixonado por mim".

Durante a temporada de 1988-89, as coisas começaram a desintegrar. Um sinal disso aconteceu num jogo em Milwaukee, na véspera de Natal. Collins fora expulso logo no início do jogo, e passara o comando para Jackson, deixando por escrito o que ele queria que fosse feito, e acima de tudo os jogadores que ele queria que jogassem. O Bulls estava bem atrás quando ele foi expulso, então Jackson descartou as instruções de Collins e, sendo um treinador de orientação defensiva, colocou uma forte pressão, que funcionou. Quanto ao ataque, ele deixou as coisas acontecerem livremente, permitindo que o time encontrasse seu próprio ritmo, e o Bulls acabou vencendo facilmente. O que fez a vitória particularmente dolorosa para Collins foi o fato de que Krause e sua mulher, Thelma, tinham convidado June Jackson para se sentar com eles naquela noite, e as câmeras de televisão mostraram para Chicago a imagem dos três juntos. ("Foi um grande erro político", comentou June Jackson, anos depois, sobre sua decisão de aceitar o convite, quando seu marido e Krause já haviam se tornado inimigos, sobretudo depois do casamento da enteada de Krause, cerimônia para a qual Tim Floyd, da Universidade Estadual de Iowa, sua esposa e todos o assistentes do Chicago com as respectivas mulheres tinham sido convidados, e os Jackson não. Os Jackson souberam do casamento porque Sheri Cartwright, esposa de Bill, ligou para June para perguntar o que ela usaria na festa.)

A presença de June Jackson com os Krause inflamou Collins. Para ele, aquilo era um complô. No dia seguinte, Collins, lívido, acusou Jackson de desconsiderar sua filosofia de treinador. E acrescentou que Jackson estava agindo pelas costas e tramando contra ele juntamente com Krause, o que não era verdade. O que se seguiu foi um longo e desagradável encontro entre Collins, Krause e Jackson, no qual se lavou toda a roupa suja. Depois desse encontro, a amizade entre Collins e Jackson ficou seriamente prejudicada.

Algumas semanas depois, Jackson estava observando o Miami Heat para o Bulls em Miami, e acabou perdendo o jogo principal devido ao horário do voo. No dia seguinte, recebeu um telefonema de Krause, que pediu que ele não perdesse mais nenhum jogo até o final da temporada. Evidentemente, havia algo no ar. A temporada não teve um final feliz. O time perdeu oito dos últimos dez jogos. Em vez de conquistar cerca de 55 vitórias, como era esperado pela diretoria, o Bulls escorregou e venceu apenas 47. Depois da temporada, Doug Collins foi despedido, e Phil Jackson se tornou o treinador principal.

Phil Jackson não esperava por aquilo. Ele achava que Billy McKinney, um protegido de Winter e Krause, estava na frente, mas McKinney tinha recebido uma proposta de emprego no Minnesota Timberwolves para dirigir seu programa de pessoal e aceitara, embora sem a bênção de Krause. Jackson tinha 44 anos quando assumiu o cargo. Uma das ligações que Jerry Reinsdorf fez antes de dar o cargo a Jackson foi para Bill Bradley, então senador, seu conhecido na campanha dos democratas. "Você acha que Jackson daria um bom treinador?", perguntou Reinsdorf. Bradley disse que ele seria ótimo: "Ele pensa no coletivo, mas enxerga os indivíduos. Ele não vai ser um sargento, exigindo que todos entrem na mesma forma. Ele aprecia — e respeita — a individualidade". Jackson fora imensamente respeitável em seus anos no Chicago, e ninguém mais o via como um hippie. Na foto de seu primeiro ano como treinador assistente do Bulls, ele aparece de cara limpa, como se tivesse sacrificado a barba em nome das forças do basquete. No segundo ano, demonstrando um evidente comprometimento, até deixou crescer o bigode típico da liga. Nas fotos seguintes, tiradas todos os anos durante uma década, seu cabelo foi ficando grisalho rapidamente, devido tanto à herança genética como ao peso de treinar cem jogos por ano, e quase sempre chegando aos *playoffs* da NBA.

Devido a seu passado fora das quadras, sua juventude como representante da contracultura, e seu posterior fascínio pela doçura proposta pelo budismo, era fácil esquecer a garra e o fato de que ele tinha tido duas vidas no basquete: alta intensidade na quadra e grande dedicação fora dela. Mesmo nos anos de contracultura, ele tinha sido, é claro, um grande jogador de basquete: produto de um determinado tipo de infância, cujos valores continuavam fazendo parte do caráter. As marcas daqueles anos de formação fundamentalista estavam profundamente gravadas nele. Sua mãe não tinha sido em vão a batalhadora que lhe contara, quando ele tinha dois anos, que seu irmão mais velho naquela idade já tinha um vocabulário de mil palavras. Ele não devia desperdiçar nenhuma oportunidade; deveria exigir de si mesmo o mais alto nível de habilidade.

Com os anos, Jackson se distanciou muito da religião de seus pais, embora não tanto quanto seus irmãos. Chuck Jackson se tornou quase um ateu, e Joe Jackson, um psicólogo, ainda mais ligado às religiões orientais do que Phil. No fim das contas, Phil Jackson tinha um fascinante sincretismo religioso — uma mistura de cristianismo, zen budismo e filosofias indígenas americanas. Suas crenças eram o resultado de trinta anos de buscas, em que ele tentou unir religião e ética, terminando com um código de conduta cuja principal característica era a tolerância para com os outros.

Filosoficamente, Jackson buscava uma conduta que lhe permitisse ser completamente motivado, humanista e não materialista. Contudo, ele também queria desfrutar de algumas coisas boas que a sociedade de consumo oferecia a seus vencedores, coisas a que um treinador bem-sucedido como ele acabava tendo acesso. Aquilo afastou-o muito do mundo dos mitos cristãos e das certezas de sua mãe — a frase favorita dela era "Cristo é a única resposta". Sua mãe nunca perdeu as esperanças, é claro, de que ele retornasse para aquela religião mais concentrada da qual ele havia partido. Muitos anos atrás, quando o escritor Gerry Willis foi convidado para apresentar Jackson a uma plateia de Chicago, primeiro ele ligou para Elisabeth Jackson para conversar sobre seu filho. Ela concluiu a conversa dizendo: "Diga a meu filho que eu espero que ele ainda se sinta livre para voltar e se tornar um pastor".

Isso não era muito plausível. Ele continuava indisposto em relação a suas origens religiosas, e muito de sua vida era uma tentativa de permanecer cristão, de uma maneira ou de outra, mas mesmo assim tentando escapar àquilo que considerava inaceitavelmente opressivo na religião de seus pais. Na primavera de 1998, Jackson assistiu ao filme O *Apóstolo*, com Robert Duvall no papel de um pastor evangélico. Sua mulher June, sentada a seu lado, pôde sentir como ele ficou tenso. Durante o filme, ele foi ficando cada vez mais rígido na poltrona — o filme evidentemente tocava em sua ferida. As ocasiões em que ele voltava à igreja de seus pais — principalmente para agradar a sua mãe e cumprir uma promessa que fizera ao pai antes de sua morte — não eram nada fáceis para ele. Há alguns anos, um pastor de Bigfork, Montana, pediu àqueles ali presentes em seu culto que voltassem para Cristo e mencionou que havia uma pessoa muito famosa entre eles, alguém que recentemente tinha recebido muitas recompensas no mundo secular. "Porém tais recompensas não lhe darão o reino dos céus", disse o pastor. E então acrescentou: "Jesus o está chamando docemente: vem, pecador, volta à tua casa".

Mais tarde, Jackson confessaria que se incomodou menos com as palavras do pastor do que June. "June", disse ele, "ele está apenas fazendo o seu trabalho — isto é, fazer com que eu me sinta culpado".

Ele tivera uma infância bastante austera. Em parte devido à simplicidade da própria região, em parte graças à natureza da religião fundamentalista de seus pais. Bill Bradley, seu colega dos tempos do Knicks e amigo da vida inteira, e também um típico filho do Meio-Oeste, se lembra de ter visitado Jackson em Dakota do Norte depois de seu primeiro ano como profissional. Bradley acabou descobrindo que Jackson tinha as mesmas raízes simples que ele, exceto pelo fato de que Jackson refletia uma separação ainda mais intensa entre as pessoas, e uma solidão que ele nunca tinha visto antes. Dirigindo pelos planaltos de Dakota do Norte com Jackson naquele dia, Bradley sentiu-se como se estivesse na lua, e também que, mais do que no interior do Missouri, as pessoas ali pareciam incrivelmente isoladas umas das outras: era gente de poucas palavras e muito silêncio. Passando por diversas cidades pequenas, Bradley pôde imaginar Jackson crescendo ali, como ele em Cristal City, no Missouri. "Ele é igual a mim, só que mais do interior ainda", pensou.

Os pais de Jackson, Charles e Elisabeth, eram da Igreja Pentecostal, pastores da Assembleia de Deus, parte do movimento carismático que explodiu no país nos anos seguintes à Primeira Guerra Mundial. Seu pai era do Leste do Canadá, sua mãe do Oeste americano, e eles se conheceram na Universidade Central Bible, em Winnipeg. Nas igrejas que eles frequentavam, seu pai era o pastor dos cultos matutinos e sua mãe dos noturnos. Seus sermões eram bastante apocalípticos, lembrou Jackson. Em casa, eles não iam ao cinema, não havia dança, nem álcool, nem cigarro e não tinham televisão (mesmo quando finalmente a televisão chegou àquela região), enfim, nenhum prazer mundano. Eles mostravam desdém por qualquer outra religião. Quando Phil conhecia algum novo amigo na escola e mencionava isso em casa, sua mãe perguntava: "Ele é cristão?". A resposta, para aquela família tão religiosa, poderia ser: "Não, é católico". O livro da casa era a Bíblia; a revista, o *Reader's Digest*; as crianças deviam ser bem-educadas e nunca descuidar da postura. A raiva, uma vez notou June, era uma coisa estranha a seu marido, e a raiva dos outros sempre o deixava nervoso. "Isso é fruto da sua religião, da sua formação", acrescentou June. "Naquela casa, a ira era considerada um grande pecado."

Quando havia um baile na escola, Phil Jackson tinha que ficar só olhando. Quando os amigos iam ao cinema e os meninos — Chuck, Joe e Phil — perguntavam ao pai se também podiam ir, Charles Jackson respondia: "Nós não frequentamos cinemas". Se eles perguntavam por que não, o pai respondia que eles estavam neste mundo, mas não pertenciam a ele. "Nós não praticamos atos mundanos", ele dizia, "não somos como os outros". Então citava as Escrituras: "Eu vos conclamo para que sejais um povo à parte, em Cristo". Phil Jackson foi ao cinema pela primeira vez no último ano do colegial e dançou pela primeira vez já na universidade, e nas duas ocasiões não conseguiu deixar de se sentir culpado.

As decisões naquela família nunca eram baseadas no prazer e sim no dever. Quando os mais velhos já estavam na adolescência, houve o sério momento de a família decidir o que cada um iria ser na vida. Eles tinham morado em Montana, um lugar que adoravam, e havia uma oportunidade de irem para Idaho, que as pessoas diziam que era muito bonito e verde, parecido com Montana, ou Willistone, em Dakota do Norte, um lugar que diziam ser triste e frio. Todos os meninos queriam ir para Idaho. O reverendo Jackson, é claro, escolheu Willistone: "É para lá que o Senhor quer que eu vá", ele disse. As crianças, três meninos e uma meia-irmã, eram os "filhos do pastor", o que significava que todos na cidade estavam sempre fazendo perguntas e observando-os: sobretudo, eles não podiam fugir às regras de Deus e da família, e constranger seus pais com coisas do diabo, o que era comum entre filhos de pastores. Charles Jackson, severo e irredutível em suas crenças, era ao mesmo tempo um homem afável, muito gentil e querido por todos que o conheciam. Ele era o supervisor ministerial de todo o estado, encarregado de cerca de setenta igrejas. Certa vez, chegou a tirar um sobrinho da função de pastor por conta de alguns erros que este cometera, mas ainda assim o sobrinho o idolatrou até o dia de sua morte, pela amabilidade demonstrada pelo tio ao despedi-lo.

Elisabeth Jackson, ao contrário, era a batalhadora do casal, que sempre estimulava seus filhos a serem os melhores. Ela e seus cinco irmãos e irmãs tinham tido uma infância pobre em Montana, e Joe Jackson se lembraria de que até os dezesseis anos de idade seus avós maternos ainda tinham o banheiro fora da casa, apesar do frio quase insuportável. Todos os seus irmãos tinham sido coroinhas da igreja, e ela se ressentiu por toda a vida pelo fato de não ter sido também por causa de dois décimos na média escolar, isso porque ela sempre perdia as seis primeiras semanas de aula por causa da colheita do outono. Sua vida fora marcada pela resignação: aos dezoito anos, ela deu aulas numa escola no leste do estado, um lugar tão pobre que no inverno eles costumavam queimar esterco para se aquecer. Você pode ser o que quiser, ela sempre dizia aos filhos, e os fazia memorizar parágrafos inteiros de livros e definições de palavras dos dicionários. Toda semana havia uma nova passagem da Bíblia a ser decorada. Quando os garotos pareciam desanimar, ela citava alguma longa definição de dicionário que decorara havia mais de trinta anos. Ela não teria filhos preguiçosos, e ela mesma nunca se permitira ser negligente em nada. Tudo tinha que ser feito da maneira correta. Eram quatro homens na casa, e todos usavam camisas brancas e limpas todos os dias da semana, o que significa que ela tinha que lavar e passar 28 camisas semanalmente, e ela sabia exatamente quantos minutos aquilo lhe tomava.

Se havia uma lição que Elisabeth Jackson gostaria que seus filhos jamais esquecessem, acreditava Chuck, mesmo que todas as outras se perdessem no contato deles com o mundo lá fora, era que eles não deveriam desperdiçar nada do que lhes fora dado por Deus — tinham que aproveitar seus dons.

A ideia de que as pessoas deviam algo a Deus estava impregnada em todos os cantos daquela casa. Elisabeth Jackson fizera um quadro com uma inscrição e a colocara no quarto de Phil quando ele ainda era garotinho: "Pois Deus amava tanto o mundo que deu a ele seu único filho, e assim aquele que Nele acreditar não perecerá, e dele será a vida eterna. João 3: 16".

Mesmo quando criança, Phil Jackson nunca foi muito afeito à natureza evangélica e intensamente emocional da religião de seus pais — as pessoas falando em transe, atirando-se ao chão e se debatendo. Aquela gente que ele conhecia como vizinhos tranquilos, calados e reservados, de repente parecia tomada por selvageria e emoções descontroladas. Aos olhos de um menino, isso era problemático e o afastava de tudo cada vez mais.

Os três rapazes, sendo Phil o caçula, lançaram-se apaixonadamente ao esporte. Chuck Jackson achava que a razão disso era que o esporte era uma das poucas coisas permitidas, e que lhes dava uma chance de serem um pouco mais normais: era a única atividade que podiam fazer junto com os outros garotos da idade. Os esportes eram permitidos por seus pais — eram algo bom e limpo, ao contrário, por exemplo, do mundo demoníaco de Hollywood. Como seus dois irmãos já tinham enfrentado batalhas semelhantes — como pelo direito de jogar futebol americano nas noites de sexta —, as coisas foram um pouco mais fáceis quando chegou a vez de Phil, e ele conseguiu permissão para participar dos jogos às sextas, ao contrário dos irmãos mais velhos. Pelo menos, observou Phil, as longas viagens para jogar contra escolas distantes o livravam da igreja.

Com tudo isso, os meninos da família Jackson, involuntariamente, tiveram uma infância isolada da maioria dos outros da mesma idade — como não podiam fazer as mesmas coisas que os outros, não tinham as mesmas referências. Eles não podiam conversar sobre filmes, programas de televisão ou músicas. "Não era fácil conviver com os outros meninos", disse Chuck Jackson. "O isolamento era dado de antemão, não era possível mudar aquela situação, e por isso a gente era completamente diferente, pois não tínhamos contato com coisas que os outros garotos aceitavam com naturalidade."

A rejeição de Phil Jackson à religião de sua infância e sua própria busca por algo novo fizeram dele um homem de imensa tolerância com o passar dos anos. Todos eles tinham crescido numa casa, disse certa vez seu irmão Joe, incrivelmente criteriosa, e Phil sentia-se incomodado com a razão de ser de muitos daqueles julgamentos. Ele se tornou um homem fascinado pelo comportamento humano, sem ser especialmente crítico em relação a ele. "Phil", disse certa vez sua mãe (uma mulher sem papas na língua), "é cheio de dedos com as pessoas". June Jackson concordava com a sogra: achava que o marido se dava com os mais diversos tipos de pessoas; ele sabia ouvir e enxergava as pessoas como elas eram na verdade, aceitando-as e, na maioria das vezes, gostando delas. Com uma grande segurança e consciência de si, profundamente interessado nas pessoas ao seu redor, ele se tornaria tão bom psicólogo como treinador, conforme sua carreira foi se desenvolvendo ao longo dos anos.

Muito dessa habilidade era inata em Phil Jackson, o resto ele aprendeu com seu treinador no New York Knicks, Red Holtzman. Só com o passar do tempo Jackson compreendeu que Holtzman era, além de treinador, um sábio. Quando Jackson chegou a Nova York, por exemplo, o time estava num momento de crise por causa da disputa entre Bill Bradley e Cazzie Russell por tempo de jogo. Bradley era branco e Russell era negro, ambos tinham sido grandes astros universitários e se tornado famosos por causa de um jogo dos *playoffs* da NCAA entre suas universidades. Nenhum deles tinha passado por uma adaptação muito fácil à realidade da nova liga: Bradley era muito lento para jogar na defesa, e Russell se revelara incompleto — era um arremessador forte porém irregular, e era não muito bom passador — e um defensor não muito consistente.

Ambos, é claro, tinham seus admiradores entre os que viam apenas suas qualidades: Bradley tinha admiradores entre os alunos das grandes universidades americanas da Ivy League, e exercia uma influência desproporcional na vida pública da cidade, pois eles finalmente tinham um dos seus jogando no Madison Square Garden; enquanto Russell tinha os seus entre uma plateia seleta — incluindo alguns poderosos da mídia local — que sempre o bajulava e saía para os lugares com ele, dizendo que ele era o tal. No mais, o que os admiradores de Russell representavam era uma amostra do que um dia se tornaria um grande contingente de pessoas: gente que a princípio se interessava pelo jogo por admirar um certo jogador, e que continuava o venerando para sempre e desprezando todos os outros. Essas pessoas, com o tempo, começaram a achar que elas eram o próprio jogador. Era uma situação potencialmente explosiva, pois havia um crescente otimismo em Nova York com relação ao time, pelo fato de ambos serem jogadores de grande renome e por um ser branco e o outro negro. Holtzman nunca tomou partido, nunca fez nenhuma declaração pública, o que por si só já era algo notável. Ele agiu como se o problema não existisse, deixou que os jogadores resolvessem o problema na quadra e no vestiário. Era como se aquilo que as pessoas achavam ser um grande conflito de personalidades absolutamente não existisse.

"Eu acho que Red sempre soube que Bill, com sua inteligência excepcional, era um líder nato, e ainda mais: ele sabia que Bill já estava liderando o time e que era capaz de fazê-lo mesmo estando naquela posição ingrata, que era estar no comando mesmo sem ter conquistado um lugar definido no time, mas ele trazia tanta inteligência e habilidade para o jogo que o time se saía muito melhor com ele", diria Jackson anos depois. "Red deixou todos verem o que ele tinha visto em Bill e Cazzie: primeiro os outros jogadores e depois a torcida."

Em seu segundo ano, Bradley estava jogando como ala, e sua habilidade em criar situações de arremesso para os parceiros, com sua movimentação sem bola, de fato ajudou a mudar o time. Era claro que o time crescia quando ele estava em quadra. Russell, ao contrário, não tinha melhorado, continuava um tanto limitado, mas mesmo assim era um jogador de talento, e, às vezes, quando o time precisava marcar pontos, Holtzman o colocava. Aos poucos, os minutos de Russell foram diminuindo, e os de Bradley, aumentando, e a rivalidade simplesmente sumiu, pois ficou cada vez mais claro para todos que muito daquela coesão que o time conquistara se devia à incansável movimentação de Bradley. Os jogadores nos vestiários, a começar pelos negros, também começaram a ver as coisas com mais clareza. Russell era geralmente um falastrão, dado a falar asneiras nos vestiários; Bradley, por sua vez, era calmo e extremamente reservado, consciente do perigo de estar fazendo o papel de esperança branca do time. Mas eram os jogadores negros, principalmente Walt Bellamy, que tiravam sarro de Russell quando ele usava seu vocabulário de palavras esdrúxulas. Bellamy se sentava no vestiário seminu e, imitando o sotaque de um aluno de Oxford, perguntava a Russell: "Agora, senhor Russell, como notável conhecedor do idioma bretão, o senhor poderia, por obséquio, explicar às pobres e infelizes almas semianalfabetas deste time o que significa essa palavra tão longa que o senhor acabou de usar?".

Holtzman lidava de modo habilidoso com a vaidade de Russell, sempre evitando conflitos. Ele via o que queria ver e ignorava o que queria ignorar, ciente de que tinha jogadores maduros entre as duas raças, que saberiam trabalhar a questão em seu lugar. A única ocasião em que ele interveio junto a Russell foi quando ele infringiu as regras do time. Uma dessas regras era sempre agir como uma equipe. Houve uma série de jogos contra o Philadelphia naqueles dias, Cazzie Russell estava com seu novo Cadillac e, certa vez, ele foi de carro para a cidade onde jogariam. Logo antes de um desses jogos começar, Red perguntou a ele quanto era o pedágio de Nova York até Philadelphia, e Russell respondeu que era de oito dólares; então Holtzman perguntou: "Por que você não subtrai oito dos cem da multa que eu vou lhe dar por ter vindo de carro em vez de vir com o time, e aí a multa fica sendo de apenas 92 dólares?". Era uma maneira sutil de lembrá-lo de que havia regras e de que elas se aplicavam igualmente a todos.

Jackson ficou diante de um problema semelhante ao assumir o Chicago. Aceitar o emprego no Chicago era sua grande oportunidade, evidentemente, mas de certa forma era tão difícil quanto a própria situação. Ele treinaria o melhor jogador da liga, além de um grupo de jogadores de grande talento, um time na flor da idade, mas que pelo próprio fato de serem todos astros ainda demonstravam certa hesitação em quadra. Como combinar todas aquelas peças, como ajustar a química do time, eis o desafio que ele tinha pela frente. Era o sexto ano de Jordan e seu comportamento, em muitos aspectos, estava muito mais maduro. Ele tinha se acostumado à falta de um esquema de ataque, e não confiava em quase nenhum dos jogadores, exceto Paxson. O problema que Jackson tinha nas mãos era administrar a posse de bola entre os jogadores, definir a quantidade de arremessos que Jordan teria (ou, para dizer a verdade, quantos ele teria a menos). Se Michael Jordan era um gênio a seu modo, então o desafio final para seu treinador seria combinar sua genialidade às habilidades de meros mortais.

O time que Jackson assumiu estava numa encruzilhada. Se Collins, por um lado, tinha perdido o controle emocional, ele também tinha conseguido fazer Pippen e Grant atingirem um nível de jogo muito mais alto. Anos depois, ficaria claro que, graças à paixão e esforço de Collins, Jackson assumira um time já no limiar da excelência. Pippen e Grant já eram então brilhantes, ou quase isso.

Acima de tudo, Jackson sentiu que o time precisava de um esquema ofensivo. Ele não se considerava um treinador particularmente dotado de habilidades ofensivas, mas precisava ter algum esquema. O ataque do Chicago, quando ele assumiu, era demasiadamente centrado no talento de Jordan: basicamente, passava-se a bola para Michael e esperava-se que ele fizesse a cesta. Utilizar alguma espécie de tática era especialmente importante para os outros jogadores, que precisavam não só saber qual o seu papel como também serem conduzidos ao ataque, para que se esforçassem e dessem trabalho à defesa adversária. Jackson sabia muito bem como era difícil, mesmo para jogadores bons, conviver com alguém tão talentoso e psicologicamente exigente como Jordan. Como disse certa vez Dave Corzine, Jordan era tão bom que se o Bulls ganhava era por causa dele, mas se perdia a culpa era de outro, nunca dele.

A maneira como Jordan via seus parceiros era uma questão importante para todos no time, especialmente se pediam para ele passar a bola. Ele percebia o crescimento de Grant, mas não o encarava como um jogador inteligente, ou alguém que pudesse arriscar arremessos difíceis no final de um jogo. Pippen era um caso mais complicado. Ele estava sempre melhorando, sua habilidade atlética estava de certo modo se igualando à de Jordan, especialmente na defesa, e ele tinha uma noção de jogo surpreendente. Ainda não era um grande arremessador, embora estivesse melhorando. Mas seu desempenho, duro e sempre eficiente em momentos decisivos de jogos importantes, ainda era uma questão em aberto para Jordan, e ele tinha suas dúvidas sobre a maneira de encará-lo, fato que não passava despercebido a Pippen. O único jogador com quem Michael se sentia à vontade e em quem ele confiava era Paxson, o que por si só era surpreendente, pois não era nada fácil jogar na outra posição ao lado de Jordan. Paxson, além de ser um arremessador bastante confiável, tinha consciência de suas limitações; ele sabia o que devia fazer e, mais importante, sabia o que não devia fazer quando Jordan estava na quadra.

Jackson gostava do esquema de triângulo de Tex Winter. Eles tinham trabalhado juntos na liga de verão durante uma temporada, e Jackson se tornara um defensor de sua tática. Achava que a constante movimentação e os papéis bem definidos, que exigiam que os jogadores ocupassem sucessivamente as posições uns dos outros, condizia com a natureza do talento de que ele agora dispunha. Ele achava também que aquele esquema faria de Michael Jordan uma ameaça ofensiva ainda maior — pois nenhum marcador na liga, devido à força e impulsão de Jordan, conseguiria detê-lo — e conservaria sua energia, prolongando sua carreira. Não era uma tática fácil de ser compreendida; com o passar dos anos, enquanto alguns jogadores foram se acostumando naturalmente a ela, outros tiveram uma dificuldade enorme, e nunca conseguiram entender a natureza da movimentação, que era ao mesmo tempo ordenada e voluntária. O problema estava em convencer Jordan, processo que tomaria boa parte das duas temporadas seguintes. Para Jackson, que vinha de um time como o Knicks, que tinha pouca força física e altura, mas que vencera equipes mais físicas com sua movimentação e a inteligência de seus jogadores, aquela parecia ser uma tática que se adaptaria bem ao Bulls.

Àquela altura Jackson estava dividido entre as poderosas personalidades de Tex Winter e Michael Jordan, assim como entre duas diferentes filosofias do basquete. Tex Winter estava com 68 anos e em sua quinta década como treinador: ele começara na Universidade Estadual do Kansas, como assistente em tempo integral, em 1947, ganhando 3 mil dólares por ano. Era um homem franco e sem nenhum verniz, sempre disposto a expressar suas opiniões, sempre reiteradas. Ele era o resultado de uma América pobre, um homem que tinha chegado à idade adulta em meio à Depressão, e que conhecera um país onde os salários eram baixos e a classe média não fazia a menor ideia do vasto segmento da população que não tivera a sorte de ter nascido nela. Ele poderia ser avô de alguns daqueles jogadores, e seu conservadorismo financeiro e nas relações sociais contrastava com os valores de quase todos ao seu redor. Ele não desperdiçava dinheiro. Um almoço com Tex raramente ia além de oito ou nove dólares. Enquanto alguns treinadores achavam a comida servida pelo Bulls à imprensa antes dos jogos algo detestável, Tex Winter, filho da Depressão, parecia adorá-la, e estava sempre na mesa com os jornalistas.

Ele tinha sido escolhido por Krause desde o início como alguém mais velho, um guru, mas não era um dos homens de Krause — era dono do seu próprio nariz, e sempre integralmente honesto. Era isso que impressionava tanto as pessoas: ele era sempre direto e sem politicagem. Ele não se dava com a moderna cultura do basquete, o alarde, a fanfarra e a fama; achava tudo isso uma piada. Ele era, a seu modo, um absolutista. Devido à sua personalidade aberta, ele era o preferido dos repórteres, embora fosse também uma presença poderosa dentro da organização, um homem de visão clara sobre o que queria em cada jogo. A sua visão e a de Michael sobre o basquete eram diametralmente opostas. Em alguns aspectos, ambos cometiam equívocos. Inevitavelmente, os dois às vezes se desentendiam; Jordan com sua habilidade atlética insuperável e sua capacidade de tomar conta das partidas e reverter o ritmo do jogo a seu favor, e Winter, que aos olhos de Jordan tinha um conceito do basquete de uma época em que nenhum jogador tinha nenhum talento especial — um sistema que Jordan acreditava ter sido criado para suprir a falta de talento de jogadores de uma geração distante e ultrapassada. A força dos argumentos de Jordan era considerável — ninguém furava uma defesa melhor do que ele e ninguém marcava tantos pontos. E tudo por instinto: jogar dentro de um esquema talvez o fizesse perder aquele instinto. Winter, é claro, detestava a ideia de um ataque tão dependente do talento de um superastro. "Eu acho que Michael é um tremendo jogador", Winter gostava de dizer, "mas eu não o fico idolatrando".

Os dois tinham entre eles o seu debate particular sobre o que era a essência do bom basquete. "Não há espaço para o ego na ideia de um time",[4] Winter lhe dizia.

"Mas a vitória é feita por indivíduos", respondia Jordan.

No fundo, Jordan acreditava que o basquete tinha mudado, que o talento, o tamanho e a agilidade refinados das novas gerações de jogadores tornavam os esquemas antigos, de jogadas sempre iguais, impraticáveis: o basquete tornara-se um jogo de talentos, que favorecia aqueles que podiam criar boas condições para seu próprio arremesso. E ninguém naquela liga fazia isso melhor do que ele. De modo que Michael Jordan resistiu à tentativa de Jackson de reintroduzir o esquema de triângulos de Winter. Jordan não tinha se mostrado muito entusiasmado quando Collins tentou usar o mesmo esquema, e desta vez ainda menos. Ele tinha medo de que aquilo pudesse limitar o seu jogo, sem lhe dar nada em troca. "É um ataque que dá oportunidades iguais a todos", dizia ele, mas não como um elogio. Jackson tentou lhe explicar de um modo diferente: a bola era como um foco de luz, e era importante passar a luz entre os companheiros de equipe. O que Jackson estava tentando usar era a ambição desmedida de Jordan, que não era por recompensas individuais, mas pela conquista do título. O que ele enfatizava sempre para Jordan era que eles tinham ido até onde podiam nos *playoffs* fazendo as coisas da maneira de Jordan: quanto mais longe fossem, mais provável seria que encontrassem pelo caminho excelentes jogadores na defesa, que finalmente acabariam limitando as coisas que um único grande jogador podia fazer. Talvez não fosse uma má ideia, ele chegou

---

[4] No original, há um trocadilho: "There's no *I* in the word *team*", isto é, "Não tem a letra *I* na palavra *team* (*I* é também o pronome pessoal "eu" em inglês). (N. T.)

a sugerir, se Jordan *não* fosse o cestinha, como havia sido nos últimos dois anos.

Então naquele ano começou uma disputa entre Phil Jackson e seu superastro, e os dois eram muito teimosos. Jordan ainda estava preocupado com seus colegas de equipe, e quando expressava suas dúvidas quanto a eles, Jackson dizia que sim, que Michael tinha razão, que eles ainda não estavam no nível ideal e que talvez nunca chegassem lá. Talvez ele nunca fosse encontrar parceiros melhores. Mas com certeza eles não melhorariam ou dariam o máximo de si se o espetáculo continuasse sendo só de Jordan. Ele tinha que começar a passar a bola, e tinha que tentar. Se não, mais uma temporada acabaria do mesmo jeito que as outras, com o Bulls indo aos *playoffs*, indo cada vez mais alto e parando por ali. As equipes mais defensivas, que costumavam despontar nas últimas rodadas dos *playoffs*, acabariam descobrindo maneiras de anulá-lo. O talento individual, não importava quão único, só podia levá-los até aquele ponto.

A primeira temporada de Jackson, 1989-90, foi um aprendizado para todos. Foi um período de busca, com sucesso parcial, dos requisitos psicológicos que destacavam os times campeões dos demais. O esquema de triângulos não era fácil para muitos jogadores. "Era como aprender dança de salão", disse Will Perdue, o pivô de cobertura, que não tinha pés muito ágeis.

Algumas vezes naquela temporada, Jordan jogou de acordo com o esquema, e às vezes não, ficando frustrado porque não era mais o jogo puro e instintivo no qual ele se tornara um mestre, e também por ter confiado no ataque e passado a bola para os companheiros, que acabavam errando. Noutras, encorajado por Johnny Bach, o treinador assistente, Jordan simplesmente tomava conta do jogo. Bach, um velho marinheiro, dizia então: "Michael, eu não sou o seu treinador, mas o que o velho almirante Halsey diria num momento como esse? 'Atacar, atacar, atacar!'". Jordan, é claro, adorava isso. Jogando à sua própria maneira, ele marcava três ou quatro cestas decisivas no final de uma partida. Depois provocava Winter: "Tex, eu queria pedir desculpas por ter saído do esquema no final".

Mas gradualmente houve alguma melhora, no sentido de que aquele estava se tornando um time, e um time que usava o esquema de triângulos. Na segunda metade da temporada, o Bulls partiu para uma série de 24-3. O que Jackson estava fazendo era criar com toda habilidade um compromisso entre o que Tex Winter queria e o que Michael Jordan queria, um compromisso saudável, uma vez que muito da força que mantinha o triângulo era a ameaça de Jordan de que iria fazer tudo sozinho. Johnny Bach ficava no meio-termo entre Winter e Jordan. Ele adorava o brilho individual de Michael e achava, como Jordan, que havia momentos em que era preciso seguir os instintos. Winter ficou impressionado com o esforço que Jordan fez naquela temporada. Era difícil para alguém com tamanho talento se disciplinar, contrariar seu instinto e promover um ataque alheio e cheio de limitações. Winter achava que Jordan merecia um B ou B- naquele ano; e mais importante, Jordan estava tentando ser um bom parceiro. Quanto mais ele procurava os colegas, mais estes pareciam responder-lhe — e foram se tornando um time diferente. Eles ainda não haviam chegado lá, mas a coisa estava começando a acontecer. Nos *playoffs*, eles ganharam do Milwaukee na primeira rodada, e na segunda, ganharam quatro das cinco contra o Philadelphia.

Mais uma vez eles pegariam o Pistons na final da Conferência, a terceira consecutiva. Na primeira vez, em 1988, eles venceram somente um jogo. No ano seguinte venceram dois. Naquele ano, torciam para que estivessem prontos para eles. O Pistons venceu o primeiro jogo, mas no meio tempo do segundo jogo, com o Bulls perdendo por quinze pontos, Jordan mostrou a língua furioso com a falta de garra de seus colegas. Embora eles tivessem perdido aquele jogo também, apertaram o cerco na segunda metade e mantiveram o ritmo, vencendo os dois jogos seguintes em Chicago. Jackson acreditava que seu time tinha mais talento e que só faltava segurança e experiência para vencer naquele ponto da competição. E ele também achava que por causa do espírito guerreiro de Jordan, o Bulls ficava muito vulnerável ao Pistons, pois Chuck Daly tinha preparado, com seu esquema de defesa "Jordan", a armadilha perfeita para alguém competitivo como Michael. De fato, o que Daly preparou para Jordan era um desafio: "Você tem que nos derrotar sozinho, você tem que nos derrotar fisicamente". Jordan costumava responder a esse desafio do modo mais previsível, batendo de frente com a defesa do Pistons, fazendo jogos incríveis contra o Pistons, mas cujo desfecho já estava previsto na prancheta de Chuck Daly. Jackson queria que seu time jogasse de modo mais inteligente, usando sua velocidade superior como uma vantagem, que driblassem diante da força da defesa do Detroit — apenas Rodman era tão veloz quanto os melhores do Chicago —, e que então usassem essa rapidez para passar a bola e conseguir melhores arremessos.

Isso começou a entrar na cabeça dos jogadores e o Bulls venceu o terceiro e o quarto jogos. No quinto, em Auburn Hills, o Pistons bateu o Bulls outra vez, mas no jogo de volta, em Chicago, o Bulls ganhou fácil. Isso significava que haveria um sétimo jogo na suburbana Detroit, um lugar onde o Bulls ainda não tinha vencido nenhum jogo de *playoff*. Foi um desastre. Paxson estava com problemas no tornozelo. Pippen estava ainda pior. No ano anterior, ele tinha saído do sexto jogo depois de receber uma cotovelada maldosa de Bill Laimbeer, que lhe causou um desmaio no primeiro minuto de jogo. Dessa vez, antes do jogo mais importante de suas vidas, Pippen começou a sentir enxaqueca. Com o jogo para começar, ele mal conseguia enxergar. Tomou algumas aspirinas, mas estas pareceram aumentar a dor de cabeça. Então, disse a Mark Pfeil, seu preparador, que estava tendo sérios problemas para enxergar. "Você pode jogar?", Pfeil lhe perguntou.

Pippen estava quase dizendo que não, quando Jordan respondeu por ele: "Claro que sim, ele pode jogar". Pfeil colocou uma bolsa de gelo na cabeça de Pippen, e ele até tentou jogar, mas não estava no ritmo do jogo. Ele acertou um em dez arremessos. Mais tarde ele disse que mal conseguia diferenciar os uniformes dos dois times. O jogo foi uma lavada de dezenove pontos. A derrota foi um soco no estômago para o Bulls, e especialmente para Michael Jordan.

Depois do jogo, Michael estava inconsolável. A caminho do ônibus, no estacionamento, Jack McCloskey viu Jordan passando. McCloskey estava parado perto da entrada e disse à esposa que precisava ir falar com aquele notável jogador. "Senhor McCloskey", Jordan disse, "será que a gente um dia vai conseguir passar pelo Pistons? Será que a gente nunca vai ganhar?".

"Michael", respondeu McCloskey, "a sua hora está chegando, e não vai demorar muito".

Jordan entrou no ônibus e sentou-se no fundo, sozinho com seu pai, no escuro de seu próprio mundo naquele momento. Provavelmente aquele foi o momento mais triste de sua carreira. Naquele dia, ele chorou no fundo do ônibus. O Bulls tinha falhado pela terceira vez diante de seus algozes; mais uma vez, ele reclamou de seus colegas, especialmente de Pippen. Jordan não estava interessado nos motivos da enxaqueca de Pippen, se era verdade que ele estava mal, se era por causa da tensão ou qualquer outra coisa. Para ele, o que importava era que Pippen tinha falhado de novo num momento crítico, e a questão sobre Pippen — sua resistência mental, não seu talento — continuava no ar.

Perdido em meio a tanto desapontamento ficou o fato de que o Bulls estava em ascensão, pois tinha vencido 55 jogos na temporada normal e, nas finais da Conferência, estava chegando cada vez mais perto, ano após ano, de uma vitória para duas, e agora para três. A diferença entre o Bulls e o Pistons era pequena, e os jogadores jovens do Bulls eram mais talentosos e completos do que os do Pistons. Michael Jordan, chegando aos 28 anos, estava entrando na fase áurea de sua carreira, período em que suas habilidades físicas se mesclavam a um conhecimento cada vez mais apurado do profissionalismo. Pippen e Grant também estavam crescendo. O Pistons, ao contrário, estava se esgotando, embora poucos o notassem, exceto talvez os treinadores e um ou dois de seus jogadores.

20.
CHICAGO, 1990-91

Vencer na NBA tem mais a ver com qualidades psicológicas do que físicas. Os velhos jogadores e treinadores sabem que a diferença está acima de tudo na resistência mental do time. Jogadores de valor em grandes times sabem vencer, sabem finalizar uma partida, sabem jogar contra uma torcida hostil; estes jogadores falam da habilidade dos grandes times em dobrar a força de vontade dos times mais fracos a seu favor. Se tais frases soam ao mundo externo como clichês, dentro da liga elas adquiriram o estatuto de Evangelho. Numa temporada longa como a da NBA, em que os jogos se seguem imediatamente um após o outro, em que a fadiga mental é muitas vezes maior do que a física, o que destaca os grandes jogadores é sua capacidade de, nos dias de calor infernal do verão, fora de casa, quando seus corpos começam a doer, enxergar um jogo contra um adversário fraco da mesma maneira que um jogo decisivo, e se preparando no mesmo nível. A grandeza na NBA não requer apenas grande habilidade, requer também a capacidade de sair de casa e jogar duro noite após noite, e de inspirar os colegas a jogarem com a mesma garra. Era isso o que destacava jogadores como Bird, Johnson e Thomas — não só sua determinação invejável, mas também seu efeito sobre os colegas. Em 1990, o Bulls e o Pistons pareciam iguais; a bem dizer, em termos de puro talento, o Bulls era superior. Mas até ali o Pistons mandava no Bulls porque conseguia dominar psicologicamente os jogadores do Chicago.

A coisa que um time campeão mais detestava era passar a impressão de ser vulnerável ao adversário, especialmente um adversário em ascensão. E tais requisitos psicológicos eram essenciais: o sujeito era forte o bastante para explorar a fraqueza do adversário, e enfatizá-la aos olhos deste antes que ficasse exposta a sua? Quem dançava conforme a música de quem? Se a sua mágica funcionasse tão bem como a do Detroit estava funcionando naqueles confrontos com o Chicago, você criava entre seus jogadores a ilusão de uma invencibilidade, e entre seus inimigos a de seu potencial de fracasso. Se por um momento escapasse algum sinal de sua vulnerabilidade, principalmente contra times em ascensão, era o mesmo que jogar sangue na água dos tubarões.

O Pistons tinha pegado o Celtics naquele mesmo cenário, nos anos felizes de Bird, McHale e Parish. A derrota apertada para o Celtics nas finais da Conferência de 1987 foi, na verdade, o que detonou a influência psicológica devastadora que o Celtics exerceria sobre o Detroit Pistons. E, da mesma forma, as cinzas da derrota do Chicago para eles fertilizaram o terreno para uma futura vitória. Se alguns jogadores do Chicago saíram das finais de 1990 terrivelmente abatidos, convencidos de que o feitiço do Detroit tinha funcionado mais uma vez, os treinadores não eram assim tão pessimistas. O Bulls outra vez dera duro em cima dos Pistons, e isso era algo que nunca tinha acontecido com nenhum time do Oeste nas finais. O Lakers perdeu quatro em 1989, e o Trail Blazers venceu uma e perdeu três em seguida em sua própria casa — mostrando que as finais da NBA eram as finais da Conferência Leste e que o Bulls era o time mais forte que já saíra do Oeste.

Se o Bulls conseguisse vencer o Pistons, o título seria deles; como era um time jovem, o título continuaria em Chicago por um bom tempo. Phil Jackson e seus assistentes achavam que o Bulls estava se aproximando disso a passos largos — era apenas uma questão de dar um último passo. O Bulls tinha que aprender a parar de se atrapalhar. Para tanto, era preciso que os jogadores acreditassem em si mesmos. Eles teriam que ser mais fortes, física e psicologicamente, e teriam que impedir o Pistons de continuar ditando o ritmo das partidas. Teriam que aprender a vencer no Palace, a nova arena de Auburn Hills, inaugurada no outono de 1988, que era a sede dos jogos do Pistons em Detroit. Até ali, o Bulls tinha vencido apenas uma vez no Palace.

O primeiro passo seria o trabalho físico com os jogadores. Ninguém julgava que o Pistons fosse mais talentoso, nem sequer uma equipe mais inteligente, mas eram bem mais forte. E o primeiro sinal de que os jogadores estavam a par disso aconteceu no dia seguinte à última derrota que tiveram em Auburn Hills. O jogo tinha sido no domingo, e na segunda os treinadores se reuniram no escritório do Multiplex, onde treinavam na época, para fazer um balanço da temporada. Quando saíam da reunião, viram Grant e Pippen fazendo exercícios com pesos. Era claro que a temporada de 1990-91 tinha começado. Não era preciso ser nenhum gênio para saber que se todos eles fizessem o mesmo, chegariam para os jogos com muito mais convicção, contra um time cujos jogadores se gabavam de sua fama de valentões. Então, durante o verão, todo mundo do Bulls começou a treinar pesado. Não foi nenhuma exigência de fora do time — eles mesmos se motivavam. No feriado de 4 de julho, um dos treinadores passou pelo centro de treinamento e encontrou quase todo o time puxando ferro. Evidentemente, a decepção da última derrota para o Detroit tinha passado e dado lugar a uma certeza de quão perto eles estavam chegando do título. Os jogadores mal podiam esperar pela próxima temporada.

Michael Jordan tinha começado o treinamento físico no ano anterior; depois da derrota para o Pistons em 1990, ele falou aos repórteres que estava cansado de se submeter fisicamente ao Pistons e também que estava decidido a trabalhar fisicamente para ficar maior e mais forte. Um jovem preparador físico do Chicago, Tim Grover, leu o artigo com as declarações de Jordan. Grover tinha jogado no basquete universitário na Illinois-Chicago, e embora tivesse apenas 1,75 m de altura, ele era um grande talento e maníaco por musculação. Seus pais trabalhavam ambos no Northwestern Memorial Hospital — sua mãe era enfermeira e seu pai era o responsável por um dos laboratórios — e queriam que o filho virasse especialista em medicina esportiva. Mas acontece que ele se apaixonou pelo esporte e decidiu se tornar preparador físico, o que estava se tornando uma nova indústria graças à obsessão dos americanos pela coisa. Grover graduou-se em fisiologia, tendo em mente um mestrado para se tornar especialista em fisiologia do esporte. Quando chegou a hora de redigir sua tese, ele tratou da criação de um programa de preparação física para jogadores de basquete — como torná-los mais fortes e resistentes a contusões sem ganhar muito peso nem perder velocidade.

Fazia parte de seu mestrado trabalhar com dois programas de segundo grau da região. Numa das escolas, ele conseguiu permissão do treinador para instituir um modesto programa no qual pudesse testar alguns conceitos básicos de preparação física. Na outra, ele não desenvolveu nada: só monitorou a evolução natural do time da escola. A diferença entre os resultados era total. A primeira, que tinha o programa, teve um número de contusões ridículo, e os jogadores mostraram um bom desempenho até o final das partidas; na outra turma, o número de contusões foi bem maior e o time mal se aguentava das pernas nos últimos minutos. Aquilo era uma valiosa confirmação de que suas ideias eram boas.

Ele obteve o diploma do mestrado em 1986, e três anos depois estava trabalhando numa academia da região, época em que leu as declarações de Michael e seu dilema, e teve certeza de que poderia ser útil — Michael só precisava de alguém como ele, que pensava sobre aquilo havia seis ou sete anos. Era uma oportunidade tentadora, a de usar seu conhecimento e sua paixão pela preparação física com o melhor jogador do basquete, um jogador que fazia tudo o que Grover adoraria fazer se tivesse tido o talento e a altura de Jordan. Grover ligou para o dr. John Hefferon, médico do Bulls, que também trabalhava no mesmo hospital que seus pais, e era amigo da família.

Hefferon começou a rir. "Do que você está rindo?", perguntou Grover. "Porque eu e Michael estamos falando sobre esse assunto há meses", ele disse, "e falamos em você algumas vezes. Eu acabei de dizer a ele que vocês deveriam se conhecer".

Grover foi apresentado primeiramente a Mark Pfeil, o preparador físico. Explicou-lhe sua filosofia, como ele pensava em trabalhar para desenvolver o tórax de Jordan, sem perder elasticidade e velocidade nas pernas, fazendo-o mais forte porém não mais lento. Além disso, ele se concentraria nas partes do corpo normalmente mais vulneráveis dos jogadores. Pfeil conhecia as principais fraquezas causadas pela longa temporada que seus jogadores enfrentavam e ficou impressionado. Ao final da conversa, ele disse: "Eu gosto de você, e sei que John também. Acho que você precisa conhecer Michael".

Depois do treinamento naquele mesmo dia, Grover conheceu Jordan e a única coisa que este lhe disse foi: "Você é mais novo do que eu — e eu nunca trabalhei com alguém mais novo".

Grover disse a Jordan que não podia torná-lo um jogador melhor, mas que podia fazê-lo mais forte e, igualmente importante, tinha quase certeza de que podia prolongar sua carreira. Isso não era um incentivo pequeno, pois Jordan sabia que jogadores como Julius Erving tinham tido sérios problemas por começarem um treinamento físico muito tarde em suas carreiras. Grover recomendava que ele começasse o quanto antes, o que obviamente era um bom conselho. Grover também disse a Jordan que havia a maneira certa e a maneira errada de fazê-lo, e que em vez de tentar fazer tudo de uma vez só, eles deviam pensar nas coisas ao longo de vários anos, aumentando um pouco em peso e massa muscular a cada ano, em vez de sobrecarregá-lo com um programa muito intensivo. Jordan tinha entrado na liga pesando 84 kg e, quando conheceu Grover, estava com 88. Eles conversaram sobre qual seria seu peso ideal, e Jordan achava que devia ser em torno de 97, o que se revelou uma estimativa bastante apurada. Grover calculava que levaria três ou quatro anos até chegarem àquilo. Uma ganho de 2 kg por ano talvez fosse o ideal, porque assim o corpo poderia se ajustar, ganhar musculatura, e ainda assim manter o nível de habilidade. "Se a gente começar e transformar você num brutamontes rápido demais, seu jogo vai sofrer com isso e você vai sair perdendo", ele disse.

Grover também advertiu Jordan de que se ele topasse, nos primeiros meses ele não iria gostar muito, ficaria confuso, porque o novo programa provavelmente acabaria com seu arremesso. O basquete, segundo ele, era um esporte de memória muscular, e ele estaria mexendo com essa memória. "O seu ritmo ficará prejudicado, você vai perder o seu melhor arremesso e vai ficar irritado com isso — terá que acreditar em mim quando eu disser que você vai retomar tudo isso com o tempo." Michael Jordan riu ao ouvir essa história, seguro de que seu arremesso, que sempre fora tão certeiro, não o abandonaria só porque ele estava malhando. Então ele disse que tentaria o regime de Grover durante trinta dias, e deu a Grover dez dias para arranjar o equipamento necessário para começarem. Grover perguntou qual era o seu orçamento, e Jordan disse que poderia gastar o quanto fosse preciso. Mais tarde, Grover pensou que havia muitas razões para Jordan preferir trabalhar com ele em vez de Al Vermeil. Jordan queria exclusividade total, queria alguém totalmente comprometido com ele, e não com a diretoria do Bulls, que era o que o deixava com o pé atrás com Vermeil, pois este, por mais que se esforçasse, trabalhava para Krause.

Então eles iniciaram o programa. A advertência de Grover fazia sentido: por algum tempo, o jogo de Jordan pareceu estar sumindo — ele errava os arremessos e perdia até bandejas. Ao menos, isso serviu para dar credibilidade a Grover: o que ele tinha previsto realmente se confirmava.

Jordan e Grover trabalharam não apenas com vistas ao aprimoramento físico de Jordan, mas também para fortalecer as regiões mais vulneráveis em jogadores de basquete: tornozelos, pulsos, ombros, joelhos e quadris. Aquele sim era o trabalho mais pesado, no entender de Grover, e a maioria dos grandes jogadores não ligava a mínima porque não havia recompensa imediata. O corpo não ficava mais definido nem parecia mais forte. Propiciava no máximo uma certa imunidade contra alguns tipos de contusões. O que deixou Grover impressionado foi a aplicação de Jordan, que se revelou um discípulo esforçado ao longo de todo o trabalho pesado. Por exemplo, as contusões na virilha. Devido ao excesso de movimentação com os pés que os jogadores têm que fazer na defesa — constantemente para os lados —, eles são especialmente suscetíveis a esse tipo de contusão, que já havia sido um problema para Jordan. Grover fez alguns testes e descobriu que a musculatura da parte interna das pernas de Jordan era muito mais forte do que a da parte externa. Esse desequilíbrio, provavelmente, era a causa daquelas contusões. Eles fizeram uma série de exercícios especialmente elaborados para equilibrar as duas musculaturas e assim diminuir o risco de contusões de Jordan.

Nem todos achavam que o programa de Grover era uma boa ideia. O amigo mais próximo de Jordan, Howard White, achava aquilo um erro. "Você é um verdadeiro puro sangue", certa vez ele alertara Jordan, "por que está querendo estragar tudo? Você vai acabar perdendo sua velocidade".

Mas Jordan estava decidido. "Howard, não é você que está sendo caçado na quadra. Aqueles caras estão me matando. Eu preciso ficar mais forte."

Ele era um bom aluno, trabalhando com um bom preparador. Para Grover, a coisa mais óbvia sobre Jordan era que ele estava disposto a pagar o preço por suas ambições. Ele era um jogador excelente nos treinos e também extremamente dedicado nos exercícios físicos. Ele não trapaceava. No começo, eles haviam programado os exercícios físicos para depois dos treinos, mas Jordan dava tão duro nos treinos que ficava muito cansado para fazê-los depois, de modo que eles mudaram as sessões para as manhãs. Logo os outros começaram a chamar aquilo de "Clube do Café da Manhã". No meio dos anos 90, Ron Harper e Scottie Pippen começaram a trabalhar com Jordan em sua casa todas as manhãs, quando o time estava em Chicago, e tomavam um café da manhã preparado de acordo com as especificações de Grover, que alternava as sessões: num dia a parte superior do corpo, no dia seguinte a parte inferior. Fazia parte de seu acordo com Jordan que ele não comentaria nada com a imprensa, pois Michael não queria que ninguém soubesse o que estava fazendo. Ele foi um pioneiro, sabia que os outros jogadores o ridicularizavam — se não era o seu cabelo, era o comprimento de seus calções — e não via nenhuma vantagem em transformar algo que agora via como um grande trunfo em benefício de jogadores que ele queria destruir.

Os benefícios a longo prazo do programa de preparação de Grover só seriam reconhecidos muito mais tarde, depois que Jordan deixou o basquete, jogou beisebol, voltou ao basquete e levou sua carreira a um raro nível de excelência até adentrar a casa dos trinta, idade em que a maioria dos jogadores, com exceção dos pivôs, que podem jogar num ritmo mais lento, já estão em franca decadência. Durante sete temporadas inteiras, em que Michael Jordan manteve Grover como seu preparador, ele ficou de fora em apenas seis jogos. Depois de seu retorno do beisebol, durante as três temporadas, ele não ficou de fora de nenhuma partida.

Os primeiros sinais do sucesso do programa de Grover foram evidentes. Jordan estava maior e mais forte, o que era perceptível em seus ombros e braços. "Você está me custando muito dinheiro", ele dizia todo ano a Grover. Grover se fazia de desentendido e perguntava por quê. "Porque eu tenho que jogar fora todo o meu guarda-roupa — não caibo mais nas roupas em que eu cabia." No final do primeiro ano, seu corpo já estava bem mais forte. Um dos primeiros sinais foi que Jordan se tornou um finalizador muito mais eficiente em suas subidas à cesta. Antes, quando ele subia para a cesta, se recebesse um toque, geralmente errava na finalização, se o jogador que o atingia fosse maior do que ele. Agora ele podia driblar, sofrer trombadas, absorvê-las e conservar energia para finalizar a jogada e fazer o arremesso.

Quando jogava contra times que antes deliberadamente batiam nele, era mais comum que ele fosse o agressor, e os marcadores estavam começando a sofrer as consequências. Foi uma mudança de papéis notável. E não foi apenas Jordan que se tornou maior e mais forte. Grant e Pippen também tinham feito muito exercício, e voltaram mais fortes e mais comprometidos. Durante as finais da Conferência Leste de 1990, quando o Bulls estava dois jogos atrás, Jordan viu os dois festejando durante os treinos, o que lhe pareceu uma postura demasiado confiante, e ficou furioso, porque achou que eles não estavam levando o jogo a sério o bastante. Aquilo não era mais verdade. Pippen amadureceu durante a temporada de 1990-91. Ele tinha chegado ao *all-star* pela primeira vez no ano anterior, e agora sua maior força começava a trazer as vitórias, que lhe trouxeram confiança, e que, por sua vez, trouxe mais vitórias. Na NBA, estas coisas faziam sentido. Pippen tivera um ano de explosão: marcando dezoito pontos, conquistando sete rebotes e seis assistências em média por jogo, e tornando-se ao mesmo tempo um brilhante defensor.

Ao assistir aos jogos do Chicago naquele ano, Chuck Daly sabia que o tempo estava agindo contra o seu time, e que o Bulls tinha engrenado principalmente por causa da melhora de Pippen. O amadurecimento de Pippen foi uma bênção por dois motivos: ao mesmo tempo em que ele se revelava o grande jogador que de fato era, ele fez Jordan mudar, tornando-o um jogador de equipe. Eles também estavam mais acostumados ao esquema ofensivo de Tex Winter, que os permitia passar a bola e também fazer suas incríveis jogadas individuais. Seria mais difícil para o Pistons pegar Jordan em suas armadilhas, como no passado. Além do mais, o time de Daly já não estava em ascensão. Eles tinham perdido uma peça essencial quando Rick Mahorn foi levado pelo Minnesota, no ano anterior. Sem ele, o Pistons não era mais tão duro, nem metia tanto medo. Laimbeer, naquela temporada, tinha sido visto várias vezes reclamando que ele mesmo já não tinha toda aquela gana, que já não tinha as mesmas motivações.

O mais surpreendente naquela temporada foi a rapidez com que tudo mudou. O Bulls estava jogando bem antes da pausa do *all-star*, vencendo com uma média superior a dois em cada três jogos. Eles venceram em Sacramento, e então voaram para Detroit para enfrentar o Pistons em Auburn Hills no último jogo antes do *all-star*. Eles tinham perdido doze dos últimos treze jogos ali; se havia um momento ideal para vencer, segundo Jackson, era aquele. Seu time estava com a marca de 31 a 14, as peças estavam todas ali, e como por milagre Isiah Thomas estava fora com o pulso machucado. O Pistons sabia muito bem da importância daquele jogo — pouco antes, Chuck Daly falara da importância de vencer, pois conseguiriam a vantagem de jogar em casa nos *playoffs*. John Salley, um dos jogadores mais articulados do Pistons, disse aos jornalistas de Chicago num tom presunçoso: "Eles têm a mesma síndrome que nós tínhamos com o Boston — a íntima certeza de que sempre perderíamos jogando lá. Mas um dia percebemos que eles eram pessoas normais como nós. É assim que o Chicago tem que entrar em quadra contra a gente".

Mesmo assim, foi um jogo muito difícil. Bill Cartwright foi expulso no terceiro quarto: durante uma breve colisão com Laimbeer, este caiu estatelado. O juiz marcou falta de Cartwright, que protestou e foi imediatamente mandado para o chuveiro. No último quarto, o jogo ficou ainda mais físico. Durante um pedido de tempo, os jogadores do Chicago temeram que Horace Grant pudesse estar fraquejando sob o ataque do Detroit: ele tinha começado a se virar e olhar para os juízes quando o Pistons fazia alguma jogada mais dura, como se estivesse esperando ajuda da parte do árbitro. Jimmy Cleamons achou que aquilo era um sinal evidente de derrota; ele, assim como os treinadores, sabia muito bem como os juízes encaravam aquela atitude de Grant — choradeira. Àquela altura, jogando contra os campeões em casa, Cleamons sabia que era preciso provar para os juízes que eles também eram duros o bastante para serem os campeões. Se você queria a coroa, tinha que trabalhar duro, e não ficar olhando para os juízes, porque eles não a dariam a você. Quanto mais você pedisse falta, mais difícil seria eles apitarem. O mundo não era justo: campeões não pedem faltas, campeões recebem faltas. Durante o tempo seguinte, Cleamons disse a Grant: "Apenas jogue! Não reclame!".

Faltando cerca de quatro minutos para o final, o Pistons estava cinco pontos à frente, o que, com a defesa que ele tinha, era uma vantagem considerável, especialmente jogando em casa. No passado, o Pistons sempre finalizava os jogos melhor do que o Bulls, e em geral ele estava no auge quando o Bulls começava a fraquejar. Mas Pippen acertou um arremesso de longe e Jordan converteu num rebote de ataque de Grant. Sabe-se lá como, nos dois últimos minutos os juízes começaram a dar as faltas para o Bulls. Do banco, Chuck Daly gritava para os árbitros — dando a entender que eles é que eram o time da casa e que as faltas deveriam ser para o Detroit. O Bulls venceu por 95 a 93. Johnny Bach, que sempre se referira ao Detroit como o abutre do Chicago, estava exultante depois da partida. O abutre finalmente tinha voado, disse ele. O gato preto saiu de nosso caminho, disse Jackson numa entrevista após o jogo. Gato pretos e abutres à parte, essa fase tinha acabado.

Com essa, o Bulls deu início a uma série de vitórias. Depois do *all-star*, eles venceram nove jogos consecutivos, perderam um para o Indiana, depois venceram mais nove. Quando os dois turnos terminaram, eles estavam com a marca de 50-15, uma condição invejável. Na temporada anterior, o Pistons vencera 59 jogos, mas naquele ano caiu para cinquenta; em comparação, o Bulls vencera 55 no ano anterior, mas nessa temporada venceu 61, o recorde do time. As coisas finalmente começavam a mudar de figura.

Durante os *playoffs*, o Bulls deu continuidade à série de vitórias: eles bateram o Knicks por três a zero na primeira rodada, e venceram quatro de cinco contra os 76ers na segunda rodada. Assim conquistaram aquilo que mais desejavam: um jogo de volta contra o Pistons em Chicago.

O time do Pistons que chegou a Chicago para as finais da Conferência Leste de 1991 ainda ladrava, mas já não mordia tanto. Do mesmo modo, sua influência junto aos árbitros mudara. Phil Jackson tinha enviado ao escritório da liga uma fita cuidadosamente editada, contendo os lances faltosos do Pistons contra o Bulls, e aquilo sem dúvida provocara uma nota da liga — eles não estavam satisfeitos com a imagem dos "Bad Boys", nem com as consequências da imagem de que, na liga, a força bruta estava se tornando mais importante do que a habilidade, num esporte que tinha como aspecto mais vendável a arte do basquete de seus jogadores. De modo que o Pistons continuava provocando, mas já não intimidava, especialmente com a saída de Mahorn. Inclusive, o Bulls foi quem começou a bater, com uma cotovelada que Jordan deu no peito de Joe Dumars, num cumprimento de boas-vindas ao primeiro jogo. Nesse jogo, foi Jordan quem gritou besteiras na orelha de Rodman, tentando com isso, segundo seus treinadores, dar mais confiança a seus colegas. A certa altura, Jordan, marcado por John Salley, estava com a bola, ameaçando driblar e partir para a cesta. Salley, cujo apelido era "Aranha", gritou: "Você não vai passar pela teia!". Nisso, Jordan avançou, mudou de direção no último segundo e enterrou. "Segura essa, seu puto!", ele berrou para Salley. E assim Salley entendeu que a velha mágica do Pistons já não tinha efeito. O Pistons cansou no último quarto e o Bulls venceu.

No segundo jogo, o Bulls parecia dominar ainda mais. Jackson colocou Pippen para conduzir a bola: ele era muito habilidoso, muito rápido para seu tamanho, e se o Pistons tentasse roubar a bola, correria sérios riscos na marcação. O Pistons parecia incapaz de fazer pressão sobre o Bulls, que estava recebendo todas as faltas que queria, conquistando mais lances livres do que o Detroit. O Chicago venceu o segundo jogo com facilidade. Mas o Bulls ainda tinha que vencer em Auburn Hills nos *playoffs*. No terceiro jogo, o Bulls ficou em vantagem várias vezes — dezesseis pontos a certa altura do terceiro quarto —, mas o Pistons diminuiu para oito pontos no último quarto. O Detroit teve sua última posse de bola, diminuindo para cinco pontos, faltando 2:30 minutos. Na posse de bola seguinte do Bulls, o Pistons roubou a bola. Vinnie Johnson partiu para a cesta. Jordan foi correndo atrás dele, aproximando-se rápido. Johnson olhou sobre o ombro, sentindo a chegada de Michael e, no último segundo, diminuiu para deixar Michael passar reto. Mas Jordan antecipou o movimento e fez um belo ajuste, forçando Johnson a soltar um fraco e desequilibrado arremesso, que deu o rebote para Jordan. A força do Pistons tinha acabado; o Bulls venceu. Eles estavam com três a zero.

Pouco sobrou do Pistons para o último jogo. Laimbeer fez uma jogada maldosa em Paxson quando este partia para uma cesta. Paxson imediatamente revidou, arremessou os lances livres, e converteu os três. No segundo quarto, Rodman foi desleal com Pippen, empurrando-o para fora da quadra, de modo que ele poderia ter se machucado seriamente. Ele sofreu um corte no queixo que precisou de seis pontos. Como escreveria mais tarde Sam Smith, Rodman (que em sua fase seguinte, de exibido provocador da mídia, se tornaria um frequentador de bares gays e se vestiria com roupas estranhas) continuou gritando com os árbitros: "Vocês acham que isso foi sério? Eu vou fazer de novo. Nós não queremos maricas aqui, e ele é um mariquinha... Nós não aceitamos esse tipo de frescura aqui". Pippen continuou jogando. Como um sinal de sua nova dureza, o Bulls, à sua maneira, passou a provocar no mesmo nível.

O Chicago novamente venceu fácil. Eles arrasaram o Pistons; os demônios foram exorcizados. Com Isiah Thomas à frente, os jogadores do Pistons deixaram a quadra nos segundos finais sem cumprimentar o Bulls. Houve uma certa polêmica em torno disso. Teria sido ideia de Isiah, e a maioria dos jogadores concordou. Originalmente, a ideia de Isiah era pegar o microfone e agradecer aos torcedores do Detroit por sua lealdade, mas Daly, lívido, pediu que ele não o fizesse e o persuadiu dizendo que se fizesse isso, seu comportamento jamais seria esquecido. Então, o que acabaram fazendo foi uma espécie de compromisso: sairiam da quadra sem nenhuma mensagem para o público, mas também sem a tradicional demonstração de respeito pelos adversários. E foi essa a cena que os torcedores de fora de Detroit guardaram dos "Bad Boys".

21.
CHICAGO; LOS ANGELES, 1991

Depois de derrotar o Detroit nas finais da Conferência Leste, o Bulls pegou o Los Angeles Lakers em seu caminho rumo ao primeiro título. Aquela seria a nona participação do Lakers nas finais na era de Magic Johnson, que começara em 1980, onze anos antes. Kareem Abdul-Jabbar e Michael Cooper já tinham ido embora, e tudo indicava que aquele seria o canto dos cisnes da carreira de Johnson, porém ele ainda era um jogador excepcional num time poderoso. Se havia algum declínio em sua performance em quadra, este ainda não havia sido explorado pelos adversários. Johnson ainda tinha ao seu redor um elenco de estrelas, incluindo James Worthy, Sam Perkins, A. C. Green, Mychal Thompson, Byron Scott e Vlade Divac. O Lakers, treinado por Mike Dunleavy, vencera 58 jogos naquele ano. Parte da lenga-lenga dos primeiros anos de Johnson tinha ficado para trás, e nesse momento o Lakers jogava com um ataque muito mais forte, cujo principal objetivo era conservar energia; ainda por cima, tinha uma equipe excelente, de jogadores acostumados com toda a pressão da mídia e com o desgaste das finais, ao contrário do Bulls — com exceção de Michael Jordan, que desde sempre estivera no centro das atenções da mídia. Esse confronto era exatamente o que os executivos da NBA e da NBC sempre desejaram: as novas sensações do Chicago contra os velhos e experimentados profissionais de Los Angeles, um astro consagrado contra outro em ascensão, o jogador que o país inteiro ansiava por ver nas finais.

De certo modo, era uma batalha entre dois grandes sorrisos. Magic Johnson tinha um sorriso brilhante, que parecia mais natural que o de Jordan. O sorriso de Jordan era mais controlado, combinando com seu caráter — podia até ser mais largo, mas era mais raro, aparecendo somente em algumas ocasiões, como entregas de títulos ou sessões de fotos para comerciais de seus patrocinadores. O fato de Michael não estar sempre sorrindo fazia com que seu efeito fosse maior junto ao público — a cara fechada do guerreiro de repente dava lugar, no final da partida, ao sorriso que refletia seu prazer com a vitória. O sorriso de Johnson já era sua marca registrada. Ele parecia estar constantemente desfrutando do jogo, e era fácil esquecer sua obstinada intensidade, sua exigência em relação aos parceiros de equipe, como os pressionava sempre que notava qualquer deslize ou descuido da parte deles durante o jogo. "Esqueça o sorriso de Magic, ele não é daquele jeito", disse certa vez seu velho companheiro de equipe Mychal Thompson. "Ele é como Ali. Ali também estava sempre sorrindo, mas na verdade eles são capazes de matar." A final entre o Bulls e o Lakers deu às pessoas a chance de comparar dois superastros muito diferentes. Johnson nascera para ser um líder em quadra, e jogava na posição certa para esse tipo de papel, armador. Na opinião sensata de Mark Heisler, do *Los Angeles Times*, que acompanhou a carreira de ambos durante um bom tempo, Jordan era o contrário, ele nascera para "fazer de tudo" em quadra. Seu jogo naturalmente era individualista, e não era de sua índole passar a bola e ajudar os colegas a se sobressair. Um dos poucos que conhecia os dois bastante bem, James Worthy, certa vez disse que Johnson era mais presente do que Jordan: "Michael é mais intenso consigo mesmo, Johnson é mais intenso com os outros".

As histórias sobre a pressão que Jordan exercia sobre os colegas eram famosas. Em grande parte porque ele trabalhara por muito tempo, e em condições difíceis, com jogadores de nível mais baixo. Não se dizia o mesmo sobre Johnson, ele não era alguém que exigia e punia seus parceiros, já que desde o início tinha tido a sorte de estar cercado de feras. O time do Lakers ao qual ele se juntou era muito bom. Um automóvel sofisticado, ao qual só faltava uma coisa: ignição. E ele veio a cumprir esse papel. Vencer era uma questão importante para ele: foi campeão no colegial, levou seu time na Universidade de Michigan ao título da NCAA quando tinha dezenove anos e conquistou para o Lakers, que não chegava às finais desde 1973, uma vaga no primeiro ano, sendo campeão ainda como calouro, período de sua vida em que ainda não podia sequer beber em certos estados do país.

Ele não era um grande jogador em disputas homem a homem, não era um grande arremessador e tinha uma impulsão até que bastante limitada. Mas era louco por vencer, entusiasmado com o basquete em si, e tinha instinto — de quando e onde devia passar a bola para o parceiro. E nisso ele era praticamente único. Johnson tinha uma impressionante visão periférica, controlava a bola com maestria com suas mãos enormes, e sua altura — 2,05 m, sem precedentes para um armador — dava-lhe não só uma vantagem sobre o defensor, que não conseguia bloquear sua visão, como também causava problemas para sua marcação. Sua noção de jogo, sua precisão nas assistências, com o desenrolar das jogadas, era um caso à parte. Treinadores e olheiros que passavam partidas inteiras observando Johnson, em busca de alguma fraqueza em seu jogo, normalmente saíam frustrados, convencidos de que não havia nenhuma.

Magic Johnson era o protótipo do jogador de basquete, um líder nato; sua postura em quadra era uma extensão de sua personalidade fora dali. Conhecendo-o, era difícil imaginar um confronto em que ele não assumisse o comando. Ele fez do Lakers o *seu* time praticamente desde que pôs os pés ali pela primeira vez. "Ao recrutá-lo, nós achamos que ele era muito bom", disse Jerry West anos mais tarde. "Achamos que ele poderia distribuir bem a bola. Mas não imaginávamos que ele fosse se tornar o líder que se tornou tão depressa — no meio de sua primeira temporada."

Seus apelidos refletiam os diferentes aspectos de sua personalidade. Para a torcida e muita gente da imprensa, ele era "Magic", referindo-se à magia que demonstrava quando estava com a bola. Este era o apelido usado pelas pessoas que não o conheciam bem, gente que não estava muito por dentro do basquete, mas que queria estar. Para os que o conheciam melhor, um grupo seleto, ele era "Earvin", seu nome de batismo, que era como ele gostava de ser chamado. Seus colegas no Lakers e os amigos mais íntimos, um grupo ainda mais seleto, chamavam-no de "Buck", de "Jovem Buck",[5] apelido que recebeu de seu colega Norm Nixon assim que chegou a Los Angeles, por causa de sua energia, garra e vontade de vencer.

Com o passar tempo, e o time mais amadurecido, depois da chegada de Pat Riley ao cargo de treinador, o Lakers se tornou um time duro. Riley era infinitamente motivado, um jovem de origem humilde, que sempre soube de suas limitações físicas como jogador. Riley sabia que aquela era sua grande chance no basquete de alto nível. De repente, sua carreira estava acabada e ele estava desempregado, incerto de seu futuro, quando teve a sorte de conseguir um emprego como assistente de Chick Hearn, o apresentador do Lakers, que não queria e nem estava precisando de um assistente; a principal responsabilidade de Riley era dizer inúmeras vezes durante o jogo: "É isso aí, Chick!", como notou Mark Heisler. Depois Riley acabou indo parar na função de treinador assistente do Lakers, e quando Paul Westhead foi demitido, ele assumiu o comando do time, porque Jerry West não queria se envolver com o treinamento. Riley ficou assustado com essa sequência de eventos, mas assim que eles conquistaram o primeiro título sob seu comando, ele não deixou a oportunidade escapar — estava disposto a dar o máximo por aquilo que conseguira.

Consigo mesmo, Riley sempre soube a quem devia mais. Certo dia, ele estava com um grupo de amigos de fora do basquete, e perguntou-lhes se

---

[5] *Buck*: pessoa (geralmente homem ou jovem) impetuosa, cheia de energia. (N. T.)

podiam dizer duas palavras que, para eles, o definissem em relação aos outros. E eles começaram: Honestidade? Lealdade? Dureza? Simplicidade? Preparo? Errado. Finalmente ele respondeu: "Magic Johnson".

Riley e Johnson davam duro por aquele time: se Riley era o general, como certa vez observou James Worthy, Magic Johnson era o sargento. O sargento, Worthy acrescentou, sabia que seu papel era pressionar ao máximo na ausência do general. O treinamento do Lakers era um caso sério. Tudo era programado e não se desperdiçava nenhum segundo. E quem puxava a fila era Johnson. Ele era sempre o primeiro a chegar, colocando a cabeça no lugar, sentado no vestiário junto ao seu armário, lembrando-se do que devia fazer e depois conferindo os outros jogadores. Ele não gostava de muita barulheira nos vestiários, especialmente antes dos jogos. Detestava tudo que tirasse sua concentração. Nenhum aparelho de som — se alguém queria música, que usasse fones de ouvido. A lição era clara: ali era um lugar de negócios, e não um clube social ou uma academia de ginástica. Se o jogador chegava atrasado ao treino, era Johnson quem dava a bronca: "Deixa eu dar uma olhada em você. Está tudo bem? Não morreu nenhum parente? Não bateu o carro no caminho para cá? Graças a Deus. Eu já estava preocupado". O recado estava dado. Ele era duro com A. C. Green porque ele não tinha mãos boas o bastante para acertar o passe, e também com Vlade Divac, que tinha chegado da Iugoslávia um tanto despreparado para o ritmo americano. Às vezes ele tratava Divac, segundo um dos colegas, como se fosse um cachorro — do qual não gostasse. Se o Lakers perdia duas partidas seguidas, Johnson ficava de péssimo humor, até pior do que Riley.

O time do Lakers que se formou naquela década foi grande. Em sua melhor fase, apenas o Celtics, jogando o melhor que podia, se igualava a eles. Devido à sua velocidade, sua capacidade de ser sofisticado e por jogar em Los Angeles, cidade que não era considerada difícil de viver, ao contrário de Chicago e Detroit, o Lakers era tido como um time *soft*. Nada mais distante da verdade. Pat Riley não trabalhava em times assim, nem tampouco Magic Johnson. O Lakers era um time muito duro. Mesmo com a entrada de Dunleavy no lugar de Riley, o Lakers continuou um time duro, e era o time que o Chicago enfrentaria em sua primeira disputa de título. Como eles se sairiam contra o Bulls era uma pergunta fascinante.

Devido à presença de Jordan e seu ataque brilhante, poucos notavam que a verdadeira força do Bulls era a defesa. "Você não sabe a sorte que tem", disse Don Nelson, na época treinando o Golden State, a Phil Jackson um ano depois. "Eu acho que sei, mas e daí?", Jackson disse. "Os seus dois melhores atacantes são os seus dois melhores defensores", respondeu Nelson. Isso era verdade e, de fato, algo raro. Phil Jackson não tinha ilusões quanto à sua capacidade para treinar o ataque, mas sabia que era muito bom com a defesa. Quando Jackson assumiu o time no outono de 1989, levou todos os jogadores para o centro de treinamento e trabalhou com marcação sob pressão. Aquele primeiro momento foi brutal, eles tiveram que entrar em forma e dar duro na defesa; sua aplicação na defesa criaria oportunidades para o ataque. E eles certamente tinham talento para isso.

Michael Jordan era incrível na defesa. Alguns, como Michael Dunleavy, consideravam-no o melhor de todos os tempos em sua posição. Fazia parte de seu amplo arsenal de habilidades a qualidade defensiva. Nesse caso, o crédito ia para Dean Smith, que, percebendo sua qualidade no ataque e sua capacidade de se superar, havia insistido com ele para que também trabalhasse a defesa. Dali surgiria o mais raro dos jogadores, um atacante extraordinário que também gostava do trabalho cansativo e muitas vezes depreciado que acontecia do outro lado da quadra. No início de sua carreira profissional, Jordan comentou com alguns repórteres que um dia gostaria de ser escolhido como o melhor defensor do ano, além de MVP. Jan Hubbard, então no *Dallas Morning News*, escreveu que isso jamais aconteceria, pois seria preciso muita energia para jogar no ataque como ele fazia e ainda fazer o mesmo na defesa — ninguém aguentaria. Mas eis que em 1987-88 Jordan foi escolhido MVP e melhor jogador de defesa do ano. Hubbard teve que assumir o erro, mas Michael, que sempre queria ter a última palavra, nunca o deixou esquecer o que havia escrito; que, por um breve momento, ele havia subestimado Michael Jordan; seguramente, mais do que um julgamento errado de um jornalista, quase uma heresia.

Scottie Pippen se revelou um defensor talvez até melhor do que Jordan ou, pelo menos, mais versátil. Com seus braços imensos, sua envergadura maior do que a de Jordan, ele era capaz de jogar na defesa com um trabalho de pernas de um marcador e com o alcance de um pivô. Nada naqueles primeiros anos foi de tanta valia para ele como treinar diariamente com Michael Jordan. A equação era simples: se Pippen podia marcar Jordan, podia marcar qualquer um na liga. Os dois, mais Horace Grant, talvez o ala/pivô mais rápido da liga, faziam uma formidável presença na defesa. "Os Dobermans", era como Johnny Bach chamava aqueles três, porque eram jovens, rápidos e imbatíveis na defesa. Além disso, embora Cartwright tivesse perdido muito de sua qualidade ofensiva, ele ainda funcionava muito bem no posicionamento da defesa; era difícil para qualquer pivô adversário conseguir dominar uma partida contra Cartwright. Não importando o ritmo, era um time difícil de derrotar: tinha uma boa defesa, por isso conseguia vencer jogos de poucos pontos. Mas também tinha explosão e era bom em jogos abertos, pelo que era capaz de vencer jogos de placares acima de cem pontos. Enquanto os dois times se preparavam para o confronto, poucos faziam ideia de como o Bulls era bom. Eles sabiam que Jordan era bom, mas isso era outra história. Sim, eles haviam despachado o Pistons naquele ano, mas só quem tinha jogado contra eles sabia como o Detroit era difícil, quanto esforço foi preciso para vencê-los. Por outro lado, as pessoas sabiam como o Lakers era bom, ou pelo menos achavam, uma vez que eles já estavam por cima havia tanto tempo.

Os dois primeiros jogos foram em Chicago. No primeiro, o Bulls esteve um pouco hesitante e incrivelmente lento no posicionamento da defesa. Sam Perkins acertou uma cesta de três pontos no final do jogo e o Lakers venceu por dois pontos. Phil Jackson sentiu que seu time tinha jogado abaixo de seu nível, que tinha esbarrado na ansiedade da estreia; ele estava confiante de que com alguns ajustes na defesa poderia impedir a descida do Lakers para o ataque. Ele não ficou tão contrariado. Um jogo tinha sido perdido, mas ele gostou do que viu e tinha certeza de que o time poderia se recuperar. No segundo jogo, Jordan fez duas faltas logo no início, o que apressou as coisas para Jackson, que teve que colocar Pippen para marcar Magic, como ele tinha pensado em fazer antes. Foi uma substituição feliz: Pippen era quase tão alto quanto Johnson, porém muito mais ágil àquela altura de suas carreiras, e Johnson não estava acostumado àquela situação. A marcação de Pippen em cima de Johnson pareceu fazer o ataque do Lakers perder o entrosamento. O Lakers também foi prejudicado pela ausência de James Worthy, que estava com o tornozelo torcido — ele tinha mais domínio de bola e, portanto, era melhor na infiltração do que Byron Scott, o ala. Sem Worthy, a pressão sobre Johnson foi ainda maior. Percebendo isso, o Bulls aumentou ainda mais a pressão na defesa.

Ao mesmo tempo, o Bulls estava começando a encontrar seu próprio ritmo: no terceiro quarto, eles acertaram dezessete em vinte arremessos, e assumiram a vantagem no placar. Ao final da partida, Jordan tinha obtido um aproveitamento de quinze em dezoito, e Paxson, oito em oito. Uma das quinze cestas de Jordan foi cinematográfica: quando se dirigia para a cesta, com a bola na mão direita, ele viu Sam Perkins, seu ex-colega do Carolina, vindo em sua direção. Em pleno voo, ele pareceu congelar por um momento, e então passou a bola para a mão esquerda e enterrou. Ninguém, senão ele, seria capaz de fazer uma jogada daquela. Aquele foi apenas um detalhe da lavada a que o Bulls submeteu o Los Angeles: 107 a 86 — fazendo cair por terra a ideia de que o Bulls era muito jovem e inexperiente para ganhar do

Lakers. Eles estavam empatados. A caminho de Los Angeles, Phil Jackson comentou que queria vencer pelo menos dois dos próximos três jogos. "Que tal vencer os três?", perguntou Jordan.

No terceiro jogo, em Los Angeles, Jordan acertou um arremesso de três em cima de Byron Scott, faltando 3.4 segundos, empatando e levando o jogo para a prorrogação. O Bulls, mais jovem e inteiro na quadra, conquistou a vitória. Mas Jordan machucou o dedão do pé ao descer após o arremesso que empatou a partida. A dor foi imediata — primeiro ele achou que tinha quebrado — e aquilo prejudicou sua explosão. Chip Schaefer, o preparador do Bulls desde 1990, chegou mesmo a fabricar um par de tênis especial, que garantisse proteção extra ao pé de Jordan, mas quando ele o testou, percebeu que não conseguia driblar como antes. Pouco antes do início do quarto jogo, ele se virou para Schaefer e disse: "Me deixe sofrer". Ele usaria seus tênis normais e aguentaria a dor. E o fez, marcando 36 pontos e conquistando a terceira vitória consecutiva para o Chicago. Na segunda metade, Magic Johnson gritou com os colegas, para que dessem mais sangue. Sam Perkins converteu apenas um em quinze arremessos. Aquela foi uma estrondosa lavada, 97 a 82, e acima de tudo conduzida por uma defesa excepcional. O Bulls simplesmente anulou o ataque do Lakers, detendo-o em sua própria casa numa atuação que foi a pior de sua história desde a introdução do limite de tempo de posse de bola. A mudança da velha ordem se abatia sobre o Lakers. Depois do terceiro jogo, Johnson disse que ainda havia uma longa série pela frente: "Nada está decidido". Mas, depois do quarto jogo, ele estava realmente abatido. "O famoso chute no traseiro", disse ele. "Eu nunca pensei que isso fosse acontecer." O que antes era inconcebível, perder os três jogos em Los Angeles, agora se tornava realidade.

O Bulls definiu a rodada em Los Angeles no quinto jogo. Dessa vez, porém, o Los Angeles ofereceu alguma resistência. A cerca de seis minutos do final, o Lakers vencia por um ponto. Os treinadores do Chicago notaram que Jordan estava saindo do esquema ofensivo e tentando fazer tudo sozinho. Essa era a última coisa que eles queriam, especialmente porque Magic Johnson tinha tendência a jogar numa espécie de defesa por zonas, deixando Paxson livre, de modo a poder se preocupar com possíveis descidas para a cesta de Jordan ou Pippen. Jackson tinha insistido com Jordan durante toda a série de jogos para que ele buscasse Paxson. "Michael, quem está livre?", Jackson gritou no final do quinto jogo. Não houve resposta. "Michael, quem está livre?", ele perguntou de novo. Nenhuma resposta. Então ele perguntou pela terceira vez.

"Pax", Jordan finalmente respondeu.

"Então passa essa maldita bola pra ele", disse Jackson. Para os jogadores, foi um momento crucial para a evolução do time, senão naquela partida ou naquela série, para o futuro. (Anos depois, quando as diferenças entre Jackson e Krause eram absolutas, Jerry Reinsdorf lembrou-se daquele que tinha sido um dos momentos mais felizes de Krause: "Jerry sempre dizia que foi um dos grandes momentos de Phil, que nenhum outro treinador conseguiria ter obrigado Michael a fazer aquilo".) O Bulls partiu para a vitória, 108 a 101.

Eles venceram quatro partidas consecutivas, batendo o Los Angeles em sua própria casa, como tinham feito com o Detroit: eles tinham ido para 8-1 nas duas séries, e venceram todos os cinco jogos fora de casa. Muito daquilo, como as pessoas viriam a descobrir, se devia à defesa: eles mantiveram o Lakers, que todos os anos tinha uma média de 110 pontos por jogo nas finais, em noventa pontos por jogo. O bastão realmente tinha sido passado.

Depois do jogo, após a conquista de seu primeiro título em sete anos na liga, Michael Jordan não aguentou e chorou. Os repórteres perguntaram a Magic Johnson se ele tivera a mesma reação emocional quando vencera seu primeiro campeonato. "Não", ele respondeu, "eu era tão jovem, tão longe de ter os requisitos necessários para chegar a um título da NBA naquela época. Eu sei exatamente como Michael deve estar se sentindo, porque depois eu também me senti assim, quando ficou mais difícil vencer".

A emoção do primeiro título: Michael Jordan chora abraçado com Magic Johnson, e segurando a taça, ao lado de seu pai, depois da vitória sobre o Lakers, nas finais de 1991.

22.
CHICAGO, 1997-98

Em dezembro de 1997, lentamente, Scottie Pippen começou a se redimir, tanto física como psicologicamente. Ron Harper o havia desconsiderado como amigo e colega. Phil Jackson manteve contato o mais cuidadosamente que pôde, sem dar a impressão de que o ameaçava ou tomava o partido da diretoria, prevendo o perigo do plano de Pippen, mostrando-lhe que a verdadeira vítima não seria Jerry Krause nem Jerry Reinsdorf, mas o próprio Pippen e, é claro, seus colegas. Mas no final de dezembro, numa reviravolta, ele decidiu retornar, apesar de seu pé estar demorando para ficar bom. A operação fora bem-sucedida, mas quando Scottie voltou a trabalhar, os treinadores e preparadores do Bulls notaram que suas pernas tinham atrofiado muito durante os quatro meses de ausência e que ele perdera dois terços de sua impulsão. A volta seria mais difícil do que eles imaginavam, e levou algumas semanas até que os médicos achassem que seu pé estava bom e ele estivesse pronto para voltar ao jogo.

Pippen perdeu 35 jogos, pouco menos da metade dos 82 da temporada. Seus colegas tinham segurado as pontas até que bastante bem: a marca do Bulls era de 24 e 11, e desde o pior período, quando da explosão de Pippen em Seattle, eles foram para 16 e 4. Mas aqueles tinham sido jogos exaustivos, principalmente para Michael Jordan, que vinha recebendo marcações duplas e até triplas, noite após noite, e que de repente se viu obrigado a cobrir a ausência de Pippen no ataque e na defesa. As esperanças de que Jordan pudesse diminuir o ritmo naquela temporada foram por água abaixo. Aquela seria uma temporada em que os jogadores teriam que jogar o máximo de minutos que conseguissem, e à medida que Michael Jordan se aproximava dos 35 anos, ele estava jogando 39 minutos por jogo — 39 difíceis minutos.

Pippen voltou num jogo em casa contra o Golden State, no dia 10 de janeiro. Com ele em quadra, o Bulls era outro time. Antes, o Chicago tinha sido um time sem o armador clássico, esquema que fora elaborado para evitar que Jordan ficasse muito tempo com a bola até que chegassem ao ataque, mas também para garantir que ele ficasse com a bola até que os outros estivessem no ataque. No passado, o jogador que mais ficava com a bola era Pippen, alternando-se com outros jogadores. Mas sem Pippen o Bulls parecia hesitante e pouco original. Com seu retorno, isso mudou. Se havia poucos atletas mais artísticos do que Jordan, também era verdade que poucos eram mais bonitos de ver todas as noites do que Pippen. Havia uma elegância e uma desenvoltura em cada gesto dele; a graça, a objetividade e o tempo de posse de bola quase perfeito influenciavam o time, evidentemente. Com Pippen novamente em contato com a bola, o ataque do Bulls parecia outro, fluente e à vontade. Os jogadores pareciam sempre saber seu posicionamento correto, como se seus movimentos fossem programados por um habilidoso monitor.

O Bulls imediatamente alcançou a marca de dez vitórias e duas derrotas entre o final de janeiro e o começo de fevereiro. A velha confiança, quase arrogância, estava de volta. No início de fevereiro, o Bulls chegou a Los Angeles para um jogo contra os talentosos rapazes do Lakers. O time de Los Angeles, com Shaquille O'Neal, Kobe Bryant, Nick Van Exel, Robert Horry e Eddie Jones, era talvez o time de melhor preparo físico na liga — todos os jogadores esbanjavam vigor físico. A questão era se aquela força atlética podia transformá-los num time campeão e de resistência psicológica. Aos olhos dos jornalistas, o Lakers parecia aqueles times do passado, quando a força física era uma garantia durante a monotonia da temporada normal, mas que, ao chegarem nos *playoffs* e se depararem com as defesas mais fortes, normalmente fraquejavam diante de times muitas vezes piores, porém mais disciplinados. O Bulls chegou a Los Angeles, naqueles dias de cão da temporada, num ritmo de vitórias de fazer inveja a qualquer treinador. Apesar da ausência de Pippen, eles estavam com 33 vitórias e 13 derrotas, disputando a posição com um time que vinha assombrando seus pensamentos, o Indiana Pacers, treinado por Larry Bird.

O jogo do Lakers foi vendido como um clássico contra o time que o Bulls provavelmente encontraria nas finais. A primeira metade foi disputada, e o Lakers terminou com uma vantagem de quatro pontos, 57 a 53. Então, no terceiro quarto, o Los Angeles entrou em quadra e marcou os primeiros quinze pontos, vencendo aquele quarto por 34 a 10. "Foi um passeio", Jackson disse mais tarde. Depois, o Lakers saiu falando da força de sua equipe jovem, e o Bulls saiu lambendo as próprias feridas. Toni Kukoc jogou nove minutos, marcou dois pontos e saiu reclamando de uma contusão que Jackson descreveu como uma misteriosa moléstia — depois descobriram que era apenas uma dor nas costas. Jackson ficou furioso com o mau desempenho da defesa, mas depois concluiu que o time tinha relaxado desde o momento em que chegara a Los Angeles, e que na noite anterior tinham feito muita festa. Ele resolveu não dar muita importância àquela derrota.

A essa altura o que frustrava Phil Jackson era Toni Kukoc, o talentoso e enigmático croata. Em seu quinto ano, Kukoc ainda não estava jogando no nível que os treinadores e olheiros esperavam e sabiam que ele era capaz de fazer. Kukoc, que fora o melhor jogador da Europa antes de ir para Chicago, era um caso sério. Ele tinha um enorme talento, era um jogador de 2,10 m, de excepcional arremesso de longa distância e ótima visão de jogo. Ele arremessava e passava com perfeição. Na Europa, seu apelido era "Garçom", porque servia os colegas com grande destreza. Houve momentos em que estava na quadra com Jordan, Pippen, Rodman e Harper, e tudo parecia maravilhoso; eles iam pela quadra, e o passe era tão bom que a bola parecia nem tocar o chão. Em outros momentos, Kukoc ficava nas imediações do garrafão, fingia que ia arremessar, então se infiltrava, e com seus longos braços estendidos fazia um gancho de esquerda impossível de interceptar. Nessas ocasiões, parecia que ele era capaz de marcar vinte pontos numa noite, só driblando. Porém, tais momentos estavam se tornando raros. Faltavam duas coisas em seu jogo: primeiro, uma certa dureza imprescindível na NBA, segundo, um esforço mais consistente. Ele se concentrava e desconcentrava muito facilmente; em dias bons ele parecia um *all-star*, mas no jogo seguinte quase não aparecia.

Kukoc era um jovem agradável, quase terno, senão frágil, com uma tendência à irritação quando as coisas não iam bem. A América lhe parecia dura, e os treinadores repararam que ele jogava melhor em Chicago do que fora. Seus treinadores americanos sempre achavam que ele tinha sido criado na Iugoslávia para ser um príncipe, e não um jogador de basquete. Certa vez, quando Chip Schaefer lhe explicava por que os treinadores estavam decepcionados com ele, Kukoc considerou aquilo como uma surra que os pais dão nos filhos quando são pequenos. Kukoc ficou bastante intrigado. Um intérprete foi contratado, mas ficou claro que o problema não era a língua, e sim o conceito — Kukoc nunca tinha apanhado quando criança. Nem tampouco recebera uma advertência sequer de um treinador. Quando menino, sempre fora tão talentoso e tão alto que seus treinadores agradeciam o fato de ele jogar em seu time, e nunca trabalharam para torná-lo mais completo ou mais durão. O que ele fazia no ataque era mais do que suficiente, e na defesa, numa liga em que os jogadores eram bem menos atléticos do que na NBA, ele não era dos mais lentos, como muitas vezes se mostrava nos Estados Unidos; além disso, sua altura era o bastante para que ele defendesse e pegasse os rebotes.

Ele chegou aos Estados Unidos com todo aquele talento, mas aos olhos dos técnicos praticamente destreinado. Seus fundamentos, para um jogador tão habilidoso, eram surpreendentemente fracos, especialmente na defesa. Ele era especialista naquilo que os treinadores chamavam de defesa do toureiro — avançar com as mãos, em vez de com os pés e o corpo. Era o melhor jeito de fazer faltas na NBA. Tampouco se posicionava bem na defesa. Ele não sabia nada sobre treinamento e preparação física, nem sobre a alimentação antes dos jogos. Uma vez Chip Schaefer comeu com ele antes de uma partida e ficou impressionado ao ver Kukoc devorar uma refeição completa, com pratos de salada, massa e carne. "Com certeza, mais de quatrocentas calorias", Schaefer comentou mais tarde, impressionado. Como muitos jogadores europeus, ele tinha o costume de beber vinho nas refeições antes dos jogos, ainda que com um pouco de água. Quando chegou, tinha cerca de 20% de gordura no corpo, índice muito elevado para a NBA. Com o tempo, o Bulls conseguiu reduzir esse percentual consideravelmente, o que foi muito bom para Kukoc. A princípio, sabendo que ele não era fisicamente forte o bastante, o Bulls tentou musculação, e ele começou a levantar peso. Porém, ao mesmo tempo que aquilo não o deixou visivelmente mais forte, tornou-o sensivelmente mais lento. Então eles finalmente o aceitaram como era, embora continuassem trabalhando para que ele mantivesse a forma e comesse com mais moderação.

Devido à sua altura, ele era capaz de criar buracos no garrafão diante de jogadores mais baixos. Mas havia também um lado negativo: ele costumava causar sérios problemas de marcação para o Bulls. Em muitas situações, era fraco na defesa, e Jackson não gostava de começar o jogo com ele — um jogador delicado numa liga bastante física. Ele detestava dar combate a um atacante. Quando o Bulls realizou sessões para rever os jogos no Berto Center, os outros jogadores sempre riam e provocavam Kukoc quando ele aparecia dando um passo para o lado na hora de dar combate, ou quando apareciam os outros jogadores lutando pelo rebote e lá estava Kukoc, debaixo da cesta, evidentemente se protegendo. Pippen e Jordan eram bastante duros com ele na sala de vídeo, assim como Jackson. O melhor a fazer era usá-lo da maneira certa, encontrando situações em que ele era uma força a mais, e não um peso. No ano anterior, sua habilidade de sair do banco tinha lhe valido o título de melhor sexto homem da liga, reconhecimento que muitos jogadores almejavam, uma vez que começar jogando naquela liga significava menos do que terminar o jogo. Mas Kukoc era teimoso, detestava ficar no banco. Para ele, significava que não era bom o bastante para ser um verdadeiro titular de um grande time americano. Então ele discutia com Jackson, reclamando aberta e amargamente quando não começava jogando.

De todos os jogadores talentosos com quem Jackson trabalhou em Chicago, Kukoc de longe era o que mais escapava ao seu controle. Havia momentos em que Kukoc esbanjava talento e outros em que parecia completamente fora de sincronia em relação a seus colegas, arremessando quando devia passar, passando quando devia arremessar ou segurando a bola e estourando os três segundos. Numa memorável sequência durante um jogo de *playoff* contra o Miami, ele estava sendo marcado por Chris Gatling, que acabara de torcer o tornozelo. O Heat não conseguiu pedir tempo, e Kukoc acabou sendo marcado por um defensor bastante vulnerável, que ficava pulando numa perna só. Kukoc segurou a bola nas imediações do garrafão. Os outros jogadores do Bulls se espalharam, de modo que não haveria ninguém para fazer marcação dupla quando ele fosse infiltrar. Então, em vez disso, Kukoc tentou um longo arremesso de três pontos, e errou. "Toni", Jackson disse-lhe mais tarde, "é por isso que a Croácia nunca venceu uma guerra".

Com o passar dos anos, Kukoc se tornou um dos bodes expiatórios de Jackson, o jogador por quem ele sempre parava o filme para criticar. O outro era Luc Longley, o grande pivô, que parecia sempre ter problemas de movimentação. Mas Kukoc era ainda mais irritante do que Longley, pois este, quando era pego no vídeo fazendo algo errado, reconhecia o erro e jurava fazer melhor da próxima vez. Kukoc, ao contrário, quase sempre tinha uma desculpa ou dizia que a coisa não tinha acontecido, que eles não tinham visto o que o vídeo mostrava. Para o time, ele era um chorão. Jackson estudou seu caso durante toda a temporada: "Se eu não fizer isso, Toni", Jackson lhe disse, "seus colegas o farão. Então é melhor que seja eu". Quando Jackson o substituía durante uma partida, ele sempre saía murmurando em croata, um sinal de que estava reclamando e muito provavelmente xingando os treinadores, o que, é claro, ninguém podia saber ao certo.

A relação entre Jackson e Kukoc era complicada pelo fato de que este tinha sido a última cartada de Krause no recrutamento. Por isso, havia um comprometimento emocional da parte de Krause e, segundo os treinadores, uma má-vontade em enxergar as fraquezas de Kukoc. Nada agradava mais um caçador de talentos do que encontrar um grande jogador na segunda ou terceira rodada. Uma escolha que no futuro faz o nome do olheiro e garante sua fama, tanto como a do jogador.

Vinte anos antes, na era glacial da NBA, antes da chegada da ESPN e da mecanização de todo o processo da caça de talentos, aquele tipo de cartada era relativamente comum, e muitos olheiros construíram sua reputação ao descobrir jogadores de talento em pequenas faculdades do interior e os escolhendo na segunda e na terceira rodada. Na nova era, contudo, tal privilégio era cada vez mais raro. Portanto, o fato de ter conseguido um jogador de alto nível na segunda rodada era um grande triunfo para Krause.

Foi Leon Douglas, um ex-jogador da NBA, quem primeiro falou sobre Kukoc para Jerry Krause. "Ele é um garoto impressionante", disse Douglas. "Joga como se tivesse vivido nas ruas a vida inteira — ele sabe tudo". "Por que eu iria querer um garoto branco da Iugoslávia?", Krause perguntou. "Porque ele tem algo de especial", Douglas disse. "Em que posição ele joga?", perguntou Krause. "Armador", respondeu Douglas. "E por que então eu iria precisar de um armador branco, iugoslavo e que parece ter aprendido nas ruas?" "Jerry", disse Douglas, "ele tem 2,10 m de altura". Aquilo sim interessava Krause, e ele começou a observá-lo, e logo a tentar conseguir um contrato para ele.

Krause nunca se entusiasmou tanto com um jogador como com Kukoc. Foi o auge de sua carreira detetivesca. Bucky Buckwalter, do Portland, também gostava de trabalhar nos bastidores do basquete e também estava analisando relatórios sobre Kukoc. Este tinha jogado num torneio em Roma, e Buckwalter viu Krause nas arquibancadas, o que não o surpreendeu, uma vez que eles tinham um gosto parecido por certo tipo de jogador. Então ele olhou mais uma vez e Krause tinha ido embora. Krause literalmente se escondia nos ginásios, notou Buckwalter. Aquilo o deixou interessado, pois ele também era um excêntrico do basquete, e depois do jogo ele acabou encontrando Krause e resolveu provocá-lo: "Jerry", disse Buckwalter, "você não está interessado em Kukoc, não é? Porque se tem uma coisa que eu sei, é que ele não faz o seu tipo: ele não é forte o bastante".

Krause concordou na hora: Kukoc era muito delicado. "Ele seria uma fraqueza na nossa defesa", disse Krause. "Além do mais, não temos lugar para ele." E Buckwalter concordou, pensando: "Jerry, diga o que você quiser, mas nós dois sabemos que queremos o mesmo jogador, pela mesma razão: ele tem muito talento, provavelmente vai ser uma pechincha e, além do mais, como você não vai ter lugar para um jogador com 2,10 m, habilidoso, que arremessa e passa bem?".

O Bulls recrutou Kukoc em 1990, a segunda escolha da segunda rodada. Se eles tivessem conseguido um contrato antes, teria sido de fato uma pechincha. Mas ele era um grande astro na Europa, e muito bem pago. Sua família vivia na Iugoslávia, que estava passando por uma guerra civil, e sua noiva (mais tarde sua esposa), não tinha nenhuma intenção de ir para os Estados Unidos. Krause cortejou-o incansavelmente. Foram muitas visitas, presentes e conversas emocionadas sobre como seria jogar com os melhores.

Mas por muito tempo foi um processo difícil. As ofertas eram de números maiores do que o que recebiam outros membros do Bulls, como Pippen, o que só aumentou as tensões em Chicago. Para alguns jogadores, o interesse de Krause por Kukoc contrastava frontalmente com o modo como eram tratados pela diretoria. Seu chefe estava mostrando afeição por um jogador estrangeiro que nunca provara ser capaz de jogar na NBA, enquanto só tratava os campeões da liga com enorme frieza. Quanto mais Krause perseguia Kukoc e os problemas de contrato com os outros jogadores surgiam, maior ficava o ressentimento para com Kukoc. Quando Krause pediu a Michael Jordan, como parte do processo de recrutamento, que ligasse para Kukoc e tentasse convencê-lo a ir para os Estados Unidos, Jordan respondeu friamente que não falava iugoslavo. A sensação de que Kukoc não era mesmo o ideal para o Bulls veio durante os Jogos Olímpicos de 1992, quando o Dream Team jogou contra a Croácia. Pippen e Jordan jogaram contra Kukoc como se se tratasse de uma vingança pessoal, e o jogo chegou perto de se tornar uma humilhação. No final, foi como se eles tivessem jogado não contra Kukoc, mas contra Krause.

Enfim, não sem prejuízo para si mesmo, Kukoc livrou-se de um bom contrato na Europa e foi para os Estados Unidos — a tempo de ouvir as notícias sobre a saída de Michael Jordan. Ele ficou triste com as notícias. Mas não havia dúvida de que Krause tinha um compromisso especial com Kukoc, e por isso este tinha um *status* especial no time. De todos os jogadores do Bulls, aquele que Jerry Krause mais se esforçou por contratar, além de Michael Jordan, foi Kukoc.

Depois da saída de Horace Grant, do retorno de Michael e da derrota do Chicago para o Orlando nas finais da Conferência Leste, era óbvio que o time precisava desesperadamente de um pivô que pudesse tanto marcar pontos como pegar rebotes. Naquele ano, o New Jersey estava querendo trocar Kukoc por Derrick Coleman. Coleman era um jogador de imenso talento, com um ótimo contrato, que se tornara uma espécie de símbolo da geração X do mundo do basquete: um grande contrato, sem restrições, um grande corpo, um grande talento, e ainda assim um tênue e muitas vezes oscilante compromisso com as metas do time. Na época, ele estava criando uma reputação mais por desafiar seus treinadores do que por suas habilidades na quadra. Tendo sido avisado de que devia se vestir dentro dos padrões do time para uma viagem, imediatamente Coleman sacou seu talão de cheques e pagou a multa por aquela infração para toda a temporada. Ele tinha 2,08 m de altura, pesava 109 kg, e era capaz de, se necessário, jogar na defesa, pegar rebotes e marcar pontos. Nessas ocasiões em que vinha para jogar, embora raras, ele era um jogador impressionante, uma ameaça ofensiva muito maior do que Grant. Jackson estava certo de que conseguiria lidar com Coleman, seguro de que parte do problema era o fato de Coleman ser o melhor jogador em um time muito fraco — jogar num time campeão sob o olhar exigente de Michael Jordan o transformaria. Ele tinha certeza de que ninguém gostaria de ser como Coleman se pudesse escolher ser um campeão. Ninguém, não importava o que ele pudesse dizer à mídia, gostaria de ganhar todo aquele dinheiro e depois abandonar o esporte tachado de eterno perdedor. Jackson queria desesperadamente fazer aquela negociação. Devido ao enorme salário de Coleman, 7 milhões de dólares por ano, havia alguns problemas para o Chicago por causa do teto salarial, mas Jackson achava que podia haver um jeito para resolver a situação se Krause realmente quisesse. Quando Krause desistiu, Jackson teve certeza de que Kukoc jamais seria negociado.

A melancolia de Kukoc ficou ainda pior na temporada de 1997-98. Logo que chegou a Chicago, ele costumava sair para jantar com os outros jogadores, Longley, Wennington, Kerr e Buechler, mas naquela temporada, ele cada vez saía menos com os colegas e, quando o fazia, só porque lhe imploravam para sair da fossa, parecia que ele estava ausente, com a cabeça em outro lugar. Ele se tornou a mais desagradável das companhias, de modo que os outros pararam de convidá-lo. Mas nem isso funcionou — ele parecia ainda mais afundado numa depressão. E então, gostasse ele ou não, seus parceiros começaram a fazer mais força para se aproximar dele, temendo que seu estado pudesse estar se encaminhando para algo mais sério.

Kukoc deixou claro para os colegas que achava que merecia mais respeito da parte do treinador. Jackson continuava duro com ele, e a coisa piorava cada vez mais. Algumas pessoas que conheciam os dois imaginavam se o problema não estaria além de Kukoc — se ele não teria se tornado aos olhos de Jackson uma extensão de Krause, e se o desafeto do treinador com Krause não estaria prejudicando sua relação com o talentoso jogador. Jackson era conhecido como um treinador mais sensível aos jogadores do que a maioria, além de excepcionalmente afinado com suas individualidades. Porém, se havia um ponto em que ele era duro, era com jogadores que não estavam à altura de seus potenciais, e para ele Kukoc estava jogando muito menos do que podia. Krause, por outro lado, via Kukoc não como uma decepção, e sim como um jogador que ainda estava procurando seu espaço, uma vez que não era mais a primeira opção do ataque, mas a terceira. Claramente, Krause via Kukoc como a peça central do time pós-Jordan, e Jackson não estava interessado num futuro do qual ele nem sequer participaria.

Por algum motivo, Jackson precisava de Kukoc naquela temporada, e ele estava falhando em seu papel. No começo de fevereiro, Jackson se tornou ainda mais ácido. Finalmente, na noite anterior ao jogo contra o Lakers, Frank Hamblen, um de seus assistentes, disse-lhe que deveria se acalmar um pouco, que ele tinha sido duro demais com Kukoc nas últimas semanas e que o jogador já não aguentava mais — eles estariam correndo o risco de perdê-lo para sempre. Jackson o ouviu e de fato acalmou-se um pouco. Mas no dia seguinte comentou, irritado, com um amigo: "Perder o Toni? — eu corro esse risco há cinco anos, desde que ele chegou aqui".

23.
CHICAGO; PORTLAND, 1992

Aos poucos, após o primeiro campeonato conquistado, as pessoas passaram a se dar conta de como o Bulls era bom; as pessoas e principalmente o próprio time. O título, tão arduamente conquistado, não seria esquecido facilmente. Na temporada de 1991-92, eles venceram 67 jogos. Grant teve sua melhor temporada até então, com uma média de catorze pontos e quase dez rebotes por jogo, e Pippen chegou ao *all-star* como titular pela primeira vez. Suas marcas revelavam a completude de seu jogo: 21 pontos, 7 assistências e quase 8 rebotes por partida. Aquele, para Phil Jackson, era um dos melhores times de basquete dos tempos modernos: consistente, completo, versátil e confiante. Jovens como B. J. Armstrong estavam atingindo a maturidade, e Grant, Pippen e Jordan estavam no auge de suas capacidades.

Além disso, a elite dos líderes da NBA estava mudando. Celtics, Lakers e Pistons estavam sendo ultrapassados. A próxima geração de potenciais campeões parecia ter no Bulls seu primeiro exemplar. Isso não significava que o caminho para os títulos tinha ficado fácil. Em 1992 e 1993, podia-se dizer que o adversário mais difícil do Bulls nos *playoffs* era o New York Knicks. O Knicks tinha ocupado o lugar do Detroit como os novos "Bad Boys" da liga. Eles eram grandes, e se não eram tão talentosos — faltavam-lhes as características de um Isiah Thomas ou um Joe Dumars —, eram contudo bastante durões e fortes. Sua única eventual vantagem diante de um time talentoso como o Bulls eram seus impressionantes músculos. Assim como o Pistons, se você demonstrasse algum tipo de fragilidade, eles a usariam para derrotá-lo. Eles não só tinham Ewing e Oakley, jogadores incrivelmente fortes fisicamente, como em 1992 conseguiram Xavier McDaniel e Anthony Mason, que se revezavam nas funções de alas. Eram treinados por Pat Riley, e havia uma certa tensão subjacente entre ele e Jackson, principalmente devido às declarações de Jackson criticando o jogo físico do New York.

Os Knicks batiam em seus adversários sem descanso, e muitas vezes esses adversários sucumbiam à dureza. No sétimo jogo das semifinais da Conferência em 1992, McDaniel, muito mais forte fisicamente do que Pippen, incumbiu-se de bater em Pippen e provocá-lo durante o jogo inteiro.

Finalmente, num momento crucial da partida, Jordan comprou a briga com McDaniel e pôs fim ao abuso. ("É como no colégio: os valentões batem no seu irmãozinho e você tem que entrar na briga", disse mais tarde Jordan.) Um fotógrafo registrou o momento — Jordan, muito menor, sem demonstrar o menor medo, com o rosto quase colado ao de McDaniel; e depois, quando Ewing, muito maior, entra na discussão, Jordan encarando Ewing também, sem recuar um milímetro. Esse foi um momento — os outros jogadores sentiram — em que a maré psicológica mudou para eles. Uma ampliação dessa imagem seria mais tarde pendurada na parede do escritório de Jackson. E o sétimo jogo acabou com uma lavada do Chicago em cima do Knicks.

Nas finais de 1992, o Bulls enfrentou o Portland Trail Blazers, um time de notáveis talentos, que costumava se revelar às vezes e que não era tão bom sob pressão na quadra toda. Uma série confrontando Portland e Chicago tinha um componente a mais de interesse, pois colocava frente a frente Jordan e Clyde Drexler. Alguns chegavam a achar que Drexler, na melhor temporada de sua carreira, candidato junto com Jordan ao MVP, estava no mesmo nível que Michael Jordan. Segundo essa teoria, Drexler podia ser tão bom como Jordan, talvez até melhor, mas como jogava no Portland, simplesmente não tinha tanta publicidade. Aqueles que argumentavam em favor de Drexler diziam que ele era seguramente melhor nos rebotes, que ele passava melhor e era melhor nos arremessos de três pontos. Naquele ano, por exemplo, ele tinha arremessado em cerca de quatro ocasiões mais cestas de três pontos do que Jordan e sua percentagem de acertos era significativamente maior.

O fato de a mídia, cada vez mais poderosa, não dar muita atenção ao Portland não incomodava Drexler nem um pouco. Mesmo com o surgimento da polêmica entre o *Glide* contra o *Airman*, seus apelidos divulgados pela mídia, ele parecia curiosamente alheio a tudo aquilo. Ao contrário de Jordan, que parecia alimentar o interesse da mídia e fazer disso um elemento de motivação, Drexler nunca demonstrou interesse pelos refletores. Ele até mesmo parecia não gostar muito, como se considerasse a ambiguidade da fama, algo que fazia de você um ídolo e trazia muito dinheiro, mas, ao mesmo tempo, algo de que depois era difícil se livrar. Certa vez, Drexler teria dito uma frase até antiamericana: "Pessoalmente, eu preferiria ficar longe do foco dos refletores".

Jordan, o mais entusiasmado dos competidores, disse todas as coisas certas antes da série de confrontos entre o Portland e o Chicago: que não havia nenhuma disputa pessoal entre ele e Drexler, e sim entre as duas equipes. Ninguém fazia essa parte do jogo da mídia melhor do que ele. Ele tinha sido bastante cuidadoso para não despertar nenhuma atitude de Drexler. Mas, é claro, era coisa bastante pessoal, sim; era o perfeito desafio para um homem que sempre procurou e precisou de desafios, e ele acabou usando todas as comparações com Drexler, daqueles que achavam Drexler tão bom como ele, para motivar seu adversário: "No fim das contas, ele era alguém que as pessoas estavam dizendo ser tão bom como Jordan, senão melhor. Pior: ali estava alguém cuja presença no time do Portland de 1984 tinha implicado a desistência, por parte da diretoria, de escolher Michael Jordan. Isso fez com que Jordan fosse a terceira opção em vez de a segunda. E alguém teria que pagar por isso". Para um jovem como Michael Jordan, era uma situação perfeita, principalmente porque ele jamais chegou a acreditar, nem por um minuto, que Drexler fosse um jogador tão completo como ele.

Os aficionados do basquete achavam que Jordan tinha duas vantagens sobre Drexler, que seriam decisivas naqueles confrontos: primeiro, ele era disparado o melhor na defesa; segundo, era um dos melhores arremessadores da liga. Ele tinha sido um arremessador razoável na universidade, mas ninguém trabalhou tanto para melhorar o arremesso na liga como Michael Jordan, mesmo depois de já ter se tornado um superastro. Em 1992, seu oitavo ano na liga, ele era um dos dois ou três melhores arremessadores; e mais, ao contrário da maioria dos arremessadores de talento, ele trabalhara duro para melhorar seu arremesso em situações difíceis, como nos *playoffs*, em que ambas as equipes costumam apertar a marcação da metade da quadra para frente. Ele arremessava muito bem mesmo quando bem marcado.

Drexler, ao contrário, não arremessava assim tão bem, embora achasse que sim, e quando seus amigos e diretores insistiam para ele trabalhar mais seu arremesso, ele citava seus percentuais de arremesso (cerca de 50%) como evidência de que era bom. Aqueles eram números enganadores, contudo, pelo fato de que muitas de suas cestas eram resultado de infiltrações. Ele nunca chegou ao nível de Jordan em arremessos comuns, e a opinião geral era de que ele era antes um sortudo do que um arremessador consistente de média distância. E mais ainda: uma coisa era arremessar bem durante a temporada normal e outra num jogo de *playoff* com a marcação cerrada na quadra inteira, sob a vigilância de um dos melhores marcadores da liga — a saber, Michael Jordan.

Mais tarde, Jordan já não se incomodaria com as coisas que as pessoas da mídia diziam; por exemplo, que Drexler era melhor nos arremessos de três pontos. Aquilo lhe deu o que ele mais desejava: um desafio adicional. Na manhã do primeiro jogo, ele chegou e discretamente trabalhou seus arremessos de três. Quando alguém lhe perguntava o que estava fazendo, ele confessaria mais tarde, era só dizer que estava brincando, jogando 21 com seus colegas.

Depois, Danny Ainge, que era companheiro de equipe de Drexler no Portland naquele ano, diria que houve uma certa desumanidade no que aconteceu em quadra nas séries daquele ano. Drexler decidiu deixar Jordan arremessar de fora no começo da partida e Jordan converteu seis de três pontos em seguida. Ele marcou 35 pontos na primeira metade da lavada do Chicago. "Os meus arremessos de três estavam saindo como se fossem lances livres", mais tarde ele comentou. O Bulls venceu a partida por 33 pontos de vantagem. A certa altura, num clipe que ficou famoso de tanto que foi reprisado, Jordan converte um de seus arremessos de três e, quando está voltando para a marcação, ele olha para o lado e vê Magic Johnson, que estava comentando o jogo. Ele olha nos olhos de Johnson e depois para cima, erguendo os braços como se dissesse: "Eu também não sei como é possível, mas não é demais?".

Nem todo o estrago foi feito apenas pelo ataque. Quando o Trail Blazers estava com a bola, era como se Jordan estivesse armando uma vingança terrível contra Drexler. Se não era pessoal, parecia. Jordan mal deixou Drexler tocar na bola no ataque. Ainge sentiu como se Jordan tivesse tomado todos aqueles artigos de jornal e comentários da TV como ofensas. Era como assistir a um assassino na quadra, concluiu, "um assassino que veio para matá-lo e depois arrancar suas tripas".

Phil Jackson estava especialmente receoso diante da necessidade de Jordan de dominar Drexler, e mais tarde ele achou que aquilo talvez pudesse ter prejudicado o Bulls, por causa da excessiva concentração do time sobre um jogador, deslocada do propósito maior da vitória. Assim, num jogo posterior, quando Drexler estava pendurado em faltas a quatro minutos do final, e com o Bulls levando uma vantagem de nove pontos, o time relaxou. Mas Ainge, um grande jogador no curto espaço, entrou, aproveitou o deslize e marcou nove pontos na prorrogação, e o Portland venceu. Mesmo assim, o Bulls venceu a série com relativa facilidade em seis jogos. A questão sobre Clyde Drexler ser tão bom quanto Jordan praticamente desapareceu das conversas entre torcedores sérios do basquete.

24.
LA JOLLA; MONTE CARLO; BARCELONA, 1992

Pode-se dizer que de certa maneira foram as Olimpíadas de 1992 que elevaram a fama de Michael Jordan a um patamar mais alto, devido às atenções do mundo inteiro sobre a equipe dos Estados Unidos, conhecido como Dream Team (time dos sonhos), pois aquela foi a primeira vez em que os profissionais puderam jogar. Jordan, particularmente, não queria ir a Barcelona. Ele estava exausto das duas temporadas vitoriosas, praticamente sem nenhuma pausa entre elas. Nem mesmo os verões, breves demais, ele pôde passar como quis — tendo que se dedicar a suas responsabilidades de empresário. Jogar nas Olimpíadas lhe custaria o tempo precioso em que ele poderia descansar o corpo, retirar-se das pressões ao seu redor e recuperar-se. Certamente, Jerry Krause não queria que ele e Pippen fossem — era inútil para o Bulls ter seus dois melhores jogadores exauridos para a temporada seguinte, além de aumentarem as chances de contusão. Ele não via nenhuma vantagem para Jordan, que já havia disputado uma Olimpíada oito anos antes, mas achava que talvez fosse uma boa oportunidade para Pippen conquistar o reconhecimento longamente adiado pelo fato de jogar à sombra de Jordan. É claro que ambos iriam, pois não se tratava só de basquete, mas de exibir a NBA e acima de tudo de agradar seus patrocinadores, que estavam interessados em usar essa excelente vitrine para expor aqueles que então eram os atletas mais famosos do mundo. Não se tratava de ganhar de Angola, Croácia ou mesmo da Espanha, mas de mostrar o basquete como uma forma de arte, e isso não seria possível sem o principal artista da liga.

Ele estava no time, mas não queria ser um líder. Quando chegou a Portland para o Panamericano, pré-olímpico do hemisfério ocidental, Brian McIntyre, o diretor de mídia da NBA, comentou com ele que o escolhera para jogar em seu time "numa liga de porta de cadeia". "Você está cometendo um erro", disse Jordan. "Eu estou aqui para pegar leve — a temporada foi muito difícil. Vou dar uma relaxada enquanto estiver por aqui." E ele provou que estava falando sério com sua performance relativamente despreocupada no primeiro jogo. No dia seguinte, McIntyre encontrou-o e disse que, baseado no que Michael tinha dito, o trocara. "Por quem?", Jordan perguntou. "Karl Malone", disse McIntyre. "Agora você estragou tudo", disse Jordan. "Aquilo era puro Michael", disse McIntyre, "o que eu fiz foi apenas desafiá-lo — depreciando-o — e então ele foi para o jogo e marcou quarenta pontos contra um fraco time latino-americano na noite seguinte".

Os jogadores achavam que havia algo de especial em jogar no Dream Team, um time com os melhores jogadores do mundo. Os instintos competitivos ficavam perigosamente à flor da pele pelo simples fato de participar. Durante um dos primeiros treinamentos, em La Jolla, Califórnia, Michael Jordan conduzia a bola para o ataque e partiu direto para cima de sua mais recente vítima, Clyde Drexler. Algumas semanas antes, os dois tinham se enfrentado nas finais da NBA de 1992. Como a maioria dos jogadores da NBA numa situação como aquela, Jordan não deixou passar a oportunidade de dizer algumas besteiras no ouvido de Drexler enquanto trazia a bola. "Ei, não é verdade que eu chutei o seu traseiro? Você está sentindo alguma coisa familiar? Você acha que vai me deter dessa vez, Clyde? Cuidado com os meus arremessos de três, Clyde." Então alguns de seus colegas do Dream Team, principalmente Charles Barkley, sugeriram a Jordan que parasse com aquela baboseira com Drexler, porque ali eles pertenciam ao mesmo time e não havia por que reabrirem feridas tão recentes. E ele parou, mas os treinadores notaram que sempre que Jordan marcava Drexler, ele o fazia mais incisivamente do que os outros jogadores. Caso o talentoso time do Portland viesse a enfrentar o Bulls em futuras finais, Jordan não queria que Drexler pensasse nem por um segundo que o que tinha acontecido em junho tinha sido de brincadeira. Para Mike Krzyzewski, um dos treinadores do Dream Team, Jordan já estava pensando nas finais do ano seguinte.

Os instintos de Krzyzewski se confirmariam mais tarde quando Jordan voltou de Barcelona. Michael, todo sorridente, contou aos treinadores do Bulls que um dia Clyde Drexler foi treinar calçando dois tênis esquerdos. Sem querer admitir seu engano e pedir a algum colega que lhe emprestasse os tênis ou voltar e pegar outro par, ele saiu dos vestiários e jogou com um tênis no pé errado. Para Michael Jordan, que sempre estava atrás de fraquezas de seus adversários, aquele foi um indício evidente da insegurança de Drexler. E ele arquivou a informação cuidadosamente, para usar em outra oportunidade, caso fosse necessário.

Durante as semanas em que estiveram com o Dream Team, os treinadores americanos se maravilhavam dia após dia com a camaradagem dos jogadores; com toda aquela agitação, gritaria e esportividade dos rapazes, eles tinham um orgulho palpável por fazerem parte do melhor grupo de jogadores de basquete da história do esporte. O orgulho era mais do que uma realização individual, pensavam os treinadores. Dizia respeito às coisas que aqueles jogadores tinham feito juntos, não só por eles mesmos ou por seus times, mas pela liga e pelo basquete como um todo. Pois aquela era a geração — a geração de Larry, Magic e Michael —, que ajudara a elevar a NBA de uma total estagnação, algo quase impossível de ser vendido para a televisão em rede nacional e aos patrocinadores, ao auge de sua popularidade e riqueza.

A aspereza, contudo, continuava no ar. Aqueles eram os maiores jogadores do mundo e estavam ávidos para provar alguma coisa, se não para os brutamontes de Angola ou da Alemanha, para os demais compatriotas da NBA que tinham sido deixados para trás. Os melhores sempre precisaram dar provas, mesmo quando não havia ninguém que as merecesse. No início da programação do pré-olímpico, antes de eles embarcarem para a Europa, os treinadores organizaram um jogo contra um time de *all-stars* do basquete universitário, composto em sua maioria de jogadores à espera de entrarem na NBA no ano seguinte. Era um time cheio de talentos, embora ainda imaturo, que incluía Chris Webber de Michigan, Jamal Mashburn do Kentucky, Penny Hardaway da Universidade Estadual do Memphis, Rodney Rodgers de Wake Forest e Allan Houston, um talentoso arremessador do Tennessee. Os treinadores eram Roy Williams, então treinador do Kansas, e George Raveling. Naquele dia em particular, os profissionais estavam sem inspiração, e os universitários jogaram com muita garra. Eles venceram o coletivo por 58 a 52, com sete cestas de três pontos de Houston. Aquilo já seria ruim o bastante, mas os rapazes do universitário, mais audaciosos do que sábios e infelizmente ignorantes do orgulho que caracteriza o nível superior do mundo no qual eles estavam prestes a entrar, começaram a comemorar. Eles ficaram pulando por um bom tempo e falaram muita bobagem, um pecado mortal dada sua posição na hierarquia do basquete. Vendo-os brincar e conversar com seus superiores como se fossem seus iguais, Roy Williams sabia que eles estavam cometendo um grande erro.

Mais tarde naquele mesmo dia, Williams jogou golfe com Jordan, Chuck Daly, Charles Barkley e John Stockton, e se desculpou pelo impetuoso comportamento de seus rapazes. "Eu mal pude acreditar que nossos rapazes estavam se vangloriando e falando aquele monte de besteiras", ele disse a Jordan, a quem tinha treinado na universidade e de quem sempre fora bastante próximo. "Não se preocupe com isso, treinador", disse Michael. "Nós vamos cuidar deles amanhã." No coletivo do dia seguinte, quando o árbitro estava para jogar a bola ao alto e começar o jogo, Michael Jordan apontou o dedo na cara de Houston e disse: "Você não vai fazer nenhuma cesta de três pontos hoje". E cobriu Houston como se fosse sufocá-lo. Mais tarde, na primeira metade, quando ele teve que sair e dar lugar a Drexler, Jordan apontou para Houston e disse a Drexler: "Faça tudo para que continue assim". O que se seguiu foi nada menos que um massacre; ao final do coletivo de vinte minutos, o Dream Team venceu por uma diferença de 38 pontos. Daly queria mais, e decidiu aumentar mais dez minutos. Os profissionais então aumentaram mais dezoito pontos de sua vantagem, vencendo por 56 pontos.

Aquilo deu o tom. Nenhum time, nem mesmo composto pelos melhores jovens americanos, venceria aquele time quando jogasse com atenção. Todo mundo sabia disso. Angola caiu por 116 a 48 nas primeiras rodadas. Na semifinal, os americanos bateram a Lituânia por 58 pontos de vantagem, e no jogo da medalha de ouro a Croácia perdeu por uma diferença de nada menos do que 32 pontos. Se havia alguma competitividade durante os jogos, não era entre os americanos e algum outro time, mas entre a Nike e a Reebok. A Nike tinha seus jogadores ali — Jordan, Barkley e Pippen, entre outros —, mas o patrocinador oficial do evento era a Reebok. Todos os atletas, mesmo os homens da Nike, deveriam usar o logo da Reebok. Naquela era da guerra dos calçados esportivos, isso era o mesmo que pedir para um jogador americano de alguns anos antes que vestisse o uniforme da União Soviética. Os jogadores da Nike foram irredutíveis: não jogariam para uma companhia estrangeira e hostil como a Reebok. Barkley, sempre com suas frases, disse que tinha "2 milhões de motivos para não vestir Reebok". Se ele tinha dois milhões, Jordan na época tinha uns 20 milhões, e ele, o maior astro do show, foi o mais linha-dura em relação à Reebok, até mais do que Phil Knight, que não se sentia bem com os comentários da mídia sobre colocar a ganância antes do patriotismo. "Acho que Phil não sabe o quanto eu sou leal", Jordan disse a certa altura, e então perguntou a Howard White: "Será que Phil assina embaixo isso que eu disse?". Havia um compromisso, é claro: eles usariam Reebok, mas poderiam cobrir o logo, o que fizeram. Jordan colocou uma bandeira americana na altura dos ombros.

Havia uma hierarquia subentendida no time. Larry Bird e Magic Johnson eram os capitães, os grandes jogadores da era anterior. Embora seus times e talentos já estivessem começando a falhar, eles ainda eram os respeitados campeões, reconhecidos por seus colegas não apenas por sua grandeza, mas também pelo papel de pioneiros que desempenharam, ajudando a levar a liga ao nível de popularidade de que agora desfrutava. Na mesma hierarquia tácita, Jordan era então o principal jogador, já com dois títulos na bagagem, obviamente o melhor jogador em atividade. Chuck Daly perguntou a Jordan se ele gostaria de ser o capitão, pois de fato aquele era o time dele. Mas ele declinou voluntariamente, passando a honra para Bird e Johnson. "Não", ele respondeu, "deixe os dois mais velhos serem os capitães".

Em certa medida, a hierarquia — e o direito de falar qualquer absurdo — era determinada pelos anéis dos campeões: quem os tinha e quantos. Quem os usava tinha o direito de falar o quanto quisesse; os que não, limitavam-se ao direito de ouvir. Os títulos naquele nível do basquete ditavam a posição do jogador. Bird, Johnson e Jordan nunca deixavam passar uma boa chance de importunar colegas de trabalho como Patrick Ewing e Charles Barkley, embora fossem competidores ferozes, pelo fato de eles ainda não terem anel nenhum. Mas os campeões também debochavam uns dos outros. Numa noite, Jordan, Bird e Johnson foram até o dormitório dos jogadores em Barcelona. "Sabe", disse Jordan a Bird, "quando eu vou jogar no Garden, gosto de ver todas aquelas flâmulas de títulos quando eu olho para cima". Ele fez uma pausa — será que numa homenagem à grandeza de Bird e do Celtics? "E depois eu penso como é triste saber que nunca mais vão poder colocar outra lá."

Bird, que tinha três anéis, ao passo que Jordan tinha dois, retrucou: "Michael, vamos falar de flâmulas quando você tiver mais um anel no dedo, certo?".

"Não sei, não, Larry", Jordan disse, "você era um jogador tão bom... e agora está aí, na ponta do banco balançando uma toalha... parecendo M. L. Carr."

E depois Jordan se concentrava em Johnson, que se afastara no verão de 1991 após receber o resultado HIV positivo de seu teste de AIDS, mas que voltara para as Olimpíadas. "Sabe", dizia Jordan, "não é nenhuma grande perda nunca mais voltar para Los Angeles — os jogos lá já não têm a mesma graça. Na verdade, de agora em diante eu vou levar meus dois filhos comigo, porque a coisa lá está muito devagar. Não é mais como quando você jogava. Já não há mais desafios como antigamente". E dava um sorriso para Johnson. "Mas em consideração a você eu vou levar apenas um dos meus filhos."

Johnson não perdeu tempo e naquela mesma noite sugeriu um joguinho entre eles dois, o que não era a melhor ideia para Johnson — que podia fazer muitas coisas com uma bola de basquete, mas não era um grande arremessador, nem muito bom no homem a homem.

Larry Bird entrou na história. "Você enlouqueceu?", ele perguntou a Johnson. "Ele é provavelmente o melhor jogador homem a homem do país, e você acha que é capaz de ganhar dele? Acorda." E Bird acabou se vendo no triste papel — logo ele que reclamara de dor nas costas a semana inteira e que não marcara nenhum ponto naquele que acabou sendo o seu último jogo — de ter que explicar a Johnson que sua época havia passado, que treze anos antes eles tinham entrado na liga e mudado sua história, mas agora era hora de irem embora.

O tipo de competitividade máscula e irritabilidade que havia ali chegou ao máximo durante o lendário jogo-treino em Monte Carlo. A pequena e discreta plateia que por acaso assistiu ao que aconteceu ali naquele dia pôde presenciar o maior jogo de basquete de todos os tempos, entre os maiores jogadores que já existiram. O fato de ter acontecido a portas fechadas foi lamentável; e o fato de ter sido em Monte Carlo, uma cidade pouco afeita ao basquete, um acaso. Nenhuma contagem de placar foi anotada, e houve até certa discussão sobre o resultado final, mas quase nenhuma dúvida sobre quem tinha sido o time vencedor, menos ainda sobre quem tinha sido o melhor em quadra.

Os melhores jogadores do mundo partindo para o jogo, não como se estivessem num jogo do *all-star*, apenas com uma marcação à distância para que as habilidades no ataque fossem exibidas e ninguém sofresse contusões. Ao contrário, esse jogo foi disputado com a intensidade de um sétimo jogo das finais da NBA. Acabou ficando conhecido como o jogo do time de Michael contra o de Magic.

A última coisa que Chuck Daly queria era uma contusão de um astro de outro time sob seus cuidados. Mas alguns outros treinadores, principalmente Lenny Wilkens, o arquirrival de Daly e agora seu assistente, achavam que os jogadores precisavam de um treino físico mais puxado. Os jogadores também, especialmente Magic Johnson. Ali, como no Lakers, Johnson não era apenas um jogador, mas funcionava na prática quase como um treinador, um jogador a quem os treinadores escutavam e com quem se consultavam. E foi um tanto receoso de soltar aquele bando de craques, fortes e individualistas, num desenfreado bate-bola que Daly concordou em fazer um coletivo. Mike Krzyzewski, cauteloso com as emoções que aquilo iria despertar, se dispôs a comandar as atividades da manhã, esperando com isso escapar do papel de juiz. Era a coisa mais inteligente que ele podia ter feito naquela semana, pensou, afastar-se do bate-boca.

Os jogadores pareciam contentes com o fato de estarem livres depois de tantos jogos controlados, exercícios mais leves e tal. O time de Johnson saiu na frente e conseguiu uma ligeira vantagem de início, algo como 14 a 2, embora alguns insistam que foi 14 a 0. Era como um jogo na hora do recreio, só que do mais alto nível. O time de Johnson tinha ainda Chris Mullin,

Charles Barkley, David Robinson e Clyde Drexler. O de Jordan tinha Patrick Ewing, Karl Malone e Scottie Pippen.

Mais tarde, devido ao fato de não estarem marcando oficialmente e o número de pessoas assistindo ser pequeno, alguns afirmam que foi Magic Johnson quem provocou primeiro para começar a subir o nível do jogo. Mas outros ali, gente como Josh Rosenfeld, o relações públicas do Lakers, diz que Johnson era esperto demais para isso, demasiado ciente da provável reação de Jordan. Rosenfeld insiste que foi Charles Barkley, um falador incontrolável, que começou tudo, quando o time de Johnson estava voltando após marcar uma cesta. Johnson deu um empurrão de leve em Barkley com o braço para fazê-lo parar, dizendo: "Pare com isso, não é você que vai ter que marcá-lo". Foi um terrível engano, Johnson disse mais tarde a alguns repórteres que obtiveram permissão para assistir ao final dos treinos, pois aquilo acordou Jordan.

O jogo se tornou duro e fisicamente disputado, tanto territorialmente como do ponto de vista dos egos. Michael Jordan, como sempre, deu a tônica do jogo. Ele simplesmente tomou conta da partida, partindo para a cesta toda vez que recebia a bola, pegando os rebotes, roubando bolas interceptadas, colando em Johnson como uma sombra na defesa, gritando com todo mundo, adversários ou do seu próprio time, e se esforçando ao máximo. Houve uma certa tensão quando ele converteu doze pontos em seguida, e alguns afirmam terem sido dezesseis. Quando os juízes davam falta contra seu time por reclamação de algum adversário, ele berrava: "O que é que há? Aqui é o Chicago Stadium para só apitarem contra a gente?".

"Eu vou dizer o que é que está acontecendo", Jordan ainda gritava, "é que estamos nos anos 90, não nos 80".

Dos dois lados o jogo estava tenso. Depois de observá-los a semana inteira, Krzyzewski sentiu que eles iriam jogar com uma garra que nunca fora vista antes na história do basquete, e até ele estava impressionado com a intensidade da coisa. Era, segundo ele, como estar dentro de uma casa e ouvir um furacão lá fora, e depois abrir a porta e ver que a tempestade era ainda mais forte do que você pensava. Vendo de fora, Daly podia ter em conta a qualidade e a intensidade do jogo, e concluiu contrariado: a coisa estava fora de controle, como disse, e ele estava certo de que algo terrível iria acontecer — algum grande astro iria acabar se machucando.

O time de Jordan passou o de Johnson e acabou conseguindo uma vantagem de dez pontos. A poucos minutos do final, Jordan estava cobrando um lance livre, quando Krzyzewski inocentemente deu um grito, como milhares de treinadores costumam fazer, para encorajar seus jogadores: "Tem tempo ainda! Tem muito tempo!". Jordan soltou a bola e disse: "Pro inferno! Não tem coisa nenhuma! Acabou!". E então converteu os dois arremessos. O jogo terminou com a vitória de seu time por 36 a 30. Daly ficou aliviado ao apitar o fim do treino. Os jogadores queriam continuar, mas ele já tinha visto o bastante. Seu time estava pronto, talvez até mais do que pronto.

Depois do jogo, Jan Hubbard era um daqueles jornalistas que foram até a quadra conversar com os jogadores. Jordan parecia estar num bom clima de competitividade, segundo ele. Recentemente ele havia trocado de patrocinador, da Coca-Cola para a Gatorade, e já tinha feito um comercial em que algumas pessoas sonhavam que eram ele. Lá estava ele, ao lado da quadra, falando como as pessoas no comercial: "Às vezes eu sonho", segurando uma garrafinha de Gatorade, desfrutando o momento, sabendo que havia dominado a partida entre os melhores jogadores do mundo. Enquanto Jordan dançava, Magic Johnson sentava-se a alguns metros dali, contando a alguns repórteres: "Nós mesmos nos prejudicamos. A gente foi provocar... Falamos demais. Mas, é claro, a gente devia saber disso antes, não é?".

Jan Hubbard caminhou até Jordan para falar com ele. "Você tem que ganhar sempre, não é mesmo?"

Michael deu aquele seu sorriso radiante e aberto: "Eu estou tentando fazer disso um hábito".

25.
CHICAGO; PHOENIX, 1992-93

No outono de 1992, a experiência do Dream Team tinha e não tinha terminado. Alguns cronistas da NBA passaram a dividir sua história em duas fases: pré e pós-Dream Team. David Stern buscava envolvimento comercial para o basquete e seus grandes atletas, e conseguira igualar-se aos grandes esportes profissionais americanos; talvez tivesse conseguido até mais do que seria desejável, pois isso não tinha só vantagens. Os jogadores de basquete do Dream Team eram agora os mais famosos do mundo, e, num lugar como Barcelona, certamente muito mais do que qualquer jogador de beisebol ou futebol americano já havia sido. Eles eram as grandes estrelas de um esporte cada vez mais internacional, assim como de um número crescente de incríveis comerciais de televisão. E, por serem altos e geralmente negros, eram facilmente identificáveis. Os jogadores do Dream Team chamaram tanta atenção em Barcelona que sequer puderam ficar na Vila Olímpica; e não eram só os turistas e fãs que se amontoavam em torno deles em todos os lugares, eram também outros atletas. Talvez esse não fosse o ideal olímpico, mas com certeza refletia a realidade no novo epicentro da aldeia global. O resultado de tudo isso foi que eles mal puderam se locomover em Barcelona. (Mesmo jogadores muito pouco parecidos com o estereótipo do astro da NBA, como John Stockton, que não era negro nem alto, tiveram seus movimentos limitados.)

O sucesso afetava tudo. Às vezes, a NBA parecia uma liga que crescera demais e em muito pouco tempo. Sua economia tinha mudado tão radicalmente que já era uma das maiores da América, mas carecia de uma base sólida: era um ótimo esporte para fazer surgirem cinco ou seis bons ou mesmo ótimos times num *playoff*, mas esses times eram como casas construídas sobre palafitas, muito mais frágeis que do que os grandes times do beisebol ou do futebol americano. Como o basquete só vinha crescendo nos últimos trinta anos, ainda não havia tantos bons times; nem mesmo times com pelo menos três bons jogadores. Mas havia os times eternamente insignificantes, e outros que pareciam se espelhar na mediocridade. Isto impunha um limite ao nível da maioria dos jogos da temporada. Na verdade, era uma liga de três estamentos: um punhado de bons times no topo, um grupo maior de times medíocres no meio, e um menor de times verdadeiramente insignificantes na base. Na maioria absoluta dos ginásios, o que se via eram jogos muito pouco empolgantes.

Como a moda foi além da realidade, começou a haver uma sensação, em todas as cidades, do poder crescente do marketing dentro das organizações: em todos os ginásios, o barulho — não de fãs realmente entusiasmados, mas um ruído artificial amplificado eletronicamente para parecer real e tentar fazer os torcedores se sentirem parte de algo maior — era ensurdecedor, como que para garantir aos fãs que, mesmo que o jogo não fosse tão bom, pelo menos eles se sentiriam como num show de rock. No mínimo, o evento era quente.

Uma pessoa que fosse ao United Center esperando ver uma grande partida de basquete entre o Chicago e o Houston via muito mais do que isso — ou muito menos. Era como se os arquitetos do novo basquete não acreditassem que os novos torcedores, diferentemente daqueles que frequentavam o antigo Chicago Stadium, achassem os jogos muito divertidos. Com a música tocando num volume ensurdecedor, cada vez mais brincadeiras idiotas eram exibidas, seja no telão, seja na quadra, enquanto os jogadores aguardavam nos vestiários. Na quadra aconteciam corridas de velocípede entre crianças de dois ou três anos, acrobatas atiravam camisetas para a plateia, ou torcedores eram vendados e girados até ficarem completamente tontos e depois tentavam arremessos para ganhar prêmios. Nos intervalos, garotas jovens e com roupas provocativas faziam números com forte apelo sexual. O telão exibia cenas de concursos de canto entre torcedores que absolutamente não sabiam cantar, além de outros igualmente interessantes, como corridas eletrônicas com um *doughnut*, um pão e uma torta de queijo. O telão era o símbolo do crescente narcisismo da sociedade: Bob Ryan, do *Globe*, impressionado com o fato de a torcida ter deixado o ginásio num jogo entre Boston e Atlanta antes do final do jogo, disse certa vez que muitos dos torcedores modernos estavam mais preocupados em se verem no telão do que em assistir à partida. O mais impressionante, segundo ele, era que essas promoções banais e intermináveis não aconteciam apenas em jogos da temporada normal e entre os times menores, mas inclusive em jogos das finais.

Os que acompanhavam o Bulls de perto perceberam que ele perdera uma vantagem importante com a mudança do Chicago Stadium para o United Center. Michael Jordan e muitos outros jogadores detestaram a iluminação do ginásio, e acreditava-se que com isso eles também tinham perdido muito da vantagem de jogar em casa. O Chicago Stadium era um lugar assustador para os adversários e até mesmo para os árbitros em jogos decisivos, um lugar onde, nas palavras de Dick Motta, o barulho era tão forte que quase se podia tocá-lo. A torcida do United Center era muito mais elitista — os ingressos muito mais caros — e comportada, e tinha muito menos instinto para o ritmo do jogo. O Bulls continuava a vencer, mas muito do barulho que se ouvia era artificial. Nunca antes, no Chicago Stadium, eles tinham precisado disso.

A combinação de fama de astros pop e salários astronômicos também contribuiu muito para distanciar os jogadores dos jornalistas e mudar radicalmente a natureza da contabilidade do time. Apenas uma década antes, a maioria dos times viajava em voos comerciais, e os cronistas que cobriam os times viajavam com eles, embora na classe econômica. Antes, jogadores e jornalistas ficavam nos mesmos hotéis e faziam as refeições juntos. Os ônibus que faziam o percurso do aeroporto para o hotel e do hotel para o ginásio levavam jogadores e repórteres juntos. Nos melhores casos, chegava a haver um respeito mútuo, e os jogadores sabiam quais jornalistas eram realmente sérios. Agora tudo tinha mudado. Os jogadores só tomavam voos fretados, o que até fazia sentido, já que estes eram menos cansativos, economizavam tempo e permitiam que os jogadores se alimentassem melhor depois dos jogos. Os repórteres não eram mais bem-vindos nos ônibus para os ginásios. Uma ligação importante estava cortada. As coletivas para a imprensa foram dominadas por agitados repórteres de rádio que chegavam aos bandos. De todas as maneiras, o acesso aos jogadores estava ficando cada vez mais difícil. Manter o sucesso na moderna NBA sempre fora mais difícil do que conseguir alcançá-lo. A vitória trazia também peso e expectativas cada vez maiores. Quanto mais um time vencia, mais fortes ficavam as pressões para derrubá-lo — não só dos times adversários, que naturalmente queriam desbancá-lo e partiam para cima com enorme determinação, mas de dentro do próprio time campeão, pressões que vinham do próprio sucesso. O sucesso no esporte moderno, ao contrário do que muitos podem imaginar, não ajuda a criar mais harmonia numa equipe. O que se cria geralmente é uma maior necessidade individual de reconhecimento. Cada um deseja uma fatia maior da fama. Os jogadores que ainda não tinham aparecido muito começavam a se mostrar famintos por sucesso. Pat Riley, muito a propósito, chamou essa tendência de "o mal do mais".

Os ingredientes para esse mal sempre haviam estado ali, mas nos anos 70 ainda era fácil controlá-lo: não havia agenciamento independente, portanto os jogadores ficavam nas mãos dos proprietários dos times e os contratos sempre eram favoráveis à diretoria. Mudanças drásticas nas leis trabalhistas deixaram os times menos estáveis: os jogadores passaram a escolher onde queriam jogar e tinham muito mais poder na hora de negociar seus salários. Os agentes também entraram em cena e se tornaram mais poderosos que os treinadores e tanto quanto os proprietários. A relação dos jogadores com a diretoria agora era importante, assim como a relação entre os próprios jogadores. A disputa pela fama ficou cada vez mais evidente. Perpetuar-se no topo ficou muito mais difícil — acontecer de cinco ou seis grandes jogadores chegarem quase ao mesmo tempo a uma equipe e ali permanecerem durante quase toda a carreira era um fenômeno cada vez mais raro. Pensando na história dos times campeões do Celtics e do Lakers, o que impressionava era a quantidade de jogadores que haviam jogado nesses times a vida inteira. A dificuldade de ser bicampeão era a maior de todas para o Bulls, devido à qualidade singular de Michael Jordan. Qualquer um estava condenado a viver à sua sombra, e muito poucos grandes jogadores gostavam de ter uma sombra sobre eles.

Michael Jordan, impulsionado por seu talento, sua beleza, seus títulos e um número crescente de comerciais, havia muito já transcendera a mera fama de atleta e estava a caminho de se tornar o cidadão americano mais famoso do mundo, um ícone nacional e internacional quase sem precedentes. Seu único rival em todo o planeta era a princesa Diana. A fama de Jordan, assim como a de Diana, tinha saído de controle e crescia como um organismo vivo que alimentasse a si mesmo. Quanto maior seu sucesso, maiores suas expectativas; quanto maiores os desafios que enfrentava, mais ele se esforçava por superar-se; e quanto mais ele se superava, maior o seu sucesso. Ele não estava mais competindo com seu irmão Larry ou com Leroy Smith no quintal de casa, nem com Patrick Ewing no colegial, nem mesmo com Magic Johnson e Isiah Thomas no profissional. Ele estava competindo com o adversário mais perigoso de todos: ele mesmo. Quanto mais ele conseguia em uma temporada, mais se cobrava na seguinte.

As propostas para divulgar produtos, posar para capas de revistas, ser algo maior do que a própria vida, ser um herói, cresceram exponencialmente no final dos anos 80 e início dos 90. Só alguém centrado como Jordan, com seu dom de concentrar-se no essencial, poderia lidar com tantas pressões e tão bem. Todos que ele conhecia queriam tirar um pedaço dele, alguns por mera tietagem, outros por oportunismo. O telefone não parava de tocar, e eram sempre pedidos para que ele fizesse alguma coisa, na maioria das vezes coisas que não queria fazer, nem que lhe rendessem 1 milhão de dólares. Tudo isso poderia facilmente ter atropelado um jovem sem a inteligência e resistência psicológica de Michael Jordan.

Surpreendentemente, ele nunca se deixou dominar pelo sucesso. Aquilo certamente o mudou, tornando-o a princípio mais desconfiado, depois mais cínico e às vezes mais brusco no lidar com o mundo. Ele estudava cuidadosamente as pessoas ao seu redor e julgava-as por escalas, a maioria delas para medir o que elas queriam dele. Umas das principais forças de Phil Jackson e o que facilitava sua relação com Jordan era que ele nunca pedia nada — nem autógrafos, nem seus tênis, nem contribuição para a educação de seus filhos. A única coisa que ele cobrava era um bom desempenho em quadra e que ele passasse a bola pelo menos um pouco. Uma das virtudes de Jordan era compreender que o basquete era a única coisa verdadeira em meio a toda aquela loucura, que aquilo era real quando quase tudo o mais era artificial. Só isso já refletia uma incomum sabedoria e resistência — muitos outros atletas que tinham conseguido muito menos haviam chegado a acreditar no mito que deles se fazia e a trocar o autêntico pelo inautêntico, acreditando que eram tão importantes quanto a mais breve imagem deles (o espelho que é a mídia contemporânea) tentasse mostrar. Jordan era muito mais esperto e equilibrado; ele, ao contrário, com o crescimento das responsabilidades, reconfortou-se antes de mais nada no próprio basquete. A liberdade se tornou o basquete: os treinos e jogos eram a parte divertida da vida. Ali ele podia, pelo menos por algum tempo, esquecer-se de tudo e seguir seu coração.

Se tudo isso era difícil para ele, ele também era difícil para seus parceiros. Eles estavam na posição exata em que eram sempre pegos pelos holofotes de Michael e ao mesmo tempo estavam sob sua sombra, mas nunca exatamente em foco. Os refletores os iluminavam, mas eles nunca eram a atenção principal, e sua relação com a mídia não era das mais sinceras. Eles tinham que aceitar a dura realidade de que, não importava quão bons fossem, quão bem jogassem, grande parte dos que estavam atentos a eles não tinha interesse neles, a não ser talvez como um caminho para chegar até Jordan.

Alguns jogadores lidavam com isso razoavelmente bem, compreendendo instintivamente a qualidade pouco ingênua e às vezes sedutora da fama. John Paxson, o mais maduro e tranquilo dos jogadores, teve uma pequena crise com a fama e percebeu rapidamente que não gostava nada daquilo. Ele não só se sentiu incomodado e estranho ao seu jeito simples, como descobriu, para seu espanto, que estava mudando por causa da fama, e não para melhor. Ele se viu tentando ser a pessoa que as câmeras queriam fazer dele, sempre agradável e simpático em público, sempre gentil e gracioso com os desconhecidos que o abordavam em restaurantes. O problema daquilo, ele pensava, era que às vezes ele era mais gentil com essas pessoas do que com sua própria família, com a qual, devido à pressão que enfrentava e à ilusão de ser mais importante do que realmente era, ele estava mais seco.

O jogador do Bulls que melhor lidava com essa questão era Scottie Pippen. "O vice-presidente", como Gary Payton certa vez se referiu a ele, "não o presidente". Segundo um dos jogadores do Bulls, era como se Pippen se sentisse mais à vontade no papel de parceiro talentoso do que no de astro completo. Pippen algumas vezes sentiu a dificuldade de jogar com Michael Jordan, sua personalidade forte e exigente, e o incômodo de perder tanta privacidade, o que chegava a afetar sua própria vida. Ele sabia muito bem naqueles primeiros anos, mesmo depois de conquistarem o título, que havia uma parte de Jordan que ainda não o aceitava completamente e a seu jogo, que ainda não fizera um juízo sobre ele, como se não acreditasse que ele de fato era real. Mas Pippen tinha uma boa noção de seus próprios limites, do que sabia e do que não sabia fazer. Tudo aquilo que Jordan fazia tão perfeitamente bem quanto jogar basquete — lidar com a mídia e inúmeras outras responsabilidades além do basquete — era um peso para Pippen. A diferença de habilidade, não tão grande na quadra, era enorme fora dela. Jordan tinha um talento natural para as câmeras; gostava de conviver com elas, e mesmo que às vezes fosse demais, ele quase tinha saudades quando elas não estavam por perto.

Pippen, ao contrário, tinha pouco talento para lidar com o número cada vez maior de repórteres que perseguiam os jogadores do Bulls. Quando os batalhões da mídia entravam no vestiário do Bulls, eles estavam atrás daquilo que Scottie Pippen mais relutava em revelar; esses momentos sempre eram desagradáveis para todos. Pippen se adaptava bem ao esquema de triangulação — ninguém dividia a bola melhor com os parceiros do que ele. Se o jogador errava alguns arremessos, Jordan o deixava de lado, mas Pippen fazia ainda mais esforço para lhe fazer boas assistências. Jackson tinha convicção de que isso era fruto de Pippen ter sido o caçula numa família tão grande e pobre — dividir tudo era natural para ele.

Pippen já tinha sofrido com a mídia no começo de sua carreira: não foi fácil para ele amadurecer em Chicago, ainda mais porque isso estava acontecendo diante do público. Ao contrário de Jordan, que chegara a Chicago depois de um programa extremamente qualificado, em que muito tempo e energia eram gastos para prepará-lo para um mundo que esperava por ele, Pippen chegara como um garoto pobre do interior, vindo de um programa pequeno e fraco. Em seus primeiros anos no Bulls, ele usava óculos só para pacerer mais sério.

Ele chegou ao Bulls ainda cru e inexperiente, mas já rico e famoso, a equação mais perigosa possível, e o Chicago era cheio de tentações. Assim como muitos jogadores da NBA antes dele, Pippen cedeu a muitas dessas tentações. Ele e seu grande amigo Horace Grant, que chegara na mesma temporada e com um passado muito semelhante, eram, como notou um executivo do time, como duas crianças na maior loja de doces do mundo. A conduta de Pippen em suas relações com mulheres também não era das mais impecáveis; certa vez ele esteve envolvido ao mesmo tempo com dois processos de paternidade. Outra vez, foi detido por policiais locais por portar ilegalmente uma arma, que ele carregava no carro. Mas com o tempo e a maturidade, seu prazer de jogar foi crescendo ano após ano. Poucos jogadores da NBA pareciam gostar tanto do jogo em si. Quando as câmeras de televisão mostravam o banco depois de Pippen ter saído da quadra, ele geralmente estava rindo e brincando com os colegas, fazendo daquela parte de sua vida um verdadeiro deleite. Numa ocasião alguém pediu a Phil Jackson que definisse Pippen em uma frase, e ele respondeu imediatamente: "A alegria do basquete". Mas quando se tratava de obrigações extra-basquete, como lidar com a mídia, parecia que uma máscara cobria seu rosto. Ele até respondia às perguntas, mas a resposta, no fundo, era sempre a mesma: "Por favor, não me façam mais perguntas". Ele dizia coisas que propositalmente dificultavam mais do que facilitavam o diálogo. Com o tempo, a máscara funcionou, e os repórteres desistiram de tentar tirar muita coisa dele, passando rapidamente para os outros jogadores.

Pippen não parecia ter problemas em aceitar a posição especial de Jordan. Já cedo em sua carreira, ele percebera que Jordan não fazia questão de tornar as coisas mais fáceis, não deixando clara sua posição quanto a Pippen, mas isso também não o incomodava. Ao contrário de Horace Grant, que se ressentia tanto do *status* especial como da falta de entusiasmo de Jordan por seu jogo, Pippen aceitava que Jordan estivesse num patamar acima do seu, mas sabia que era importante continuar jogando, aprendendo e melhorando. Se no início Michael às vezes era duro com ele nos treinos, pensava Chip Schaefer, que os acompanhava dia após dia, Pippen era esperto o bastante para compreender que ele só ganharia com aquilo, pois tinha muito o que aprender com Michael, dentro e fora da quadra.

No Dream Team, Pippen finalmente alcançou o status de superastro. Lado a lado com os jogadores mais aclamados da liga, ele mostrou um jogo de alto nível, um nível acima da maioria dos outros jogadores do time, muitos dos quais haviam chegado ali com uma reputação muito maior do que a sua. Na opinião de Chuck Daly, ele esteve imediatamente abaixo de

Jordan e ao lado de Charles Barkley, que também teve uma grande performance nas Olimpíadas. O jogo de Pippen surpreendeu quase todo mundo, inclusive Jordan e Daly. "Você nunca sabe realmente quão bom um jogador é até treiná-lo", disse Daly mais tarde, "mas Pippen foi a grande surpresa em Barcelona — a confiança com que ele jogou e a absoluta perfeição de suas performances, no ataque e na defesa. Ninguém realmente esperava por aquilo".

Pippen surpreendeu até Jordan com seu desempenho. Pois, quando Jordan chegou, ele conversou com os treinadores sobre os diversos jogadores do time, e era evidente que ele ainda não sabia quão bem seu parceiro do Chicago se sairia. Mas depois que Jordan voltou a Chicago, ele comentou com Jackson sobre os jogos. A melhor coisa, disse ao treinador, tinha sido como Pippen se revelara um grande jogador. "Scottie entrou como apenas um dos jogadores, e ninguém sabia realmente como ele era bom, mas aí ele continuou jogando, e no fim da semana estava claro que era o melhor marcador — disputando com Clyde, Magic e Stockton. Foi ótimo as pessoas poderem vê-lo naquele cenário e perceberem o quanto ele era bom na verdade."

Se Pippen era o que lidava melhor com o fato de jogar à sombra de Jordan, o jogador que parecia ter mais problemas com isso era Horace Grant. Ele às vezes parecia se inquietar com o *status* especial de que Jordan desfrutava na organização. Por que era tão mais difícil para ele do que para os outros jogadores, ninguém sabia dizer. Com certeza, em parte era devido ao seu papel no time. Era sua função, como jogador grande e ágil, fazer o serviço pesado, dando duro na defesa contra homens maiores do que ele e trabalhando nas laterais. Como recompensa por seu trabalho braçal, em muito poucos jogos ele ganhava destaque.

Alguns dos treinadores achavam que o problema de Grant era que ele não conseguia entender o mundo do basquete-entretenimento tão bem como Pippen, e por isso ele almejava algo que nunca poderia conseguir e que ninguém em sã consciência desejaria conquistar: uma fama como a de Jordan. Ele também não entendia que o *status* de Jordan no time não era uma criação de Phil Jackson ou da organização, mas sim dos deuses, e que não podia ser controlada por ninguém além do próprio Jordan. Algumas pessoas no Bulls começaram a sentir que uma espécie de vírus se alojara em Grant, uma crença de que, de alguma maneira malévola, ele estava sendo barrado por Jordan e de que seus próprios objetivos estavam sendo ofuscados pela fama de Jordan.

Havia também uma história antiga entre Jordan e Grant, que remontava à época em que Jordan tinha tido dúvidas quanto à escolha de Grant.

Mais tarde, Jordan deixaria claro que não considerava Grant assim tão bom. Por alguma razão, Grant obviamente criou um amargo ressentimento com relação a Jordan. Depois do campeonato de 1991, quando o time foi convidado para visitar a Casa Branca e conhecer o presidente Bush, Michael Jordan foi jantar com Grant e comentou que pretendia abrir mão da visita e ir jogar golfe. Na hora, Grant não disse nada, mas quando a ausência de Jordan chegou aos ouvidos do público, Grant lembrou o ocorrido para criticá-lo. Jordan ficou bastante irritado. Se Grant tinha algo a dizer, Jordan achava que ele devia ter dito na noite em que jantaram juntos, ou que ficasse calado.

Uma evidência de que Horace Grant estava tão descontente que seria capaz de deixar o time surgiu no primeiro dia de treinos do outono de 1992: uma das atividades dos treinamentos de Jackson era o que ele chamava de "corrida de índio". Os jogadores corriam todos juntos, e quando Jackson soprava o apito, o jogador que estava em último tinha que dar um *sprint* e alcançar a primeira posição. Era um exercício estafante — *jogging* e *sprint* numa única atividade. Como Jordan e Pippen ainda estavam descansando dos treinos e jogos das Olimpíadas, Jackson os deixou de fora da corrida. A certa altura do treino, Grant perdeu o controle e explodiu: ele simplesmente não podia suportar o fato de que os dois mosqueteiros haviam estado no Dream Team enquanto ele tinha que ficar correndo nos treinos. Jackson foi até os vestiários para tentar acalmá-lo. Aquilo não era um bom sinal.

O descontentamento de Grant era apenas parte de um mal maior que agora ameaçava o Bulls devido a seu sucesso crescente. Algumas daquelas tensões já existiam desde o final dos anos 80, parte da inevitável ressaca de qualquer disputa de campeonato. Mas, quando o Bulls ficou mais conhecido, quando tanto sucesso foi conquistado em tão pouco tempo, as luzes que focavam Jordan começaram a deixar claras também as tensões e disputas que há em qualquer time, mas que em qualquer outro time não teria afetado ninguém além dos próprios jogadores.

Mais tarde, quando algumas das disputas dentro da organização do Bulls se tornaram verdadeiras batalhas, e cada vez mais públicas, um repórter perguntou a Phil Jackson quando e como tudo aquilo começara. A resposta foi bastante desagradável. Ele disse que o começo tinha sido com um livro. Depois do título de 1991, Sam Smith, um cronista esportivo do *Chicago Tribune*, escreveu um livro sobre a temporada do campeonato chamado *The Jordan Rules*, que foi publicado durante o final da temporada de 1991-92. Smith era um repórter inteligente e trabalhador que havia coberto o time durante três anos, e seus conhecimentos sobre as divisões e disputas internas do Chicago eram, não por acaso, enciclopédicos. Seu livro era um prato cheio para qualquer fanático por basquete, cheio de detalhes do meio, e, ao mesmo tempo em que elogiava o talento de Jordan, foi também a primeira tentativa de desmitificá-lo. Jordan, como ele mostrou, não era sempre perfeito. Ele tinha suas falhas; era exigente com os parceiros e bastante consciente de sua imagem corporativa. O livro era um retrato fiel de alguém cujos defeitos não haviam sido mostrados até então, e em quem as pessoas de fato não queriam descobrir defeitos. Mostrava seu lado menor, às vezes até petulante, e como ele podia ser difícil para alguns parceiros de equipe.

De certo modo, o que Smith contava não era exclusivo do Bulls. Os cronistas esportivos geralmente são testemunhas de todo tipo de inveja e inevitáveis conflitos de egos que acontecem durante uma temporada longa e difícil. Nem todos os grandes jogadores são grandes camaradas com os parceiros de equipe. Crises de inveja são frequentes. Alguns jogadores invejam a proximidade que seus parceiros têm com os proprietários — como Kareem Abdul-Jabbar invejava Magic Johnson por andar ao lado de Jerry Buss. Em muitos times, as rivalidades começam com algo que a mulher de um jogador diz para a do outro. Provavelmente qualquer outro time poderia ser matéria de um livro como aquele, mas raramente vale a pena escrever sobre incidentes desse tipo. O que fazia deste um livro especial era que ele falava sobre o time que tinha Michael Jordan. Certamente devido à fama e à curiosidade sobre ele, o livro se tornou um *best seller*. E não sem ironias: Smith estava de fato amplificando as críticas de algumas pessoas ao *status* especial de Jordan, mas seu livro em grande parte era um *best seller* exatamente por isso. Claramente, Horace Grant foi uma das principais fontes de Smith, assim como, imagina-se, Phil Jackson e Jerry Krause. O livro deixou evidentes diversas rivalidades que sempre haviam existido, mas que as pessoas até então haviam conseguido calar. Agora essas tensões e facções estavam se tornando de conhecimento público.

Michael Jordan não ficou feliz com o livro, mas ele o fez perceber sua quase invulnerabilidade à crítica — a natureza de sua fama o havia tornado praticamente imune às críticas de jornalistas, principalmente porque seu time continuava vencendo. Ele tinha se acostumado havia muito tempo com um mundo em que a mídia de verdade, para ele, era a televisiva, em que muitos repórteres, ávidos por acesso, haviam se tornado tão importantes para ele quanto os jornalistas. O que importava para Jordan era a imagem, e sua imagem brilhava; os fatos eram menos importantes, pois a única coisa que importava para as pessoas era que seu time continuasse vencendo e que ele continuasse brilhando.

O livro foi absolutamente devastador para Jerry Krause, porque descrevia em detalhes as tensões entre ele e os jogadores, especialmente Jordan e Pippen, e como os jogadores zombavam dele. Mesmo antes de o livro sair, Krause já vinha ganhando certa má fama: embora seu papel na criação do Bulls tivesse sido importante, para as câmeras de televisão que filmavam o banco durante os jogos, ele era invisível. As câmeras em geral tendiam a falar pouco sobre os administradores dos times, concentrando-se nos jogadores e treinadores. Isso significava que Phil Jackson, que havia sido contratado e trabalhava para Krause, estava se tornando mais famoso do que ele e também recebendo muito mais crédito pelo sucesso do time.

Aquilo foi demais. Lá estava aquele livro para manchar a imagem de Krause aos olhos do público ao retratá-lo como um homem desprezado por seus parceiros. Para o público, qualquer disputa entre Michael Jordan e Jerry Krause era um caso fácil de tomar partido: o partido de Jordan. Krause odiou o livro a ponto de ele tornar-se uma obsessão. Outras pessoas no lugar de Krause, ao lerem algo tão intragável sobre elas, poderiam ter simplesmente virado a página, fingido que aquilo nunca tivesse acontecido ou mesmo que tinham gostado do livro. Mas não ele. O livro parecia engoli-lo. Ele foi falar com cada uma das pessoas do Bulls para reclamar do que Smith havia escrito sobre ele. E citava pelo menos uns duzentos trechos do livro que dizia que eram mentiras (a maioria era de opiniões alheias das quais ele discordava). Ele repetia passagens não muito lisonjeiras a seu respeito e pedia que as pessoas confirmassem com ele que nada daquilo era verdade. Krause, que no começo de sua carreira não era exatamente um modelo em termos de moda, uma vez agarrou um dos membros da equipe de Jackson e berrou: "Sam Smith diz que eu me visto mal. Você alguma vez me viu malvestido?". Outra vez ele emboscou Jackson num quarto de hotel e começou a ler, uma por uma, as "mentiras", um processo humilhante e cansativo, até que Jackson lhe dissesse que tudo aquilo não tinha o menor sentido, que eram coisas pequenas. "Jerry, esqueça isso", Jackson finalmente lhe disse. Mas Krause parecia inconscientemente determinado a fazer com que o livro parecesse mais importante do que ele realmente era.

O livro de Sam Smith não só distanciou Krause da imprensa ainda mais, como também começou a distanciá-lo de Jackson e dos outros treinadores. Krause estava convencido de que um dos principais motivos disso era um deles, o treinador Johnny Bach, e ele começou a pressionar Jackson para que se livrasse de Bach. Há muito tempo Krause não gostava de Bach, um sujeito incrivelmente popular com quase todos, algo que Krause jamais poderia pensar em ser. Ele era talentoso e muito importante para o sucesso do Bulls, e, o mais importante: Bach tinha charme, era um homem atraente e vivido, ex-combatente da Segunda Guerra Mundial. Ele conhecia profundamente a história militar, e tinha muita leitura. Além de tudo, era muito próximo dos jogadores. Bach se dava extremamente bem com Horace Grant, que até tinha sido padrinho de seu segundo casamento.

Johnny Bach também tinha boa relação com a mídia. Os jornalistas gostavam dele e o respeitavam, porque ele era inteligente, honesto e tinha o dom de sempre soltar frases curtas e perfeitas. Krause, sempre cheio de segredos, detestava a intimidade que Bach tinha com os jornalistas e estava certo de que ele só era popular porque estava revelando segredos de Estado. "Johnny", ele dizia, "um treinador deve ser visto, não ouvido". Mesmo antes da publicação do livro de Smith, Krause já se atormentava com Bach por ser tão próximo dos repórteres. Depois do livro, Krause precisou de um vilão para sua história, e ele tinha certeza de que Bach era a causa de todos os seus problemas. Mas não era. O que os jogadores e muitos outros pensavam de Krause não era segredo; um repórter esperto e esforçado como Smith teria fácil acesso a inúmeras histórias desse tipo. O livro não era culpa de Bach, mas do próprio Krause, e de Reinsdorf, por manter no comando da organização alguém com tamanha vocação para criar constantes conflitos. Mas aquilo deu início ao processo que culminaria com o efetivo afastamento de Bach.

Krause estava mais magoado do que nunca, carente de publicidade e, sobretudo, alguns da organização pensavam, ainda mais invejoso de Jackson. Krause parecia acreditar que as confusões dentro do time eram culpa de Jackson e que ele havia sido desleal por permitir que os jogadores criassem uma imagem tão negativa dele. Jackson não estava em guerra com Krause, mas sentia que este tornava as coisas difíceis com sua mania de se intrometer em assuntos nos quais ele não era necessário nem mesmo bem-vindo. Krause, por sua vez, sentia que quando havia tensões entre ele e os jogadores, era dever de Jackson interferir por ele. A linha do Bulls estava começando a ficar mais dura; as provas de lealdade estavam começando — ainda que inconscientemente — a ser aplicadas.

A lealdade era uma característica fundamental em Krause, especialmente porque ele tinha percorrido um caminho difícil para chegar ao ponto em que estava. Se ele tinha dito pouco, quando era mais novo, sobre o desprezo que sentia das pessoas do mundo dos esportes, de todos aqueles outros olheiros, com certeza tinha ouvido todos os elogios e bajulações e ficado sabendo dos inúmeros jantares para os quais ele não era convidado. Seus verdadeiros sentimentos — fruto de tudo o que ele sofrera — se mostravam na lealdade inflexível que ele tinha aos poucos que haviam sido gentis com ele naqueles primeiros anos, pessoas que o aceitavam por reconhecerem sua paixão e sua conduta de trabalho e não o rejeitavam por sua aparência. Esses homens, pessoas como Tex Winter, Big House Gaines, John McLeod e (quando Krause ainda era um olheiro no beisebol) o antigo Johnny Lipon, do Detroit, poderiam contar com ele para qualquer coisa — Winter tinha um trabalho para toda a vida, e o filho de Gaines trabalhava para Krause como olheiro. Ele era cegamente leal a Reinsdorf, a quem sempre se referia como o melhor proprietário do mundo dos esportes, uma opinião de que não muitos, ainda que reconhecessem a inteligência e dureza de Reinsdorf, compartilhavam.

Krause entendia pouco a complexidade da fidelidade de homens talentosos. Se ele contratava alguém, essa pessoa certamente lhe devia lealdade, mas não sua vida ou sua honra pessoal, nem mesmo suas verdades mais íntimas. Tampouco ele entendia que, na política cada vez mais complexa e segmentada do Bulls, ser leal a ele podia ser um problema se a pessoa também tinha que ser leal a outros na organização — mais especificamente, para os jogadores. Ele também não aceitava a ideia de que sua presença causasse incidentes indesejáveis. Por isso tendia, quase conscientemente, a impor provas de lealdade que nenhum jogador talentoso que tivesse o mínimo de orgulho seria capaz de cumprir. Outros já tinham falhado no passado; esta era a vez de Phil Jackson.

As tensões internas do Bulls raramente apareciam nos jogos. Ainda assim, a temporada de 1992-93 foi bastante difícil. Os treinadores e preparadores percebiam a fadiga mental e física dos jogadores. Cartwright e Paxson ainda estavam se recuperando de cirurgias quando a temporada começou, e tanto Pippen como Jordan tinham sofrido com as contusões e o ritmo cansativo das Olimpíadas. O número de vitórias do time tinha caído de 67 para 57 naquele ano. Às vezes, o ritmo dos jogos e treinamentos e o esforço de defender o título parecia exauri-los. As reclamações antes dos treinos eram mais comuns entre os jogadores. Certa vez, durante uma série longa e cansativa de jogos fora de casa, enquanto alguns jogadores se preparavam para o treinamento e parecia haver mais descontentamento do que nunca, Jordan virou-se para eles e disse: "Vamos lá, milionários", lembrando-os de que eles não estavam na pior situação possível e que deviam alguma coisa em troca dos altos cheques que recebiam no dia do pagamento. Contudo, o Bulls ainda era um time duro e confiante, que jogava bem em jogos decisivos, ia muito bem na estrada, e que sabia o que era preciso para levar um jogo até o final e vencer. Na verdade, Michael Jordan havia se tornado o melhor finalizador da história da liga. Ele queria a bola para si nos minutos finais do jogo e, independentemente de qual fosse a defesa do time adversário, ele era o melhor para criar oportunidades de arremesso.

Nas finais de 1993, eles jogaram contra o Phoenix, sem a vantagem de jogar em casa, devido à queda no número de vitórias na temporada normal. A série de jogos ofereceu a oportunidade de se ver Michael Jordan jogar contra seu amigo Charles Barkley, que havia sido escolhido como MVP naquele ano. O Phoenix vencera 62 jogos durante a temporada normal, cinco a mais do que o Bulls. Antes do início da série, sabendo como o Phoenix era difícil de derrotar em seu novo ginásio, Jackson falou sobre a importância de vencer um dos dois jogos lá. "Nós não vamos vencer um", disse Jordan ao treinador, "vamos até lá vencer os dois".

Então eles foram a Phoenix e fizeram exatamente isso. Se Jordan precisava de motivação extra, pensavam Jackson e os outros jogadores, ele a tinha no fato de Barkley ter sido eleito MVP. A partir do segundo jogo, ele marcou respectivamente 42, 44 e 55 pontos. Mesmo assim, o Phoenix, perdendo por dois jogos, surpreendeu o Bulls, vencendo dois dos três jogos em Chicago. O Bulls precisaria voltar a Phoenix e vencer lá para manter o título.

Ao embarcarem no avião do time, quase todos os jogadores pareciam um pouco desmotivados. "Aquilo parecia um funeral", lembrou o locutor do Bulls Johnny Kerr. "Eles tiveram a chance de resolver a questão em casa e não souberam aproveitar. Eles não se viam como um time que pudesse perder dois de três jogos em casa. Eles não eram esse tipo de time." Jordan entrou no avião usando óculos escuros, um chapéu chamativo, um short ainda mais chamativo e fumando um charuto enorme. "Olá, campeões do mundo", disse ele. "Vamos para Phoenix chutar alguns traseiros." Isso mudou o clima no avião. De fato, no sexto jogo, John Paxson acertou um arremesso fatal no último instante do jogo, levando o Bulls ao título. Eles tiveram seu tricampeonato.

Um dos maiores prazeres de jogar contra o Phoenix para Jordan era a chance de enfrentar Dan (Thunder Dan) Majerle. Não por nada que Majerle tivesse feito — mais uma vez, a história era com Krause. Jerry Krause era um grande fã de Majerle e havia tentado contratá-lo quando ele estreou na liga, mas acabou contratando Will Perdue, pois estava preocupado com o pé de Bill Cartwright. Para Jordan, no entanto, Krause havia falado demais, e bem demais, de Majerle, que ele era um grande jogador, um jogador completo, tanto na defesa como no ataque. Krause até chegou a compará-lo com Jerry Sloan, um dos seus favoritos de todos os tempos. Michael Jordan, segundo seus colegas, sempre jogava melhor quando Dan Majerle estava na quadra. Segundo Lionel Hollins, treinador assistente do Phoenix na época, um homem que não sabia nada sobre as tensões entre Jordan e Krause, parecia haver alguma questão pessoal entre Jordan e Majerle durante aquela série. Toda vez que Jordan pegava a bola, ele queria partir e driblar Majerle, como que para mostrar que este era incapaz de marcá-lo. Era como uma hostilidade que transcendia o jogo, pensava Hollins.

Depois do sexto jogo das finais, quando a bola de Paxson caiu na cesta, Michael Jordan correu para a cesta e pegou a bola. Ele a ergueu acima da cabeça e seus parceiros pensaram que ele iria dizer algo sobre uma possível viagem para Disney. Em vez disso, ele gritou: "Thunder Dan Majerle o cacete!".

26.
CHICAGO, 1993

O terceiro título, logo após a grande exposição de Michael Jordan no Dream Team, só fez aumentar sua fama e intensificar sua lenda ainda mais. Alguns estimavam que os rendimentos anuais de Jordan passaram de cerca de 20 milhões de dólares, antes da temporada no Dream Team, para cerca de 30 milhões depois das Olimpíadas. Ninguém ligado ao mundo dos esportes tinha visto antes um fenômeno com a força de mercado de Michael Jordan. Mas daí em diante as coisas começaram a dar errado. Resultaria que ele tinha se tornado um sucesso grande demais — cada vez mais ele era um prisioneiro de sua fama. A pressão era excessiva, as atenções da mídia também, as coisas em que ele encontrava algum descanso eram cada vez mais raras e a liberdade para desfrutar de sua fama era mínima.

Tudo começou com as histórias de jogo. Jordan sempre gostou de apostar em todo tipo de coisa. Na faculdade ele apostava durante os treinos e em jogos de 21. As apostas eram baixas — 25 centavos cada ponto — e não eram oficialmente reconhecidas. Nos treinos, certo dia, Jordan dissera algo por acaso a Dean Smith, dando a entender que Roy Williams lhe devia mais uma Coca, e Smith perguntou a Williams do que era que Michael estava falando. "Ah, nós apostamos Cocas durante os treinos", respondeu Williams. Ele apostava com David Falk quem ganhava num joguinho eletrônico e, quando era a vez de Falk, começava a falar de assuntos sérios para desviar sua atenção.

Ele sempre teve necessidade de vencer. Ele apostava em jogos de basquete com seus colegas no Bulls e nos intermináveis jogos de cartas que eles faziam nos voos. Jordan tinha imensa facilidade com matemática, o que se refletia no fato de ser um grande jogador de cartas. Logo, os treinadores do Bulls começaram a alertar os jogadores mais jovens para não jogarem baralho com ele, pois ele era muito bom, mas não adiantou.

Se havia uma marca registrada de suas atividades fora do basquete, era a ferocidade com que ele perseguia essas oportunidades, sua necessidade de jogar mais uma rodada de baralho ou de golfe até ganhar. Parte disso se devia a seu incomparável instinto competitivo, e parte ao desejo de aliviar as pressões cada vez maiores em sua vida, cada vez mais na mira das lentes, primeiro, do esporte no país, e depois de todos os americanos, e depois ainda de boa parte do mundo. Isso fazia dele um prisioneiro em seu quarto de hotel. Como não podia mais sair sem causar algum tipo de tumulto, seus amigos passaram a ir até ele. Seu quarto de hotel virava o centro das ações. Seu pai costumava estar por perto, alguns de seus velhos colegas do Carolina, os guarda-costas sempre estavam por ali, e todos jogavam infindáveis partidas de cartas. "O que é mais incrível no Michael", disse seu amigo pessoal, o sempre alegre e exuberante Charles Barkley, "é que sempre que a gente está junto é num quarto de hotel, porque ele nunca sai".

O golfe se tornou cada vez mais importante para ele, sua grande fuga de todas as enfadonhas responsabilidades que ele assumia fora das quadras, o único lugar além dos treinos e dos próprios jogos em que ele podia encontrar uma certa liberdade e se deixar à vontade. Num mundo em que cada vez mais gente queria coisas dele, sua própria liberdade e sanidade estavam correndo risco. O que era surpreendente em Michael Jordan, quando o mundo da fama e dos compromissos comerciais ao seu redor começou a ficar apertado demais e roubar sua privacidade, era o fato de que aquilo estava acontecendo a alguém jovem, cuja liberdade de movimentos era uma necessidade imperiosa. Seus amigos do colégio e da universidade sempre reconheceram seu nível superior de energia, aquele metabolismo quase único que o permitia ser duas vezes mais intenso em tudo o que fazia, jogando duas vezes mais do que eles e descansando apenas a metade do tempo que a maioria deles. E o primeiro sinal desse fabuloso metabolismo, uma espécie de sobrecarga energética, aconteceu quando ele ainda estava na faculdade. O Carolina havia programado alguns jogos pré-temporada na Europa e, devido a um choque de cronogramas, o Tar Heels foi forçado a jogar numa mesma noite contra duas veteranas equipes europeias. O primeiro jogo foi para a prorrogação, e durante um pedido de tempo Michael disse a Roy Williams: "Treinador, já está demorando demais — eu vou acabar com o jogo agora mesmo", e tomou conta da partida e conquistou a vitória para eles. Então, depois de um breve intervalo de trinta minutos em que ele devorou duas barras de chocolate, dominou o segundo jogo da mesma maneira. Para alguns de seus companheiros, essa foi a primeira demonstração de seu nível de energia acima da média. Depois disso, outra vez, em seu primeiro ano na NBA, quando ele desafiou o comportamento padrão de um estreante e, em vez de amolecer um pouco depois do meio da temporada, manteve um nível intenso em suas atividades e ficou ainda mais forte. Agora, acuado, sob constantes pressões das responsabilidades fora da quadra, muitas delas mais difíceis do que os próprios jogos, ele precisava do descanso no golfe mais do que nunca, e sempre que tinha uma chance, explodia com toda sua energia. "Por que ele joga golfe?", perguntou retoricamente certa vez Magic Johnson. "Para fugir do mundo... Por que ele joga 36 buracos, 42 buracos?... Michael vai das sete até o fim do dia no verão. Ele não sai do campo de golfe, ele fica o dia... e a noite inteira... Por quê? Porque quando ele está lá ninguém pode incomodá-lo. Ele se diverte. O mundo acaba ali."

Conforme foi enriquecendo, suas apostas no golfe foram aumentando e eventualmente ficando mais arriscadas. A princípio, ele apostava 100 dólares por buraco. Esses jogos se tornariam cada vez mais eletrizantes. "Rapaz, jogar com o Michael é como a Terceira Guerra Mundial", disse Gene Ellison, que jogava regularmente com ele. "Ele esgota você. Ele é de enlouquecer. Mas não há nenhum mal nisso. Ele está apenas se divertindo."

Com o passar dos anos, Michael se tornou uma espécie de alvo para gente que gostava de assistir a jogos de golfe em busca de matéria para fofocas. O público descobriu a intensidade quase maníaca de seus jogos apenas porque, depois da temporada de 1991, ele foi visto jogando golfe com algumas figuras obscuras no Hilton Head, na Carolina do Sul, onde ele tinha uma casa — e uma dessas pessoas mais tarde foi presa por porte de drogas e problemas com o imposto de renda, e outra foi assassinada. Como esses fatos se tornaram públicos, as pessoas costumam se lembrar sempre do modo obsessivo com que Michael jogava golfe.

Uma das pessoas com quem Michael jogou, James "Slim" Bouler, já era uma figura um tanto obscura quando eles se conheceram. Bouler já tinha nas costas uma condenação por venda de cocaína e duas violações de condicional por porte de armas semiautomáticas. Ele era, como se confirmou depois, além de tudo, um apostador de golfe — alguém que ficava à espreita de um grande apostador para jogar com ele e que, como recompensa pelo jogo, ainda terminava saindo com um bom dinheiro do campo. Bouler tinha um estande em Monroe, na Carolina do Norte. Um dia, em 1986, alguém foi procurar por Bouler e disse-lhe que Michael Jordan estava jogando golfe ali perto. Isso não significava grande coisa para Bouler, acostumado a estar cercado de celebridades em torneios de golfe. Mas a pessoa completou dizendo que Jordan estava apostando cem dólares em alguns buracos, e Bouler farejou a oportunidade pela qual esperava. E foi pegar seus tacos.

Quando o repórter do *Washington Post* Bill Brubaker entrevistou Bouler em 1993 numa prisão federal no Texas, perguntou-lhe se ele poderia ser chamado de um apostador de golfe. Bouler pareceu orgulhoso com esse tratamento. "Se você me chamar disso eu não vou ficar chateado. O que eu posso dizer é: quando você sai na chuva, é para se molhar." Durante os cinco anos em que ele e Jordan jogaram e apostaram juntos, Bouler disse a Brubaker, ele sempre levava consigo 30 mil dólares em dinheiro. Durante cinco dias depois do título de 1991, Jordan e um grupo de amigos jogaram uma espécie de maratona de cartas e golfe — golfe o dia inteiro, e cartas a noite inteira, até amanhecer — na casa de Jordan em Hilton Head. Um bando deles se encontrava às sete da manhã para o café e já estavam no campo às oito. Jogavam cerca de 27 buracos por dia. As apostas eram geralmente de cem dólares por buraco, mas podiam chegar até a quinhentos ou mil. Os que apostavam mais alto, os mais ricos, formavam um grupo chamado de "Os Grandes"; os outros jogavam num grupo de apostas bem mais modestas. Quando essa temporada de cinco dias terminou, Jordan devia 57 mil a Bouler e 108 mil dólares a Eddie Dow, um agiota local que emprestava dinheiro para fianças, cujo serviço consistia em segurar o dinheiro de Bouler. Quando Jordan deu um cheque a Bouler, a Polícia Federal o interceptou, alegando que Bouler não iria declará-lo em seu imposto de renda. Alguns meses depois, em fevereiro de 1992, Dow foi assassinado em sua casa durante um assalto, aparentemente desvinculado da jogatina. Os 108 mil dólares de Michael Jordan foram encontrados em dois cheques dentro de uma pasta de Eddie Dow.

A NBA ficou bastante incomodada ao ver seu nome associado a um escândalo de jogo envolvendo personagens de reputação duvidosa e moveu seus pauzinhos lenta porém insistentemente para averiguar o que realmente havia acontecido. Jordan estava de mãos atadas, mas a investigação parecia não incomodá-lo. De certa forma, ele evitou falar sobre outros problemas envolvendo o jogo, mas um ano mais tarde, um homem chamado Richard Esquinas, que se dizia um viciado em jogo, custeou a edição de um livro em que dizia ter ganhado 1,25 milhão de dólares de Jordan durante uma temporada de dez dias de golfe e que eles tinham chegado a um acordo de 300 mil. Jordan admitiu que devia os 300 mil a Esquinas.

Nenhuma dessas apostas esteve relacionada aos jogos de basquete. Diferentemente de Pete Rose, que apostava em qualquer coisa, Jordan apostava acima de tudo em sua própria habilidade no golfe. Aos familiarizados com a intensidade de Jordan, nada disso soava estranho — a ferocidade com que disputava para vencer; a necessidade que tinha, quando perdia, de jogar até ganhar e ir aumentando as apostas —, apenas uma parte do mesmo instinto predatório que o levara a tantos triunfos no basquete. "Michael não tem problemas com jogo", disse seu pai, James Jordan, a alguns repórteres na época, "ele tem problemas com sua competitividade". Como notou David Falk, Jordan era, por causa dessa competitividade, a pessoa ideal para ser vítima de um golpe no golfe. Ele tinha uma motivação que o fazia acreditar que sempre podia ganhar, e quase sempre se achava melhor jogador de golfe do que realmente era. Mais tarde, Jordan confessaria a Bob Greene, do *Chicago Times*: "Eu estava jogando com uns malandros de má reputação? Sim, estava. Eu, jogar de novo com aqueles malandros? Não, não vou mais jogar com aqueles malandros".

As coisas ficaram mais sérias durante os *playoffs* de 1993, quando o Bulls estava jogando contra o Knicks em Nova York. Jordan foi até Atlantic City uma noite para jogar nos cassinos, e o resultado foi um massacre da mídia. Durante o intervalo de um dos jogos dos *playoffs*, Bob Costas, o respeitado comentarista da NBC, começou a entrevistar David Stern sobre a história. Foi uma coisa séria, um ponto em que uma poderosa e rica rede de televisão se via pega num conflito entre seu papel de veículo jornalístico e de entretenimento. E foi duplamente importante, pois a liga e a televisão estavam intimamente ligadas à imagem pública de Jordan, especialmente naquele momento em que muitos jovens jogadores estavam se comportando como delinquentes. Dick Ebersol havia pedido antes a Costas que sublinhasse todas as coisas boas que a liga tinha proporcionado naquele ano — o sucesso do Dream Team e o aumento da audiência nas finais. Costas achou que tinha mencionado coisas muito boas durante a entrevista, mas aparentemente não o bastante para Ebersol, que achou que Costas estava pegando no pé de Stern. No caminhão da NBC, ouvia-se claramente a voz de Ebersol orientando Costas, que não lhe dava atenção. Outros avisos foram dados, e Costas continuou. Ao final da entrevista, Ebersol estava no caminhão gritando com Costas, que, impávido, continuava a fazer as perguntas que qualquer bom jornalista teria feito. Stern pareceu não ter se ofendido e logo a raiva passou.

Era um período ruim para Jordan, e logo ficaria ainda pior. A cobertura que a mídia fizera do escândalo o ofendeu. Antes, a mídia o idolatrava, sendo até mesmo um pouco intrometida demais. Mas depois desse episódio, ele passou a vê-la como um inimigo. Ele não era o primeiro nem seria o último a passar pela metamorfose das supercelebridades do mundo contemporâneo: pensar que já não era mais um jovem que uma conjunção favorável de forças tornara rico e famoso, muito mais do que qualquer expectativa que tivesse, e que se tornara, de repente, uma vítima do mesmo mecanismo. Pensar que ambas as coisas, a imensa fortuna que acumulara e a simultânea perda da privacidade eram produzidas pelas mesmas forças, duas faces da mesma moeda, era algo que se perdia em meio a tanta pressão. (Ele disse a Bob Greene, um jornalista em quem costumava confiar, depois do fato, que odiara as Olimpíadas de Barcelona por terem sido comerciais demais. "Foi um longo comercial e nós éramos os vendedores", disse ele, num comentário sem ironia feito pelo vendedor mais bem pago do mundo.)

Seu talento e seus atrativos, que sempre funcionaram tão bem a seu favor, estavam se tornando um fardo em suas costas. Ele estava tendo que lidar cada vez mais com as terríveis pressões da atenção que a mídia lhe dedicava, advindas da enorme fama que conquistara e a consequente perda de privacidade, sua impossibilidade de cometer erros. Na América contemporânea, como parte da mesma explosão das comunicações — a chegada da TV a cabo —, que tão bem servira à NBA, havia agora um aumento enorme não só na cobertura dos eventos esportivos, mas também da imprensa sensacionalista dos tabloides esportivos. Uma série de novos programas de televisão promovidos por celebridades desse tipo de imprensa era parte agora do dia a dia do país, todos ávidos por mostrar os sucessos e — ainda mais — os fracassos das novas celebridades. Essa indústria dos tabloides era uma novidade, poderosa e predatória, e precisava ser alimentada diariamente. Se a cobertura dos esportes no país tomara um novo impulso com a chegada do cabo, o mesmo acontecia com a imprensa marrom dos tabloides. Mas havia uma dinâmica velha conhecida: aqueles que eles primeiro insuflavam, depois acabavam destruindo, ou ao menos tentavam diminuir. E isso também afetaria Michael Jordan.

A nova mídia vivia atrás de notícias sobre ele, tivesse relação com o basquete ou não. Histórias que em outros tempos seriam consideradas abaixo da crítica pelos jornalistas escalados para cobrir o time — homens que usavam conceitos antiquados sobre o que era ou não relevante — eram agora consideradas notícias legítimas. Ele estava começando a saber o preço a pagar por ser o maior astro da mídia no país: não havia lugar onde se esconder.

No começo, quando sua estrela estava em ascensão, Jordan se dava bem com a mídia — parecia parte de um processo desencadeador de todas as coisas boas que estavam acontecendo em sua vida. Mas ele atingiu o cume da montanha, e se tornou muito famoso e cheio de patrocinadores. Isto por si só mudou sua relação com a mídia. Lá estava ele no alto do mundo profissional e comercial, e queria manter essa posição. Ele precisava menos da mídia e passou a vê-la como um instrumento que já não podia ajudá-lo, mas que, ao contário, estava tentando derrubá-lo daquele lugar duramente conquistado. Ao mesmo tempo a própria mídia se transformou e se tornou maior. O que antes era um punhado de repórteres seus conhecidos, e em quem ele quase sempre confiava, que sempre cobriam suas atividades no basquete, se transformava numa aglomeração de estranhos que não ligavam a mínima para o basquete, mas sim para exibir sua vida privada nos mínimos detalhes. Jordan se tornava cada vez mais cauteloso. A dinâmica tinha mudado: ele queria continuar com o que tinha, e a mídia, agora ele percebia, queria separá-lo daquilo que era seu por direito. Muitos presidentes e astros do cinema já haviam passado pelo mesmo processo antes — mas seu afastamento, seu tom casualmente hostil e sua falta de tempo para a imprensa surpreenderam alguns de seus velhos amigos jornalistas. Ele estava, sentiam essas pessoas, depois de todo o seu sucesso, se fazendo de vítima do próprio sistema que ajudara a criar.

E tudo isso chegou ao limite em agosto de 1993, quando seu pai, James Jordan, foi assassinado. O velho Jordan fora a Wilmington para o funeral de um amigo e quando voltava dirigindo, um pouco cansado, parou para descansar no acostamento perto de Lumberton. Era uma coisa que ele costumava fazer, talvez um resquício do tempo em que os negros não eram bem-vindos em motéis de qualidade. Dois bandidos que passavam por ali se aproximaram, mataram-no e roubaram o carro.

Isso arrasou com Michael. Ele sempre fora ligado demais ao pai. Depois que Michael Jordan se tornou um sucesso em Chicago, James Jordan se aposentou da fábrica da GE e se estabeleceu de vez em Chicago, tornando-se parte da comitiva de Michael. Nos anos seguintes, James Jordan se tornou o amigo mais íntimo de seu filho e seu companheiro, um pai que acabou se tornando, por diversas razões incomuns, um irmão, capaz de compartilhar muitas das alegrias da nova vida de seu filho.

Ele era um homem caloroso, simpático, simples, que fazia amizade rapidamente. O filho de um lavrador, que fora criado em condições muito difíceis. Quando jovem, contra todas as apostas — pobre e preto no Sul —, ele batalhou muito por tudo o que quis. Por causa disso, das suas raízes, ele tinha um senso de ironia que o protegia de muitas coisas que poderiam incomodar a outros mais privilegiados. Como muitos negros do Sul de sua geração, ele aprendera a rir nos tempos difíceis e aproveitar as raras ocasiões de felicidade; mas depois de velho, para sua surpresa, as coisas ficaram muito boas.

No ambiente de alta pressão do topo da NBA, James Jordan era um aficionado, uma presença cativante, um homem muito querido por todos: as pessoas que iam ao Chicago Stadium, repórteres, outros jogadores e treinadores. "Pops", era como o chamavam. Ele era imensamente afável, desfrutando daquela escalada para a fama e influência àquela altura de sua vida. Sua presença diminuía a pressão sobre o filho. Michael ficou arrasado com sua morte, pelo fato de que sua fama e influência fizeram da morte e do funeral de seu pai — normalmente uma cerimônia privada — um evento quase público, e também pelo fato de algumas pessoas da mídia terem relacionado o fato aos seus problemas de jogo.

Na hora pareceu que aquilo seria a gota d'água. A pressão sobre ele tinha crescido por três anos. Mas ele começara a viver num mundo altamente pressurizado, tanto que não lhe era permitido errar. As atenções para com sua vida se tornaram brutais e impiedosas. Todos os dias ele lidava com as expectativas dos outros. Outros que observavam o time naquele ano notaram algumas diferenças nele. A temporada fora mais difícil, muito por causa de tantas contusões, mas também porque quando você é o campeão as pessoas o procuram, e devido a todas as tensões, algumas sutis e outras nem tanto, entre Jordan e Grant, que haviam gerado no início um silêncio incômodo nos vestiários. Os treinadores achavam que Jordan não estava tão alegre nessa temporada.

Na quadra, Jordan continuava um profissional — o jogo ainda era uma atividade em que ele encontrava alívio e liberdade —, mas nos treinos estava menos atento, menos divertido. A exuberância que ele sempre levara para os treinos, que era um ingrediente importante do sucesso do Bulls, tinha acabado. Era como se estivesse virando apenas um emprego. Um pouco do gosto pela coisa tinha acabado. Em parte isso vinha acontecendo pelo ritmo assombroso com que sua fama crescera, a necessidade de ser o melhor sempre, que o Bulls sempre sentia agora quando entrava em quadra; e em parte era a ressaca das histórias de jogo. Ele vinha falando frequentemente a seus amigos mais chegados sobre abandonar o basquete. Em meio à temporada de 1993, ocorreu um sinal de que ele podia estar mesmo abandonando o basquete quando Dean Smith saiu de Chapel Hill e foi assistir a um jogo do Bulls em Chicago. Smith sempre dissera a Jordan que queria vê-lo jogar em uma partida do profissional, mas até então nunca o fizera. Era como se ambos soubessem que podia ser a última chance de Smith vê-lo jogar.

Magic Johnson sabia o que estava acontecendo a seu colega. Ele estava vendo as coisas de uma outra perspectiva, como um comentarista, mas sentia que algo estava faltando. Johnson, depois de se aposentar, tinha entrado para o círculo de amizades de Jordan, como a maioria dos homens do Carolina que viviam indo a sua casa, jogando golfe e cartas com ele. Johnson alertara seus colegas da NBC de que Jordan em pouco tempo estaria deixando o basquete. Jordan adorava jogar, disse Johnson, mas estava ficando cansado das consequências de sua fama — consequências importantes para o tanto de dinheiro que ele estava ganhando de patrocínios. Johnson achava que não eram só as histórias de seu envolvimento com jogo, mas o vazio de sua posição — Johnson e Bird tinham se aposentado, e os jovens potencialmente substitutos, tais como Grant Hill e Shaquille O'Neal, ainda não eram superastros. O peso de ser o ícone maior do esporte caía sobre Jordan.

Jordan tinha agora três anéis, e não era fácil encontrar novos desafios para ele. Eles derrotaram Detroit. Livraram-se das pragas em seu caminho. Ninguém mais podia falar dele como um grande jogador individualmente, mas que não conseguia levantar o time inteiro e que não tinha títulos. Ele sempre falava em desafios — numa memorável coletiva após uma partida, o repórter Mitchell Kruegel anotou doze vezes a palavra "desafio" em cerca de quarenta minutos de entrevista —, mas nesse momento os desafios pareciam estar em algum outro lugar. Naquela terceira temporada vitoriosa, ele começou a falar cada vez mais de seu desejo de tentar o beisebol. Quando ele era menino, o beisebol foi seu esporte preferido por um tempo, e seu pai achava que era o esporte em que ele se dava melhor, e isso pesava bastante naquele verão de 1993, depois do assassinato de James Jordan. Por algum tempo, ele quis jogar os dois esportes em Chapel Hill, mas Dean Smith não gostou nada da ideia. E o sonho continuou no ar.

Corriam boatos de que algo estava para acontecer. Mesmo com repórteres que ele mal conhecia, ele conversava sobre a ideia de ir para o beisebol. Quando um desses jornalistas escreveu uma matéria de capa sobre ele na *Sports Illustrated* em janeiro de 1992, Jordan aproveitou a matéria para falar longamente sobre seu desejo de tentar o beisebol na grande liga, falou também de sua vontade de enfrentar os maiores e mais temidos arremessadores. (Ele comentou até que estava pensando em tentar o futebol americano — outro desafio —, e falou sobre isso com seu amigo Richard Dent. Ele seria um bom recebedor, mas não iria atrás de passes pelo meio, observou.)

Até durante as comemorações da vitória sobre o Phoenix, nos vestiários, Michael virou-se para seu preparador, Tim Grover, e pediu que ele começasse a preparar um programa de beisebol. Phil Jackson não se surpreendeu muito — ele já vinha notando que o basquete para Jordan estava se tornando, senão uma obrigação, pelo menos um emprego, e o entusiasmo juvenil necessário para fazê-lo atravessar uma temporada tão exigente tinha passado.

Jerry Reinsdorf, o primeiro a ser informado por Jordan, pediu a ele que conversasse com Phil Jackson antes da decisão final. A princípio, Michael se mostrou relutante em conversar com o treinador, temendo que Jackson, sempre tão sutil, pudesse persuadi-lo. Finalmente, bastante cauteloso, Jordan foi se encontrar com ele. Mas Phil Jackson não queria ter a responsabilidade de dissuadir um jogador de fazer o que seu coração mandasse. Ele apenas mencionou as alegrias que Jordan proporcionava a milhões de pessoas comuns com seu dom de jogar basquete, e parou por aí. No fundo, Jackson sentia que havia uma grande probabilidade de que Jordan um dia sentisse saudades do que fazia de modo tão brilhante e voltasse. A maneira como tratou Jordan naquele dia levou seu relacionamento a outro nível; era como se Jackson tivesse passado num teste — ele se mostrou interessado no bem de Jordan e não no seu próprio.

Então Jordan se aposentou. Na coletiva para a imprensa, ele anunciou seu afastamento, mostrando-se surpreendentemente camarada; dirigiu-se à imprensa como "vocês, meus amigos jornalistas" 21 vezes. A mídia, segundo ele, não o estava tirando do basquete, mas ele observou que era a primeira vez que havia tanta gente a seu redor sem que se tratasse de um escândalo. Havia outras coisas que ele queria fazer com seu tempo, disse ele; os amigos e as pessoas de sua família, gente que ele negligenciara por tanto tempo em busca de seu aprimoramento, com quem queria ficar mais tempo. "De modo que vocês, meus amigos da imprensa, podem ir para algum outro lugar atrás de suas histórias, e eu espero não ter que vê-los num futuro próximo", disse Jordan. Para os repórteres que o acompanharam regularmente por quase uma década, o tom hostil de sua despedida foi bastante desagradável. Na verdade, os repórteres que cobriam Jordan sempre jogaram muito confete para ele, muito porque na verdade gostavam dele, também porque ele era um grande atrativo, mas acima de tudo porque era um vencedor.

27.
BIRMINGHAM; CHICAGO, 1994-95

O beisebol foi uma experiência difícil. Ninguém saberia dizer, dados seu dom excepcional e sua incrível determinação, quão bom jogador de beisebol Jordan poderia ter sido se tivesse treinado em Carolina do Norte e depois ingressado no profissional, desistindo do basquete ou mesmo tentando equilibrar os dois esportes, como fizeram Deion Sanders e Bo Jackson. Mas na época em que resolveu trocar o basquete pelo beisebol, ele já estava afastado deste último havia consideráveis treze anos, desde seu último ano em Lane High. Além disso, sua altura era uma desvantagem no beisebol, pois ele oferecia aos arremessadores uma grande zona de rebate, sem nada que o compensasse. Seus reflexos, maravilhosamente sintonizados com o mínimo movimento de um adversário num jogo de basquete — reflexos tão absorvidos por seu jogo que ele podia tomar decisões sem precisar pensar nelas —, precisavam ser reeducados, e já era tarde demais para fazer isso. A tarefa se mostraria bastante difícil. Havia algo de admirável naquilo que Jordan se propunha a fazer, um jogador no auge da carreira, um homem muito orgulhoso — possivelmente o melhor de todos os tempos —, parar de jogar, dispondo-se a começar de baixo em outro esporte igualmente exigente, correndo o risco de fracassar. Isso já seria difícil o bastante, mas com sua fama, ele teria que fazê-lo do modo mais exposto ao público — diante da mídia. Poucos que conquistaram o sucesso com tão árduo trabalho se arriscariam a fazer esse papel ridículo tão às claras, mesmo por algo que amassem. Falhar sozinho é uma coisa, falhar em público é outra. Uma matéria de capa da *Sports Illustrated* com o título "Corra, Michael", dizendo que ele era uma desgraça para o beisebol, deixou-o extremamente irritado. Ele não perdoou a revista nem seus jornalistas, e durante um bom tempo não quis cooperar com eles. Para o repórter do *Washington Post* Tom Boswell, um dos melhores cronistas de esportes do país, o que ele estava fazendo era se lamentar pela perda do pai. O beisebol era o esporte que os havia unido quando ele era criança e ainda jogava na Little League. Esse era o esporte em que seu pai achava que Michael era melhor, por isso ele estava tentando o beisebol como uma maneira de voltar ao passado e encontrar conforto. Curiosamente, Phil Jackson concordava com Boswell.

Jordan jogou para o Birmingham Barons, um time de classe AA cujo proprietário era Jerry Reinsdorf. Ele era um bom parceiro de equipe. A maioria dos jogadores era no mínimo dez anos mais jovem e consideravelmente mais pobre. (Além de seus 850 dólares por mês mais dezesseis por dia para as refeições do beisebol, ele ganhava em 1993 estimadamente 30 milhões de dólares com os patrocínios e mais seus 4 milhões de salário, que Reinsdorf continuou lhe pagando.) Entre outras coisas, ele comprou um ônibus de luxo e o ofereceu na forma de um *leasing* para o Barons, para que o time pudesse viajar — um ônibus muito melhor do que os dos times de ligas menores, nos quais faziam viagens de até doze horas, em dias e noites quentes de verão. Ele gostava de Rogelio Nunez, um apanhador, e o ajudou com o inglês — ele falava uma palavra e, se Nunez conseguisse soletrá-la, Jordan lhe dava uma nota de cem dólares. Ninguém era mais esforçado do que Jordan. Ele era sempre o primeiro a chegar aos treinos, para trabalhar com seus instrutores, e sempre o último a sair. Nenhum aluno jamais prestara mais atenção às palavras de um treinador de rebatida do que ele prestou às palavras de Walter Hriniak.

Mas não aconteceu. Isso foi o mais impressionante. Ele era um atleta tão incomum no basquete, tão rápido, tão forte, tão determinado, que sempre conseguia superar qualquer obstáculo que aparecesse em seu caminho. Jordan parecia capaz de conseguir qualquer coisa que quisesse. De algum modo, todos de fora do beisebol também esperavam que ele conseguisse. Ele havia começado bem, rebatendo cerca de .300 nas primeiras semanas, mas então os arremessadores começaram a mandar bolas retas e bolas com efeito, e sua média caiu. Ele tinha dificuldades para se adaptar às bolas rápidas, e sua velocidade de rebatida, para alguém com tamanha força e flexibilidade, era desapontadora. Com todo aquele tamanho e musculatura, ele não conseguia transformar sua força em um bom jogo no beisebol. Será que rebater uma bola era mais difícil do que qualquer outra coisa no mundo dos esportes, como havia sugerido Ted Williams anos antes? A resposta parecia ser sim. Em 436 arremessos, ele acertou apenas três *home runs* e quinze *inns*. Durante algum tempo, esteve perto da marca de Mendonza, a legendária linha de fracasso no beisebol, abaixo de .200. Isso era ruim o bastante, mas ficar abaixo da linha para um homem orgulhoso como ele seria demais. Com a média de .201 perto do final da temporada, o diretor, Terry Francona, sugeriu que ele ficasse de fora por um jogo, mas ele jogou, acertou uma rebatida e conseguiu ficar acima da marca.

Um problema, pensavam os olheiros do beisebol, era que seu corpo estava todo errado. O melhor corpo para o basquete era o pior para o beisebol. O programa de condicionamento físico havia intencionalmente deixado Jordan com as pernas finas demais para o beisebol, esporte em que os jogadores precisam de muita força nas coxas e pernas. Além disso, os jogadores de beisebol são geralmente mais baixos, mais fortes nas pernas e tórax do que jogadores de basquete. É daí que vem sua força. Jordan, eles achavam, parecia mais um cavalo de corrida. Uma das coisas que Jordan aprendeu com seu fracasso foi a respeitar a habilidade atlética daqueles jogadores baixos e robustos do beisebol, que não pareciam atletas, pelo menos não para os padrões da NBA. Esses jogadores tinham 1,70 ou 1,75 m de altura, com uma taxa de gordura de 20% no corpo, não 4 ou 5% como no basquete. Mas eles podiam ver coisas que Jordan não via, fazer coisas que ele não fazia, e dominar a bola de uma maneira que ele não conseguia.

Jim Riswold, da Wieden e Kennedy, juntou-se a Jordan para filmar seu primeiro comercial no beisebol no outono de 1994. Riswold ficou impressionado com o fato de que, embora a experiência do beisebol não estivesse indo tão bem, Jordan parecia infinitamente mais tranquilo, muito mais em paz consigo mesmo. Era como se, jogando beisebol, Jordan tivesse se livrado de toda a pressão e das expectativas que tinha sendo o principal jogador do time no basquete, a pessoa que toda noite devia fazer algo espetacular e levar o time para mais uma vitória. No beisebol ele era um aprendiz, e pouco se esperava dele, pelo que podia aprender e se divertir, embora frustrado com o fato de não se sair tão bem quanto imaginava.

O primeiro comercial de beisebol mostrava Spike Lee como Mars Blackmon, o assistente geral multiesportes de Jordan. Na sequência, um grupo de grandes ou quase grandes homens do beisebol avaliava o progresso de Jordan. Depois um corte para Jordan numa rebatida, tentando e errando. "Ele não é nenhum Stan Musial", diz Mars. Corte para Musial em pessoa com Mars: "Mas ele está tentando", diz Musial. Então uma cena em que Michael apanha uma bola no ar. "Bem, ele não é nenhum Willie Mays", diz Mars. Corte para Willie Mays: "Mas ele está tentando, cara". "Ele não é nenhum Ken Griffey", diz Mars. Corte para Ken Griffey Jr., que diz: "Mas ele está tentando". Então uma tomada da bola passando entre suas pernas. "Ele não é nenhum Bill Buckner", diz Mars. Corte para Buckner: "Mas ele está tentando".

Phil Jackson sempre tinha pensado que Jordan tivesse uma afeição especial pelo basquete — que ele tinha uma pureza para o jogo que era rara de se encontrar em qualquer nível. Jackson nunca acreditou que Jordan pudesse deixar o basquete totalmente: achou que ele só estava cansado. Quando Jordan ligou para Jackson depois que Scottie Pippen se recusou a voltar ao jogo contra o Knicks, isso só serviu para convencer o treinador de que Jordan ainda era um Bull. Acima de tudo, esse foi um telefonema de um parceiro.

A única pessoa que manteve contato próximo com Jordan durante sua retirada de quase dois anos no beisebol foi B. J. Armstrong. Eles haviam se tornado amigos, mas não íntimos, quando jogavam juntos. Com o avançar de sua carreira profissional, Jordan limitara consideravelmente seus contatos com colegas de equipe. Já eram velhos os tempos em que ele podia andar com alguém como Charles Oakley. Devido a sua celebridade, a distância entre a órbita de sua vida e a deles aumentava a cada ano, e qualquer tipo de amizade sem interesse era cada vez mais difícil. Havia uma série de outros fatores que contribuíam para aumentar essa distância: o basquete era algo que ele amava, mas era também um emprego, e com a maturidade ele começou a sentir um grande desejo de separar sua vida pessoal da vida profissional. E havia ainda outra razão: como o assédio da mídia havia aumentado demais, quanto menos seus parceiros soubessem sobre ele, melhor, pois eles enfrentavam uma fila interminável de jornalistas diariamente, jornalistas que podiam até fingir que escreveriam sobre eles, mas que estavam sempre prontos para escrever sobre Jordan. Ele preferia sair com seus antigos colegas do Carolina do Norte, pessoas que nunca cruzavam os caminhos dos repórteres, que, se um deles ligava e perguntava alguma coisa, imediatamente o procuravam para pedir sua permissão antes de falar, e que não eram invejosos.

Durante aquelas quase duas temporadas em que ficou fora, Michael manteve contato frequente com Armstrong, o jovem jogador de Iowa que certa vez achara tão difícil jogar com Jordan que foi à biblioteca procurar livros sobre gênios. O fato de ele escolher Armstrong não era de todo surpreendente: Armstrong era inteligente, analítico, e muito independente dos outros jogadores e dos treinadores. Armstrong achava que Jordan tinha deixado o basquete por ter perdido a inocência, característica infantil que os grandes atletas possuem e que lhes permite jogar com paixão em suas carreiras, mesmo quando o dinheiro já não tem tanta importância, e muito depois de terem conseguido diversos títulos e prêmios. Embora não jogasse no mesmo nível que Jordan, Armstrong sabia como a inocência era importante para o sucesso num campo difícil como o da NBA; ele próprio muitas vezes já havia estado perto de perder essa característica em seu jogo. Mas quando seu pessimismo estava no máximo, bastava ele passar por uma quadra onde um grupo de garotos estivesse jogando quase na escuridão para que lembrasse do jovem B. J. Armstrong jogando no escuro e sonhando com a NBA. Então ele se lembrava que tinha tido a sorte de realizar seu sonho. Isso sempre o ajudava a relembrar suas prioridades. Ele tinha certeza de que, com as pressões e expectativas que se acumularam sobre ele durante a temporada de 1993, Michael tinha perdido o verdadeiro prazer de jogar.

De volta ao outono de 1993, quando Michael Jordan anunciou para os parceiros, numa reunião fechada no Berto Center, que estava de partida, Armstrong lhe disse: "Cara, agora você tem as duas coisas mais terríveis que se pode imaginar: todo o dinheiro e todo o tempo do mundo". Mas Armstrong sempre desconfiou de que o beisebol era apenas uma fonte temporária de direção para alguém que tinha perdido momentaneamente o rumo. Então, quando os telefonemas de Jordan começaram, ele não ficou surpreso. Eles aconteciam nos horários mais estranhos — geralmente de manhã cedo, quando Jordan já estava de pé, antes dos outros, para um treino extra de rebatidas, ou tarde da noite, depois de um jogo e de uma viagem de ônibus. Mesmo quando Armstrong avisava no hotel que não queria ser incomodado, Jordan conseguia fazer a telefonista passar a ligação. Quando Armstrong lhe perguntava como ele havia conseguido, Jordan ria e dizia: "Ora, ora", o que queria dizer: Eu sou Michael Jordan, você acha que uma telefonista vai bloquear o meu caminho?

Armstrong nunca perguntou a Jordan como ele estava indo no beisebol, mas o que sentiu na voz dele, a princípio, foi uma sensação de estar livre do fardo de ser Michael Jordan. Ele só falava sobre como era bom estar com garotos jovens e ávidos para entrar nas grandes ligas, ainda imersos em seus sonhos. Não havia egos inflados, Jordan dizia, apenas sonhos e esperança. Jogando cartas, você ganhava no máximo alguns dólares. Ele estava encontrando uma espécie de regeneração em estar com garotos jovens o bastante para sonharem com carreiras como a sua no basquete. A experiência do beisebol, Armstrong estava certo, estava permitindo que Jordan reencontrasse sua inocência e suas verdadeiras prioridades — assim como passar por uma quadra à noite eventualmente ajudava Armstrong a recuperar a sua — e também que relembrasse a pessoa que ele havia sido quando mais jovem.

Essa foi a primeira coisa que Armstrong percebeu. A segunda, no começo discreta e depois cada vez mais claramente, foi que Michael queria falar sobre basquete, queria ficar em dia, principalmente a respeito dos jogadores estreantes na liga. Latrell Sprewell estava começando a despontar como uma ameaça, e Jordan queria saber tudo sobre ele. Armstrong lhe disse que era um grande atleta, muito, muito forte. Algumas pessoas haviam escrito que Sprewell seria o próximo Michael Jordan. Armstrong não achou estranho que algumas semanas depois Michael estivesse por acaso em São

Francisco, onde por acaso Sprewell jogava, porque ele por acaso tinha ido visitar Rod Higgins, um amigo que por acaso era treinador assistente lá, no centro de treinamento Golden State, por acaso dos Warriors. Observando a cena, pensou Armstrong, era mesmo aquele Michael Jordan que ele conhecia e admirava, e que todos temiam. Logo as ligações começaram a ser cada vez mais frequentes e precisas. Ele queria saber sobre Penny Hardaway, que começava a ser notado. E também sobre Jason Kidd. Ele queria saber sobre todos os novos jogadores do Bulls e sobre como Jackson estava lidando com eles.

Armstrong cuidava para nunca perguntar nada a Michael sobre seus planos — de algum modo, sem precisar falar sobre o assunto, ficava claro que isso ia além dos limites —, mas ele sabia que Michael estava para voltar, que seu coração estava novamente no basquete, que o tempo longe das quadras o havia curado.

O fato de Jordan estar se preparando para voltar também não foi de todo uma surpresa para Phil Jackson. No inverno de 1994-95, quando o beisebol parecia se encaminhar para uma greve e os proprietários pensavam em usar os jogadores não sindicalizados em seus times mais importantes — uma forma de furar a greve — Jackson pensou que em breve poderia ter notícias de Jordan. No início de fevereiro, Jordan apareceu para uma visita e eles conversaram sobre a possibilidade de uma greve no beisebol. "Você sabe", Jackson disse a ele, "se houver uma greve, você vai ter que pensar no que fazer. Você não tem mais muito tempo em sua carreira no beisebol. Você poderia voltar no finalzinho dessa temporada e jogar mais 25 partidas".

"Nossa, isso é muita coisa", respondeu Jordan, "que tal vinte?". Ao ouvir isso, Jackson percebeu que Jordan estava pensando o mesmo que ele — e se os proprietários do beisebol fizessem alguma besteira, como costumavam fazer, ele poderia ter Jordan de volta em breve. Enfim, a diretoria do White Sox tentou forçar Jordan e outros jogadores de menos expressão a substituírem os grevistas, e foi assim que Jordan deixou o beisebol, extremamente irritado com o que considerou uma traição de um acordo de cavalheiros.

Numa certa manhã de março de 1995, Armstrong recebeu um telefonema às seis da manhã. Era Jordan pedindo a B. J. que fosse se encontrar com ele no Berto Center. Armstrong não queria que seu amigo voltasse e decepcionasse, e perguntou-lhe primeiro se ele estava seguro de que era aquilo que queria, e segundo se estava certo de que ainda era capaz de jogar. Jordan disse que havia se exercitado nas últimas semanas. Quando Armstrong chegou ao Berto Center, bem cedo, lá estava Michael se exercitando sozinho, treinando rebote e arremesso. Então, por sugestão de Jordan, eles começaram a jogar um contra o outro. B. J., um tanto mais baixo que Jordan, de tênis e camiseta, e Jordan de roupa social e sapatos. A princípio, Armstrong se envolveu com a brincadeira. Estava tudo tranquilo e solto; ele marcava, Michael marcava, e de repente pareceu-lhe que estavam de volta os velhos tempos com Michael Jordan, matar ou morrer, um pedindo falta do outro. "Você tem certeza de que quer voltar?", Armstrong perguntou olhando para os sapatos de Jordan.

"Essa é boa... Vamos, continue", ele respondeu. No final, suas roupas estavam ensopadas de suor, Jordan venceu por 10 a 7. "Você ainda não consegue me marcar", ele disse a Armstrong, "mesmo eu jogando de sapato". No dia seguinte, Jordan ligou para a Nike e pediu alguns pares de tênis, e no outro dia fez a declaração final: "Voltei". Para Armstrong, não foi uma surpresa. Mais tarde ele disse a Bob Greene que sempre achou que Jordan voltaria para o basquete. "Por quê?", perguntou Greene. "A pessoa é quem ela é", ele disse.

Antes de voltar, havia uma ligação que Jordan e David Falk tinham que fazer: para Dick Ebersol, o diretor de esportes da NBC. Ambos, Jordan e Falk, ficaram ao telefone, mas apenas Falk falou. Ele disse que Jordan estava considerando seriamente a possibilidade de voltar ao basquete e perguntou o que ele achava disso. Ebersol, que já vinha acompanhando esses rumores e sabia muito bem o que significava a presença de Jordan — e o que sua ausência tinha causado —, achava que era uma ótima ideia, e se manifestou nesse sentido. Então veio a pergunta seguinte: "Quanto você acha que vale para a NBC ter Michael de volta?", Falk perguntou.

Obviamente, valia muito. Ebersol lembra-se de ter hesitado para responder. De repente eles se viam numa situação inusitada. "Vocês estão querendo saber quanto nós estamos dispostos a pagar pela volta de Michael?", ele perguntou. Nesse ponto, Ebersol pensou ter ouvido uma gargalhada do outro lado da linha. Então Ebersol explicou que o contrato anterior da NBC, que terminaria em 1994, já havia sido renegociado em 1993, quando Jordan ainda jogava, e nessa ocasião chegara a valores bastante elevados. "Nós fizemos seu último contrato pensando que você continuaria na liga, jogando, mas acreditamos que já pagamos o combinado", ele disse. Ebersol achou que Falk e Jordan então mudaram de ideia. Ele acrescentou ainda que ficaria feliz em elaborar um acordo com Jordan para que ele trabalhasse para a NBC, por exemplo, durante as Olimpíadas de 1996. Eles poderiam conseguir uns 750 mil dólares por ano.

Michael Jordan não queria nada daquilo. "Eu, sentado, assistindo a um jogo de vôlei, toda aquela gente atrás de mim, querendo se aproximar: a coisa que eu mais odeio no mundo é essa falta de privacidade", ele disse. "De modo que a resposta é não, obrigado." Mas Ebersol concluiu depois que aquele telefonema não fora por nada — na verdade, eles tinham sido bastante originais, uma vez que o valor de Jordan não era apenas para o Bulls, nem mesmo apenas para a liga, mas para toda a rede.

Ele voltou em meados de março, causando uma nova febre da mídia. Seu retorno foi um evento de dimensão nacional: o primeiro jogo foi no dia 19 de março, uma derrota depois de duas prorrogações diante do Indiana, na qual ele converteu apenas sete de 28 arremessos. Foi num domingo, e a NBC tinha programado a transmissão do jogo, Bulls versus Pacers, para metade do país, mas quando foi confirmada a volta de Jordan eles expandiram para o país inteiro, exceto para algumas praças. Foi a maior audiência durante a temporada normal dos últimos cinco anos da NBC. Depois do jogo, quando alguns repórteres conseguiram chegar até o treinador do Pacers, Larry Brown, no vestiário do Indiana, ele lhes disse: "Assim vocês me deixam lisonjeado. Beatles e Elvis estão de volta e vocês vêm falar comigo".

Jordan estava até fazendo piada com a sua fracassada tentativa no beisebol. Jim Riswold imaginou uma propaganda em que Jordan, de volta ao basquete, praticava lances livres. Um pouco zonzo, como se tivesse acabado de despertar de um pesadelo, ele sacode a cabeça. Ele tinha tido esse sonho, disse Jordan, no qual ele estava aposentado, jogava beisebol e se tornava um fraco rebatedor, viajando de cidadezinha em cidadezinha do interior e ganhando apenas para as refeições. "Por que você quer me mostrar como um rebatedor fraco?", Jordan perguntou a Riswold.

"Michael", Riswold respondeu, "como você chama um rebatedor que fica na média de .200?". Houve uma pausa.

"Oh, está bem, eu faço", disse ele.

Na mesma época, Riswold fez um filme ainda melhor, mostrando Jordan levando uma vida de cão como jogador de beisebol numa liga obscura. Lá estava ele, comendo no balcão engordurado de um restaurante de beira de estrada numa cidadezinha. O comercial passava uma ideia de sua solidão e frustração. Uma simpática garçonete negra de meia-idade trazia a comida e o observava. Quando ele se levanta para sair, procura nos bolsos e deixa apenas uma magra gorjeta no balcão, talvez o troco de um dólar. "Sabe, querido", ela diz gentilmente, "não existem bolas curvas na NBA". Ele para, olha seriamente para ela e pega de novo o troco. Riswold adorou, Jordan aprovou, mas o pessoal da Nike resolveu não liberar o filme.

Ele já estava longe do basquete havia 21 meses. E não estava em condições de voltar ao basquete, cujas exigências físicas eram muito diferentes das do beisebol. Além disso, retornava num time muito diferente. Bill Cartwright, por causa dos problemas no joelho, tinha ido embora. Horace Grant, envolvido numa amarga disputa salarial com a diretoria, também, e se tornara um astro no ataque do Orlando. Toni Kukoc tinha chegado mas estava lentamente se ajustando à NBA. Havia uma série de novos jogadores que nunca tinham jogado com Jordan antes, veneravam seu jogo, mas não se ajustaram facilmente à sua presença. Ainda assim o Bulls, que vinha de 34 vitórias e 31 derrotas antes de seu retorno, passou a treze vitórias e quatro derrotas. Numa partida memorável contra o Knicks, ele voltou a ser o velho Michael, marcando 55 pontos. Nos *playoffs*, eles ganharam três de quatro partidas contra o Charlotte, mas perderam para o Orlando numa série em que a falta de condições de Jordan foi decisiva. No primeiro jogo, ele perdeu a bola oito vezes, e seus erros levaram à vitória do Orlando. Ele ficou constrangido. E o mais importante para o futuro foi que o Bulls não conseguiu marcar Horace Grant.

Depois do último jogo contra o Orlando Magic, Jordan ficou mais de uma hora conversando com os repórteres. Ele foi acessível, aberto e claro, aceitando a responsabilidade pessoal pela derrota. Ele não estivera em condições de jogar, e tinha sido difícil para alguns de seus novos colegas acostumar-se com ele. Ele aceitava a culpa, e os que o conheciam bem sentiam que ele mal podia esperar pelo início da próxima temporada e por recuperar sua excelente condição física.

Naquele primeiro verão, ele foi a Hollywood para participar de um filme em que contracenava com Pernalonga e outros personagens de desenho animado. Mas terminada a humilhação dos *playoffs*, ele se obrigou a atingir a melhor condição física de sua carreira. Como parte do acordo, a Warner Bros. construiu uma quadra de basquete para que ele não deixasse de treinar; diversos jogadores do profissional e do universitário apareceram para jogar. Os outros podiam ficar ali brincando, se divertindo, e relaxar, mas Jordan, auxiliado por Tim Grover, primeiro fazia exercícios pesados para voltar à velha forma, a fim de compensar a idade e o tempo passado longe do basquete. Só então, depois de terminada sua participação no filme, ele voltava a jogar com os outros.

Os velhos amigos notaram que ele estava trabalhando especialmente num arremesso que costumava ser negligenciado em seu repertório, mas que agora estava se transformando numa especialidade. Ele segurava a bola, fingia que ia para a cesta, então, no último segundo, pulava, e quando começava a cair, separando-se do marcador, arremessava. Devido à boa impulsão e habilidade no drible, era uma jogada impossível de marcar. Era também uma concessão inteligente às mudanças em seu corpo, trazidas pela idade, e ao fato de que ele estava entrando em um novo estágio de sua carreira. Ele estava mais velho e sábio, e o que seu corpo já não podia fazer em termos de habilidade física, podia ser compensado com seu conhecimento do jogo e dos adversários. Nada seria desperdiçado. Ele deixava jovens astros como Gary Payton, do SuperSonics, falarem o que fariam com ele, e não dizia nada, usando as palavras do outro para se estimular. E então, inevitavelmente, entrava lá e os dominava na quadra. Era como se seu jogo tivesse passado por um processo ainda mais refinado de destilação, pois agora ele não mostrava tanto, mas em compensação produzia mais para o time.

Logo após a derrota nos *playoffs* para o Orlando Magic, alguém lhe perguntou — pois o Magic parecia tão forte com O'Neal, Grant e Hardaway — se uma nova geração estava dominando a liga. Ele não concordava. "Nós só precisamos de alguém para pegar os rebotes no ataque."

28.
CHICAGO; SEATTLE; SALT LAKE CITY, 1995-97

Enquanto eles se preparavam para uma nova temporada, o ala/pivô era obviamente sua maior fraqueza. Era uma coisa particularmente importante para esse time, que se ressentia da ausência de um grande pivô — Will Perdue, Luc Longley e Bill Wennington dividiam a posição. Quando Horace Grant ficou dono de seu passe na temporada de 1994, o Chicago tornou-se um time bem menor e mais vulnerável.

A partida de Grant foi um episódio amargo, quando não surpreendente. Ele nuca chegou a comprar casa em Chicago e parecia sentir um enorme desprezo por Krause. Seu isolamento em geral aumentou com os anos — ele não gostava de Jackson por não criar muitas jogadas para ele, e parecia ter inveja de Jordan e, às vezes, de Pippen, que por um bom tempo fora seu amigo mais próximo, não só no time mas também na vida privada. Mais do que qualquer um, Grant sofrera com o fato de que jogar no mesmo time que Jordan era estar condenado a ficar à sombra dele. Grant parecia ter dificuldade em aceitar a regra mais elementar: a vida é injusta. Em meio à temporada de 1994, quando seu contrato de quatro anos estava para terminar, ele parecia receoso de qualquer contusão que pudesse comprometê-lo num novo contrato com outro time e deixou de jogar uma série de jogos usando como desculpa aquilo que os treinadores e a diretoria consideravam um simples resfriado. Seus colegas estavam irritados com ele. O treinador Chip Schaefer perguntou uma vez a Pippen: "O que está acontecendo com o seu garoto?".

"Ele não é meu garoto", Pippen respondeu seco. "É meu colega de equipe."

As circunstâncias da partida de Grant acabariam por se tornar uma amarga disputa. Os fatos básicos, contudo, permaneciam os mesmos. Diferentemente de Pippen, Grant conseguira um contrato relativamente curto de quatro anos, que terminaria em 1994. Ele queria um contrato mais longo, mas o Bulls fora cauteloso. À medida que o tempo foi passando e suas excepcionais habilidades ficando mais evidentes para todos, e ele se tornou uma peça-chave do time campeão numa posição em que são raros os jogadores excepcionais, seu salário relativamente baixo era uma vantagem para o Bulls, e a brevidade do contrato, uma vantagem para Grant. De modo que ele estava para receber uma boa bolada. Ainda não havia completado 31 anos, estando no auge de sua carreira e sendo um dos maiores alas da liga, bom na defesa e nos rebotes — um bom jogador em geral. Com a saída de Jordan, sua média melhorou um pouco, para quinze pontos por jogo na temporada de 1994. Naquele ano, ele foi pela primeira vez para o *all-star*. Por aquele ser seu segundo contrato, ele era dono de seu passe, o que significava que se fosse para qualquer outro time, o Chicago não receberia nada em troca.

Esse não era um cenário favorável para a direção do Bulls. A capacidade de dominar todas as negociações que tinham Reinsdorf e Krause sempre fora um trunfo do Bulls — todos os seus principais jogadores tinham assinado contratos de salários comparativamente pequenos. Mas agora quem quisesse acusar uma certa miopia do Bulls para as negociações podia argumentar com o exemplo de Grant. A marca do Bulls em seus acordos era a dureza com que seus dirigentes agiam, uma necessidade de *vencer*, o que significa uma coisa no mundo dos negócios e outra quando se trata de talento, pois neste caso, quando se vence, é sempre às custas de seus recursos humanos e próprios. O problema, alguns achavam, se devia à insatisfação dos melhores jogadores com os prazos excessivamente longos de seus contratos. O escritório central do Bulls, pensavam esses dissidentes — e muitos ainda trabalhavam para a organização —, era esperto demais e duríssimo.

Quando o fim do contrato de Grant foi se aproximando, ficava claro que, com a possibilidade de obter seu próprio passe, Horace Grant estava com a faca e o queijo na mão. Ele tinha esperado seus quatro anos, jogado em alto nível, e tinha chegado a sua vez. A diretoria do Bulls sentia que Grant estava escapando de suas mãos. Depois do jogo do *all-star*, Jimmy Sexton, o agente de Grant (e de Pippen), encontrou-se rapidamente com Krause e pediu-lhe que deixasse Grant em paz e que não procurasse negociá-lo, pois eles estavam interessados em se valer do passe livre no mercado.

Então, num dia de abril de 1994, quando os *playoffs* estavam para começar, uma coisa surpreendente aconteceu. Jerry Reinsdorf, um homem que tinha apenas o contato indispensável com seus jogadores, e cuja força parecia vir justamente dessa falta de envolvimento emocional com eles, fez uma visita surpresa ao Berto Center. Nada podia ser mais inesperado. O Berto Center ficava distante do escritório de Reinsdorf, a quase uma hora de carro. Pelo fato de Reinsdorf ser uma figura tão distante, não havia toda aquela animosidade que os jogadores tinham em relação a Krause.

Existem duas versões diferentes do que aconteceu em seguida. Reinsdorf imediatamente perguntou por Grant, que estava trabalhando na sala de aparelhos. Lá, sugeriu que discutissem sozinhos o contrato de Grant. "Por que não deixamos Jerry e Jimmy fora disso", ele teria dito, "e por que não tentamos resolver isso apenas e você eu." O encontro entre eles foi marcado. Irritado com a abordagem, Jimmy Sexton imediatamente telefonou para Reinsdorf, que disse que não faria nenhuma oferta a Grant, mas conversaria com ele para saber se pretendia continuar sendo um Bull ou não. As negociações entre eles poderiam ter sido um sonho para o proprietário e um pesadelo para o agente: Reinsdorf era um negociante profissional, e esse era seu grande talento, e Grant era um jogador conhecido por seus colegas por sua simplicidade inata, sua honestidade e falta de sofisticação. Grant, acreditava-se, gostava de agradar a todos, e detestava dizer não: ele era o alvo perfeito para uma sinuca como aquela. Sexton não estava gostando nada da ideia de um encontro só dos dois, mas acreditava que não se podia obrigar um jogador a não falar com um proprietário.

Na versão de Reinsdorf, foi Grant quem quis um encontro só com ele e quem disse que conseguiriam chegar a um acordo apenas se Krause e Sexton ficassem de fora. Dois dias depois eles se encontraram. Segundo Sexton, Reinsdorf teria sugerido que os dois elaborassem um planejamento salarial para Grant, que ele considerasse justo. Grant sugeriu 22,5 milhões de dólares por cinco anos, e Reinsdorf sugeriu 20 milhões. Então Reinsdorf fez umas contas e acrescentou mais alguns incentivos, e Grant aceitou. Na versão de Reinsdorf, "os olhos de Horace se acenderam como eu nunca tinha visto. Ele se levantou, apertou minha mão e disse: 'Está muito bom. Eu não vou querer passar o verão sem saber o que fazer. Provavelmente eu não conseguiria isso em nenhum outro time. Bem, nós estamos de acordo'". Reinsdorf então sugeriu que eles dessem início ao trato e assinassem o contrato. Nesse ponto, Grant disse que gostaria antes de esclarecer tudo com Sexton. E foi aí que tudo desandou. Reinsdorf não queria que ele ligasse para Sexton, e o encontro acabou. No mais, Grant acabou não assinando nada e não dando início a coisa alguma.

O encontro durou cerca de vinte minutos. Quando acabou, Grant, um emotivo, ligou para Sexton e disse-lhe o que havia acontecido. De acordo com Sexton, a primeira coisa que ele perguntou a seu jogador foi: "Horace, você assinou alguma coisa?". Grant disse que não e acrescentou que também não fizera nenhum acordo verbal. Grant então passou um fax para Sexton com o papel que Reinsdorf usara, com a assinatura do proprietário embaixo, e havia um espaço em branco no lugar onde Grant deveria assinar. Sexton então ligou para Reinsdorf e eles trocaram palavras duras.

Na versão de Reinsdorf, foi Grant quem o procurou e pediu o acordo. Na cabeça de Reinsdorf, ele era a vítima, explorado por Grant e Sexton, depois de ter feito uma oferta generosa e apertado a mão de Grant. Ele convocou uma entrevista coletiva para anunciar que Grant tinha faltado à palavra dada. Para quem conhecia os métodos do Bulls, a ideia de Grant ter trapaceado Reinsdorf pareceu bastante improvável; mas havia também a certeza de que Reinsdorf, que raramente se envolvia emocionalmente com os contratos, estava irritado com o que acontecera. Reinsdorf gostava de pensar de si mesmo como alguém que fazia acordos baseados num aperto de mão, e em sua cabeça um desses acordos tinha sido violado.

Daí em diante, Grant faria questão de, em futuros encontros com outros times, falar diretamente com o proprietário. E apesar de naquele ano o Orlando já ter fechado o orçamento, Grant gostava de Rich DeVos, seu proprietário, e assinou com ele. O acordo com o Orlando acabou se tornando um contrato de cinco anos por 50 milhões de dólares.

No verão de 1995, enquanto o Bulls se preparava para iniciar a temporada com a volta de Michael Jordan, o grande vazio em seu elenco era o ala/pivô. Houve outras mudanças — B. J. Armstrong saíra numa negociação no *draft* —, mas a maior vulnerabilidade era mesmo na ala. Era uma posição difícil, pois exigia força, altura e agilidade. As últimas tentativas do Bulls no sentido de obter um novo pivô não haviam tido sucesso. Stacey King e Scott Williams tinham dado apenas mostras ocasionais de talento, mas no fundo decepcionaram. King, uma das primeiras posições na primeira rodada do recrutamento, fora trocado por Luc Longley, e Williams se fora para o Philadelphia. Corie Blount, recrutado para a posição de Grant, claramente não tinha sido a resposta, nem teria sido Dickey Simpkins, a mais recente escolha daquele ano.

Mas havia, contudo, alguém que estava à disposição para a vaga de Grant. Bastante disponível, na verdade. Era alguém de imenso talento e uma pessoa muito difícil de se lidar. Seu nome era Dennis Rodman, um ex-"Bad Boy" do Detroit antes de mais nada. Ele que fora antes o carrasco do Bulls, agora era tido como o terror dos treinadores, e talvez até mesmo o terror dos próprios times. Era também um jogador de muito talento, um grande pegador de rebotes, talvez o melhor de todos, e um defensor habilidoso. Seu preço nem seria muito alto: depois da debacle dos *playoffs* de 1995, quando Rodman pareceu estar mais interessado em seu relacionamento com a cantora Madonna do que em seus parceiros de time, qualquer coisa que o San Antonio estivesse pensando em fazer naquele ano, era muito provável que o faria sem Rodman. Durante um treino do Bulls antes da temporada, Rick Telander, um colunista do *Chicago Sun Times* e que escrevia para *Sports Illustrated*, foi até Krause e perguntou-lhe se estava interessado numa troca com um grande ala. Krause perguntou quem ele tinha em mente. Fazendo-se de bobo, como escreveu Telander mais tarde, ele sugeriu Rodman. "Ele me olhou como se eu tivesse sugerido Jeffrey Dahmer para presidente."

"Não, não. Nunca", Krause respondeu. "Não faz o nosso gênero."

Rodman não era o tipo ideal de jogador para a maioria dos times da época. Mike Dunleavy, então o diretor geral e treinador do Milwaukee Bucks, estava interessado nele. Dunleavy estava em boa posição para obtê-lo — tinha ainda bastante espaço em seu orçamento e precisava muito de um pegador de rebotes. O argumento de Dunleavy era simples: Rodman era louco, mas tinha talento e jogava duro. "Ele trouxe de volta o conceito de jogador sujo, mas fez disso uma arte", disse Scott Hastings, que costumava ser comparado a Rodman. Além disso, o que se dizia é que Rodman criara tanta confusão no San Antonio porque um grupo de dirigentes lhe prometera um grande contrato, e depois o poder mudou de mãos e os novos dirigentes não quiseram honrar o acordo verbal. Com um jogador volúvel como Rodman, com seu sentimento de ser explorado por qualquer forma de autoridade, aquilo foi um erro fatal. San Antonio demonstrou interesse em fazer uma troca com o Bucks. Dunleavy foi se encontrar com Rodman. Ciente da capacidade autodestrutiva de Rodman, Dunleavy ofereceu-lhe um contrato intrigante: ele lhe pagaria mil dólares por ponto marcado, mil por rebote e mil por minuto jogado. Aquilo, considerando seus melhores anos, dava cerca de 5 milhões de dólares por ano. Era um bom acordo para ele, que estava ganhando cerca de 2 milhões. Rodman pareceu satisfeito com a oferta. "Eu posso fazer isso", disse ele. Mas enquanto Dunleavy estava ali, o telefone tocou. Era Jerry Krause. O Chicago Bulls também estava interessado nele.

Se ele viesse para Chicago, viria com um bocado de bagagem. No San Antonio, ele costumava faltar aos treinos ou chegar atrasado, ou então aparecer coberto de joias. Achavam que seu primeiro treinador, John Lucas, dera corda demais a Rodman, o que acabou lhe custando o emprego. Seu segundo treinador, Bob Hill, foi punido por usar rédeas curtas demais com ele. No segundo ano de Rodman, foi como se ele fizesse de propósito para receber o maior número de multas para o time. Durante os *playoffs* de 1995, quando o Spurs parecia estar com boas chances de ir para as finais, ele não só se separou dos colegas, preferindo passear pela cidade com Madonna numa limusine, como provocou faltas técnicas que acabaram tirando-o do decisivo quinto jogo. Ele brigou o ano inteiro, não somente com a diretoria, mas também com seus colegas, especialmente David Robinson, cuja vida cristã causava em Rodman uma espécie esquisita de tristeza.

Ainda assim, se havia um time em boa situação para ficar com Dennis

Rodman, este time era o Bulls. Havia três ingredientes fundamentais que seriam úteis nesse processo. Um era o fato de que o Bulls certamente disputaria o título e, acima de tudo, Rodman tinha uma vocação para o sucesso. A segunda coisa era que Michael Jordan lançava a sombra mais pesada da liga, e nenhum jogador queria, nem mesmo Dennis Rodman, pouco importava o modo como ele se comportava com o público e a mídia, decepcioná-lo ou cair em seu conceito. O terceiro fator era que Phil Jackson, sutil e flexível, sempre se interessou por pessoas diferentes do normal, além de ser habilidoso o bastante para não se indispor com um jogador como ele. E Jackson era portanto a pessoa mais indicada para conversar com Rodman no momento. Krause perguntou a Jackson o que ele achava de contratarem Rodman, e Jackson disse prudentemente que aquela não era uma decisão exclusiva do treinador, mas do time todo, pois por melhor que se trabalhasse, sempre haveria problemas, e seria preciso convencer os líderes do time.

O jogadores tinham que participar da decisão. Jackson conversou com Jordan e Pippen, e eles aprovaram a ideia, Jordan de modo mais entusiasmado do que Pippen. (Jordan, na verdade, afirmou mais tarde que a segunda onda de títulos não havia ainda acontecido até aquela época por causa de Grant, pois ele era um problema em jogos importantes.) Para Jordan o passado era o passado, e tanto ele como Pippen sabiam que Rodman jogava para valer, treinava duro, e tinha exatamente os talentos de que eles precisavam desesperadamente: rebote e marcação contra atacantes talentosos como Karl Malone.

Jackson ligou para Chuck Daly, o treinador de Rodman no Detroit, a quem Rodman sempre fora obediente. Daly lhe disse: Bem, ele é um egoísta, mas de um jeito especial. É egoísta nos rebotes. Ele trapaceia um pouco no posicionamento da defesa para ficar com os rebotes. Mas ele é um trabalhador, e fácil de ser treinado. Para surpresa de Daly, Rodman, sempre carente da atenção e do afeto dos outros, de qualquer gentileza por parte de uma figura autoritária, achava que Daly era uma espécie de figura paterna para ele, e deixara Detroit arrasado. (Muito tempo depois, Dennis Rodman presenteou seu treinador — então no New Jersey — com um pôster seu em tamanho natural.) Daly reconheceu as habilidades e sua paixão pelo basquete desde o início e lhe disse que se trabalhasse duro em sua defesa e nos rebotes — "o que ninguém", disse Daly, "gosta de fazer" —, ele poderia ficar na liga por bastante tempo e ter uma vida muito boa.

Mas quando Rodman estava em meio às brigas no San Antonio, ele e Daly foram até a Gibson, uma churrascaria de Chicago, e Rodman mostrou-se desolado. Ele estava bastante descontente com o Spurs. Ressentia-se de ser tachado como o único "Bad Boy", e sentia-se mal com as disputas contratuais. "Treinador", disse Rodman, "eu não sei o que fazer. Estou com um novo agente. Fui escolhido o melhor defensor do ano. Fui titular na defesa do *all-star*. Estou sempre entre os melhores nos rebotes da liga. Fiz tudo o que me mandaram fazer, e ninguém sabe quem eu sou — e continuam me pagando só 2 milhões de dólares por ano. Eles dizem que querem que a gente jogue assim, que se sacrifique pelo bem da equipe, mas pagam como se isso não importasse". Ele fez uma pausa. "Eu preciso me reinventar", acrescentou.

Daquela frustração, Daly tinha certeza, nascera o novo Rodman, consciente do choque que causava com suas tatuagens, seu cabelo pintado e com as insinuações de que era homossexual. Ele havia aprendido com Madonna — uma das maiores criadoras de um mito pessoal do mundo contemporâneo, alguém que refinou sua atitude provocadora e a transformou em arte. "Ele foi seu aluno", disse certa vez Mike Dunleavy. "É um curso: Madonna básico e avançado." Assim nasceu o Rodman que aparecia num lançamento de livro com um vestido de noiva. Daly acredita que ele sempre teve uma boa dose de autêntica excentricidade, e então, por que não exagerar um pouco na dose, com um pouco mais de artifícios, se era para o bem de uma nova cultura, cada vez mais artificial e movida pelo culto a celebridades instantâneas, que mais parecia uma celebração da falsa excentricidade? Afinal de contas, com a música funcionava — quanto mais provocativa era uma banda de rock, maior sucesso acabava fazendo. Os esportes e o entretenimento estavam cada vez mais ligados. Por que não trazer aquela mesma atitude para o basquete?

Por trás do gênero audacioso e provocador, havia uma pessoa quase infantil, doentiamente tímida, não só com pessoas estranhas e de universos predominantemente brancos, como a diretoria, executivos e a mídia, mas até mesmo com os próprios companheiros de equipe. John Salley, que era seu amigo mais próximo no basquete, o conhecera quando ambos tinham sido convidados para participar de um torneio no Havaí, reunindo os melhores jogadores do último ano do basquete universitário, e acabaram dividindo o mesmo quarto. Num belo dia ensolarado, Salley entrou em seu quarto e viu o colega debaixo das cobertas, com o ar condicionado à toda, assistindo a desenhos animados na televisão. Parecia estar resfriado. Salley, um dos jogadores mais conversadores e animados do basquete, tentou puxar conversa. Dennis respondeu com um monossílabo. Ele tentou outro assunto. Outra resposta seca. Tentou uma terceira vez, outra resposta curta, e finalmente deixou para lá. Salley mais tarde concluiu que aquele era o verdadeiro Dennis Rodman: tímido, nunca à vontade com as pessoas, muito tenso, e quase sempre calado.

Às vezes, quando ele encontrava algum colega dos tempos do Detroit, pessoas que conheciam o verdadeiro Rodman, se é que isso era possível, ele ouvia provocações devido às tatuagens e ao cabelo pintado. "Para com isso, Dennis", diria um dos ex-colegas, "que coisa é essa no seu cabelo?".

"Eu sei, eu sei", respondia ele, "eu só estou tentando ganhar mais".

Quando ele encontrava Maureen Malone, esposa de Brendan Malone, um de seus treinadores no Detroit, ela dizia: "Ei, Dennis, você anda enganando um bocado de gente ultimamente, hein?".

Ele, o garotinho pego no flagra, dava um sorrisinho amarelo e dizia para os amigos: "Estão vendo? Ela não caiu no truque".

Em algumas ocasiões era como se ele estivesse vivendo sua infância e sua idade adulta simultaneamente, disfarçando a tristeza daqueles anos solitários. Ele se dava bem com as crianças, e mal com os adultos; parecia ser mais amigo dos filhos de seus treinadores do que de muitos de seus colegas de equipe. Quando estava com o Detroit, ficou muito ligado à filha de Brendan Malone; ela costumava dar-lhe uma bandana antes dos jogos, e ele jogava usando-a na testa. Era como se eles tivessem uma ligação e não precisassem dizer nada um ao outro. Quando ele se tornou um astro em Detroit, comprou uma mansão no subúrbio, que mal chegou a mobiliar, mas que encheu com uma infinidade de jogos eletrônicos. E bandos de garotos brancos do bairro viviam por lá — os perfeitos parceiros para jogar fliperama ou Pac-Man com ele.

Rodman voou para Chicago para o encontro com Krause e Jackson na casa de Krause. Quando Jackson chegou, Rodman estava estirado num sofá, com óculos escuros e chapéu. Jackson foi até ele, estendeu a mão e disse gentilmente: "Levante-se, Dennis, você precisa se levantar para apertar a minha mão". Rodman ficou de pé e apertou a mão de Jackson. "E agora, Dennis, você poderia, por favor, tirar esses óculos, para que eu possa ver o seu rosto?". Ele tirou os óculos. Acontecesse o que acontecesse, Jackson não deixaria que ele ficasse se escondendo. O encontro transcorreu bem, o mesmo acontecendo na reunião privada com Krause. Então, sim, o Bulls, que se orgulhava de ter bons jogadores que eram além de tudo boas pessoas, engoliria um pouco do orgulho e negociaria para ficar com Rodman. Will Perdue, dedicado, porém menos talentoso e provocador, iria para o San Antonio em troca de Dennis Rodman — extremamente talentoso, muito excêntrico, talvez um jogador excepcional, talvez uma bomba-relógio que podia explodir a qualquer momento, talvez ambas as coisas. Teria havido outra opção para o Bulls, dadas as características do time, que pudesse ter sido uma surpresa ainda maior? Perguntaram a Scottie Pippen. "Sim", ele disse, "Bill Laimbeer".

Talvez não houvesse nenhum jogador que ilustrasse melhor o contraste entre o luxuriante mundo da NBA, com sua celebração de atletas negros e seus contratos multimilionários, e o árido e desolado mundo de onde esses jogadores saíam do que Dennis Rodman. Ele nascera em Dallas. Seu pai, que era da Força Aérea, abandonara a mulher, Dennis e suas duas irmãs quando eram pequenos, e sumira, mais tarde se gabando de ter sido o pai de dezessete crianças e de não ter ajudado a criar nenhuma delas. Quando criança, Dennis fora de uma timidez quase doentia, pequeno, frágil, sempre atormentado pelos outros meninos. Suas duas irmãs cresceram muito e se tornaram boas jogadoras de basquete, chegando a ganhar campeonatos na escola. O crescimento de Dennis só aconteceria bem mais tarde. Ele nem sequer chegou a jogar no time de basquete do colegial. Suas perspectivas de se tornar alguém na vida eram as mais remotas.

Ele era um jovem negro norte-americano que parecia não ter nenhuma habilidade especial, nenhum futuro, mais uma pessoa invisível na América contemporânea. Suas oportunidades de trabalho não iam muito além de um emprego numa lanchonete ou num estacionamento como manobrista. Aos dezoito anos, ele arranjou um emprego noturno no aeroporto Forth Worth, de Dallas, mas foi preso por assaltar uma loja de presentes e roubar dezesseis relógios, no valor de 470 dólares. Seu futuro não parecia muito brilhante.

E então, em um só ano ele cresceu mais de vinte centímetros, e tudo mudou. As pessoas começaram a se interessar por ele. Entrou para uma equipe de basquete de um colégio local. Logo um olheiro da Universidade Estadual Southeastern Oklahoma o viu jogando e percebeu que ele era um diamante bruto — um jogador da segunda divisão que poderia ter algum acesso às redes de recrutamento do país. Na Southeastern Oklahoma, jogando pelo Savages, num nível não muito diferente do de Scottie Pippen, ele foi um grande jogador, um *all-star* de uma pequena escola por três anos. Ali ele era brilhante nos rebotes, mas os olheiros profissionais continuavam receosos — ele mantinha médias impressionantes, porém contra adversários limitados. Uma série de equipes, inclusive o Pistons, estava interessada nele e qualquer uma delas poderia tê-lo escolhido na primeira rodada do recrutamento de 1986, mas ele não se saiu bem nos jogos no Havaí e nem em Chicago, por causa de um ataque de asma. O Pistons foi o único time a saber que ele tinha ficado doente, e acabaram levando Rodman no início da segunda rodada.

Rodman se revelou um grande jogador de basquete. Nunca se cansava, podia correr e pegar rebotes um dia inteiro, e quando os jogos terminavam ele costumava ir para os vestiários para mais uma hora na bicicleta ergométrica. Quando Isiah Thomas era o guardião das tradições do Pistons e pegava no pé de qualquer jogador que não estivesse se dedicando, Rodman costumava pegar no pé de Thomas quando ele relaxava um pouquinho. Ele estudara o jogo de Bill Laimbeer, um pivô que conseguia os rebotes sem precisar pular; como Rodman era um atleta muito superior a Laimbeer, logo se tornaria melhor do que ele nos rebotes. Ele era um jogador muito inteligente, e seus reflexos, incrivelmente rápidos: quando ia disputar o rebote, parecia estar sempre alguns segundos à frente dos outros ao seu redor. Ele analisava incansavelmente os vídeos das partidas, observando as trajetórias da bola no arremesso de diversos jogadores, de modo pudesse se posicionar melhor, e compensava sua pouca estatura — ele estava registrado como medindo 2,03 m, mas parecia mais baixo do que Pippen, que era registrado com 2,0 m — jogando vôlei sozinho, tocando a bola para o alto repetidas vezes até que conseguisse o total controle do movimento. Nos últimos quatro anos ele registrou uma média de dezessete rebotes por partida.

Rodman era de fato um atleta excepcional, um grande jogador de basquete. Olhando para aquele corpo esguio, forte e que parecia nunca se cansar, podia-se pensar que se tratava de um corredor olímpico dos quatrocentos ou oitocentos metros rasos. "Nível internacional", era como os treinadores do Pistons o chamavam, pois achavam que se ele tivesse se dedicado a correr os quatrocentos metros poderia ter se tornado um corredor de nível mundial. No início de sua carreira, ele não era um mau arremessador, mas com o passar dos anos ele foi parando de arremessar, em grande medida porque achava que não era bom em lances livres e não queria receber falta na hora do arremesso e decepcionar a torcida em arremessos decisivos de lance livre.

Ele seria uma peça perfeita para o Bulls se conseguisse se manter concentrado. O Bulls já possuía dois dos melhores defensores da liga, e Rodman veio a ser o terceiro. A posição em que eles eram mais vulneráveis era a de pivô, mas a velocidade de Rodman cobria a falta de agilidade de Longley. Por causa dessa velocidade, o Bulls estaria preparado para atacar de duas maneiras: conforme a ocasião, eles podiam correr em grandes explosões de velocidade, ou, devido à idade madura de alguns de seus melhores jogadores, podiam jogar uma impressionante marcação desde o meio da quadra e sufocar o adversário. Para as pessoas do meio do basquete, a chegada de Rodman significou que o Bulls estava no limiar de se tornar um grande time. Bill

Walton, então analista da NBA, disse no início da temporada de 1996 que o Bulls podia se tornar um dos maiores times da história da NBA. Hubie Brown, um ex-treinador e comentarista da TNT, disse que o Bulls tinha se tornado o melhor time defensivo da história da liga.

Naquela temporada, tudo parecia um sonho. "Você não vai ter nenhum problema comigo", Rodman disse a Phil Jackson em seu primeiro encontro. E depois acrescentou: "E você vai conseguir um título da NBA". As coisas vieram juntas. Michael Jordan, humilhado por seu desempenho nas séries de 1995 contra o Orlando, voltou não somente em grande forma mas com desejo de vingança. Ele tinha se tornado, segundo alguns treinadores e pessoas envolvidas com o Bulls, uma pessoa um pouco mais fácil de lidar desde o seu retorno do beisebol. Até seu fracasso no beisebol, ele estivera numa ascensão de quinze anos ininterruptos. No beisebol, pela primeira vez desde que não fora escalado para a seleção do colegial, ele se deparou com limitações e encontrou algo que era importante para ele mas que não podia dominar, por mais que se esforçasse. Isso provocou nele uma mudança, acreditava-se, tornando-o uma pessoa mais tolerante. Antes, ele era duro com seus colegas por achar que eles não estavam se esforçando muito. Para alguns, esses juízos sempre foram um tanto cruéis. Ele tinha um talento tão natural e exuberante que não entendia que as coisas eram muito mais fáceis para ele do que para seus colegas. Muito poucos jogadores possuíam as condições físicas que ele possuía e, menos ainda, aquela capacidade de ver e reagir ao jogo como ele, o que fazia tudo parecer — como notou alguém que o conhecia bem — transcorrer em câmera lenta para ele. Agora, em seu retorno, jogando com um novo elenco de parceiros, ele parecia menos crítico. A única coisa na qual continuava insistindo era que dessem duro nos treinos e que jogassem para valer. Relaxar nos treinos ou durante uma partida era algo que ele jamais conseguiria engolir.

O resto do time parecia se encaixar perfeitamente ao seu redor. Pippen estava animado com sua volta e com o fato de poder abandonar o papel, sempre desconfortável e indesejado por ele, de líder e porta-voz do time. Se o período de Jordan no beisebol o tornara uma pessoa mais tolerante com as frustrações enfrentadas por jogadores de menor talento, o mesmo período ensinara a Pippen como era duro ser Jordan e lidar com todas as responsabilidades extra-quadra que apareciam quando se era o maior astro do Bulls. Ron Harper, que fora um grande cestinha no Cleveland e no Clippers, tinha entrado no Bulls no ano anterior e se revelara uma grande decepção: não estava em boa forma e acabou se indispondo com o ataque, que, àquela altura, estava um tanto desmotivado com a ausência de Jordan e a saída de

Grant. Para esta temporada, Harper chegou em grande forma e, sabendo que o retorno de Jordan alteraria sua função no time — pois ele já não era, como foi em boa parte de sua carreira, o principal arremessador —, reinventou sua forma de jogar, passando a ser um especialista na defesa, e, de fato, muito bom. Isso significava que o Bulls teria, além do retorno de Jordan, três grandes e talentosos defensores para colocar em cima dos adversários. Eles esganariam os outros times com sua excelente defesa.

A vontade de começar logo a nova temporada apareceu já no primeiro dia de treinos. Naquele dia, a maioria dos jogadores do Bulls estava em melhor forma do que os de quase todos os outros times ao fim do período de treino. Os outros jogadores saudaram Rodman com certa reserva. Sua reputação no San Antonio havia chegado antes dele ao Bulls. No primeiro dia, Jackson convocou uma reunião com o time inteiro. "Dennis", disse ele, "eu não estou nem aí para o que você faz fora da quadra, mas nós temos algumas regras, e isto, sim, me importa". Então ele delineou em poucas palavras uma breve lista de regras, essencialmente no tocante a chegar na hora para os treinos e os jogos e trabalhar duro sempre. Uma capa da *Sports Illustrated* da edição pré-temporada estava sendo preparada com Rodman, mas havia uma dúvida quanto ao jogador que posaria com ele. No final, Rodman acabou posando com Jordan. A manchete dizia: "Ar e espaço". Naquelas primeiras semanas, às vezes seus colegas conversavam com ele, mas logo descobriram que ele raramente dava muita atenção e respondia apenas o mínimo necessário. Ele era o mais calado, mais reservado dos jogadores; quase sempre parecia isolado do resto do time, sozinho na sala de vídeo, com seus fones de ouvido, assistindo a um filme, um homem escondido em seu próprio mundo particular. Mas ao mesmo tempo era fácil jogar com ele na quadra. Era um jogador muito inteligente, aprendia depressa complicados esquemas ofensivos e quase sempre jogava bastante duro. Veloz, forte, sem preocupação em fazer cestas, ele parecia não só a peça que estava faltando, como a peça perfeita para aquele time.

De repente, o Bulls, tão vulnerável na temporada anterior, parecia não ter mais nenhuma fraqueza em seu esquema de jogo. Os outros jogadores que entraram depois que Jordan fora para o beisebol passaram a fazer esforços constantes para se ajustar à sua volta ao time. Havia novas peças-chave no grupo: o pivô era Luc Longley, talentoso mas desajeitado, com uma visão de jogo melhor do que sua movimentação, ainda aprendendo a maximizar o uso de seu físico impressionante; Steve Kerr, que substituíra Paxson como arremessador, sempre pronto para um arremesso de três se Jordan estivesse sob marcação dupla; Bill Wennington, o pivô reserva, mas que também tinha um bom arremesso; e, é claro, Toni Kukoc, animado com a volta de Jordan, mas sempre lutando para encontrar seu jogo no basquete americano.

Eles venceram 23 de seus primeiros 25 jogos. Perderam o primeiro contra o Orlando na casa do adversário, e Penny Hardaway marcou mais pontos do que Jordan, pelo que foi saudado por todos os seus colegas da liga. Mas quando o Orlando foi a Chicago para o jogo de volta, Jordan bloqueou o primeiro arremesso de Hardaway como sinal de boas-vindas e o superou ao final da partida, 36 a 26 para Jordan. Os ritos de sucessão claramente demorariam um pouco mais. Rodman obteve dezenove rebotes. A confiança do Bulls crescia a cada jogo. Na longa maratona de jogos de dezembro e janeiro, eles chegaram à marca de 31 vitórias e duas derrotas. Bill Wennington disse mais tarde que eles estavam acreditando que tudo o que era preciso fazer era ir para a quadra todas as noites e jogar seu próprio jogo que venceriam. Não importava o que o adversário fizesse, desde que o Bulls impusesse seu jogo e jogasse de acordo com as próprias expectativas.

No fim de semana do *all-star*, eles estavam com 42 vitórias e 5 derrotas, a caminho de uma temporada de 72 vitórias. As pessoas começaram a especular se eles não seriam os melhores de todos os tempos e como eles se comparavam a outros grandes times do passado. Bill Bradley viu-os jogar e comentou sobre as terríveis dificuldades que eles causavam a seus adversários na marcação. Se jogassem contra os velhos times campeões do Knicks, observou Bradley, ele seria o marcador de Scottie Pippen, que era mais alto, mais forte e imensamente versátil, além de um atleta muito superior. "Tudo o que eu poderia dizer seria: 'Socorro'."

Quando o Bulls bateu o Lakers por uma diferença de quinze pontos em Los Angeles, Magic Johnson, que voltava ao basquete após uma breve pausa devido à sua doença, disse que nunca tinha visto um time melhor. "Eles são tão bons como os nossos times campeões. Estão melhores do que seus três times campeões. Eles estão apavorando, cara." Essa era a impressão da maioria das pessoas. Rodman estava melhor do que nunca nos rebotes, e na edição do meio da temporada da *Sports Illustrated*, ele estava na capa de novo, com a questão: "O melhor nos rebotes de todos os tempos?".

A loucura da mídia em torno deles crescia assustadoramente. Juntamente com a mania da volta de Michael, o que já era barulho suficiente, havia a Rodman-mania, e logo a Setenta Vitórias-mania. A loucura envolvendo a volta de Jordan era, obviamente, o prato principal, o dado fundamental de toda aquela gente da imprensa que parecia fascinada com os menores detalhes dos acontecimentos. Observando o fascínio com cada palavra ou gesto de Michael, Tim Hallam, o assessor de imprensa do Bulls, começou a se

Em 1995, no retorno de Jordan ao basquete depois da experiência frustrada no beisebol, o Bulls foi derrotado pelo Orlando Magic. Em 1996, a vingança e a vitória nos *playoffs*. Na foto, Jordan *versus* Hardaway.

referir ao time como "Jesus e seus apóstolos". Imitando o estilo dos programas locais, Hallam disse aos repórteres: "Jesus faz uma rápida refeição sozinho antes do jogo em seu quarto de hotel. Mais detalhes às onze da noite".

A febre envolvendo Rodman parecia crescer com o desenrolar da temporada, como se a mídia precisasse de sangue fresco após a longa obsessão por Jordan, e como se a natural bondade de Michael começasse a virar uma coisa chata. Torcedores normalmente gostavam de ver certas disputas do bem contra o mal, mocinhos contra bandidos. Assim fora com o jovem Cassius Clay contra Sonny Liston e uma série de times de basquete contra o Detroit Pistons. Mas Jordan e Rodman no mesmo time era novidade — você podia torcer para o Bulls e, ao mesmo tempo, torcer tanto pelo bem como pelo mal, pois havia um príncipe das trevas e um príncipe da luz. De repente, como se notou, o país inteiro estava fascinado por aquele jovem tímido, problemático, incrivelmente calado, muito por causa de seu cabelo tingido, seu corpo coberto de tatuagens que tinha o recorde da NBA de orifícios no corpo. O fascínio por Rodman revelava o pior da mídia moderna, com sua nova fascinação — e ansiedade — por coisas exóticas; era usar um provocador, mesmo que ele próprio não soubesse que estava sendo usado. Se uma grande parte da mídia não ligava para a autenticidade de seus novos heróis culturais, da parte de Rodman não havia problema nisso. Ele escreveu um livro, embora ruim, que vendeu mais de 500 mil exemplares na versão em capa dura, na qual aparecia nu montado numa motocicleta; durante a turnê de promoção do livro, ele aparecia vestido de noiva. Consciente da ambiguidade da personalidade que estava criando, Rodman começou a frequentar bares gays. Um jornal local mantinha uma nota dizendo as cores que ele estava usando no cabelo a cada jogo, e qual seria o total de cores ao fim da temporada. Frequentemente expulso das partidas pelos árbitros, ele começou a arrancar a camisa quando saía e jogá-la para o público; estas logo se tornariam itens de colecionador com grande valor de mercado, e os torcedores passaram a levar cartazes ao ginásio pedindo que Rodman jogasse a camisa para eles.

Rodman passou a frequentar os programas noturnos da televisão, onde, é claro, ele nunca tinha nada para dizer e era entrevistado por pessoas que não tinham nada a lhe perguntar. Com milhões de insones no país vendo-o em suas camas, Rodman se sentava numa poltrona, com seus óculos escuros, e murmurava seus monossílabos. "Você acha", perguntou, chocado, o general Colin Powell a David Stern, depois de uma dessas aparições do astro, "que o torcedor médio da NBA sabe que quando Dennis Rodman chega em casa à noite ele de fato se senta em seu quarto escuro e ouve Vivaldi?". Com o crescimento de seu culto, Rodman começou também a sair à noite e ir a restaurantes depois dos jogos, cercado de amigos e adoradores; ele se sentava em silêncio, falando muito pouca coisa, enquanto as outras pessoas procuravam chamar sua atenção; na verdade, ele deixava as pessoas agirem em seu lugar. O dinheiro que ganhava com patrocínios aumentava a cada dia; praticamente falido antes de entrar no Bulls, ele estava se tornando um jovem rico.

Os colegas de Rodman no Bulls ficavam espantados com tudo isso. Ele tinha uma ótima tática e, segundo eles, não procurava se exibir: fazia os outros se exibirem para ele. De modo geral, seus colegas gostavam dele: era um bom colega, um pouco distante, incrivelmente veloz junto da tabela, e bastante determinado. A verdade é que ninguém sabia quem estava ali, pois ninguém o conhecia direito. Luc Longley, que se dava bem com todo mundo, almoçou com ele algumas vezes e parecia gostar dele. Longley disse aos outros que Rodman era calado e simpático. Era o que bastava para todos.

Ninguém, é claro, queria decepcionar Jordan. Era em grande parte a vantagem que permitia Jackson manter Rodman concentrado. Mais do que qualquer ordem de qualquer treinador, era a presença de Jordan, exigente e consistente, que conduzia o time e impelia todos a darem o melhor de si. O impressionante de Jordan, seus novos parceiros começaram a entender, era que ele jogava qualquer jogo como se fosse uma partida de *playoff*. Não amolecia nunca. Só uma vez naquela temporada ele pareceu não jogar com a habitual intensidade. Foi no início da temporada, no sexto jogo de uma longa excursão pelo Oeste. O Bulls estava com onze vitórias em treze jogos quando chegou a Vancouver para jogar com o Grizzlies, um time em expansão. Naquela noite, Jordan parecia estar mais devagar; entrando no último quarto, ele havia marcado apenas dez pontos, e o Bulls estava dois pontos atrás no placar. Foi quando Darrick Martin, um jovem jogador que o estava marcando, cometeu o erro fatal, o mesmo cometido por diversos jogadores novos na liga e ávidos por causar boa impressão: Martin começou a provocar Jordan. "Você não é tudo isso", ele soltou, "eu posso te parar quando eu quiser."

Quase imediatamente, o treinador do Grizzlies tirou Martin do jogo, mas era tarde. Martin cutucara o leão. Com o Vancouver vencendo por 79 a 73, a 5:37 minutos do final, Jordan começou a jogar. Ele se infiltrou e fez uma enterrada. Então acertou um arremesso de fora do garrafão. Depois, infiltrou, fez uma bandeja e recebeu falta. Depois fez um arremesso e um ponto de lance livre. A série só foi interrompida por uma cesta de três pontos de Kukoc. Depois disso, nas três posses de bola seguintes, Jordan converteu mais uma cesta com infiltração, uma de bandeja e, numa roubada de bola que ele mesmo fez, mais uma enterrada. Enfim, 91 a 83 para o Bulls. Ele converteu nove de seus doze arremessos comuns e marcou dezenove pontos apenas no último quarto. Darrick Martin não voltou mais ao jogo. O Bulls venceu por 94 a 88.

Ainda assim, com todo o sucesso de que estavam desfrutando, não era sempre fácil manter Rodman concentrado. Nem toda a rebeldia de Rodman era artificial; havia de fato uma certa paranoia nele. O problema com ele era que sua atitude em parte era uma bem elaborada encenação, em parte era uma raiva genuína profundamente arraigada em sua alma, e ninguém — nem os treinadores, nem os árbitros — sabia ao certo quando era o quê. Tanto era assim que às vezes nem o próprio Rodman sabia quando ultrapassava a linha da provocação artificial para a verdadeira revolta. Ele podia, noites seguidas, com o direito de usar o corpo, deter o adversário até o limite desse direito, como podia também ter de deixar a quadra por faltas; mas se o árbitro o expulsava por segurar ou empurrar, ele se enfurecia, certo de que estava sendo prejudicado pela arbitragem. "Eu estou sendo tão sacaneado que vou precisar de um cinto de castidade", disse uma vez. O que salvou Rodman e bem ou mal o manteve dentro de certos limites, segundo Jim Cleamons, o treinador assistente, foi a enorme diferença entre o San Antonio e o Chicago. Em Chicago, treinadores e jogadores o censuravam por seu comportamento; no San Antonio, quase todos o pressionavam para provocar seu comportamento aberrante.

O maior responsável pelo fardo de manter Rodman nos eixos era Jackson. A relação dos dois era incrivelmente complexa: era cheia de admiração e afeto, mas era ao mesmo tempo um cabo de guerra psicológico. Rodman disparava uma série de desafios para ver até que ponto Jackson podia ir, e Jackson, como um pai severo porém sempre presente, fazia seu jogador saber que havia limites, embora Rodman continuasse sendo querido por ele. Frequentemente, as provocações eram leves. Às vezes, ele simplesmente entrava em quadra com o cadarço desamarrado. Todos deviam entrar com o cadarço já amarrado, mas Rodman só amarrava quando já estava na quadra. Ninguém podia usar joias nos treinos, mas às vezes Rodman tentava disfarçadamente treinar com um bracelete, e Jackson, com um grande sorriso no rosto — era sempre uma brincadeira, lembre-se, e Jackson tinha que tratá-lo de modo a minimizar a coisa toda — aproximava-se dele e dizia-lhe: "Dennis, você chama isso de joia?". Se Rodman fazia alguma malcriação sem importância em quadra, Jackson relaxava e sorria para seus assistentes — mas nunca na frente do time: "Ele me lembra de como eu era".

A relação entre os dois permitiu que Rodman fosse um rebelde apenas parcialmente, ainda um "Bad Boy", merecedor de todas as recompensas comerciais que então estava recebendo, pois sua imagem exigia isso, mas sem ameaçar a ética da equipe, à qual ele concordara em se submeter. Os dois cumpriam seu papel um com o outro muito bem. June Jackson costumava dizer que o que salvara seu marido na relação com Rodman foi o fato de eles já terem criado alguns adolescentes em casa e, portanto, sempre que havia crises, eles aprenderam a levar as coisas sem tornar a situação muito pesada. "Você tem que levar a sério as brigas deles e deixar claro que acha que se trata de coisas sérias", disse ela. (Seu marido não concorda muito com essa teoria. "Dennis é como os meus filhos?", Phil Jackson se perguntou dois anos mais tarde. "Não os meus. Eles são bem-educados".)

O bom comportamento de Rodman não durou a temporada inteira. No meio de março, frustrado durante um jogo em New Jersey, ele deu uma cabeçada em um dos árbitros. Depois, ainda se permitiu fazer uma gracinha com os dirigentes da liga. Ele foi multado em 20 mil dólares pela liga e com suspensão em seis jogos, o que significava um prejuízo de 183 mil dólares. Alguém perguntou a David Stern o que ele achava dos comentários de Rodman, uma vez que Stern sempre dizia que a NBA era uma família. "Dennis Rodman era parte da família da NBA? E se era, que tipo de família era aquela?" Stern reagiu com astúcia. "Sim", ele respondeu, Rodman era da família. "Algumas famílias têm um tio Moe, outras têm um primo Dennis. Nós temos o primo Dennis. Você sabe, um bocado de jogadores e treinadores gostam dessa mentalidade de nós contra eles. É uma técnica motivacional de tentativa e erro. Rodman leva isso a um estatuto de arte."

O perigo de toda aquela celebração era acreditar nela, acreditar no mito da própria grandeza, baseado na campanha de 72 vitórias na temporada normal, quebrando o recorde de 69 vitórias do Lakers na temporada de 1971-72. No final da temporada, Ron Harper veio com o slogan: "72 e 10 não são nada/ sem vencer a temporada".

Para Jordan, os *playoffs* funcionavam como uma contagem regressiva, era preciso quinze vitórias para conquistar o título: três na primeira rodada, e depois quatro em cada uma das três rodadas seguintes. Esse se tornou seu calendário. Depois de cada vitória nos *playoffs*, ele entrava nos vestiários e dizia: doze, querendo dizer que faltavam doze para o final, ou nove, e finalmente quatro, três, duas e uma. Eis os únicos números que realmente importavam.

Nos *playoffs*, eles perderam três jogos para o Miami, mas depois ganharam quatro de cinco do New York. E aquilo os levou às séries que eles mais desejavam, o jogo de volta contra o Orlando nas finais da Conferência, e a chance de vingar a derrota do ano anterior, que já estava praticamente garantida antes de o campeonato começar. No ano anterior, o principal jogador tinha sido Horace Grant, jogando contra um time praticamente sem atacante, marcado quase que apenas por Pippen. Dessa vez, contra Rodman, Grant simplesmente desapareceu. Ao final do primeiro jogo, ele se contundiu numa colisão com seu próprio colega Shaquille O'Neal, mas mesmo antes ele não tinha feito nenhum ponto, não tinha roubado nenhuma bola, nem feito bloqueio, assistência ou rebote. Rodman terminou o jogo com treze pontos e 21 rebotes. O Bulls passou pelo Magic com quatro vitórias. "Eles têm talento para ser campeões", disse Rodman sobre o Orlando, antes do início da série, "mas eles não sabem como ser campeões". Era uma geração da NBA falando sobre seus eventuais herdeiros.

Nas finais, eles enfrentaram o SuperSonics, um time que havia vencido 64 jogos, um time de considerável força física, mas que não primava pela coesão de seu ataque. O Bulls venceu os primeiros dois jogos em casa, então, quando foram para Seattle, aumentaram de intensidade, como costumavam fazer em jogos importantes fora de casa. Na metade do terceiro jogo, estava 62 a 38 para o Chicago. O placar final foi 108 a 86. Como disse mais tarde George Karl, o Bulls tinha "olhos assassinos". Então, com a vantagem de 3 a 0, eles começaram a relaxar. Seattle acabou com eles no quarto jogo, e no quinto também. Isso significava que o Bulls voltaria a Chicago com a vantagem de 3 a 2. Isso fez com que eles se concentrassem novamente. O sexto jogo foi mais parecido com os do início da série: o Chicago jogou com muito mais força na defesa e se mostrou muito mais concentrado no ataque. O Bulls venceu com relativa facilidade, por 87 a 75.

George Karl, admirado, disse depois do jogo que o Bulls era o sinal de uma outra era, devido à sua inigualável resistência psicológica. Eles não davam nenhuma brecha: sabiam exatamente quando aumentar a pressão na defesa e se aproveitavam das fraquezas dos adversários com uma crueldade impiedosa. O que os motivava, segundo Karl, era tanto o talento como a resistência psicológica e a garra. Karl estava certo, e percebeu uma coisa importante na evolução de Michael Jordan e do Bulls. No início, o que chamava a atenção dos torcedores era o talento de Jordan, a qualidade artística de seus movimentos. Em seus primeiros anos, quando ele dava duro ao lado de jogadores menores, o Bulls ainda oferecia um dos melhores espetáculos do esporte, devido ao brilho individual de Jordan. Aquele tinha sido um tempo de grande individualismo, igualado apenas pela frustração com as derrotas. Mas agora, cercado de parceiros melhores, ele chegara ao segundo estágio de sua carreira: aprendera a vencer. Ele se tornara um campeão, ou, como disse Bryan Burwell, um repórter que o acompanhava naqueles anos, deixara de ser um perdedor gracioso para se tornar um vencedor durão, determinado e impiedoso. Naqueles anos, ainda era o seu incrível talento, o fato de ser capaz de fazer coisas que ninguém mais conseguia fazer, e o talento de seus colegas Pippen e Grant, o que mais impressionava. Quando ele voltou de seu período sabático no beisebol, contudo, ele entrou no terceiro estágio. Nas três temporadas seguintes inteiras, de 1995 a 1998, ele esteve diferente, mais velho, ainda mais concentrado e determinado.

O que os profissionais do basquete passaram a ver em Michael Jordan era algo que estivera parcialmente encoberto no início de sua carreira: sua paixão não só pela excelência, mas também pelo domínio do jogo. Ele era o homem invencível: sua concentração era imperturbável. Para os torcedores que o acompanharam desde o jogo do título contra o Georgetown em 1982, o que estava aparecendo agora não era o talento — embora o talento ainda fosse majestoso e ele ainda dominasse os jogos do *all-star* —, mas a força de vontade. Jerry Reinsdorf disse-lhe um dia: "O atleta que você mais me faz lembrar é Jake LaMotta", referindo-se ao grande e destemido peso-médio do passado, "porque o único modo de detê-lo é matando". "Quem é Jake LaMotta?", Jordan retrucou.

Ninguém vigiava seu desempenho mais de perto do que ele mesmo. Ele era bastante sensível à possibilidade do declínio e era igualmente consciente de que a mídia estava sempre o observando, ávida para dizer que ele não era mais o mesmo Jordan. Havia um tema frequente em suas entrevistas depois dos jogos, como se ele sempre estivesse repetindo: "Eu sei que vocês acham que eu estou em decadência, mas eu sei que ainda dou conta do recado". Contudo, ele era um homem extremamente orgulhoso e estava cansado de saber de histórias de atletas que adoravam o basquete um pouco mais do que deviam e que permaneciam jogando por muito tempo depois de suas habilidades começarem a falhar. Ele sabia também que o próprio atleta nunca era a pessoa indicada para dizer quando parar. Tinha odiado ver Larry Bird no final de sua carreira, com seus problemas de coluna, um grande jogador sendo passado para trás por outros muito piores. Jordan e Johnny Bach costumavam falar sobre isso. Bach lhe contou sobre os grandes que ele vira jogar e que tinham ficado tempo demais: Joe DiMaggio em sua última temporada, quando estava com o pé machucado e já não conseguia arremessar a bola tão rápido, e Willie Mays, caindo em campo. Quando Bach falava sobre essas coisas, sabia que Jordan o ouvia com atenção. "Johnny", disse Jordan, "você precisa me dizer quando eu começar a decair: se perceber qualquer sinal de decadência que ninguém mais veja, você tem que me contar". Ele queria ser o primeiro a saber quando fosse a hora de parar.

Sua atitude, como sempre, era contagiosa para seus colegas. A única exceção era Rodman, que geralmente jogava com uma intensidade aparentemente igual à de Jordan, mas que às vezes se desconcentrava completamente. Com seus jogos psicológicos, Rodman por vezes caía em seus próprios truques e derrapava na linha tênue entre o controle e a selvageria. Mas, acima de tudo, o Bulls era um reflexo de Jordan. Eles eram profissionais consumados, que entendiam não meramente do jogo, mas também da liga, isto é, sabiam das exaustivas pressões subterrâneas ao longo da temporada: eram inteligentes, tinham talento e, mais do que tudo, concentração. Eles sabiam exatamente o que deviam fazer todas as noites quando entravam em quadra, e muito frequentemente conseguiam fazê-lo.

A temporada 1996-97 não foi muito diferente da anterior. O número de vitórias caiu para 69. Mas em essência não houve nenhuma perda em talento ou concentração. Havia poucos sinais daquilo que outros treinadores e jogadores estavam esperando: algum sinal de que aquele time estivesse envelhecendo. A única grande quebra na concentração veio de Rodman, e foi tipicamente rodmanesca: no meio da temporada, ele saltou para recuperar uma bola perdida e então, caindo em cima dos cinegrafistas, diante de todo o mundo, resolveu dar um chute na virilha de um deles, um ato estúpido e gratuito contra alguém que não fizera nada a não ser ajudar a divulgar os feitos de Rodman ao longo dos anos, e que lhe custou uma suspensão por onze jogos. Enquanto ele esteve fora, seus colegas tiveram que suar para suprir sua ausência, e venceram dez de onze partidas. Mas Rodman ficou de fora por mais treze jogos no final da temporada devido a uma torção no joelho, quatro dos quais o time perdeu. Com ele no time, o Bulls era claramente um grande time, sem nenhuma fraqueza identificável: 48 vitórias e 7 derrotas, a caminho de quebrar seu próprio recorde do ano anterior, se assim o desejasse. Sem ele, eles tinham uma marca de 21 vitórias e 6 derrotas, e eram só um bom time, tinham que se esforçar ainda mais na defesa, e mostravam uma certa vulnerabilidade diante de times com pivôs rápidos e fortes. As estatísticas demonstravam: com Rodman, o Bulls conseguia cerca de 17 rebotes no ataque e 47 no total por jogo; sem ele, cerca de 13 no ataque e 42 no total.

Em 1997, as finais foram um pouco mais difíceis, porque Pippen tinha machucado seriamente o pé no último jogo da série do *playoff* contra o Miami Heat, estando bem abaixo de sua eficiência habitual, e porque Rodman ainda parecia estar se recuperando de sua contusão no joelho e ainda por cima estava fora de ritmo. Porém, a contratação, já no final da temporada, de Brian Williams, graças a Krause, fez uma diferença crucial, dando-lhes a altura a velocidade de que tanto precisavam junto à cesta, e assim eles derrotaram o Utah nas finais de 1997. Ao final, a queda dos índices em relação aos da temporada anterior foi pequena: em 1996, o Bulls passou pelos *playoffs* com quinze vitórias e três derrotas; em 1997, apesar das contusões, conseguiram quinze vitórias e quatro derrotas.

Se houve um jogo que marcou a transformação de Michael Jordan, já no final de sua carreira, permitindo aos torcedores entenderem como era notável seu *status* — aquilo foi talento, porém muito mais do que talento —, quinto jogo das finais de 1997, o dia em que Jordan, praticamente morto, não só jogou como dominou a partida. Ele parecia mal conseguir ficar de pé, muito menos correr pela quadra, e ainda assim marcou 38 pontos, sendo 15 no último quarto.

Ele estava bastante consciente de que chegava ao fim de sua jornada no profissional. Já não era um garoto jogando um jogo de garotos. Ele era um adulto amadurecido, milionário, experiente nos esportes, experiente com a mídia, com os negócios, um admirável negociador em todos os campos. Quando Jim Riswold, da Wieden & Kennedy, o procurou para sugerir um comercial que o mostraria ele e Tiger Woods quando crianças — dirigindo carrinhos, jogando minigolfe —, ele vetou a ideia. Entendeu a ideia, viu imediatamente que era ótima e que possivelmente daria um comercial maravilhoso, além de gostar de Tiger; porém, sabendo da pressão que a mídia andava fazendo sobre Woods, Jordan se tornou uma espécie de conselheiro dele. Aquela imagem não mostrava mais quem ele era: não era mais um menino, mas um homem de negócios em todos os sentidos, e não foi surpresa que os comerciais da Nike da última temporada o mostrassem como executivo.

Ele era um bom companheiro de equipe: a crueldade, a determinação em destruir alguns colegas nos treinos, que o caracterizaram quando era mais novo, tinham acabado. Segundo os treinadores, Jud Buechler era o tipo de jogador que Michael teria perseguido em outros tempos, mas ele estava diferente agora, capaz de ver as limitações de Buechler, assim como suas qualidades, sobretudo a de ser um companheiro bom e valoroso. Alguns socos foram trocados no outono de 1995 entre Michael e Steve Kerr, que era consideravelmente menor do que Jordan. Ninguém sabia exatamente o que havia causado a briga, mas foi certamente uma combinação de fatores: a frustração de Jordan com seu pálido desempenho na temporada anterior, algumas diferenças quanto ao papel de Kerr como representante do time no sindicato, uma sensação de que Steve nem sequer tentava esconder seu desgosto com o fato de Jordan não ter lhe passado a bola quando estava livre. Mas Kerr, um jogador bastante duro e renitente, manteve sua posição, o que Jordan considerou nobre de sua parte. Ele respondeu a cada empurrão e soco de Jordan na mesma moeda, e naquela noite Jordan ligou para se desculpar com Kerr, algo que ele dificilmente teria feito em seus primeiros anos. Dali em diante, os dois nunca mais tiveram problemas.

Se por um lado ele estava se dando melhor com seus colegas, por outro estava mais distante deles do que nunca. Todos ali eram homens de negócio que trabalhavam no mesmo endereço: todos trabalhavam juntos, mas quando o serviço terminava, ao fim de cada noite, cada um seguia o seu caminho. Seus colegas entendiam isso, entendiam que as pressões e exigências sobre ele eram muito diferentes — que era impossível para Jordan trocar muita coisa com eles. Eles sabiam que em alguns aspectos ele não podia se abrir muito com eles, por medo de que uma confidência, por menor que fosse, pudesse cedo ou tarde ir parar num jornal ou capa de revista.

Jordan entendia que, de tudo aquilo, o grande circo que envolvia sua vida, a única coisa verdadeira era seu amor pelo basquete. Normalmente, quando chegavam os *playoffs*, a última coisa com que ele se incomodaria seria um comercial, mas houve um ano em que a Nike apareceu com um comercial que retratava efetivamente o seu amor pelo jogo.

Foi algo que Jim Riswold escreveu e reescreveu até encontrar. O primeiro rascunho era algo assim: "Você pode encontrar o meu rosto em toda parte, mas só existe um lugar onde você pode encontrar a minha alma — uma quadra de basquete". Riswold gostou, mas continuou trabalhando, até que uma noite rabiscou essas palavras num guardanapo: "E se meu nome não estivesse escrito nos luminosos? E se meu rosto não estivesse na televisão a cada segundo? E se não houvesse uma multidão em cada esquina? Você consegue imaginar?". Pausa: "Eu consigo". A ideia era filmar num ginásio escuro, com Jordan sozinho, arremessando lances livres. Jordan adorou a ideia. Ele disse a Riswold que era exatamente como se sentia com relação ao esporte, mas também, acima de tudo, com relação à fama que engolia sua vida. Com ou sem *playoffs*, ele disse a Riswold que levasse o projeto adiante.

Ele vivia até que sossegadamente no subúrbio de Chicago. Sua vida pessoal continuou sendo bastante reservada, o que por si só era notável, dada a intensidade das atenções que ele recebia, e a aparente convicção da mídia americana de que nada mais era privado. Ele se casara com Juanita Vanoy, uma atraente ex-modelo e secretária, em 1989, em Las Vegas, dez meses após o nascimento do primeiro filho do casal, Jeffrey; viriam ainda dois filhos, Marcus e Jasmine. Ele levava a vida mais simples que podia. Ahmad Rashad, comentarista da NBC que se tornou seu amigo mais íntimo, foi escalado pela rede de televisão para fazer um especial sobre o que Michael Jordan fazia nos dias de folga. "Vocês ficariam surpresos de ver como é normal. Ele faz o que quase todo homem faz com a família nos dias de folga. Leva as crianças para a escola e resolve uma série de problemas chatos." A diferença, segundo Rashad, era que seus vizinhos pareciam entender o fardo da fama. Eles eram os únicos a visitá-lo, e assim garantiam a privacidade que ele queria. Era só quando ele se aventurava para outras áreas de Chicago ou para outras cidades, onde as visitas eram inesperadas, que a loucura tomava conta, e as multidões que se formavam não conheciam limites.

Para boa parte de sua vida social — e alguns negócios — o mundo vinha até ele, pois continuava sendo muito difícil ele sair. Entre aqueles que costumavam aparecer estava seu velho amigo e companheiro de quarto no primeiro ano no centro de treinamento de Dean Smith, Buzz Peterson. Eles continuaram amigos com o passar dos anos, e suas famílias também, e às vezes eles viajavam em férias juntos para o Havaí. A carreira de Buzz Peterson fora prejudicada por uma série de contusões, e ele nunca chegou a se tornar um grande jogador. Ele foi a escolha numa sétima rodada de *draft* do Cleveland Cavaliers, e jogou por um breve período na Europa, antes de perceber que seu futuro era como treinador, e não como jogador. Durante algum tempo ele seguiu os passos do Carolina, trabalhando para Eddie Fogler, um dos velhos assistentes de Dean Smith, no Vanderbilt. Em meados dos anos 90, Peterson estava treinando a Appalachian State, Boone, na Carolina do Norte, e se saindo muito bem.

Numa primavera, Michael Jordan convidou Peterson para visitar Chicago e acompanhá-lo nos *playoffs*. Eles se sentiam muito à vontade um com o outro, e a enorme diferença entre suas carreiras profissionais jamais prejudicou sua mútua afeição. Essa era a essência de Michael Jordan, refletindo um forte senso de lealdade e amizade. Ele e Peterson tinham sido amigos por quinze anos, e nada os separou, nem a impressionante riqueza, a fama e o sucesso de Michael, e eles podiam brincar como amigos do mesmo jeito, como se tivesse se passado apenas um ano. A única diferença gritante entre os dois era o modo de se vestir: Michael dava uma importância enorme para as roupas, e mesmo quando jogava golfe usava roupas finas, enquanto Buzz se contentava com usar roupas comuns do dia a dia, de modo que os dois sempre discutiam quando iam sair para jogar, e Michael tentava forçá-lo a usar alguma roupa sua.

Um dia, quando tinham ido jogar golfe, enquanto esperavam pelos tacos, Jordan disse a Peterson: "Eu queria agradecer a você por uma coisa". "O que é?", disse Peterson. "Você me tornou um grande jogador de basquete." "O quê?", perguntou Peterson, intrigado. "Bem, você era o garoto de ouro do basquete no Carolina, e eu não. E você é quem seria o grande titular do time, e lá em casa todo mundo ficava dizendo que você iria começar no time e eu não porque eu era pior do que você e nunca sairia do banco. Então todo dia quando a gente ia treinar no Carolina eu ficava me dizendo: 'Você tem que ser melhor do que o Buzz. Você tem que melhorar. Tem que fazer jogadas melhores que as dele. Tem que arremessar melhor. Você precisa trabalhar a defesa'. Toda vez que a gente ia treinar uma jogada eu ficava tentando ser melhor do que você." A confissão deixou Buzz Peterson aturdido, e ele mal sabia o que responder, mas enfim disse: "Por que você não me disse isso na época, quando eu podia ter reagido?". Porém, mais tarde ele chegou à conclusão de que se ele fora complacente para com os padrões de Michael, ao mesmo tempo fora feliz em Chapel Hill, e não achava que ninguém precisava ser melhor do que era. Faltava-lhe, segundo o próprio Peterson, um certo grau de ferocidade para vencer.

Jordan não era de modo algum uma pessoa política, e não se sentia à vontade com aquela novidade do mundo das celebridades nos Estados Unidos, que exigia de toda pessoa famosa uma declaração sobre qualquer assunto político ou social, abalizada ou não. Ele costumava se recusar a prestar qualquer depoimento desse tipo para campanhas sem fins lucrativos, exceto alguma causa especial, como a evasão escolar. Muito de sua aversão a esse tipo de campanha política vinha do fato de ele não querer prejudicar sua imagem de porta-voz de alguns produtos que o patrocinavam. Quando Harvey Gantt, um dos primeiros líderes negros a lutar por direitos civis, concorreu contra Jesse Helms, o carrasco dos negros do Carolina (e de outros também), por uma cadeira no Senado pelo estado da Carolina do Norte, pareceu que seria uma ótima oportunidade para alguém que era negro e extremamente popular no estado. Jordan, porém, não fez nenhuma declaração, alegando que os republicanos também compravam tênis.

Por causa disso, havia um certo ressentimento entre alguns ativistas negros contra ele, que sentiam que, diferentemente de outros eminentes esportistas negros como Muhammad Ali ou Arthur Ashe, Jordan nunca fizera o bastante pela comunidade negra. O que parecia um tanto injusto; afinal de contas, eminentes astros brancos do esporte não eram pressionados para prestar nenhum tipo de apoio em questões sociais mais amplas. Jamais alguém cogitou que o reverenciado Joe DiMaggio devesse se pronunciar em favor dos direitos civis. Mas as coisas eram um pouco diferentes para os negros. Arthur Ashe certa vez disse que ser negro nos Estados Unidos era como ter um outro emprego em período integral depois do expediente.

Mas talvez Michael Jordan fosse diferente. Ele era o representante de uma nova geração de jovens negros americanos, para os quais muitas das portas que antes estavam fechadas, não só em termos de educação, mas também comercial e socialmente falando, agora se abriam, e ele, mais do que muita gente, tinha ajudado a abri-las. Emitir declarações sobre a condição do negro era algo que ele fazia com seus atos, na maneira como se portava em jogos importantes sob uma inacreditável pressão, no modo de reagir diante do processo mais intrusivo na vida privada de alguém na história moderna, e, finalmente, na qualidade do grande empresário que ele se tornara. Em seu caso, era como se as coisas não devessem ser ditas, mas *feitas*.

Outra razão pela qual ele não falava muito sobre política era porque não era bom nisso. Algumas pessoas têm uma tendência natural para a política, um sentimento verdadeiro, outras não. Normalmente isso acontecia em famílias que tinham pelo menos um membro bastante politizado; Jordan fora criado numa família de códigos bastante rígidos, mas eram códigos de classe média de como se comportar, como se sair bem e se tornar um sucesso na escola e no trabalho, e não como manifestar indignação social ou política. Pode-se dizer até que na família de Jordan ocorria o contrário. Ele e seus irmãos ouviam sermões sobre as grandes possibilidades que os aguardavam se eles se esforçassem, trabalhassem duro, não recebendo informações sobre os preconceitos sociais que prejudicaram alguns no passado; eles aprenderam que o certo era ter amigos de todas as raças, e isso foi o que Jordan cultivou a vida inteira. Quando este cronista comentou com Deloris Jordan, sua mãe, como era notável a escalada de Michael, um jovem esportista negro que se tornou o mais conhecido e mais bem pago porta-voz comercial do mundo, ela disse que essa conversa de brancos e negros já havia causado muitos problemas e que esse era um dos problemas do país. Que todo mundo deveria se lembrar que as pessoas eram só pessoas.

A naturalidade e segurança que Michael demonstrava com a imprensa antes e depois dos jogos — sobre assuntos que ele dominava, sempre com as melhores observações para aqueles que ganhavam a vida com as palavras — e a desenvoltura que ele mostrara ao lidar com os diretores e câmeras, filmando uma centena de comerciais, desapareciam quando o assunto entrava na política. Não era uma coisa que ele entendia ou com a qual se importasse, nem mesmo tivesse facilidade em tratar. Ele ficava incomodado e estranho. Além do mais, como observou um de seus amigos, suas ideias sobre política talvez não fossem as mesmas das pessoas que lhe perguntavam sobre todos os assuntos. Talvez ele fosse mais conservador do que elas esperavam. O grande amigo de Jordan, Charles Barkley, certa vez contou a sua avó que votaria num republicano para governador. Ela ficou chocada. "Meu filho, os únicos que votam em republicanos são os milionários", disse ela.

"Vó", ele explicou, "eu sou um milionário".

Nada foi tão revelador do amadurecimento de Michael Jordan nos últimos três anos como a mudança em sua atitude para com Scottie Pippen. Durante um bom tempo, no início, Jordan foi reservado com Pippen, e às vezes, em ocasiões privadas, até negativo com ele. Suas dúvidas depois do jogo de 1990 ficaram claras, e mesmo depois de o Bulls ter conquistado três campeonatos, parecia aos outros colegas que ele guardava ainda uma enorme distância com relação a Pippen. O que o incomodava em Pippen naqueles anos, segundo seus companheiros, era a inconsistência de Scottie. Havia grandes jogos — Pippen se saía com uma ótima média de pontos, assistências e rebotes — e na partida seguinte ele praticamente desaparecia. A verdadeira grandeza na NBA dependia mais do que de qualquer outra coisa da consistência do seu jogo. O trio Bird, Parish e McHale fazia seus sessenta ou 65 pontos toda santa noite.

Mas depois que Jordan voltou do beisebol, ele estava bem mais generoso com Pippen, que, por sua vez, estava bem mais maduro. "Scottie é o melhor jogador deste time", disse ele naquelas primeiras semanas de seu retorno. Ele parecia valorizá-lo bem mais do que antes, falando a seu respeito como se fossem irmãos na quadra. A diferença, segundo B. J. Armstrong, era que quando Jordan era mais novo, não havia nada que não fosse capaz de fazer na quadra. Ele era capaz de marcar cinquenta pontos sempre que quisesse, e conseguia levar a bola de um extremo ao outro da quadra, dar o arremesso que quisesse, e fazer isso durante o jogo inteiro. Ele precisava de bons parceiros para vencer, mas não para ser Michael Jordan. Agora, contudo, mais velho e precisando conservar energia e acertar o ritmo para o jogo inteiro, ele percebia que para ser Michael Jordan ele precisava de Scottie Pippen. Pela primeira vez, havia uma dependência mútua. Ele precisava de Pippen para trazer a bola e passá-la quando ele quisesse, para controlar o ritmo do jogo de modo aceitável para Jordan, para criar alternativas para a cesta e para ser uma força a mais na defesa. Na altura do segundo ciclo de títulos do Bulls, disse Armstrong, eles dois se conheciam tão bem e sabiam tão bem o que cada um queria que o outro fizesse a cada instante que era como se um estivesse dentro do pensamento do outro, como se fossem gêmeos.

Uma das razões de Jordan ter continuado a ser duro com Jerry Krause era porque Krause era duro com os jogadores importantes para o time, mas que tinham algum tipo de vulnerabilidade em seus contratos. Era a maneira de Jordan ser um bom companheiro. Nessa medida, ele acreditava, Krause não só era desnecessariamente mesquinho como gostava de humilhar os outros. Era um sentimento que vinha das negociações de Krause com John Paxson, mesmo depois de Paxson ter demonstrado ser um membro valioso da equipe na conquista do campeonato. Paxson era, de acordo com os padrões da NBA, bastante mal pago para titular de um time campeão, ganhando algo em torno de 500 mil dólares por ano, e Jordan achava que Krause fora duro demais com ele nas negociações, como se Paxson não valesse muito em outros times. Certa vez, impressionado com a forma como estavam tratando Paxson, Jordan pediu a David Falk para ser o agente de Paxson, e Falk logo conseguiu uma boa oferta do San Antonio, quase três vezes maior do que Paxson estava ganhando no Chicago, como uma forma de manter o Bulls interessado por ele. Esses acordos logo se tornariam cada vez mais difíceis para ambos os lados.

29.
CHICAGO, 1998

Quando a temporada de 1997-98 chegava à metade, com a volta de Scottie Pippen, o Bulls voltava a ser o grande bicho-papão da liga. A longa ausência de Pippen significou que uma boa parte do início da temporada exigiu mais de Jordan do que de costume. O lado bom de sua ausência foi o fato de que ele estava bastante descansado quando voltou.

O time estava um pouco mais instável do que antes; concentração e resistência psicológica eram agora mais importantes do que o puro talento, e quanto mais importante o jogo, geralmente, melhor eles se saíam. A prova disso era a tendência que eles vinham mostrando de perder a concentração em jogos menos importantes. Tex Winter, o pessimista de plantão do Chicago, estava sempre resmungando, pensando a toda hora que as coisas não iam bem. Ele continuou assim pessimista durante grande parte da temporada, sempre fazendo suas previsões apocalípticas. Os jogadores o chamavam de o "Treinador do Contra". Foi bastante emblemático desse momento o jogo contra o Philadelphia, uma equipe jovem que tentava se afirmar com alguns jovens talentos que podiam ou não emplacar na liga. O Philadelphia jogou bem naquela noite, e Winter estava preocupado com a qualidade do 76ers. "Tex", Jackson havia dito a ele, "eles terão sorte se conseguirem vencer trinta jogos na temporada".

"Phil", disse Winter, "eles têm mais jogadores de talento do que nós".

"Tex", respondeu Jackson, "a questão não é o talento — mas a resistência psicológica e uma atitude de conjunto. Com sorte, eles chegarão a trinta vitórias". (De fato, o Philadelphia venceu 31 partidas na temporada e foi o último em sua divisão.)

"E quantos jogos você acha que nós vamos conseguir ganhar sem Scottie?", perguntou Winter.

"Sessenta, se Scottie voltar no meio da temporada", respondeu Jackson.

Jackson pensou que se as coisas fossem bem o Bulls poderia vencer facilmente 55 jogos e teria chances de ainda chegar aos sessenta. A força que Pippen trouxe de volta, uma nova coesão no ataque, deu-lhes a fluidez que estava faltando, isto é, os times adversários já não conseguiam mais se concentrar em Jordan, como vinham fazendo. Aos poucos, com o número de vitórias aumentando, todos os jogadores foram ficando mais confiantes. Havia, contudo, uma sensação de que Dennis Rodman estava começando a perder a concentração, agora que o time dependia menos dele. Houve uma partida, no final de janeiro, em que Rodman faltou a um dos jogos preparatórios em New Jersey, e Jackson mandou-o para casa.

Quanto mais ele conhecia Rodman, mais certeza ele tinha de que aquele jogador estava sofrendo do que eles chamavam de SFA, ou Síndrome de Falta de Atenção, muito provavelmente um caso genético, que colocava sérios limites à capacidade de concentração do indivíduo, causando todo tipo de frustração e distúrbios sociais decorrentes. Todos os sintomas de Rodman — ficava entediado rapidamente; reagia negativamente diante da menor mostra de autoridade; tinha reações instintivas que sempre prejudicavam sua carreira e reações gratuitas por motivos ínfimos; sofria surtos de hiperatividade — eram manifestações clássicas de SFA. De modo que quando percebeu que era um bom jogador de basquete — a única coisa em que ele era bom —, ele trabalhou duro para aperfeiçoar seu jogo. Era típico dessa síndrome: frustrados em outros campos, eram incansáveis quando encontravam sua única vocação. Até mesmo o amor de Rodman por Las Vegas — ele costumava ir para lá sempre que tinha oportunidade — era uma confirmação desse problema, no entender de Jackson, pois para alguém tão entediado, Las Vegas, com seu barulho constante e agitação artificial, era um paraíso. Todo ano, durante os *playoffs*, quando o Bulls ficava ainda mais sob as atenções do país inteiro, Jackson recebia cartas de educadores do país inteiro, que trabalhavam com crianças que tinham essa síndrome. Eles observavam que seus alunos tinham muitos dos sintomas de Rodman, e diziam que ele era um exemplo perfeito; eles mostravam aos alunos que alguém que lutasse com aquele problema podia ter uma carreira bem-sucedida.

Contudo, Rodman estava se tornando cada vez mais uma nota dissonante, e sem sinais de querer mudar. Na ocasião Jackson conversou com o resto do time sobre ele, pedindo que tentassem entendê-lo. Ele disse que o resto da temporada seria difícil. Eles estavam obviamente perdendo Rodman, mas ainda precisavam muito dele. E não só precisavam, Jackson lembrou-os, como também gostavam dele. Jackson disse ainda que toda tribo indígena tinha alguém como Rodman, que era chamado de "o que anda de costas" — Heyokah, na língua Sioux —, o contrário da tribo, alguém que sempre tem que ir contra a maioria. Era uma prova de maturidade e profissionalismo dos outros jogadores, e da habilidade e suavidade com que Jackson conduzira um jogador difícil dentro de um time forte e consciente, o fato de que eles raramente se ressentiam do comportamento de Rodman e que Jackson rasgasse tanta seda para ele. Havia um consenso da parte dos outros jogadores e treinadores: todos tinham feito muitos sacrifícios pela última chance de conseguir um título, eles precisavam de Rodman para vencer, e gostavam de Dennis apesar de tudo. Na opinião deles, nenhum outro treinador na liga teria conseguido obter tanto dele por tanto tempo. Mas as coisas estavam ficando complicadas. "Eu não sei como você suporta isso", disse Tex Winter a Jackson no auge da temporada. "Eu jamais seria capaz de lidar com um jogador assim. Eu jamais teria tanta paciência." Segundo Jackson, a ironia era que, embora não houvesse nenhum americano mais diferente de Rodman do que Winter, o último grande careta produzido pela Depressão, ninguém trabalhava melhor e mais apaixonadamente com Rodman, dia após dia, muitas vezes ficando até tarde com ele para treinar alguns aspectos de seu jogo. Rodman parecia amar Winter, e Winter parecia gostar de Rodman.

Apesar da evanescente concentração de Rodman, o Bulls conseguiu ficar firme até o final do ano. No auge da temporada, numa transação que surpreendeu a todos os jogadores do time e à grande maioria dos profissionais do basquete, o Bulls negociou Jason Caffey com a Golden State, obtendo muito pouco em troca. Caffey tinha 2,03 m de altura e pesava 113 kg, o ala reserva, muito forte, bom nos rebotes, porém limitado em outros aspectos, alguém que enfrentara problemas com o esquema ofensivo em triangulação. Em troca, o Bulls ficou com um jogador chamado David Vaughan, que rapidamente foi despachado, e depois um jogador chamado Dickey Simpkins, que já havia passado pelo time e que fora igualmente despachado. No papel, a troca parecia inexplicável, principalmente para um time em busca do título. Quaisquer que fossem suas limitações, Caffey era forte, tinha presença física num time que precisava muito de sua força e habilidade atlética em certas marcações decisivas. Krause não gostava de Caffey por uma série de razões, uma delas era porque ele estava prestes a se tornar dono do seu próprio passe e estava sendo representado por Jimmy Sexton. O que irritou alguns jogadores foi que Jackson estava querendo se livrar de Caffey. Mais tarde ele disse que vislumbrou ali uma possibilidade de colocar mais responsabilidade nas mãos de Rodman. Pois enquanto Caffey esteve lá, Rodman teve uma cobertura competente para os rebotes, o que lhe permitia ser um pouco mais irresponsável em sua conduta. Jackson disse também que concordara em negociar Caffey, acreditando que conseguiria alguém melhor em troca. O que, segundo ele, não aconteceu. No fim das contas, a negociação só fez aumentar as tensões que já havia entre Krause e Jackson.

Algumas vezes naquela temporada, o Bulls parecia uma colcha de retalhos. Se eles deviam mesmo ter continuado juntos até ali, era uma boa pergunta. Devido à liberdade de passe, o modo de manter um time de basquete unido era diferente naqueles dias. O recrutamento tinha menos importância, e se você conseguia ou não contratar jogadores talentosos donos do próprio passe, era cada vez mais uma questão de habilidade em contratá-los — era mais como atrair astros do colegial para um grande programa de basquete universitário. Obviamente, o Bulls tinha uma grande vantagem potencial nos recrutamentos, porque eles podiam usar Jordan, Pippen e Jackson para seduzir esses jovens e trazê-los para o Chicago — praticamente todo mundo queria jogar com Jordan. Mas isso era uma coisa difícil de engolir para Krause. Ele já havia falado abertamente sobre seus planos de construir o time pós-Jordan e tê-lo no papel fundamental de manter o time unido. O único jogador que Krause tinha pedido a Jordan para ajudar a recrutar foi Kukoc, e Jordan não quis se envolver.

Raramente o Bulls era brilhante no ataque, mas havia muitos momentos em que os jogadores acendiam e eram de fato implacáveis na defesa. O número de vitórias foi se acumulando. No início de fevereiro, Michael Jordan foi a Nova York para jogar no *all-star*. Embora estivesse gripado e houvesse muita polêmica sobre o novo astro do Oeste Kobe Bryant, Jordan mandou no jogo e foi escolhido o melhor em quadra.

Apesar dos rumores da diretoria, isso nunca afetou o desempenho em quadra. Jackson, sempre sensato, até usava a tensão como uma forma de manter a coesão, encorajando uma atitude combativa: o Bulls não iria apenas enfrentar o Lakers, o Pacers, o Knicks, o Jazz e o SuperSonics, eles também teriam que enfrentar sua própria diretoria. Foi pensando nisso que Jackson chamou aquela temporada de "a última dança", tendo em mente o fato de que eles estariam basicamente sozinhos naquela busca, defendendo o título ou não. Jackson e os jogadores, inclusive Jordan, acreditavam que os proprietários tinham mantido o time unido para aquela tentativa de um último título com grande relutância, como se não quisessem carregar a culpa de terem sido eles a separá-los.

Seguramente, os torcedores entendiam que aquela temporada seria o fim de algo que eles jamais voltariam a ver. Motivada pela crença disseminada de que aquela poderia ser a última temporada de Jordan, e que portanto cada aparição sua num ginásio poderia ser a última, a michaelmania atingiu seu apogeu. Pelo menos duas equipes de documentário estavam atrás dele, uma delas da NBA. Em toda parte aonde o Bulls ia, os ingressos se esgotavam. Quando eles jogaram em Atlanta, 62.046 pessoas compraram ingressos, muitos mesmo em lugares de pouca visibilidade. Em Philadelphia, um jornal local imprimiu uma edição especial de 52 páginas sobre Jordan.

Quando chegou a Nova York para jogar o que poderia ser seu último jogo no Madison Square Garden, Jordan estava calçando um velho par de Air Jordan, o que muitos repórteres entenderam como uma forma estranha (e bastante comercial) de Michael dizer que aquela seria sua última aparição. Depois do jogo, centenas de jornalistas se acotovelaram na sala de imprensa; inúmeros reconhecidos cronistas esportivos de Nova York foram vistos ali levantando seus filhos acima dos ombros para que eles pudessem dizer no futuro que um dia tinham visto Michael Jordan.

Em cada cidade em que o Bulls parava para dormir, um grande número de pessoas se hospedava no mesmo hotel que o time, para que um dia pudessem dizer que tinham ficado no mesmo hotel que o Chicago Bulls. Milhares de outros torcedores simplesmente se aglomeravam em volta do hotel na hora em que o Bulls saía para o ginásio, para que pudessem vê-los no breve trajeto da porta do hotel até o ônibus.

Em toda parte, é claro, havia fotógrafos. Não apenas os trinta ou quarenta contratados pelos jornais para fazerem fotos de Michael subindo para a cesta e enterrando, mas milhares de outros, amadores, armados apenas com suas câmeras automáticas e baratas, que tiravam fotos dele andando para o ônibus, saindo do ônibus, ou, melhor ainda, quando ele entrava em quadra. Eles sentavam em suas poltronas e disparavam seus flashes quando Michael entrava na quadra, antes do começo da partida, fazendo cada ginásio parecer por um momento uma gigantesca árvore de Natal. Eles queriam conservar aquele momento especial com uma lembrança para o futuro: Jordan aparecia apenas como uma pequena mancha, captada pela câmera de uma longa distância, mas era uma prova, contudo, como milhares de fotos da torre Eiffel ou da estátua da Liberdade, de que sim, eles haviam estado lá, e tinham visto Michael Jordan jogar.

A multidão de jornalistas, americanos e estrangeiros, amontoados no vestiário de Jordan, cresceu, e as perguntas eram cada vez mais esotéricas. Jonathan Eiger, um escritor de revista, trabalhando em um artigo, estava atrás de um repórter francês e discretamente deu uma olhadela nas perguntas do colega. Elas eram: "1) Qual a coisa mais importante na vida? 2) Você tem algum herói? 3) Como é ser Michael Jordan? 4) Qual personalidade da história você mais admira? 5) Você acredita em Deus?".

Depois de começar a temporada com a marca de oito vitórias e sete derrotas, o Bulls passou a 54 e 13 até o final da temporada, com um aproveitamento de mais de 80%. Sua marca final foi de 62 e 20, empatando com o Utah com o melhor aproveitamento da liga. No dia seguinte ao final da temporada, Jackson foi a um encontro de treinadores com um enorme sorriso amarelo no rosto. "Quanto a vocês eu não sei", disse ele a seus assistentes, "mas eu tenho uma cláusula no meu contrato que prevê um bônus de 50 mil dólares se tivermos o melhor aproveitamento da liga". Durante as calorosas negociações do contrato de Jackson no ano anterior, a diretoria tinha argumentado que os 6 milhões de dólares que eles estavam pagando para Jackson treinar o time deviam ser incentivo o bastante, e que não havia necessidade de nenhum bônus. Jackson e Todd Musburger tinham concordado, mas quando o contrato ficou pronto, as cláusulas de incentivo tinham sido mantidas por engano. Jackson ficou muito impressionado com sua sorte, um engano daqueles pagava mais do que todo o seu salário de alguns de seus anos na CBA. Reinsdorf não gostou tanto da coisa: argumentou que o Bulls não tinha tido a melhor marca da NBA, pois eles haviam perdido a vantagem de jogar em casa para o Jazz, de modo que a cláusula não se aplicava. E acabaram concordando com um bônus de 25 mil dólares.

Conforme o time foi ficando pronto para os *playoffs*, Jackson chamou jogadores, treinadores e preparadores para uma reunião especial do time. Jackson tinha a profunda convicção de que, assim como o título seria uma recompensa, a verdadeira recompensa era a própria jornada até ali, a amizade e as relações humanas que eles tinham compartilhado em tempos bons e momentos difíceis ao longo dos últimos anos. Como aquela seria a última ocasião em que todos estariam juntos, ele pediu a cada um que deixasse algum tipo de mensagem de despedida para aquela difícil porém bem-sucedida temporada, escrevendo alguma coisa, algumas palavras, talvez um poema, sobre o tempo que ficaram juntos e o que a temporada tinha significado para eles. Cinquenta palavras no máximo. Ele aprendera isso com sua mulher, June, que trabalhara num hospital e que às vezes fazia exercícios semelhantes com pessoas mais velhas que estavam à beira da morte. Depois o time iria queimar todas as mensagens juntas numa lata.

Aquilo, segundo o preparador Chip Schaefer, era a essência de Phil Jackson. Primeiro, pouquíssimos treinadores pensariam em fazer uma coisa dessas, e os poucos que talvez pudessem pensar dificilmente teriam coragem de fazê-lo, por medo de a atitude não parecer máscula. Mesmo que tivessem coragem, ele ponderou, será que algum outro treinador seria capaz de convencer um grupo de experimentados e às vezes cínicos jovens milionários a levar a ideia até o fim? Na verdade, aquele acabou sendo um momento incrivelmente comovente. Todos participaram. Alguns jogadores escreveram seus depoimentos, outros simplesmente se levantaram e falaram alguma coisa. Alguns falaram sobre como os anos em Chicago haviam mudado suas vidas, dos filhos que tiveram lá, do prazer de terem jogado ao lado de grandes colegas como Jordan e Pippen, e da emoção de fazer parte de dois times campeões. Talvez o discurso mais comovente tenha sido o de Ron Harper, que falou de sua experiência de jogar na função limitada e sem *glamour* de especialista em defesa do time, depois de ter sido a estrela principal de times mais fracos. Era tão mais doce, ele disse, ser apenas mais um em um time campeão do que ser o superastro de um time menor.

O surpreendente foi a intimidade com que tudo isso transcorreu. Homens como aqueles, atletas profissionais, não estavam acostumados a se abrir emocionalmente. Parte do código tácito masculino dos vestiários era que certas emoções não deviam ser mostradas. A raiva era permitida — dos árbitros, dos adversários, treinadores, e às vezes até de colegas do próprio time —, mas não emoções mais complexas que pudessem ser entendidas como um sinal de fraqueza. Até mesmo Michael Jordan se levantou e falou. Ele havia escrito um pequeno poema, o que surpreendeu alguns de seus colegas, porque Jordan era normalmente fechado, envolvido demais em seu próprio mundo, alguém que queria sempre saber das emoções, sentimentos e fraquezas de outros jogadores, mas não queria que ninguém soubesse das suas. Mas seu poema era gentil e terno: "Será o fim?", perguntava, e caso fosse, "O que o futuro reserva?". O fato de ele ter participado foi muito importante para todos.

O Bulls enfrentou o New Jersey Nets na primeira rodada dos *playoffs*. Por muito tempo uma das cidades mais fracas da liga, New Jersey agora abrigava uma equipe boa e de jovens talentos: Jayson Williams, que surgia como um dos melhores rebotes da liga; Keith Van Horn, um novato talentoso que tinha uma infiltração explosiva e um excepcional aproveitamento nos arremessos de longa distância; Kerry Kittles, um jovem bastante admirado, e Kendall Gill, um dos melhores defensores da liga. O armador, Sam Cassell, tinha talento mas às vezes apresentava alguns problemas, um jogador que tinha tendência a distribuir a bola primeiro e antes de tudo para ele mesmo. Os Nets eram jovens, ávidos, e estavam em ascensão; eles eram muito mais agradáveis de se ver jogar do que seus vizinhos do outro lado do rio, os Knicks, que tinham um jogo muito físico, elaborado acima de tudo para exaurir — ou bater — seus adversários. Com sorte, se ninguém conseguisse o passe livre, os Nets seriam um dos melhores times da liga em poucos anos.

Se o Bulls estava preparado para as primeiras rodadas dos *playoffs* ainda era uma questão em aberto. Eles haviam vencido 62 jogos, mas não tinham impressionado tanto como na temporada passada; outros times já estavam cientes de sua idade e do fato de que às vezes jogavam bem apenas em surtos, em vez de partidas inteiras. "Eles estão um ano mais velhos, mas não um ano melhores", disse o treinador do Seattle, George Karl. Uma manchete da coluna de Bernie Lincicome, do *Chicago Tribune*, pouco antes dos *playoffs*, dizia: "Bulls talvez sucumba ao cansaço da maratona". Segundo Lincicome, o Bulls "precisa encarar o fato de que seu tempo passou... A volta dos mortos-vivos". No primeiro jogo, o Chicago parecia descuidado, não levando o Nets a sério até que quase fosse tarde demais. Embora Williams estivesse jogando com o polegar quebrado e a mão enfaixada, e Van Horn tivesse ficado fora boa parte do jogo por causa de uma gripe, inclusive tendo que tomar uma injeção nos vestiários, o Net estava superando o Bulls nos rebotes por 53 a 39, e jogava com mais entusiasmo. O Bulls devia ter aberto uma vantagem maior no terceiro quarto, mas permitiu que os visitantes continuassem no páreo. O Nets continuou próximo no placar e poderia ter vencido no tempo normal se Kittles tivesse convertido um arremesso da entrada do garrafão. Ele errou, e o jogo foi para a prorrogação, empatado em 89. Mesmo na prorrogação, o Bulls continuou jogando mal. Com mais de quatro minutos de prorrogação, o placar estava empatado em 91 quando Kittles veio trazendo a bola para o ataque. Ele estava no meio da quadra, faltando 45 segundos para o final. Jordan o estava marcando e começou a pressioná-lo para a esquerda, o lado de sua mão fraca. Quando Kittle começou a progredir para o lado, Jordan supreendeu-o, roubou a bola e partiu para a enterrada, com Kendall Gill voando atrás dele. Quando ele estava no ar, Gill pulou em suas costas e fez falta, mas Jordan conseguiu converter. O lance livre deu ao Bulls uma vantagem de três pontos. Na sequência seguinte, Gill infiltrou e saltou para enterrar, mas Pippen fez uma grande jogada defensiva e conseguiu o toco. O Bulls venceu, mas não foi uma vitória inspiradora. Jordan não esteve muito bem nos arremessos, 11 em 27, mas arremessara 23 lances livres, quase o mesmo número de toda a equipe do New Jersey, e convertera 17 lances.

Se o primeiro jogo serviu de alerta, o Bulls pareceu não ter dado atenção. No segundo jogo, o Bulls começou melhor, e com cerca de quatro minutos para o fim do terceiro quarto, tinha uma vantagem de vinte pontos. Então começaram a cochilar, com um jogo instável no ataque e desperdiçando lances livres. No final do terceiro quarto, a vantagem tinha caído para onze, e no início do último quarto chegou a sete pontos. Então, Tony Kukoc e Chris Gatling trocaram cestas, e Steve Kerr pôs um fim aos planos do Nets convertendo uma cesta de três pontos. Eles venceram, mas sem um desempenho notável. Eles estavam com dois jogos de vantagem, mas pareciam desanimados e sem o velho instinto assassino. Em Nova Jersey, no terceiro jogo, finalmente eles jogaram como campeões. Eles deram uma lição no ataque e na defesa. Tudo o que eles fizeram deu certo. Jordan converteu 15 de 22 e marcou 38 pontos. O Nets, jovem, barulhento e alegre, estava acabado. Agora, o número mágico era doze.

O Charlotte Hornets era o próximo adversário. Era um time conturbado, de uma organização conturbada. Poucos anos antes, o Charlotte havia dado início a um processo de modernização do time, com novas e modernas instalações, numa moderna cidade do Sunbelt.[6] Os proprietários, dirigentes, jogadores e torcedores estavam dispostos a fazer tudo da maneira correta. O Hornets foi bem nos primeiros recrutamentos, trouxe jovens de talento e habilidosamente conquistou o apoio da torcida. Então, no outono de 1993, Larry Johnson, um daqueles modernos astros do basquete, que talvez fosse, talvez não, um bom jogador, conseguiu um contrato incrivelmente alto e de longa duração — um dos primeiros a mudar o padrão dos orçamentos da NBA: doze anos por 84 milhões de dólares. Quase simultaneamente, suas costas começaram a doer e sua habilidade nos rebotes começou a cair vertiginosamente. Seu comportamento fora da quadra também entrou em decadência: ele era um dos principais jogadores daquele terrível time americano do Dream Team 2, cujo comportamento no Mundial de Toronto em 1994 ofendeu a quase todo o mundo — seus treinadores, a imprensa e os jogadores estrangeiros. Johnson não parecia se dar bem com seu colega do Charlotte Alonzo Mourning, o talentoso jovem pivô do time, e depois do acerto do novo contrato de Johnson, Mourning, representado por David Falk, logo deixou o Charlotte para ir jogar no Miami. A sorte de Johnson no Charlotte foi ficando cada vez pior, e ele foi trocado com o New York pelo igualmente problemático Anthony Mason, um dos jogadores mais físicos da liga, um jovem que sempre parecia estar infeliz com alguma coisa.

Mason tinha um corpo de jogador de futebol americano — com seus 2,03 m de altura e 113 kg, ele parecia uma parede — e um jogo bastante duro. Podia jogar na defesa, especialmente contra homens um pouco maiores, os quais conseguia deslocar de suas melhores posições de arremesso, e tinha um razoável arremesso de curta distância. Assim como muitos jogadores da NBA, contudo, ele não tinha o menor senso de suas limitações. Só porque controlava a bola razoavelmente bem para um pivô, ele gostava de driblar; um dos grandes erros que Don Nelson cometeu como treinador durante sua breve passagem pelo New York foi dizer a Mason que ele tinha qualidades

---

[6] As regiões Sul e Sudoeste dos Estados Unidos. (N. T.)

de ala, que era um pivô que sabia e devia ficar com a bola. Mason tinha pouco senso de direção na quadra e de ritmo do time, e costumava prender muito a bola, driblando excessivamente, enquanto os jogadores da defesa adversária agradeciam a oportunidade de cercá-lo e aos demais atacantes. Assim, Mason passou boa parte daquele ano numa disputa pessoal com o treinador do Charlotte, Dave Cowens, um homem que representava um retrocesso numa era mais simples e menos movida por egos.

O Bulls havia enfrentado Mason nos *playoffs* antes, quando ele estava no Knicks, mas nessa série ele parecia feito sob medida para Rodman, que era muito mais rápido e ágil de corpo e mente do que ele. Mason era um jogador difícil de marcar para alguns times, porém nessa ocasião as coisas pareciam estar mais para o lado do Bulls, sem que Mason pudesse desconfiar por quê.

No primeiro jogo, o Bulls começou devagar e o Charlotte conseguiu uma vantagem ao final do primeiro quarto, 23 a 15. Mas então Jordan começou a dominar e o Bulls marcou dezesseis cestas sem perder nenhum arremesso. Depois de converter 12 de seus primeiros 23 arremessos, o Charlotte amargou uma prolongada série de erros durante o segundo e terceiro quartos, nos quais eles marcaram apenas 4 de 23. O Chicago, ainda que não perfeitamente sincronizado, jogava razoavelmente bem no ataque, e Pippen, marcando Glen Rice, o talentoso arremessador do Hornets, limitou-o a 9 de 25 arremessos. O Bulls venceu fácil, 83 a 70. A defesa tinha conseguido mais uma vez.

O Charlotte esboçou uma breve reação no segundo jogo. Aparentemente seguros de que tinham o Hornets em suas mãos, e agora um pouco excessivamente confiantes, os jogadores do Bulls jogaram muito mal. O Chicago estava confiante demais em suas habilidades defensivas, como se eles pudessem *sempre* anular os adversários quando bem entendessem. Dessa vez, com dificuldades e jogando descuidadamente outra vez no ataque, ainda assim eles entraram no último quarto com uma vantagem de oito pontos, após segurar o Charlotte em meros 49 pontos nos três primeiros quartos. Então, os jogadores do Charlotte tomaram conta: B. J. Armstrong, o ex-jogador do Bulls que havia sido trocado num recrutamento anterior, marcou oito pontos no último quarto, e Dell Curry marcou treze. O Charlotte venceu com um jogo feio e sem arte. Esse seria o grande feito do Hornets. Significava que o Chicago tinha perdido a vantagem de jogar em casa naquela série. Porém, a defesa do Bulls mostrou-se à altura da tarefa, e os jogos que faltavam não foram apertados. O Charlotte, que tinha uma média de 96 pontos durante a temporada normal, caiu para 82 na série. Mason, que se impunha e ameaçava a maioria dos outros times, parecia lento e temeroso diante de Rodman, que conseguira dezessete rebotes contra apenas sete dele; Rice, um dos maiores cestinhas da liga, ficou com uma média de apenas vinte pontos por jogo, depois de ter tido uma média de 22 na temporada normal. Durante os *playoffs* na NBA, era importante para os grandes jogadores ficar acima de suas marcas da temporada normal.

30.
CHICAGO; INDIANÁPOLIS, 1998

O time do Indiana que pegou o Chicago nas finais da Conferência era cheio de surpresas. Primeiro, o treinador do Pacers era Larry Bird. Era uma surpresa para muitos que ele quisesse ser treinador, e ainda mais, que fosse tão bom — escolhido o melhor treinador estreante em seu primeiro ano na liga. Aquilo contrariava todos os prognósticos que havia no esporte, que diziam que superastros não davam bons treinadores ou dirigentes, pois o jogo era uma coisa muito fácil para eles e porque raramente tinham noção das frustrações que atormentavam jogadores comuns, além do fato de já terem estado no topo de suas carreiras e não terem mais tanto ânimo para lutar pela excelência na nova profissão, ao contrário de um ex-jogador normal, com mais limitações, que ainda teria coisas para provar a si mesmo, coisas que não chegara a mostrar enquanto jogador.

Além disso, havia um certo consenso entre algumas pessoas de que Bird não era lá muito inteligente, imagem que ninguém lutava mais para perpetuar do que o próprio Bird. Ferino e incrivelmente divertido, dono de um humor implacável, Bird sempre escondera sua inteligência o máximo que pôde da mídia e do resto do mundo por bastante tempo, fingindo não ser nada além de um caipira sem verniz. Ele voluntariamente impedia que a maioria dos jornalistas o conhecesse mais a fundo, e aqueles a quem permitira maior contato tiveram que primeiro demonstrar que seu amor pelo basquete vinha de longa data e acima de tudo, como uma espécie de rito de passagem à sua intimidade. Um dos poucos que chegaram a conhecê-lo bem foi Bob Ryan do *Boston Globe*, e seu trabalho consistia em parte em servir de intérprete de Bird, do que ele fazia e do que ele tinha dito, para o resto do mundo do basquete. Ryan certa vez chamara Bird de um "ignorante voluntário", expressão que causou grande comoção nos meios politicamente corretos quando foi usada pela primeira vez. Na verdade, aquela era uma descrição incrivelmente precisa, pois Larry Bird só queria saber do que precisava saber e nada mais. Ele se sentia muito mais à vontade deixando que pensassem que ele era burro do que tendo que lidar com as obrigações que teria se as pessoas achassem que era inteligente. Aqueles que haviam jogado com ele, contudo, sabiam que ele era muito inteligente, frio e calculista.

Durante os últimos anos, ele havia deixado claro seu interesse em se tornar treinador, sob algumas condições.

Indiana era o seu lar, e em 1997, quando o Pacers começou a procurar um treinador, Donnie Walsh, o chefe da organização, teve um encontro com Bird. Eles conversaram durante uma hora e meia e ele ficou surpreso de ver como Bird estava bem preparado e interessado no emprego. Ele disse a Walsh que prepararia um programa de treinamento bastante duro. Seus jogadores estariam em ótima forma para o início da temporada. Ele conseguiria dois treinadores assistentes e seria muito exigente com eles — caso contrário, por que pagar-lhes um salário? Ele prepararia o time muito bem, mas quando o jogo começasse, ele não seria um daqueles treinadores desesperados no banco. Eles iriam jogar e ele não ficaria falando durante o jogo. Não imporia muitas regras, mas seria duro com certas infrações, como atrasos, por exemplo. Esta era a chave para a disciplina. Walsh ficou impressionado e imediatamente lhe deu o emprego; Bird, evidentemente, estava louco para treiná-los; conhecia os pontos fortes e os pontos fracos de cada um do time, sabia de quem vinha a autoridade e conhecia o jogo melhor do que qualquer outro. Embora os atuais jogadores da NBA pouco soubessem da história da liga, os feitos mágicos de Bird ainda eram recentes na memória do basquete, o bastante para que os jovens o conhecessem, e a época em que ele jogara ainda lhe conferia bastante legitimidade e autoridade. Além disso, havia uma franqueza e uma sinceridade absolutas em Bird. Walsh já sabia disso, e agora o percebia mais claramente do que nunca. Não haveria brincadeiras com o time. Ele não fantasiava relacionamentos com a mídia, mas alguns jornalistas que mostrassem que amavam o basquete receberiam respostas inteligentes. Haveria pouco espaço para dribles e enterradas mirabolantes. Seus jogadores jamais teriam dúvida de onde ele estaria e o que esperava deles. Desde o início, ele foi bastante duro com atrasos. A primeira infração dava uma multa de mil dólares, na segunda seriam 2.500, na terceira vez o jogador seria suspenso. Talvez a união dos jogadores pudesse desafiar a decisão quanto à suspensão, mas isso não chegou a acontecer. Uma vez, antes da temporada, quase todos os jogadores já estavam a bordo do avião e as escadas começavam a ser recolhidas, quando Travis Bast e Dale Davis chegaram ao aeroporto e começaram a correr pela pista. "Você quer baixar a escada e deixá-los entrar?", alguém perguntou a Bird. "Não", ele disse, "vamos embora". Foi uma lição para todos. Poucos dias depois, Reggie Miller, o astro do Celtics, perguntou a Bob Ryan: "O treinador já foi militar?". "Não", respondeu Ryan, lembrando-se de que nos velhos tempos, quando o Celtics jogava em San Antonio, sempre havia um monte de torcedores com uniformes das bases militares das redondezas, e Bird costumava olhar para eles nas arquibancadas, ver os uniformes e dar risada. "Mas ele adora o exército e também a autoridade."

Bird foi absolutamente fiel a suas palavras e treinou exatamente à sua maneira. A disciplina do time melhorou significativamente. Quando o Pacers começou a temporada, os jogadores estavam em ótima forma. Outros times tinham vários assistentes — o Bulls tinha quatro, por exemplo —, mas Bird tinha apenas dois. Walsh ofereceu-lhe uma vaga para contratar um terceiro. "Para que eu vou precisar de um terceiro homem?", disse ele. "Eu já tenho trabalho bastante com dois." Ele continuava sendo um competidor feroz. Antes de um jogo com o Cleveland, treinado por Mike Fratello, ele se recusou a fazer a tradicional entrevista antes dos jogos com Hubie Brown. Walsh rapidamente foi escalado para tentar resolver o problema. "Você não gosta de Hubie?", ele perguntou.

"Eu gosto muito dele", Bird respondeu, "mas ele é muito amigo de Mike Fratello, e vai acabar contando tudo o que eu disser para ele". Isso era puro Bird, pensou Walsh: não vai dar uma entrevista que não seja franca, nem ajudar um treinador adversário.

O time que ele treinava ia se tornando cada vez mais uma extensão dele; em uma coisa isso era mais difícil naquele ano do que no passado. Já não se tratava de um time perfeito, suas fraquezas eram óbvias. Rik Smits era alto e muito bom arremessador, mas não era atlético; e os dois alas, Antonio Davis e Dale Davis, eram atléticos, mas não podiam ser chamados de arremessadores habilidosos. O armador Mark Jackson conduzia o ataque exatamente como Bird queria, mas era um pouco lento demais para um armador da NBA. Reggie Miller se equiparava a Michael Jordan como o melhor arremessador da liga, e tinha um aproveitamento ainda melhor que o de Jordan, mas estava longe de ser tão bom quanto Jordan para criar seus próprios arremessos, e ainda mais longe de ser como ele na defesa.

O que Bird e seus assistentes fizeram com muito talento foi cobrir as várias fraquezas do time, jogo após jogo, dependendo de quem era o adversário, maximizando o que era bom e minimizando o que era ruim. Era um time muito consistente, e Bird estava claramente obtendo ótimos resultados com jogadores que até então não haviam mostrado muito na NBA. Isso era verdade especialmente com Jalen Rose, cuja carreira na NBA até ali havia sido uma grande decepção e que parecia estar à beira de conseguir uma vaga na "seleção dos mais sujos" da NBA. Ele havia pertencido aos Michigan Fab Five, um time que se tornou mais conhecido pelo que seus jogadores não conquistaram do que por aquilo que conquistaram, pelo talento desperdiçado em vez de maximizado. Era um time que desagradava a muitos torcedores e treinadores por sua arrogância em quadra, e acreditava-se que, para seu bem ou para seu mal — frequentemente para seu mal —, Rose era seu líder. Ele era um grande marcador, com 2,03 m de altura, bastante forte, mas sua primeira incursão no Denver, onde ele tinha sido escolhido na primeira rodada, fora uma decepção, e ele vinha sendo criticado por quase toda a liga: muito ego e pouca estrutura psicológica. Na temporada anterior, o então treinador do Pacers Larry Brown mal conseguia disfarçar seu desprezo por Rose. Porém, Bird sempre enxergara seu lado bom, que agora começava a despontar. Quando ele jogava de um modo que Bird não gostava, o treinador simplesmente o tirava do jogo. Sua presença acrescentou muito à movimentação da defesa do Pacers. Eles venceram 58 jogos, e eram mais jovens e consistentes do que o Bulls.

O Bulls venceu o primeiro jogo por seus próprios méritos, e apesar de seus problemas. O ataque estava simplesmente terrível, mas eles foram brilhantes na defesa. Na primeira metade, eles mal conseguiram arremessar: fizeram quatro de 22 arremessos no primeiro quarto, o que dava 22% de acertos. A coisa continuou assim no segundo quarto, mas aos poucos o Bulls apertou a marcação. Apesar de eles não estarem arremessando muito bem, conseguiram manter o jogo parelho. Faltando 1:40 minuto para o fim do segundo quarto, Mark Jackson fez uma cesta e o Pacers fechou a primeira metade perdendo de 40 a 37. Em vez de estarem atrás doze ou quinze pontos, como eles poderiam muito bem estar, eles estavam atrás apenas por três pontos, e ainda Jordan estava convertendo um em nove, e Pippen e Kukoc, um em oito cada um. Isso significava que os três maiores cestinhas haviam tido 12% de aproveitamento na primeira metade, e eles ainda estavam na briga.

Na segunda metade, o Chicago continuou sua escalada até que chegou a um total de dezesseis pontos seguidos, sem nenhum do Indiana, mais uma vez por conta de sua defesa. O Bulls estava com uma vantagem de 47 a 40, que foi se mantendo até vencerem por 87 a 79. O Bulls teve um aproveitamento de apenas 35% no jogo. Aquela foi uma típica noite em que eles venciam quando os outros teriam perdido. A chave foi Pippen, embora alguém que olhasse para os números jamais pudesse dizê-lo. De arremessos de fora, ele fez apenas um em nove, mas dominou completamente Mark Jackson e desestruturou o ataque do Indiana. O Pacers tinha que começar o ataque muito mais de longe do que queria e com menos tempo para se organizar. Isso significava que o Bulls tinha bastante tempo para voltar e armar a defesa, enquanto Chris Mullin, o arremessador do Pacers, que era lento e não muito atlético, não estava conseguindo receber a bola onde e quando queria.

Ele marcou apenas dois pontos em 26 minutos. O Pacers vinha com a fama de organizar extremamente bem o seu ataque, com a quarta média mais baixa de bolas perdidas no ataque da liga. Naquele jogo, eles perderam 27 posses de bola. A média de Jackson no quesito assistência e bolas perdidas durante a temporada era admirável — de cada quatro assistências, uma bola perdida —, mas contra Pippen, um jogador maior, mais forte e muito mais rápido, ele fez seis assistências e perdeu sete vezes a bola. "Scottie está incrível", disse Steve Kerr depois do jogo. "Ele marca quatro pontos e domina a partida completamente. É isso o que faz dele um dos maiores de todos os tempos — ele não precisa marcar nenhum ponto para ganhar a partida para a gente." Mullin apenas balançou a cabeça. "A defesa do Chicago ferrou com a gente", disse ele. "Tinha horas em que parecia que havia uns sete ou oito deles na quadra."

O segundo jogo em Chicago foi bem parecido, só que desta vez o Bulls jogou melhor no ataque. Novamente, Pippen perseguiu Jackson e desestruturou o ataque do Pacers. A marcação foi uma injustiça; outra vez Jackson desperdiçou sete bolas no ataque. O Bulls roubou quinze bolas, contra duas do Pacers, e partiu para uma vitória fácil. Na coletiva depois do jogo, Bird tomou uma decisão para acabar com a hemorragia: ele fez uma crítica aberta ao comportamento de Pippen na defesa, para o benefício da liga e dos árbitros. Ele gostaria de ver Scottie Pippen marcando Michael Jordan por toda a quadra e ver quantas faltas os juízes dariam. Alguns minutos depois, Jordan, que dava sua coletiva, foi informado de que Bird havia dito isso. Ele abriu aquele grande e caloroso sorriso que ele guardava apenas para seus comerciais e disse: "Larry disse isso? Bem, agora ele está parecendo um treinador".

A série mudou para Indianápolis, e desde o início do jogo o dedo de Bird na cara de Pippen mostrou seu efeito. Os árbitros logo marcaram duas faltas dele, uma delas, pelo menos, bastante duvidosa, e Pippen teve que diminuir bastante a marcação. Isso permitiu que o Pacers organizasse melhor seu ataque. Bird começou a fazer substituições e aproveitar bem o banco, dando a jovens como Jalen Rose, o rapidíssimo Travis Best e Derrick McKey mais tempo de jogo. Bird era uma pessoa muito leal, e seu instinto era seguir com os jogadores que o tinham levado até ali, mas percebeu as limitações de Jackson e Mullin diante de um Bulls bem mais veloz. Durante o ano inteiro o Bulls tivera problemas com jogadores rápidos. Era a única fraqueza mais grave na defesa deles, porque enquanto Steve Kerr era um inteligente jogador de defesa, não era tão rápido e forte como Best. Rose era grande e forte, e entrou bem descansado em alguns momentos do jogo em que Jordan começava a se cansar. Talvez pelo fato de Jordan não ter jogado muito contra ele, ainda não estava muito seguro de como lidar com Rose.

No terceiro quarto, o Bulls cristalizou sua vantagem de oito pontos. O jogo não estava bonito, mas estava sendo duro. Então, faltando 1:53 minuto para o fim do terceiro quarto, eles se descuidaram. Talvez por cansaço, talvez arrogância, talvez porque sua defesa tivesse trabalhado tão bem até ali na série, eles tinham certeza de que poderiam acioná-la a qualquer momento. Eles começaram a se descuidar e a arriscar arremessos em vez de tentar a infiltração. Fizeram faltas na defesa, o que não só deu pontos fáceis ao Indiana, como permitiu que os lentos jogadores do Pacers arrumassem a defesa. De repente, quando começou o último quarto, o placar estava empatado. As bolas perdidas do Pacers caíram para treze, contra quatorze do Bulls, e seu banco marcou 40 pontos contra 25 do Chicago. O Pacers venceu, 107 a 105.

Com isso, a partida de xadrez começava. A grande força de Bird era seu banco e seus jogadores relativamente mais jovens. Seu plano era exaurir Jordan, utilizando diferentes marcadores e jogando o mais forte que pudessem em cima dele, e acima de tudo colocar sangue novo em cima do Bulls naqueles momentos decisivos em que eles sentiam o cansaço do time adversário e o instinto assassino do Chicago começava a dominar a partida. Depois do terceiro jogo, Phil Jackson falou com seu time particularmente sobre como os jogadores haviam deixado o jogo escapar no final do segundo e terceiro quartos, momento em que eles normalmente colocavam a faca no pescoço dos adversários. O plano de Jackson era ocultar sua carência de um banco a qualquer custo, dar folgas a Pippen e Jordan, organizando o ataque de maneira que permitisse a seus titulares conservar energia, e tentar explorar a resistência do Chicago para jogos importantes. A partir da metade do terceiro jogo, o Pacers realmente jogou mais do que o Bulls, vencendo três dos cinco jogos restantes, e quase vencendo o sétimo em Chicago. ("Mas eles nunca ganharam em Chicago", observou Jackson, "e essa foi a prova".) Bird usava as substituições e seu banco superior, e quanto mais eles participavam dos jogos, mais a marcação, que a princípio era uma vantagem do Bulls, passava a ser vantagem do Indiana.

O Bulls parecia estar se cansando ao longo da série, e isso se mostrava em suas bolas roubadas. No primeiro jogo, eles roubaram dezenove, sendo quatro de Pippen e cinco de Jordan; no segundo jogo, quinze; no terceiro, oito; e no quarto apenas três.

O quarto jogo estava lá e cá, até que Jordan, perto do fim, conseguiu uma vantagem de 94 a 91 para o Chicago. Mas então Best encostou com 94 a 93. Porém, tendo uma chance de decidir a partida faltando a 4.7 segundos, Pippen desperdiçou dois lances livres. Houve uma disputa pela bola no segundo arremesso, e a bola saiu. Um juiz apitou bola presa, mas outro deu bola para o Indiana, faltando 2.9 segundos. O Pacers estava com a bola no meio da quadra, e Reggie Miller, surgindo do nada, livrou-se de Ron Harper, e deu um verdadeiro tranco em Jordan, que o estava marcando. Ele converteu um longo arremesso de três pontos e garantiu a vitória. Jordan tentou um arremesso de um segundo que rodou no aro, mas a bola não caiu. Phil Jackson, tentando imitar Bird nas guerras psicológicas com a arbitragem, disse que o Bulls tinha sido roubado, comparando o jogo ao infame episódio da disputa da medalha de ouro nas Olimpíadas de 1972, em que árbitros parciais ajudaram os soviéticos a vencer. Ainda assim, era difícil culpar os árbitros pelos dois lances livres desperdiçados por Pippen (ele acertou apenas dois de sete), ou pelo fato de o Bulls ter parecido estar mal das pernas.

O quinto jogo, de volta a Chicago, foi uma lavada total. Foi como se o Indiana decidisse não jogar. Na metade do primeiro quarto, o Bulls disparou na frente com 19 a 6, e terminou o quarto ganhando por 29 a 16. Eles apertaram ainda mais no segundo quarto, até chegarem a 49 a 24, faltando quatro minutos. No meio tempo, a vantagem era de 57 a 32, e o Bulls terminou vencendo por 106 a 87.

O Indiana logo se recuperou no sexto jogo. Estava mais claro do que nunca que o Chicago estava lutando para sobreviver. Usando um esquema defensivo elaborado por Dick Harter, seu treinador assistente, o Pacers exigia fisicamente o máximo de Jordan, marcando-o como o Pistons costumava fazer, fazendo-o pagar por cada ponto, e propositadamente tentado exauri-lo. Perto do final da partida, Michael Jordan podia ser visto em vários momentos curvado, com as mãos na cintura, um claro sinal de exaustão. Antonio Davis e Dale Davis estavam jogando muito bem, pelo menos neutralizando Rodman, e Phil Jackson estava começando a pensar se não tinha cometido um erro fatal ao se livrar de Jason Caffey. No sexto jogo, o Pacers novamente usou seu banco para vencer. Eles conseguiram 25 pontos do banco, sendo oito de Rose e seis de Best, em comparação com os oito de todo o banco do Bulls. O Chicago continuou lutando, mas no final não foi capaz de deter Best, e perdeu por 92 a 89.

Eles estavam indo para o sétimo jogo, e estava claro, como diria Phil Jackson mais tarde, que aquela era a série mais difícil que o Bulls já havia disputado em todos os seus anos de vitórias. "Mais uma para os velhinhos", dizia uma manchete na *Trib* antes do jogo, e o subtítulo dizia: "Será que os veteranos do Bulls estão cansados demais para continuar?". O Bulls teve a sorte de conseguir a vantagem de jogar em casa. Eles estavam evidentemente exaustos, e o Pacers demonstrava um certo nervosismo por jogar na casa dos defensores do título. Um fato digno de nota a favor do Bulls foi o desempenho de Toni Kukoc naquela série. Phil Jackson o escalara como titular em quatro dos cinco jogos, começando com Rodman no banco, e Kukoc respondeu à altura. Não era apenas que ele estava arremessando bem, pois disso ele sempre fora capaz. O fato é que agora ele parecia estar bem mais sintonizado com os colegas, jogando com mais audácia e força. Naquela série, ele não parecia só um jovem de talento usando o mesmo uniforme, mas um verdadeiro colega, um homem com a mesma têmpera, não apenas com as mesmas cores. Ele estava melhor na defesa — não era muito bom no homem a homem, mas sua intuição de antecipar as jogadas na defesa era boa, e isto permitiu que ele ajudasse bastante o time.

O Pacers começou impondo uma vantagem de 20 a 8, mas Rodman deixou o banco e o Chicago melhorou. O Bulls estava com uma vantagem de dois pontos no meio tempo, e no vestiário Jordan criticou os companheiros por não estarem jogando duro o bastante. No terceiro quarto, Kukoc jogou muito, convertendo três cestas de três pontos. Mas o Indiana não desistiria, e ao final do último quarto, o jogo parecia estar escapando por entre os dedos do Bulls. Jordan especialmente parecia exausto, e seu aproveitamento refletia isso — ele converteu apenas 9 de 25 arremessos e 10 de 15 lances livres. Mas ele não se dava por vencido, ali em sua casa, num jogo cuja derrota o impediria de ir mais uma vez para as finais. A exaustão podia afetar seu arremesso, mas não suas infiltrações. Num pedido de tempo, eles se abraçaram e ele gritou para os colegas: "Nós não vamos perder esse jogo!". Vendo seu grande jogador, Phil Jackson percebeu todos os seus sinais de fadiga, e ele também viu um grande jogador que simplesmente não aceitava ser derrotado. Chuck Daly, que havia treinado contra ele durante anos, e depois o treinara no Dream Team, uma vez o chamara de homem biônico por causa de uma carreira de jogos como esse, em que ele encontrava forças quando outros jogadores, muitos mais jovens do que ele, já não se aguentavam sobre as pernas. "Se você abrir o corpo dele", Daly havia avisado, "não vai encontrar sangue, nem músculos, nem tendões, só fios e circuitos elétricos".

Jackson sabia muito bem o que Dick Harter estava fazendo — colocando uma defesa que punia Michael a cada subida para a cesta, não só para detê-lo, mas para fatigá-lo e deixá-lo sem pernas para o último quarto —, e entendia que Jordan estava querendo comprar a briga para vencer. Era um preço baixo. Não se tratava mais de talento, mas essencialmente de vontade.

Chicago; Indianápolis, 1998

Mais tarde, Jackson editou o videoteipe dos últimos seis minutos do jogo para um clipe que seria usado na série contra o Utah, porque sabia que enfrentariam os mesmos problemas de fadiga, e ele queria mostrar a seu time a força de vontade de Jordan em ação.

Quatro vezes nos últimos 7:28 minutos do sétimo jogo, um Jordan exausto simplesmente pegou a bola e atravessou direto o tráfego pesado da defesa, tentando receber faltas. Toda vez que infiltrava ele recebia falta, e converteu cinco de sete lances livres. Foi um de seus grandes jogos, se não artisticamente, pelo menos espiritualmente. Depois de o Bulls ter conseguido se segurar e vencer por cinco pontos, 88 a 83, Jordan parecia uma criancinha. Ele saiu pulando pela quadra, não só contente, mas parecendo um louco, como um estudante depois do último dia de aula. E continuou assim, alegre, no avião a caminho de Salt Lake City, para enfrentar o Utah. Eles estavam de volta às finais, e tinham também se livrado de uma boa: derrotaram o Pacers numa série em que tudo indicava que o Pacers sairia vitorioso. Não foi sorte — o Bulls mereceu cada minuto —, mas Jordan, mais do que ninguém, sabia como tinha sido por pouco, e como ele estava exausto no final. Jordan estava animado com a ideia de voltar para as finais e ter mais uma chance contra o Utah. Depois de passar pelo Pacers, ele estava louco para enfrentar um time cujos jogadores eram menores porém não mais rápidos, e no caso de John Stockton e Jeff Hornacek, nem mais jovens.

31.
CHICAGO; SALT LAKE CITY, JUNHO DE 1998

Michael Jordan queria pegar o Utah nas finais desde o início da temporada, muito porque depois das finais do último ano muita gente tinha dito que se o Jazz tivesse tido a vantagem de jogar em casa, teria ganhado. Ele estava louco para provar a essa gente que estavam enganados, e que embora Karl Malone fosse um grande jogador, cujas habilidades ele admirava muito, havia diferenças muito significativas entre eles. Os treinadores do Chicago, felizes por terem se livrado de Travis Best, Jalen Rose e os Davis, também estavam gostando da ideia de pegar o Utah. Achavam que a vantagem de jogar em casa não significava muito para seus jogadores; com sua incrível capacidade de concentração, o Bulls costumava se superar diante de tais desafios, e jogava muito bem fora de casa. Eles também gostaram muito de ver quem seriam seus adversários.

O Utah ainda era muito bom, um time muito inteligente, um grupo coeso de jogadores veteranos que ainda iam para o ataque como qualquer outro time. Diferentemente de outros times, até mais talentosos, o Utah nunca se encrencava sozinho. Os jogadores cometiam pouquíssimos erros psicológicos durante o jogo. O maior responsável por manter o Utah Jazz vivo até nos períodos ruins, e porventura tendo-o transformado num time de alta qualidade, era Frank Layden, o presidente do time. Talvez as duas melhores decisões que ele tomou à frente do Utah tenham ocorrido em 1984 e 1985, com o recrutamento de John Stockton e Karl Malone. Layden tinha visto Stockton no Gonzaga, e não ficou muito impressionado. Mas como o Utah naquele ano estava numa posição ruim — décima sexta —, eles perceberam que não teriam uma escolha melhor a fazer e ficaram com ele. "Afinal de contas", lembrou-se Layden, "é irlandês, católico e seu pai é dono de um bar. Perfeito: eu sou irlandês e católico e meu pai tinha um bar. E depois de um tempo eu ainda fiquei com fama de gênio". Um ano depois, escolhendo na décima terceira posição, eles conseguiram Karl Malone. "Um pouco antes do *draft*, nós nos reunimos em Ogden, para decidir qual seria a nossa escolha", lembrou-se Layden, "e o meu filho Scott disse: vou lhe mostrar um vídeo de um cara — e era Karl Malone — jogando pelo Louisiana Tech contra o Oklahoma, e os jogadores do Oklahoma estavam sendo despedaçados por ele. Uma equipe de demolição de um homem só. Eu adorei, mas sabia que nós não teríamos chance, pois estávamos muito atrás, então, no dia do *draft*, ele foi ficando, e eu perguntei a Scott qual era o problema — será que ele tinha uma doença incurável e a gente não sabe? Conferiram a ficha médica dele? Mas é o tal negócio, um olheiro diz pro outro que ele é um problema, e logo todo mundo se convence de que é mesmo. Muita gente perdeu o emprego por ter deixado Karl Malone passar. Ele não é um problema: é o jogador mais esforçado que eu já vi".

Para chegar às finais da Conferência, o Utah tinha enfrentado o temido Lakers, um time de preparo físico muito superior, que tinha detonado o Seattle; e o Jazz fez com que eles parecessem um bando de desajeitados. "Jogar contra eles foi como o clássico enfrentamento de um time de astros contra uma equipe", disse Nick Van Exel, o armador do Lakers, depois das séries. "Os superastros sempre querem sair driblando, fazer jogadas espetaculares e enterrar, mas eles são caras que fazem o arroz com feijão. Eles não brigam entre si, não reclamam. Eles são uma equipe, e estão sempre concentrados. Eu não acho que eles se impressionem com o talento. Continuam fazendo o trabalho deles, chegam com um plano de jogo, nada sofisticado, e o cumprem, e bem."

Mas, quando eles enfrentaram o Bulls, não tiveram pela frente um time de estrelas. O Bulls tinha uma resistência psicológica tão grande que podia expor certas vulnerabilidades até mesmo dentre as virtudes do Jazz. A idade, que tinha sido um fator tão grande contra o Indiana, não deveria ter o mesmo peso nessa série. Os três melhores jogadores do Utah tinham praticamente a mesma idade dos veteranos do Bulls: Stockton tinha 36, Malone quase 35, e já fazia propagandas para um produto contra calvície, e Hornacek tinha 35.

Não era por acaso que os dois times que chegavam à final tinham os dois elencos mais velhos em atividade. Os cinco jogadores mais importantes ali — Jordan, Pippen, Rodman, Malone e Stockton — foram, cada qual a seu modo, revelações tardias, ainda que talvez só eles pensassem isso. Apesar de suas histórias diferentes, os cinco tinham maximizado suas habilidades e melhorado muito depois de entrarem na liga. Isso era uma coisa que acontecia cada vez menos. O que permitira àqueles dois times chegarem à final foi a ética profissional compartilhada por seus melhores jogadores.

Na verdade, muitos dos jovens astros da liga não se revelaram conforme o esperado, e vinham se mostrando cada vez menos atraentes para o público em geral com suas atitudes petulantes. Isso era motivo de muita preocupação dentro da liga. Na NBA, apesar de seus jogadores mais velhos estarem apenas no início ou no meio da faixa dos trinta anos, havia uma divisão geracional. A geração mais velha, homens como Jordan, Malone e Barkley (que no começo da carreira não foi nenhum exemplo de bom comportamento, mas sempre um jogador de boa índole), já havia manifestado publicamente sua posição quanto à atitude inconsequente dos jogadores jovens que desfrutavam desde o início de suas carreiras dos benefícios conquistados pela geração anterior. Malone tinha ficado furioso no começo dos treinamentos daquela temporada, quando dois jovens do Utah, depois de assinarem ótimos contratos, tinham aparecido para treinar fora de forma, e ele publicamente se referiu a Greg Ostertag, o grande pivô do Jazz, como um bundão.

Aquele deveria ter sido o ano em que Juwan Howard e Chris Webber, ambos muito talentosos, levantariam o Washington Wizards, mas só pioraram. Eles jogavam na defesa quando queriam e seu comportamento fora da quadra era preocupante. Ao final da temporada, Webber, um jogador jovem e de grandes habilidades, foi trocado, por uma diretoria decepcionada, com o Sacramento, seu terceiro time, em sua insatisfatória (embora lucrativa — seu primeiro contrato tinha sido de 75 milhões de dólares, por quinze anos, e logo depois foi aumentado) carreira profissional, de apenas cinco anos. (Ele, é claro, imediatamente ameaçou não cumprir o contrato, e quis forçar uma negociação com o Lakers.) A liga estava tão preocupada com o fracasso de seus novos jogadores em satisfazer as expectativas que no *all-star game* fez um bocado de pressão para a NBC dar mais destaque a três dos mais interessantes novos talentos — Keith Van Horn, Kobe Bryant e Tim Duncan —, como se, com isso, quisesse dizer que não eram todos uns malandros.

Os jogadores mais velhos achavam que os mais novos não estavam entendendo as coisas. Michael Jordan, Magic Johnson e Larry Bird eram jogadores de basquete cuja fama e talento transcendiam os limites da normalidade em seu esporte, e que com o tempo começaram a ser tratados como astros de rock, mas eles nunca se esqueceram que essas coisas boas tinham acontecido porque haviam dado duro e jogado muito basquete. E isso não era necessariamente verdadeiro para a geração seguinte. Alguns deles não entendiam a diferença entre um astro de rock e um jogador de basquete, e achavam que podiam ser as duas coisas. Shaquille O'Neal, um talento formidável, cotado como um possível herdeiro de Michael Jordan, mas ainda assim um jogador incompleto, tinha chegado à liga como um multiartista do entretenimento. Ele cantava, fazia filmes, vendia produtos e até jogava basquete. Ele e seu agente tinham conseguido um acordo milionário com a

Jogando contra o Spurs, Jordan em uma de suas impressionantes enterradas, diante de Tim Duncan — que seria o líder do primeiro time campeão da era pós-Jordan.

Reebok (ele apareceu num encontro da Nike vestindo um casaco Reebok, o que deixou Phil Knight furioso), outro com a Pepsi, um para o cinema e, é claro, outro como cantor de *rap*. Ele já era um jovem muito rico antes de jogar sua primeira partida.

Nem todo mundo achava que o jogo de O'Neal era completo. Depois de alguns anos de carreira, quando as pessoas diziam que ele ainda precisava de um título, O'Neal respondia que aquilo não era justo, pois ele fora campeão em tudo, menos no universitário e no profissional. Ele não parecia ligar muito para a história da liga, e quando foi realizado um grande evento no aniversário de cinquenta anos da NBA, ele foi o único jogador vivo a não comparecer. Quando trabalhou com Lenny Wilkens, o lendário treinador do Atlanta, que em breve seria o único homem no Hall da Fama como jogador e como treinador, O'Neal comentou com um amigo: "Aquele velho é muito bom — ele já foi jogador?". Quando Rick Majerus, o treinador da Universidade de Utah, famoso por sua habilidade em treinar pivôs, tentou certa vez ensinar-lhe alguma coisa sobre movimentação, O'Neal saiu dizendo que aquilo era coisa de criança. Na temporada 1997-98, seu jogo finalmente começou a melhorar e a dar alguns sinais de genialidade, mas o time foi derrotado pelo Utah. Mesmo assim, houve pessoas, estudiosos sérios do jogo, que acharam que devido ao tamanho, força e velocidade de O'Neal, ele era apenas uma sombra do que poderia ser nos rebotes. E o mais importante talvez, uma sombra do vendedor que ele deveria ser, pois ao final da temporada foi anunciado que a Reebok estava desfazendo o contrato com ele. Para muitos aficionados do basquete, aquela foi a melhor notícia da temporada.

Seria injusto colocar apenas O'Neal como exemplo dessa geração, mas os novos jogadores eram mesmo diferentes. Havia muitas evidências de que todas aquelas conquistas tinham acontecido depressa demais e de que o sistema de valores que os jogadores mais velhos da liga tinham aprendido de seus antecessores — treinadores e jogadores — não estava sendo passado adiante. Ao contrário da maioria dos jogadores do primeiro Dream Team, cujas carreiras haviam começado numa era mais difícil na história da liga, nenhum dos jovens jogadores se lembrava de quando a liga ainda estava engatinhando e lutando para se tornar mais popular. Treinar um time de jogadores modernos era mais como lidar com doze empresas do que com doze jogadores, como disse uma vez Chuck Daly. A riqueza da liga, assim como o direito dos jogadores de ter uma boa fração dela, era um fato. A questão parecia ser não quanto esforço os jogadores teriam que fazer, mas quanto dinheiro deviam receber. Os mais velhos falavam abertamente de sua arrogância.

A bajulação chegava a níveis nunca imaginados. Durante o Campeonato Mundial de 1994 no Canadá, Dick Ebersol, o diretor de esportes da NBC, enviou um presente para cada jogador do time americano (um time que cavara sua própria cova publicamente com seu comportamento em quadra): uma televisão Sony, um presente que não era de se jogar fora. Ele não ouviu nenhum agradecimento de ninguém. Uma reação que contrastava muito com o tom de suas relações com Michael Jordan e outros como ele. Os editores da *Playboy*, que todo ano levavam uma seleção universitária para Chicago para uma excursão inteiramente paga antes da temporada, estavam pensando em abandonar a ideia. Quando começaram, numa outra era, aquilo tinha sido uma grande diversão, e eles adoravam ser anfitriões daqueles jovens entusiasmados, otimistas e brilhantes. Mas agora os jogadores chegavam já tendo sido paparicados a vida inteira, nem um pouco interessados na cuidadosa programação do evento — que incluía um musical, uma noite na House of Blues e um passeio de barco —, mas que em vez disso exigiam uma limusine para levá-los aonde bem entendessem na noite de Chicago. Sua atitude, desde o momento em que chegavam, parecia querer dizer: "O que vocês vão fazer por nós?".

A maioria dos novos jogadores havia sido paparicada desde o colegial, indo para centros de treinamento especiais, assediados por fabricantes de assessórios esportivos, olheiros universitários e, finalmente, por agentes. Como observou Bob Ryan, a maioria deles, diferentemente dos de antes, nunca teve que fazer outro tipo de trabalho além do basquete, e portanto não sabiam a sorte que tinham. Mimados como eram desde o começo, com contratos garantidos, os agentes sempre concordando com eles, não importava o que fizessem, eles eram muito difíceis de ser treinados e de se relacionar. Sempre foram mais importantes do que seus treinadores no colegial, na universidade, e depois nos times profissionais. Eles deixavam cada vez mais cedo a universidade, não só menos preparados nessa experiência social em sentido amplo, que tinha sido importante para geração anterior, como também apresentando jogos significativamente menos completos.

Devido às regras correntes na NBA, que estabeleciam limites aos salários dos novatos, os novos jogadores chegavam cada vez mais cedo, recrutados pelos times mais fracos da liga. Seus primeiros contratos funcionavam como um substituto da universidade, e depois eles estavam prontos para os grandes contratos. Na verdade, muitos deles já pressionavam para ser negociados no segundo ano, avisando à diretoria que não se empenhariam muito, forçando a negociação. O Bulls e o Jazz, contudo, tinham sido menos afetados por essas novidades do que a maioria dos outros times, preferindo contar com os últimos membros da geração anterior. Não era nenhuma surpresa, então, que ambos tivessem chegado às finais.

Comparando cada jogador do Bulls e do Jazz, em algumas posições o Chicago levava uma nítida vantagem. Rodman, com sua impressionante velocidade e notável resistência física, geralmente superava Malone, e Jordan, Pippen e Harper davam muito trabalho para os marcadores do Utah. Mas a chave para vencer o Jazz estava em conseguir lidar com sua única grande habilidade: o modo como conduzia o ataque.

Nenhum time na liga tinha um ataque tão disciplinado como o do Utah, especialmente nas jogadas entre Stockton e Malone. Era assim que eles derrotavam seus adversários, como o imaturo Lakers. Mas se havia um lado negativo, era o fato de eles serem muito previsíveis. Contra um time de grandes jogadores de defesa, que eram muito pacientes e antecipavam muito bem as jogadas, eliminando seu poder de ação, o Jazz às vezes falhava, pois não tinha opções alternativas de ataque. O que funcionava noite após noite para eles contra times comuns, na temporada normal, talvez não funcionasse numa série longa, contra uma boa defesa. O preço de sua disciplina talvez fosse uma certa falta de imaginação, de habilidade para improvisar quando seu ataque disciplinado se via num impasse.

Isso se refletia na diferença entre Jordan e Malone. Ambos eram grandes jogadores, incrivelmente esforçados, e ambos tinham melhorado muito depois de entrarem na liga. Antes do início da temporada, os novatos do Denver tinham vindo a Salt Lake City para enfrentar os novatos do Utah. Um dia, Bill Hanzlik, o treinador do Denver, reuniu todos os novatos num furgão, sem dizer a eles qual era o propósito daquela tarefa tão cedo. Ele dirigiu até um centro de treinamento físico na cidade, e ali, pingando de suor, profundamente envolvido num exercício brutal, estava o MVP da NBA, Karl Malone. "Senhores", disse Hanzlik, "esta é a NBA".

Tanto Jordan como Malone eram jogadores admiráveis, de uma outra época, que tinham a capacidade de liderar seus times noite após noite. Mas havia uma diferença entre eles. A capacidade de Jordan de criar seus próprios arremessos, e assim decidir jogos importantes quando havia pressão da defesa, era muito maior do que a de Malone. Malone tinha se tornado um grande jogador da NBA melhorando ano após ano não só como arremessador, mas como alguém que podia se livrar de uma marcação dupla, porém ele ainda era muito dependente de parceiros como Stockton para criar suas oportunidades. Era grande, forte, mas não tinha explosão. Assim, quando o Bulls conseguia parar Stockton, também isolava Malone, limitando seu jogo. O que Jordan e os treinadores do Chicago acreditavam era que eles poderiam limitar Malone no final de jogos disputados, de uma forma que o Utah jamais conseguiria fazer com Michael Jordan.

A perspectiva do Chicago com relação a Malone era diferente do que achava a maior parte da liga. Para o Chicago, Malone não chegara à liga como um cestinha ou arremessador. Mas trabalhara tão duro que com o tempo se tornou um dos maiores cestinhas entre os gigantes da liga, com uma média de pouco menos de trinta pontos por jogo nos últimos anos. Porém, no fundo, segundo eles, Malone não tinha o espírito ou a alma do arremessador. Eles suspeitavam que isso contaria no final de grandes jogos, com o jogo por um fio. Ele era um pouco relutante em continuar arremessando da mesma forma que jogadores que se consideravam arremessadores fariam — Bird, Jordan e Reggie Miller, por exemplo.

Os treinadores do Bulls também achavam que o Utah era vulnerável porque Stockton estava diminuindo um pouco de produção, perdendo, senão todo, pelo menos um pouco do gás. Se isso o limitou, limitou Malone também, e, no final da série, quando o Bulls começou a mostrar sua superioridade e Malone recebeu muitas críticas da mídia, alguns grandes conhecedores do basquete da NBA acharam que a culpa estava sendo colocada no jogador errado, que o problema estava mais na queda do nível de jogo de Stockton do que do de Malone. A única coisa que os treinadores do Chicago não queriam fazer era uma marcação dupla em Malone. Eles pretendiam deixá-lo fazer seus pontos — 35 ou 40, se fosse o caso. Mesmo que ele estivesse arremessando bem, se era o responsável pela maioria dos arremessos do Utah, a tendência seria que seus parceiros tivessem que mudar seus jogos. Os treinadores achavam que o Utah era mais perigoso quando Malone ficava nervoso: outras equipes começavam com marcação dupla sobre ele, e ele acabava envolvendo os outros jogadores.

Como o Bulls tinha tido muitas dificuldades com o Indiana, e os jogadores do Jazz estavam bem descansados, o Jazz era o favorito quando a série começou. Jordan achou ótimo: "Nós somos a zebra, mas ainda somos os campeões", disse ele. Jackson considerava o Utah um adversário de respeito, e achava que o que eles tinham feito com o Lakers era incrível, mas também achava que o Los Angeles tinha sido a vítima ideal para eles, pois eram disciplinados e tinham um jogo controlado.

A caminho de Salt Lake City, Jackson esperava arrematar o primeiro jogo. O Jazz tinha tido dez dias de folga e estava sem ritmo de jogo, porém, exaustos da série com o Indiana, e quem sabe enfrentando problemas com a altitude, os jogadores do Bulls pareciam um pouco lentos e cansados demais, um tanto atrasados na movimentação da defesa. Talvez fosse o ar.

Tim Grover, Jordan e outros do "Clube do Café da Manhã" tinham feito exercícios para se preparar para Salt Lake City e a mudança de altitude, tentando aumentar suas reservas de oxigênio, mas, segundo Grover, tinha sido como tentar preparar um velocista para uma maratona. Muitas vezes, Stockton conseguiu detê-los no centro. Mesmo assim, o Bulls conseguiu fazer oito pontos no último quarto, forçando uma prorrogação, na qual acabaram derrotados.

No segundo jogo o esquema do Bulls começou a funcionar. O plano de batalha era ficar sempre perto, jogar duro na defesa, conservar energia ao longo do jogo, deixar Malone fazer seus arremessos, e deixar Jordan decidir a partida no final. Malone terminou convertendo 5 de 16, com um total de 16 pontos. Ele não fez nenhum ponto na segunda metade do jogo. Jordan, ao contrário, converteu 14 de 33, e, ainda mais importante, ele fez 9 de 10 lances livres. E foi assim que ele definiu a história do jogo. Ele tinha feito vinte pontos e apenas quatro lances livres ao entrar para o último quarto, quando começou seu show particular. Ele converteu quatro cestas no último quarto e, igualmente importante, converteu 5 de 6 lances livres. O Bulls levou o segundo jogo; com isso, o Jazz perdeu a vantagem de jogar em casa, pela qual tinha tanto se esforçado durante toda a temporada. Pior, a série agora parecia estar sendo jogada do jeito que os treinadores do Chicago queriam, os marcadores limitando a movimentação de Stockton, com isso isolando Malone, separando-o do ataque, e obrigando-o a arriscar mais, limitando a sua capacidade de ação no garrafão e impedindo-o de ditar o ritmo do jogo.

O terceiro jogo em Chicago foi um pesadelo para o Utah. Pela primeira vez desde a metade da série contra o Indiana o Bulls parecia realmente descansado. Na defesa, eles jogaram de maneira quase perfeita: roubaram a bola, barraram a passagem do ataque, e sua movimentação defensiva foi tão benfeita que os arremessos do Utah pareciam sempre desesperados, forçados no último segundo. Foi como se eles soubessem exatamente o que o Utah faria em cada posse de bola. Stockton, um dos jogadores mais duros e habilidosos da liga, parecia dar os primeiros sinais da idade naquela noite. Em alguns momentos o Bulls usava Pippen, maior e mais rápido, para detê-lo e levá-lo para o canto da quadra, em outros deixava Pippen na defesa contra adversários mais fracos, diante dos quais ele era exuberante, quase criminoso. O Jazz simplesmente não conseguia lidar com ele, e algumas pessoas em Chicago se lembraram do que Stockton havia dito antes das finais do ano anterior, pois o Utah não tinha sido capaz de reagir à altura de Pippen, principalmente diante de sua versatilidade na defesa. O Jazz estava determinado a envolver Malone no jogo — ele tinha marcado apenas 14 de 41 arremessos nos dois primeiros jogos — e assim o fez. Ele converteu seus primeiros seis arremessos. Porém, o resto dos jogadores do Utah ficaram em apenas 1 em 16 no primeiro quarto. O primeiro quarto terminou em 17 a 14 para o Chicago, o segundo em 49 a 31, o terceiro em 72 a 45. O placar final foi de 96 a 54, a maior diferença da história das finais. O placar do Utah, 54 pontos, foi o menor de todos os jogos da história da NBA desde a introdução do limite de posse de bola. "Foi mesmo esse o placar?", disse Jerry Sloan, o treinador do Utah, na coletiva de imprensa de depois do jogo, ao ver as estatísticas. "Eu pensei que fosse 96 a 0." Bob Costas, o porta-voz da NBA, disse depois: "A única coisa que o Jazz pôde fazer foi vestir o capuz e pedir o último cigarro".

O quarto jogo foi mais sério, mas acabou do mesmo jeito. O Bulls controlou o ritmo e o Jazz teve que reagir. Mais uma vez o Bulls conseguiu evitar que Malone dominasse a partida (ele fez 21 pontos), e o placar final, 86 a 82, refletia o fato de que eles mais uma vez chegaram lá principalmente por causa da defesa. O jogador mais importante para desestruturar o ataque foi Pippen, e depois do jogo Sam Smith, da *Trib*, sugeriu o que era praticamente uma heresia no Chicago: talvez dessa vez Pippen devesse ser escolhido o MVP da série. Ele marcou 28 pontos, com nove rebotes e cinco assistências, e mais uma vez foi maravilhoso na defesa. Ele ajudou a transformar um time inteligente, duro e seguro em um time vulnerável, incerto do que realmente queria fazer, e pouco a pouco, incerto também do que podia conseguir. As palavras de Smith simbolizavam o que outros jornalistas de Chicago também pensavam, que com a margem de 3 a 1, mais um jogo ainda em Chicago e o Utah jogando como se estivesse confuso, a série estava efetivamente decidida. "Agora que o Jazz tinha se revelado irrelevante", escreveu Skip Bayless na *Trib*, "o palco da sexta-feira à noite estava montado para um jogo muito mais intrigante do que Utah *versus* Chicago. O interesse agora estava voltado para a disputa entre Michael e Scottie pelo MVP das finais". A manchete da matéria na *Trib* sobre o quarto jogo dizia: "O champanhe está no gelo".

O Jazz resolveu jogar no quinto jogo. Malone, por tanto tempo criticado, fez uma grande partida, convertendo 17 de 27, com 39 pontos, e o Chicago parecia estar fora do jogo, desconcentrado. Jordan marcou apenas 9 de 26, e Pippen míseros 2 em 16 arremessos. Talvez a maré estivesse mudando. Jackson disse mais tarde que tinha havido muito falatório antes do jogo, muita conversa sobre serem campeões em casa, champanhe, da loucura que seria se eles ganhassem, e sobre aquele ser o último jogo de Jordan com a camisa do Bulls. Então Jackson entendeu por que nenhum time nos *playoffs* vence três partidas seguidas em casa. Um pouco era porque os times naquele nível eram inteligentes e estavam sempre fazendo ajustes a cada jogo; outro tanto era porque havia toda aquela euforia e falatório. Em vez dos tradicionais trinta minutos de carro, de suas casas afastadas até o United Center, os jogadores do Bulls levavam quase duas horas para chegar ao trabalho. Se houvesse uma próxima vez — embora não fosse haver uma próxima vez, segundo Jackson —, eles disseram que alugariam quartos de hotel no centro ou iriam de helicóptero. Havia muita coisa acontecendo que não tinha nada a ver com o basquete. Depois do quinto jogo, Jackson disse a Jordan: "Michael, vamos precisar de mais um. Vamos ter que vencer fora de casa. Acho que é melhor assim". Jordan concordou.

Embora o Chicago precisasse de apenas uma vitória, Salt Lake City continuava a ser um lugar difícil de ganhar. A torcida do Utah, como dizia Phil Jackson, lembrava a dos porto-riquenhos por sua animação; para ele, não havia nenhuma plateia da NBA que conseguia influir com a arbitragem como a do Utah (ainda que alguns achassem que a combinação entre a torcida do Chicago e Michael Jordan fosse igualmente formidável). De repente, a série estava ficando um pouco complicada para o Bulls. O sexto jogo era muito importante, pois se o Chicago perdesse, forçaria um sétimo jogo, em Utah, contra um time do Jazz que então estaria disposto a matar ou morrer. Aquela não era uma perspectiva muito agradável, não no Delta Center.

Jornalistas que poucos dias antes haviam escrito que o Utah estava praticamente fora, sentiam a possibilidade de a situação estar se revertendo. Era só um lembrete de como a vitória era uma situação delicada naquele nível, e de que muito frequentemente bastavam apenas alguns pontos para que ela se transformasse em derrota. Um jogo que já era considerado pela torcida uma grande vitória podia, numa única jogada, se reverter, como no segundo jogo, quando Steve Kerr pegou um rebote crucial das mãos de Karl Malone. Uma lavada como no terceiro jogo era raríssimo. Mais uma vez ficava demonstrada a importância do tipo de arbitragem — quanta liberdade um jogador como Pippen, por exemplo, tinha para marcar seu adversário. E ressaltava mais uma vez o fator Michael, a importância de um jogador como Michael Jordan. Um time muito bom, mas que não tivesse alguém com a força de vontade e a garra de Michael Jordan poderia muito bem dar com os burros n'água no retorno a Salt Lake City. Mas Jordan era diferente: ele parecia ter sido feito num laboratório de genética, especialmente para esse tipo de tarefa. Exalava confiança, e isso era contagioso.

Pouco antes do jogo, dois jogadores do Chicago não chegaram para os arremessos de aquecimento, Ron Harper porque tinha passado a noite inteira com uma violenta dor de barriga devido a algo que comeu, e Pippen porque mal conseguia andar. Pippen havia machucado seriamente as costas no terceiro jogo, de tanta carga que recebeu — sete, segundo os treinadores, inclusive duas duríssimas de Malone, com seus 115 kg. Ele estava com muita dor, e sua movimentação, bastante limitada. Ele tinha tomado injeções de cortisona no sábado, antes do sexto jogo, mas que não fizeram muito efeito. Se não fosse por esse jogo excepcional, ele jamais teria jogado. Antes, com Pippen estirado na maca do preparador, e Chip Schaefer tratando dele, Jackson, que queria que Pippen ouvisse a conversa, para saber como aquilo tudo era importante, virou-se para Jordan e disse: "Você acha que pode ir até o fim?".

"Se precisar, eu vou", respondeu Jordan. Pippen ouviu — começou jogando, partiu para uma enterrada e conseguiu —, mas sentiu a dor na hora, e com isso os limites: ele poderia jogar, mas pareceria um velho jogando com rapazes. Depois de sete minutos em quadra, ele foi para os vestiários e ficou lá até o fim da primeira metade. Agora o Bulls estava diante de um desafio muito maior: vencer o Utah em sua própria casa, e com Pippen mal conseguindo jogar.

Àquela altura da carreira de Michael Jordan, algumas pessoas se consideravam especialistas nele, estudiosos do jogo e do homem, e acreditavam pensar como ele. Isto é: eram extremamente sensíveis ao ritmo e à característica de cada jogo, viam como ele o que o time precisava fazer em determinado momento, e qual deveria ser o seu papel. Agora, nessa noite, era como se ele voltasse a ser o jovem Michael Jordan, que carregara o Chicago nos primeiros dias de sua carreira, que tinha ido ao Boston Garden doze anos antes e surpreendido o mundo do basquete com sua heroica performance de 63 pontos. Era o Michael Jordan que no fundo dizia aos seus colegas que subissem a bordo, pois ele cuidaria de tudo sozinho. Pippen estava um caco. Rodman não era um cestinha. Kukoc tinha jogado bem antes, mas era sempre problemático. Harper era um típico defensor, não estava habituado a conduzir uma ofensiva e estava pálido de tanta dor de estômago. Longley estava atravessando um período tenebroso nos *playoffs*, tendo jogado apenas catorze minutos sem fazer nenhum ponto, e fazendo quatro faltas naquela noite. Com Kerr se podia contar, mas o Utah se mostraria capaz de marcá-lo mais de perto na ausência de Pippen.

De modo que estava claro desde o início do jogo que Jordan teria que levar o time nas costas. Boa parte da primeira metade, Jordan teve que economizar energia na defesa. A certa altura, Tex Winter disse a Jackson: "Michael está parado na defesa", e Jackson retrucou: "Ora, Tex, ele tem que descansar um pouco". O Utah tinha tudo para montar no Bulls e conseguir uma boa vantagem, mas isso não chegou a acontecer. O time do Bulls que iniciou o segundo quarto vinha com Kukoc, Bill Wennington, Scott Burrell, Kerr e Jud Buechler, uma rara formação dos campeões. Mesmo assim, de alguma maneira o Bulls conseguiu ficar no páreo. Mesmo com o banco em quadra, eles fizeram uma defesa duríssima, e não deixaram em nenhum momento o Utah deslanchar na partida, abrindo doze, catorze pontos, o que, dadas as condições limitadas do ataque do Chicago, tornaria o jogo impossível para eles. No ataque Michael segurava as pontas. Ele estava guardando energia, jogando menos na defesa e pegando menos rebotes do que o normal, mas na metade do jogo ele já tinha feito 23 pontos, em 9 de 19 arremessos (e 3 de 6, da linha dos três pontos), e 2 de 3 lances livres. O Utah terminou a primeira metade ganhando por 42 a 37. Malone tinha feito 11 pontos.

Mais tarde Jordan, diria que esteve seguro o tempo todo porque o Utah não chegou a deslanchar no placar quando teve oportunidade. Num jogo como aquele, ele disse depois, dois, três ou quatro pontos não querem dizer nada. Para B. J. Armstrong, o grande trunfo de Michael Jordan era que ele tinha a noção de ritmo e de humores mais aguda que ele já vira em qualquer jogador, de qualquer esporte. Muitos jogadores e treinadores conseguiam, assistindo a um videoteipe, dizer o momento exato em que se começava a perder ou ganhar um jogo, mas Jordan era capaz de dizer no momento em que acontecia. No entender de Armstrong, era com se ele estivesse jogando e ao mesmo tempo sentado analisando, completamente distanciado do jogo. Era um dom que o permitia assistir e conduzir ao seu próprio time, com grande habilidade, e, da mesma forma, livrar-se dos adversários quando sentia seu momento de vulnerabilidade.

Agora, vendo-o jogar contra o Utah na segunda metade, Armstrong percebia que Jordan já havia visto o erro do Utah: eles poderiam ter definido a partida explorando as fraquezas mais óbvias do Chicago, mas não. Para Armstrong, se eles o tivessem feito, Jordan teria conservado sua energia e se resguardado para o sétimo jogo. Em vez disso, o Jazz estava dando todas as chances para Michael agir. Diante disso, certamente ele iria aproveitar a deixa. Segundo Armstrong, eles estavam nas mãos de Jordan.

Na segunda metade, Pippen, ainda bastante prejudicado, voltou e jogou dezenove minutos, mais como um enfeite no ataque do que qualquer outra coisa. Quando começou o último quarto, o Utah estava na frente por pouco, 66 a 61, e o baixo placar favorecia o Bulls; significava que eles tinham ditado o ritmo e continuavam sendo uma ameaça. No último quarto, o Bulls começou a reagir bem devagar, até que, faltando cinco minutos para o final, empatou em 77. Jordan estava evidentemente cansado, mas todo mundo estava. Tex Winter ficou preocupado quando Jordan desperdiçou quatro arremessos seguidos. "Olha lá, a bola dele nem está subindo", Winter comentou com Jackson, "ele está sem pernas".

Dois minutos depois, durante um pedido de tempo, Jackson disse a Jordan o que ele já sabia: "Só arremesse de dentro". "Eu sei", Jordan concordou. "Agora eu só vou infiltrar: eles estão sem pivô, e o caminho está livre".

Então, mais uma vez, era a hora de Michael Jordan. Um arremesso de Malone, numa assistência de Stockton, deu ao Utah uma vantagem de 83 a 79, mas Jordan diminuiu para 83 a 81 quando partiu para a cesta e recebeu falta de Bryon Russell, faltando 2:07 minutos para o final, e converteu os dois arremessos. Assim eles foram até que Jordan infiltrou outra vez e recebeu nova falta, dessa vez de Stockton. Converteu os dois e empatou em 83 pontos faltando 59.2 segundos. No último pedido de tempo, Jackson e Jordan conversaram para saber que tipo de arremesso ele deveria tentar, e Jackson lembrou-lhe que suas pernas estavam cansadas, e que isso afetaria um arremesso de longe. "Eu estou com novo fôlego agora", ele respondeu.

"Se você tiver que arremessar de longe, tem que se lembrar de saltar melhor, você não está fazendo isso bem."

O Utah veio trazendo a bola, e iniciou seu ataque bem devagar. Stockton passou a bola para Malone, e o Chicago começou rapidamente uma marcação dupla. Malone serviu Stockton do outro lado da quadra com um belo passe em diagonal. Com Ron Harper chegando um segundo atrasado, Stockton disparou um arremesso de três e deu ao Utah uma vantagem de 86 a 83. O cronômetro marcava 41.9 segundos para o final. A torcida do Utah começou a respirar um pouco mais aliviada. No pedido de tempo anterior, como Jordan já não estava bem das pernas, Tex Winter propôs uma variação de uma jogada básica que eles tinham, chamada *whatthefuck*, uma velha jogada do Knicks, da época de Jackson. Eles tinham que livrar um lado para isolar Jordan com Bryon Russell. Jordan pegou a bola perto da linha de fundo, partiu praticamente à vontade pela direita, e então, quando o Utah não tinha como colocar dois em cima dele, infiltrou pela direita, deixando a bola cair suavemente dentro da cesta. Foi uma cesta difícil, numa jogada importante. O placar estava 86 a 85 para o Utah, faltando 37 segundos.

Isso deu ao Utah uma maravilhosa oportunidade, com a chance de converter ou de usar Malone para cavar uma falta. Stockton atravessou a metade da quadra tranquilo, gastando seu tempo, e finalmente passou a bola para Malone, restando 11 segundos dos 24 de posse de bola. Antes que

Malone recebesse a bola, Jordan tinha certeza absoluta de o que o Utah faria, aonde a bola iria, como Malone a receberia. Ele cutucou por trás de Malone e a roubou. O fascinante daquela jogada foi a facilidade com que Jordan roubou a bola num momento tão tenso: quando ele se esgueirou por trás de Malone, teve o cuidado de esticar o corpo para a direita e conseguir o ângulo perfeito para dar um tapa na bola sem fazer falta. "Karl nem me viu chegando", disse Jordan mais tarde. Faltavam 18.9 segundos quando ele roubou essa bola. Ele era o recordista de bolas roubadas na NBA, mas essa talvez tenha sido a mais importante de sua carreira.

Jordan não pediu tempo, coisa que o Bulls raramente fazia em situações assim; os treinadores estavam mais na quadra do que no banco, e Michael Jordan não daria a chance ao Utah de armar sua defesa. A torcida, lembra-se Jordan, ficou muda quando ele roubou a bola. Aquele era o seu momento, o momento que ele desejava, e para o qual estava pronto, disse ele mesmo mais tarde. O momento, explicou, ao qual toda aquela conversa de zen budismo (como ele dizia) que Jackson estava sempre empurrando para eles se referia: como estar em foco, concentrado e pronto para o momento crítico de um jogo, para que quando ele chegar você saber exatamente o que quer, como fazer, como se tivesse vivido a vida inteira para isso. Quando momentos críticos como esse aconteciam, o Bulls devia estar controlado, para aproveitá-lo, sem pânico, valendo-se da situação. O exemplo que Jackson gostava de usar era o do gato à espera do rato, paciente, tranquilo, até que o rato, completamente desavisado, finalmente aparecia, e o gato estava perfeitamente preparado.

O jogo naquele momento pareceu se desenrolar muito lentamente, disse Jordan, como se já tivesse sido escrito. Ele viu tudo isso ocorrendo com grande clareza — a maneira como a defesa do Utah estava posicionada, o que seus colegas estavam fazendo — e sabia exatamente o que ele iria fazer. "Eu nunca duvidei de mim mesmo", disse mais tarde, "e nunca tive dúvidas quanto ao jogo como um todo".

O Utah percebeu que não poderia fazer uma marcação dupla nele. Steve Kerr, que entrou no lugar de Harper, estava à sua direita, pronto para matar caso Stockton fosse para cima de Jordan. Kukoc teria que ser vigiado pela esquerda. Rodman, afinadíssimo, fez um corte em direção à cesta, e de repente Bryon Russell era o homem mais solitário do planeta, ali, frente a frente com Michael Jeffrey Jordan. Jordan deixou o cronômetro correr de cerca de quinze segundos até uns oito. Então, no momento em que Russell avançou para a bola, Jordan começou a correr com ela, indo para a direita como se fosse partir para a cesta. Russell mordeu a isca e foi para cima dele, e então Jordan se desviou, dando um tapinha em seu traseiro com a mão esquerda só para mostrar que o truque tinha funcionado — nada parecido com a pancada que Reggie Miller tinha dado nele na série contra o Indiana. Russell já estava totalmente à esquerda no momento em que Jordan parou, preparou e disparou o arremesso. Ele deu uma boa olhada e fez um arremesso tranquilo, como diria mais tarde, e a bola foi a uma altura perfeita, assim como o desenho do lance. Normalmente, como ele mesmo diria, ele costumava interromper o movimento um pouco antes quando arremessava, para obter um certo grau de autonomia e não forçar o peso do corpo à trajetória da bola, mas desta vez, como seus arremessos anteriores tinham sido um pouco curtos de mais, ele fez diferente — nem precisaria, pois Russell, no chão, tentava desesperadamente voltar para pegá-lo.

Existe uma foto inesquecível daquele momento na revista *ESPN*, feita por um fotógrafo chamado Fernando Medina. É uma foto colorida, em duas páginas, e mostra Russell tentando se recuperar, Jordan no alto de seu arremesso, a bola fazendo uma arco bem alto e quase a ponto de cair, com o cronômetro marcando 6.6 segundos para o final. O que é impressionante nessa foto é que ela mostra muitos torcedores do Utah. Embora a bola ainda não tenha caído, o jogo parece que já acabou para eles. Eles *sabem* que ela vai cair. A angústia — a certeza da derrota — está nas expressões de seus rostos, como se a flecha já tivesse tocado suas peles e estivesse entrando em seus corações. Muitos estão com as mãos erguidas, como que para deter Jordan e impedir que sua bola entre. Alguns já estão cobrindo os olhos, num momento de tristeza. Há apenas uma exceção, um menino pequeno à direita, com uma camiseta do Chicago Bulls, com os braços levantados num grito de vitória.

A bola entrou direto. O Utah teve ainda mais uma chance, mas Stockton desperdiçou o último arremesso e o Bulls venceu por 87 a 86. Mais uma vez Jordan levou o time nas costas. Ele marcou 45 pontos, 16 no último quarto contra 6 de Malone, e marcou os últimos 8 pontos do Chicago. Na segunda metade do jogo, exausto ou não, ele fez 22 pontos, e o impressionante é que 10 desses pontos foram de lances livres — um reflexo de sua intenção de se infiltrar uma vez que suas pernas já estavam cansadas para o arremesso de fora. Um grande jogador tinha escrito um grande capítulo final em sua carreira.

As estatísticas raramente dizem muito sobre os grandes jogos de basquete, mas neste caso, os números de Jordan e Malone no último quarto foram reveladores e mostram como os treinadores do Chicago tinham sido proféticos ao prever como seriam os últimos quartos naquela série e quem seria o jogador que seria capaz de criar as melhores oportunidades nos momentos de decisão. Apenas em um dos jogos, o primeiro, quando Jordan estava evidentemente exausto da série contra o Indiana, Malone marcou mais pontos do que ele, 8 a 5. O terceiro tinha sido uma exceção, e nenhum dos dois jogou o último quarto. No quinto, que o Utah venceu e que foi o melhor jogo de Malone, ambos fizeram 8 pontos. Mas nos três jogos mais disputados, dois deles em Salt Lake City, Jordan jogou muito mais. No segundo, 13 a 1, no quarto, 11 a 2, e no sexto, 16 a 6, Jordan levou o time nas costas mesmo. Naqueles três jogos decisivos, ele mesmo cansadíssimo teve uma média de 13 pontos no último quarto contra 3 de Malone.

Depois, alguém perguntou a Jerry Sloan sobre Jordan. Sloan disse que ele deveria ser lembrado "como o maior jogador que já passou por uma quadra de basquete".

Dick Ebersol assistiu aos minutos finais do sexto jogo no caminhão da NBC. Ele começou o jogo sentado ao lado de seu amigo David Stern nas arquibancadas, mas ficara tão nervoso que acabou indo para o caminhão ficar com seu pessoal da equipe. Ebersol gostava muito de Michael Jordan e sabia muito bem que ele e sua rede de televisão eram beneficiários não só do enorme talento como também do carisma dele. Michael Jordan nas finais significava 8 ou 9 milhões de telespectadores para a NBC. Ebersol estava satisfeitíssimo com os índices de audiência dessa série, pois até ali eles estavam com 18,7 pontos, o número mais alto que já tinham obtido, e que se traduzia em 29,4 milhões de americanos assistindo, cerca de 4 milhões a mais do que na World Series do beisebol no ano anterior. Mas àquela altura, Ebersol, homem de televisão que era, não estava torcendo para Michael Jordan, mas para um sétimo jogo, o que significava, ainda que involuntariamente, para o Utah. Um sétimo jogo traria à NBC e sua associada, a General Electric, mais 10 a 12 milhões de dólares em publicidade. Michael Jordan tinha trazido muitos benefícios à NBC ao longo dos anos, mas era um matador e nenhuma série com ele ia até o sétimo jogo.

Quando John Stockton converteu o arremesso que deu ao Utah a vantagem de três pontos a 41.9 segundos do final do jogo, Ebersol se animou. Finalmente ele teria seu sétimo jogo. Como mais tarde ele mesmo admitiu, ele já estava contando o dinheiro. "Bem, rapazes", ele disse ao pessoal da produção no caminhão enquanto olhava para os monitores, "na quarta estamos de volta, e o pessoal da GE vai ficar muito contente com os 10 ou 12 milhões que a gente vai ganhar". Mas quando ele olhou para o monitor outra vez, Jordan já estava driblando Bryon Russell, livre de marcação, e

O último arremesso no último jogo. A 6.6 segundos do final, no jogo decisivo do campeonato de 1997-98, Jordan converte para o Bulls, ganhando o jogo, o título e dando adeus ao basquete em grande estilo. Ao fundo, os torcedores do Utah Jazz, em desespero.

com uma avenida pela frente, ao contrário do que Ebersol gostaria. Jordan iria marcar, Ebersol sabia, mesmo que aquela cesta deixasse o Utah apenas um ponto atrás e faltassem ainda 37 segundos, ele sabia que não havia jeito. Jordan estava tirando mais uma vez o sétimo jogo de suas mãos. Ele não sabe exatamente como, mas quando Jordan roubou a bola de Malone e fez o último arremesso, já não havia surpresa.

Harvest Leroy Smith, que jogou no colegial em Laney quando Michael Jordan foi cortado e que participara tão ativamente do início da carreira de Jordan, estava assistindo ao jogo em sua casa em Torrance, Califórnia. Naquele mesmo dia, Smith, um rapaz extremamente animado, conversou com este escritor e a certa altura disse, sorrindo: "Então, quando você encontrar Michael, diga-lhe que não se preocupe com o Utah porque o time não tem ninguém capaz de detê-lo". Na verdade, acrescentou Smith, só existe um homem que já foi capaz de deter Jordan. Quem? "Você está falando com ele", disse Smith com uma grande gargalhada, "mas isso foi há vinte anos".
Smith tinha certeza de que o Chicago venceria, mesmo que Pippen não estivesse com força total. Uns dez dias antes, ele discutira com um amigo de Las Vegas que estava achando que aquele seria o ano do Utah. Smith disse que jamais enquanto Michael Jordan estivesse jogando. O Chicago era capaz de lidar com Malone, mas ninguém no Utah era páreo para Jordan, não no último quarto. Enquanto assistia ao jogo, Smith se lembrava de seu terceiro ano em Wilmington, quando eles jogaram contra o New Hanover, um arquirrival, num torneio de Natal. "Eles tinham uma grande vantagem, mas na segunda metade Michael começou a jogar. Fez o que quis. Ele não perderia, não em algo tão importante." Então, sem nenhuma surpresa com o que via na televisão, ele viu Jordan trazer a bola e arremessar diante de Bryon Russell. "Agora ele vai pela direita, corta para a esquerda e arremessa. Um ano atrás era o contrário: ele ia pela esquerda, cortava para a direita e arremessava. Não tem como Russell fazer nada."

Tim Grover estava em Utah vendo seu melhor aluno contrariar todos os prognósticos mais uma vez, ciente de que a série contra o Indiana havia sido dura demais para ele e de que no sexto jogo contra o Pacers a fadiga tinha lhe custado caro. Havia muito pouca energia em suas pernas quando Jordan fez aquele último arremesso, e parecia que não ia dar certo. Agora, sem poder contar com Pippen, o sexto jogo tinha sido extremamente cansativo para Jordan, porém Grover achou que ele cadenciou seu ritmo com perfeição. Sim, em certo momento do segundo quarto a fadiga ficou evidente, e por um momento ele ficou fora de sincronia, mas então Jordan fez uns ajustes, jogou bem no terceiro e quarto quartos, embora seu arremesso estivesse saindo um pouco baixo. A exaustão que aparecera nos jogos contra o Pacers não apareceu dessa vez.

Grover conhecia mais do que ninguém os sinais de fadiga de Jordan, mas desta vez, à medida que o jogo contra o Utah chegava ao fim, achava que Jordan estava em boa forma. A corrida que ele fez diante de Russell na última cesta, para Grover foi impressionante, era Jordan no seu melhor, chamando o jogo para si, conduzindo a bola na hora certa. O Utah ainda estava na frente, mas Grover estava confiante. Michael havia feito aquilo tantas vezes que os jogadores na quadra — principalmente os adversários — tinham que saber que ele não deixaria de fazer de novo, achava Grover.

Grover viu Jordan trazer a bola depois da roubada em cima de Malone sabendo que ele daria aquele tempo, que permitiria ao Chicago não só arremessar como tempo para tentar o rebote. Antes de Jordan soltar a bola, Grover sabia que ela cairia pois a altura fora perfeita e o movimento impecável. Grover adorou aquilo: todo o tempo de preparação naquele ano tinha permitido a Michael ser o principal jogador no jogo decisivo, em que suas pernas deviam chegar ao final. O que Grover, o professor, tinha aprendido com Jordan, seu pupilo, foi a lição mais importante, o preço da glória: só à custa de uma preparação infinita, técnica, aliada a uma reserva de energia e hábitos de treinamento determinados, aquele último arremesso pôde cair. Se havia uma coisa com a qual aquele arremesso não tinha contado, era com a sorte.

Buzz Peterson, o amigo mais íntimo de Jordan e seu colega de quarto na universidade, assistiu ao jogo com a mulher em sua casa em Boone, Carolina do Norte. Com o jogo prestes a acabar, Pippen irreconhecível e o Utah na frente, sua esposa Jan virou-se para ele e disse: "Eles vão perder". Mas Buzz, que tinha jogado com Michael em inúmeras partidas válidas e ainda mais vezes em treinamentos, sabia muito bem da confiança inabalável de Jordan. Ele vivia para momentos como aquele: com o time atrás, ele anunciava a vitória para os colegas, e então tomava conta no final do jogo.

"Não esteja tão certa", disse Peterson à esposa. "Michael ainda vai ter mais uma chance." No mesmo momento, Jordan fez a bandeja que colocou o Bulls apenas a um ponto do Utah. A jogada decisiva, Peterson tinha certeza, seria na posse de bola seguinte, quando o Utah viesse de novo com a bola. Peterson estava imaginando o pensamento de Jordan: eles deixariam por conta de Malone tentar uma cesta ou pelo menos cavar uma falta. Peterson tinha visto seu amigo muitas vezes na mesma situação, encorajado por Dean Smith, transformado num monstro na defesa. Ele tinha certeza que Jordan tentaria alguma coisa quando Malone recebesse a bola. E viu Jordan roubar a bola, atravessar a quadra, e era o fim, pois a última cesta estava garantida.

Roy Williams, o treinador do Kansas que escolhera Jordan quando ele ainda estava no colegial em Laney, estava em seu centro de treinamentos do colegial, no Kansas, assistindo ao jogo no vestiário. Ele entendia melhor do que muita gente a vontade de se superar e de vencer de Michael: depois do primeiro ano de Michael no Bulls, quando ele foi escolhido o estreante do ano, ele voltou a Chapel Hill e procurou por Williams, o treinador com quem tinha mais proximidade. Ele queria trocar algumas palavras em particular, e então os dois saíram do escritório lotado de Williams e foram se sentar num banco isolado lá fora. "O que eu preciso fazer para melhorar meu jogo?", ele perguntou. "Bem, Michael", Williams respondeu, "você acabou de ser escolhido a revelação do ano, o que mais quer?". "Não — eu sei que você vai ser sincero comigo —, o que eu posso fazer para melhorar?" Então Williams lhe disse que trabalhasse o arremesso: se conseguisse melhorar esse aspecto, ele seria imbatível, ninguém conseguiria impedi-lo. E foi o que ele fez, naquele verão e nos anos que se seguiriam. Williams sabia que tudo em Michael era resultado de elaboração e trabalho duro. Ele era um grande jogador, com a melhor conduta profissional que ele já vira, e era por isso que ele sempre se destacava dos demais em jogos assim. Nunca era por acaso. E foi assim que, no minuto final, quando Williams viu Jordan partir para a primeira de suas duas cestas decisivas, ele não ficou surpreso. Então, quando o Jazz veio para sua última tentativa, conhecendo Michael, Williams teve uma intuição do que ele faria. Ele podia ver o que aconteceria antes de acontecer. E gritou para os seus colegas que assistiam ao jogo com ele: "Olha! Olha!", e Michael roubou a bola de Malone. Depois da roubada, quando Michael estava indo para a cesta com a bola, Williams se lembra de ter pensado que era melhor o Utah colocar logo dois em cima dele, senão estaria tudo acabado. Você tem que forçar o outro jogador a fazer o último arremesso, segundo ele: não se deixa alguém como Michael Jordan sozinho para arremessar. Mas ninguém veio marcá-lo. O que Roy Williams mais se lembra daquele último arremesso foi o modo como Jordan desenhou o movimento, e como ele permaneceu no ar mesmo depois de soltar a bola. Era uma coisa que os treinadores sempre ensinavam aos jogadores, pois estimulava a concentração que eles queriam. Assistindo-o então finalizar o movimento, desafiando a gravidade, Williams entendeu que aquela era a maneira de Michael torcer para a bola entrar. Havia três jogadores do Kansas no centro de treinamento, e ele, aquele homem que tinha dito aos amigos dezoito anos antes que já tinha visto os melhores colegiais do país jogar, virou-se para eles e disse que acabara de presenciar a melhor performance de basquete de sua vida. "E receio que também seja a última", acrescentou.

No dia da final, Chuck Daly estava jogando golfe em Isleworth, um conhecido clube de Orlando. Estava ali com um homem chamado John Mitchell, que costumava jogar golfe com Michael Jordan no passado. Eles conversaram alguns minutos sobre o jogo que viria a seguir, e Mitchell disse a Daly que estava com maus pressentimentos. "Acho que o Chicago vai ter problemas. Eu não estou sentindo um bom clima. É difícil ganhar lá", ele disse.

"Imagina", disse Daly, "no final o jogo vai estar empatado e quando faltarem vinte segundos, Michael vai estar com a bola, vai atravessar a quadra, olhar para o cronômetro, e quando faltarem apenas alguns segundos, ele vai arremessar e acertar. O Bulls vai vencer, e a lenda vai continuar. Ele é isso, e é o que ele faz".

No dia seguinte, depois que Jordan fez quase exatamente a mesma coisa que Daly tinha dito, Mitchell ligou para Daly. "Você está na profissão errada, deveria ser vidente."

Frank Layden, o principal responsável pelo Utah Jazz, achava que aquele seria o ano do seu time, principalmente depois de o time ter acabado com o Los Angeles Lakers. Ele achava que o Jazz estava melhor naquele ano, e que Michael Jordan, embora evidentemente o melhor jogador da liga, havia decaído um pouco. Não muito, mas apenas o suficiente para dar uma brecha para o Jazz. Mas no meio do terceiro quarto, ele começou a ficar irritado porque o Utah ainda não havia despachado o Chicago: ele não queria entrar no último quarto contra Michael Jordan com aquele placar. Ele estava se sentindo mal ao assistir a sequência final do último quarto. Primeiro a bandeja de Jordan. Depois roubando a bola por trás de Malone. Mesmo quando Jordan começou a comemorar, deixando Jeff Hornacek sozinho, Layden ficou impressionado, pois aquela era a primeira vez que ele via Jordan fazer aquilo. Um passe rápido de Malone para Hornacek, e o Jazz teria vencido, mas não houve tempo para tanto: a chegada da bola e a roubada de bola pareciam parte da mesma cena. Quando Jordan partiu para o último arremesso, Layden já sabia o que ia acontecer, porque Jordan não desperdiçava arremessos — ele era perfeito. Quando a bola caiu, Layden ficou inconsolável, mas lembrou-se de ter pensado: "Nós fomos derrotados pelo maior esportista que eu já vi em minha vida em qualquer esporte".

Dean Smith, aposentado de Chapel Hill no final da temporada de 1997, não ligava muito para o basquete profissional, mas assistia sempre que havia algum de seus rapazes jogando ou treinando, e assistiu à série contra o Indiana com grande interesse. Ele achou que o sétimo jogo da série foi um dos melhores de Michael. Ficou impressionado que ele, já tão exausto, ainda pudesse exercer tanta liderança num jogo decisivo, especialmente na defesa. No sexto jogo contra o Utah, depois da bandeja de Jordan, Smith sabia que ele tentaria fazer alguma grande jogada na defesa. "Eu tinha certeza de que ele iria tentar roubar a bola pelas costas de Malone", disse mais tarde. O que o surpreendeu foi o fato de o Utah não ter colocado uma marcação dupla ou tripla nele, forçando o Chicago a deixar a decisão nas mãos de um jogador menos talentoso. Ele sabia melhor do que ninguém que Michael vivia para momentos como aquele.

No verão de 1998, uma publicação foi lançada pelo centro de basquete de Michael Jordan em Las Vegas. No lado esquerdo de uma página dupla, havia uma foto de Jordan jovem e ainda magricela, acertando a cesta decisiva contra o Georgetown em 1982; embaixo da foto estava escrito: "Algumas coisas". Na página da direita, havia uma foto de Michael já maduro e bem mais forte, dezesseis anos depois, convertendo a cesta decisiva contra o Utah. Embaixo estava escrito: "... nunca mudam".

Cerca de meia hora depois do jogo, Phil Rosenthal, um articulista do *Chicago Sun-Times* encontrou Jerry Krause na quadra. Rosenthal era uma das pessoas que se dava bem com Krause entre os jornalistas de Chicago. E que sempre ficava intrigado com a complexidade daquele homem que queria fazer coisas boas, mas que sempre acabava ofendendo as pessoas. Em meio à celebração do pessoal do Chicago na quadra do Delta Center, as palavras de Krause ditas naquele momento não receberam muita atenção a princípio, mas conforme a informação foi divulgada, logo viraram notícia e se tornaram motivo de ressentimento entre algumas pessoas ligadas ao time. "Jerry (Reinsdorf) e eu conseguimos (conquistar os títulos) seis vezes", disse Krause. Aquilo era típico de Krause, pensou Rosenthal: ele sempre queria mais crédito do que merecia.

32.
CHICAGO, JUNHO DE 1998

Depois que o Bulls retornou a Chicago, houve um grande cortejo no Grant Park para celebrar o sexto campeonato, e naquela noite houve um jantar no restaurante de Michael Jordan, só para jogadores, treinadores e esposas. Todo mundo estava lá ou, pelo menos, quase todo mundo. Dennis Rodman tinha dado um jeito de não comparecer, mas isso não surpreendeu ninguém — toda tribo tinha o seu "do contra", como dizia Jackson. Foi uma noite animada e barulhenta, porque a conquista tinha sido tão grandiosa e porque provavelmente assinalava o final da carreira de muitos deles. A certa altura da noite, homens e mulheres formaram grupos separados, e a festa dos homens se tornou mais emocionante e sarcástica.

Os brindes foram muito comoventes. Jackson brindou a Ron Harper e falou do quanto tinha dado ao time, como ele tinha feito a transição de um grande astro do ataque para um especialista na defesa, e de como, quando Jordan voltou do beisebol, Harper a princípio ficou mal, mas lutou e conseguiu seu lugar. "Sim", disse Scott Burrell, "isso é por causa da perna mecânica". Naquele momento, Steve Kerr fez um brinde ao agente de Harper, um homem realmente incrível, pois conseguia tirar todo aquele dinheiro da diretoria do Chicago por um jogador de uma perna só.

O último brinde foi feito por Scottie Pippen. Era quase certo que ele não voltaria, e todo mundo sentia que aquele seria o último brinde. Ele se levantou e brindou a Jordan. "Nada disso teria acontecido sem você", foram suas palavras. Foi um momento muito bonito, um grande jogador brindando a um jogador ainda maior num momento em que parecia ser o fim de uma carreira fenomenal e todos se levantaram e saudaram. Aquele momento coroou as conquistas dos últimos oito anos daquele grande time cuja trajetória, pelo menos para aquele grupo de jogadores, chegava ao fim.

EPÍLOGO

Nos catorze anos em que Michael Jordan jogou na NBA, ninguém além dele e alguns outros jogadores se beneficiou tanto do crescimento da liga e da mudança de poder das mãos dos proprietários para a dos jogadores como David Falk. Agente de esportes ainda iniciante no começo da era, em 1998 Falk não só era o agente mais importante de todos os tempos do basquete como também um dos dois ou três homens de maior influência nesse mundo, um homem cujo poder se dizia igualar-se ao do próprio David Stern. Se as mudanças nas leis, na economia e tecnologia do basquete que ocorreram nos anos 80 e 90 foram boas para os jogadores elas foram, possivelmente, melhores ainda para os agentes. Desde o início de sua carreira de agente, Falk rompeu duas vezes com sócios: primeiro, antes de se unir a Jordan, ele e Donald Dell romperam com Frank Craighill e Lee Fentress; depois veio o rompimento com Dell, evento que foi considerado um divórcio profissional nada tranquilo. Em 1998 ele vendeu sua empresa para outra maior, especializada em produção de entretenimento ao vivo em ginásios do país. Estima-se que a venda tenha sido de 100 milhões de dólares e, como parte do acordo, Falk ficou para cuidar de sua cota da empresa. Uma nota da imprensa anunciando a venda observava que a antiga empresa de Falk, a FAME (Falk Associates Management Enterprises), "representava nada menos que seis jogadores da NBA escolhidos em primeiras rodadas do *draft*, tinha negociado mais de 400 milhões de dólares em contratos de passe livre para seus clientes, além de quatro dos cinco maiores contratos da história do esporte".

Ninguém duvidava da capacidade e da inteligência de Falk, mas se havia uma coisa que incomodava as pessoas que se preocupavam com a liga e com o basquete num sentido mais amplo, era se ele tinha alguma preocupação maior, se acreditava que a saúde do esporte ainda valia alguma coisa. Algumas pessoas temiam que o valor vultoso dos contratos de alguns jogadores pudesse pôr em risco muitos times e ameaçasse a estabilidade da liga no longo prazo. Falk parecia gostar do poder que tinha, assim como de sua fortuna: divertia-se com sua habilidade de não retornar ligações e fazer com que os outros, especialmente os proprietários, se sentissem vulneráveis a ele. "Tenha cuidado com David, ainda mais se ele começar a dizer que o respeita", disse certa vez um proprietário. "Pode ter certeza que você ou vai perder a carteira ou um jogador do seu time — é assim que ele diz que é mais poderoso do que você."

No verão de 1998, quando a liga e o sindicato dos jogadores se preparavam para uma guerra quanto às regras dos contratos e os proprietários pareciam dispostos a impedir os jogadores de jogar senão sob as suas condições, muitos dos clientes de Falk, inclusive Patrick Ewing, Dikembe Mutombo e Alonzo Mourning haviam alcançado (não por acaso) posições de liderança dentro do sindicato. Isso não significava que a disputa era apenas entre Falk e os proprietários, pois havia muitos outros agentes igualmente ativos do lado dos jogadores, porém as questões, principalmente a do teto salarial, pareciam relativas mais ao grau de liberdade dos contratos da elite da liga do que às questões salariais da maioria dos jogadores. Certamente, muitos conhecedores da NBA viram a intransigência dos proprietários como uma espécie de disputa pessoal entre Stern e Falk, e certamente, quando Falk falou com os repórteres naquele outono, ele quis dizer que Michael Jordan poderia voltar a jogar por mais uma temporada — se David Stern não o impedisse. Como a intransigência continuou, ficou evidente que Falk era uma figura importantíssima para o sindicato e que as questões em debate eram do interesse de seus muitos clientes, todos jogadores de elite, muito mais do que da maioria dos jogadores. Numa matéria de rara precisão, o influente colunista Mike Lupica, do *New York Daily News*, escreveu: "É possível que haja maiores oportunistas nos esportes do que David Falk, mas é difícil encontrar um deles hoje em dia". Falk era, escreveu Lupica, "um Rasputin saído do banco" nessas negociações, o tipo de pessoa capaz de fazer um jornalista torcer por um proprietário.

Quanto a David Stern, no final do verão de 1998, quando as tensões aumentaram e o racha parecia inevitável, ele parecia a alguns de seus amigos muito mais triste, senão melancólico. Era como se ele lamentasse a perda de uma já tão importante conexão humana com os jogadores da liga, o que ele considerava uma espécie de sociedade especial que havia entre eles. Deixou a barba crescer e disse que só a tiraria quando um novo acordo trabalhista fosse assinado. Ao mesmo tempo, como sempre um negociante de primeira linha, ele abriu uma loja gigante da NBA na 5ª Avenida, em Nova York, e a encheu de todo tipo de roupas e acessórios com a marca da NBA. Em breve seriam os restaurantes da NBA em diversas cidades dos EUA.

Stern sabia muito bem que as pessoas que o criticavam havia muito tempo, que detestavam a maneira como o basquete tinha se transformado nos últimos anos — aquela conquista de um Dream Team composto por jogadores menores nos Jogos Olímpicos, os acordos de publicidade com grandes corporações, os grandes contratos de televisão, os luxuosos ginásios com seus camarotes sofisticados e o barulho quase insuportável, a separação cada vez maior dos jogadores e da mídia —, achavam que ele estava pagando pelos próprios pecados. Achavam que a liga, sendo Stern o principal criador de suas imagens, tinha se tornado demasiadamente dependente do mercado em sua ambição de se igualar aos outros grandes esportes do país. E, pior de tudo, no processo de se tornar tão bem-sucedida, culpavam a própria liga por haver ajudado a criar aquela atitude entre os jogadores pela qual eles se acreditavam acima de qualquer tipo de responsabilidade por seus atos, econômica e socialmente fora do controle da sociedade, e achavam também que o extraordinário (e nunca visto) crescimento da NBA nos anos 80 e 90 não era fruto de um feliz acaso tecnológico e social mas uma coisa que se devia somente a eles mesmos. Seus salários tinham crescido num ritmo tão acintoso na década anterior, que eles acabaram se afastando da realidade.

Stern, às vezes, fazia piadas com os amigos mais próximos, dizendo que podia muito bem ser preso por falsidade ideológica, por ter sustentado por tanto tempo o discurso segundo o qual o mais importante era o aspecto artístico do jogo, e acima de tudo por ter diminuído a importância da ideia de que os jogadores modernos eram, bem... ambiciosos. Ele costumava falar com saudade dos seus primeiros anos como executivo da liga, em que ele trabalhou com uma geração anterior de líderes trabalhistas e de jogadores, homens que tinham um sentido de colaboração e que partilhavam dos mesmos objetivos. Todos estavam aprendendo do modo mais difícil que o espírito de parceria era mais difícil quando as coisas iam bem do que quando as coisas iam mal. O que o incomodava, segundo ele comentou com alguns associados, era o fato de que a memória dos jogadores e dos agentes era muito curta — quase ninguém se lembrava de que muito recentemente a liga não conseguia o horário nobre da televisão nem para transmitir os *playoffs*.

O que fazia a frustração de Stern ainda mais pungente era o fato de que ele nunca foi simplesmente um fantoche dos proprietários, como costumava acontecer com os demais esportes. Ele adorava os jogadores e o basquete em si, e era comprometido com ambos, sempre entendendo o que era saudável para o jogo em amplo sentido, uma saúde que ele acreditava começar e terminar com o respeito público e com o investimento emocional feito nos jogadores. Nas palavras de Bob Ryan, "naqueles tempos críticos em que a NBA estava apenas começando a ter sucesso, e um fator decisivo para esse sucesso eram os acordos trabalhistas que a liga fizera com o sindicato, eu poderia facilmente imaginar David Stern no papel de representante do sindicato e Larry Fleisher (o presidente do sindicato) como representante da liga — porque não havia nenhuma diferença real entre o amor que os dois tinham pelo basquete, e o que os dois queriam que acontecesse".

Isso já não era mais verdadeiro naqueles dias. Tudo tinha mudado sob o peso de tanta prosperidade. Lucros e salários tinham subido astronomicamente nos últimos anos, alterando a essência de todo tipo de parceria. Quando Stern entrou na liga, praticamente como um executivo júnior, em 1978, o total dos salários de todos os jogadores estava por volta de 40 milhões; apenas vinte anos depois Michael Jordan sozinho chegou a ganhar perto disso em um ano, a folha de pagamentos de seu time era quase o dobro, e o total da liga estava em cerca de 1 bilhão de dólares por ano. Isso significava que os salários tinham subido cerca de 2.500% em um período de vinte anos. Porém, uma nova geração de jogadores, representada por uma nova geração de agentes, tinha pouco interesse naquelas histórias que pareciam vir de outro século, mostrando como eles tinham ido longe em tão pouco tempo. Era bastante irônico o fato de que o agente que conseguira o acordo de Kevin Garnett, que fora o fator principal de união dos proprietários para fazer a greve, fosse Eric Fleisher, filho de Larry Fleisher, o primeiro diretor do sindicato e também agente, um homem que fora desprezado pelos proprietários de sua época, mas que era considerado um modelo de decoro e justiça pela nova geração de proprietários e executivos da liga.

As negociações entre membros da liga e proprietários de um lado e jogadores do outro estavam lentas no outono de 1998. Foi a disputa trabalhista mais estranha que já se viu: de um lado, um grande número de bilionários, e do outro, inúmeros milionários. Tony Kornheiser, do *Washington Post*, disse que aquela era uma disputa entre grandes e pequenos milionários. E Sam Smith, do *Chicago Tribune*, escreveu que parecia um acidente entre duas limusines. "Sai um sujeito do banco de trás da limusine reclamando que derramou sua taça de Château Lafite na batida. E o cara da outra limusine, mortificado, dizendo que arranhou seu Rolex de ouro." Em 1998 o salário médio de um jogador era de 2,5 milhões de dólares. O próprio David Stern ganhava 7,5 milhões por ano, o que era um bom argumento a favor dos jogadores e agentes. E Patrick Ewing, o líder do sindicato, ganhava 18,5 milhões naquele ano como parte de seu belo contrato, o que era argumento para os proprietários. As discussões não eram tanto sobre quanto se ganhava no momento, era mais sobre como as coisas se desenrolariam depois. Haveria algum teto para o contrato dos grandes jogadores? Haveria alguma fórmula que recompensasse jogadores valiosos após um certo tempo de serviço que ainda assim não desestabilizasse a liga como um todo? Os assuntos em questão afetariam 80% dos jogadores ou apenas uma pequena elite que talvez merecesse esses salários enormes?

A verdade era que com os salários tão altos e ainda subindo, os jogadores inevitavelmente sairiam perdendo num espetáculo daqueles. Eles haviam perdido uma coisa essencial durante as primeiras disputas públicas com os proprietários: o apoio da opinião pública. Pouquíssimos jovens americanos, entusiastas dos esportes, torciam pelos proprietários ou os tinham como ídolos, e eram ainda mais raros os que tinham crescido com o sonho de se tornar um dia proprietário de um time. Os proprietários nunca tiveram popularidade que pudessem perder. Os jogadores, sim. Sem o contato com o mundo à sua volta, estranhos até para com os jornalistas com quem conviviam quase diariamente, encorajados por agentes que tinham ao mesmo tempo um interesse óbvio em seu sucesso e um medo de serem sinceros com eles, os jogadores raramente desfrutavam do tipo de honras que recebia um astro como Michael Jordan. A empatia que eles provocavam não chegava a se tornar uma causa pública, nem sequer entre as pessoas que costumavam a ficar do lado dos trabalhadores em disputas salariais.

Os proprietários estavam querendo estabelecer alguns limites na exceção representada pelo caso de Larry Bird, para que pudesse ser mantido o acordo sobre o teto salarial. Segundo eles, não estavam tentando voltar no tempo e ir diminuindo a escala salarial, nem mesmo procurando restringir a liberdade de movimentação dos jogadores. Em vez disso, eles estavam, após o contrato de Kevin Garnett, tentando impor limites à loucura que estava acontecendo — tanto da parte dos jogadores quanto da deles. Caso fosse aceita, a oferta deles estabeleceria uma folha de pagamentos total de 1,2 bilhão de dólares por quatro anos, cerca de 5% de aumento anual. Conforme o antigo acordo de participação nos lucros, os jogadores deveriam receber 52% da renda bruta, porém o aumento anual dos salários tinha sido tão radical — cerca de 15% a 16% ao ano — que a liga estava alegando que os números haviam chegado a 57% e continuava subindo. Como disse Kevin McHale quando terminou as negociações salariais de Garnett: "Nós estávamos com a mão na galinha de ovos de ouro, mas apertamos forte demais".

Que Michael Jordan era especial porque havia ajudado a mudar a economia do jogo, e que seus vultosos salários só vieram bastante tarde em sua carreira, era algo que parecia além da compreensão de muitos jogadores. Um jogador chamado Jerry Stackhouse era um bom exemplo, embora houvesse muitos outros como ele. Stackhouse tinha saído do Carolina depois de passar dois anos no programa de Dean Smith, e parecia ter a princípio um grande potencial — era um demolidor, um jogador cujas infiltrações eram difíceis de deter devido à sua força e velocidade. Ele havia entrado na liga com um belo contrato de patrocínio de calçados esportivos e todos os outros requisitos de um atleta moderno e famoso. Mas ainda era um jogador incompleto e não havia melhorado muito em suas primeiras temporadas como profissional. Em parte porque seu arremesso de fora continuava suspeito, as defesas conseguiam marcá-lo, e isso reduziu sua habilidade de infiltrar. Além disso, a sua turma — isto é, seu grupo de seguidores — não parecia se dar bem com a de Allen Iverson, e logo, em sua terceira temporada, ele foi negociado com o Detroit. Mas alguns ouviram ele dizer que estava querendo um contrato maior: se Michael Jordan merecia 30 milhões de dólares, ele merecia pelo menos um terço disso, afirmou. Ninguém jamais saberia se ele merecia ou não.

O que provavelmente estava acontecendo, após um período de crescimento extraordinário, no qual ambos os lados haviam se beneficiado e no qual a liga tinha ganho uma popularidade nunca vista no mundo dos esportes — muito disso devido às profundas mudanças tecnológicas — era que um grande jogador havia se tornado a vitrine de todo o esporte, e proprietários, membros da liga, jogadores e agentes estavam tentando definir a realidade pós-Jordan — a realidade num mundo que não tinha realidade, pois era movido, no fundo, pela fantasia.

Nenhuma empresa deu mais dinheiro a Michael Jordan do que a Nike, e nenhuma outra se beneficiou tanto com sua carreira. Até 1998, Jordan havia ganho cerca de 130 milhões de dólares da Nike. Considerando-se o período que ficou no beisebol, a média ficou em cerca de 10 milhões por ano apenas dessa empresa. Em compensação, ele gerou para a Nike literalmente bilhões de dólares, ajudou-os a vencer batalhas de vida ou morte contra a Reebok, que atingiu o nível de uma guerra global entre as duas marcas de calçados. A Nike estava começando a ficar para trás quando assinou com Jordan, e a linha Air Jordan transformou a equação drasticamente. No primeiro ano, a Air Jordan engrossou a conta em inéditos 130 milhões de dólares, e a vingança da Nike começou. Em 1986, devido a uma série de erros de cálculo anteriores da Nike, a fatia da Reebok do mercado americano de tênis era muito maior que a da Nike: 31,3% contra 20,7%. Quatro anos depois, devido à presença de Jordan, a Nike reconquistou a liderança e passou a aumentá-la constantemente. A Reebok foi uma das primeiras empresas a aprender que a presença de Michael dentro e fora das quadras era especial. Eles apostaram alto em Shaquille, mas não funcionou. Shaquille, no final de seu contrato de cinco anos por 15 milhões de dólares, tinha em 1998 uma novidade no mundo dos esportes nos Estados Unidos, passe livre com relação ao patrocínio de tênis. Não seria qualquer esportista, e isto era claro, não importando o nível de carisma ou habilidade, que seria capaz de substituir Jordan nas quadras ou nas telas.

Nem todo o crescimento da Nike deve ser atribuído à presença de Jordan, é claro, porém em 1984 a empresa lucrou 919 milhões de dólares, e no final de 1997, os lucros da Nike estavam acima dos 9 bilhões, um crescimento anual espantoso.

Michael Jordan nunca chegou a ser muito próximo de Phil Knight, o executivo mais iconoclasta e o menos o previsível do país. Knight era evidentemente um visionário, mas parecia ser desajeitado socialmente, e de modo algum era o tipo de pessoa com quem Jordan se sentia à vontade. Com o passar dos anos, a conversa entre os dois era bastante restrita. A certa altura, Jordan chegou perto de abandonar a Nike e se tornar sócio de uma nova empresa de tênis que estava sendo fundada por Rob Strasser e Peter Moore, ex-executivos da Nike com quem ele era bem mais ligado. A briga entre Jordan e Knight não foi nada agradável: Jordan deixou Knight esperando horas, como se lembrou uma pessoa envolvida no encontro, e chegou de modo hostil e bastante irritado. Evidentemente, ele vinha sendo aconselhado pelos ex-empregados da Nike, tendo sido informado, aparentemente, de como era pequena a fatia que recebia do bolo gigante que ajudara a assar. Mas no final das contas havia muito risco envolvido, principalmente para alguém cuja carreira poderia acabar a qualquer momento com uma contusão, e a perspectiva de enfrentar um furioso Phil Knight, usando todos os argumentos da Nike para manter longe das maiores lojas esportivas os produtos de uma empresa conduzida por Jordan não era um risco que Jordan ou Falk quisessem assumir. O que resultou dessas negociações foi uma fatia bem maior dos lucros para Jordan, e no início dos anos 90, discretamente, ele estava ganhando cerca de 20 milhões de dólares por ano da Nike.

A Nike logo percebeu que seu sucesso com Jordan não seria facilmente transferível a outros atletas. Uma campanha baseada em Charles Barkley tinha carisma, humor e inteligência, muito porque o próprio Barkley, não importando o seu comportamento, tinha carisma, humor e inteligência. (Danny Ainge, seu ex-companheiro de time, certa vez observou que havia muitos jogadores que no fundo eram caras maus e que fingiam ser bonzinhos, mas Charles era a única pessoa que ele já tinha visto que era um cara bonzinho e que fingia ser mau.) Porém, diversas outras campanhas não funcionaram, sendo a mais notável a de um jogador de futebol e de beisebol chamado Deion Sanders, promovido como um herói dos dois esportes. Que Sanders era um atleta de talento era inegável, mas que ele fosse um tipo de ícone cultural ou mesmo simpático para um grande espectro de consumidores era discutível. Aquilo que eles chamavam de seu carisma refletia como era aberrante o mundo das celebridades contemporâneas: parecia basear-se no fato de ele gostar de fazer passos egocêntricos de dança no final do campo, como se fossem espontâneos.

Parte do problema da Nike, nesses comerciais apresentando Sanders e outros atletas, era que tais comerciais costumavam refletir parte do espírito da empresa, isto é, que eram todos sujeitos imbatíveis capazes de dominar o mundo. Afinal, Knight havia começado sua empresa em sua própria casa, usando uma prensa de ferro para fazer os tênis desenhados por seu velho treinador, e a princípio ia de convenção em convenção vendendo os calçados em seu carro. E era assim que ele via a si mesmo — um pequeno no meio dos grandes. O pessoal da Nike gostava de se considerar os "fora da lei com princípios", como disse um consultor que trabalhara com a empresa. De modo que quando Deion Sanders jogou um balde de água fria em cima de um insuspeito e bem-vestido locutor de beisebol, Tim McCarver, pois este havia questionado o caráter de Sanders que ficava indo do futebol para o beisebol em meio aos *playoffs* do beisebol (aparentemente encorajado pela Nike, que contratava helicópteros que o levavam e buscavam nos jogos), ninguém da Nike pareceu se incomodar. Na opinião deles, Sanders era apenas um funcionário da Nike fazendo um serviço para a Nike.

Porém, no final dos anos 90, a Nike não era mais uma empresa pequena em meio às grandes; era uma grande empresa cujo alcance e cujo logotipo parecia chegar a toda parte — não só uma gigante multinacional, mas um imenso polvo cujos tentáculos chegavam a todos os recantos do mundo dos esportes. Seu símbolo parecia onipresente, e seu poder — as imensas quantias que pagavam para os treinadores universitários usarem tênis e uniformes deles — causava um bocado de problemas entre os tradicionalistas do basquete. Inevitavelmente, devido à sua grande visibilidade, assim como a de seus atletas, tornou-se o alvo perfeito para os críticos das práticas trabalhistas das multinacionais americanas nos países pobres do Terceiro Mundo. Pagamentos inaceitavelmente baixos, condições de trabalhos precárias e exploração do trabalho infantil eram acusações feitas contra a empresa em geral, e em particular contra Jordan, que simbolizava a Nike. As fábricas da Nike no Vietnã, onde os salários estavam abaixo de dois dólares por dia, recebiam as maiores críticas.

A polêmica parecia deixar Jordan atônito. Ele, que, como outras celebridades eram usadas pelos patrocinadores, nunca achou que a facilidade que o dinheiro entrava tivesse um lado negativo, nem que ele se tornaria alvo de críticas pela exploração infantil em algum país distante. Uma série de cartuns satirizando Jordan e a Nike começaram aparecer na tira "Doonesbury". Havia rumores de que Jordan talvez fizesse uma visita na primavera de 1998 às fábricas do Vietnã com uma equipe de imprensa, viagem que produziria um bocado de assunto para a televisão e, consequentemente, publicidade para a empresa. Mas no começo do outono tal viagem foi adiada indefinidamente.

Se havia alguém que ficava ainda mais confuso do que Jordan com esta história, era o próprio Knight. A Ásia sempre o fascinara. Muito tempo atrás, ele percebera a crescente importância dessa região, não só como um mercado, mas também como um desafio à tradicional hegemonia econômica do Ocidente. Ele se enxergava como um pioneiro, um visionário em uma nova ordem mundial na qual a importância da Europa ocidental decaía e a da Ásia e do Pacífico crescia, alguém que havia enxergado o futuro antes dos outros, ou pelo menos muito antes dos empresários americanos. Ele não reagia bem às acusações de que era antes um explorador que um visionário. Suas primeiras respostas a esse tipo de acusação foram bastante insensatas, muito porque ele tinha certeza de que a Nike era boa para aqueles países. Logo ele cometeria o erro de conceder uma entrevista a Michael Moore, o irreverente cineasta. Talvez achasse que os dois eram camaradas que no fundo pensavam da mesma maneira. O trecho incluído num filme chamado *The Big One*, foi um desastre para Knight e para a Nike. Entre outras coisas, mostrava Moore convidando Knight para abrir uma fábrica em Flint, Michigan, uma das antigas cidades industriais mais atrasadas do país, em vez de abrir outra fábrica em alguma aldeia asiática. Em maio de 1998, percebendo que boa parte do mundo não via sua empresa e suas práticas econômicas do mesmo modo, ele anunciou significativas alterações na produção da Nike fora dos Estados Unidos. As fábricas asiáticas receberiam o mesmo tratamento em saúde e segurança que as americanas, e a idade mínima para os novos funcionários seria mudada de dezesseis para dezoito anos. Ele não mencionou nenhum aumento de salários, o que seria provavelmente um motivo de futuras críticas.

Quando Michael Jordan converteu aquele último arremesso contra o Utah, em junho, muitas pessoas próximas a ele, como Roy Williams, acreditaram que era o último ato de uma brilhante carreira. Acharam que a cortina tinha finalmente se fechado depois daquela série inesquecível com o Chicago Bulls, embora em alguns aspectos ele continuasse jogando tão bem como sempre e sua paixão pelo jogo não tivesse diminuído em nada. Ele continuava ávido como sempre. Ainda assim, Phil Jackson estava fora, e mal podia esperar para tirar suas coisas do escritório no Berto Center. Jordan havia jurado que não jogaria com outro treinador, apesar de algumas evidências de que ele pudesse quebrar essa promessa particular; e, ainda mais importante, era improvável que Scottie Pippen, a peça mais essencial no momento, fosse voltar. Furioso com a diretoria do Bulls, aparentemente ansioso por deixar o time, parecia certo que Pippen também estava fora, assim deixando Jordan vulnerável às investidas dos futuros adversários. A temporada de 1997-98 tinha sido muito dura e havia claros sinais de que o Bulls estava ficando cansado. Mas uma temporada inteira sem Pippen ao seu lado, mesmo com a possibilidade de o Bulls contratar novos jogadores, talvez expusesse Jordan como um astro já envelhecido e incapaz de fazer o mesmo de antes nas quadras.

Mas a greve mudou esse quadro. De repente, não só todos os jogadores estavam limitados em suas atitudes, como também não podiam nem sequer conversar com a diretoria. Ninguém, no início de dezembro de 1998, sabia quando a temporada começaria, nem mesmo se haveria temporada. Pippen continuava imobilizado, furioso com a injustiça daquele mundo, pois quando finalmente ele iria ter a chance de receber tudo o que lhe deviam, haviam colocado outro obstáculo em seu caminho. A possibilidade de uma temporada curta, contudo, poderia, segundo algumas pessoas próximas a Jordan, influir na atitude de Michael e fazê-lo voltar. Segundo esse raciocínio, talvez Michael junto com o time reunido pudesse conseguir chegar aos *playoffs*, onde, com sua força de vontade ele conseguisse dominar outra vez.

Enquanto em dezembro a resposta sobre se ele voltaria ou não continuava no ar, havia evidências suficientes já àquela altura do papel que ele representara na história do esporte americano. Ele não era uma figura histórica no sentido clássico, como Jack Johnson, Paul Robeson, Jackie Robinson, Muhammad Ali ou Arthur Ashe, cujas vidas complicadas e lutas difíceis contra velhos preconceitos e barreiras raciais refletiam não só a história do esporte, mas também do racismo no país. Ele não foi o primeiro, como Robinson, Ashe ou Johnson, nem chegou a propor desafios políticos ao mundo branco como Robeson e Ali. A sensibilidade para o momento de sua entrada na cena educacional, esportiva e comercial foi impecável, e pouca coisa lhe foi negada por causa de sua raça. Sua carreira demonstrou algo maior do que questões raciais no esporte: o desejo das empresas americanas, ainda que de modo relutante, de compreender que um esportista de um talento impressionante, negro e atraente, era capaz de ser um irresistível vendedor de uma vasta gama de produtos comuns. É claro que Jordan enfrentou preconceitos neste sentido. Quando ele começou a aparecer em propagandas e David Falk o levou a inúmeras empresas americanas, um representante de uma multinacional sugeriu que Jordan seria perfeito para vender Beanie Weanies, um produto popular (salsicha e feijões) entre os negros pobres do Sul, uma oferta do mesmo tipo que a dos Harlem Globetrotters, que quiseram contratá-lo quando saiu do Carolina como jogador universitário do ano. Falk e Jordan educadamente recusaram, e naquele primeiro ano, para o espanto de todos, a linha Air Jordan bateu todos os recordes existentes para um produto patrocinado. Com isso, a porta foi aberta e ele transcendeu barreiras raciais no mundo da propaganda. Logo ele se tornaria o recordista nesse campo, pois era quase certo que nenhum garoto-propaganda, de nenhuma cor, jamais entraria em tantos lares, no país ou no exterior, nem seria tão bem-sucedido vendendo tantos produtos; no verão de 1998, a revista *Fortune* realizou um detalhado estudo de Jordan como uma figura do capitalismo moderno e calculou que ele havia ajudado a criar 10 bilhões de dólares para o basquete, para as redes de televisão e para seus diversos parceiros de negócios.

Se ele não era uma figura do panteão dos atletas, como as figuras históricas de Ali, Robinson e Johnson, homens cujo trabalho nas questões raciais foram tão importantes quanto seus feitos no esporte, então o que o torcedor comum guardaria dele seriam aquelas inesquecíveis imagens de Michael Jordan como esportista: um cometa que milagrosamente repetia suas perfomances e que tivemos o privilégio de ver iluminar os céus, noite após noite, o mais carismático jogador de basquete de todos os tempos — brilhante, um dançarino, e, evidentemente, feroz. Ele possuía em grandes proporções todos os requisitos para a perfeição; além disso, era como se algum geneticista tivesse injetado uma solução mágica para a supercompetitividade em seu DNA, pois ele se transformou, mais do que qualquer outro atleta dos últimos anos, num homem invencível, alguém que simplesmente não aceitava a derrota.

Muitas vezes ele parecia tanto um desbravador como um atleta, desbravador no sentido de ir além dos limites anteriormente considerados o máximo de que o ser humano seria capaz, e de algum modo, graças à sua excelência física e incomparável força de vontade, levando tais limites muito além. E isso, para os milhões de pessoas que o assistiram ao longo dos anos, não era pouco.

AGRADECIMENTOS

Agradeço aos jornalistas esportivos com quem trabalhei durante todos esses anos, principalmente, em Chicago, Terry Armour, Lacy Banks, John Jackson, Kent McDill e Skip Mylenski, assim como os jornalistas Sam Smith, Ron Rapoport e Rick Talender, por sua amizade e ajuda. Mark Heisler, do *Los Angeles Times*, e todos os astros do *Boston Globe*, Bob Ryan, Dan Shaughnessy e Peter May foram de grande ajuda e incríveis companheiros, assim como Mike Wilbon, do *Washington Post*. Steve Jones, um maravilhoso, divertido e sensato colega, que foi um grande parceiro desde meu primeiro livro sobre o basquete, cuja amizade pôde se firmar durante a última temporada. Dentre todos aqueles com quem trabalhei, desejo destacar Bob Ryan. Somos amigos já há vinte anos, uma amizade que se iniciou quando eu, um de seus leitores fiéis, escrevi meu primeiro livro sobre basquete, ocasião em que ele apareceu para ajudar-me e apresentar-me ao seu universo. Ele é um colega de valor inestimável. Além de uma brilhante e infalível fonte para eventuais referências ("Isso foi no sexto jogo das finais. Faltava apenas 1:50 minuto para o fim do jogo. Bird recebeu a bola. Ele havia machucado um dos dedos da mão esquerda na posse de bola anterior, por isso o Lakers estava tentado fazê-lo jogar pela esquerda. Mas ele sabia que eles tentariam isso e..."), ele é também um exemplo do esporte: sua paixão pelo jogo, pelo que é certo e errado no basquete, permanece imbatível. Aqueles que trabalham e trabalharam com ele são os beneficiários de sua paixão.

Em 1956, cobrindo as Olimpíadas de Melbourne, Red Smith escreveu que as duas grandes potências do pós-guerra estavam bem representadas lá, o Japão e o *Sports Illustrated*, e era mesmo assim que qualquer um que trabalhe cobrindo esportes hoje em dia deve se sentir com relação à ESPN. Seu pessoal parece onipresente e muitos são realmente bons e, apesar de trabalharem para a televisão, ainda vão a campo como os repórteres. Bryan Burwell e David Aldridge ajudaram-me bastante. Qualquer pessoa que trabalhe na NBA hoje em dia é especialmente grata por todo o trabalho realizado pela *Sports Illustrated* e seus jornalistas, principalmente Jack McCallum, Frank Deford, Rick Reilly, Curry Kirkpatrick, Phil Taylor e Alexander Wolff. Deford, deve-se acrescentar, estabelece um padrão profissional tão alto — literário e intelectual — que seu trabalho sempre se destaca como a pedra de toque a que os demais aspiram.

Os pioneiros sempre facilitam o trabalho dos que vêm depois, e nesse caso *The Jordan Rules* e *Second Coming*, de Sam Smith, *Michael Jordan*, de Mitchell Krugel, *The Year of the Bull*, de Rick Talender, *Transition Game*, de Melissa Isaacson, *Hang Time* e *Rebound*, de Bob Greene, e *Blood on the Horn*, de Roland Lazenby, tornaram meu trabalho muito mais fácil. Lazenby também publicou diversos outros livros que têm sido úteis a qualquer fanático por basquete: *And Now Your Chicago Bulls*; *The Lakers*; e *The NBA Finals: A Fifty-Year Celebration*.

Os dois livros de Phil Jackson, *Maverick* (com o sempre inspirado Charley Rosen) e *Sacred Hoops*, foram valiosos. Dois outros livros me auxiliaram com a parte do livro sobre o Carolina: de Art Chansky, *The Dean's List*, e de John Fenstein, *A March to Madness: The Unauthorized Biography of Dennis Rodman* (assim como o *best seller* do próprio Rodman, *Bad as I Wanna Be*) ajudaram-me a escrever sobre este jovem fora do comum. Dois livros sobre a Nike, um de Donald Katz, *Just Do It*, e outro de J. B. Strasser e Laurie Becklund, *Swoosh*, foram úteis para as partes sobre a Nike.

Para as partes sobre o Celtics, *The Last Banner*, de Peter May, *Ever Green*, de Dan Shaugnessy, e o livro de Bob Ryan feito com o auxílio de Larry Bird, *Drive*, foram de valor inestimável. Isiah Thomas e Matt Dobeck, com *Bad Boys!*, ajudaram-me na seção sobre o Pistons; *Show Time*, de Pat Riley, e *The Lives of Pat Riley*, de Mark Heisler, foram fundamentais para compreender os anos do Lakers, assim como a autobiografia de Magic Johnson, *My Life*, e *Best Seat in the House*, de Spike Lee, para escrever sobre este.

Finalmente, a obra em três volumes de Arthur Ashe, *A Hard Road to Glory: A History of the African-American Athlete*, continua sendo uma referência única para qualquer um que escreva sobre raça e esportes nos Estados Unidos.

Fico devendo a muitas pessoas. Da organização do Bulls, são elas: Tim Hallam, Tom Smithburg e Darryl Arata, que foram maravilhosos. Dadas as divisões dentro da organização, eles tiveram que se movimentar num terreno minado, e para mim são alguns dos maiores profissionais com quem já lidei. Jamais conheci melhor assessor de imprensa do que Tim Hallam. Do escritório de David Stern, sou grato a Linda Tossi, Merry Sailler, Carolyn Blitz, Russ Granik, Zelda Spuelstra e Erin O'Brien; do escritório de David Falk, Mary Ellen Nunes; do escritório de Jim Sexton, Amy Wilson. Eles facilitaram minha vida. Grace Gallo, do escritório de John Walsh, da ESPN, ajudou-

-me diversas vezes, assim como Chris LaPlaca. O diretor de informações esportivas de Chapel Hill, Steve Kirschner, que foi muito solícito, como Mike Cregg no Duke.

Por fim, minha amiga Elizabeth Arlen ajudou-me desde o início com a parte de pesquisas, assim como seu amigo Nick Dolin; no final do livro, Brian Farnham mostrou-se utilíssimo na averiguação de dados. Bill Vourvoulias, do *New Yorker*, salvou-me de considerável equívoco com sua checagem dos fatos. Meu amigo Bruce Schnitzer fez com que eu não perdesse o sétimo jogo das finais da Conferência Leste apesar de no mesmo dia ter acontecido a festa de formatura de minha filha na escola. O reverendo Jack Smith ajudou-me a verificar toda e qualquer referência teológica ou citação da Bíblia. Ao longo dos anos, Graydon Carter tem sido o editor mais sensível e incentivador, um verdadeiro amigo para muitos escritores. Eu me considero uma pessoa de sorte por tê-lo como amigo e como colega de trabalho. Philip Roome, num ano cheio de prazos apertados, inclusive com a publicação de outro livro meu na metade da temporada, garantiu que eu chegasse aos jogos em tempo.

Da Random House, o jovem e talentoso Scott Moyers trabalhou neste complicado livro com alegria e entusiasmo sob a pressão de prazos mais intensa que eu já vi, e sou grato também à ajuda de Wanda Chappell, Kate Niedzwiecki, Tom Perry e Liz Fogarty, assim como Amy Edelman, Andy Carpenter e Sybil Pincus. Meu advogado Marty Garbus, seu assistente Bob Solomon e também Fredda Tourin, de seu escritório, ajudaram-me nas negociações cada vez mais complicadas do mundo profissional, e Carolyn Parqueth fez um incrível trabalho ao transcrever minhas entrevistas, assim tornando minha vida muito menos maçante.

NOTA DO AUTOR

A ideia deste livro veio de meu amigo Doug Stumpf, meu antigo editor da Morrow, então trabalhando para a Random House, e hoje na *Vanity Fair*. No começo, eu relutei em assumir a tarefa por diversas razões: eu já havia escrito um livro sobre o basquete; tinha receio de escrever sobre alguém sobre quem tanto se havia escrito; pouco me atraía a ideia de entrar num mundo onde tantos jornalistas já haviam se aventurado (acredito que os escritores trabalham melhor quando estão sozinhos em sua empreitada, longe do turbilhão da mídia); e temia ainda mais entrar num mundo de tantas celebridades, ao qual o acesso provavelmente bastante controlado. Por fim decidi seguir adiante, mais para escrever sobre como o mundo do basquete havia mudado nesses dezoito anos desde o meu livro sobre a NBA, *The Breaks of the Game*, do que por qualquer outro motivo.

Esse é um mundo de que eu realmente gostava. Quando escrevi *The Breaks of the Game*, durante a temporada de 1979-80, os jogadores ainda viajavam em voos comerciais, e os poucos repórteres viajavam com eles e os acompanhavam para cima e para baixo do aeroporto para o hotel nos mesmos ônibus fretados. Durante uma temporada, cronistas e jogadores tinham a oportunidade de se conhecerem nos cafés dos hotéis, e com isso muitas barreiras iam ficando para trás. Eu gostava do mundo do basquete daqueles dias e de muitos de seus profissionais. Parecia-me haver ali um nível excepcionalmente alto de inteligência e humanidade, e muitos dos melhores treinadores e assistentes me lembravam pessoas que eu conhecera quando escrevia sobre política, na era anterior, antes da televisão, quando era muito mais divertido cobrir política. Daquele livro nasceram amizades duradouras ou pelo menos contatos importantes com pessoas sobre as quais eu tinha escrito: Jack Ramsay, Bucky Buckwalter, Kermit Washington, Bill Walton, Lionel Hollins, Maurice Lucas, Steve Jones e Mychal Thompson.

Aquele mundo, em muito pouco tempo, mudou completamente. A separação causada por contratos astronômicos e voos fretados (em que nenhum jornalista é aceito) é quase completa. Os jogadores certamente não precisam mais falar com os repórteres; sua ideia de interação com a mídia se resume a aparecerem num breve vídeo da ESPN enterrando a bola. Seus agentes, que há dezoito anos não tinham nenhum poder e que então eram ávidos por falar com os jornalistas, hoje são muito menos acessíveis; numa época em que quase todos são donos de seu próprio passe, em muitos casos eles são até mais poderosos do que alguns proprietários.

A mídia também mudou. Vinte anos atrás, haviam relativamente poucos jornalistas, todos eles se preocupavam com o basquete e escreviam sobre o assunto, e faziam uma distinção clara entre a vida pessoal e a atividade pública das pessoas. Na mídia de hoje, especialmente com um time famoso como o Bulls, o número relativamente pequeno de cronistas que respeitam os códigos antigos (hoje geralmente descartados) é grandemente superado pelo de pessoas que vão e vêm quando bem querem, que trabalham a serviço da nova mídia caça-fama — principalmente programas de TV a cabo que fazem parte das novas organizações televisivas de informação. Esses novos homens da mídia raramente conhecem os jogadores, e os jogadores, não sem um certo grau de bom senso, chegam a acreditar que eles só existem, como acontece muito comumente no mundo das celebridades modernas, para iluminar sua ascensão quando começam a ficar conhecidos, porém, muito mais importante, para atacá-los quando fazem alguma besteira ou quando começa sua inevitável decadência. Naturalmente, os jogadores fazem pouca distinção entre estes e os jornalistas mais sérios. Nada disso é exclusividade do basquete, ou mesmo dos esportes, mas nada disso faz do trabalho algo especialmente prazeroso num ambiente tão congestionado como a NBA. O resultado disso é uma NBA em que aparentemente o acesso é mais fácil, mas na verdade é muito mais difícil, e pior ainda, com muito menos humanidade. Embora fosse religiosamente aos vestiários antes e depois dos quarenta jogos a que assisti, eu não considerei o que ouvi lá como entrevistas, porque para mim não eram entrevistas. Na verdade, eu consegui passar toda a temporada sem fazer uma pergunta sequer nos vestiários. Talvez isso seja um feito inédito no jornalismo.

No final, decidi ir adiante com o livro mais para falar sobre as mudanças no mundo dos esportes e o que as causara do que por qualquer outra coisa. O que me interessava não era apenas Michael Jordan — a pergunta jornalística óbvia de o que fazia dele um atleta tão glorioso —, mas o fenômeno Michael Jordan. A questão que coloquei para mim mesmo foi bem simples: quando eu era garoto, nos anos 40, as figuras exponenciais do esporte americano eram jogadores de beisebol brancos — Williams, DiMaggio, Musial, Feller — e a NBA nem existia. Como, então, no meu tempo, havia acontecido de o atleta mais famoso do mundo ser um jovem negro jogando basquete profissional, que havia se formado numa escola do Sul à qual nem teria acesso na época em que eu era um correspondente internacional?

Eu tinha tido contato com Michael Jordan antes. Em janeiro de 1992, a *Sports Illustrated* o havia colocado numa capa como o Atleta do Ano e me pedira que escrevesse um dos textos que sairiam sobre ele. Prontamente concordei; afinal, eu já o acompanhava e admirava havia muitos anos. O tempo que passei com ele naquele dia foi extremamente agradável, horas a fio com um jovem brilhante, desenvolto, interessante e interessado, além de muito à vontade. O que eu encontrei foi um homem elegante, bastante seguro de si e muito inteligente fora das quadras. Eu também tive a impressão de que ele lidava com uma carga de celebridade e responsabilidade que eu jamais vira antes, com uma facilidade fora do comum, tratando a todos ao seu redor com grande amabilidade. Depois que a matéria saiu, David Falk, seu agente, ligou para dizer que Michael estava pensando em escrever um livro — tinha gostado bastante de trabalhar comigo e estava interessado em sabe se eu poderia colaborar. Primeiro eu respondi que ele teria que esperar um bom tempo até acabar de escrever um livro, até muito depois de sua carreira acabar, que até então eu não havia colaborado em nenhum livro, exceto no caso de algumas ofertas muito rentáveis, e que por isso eu dificilmente poderia ser um colaborador. Mas não bati a porta; eu disse que não tinha nenhuma ideia do que pensaria dali a dez anos.

No final do verão de 1997, quando finalmente decidi escrever este livro, liguei para David Falk. Imediatamente senti sua resistência, depois a de Michael Jordan. Michael, ele disse, estava completamente sobrecarregado com suas obrigações, e de qualquer modo já haviam escrito muita coisa sobre ele. Eu pude entender aquilo facilmente. A cooperação seria mínima. No fim, eu e Falk chegamos a um acordo: Michael não me veria durante a temporada, mas depois da temporada nós teríamos um encontro, e eu, uma boa oportunidade para fazer perguntas. Achei que seria preciso duas ou três sessões de cerca de duas horas cada. Para mim, estava ótimo. O mais importante foi que, enquanto eu trabalhei no livro, Michael nunca tentou impedir o meu acesso a pessoas importantes que lhe eram próximas e que sempre lhe pediam permissão para falar sobre ele. Assim, eu tive fácil acesso a várias pessoas importantes muito próximas a Michael e que me foram de grande auxílio, como por exemplo, Roy Williams, Harvest Leroy Smith, Buzz Peterson, Tim Grover, Howard White, Fred Whitfield e Dean Smith. Esse tipo de acesso é o sopro de vida de qualquer repórter.

Quando a temporada acabou, ficou claro para mim que Michael não cumpriria nosso acordo informal. Por alguma razão eu não fiquei surpreso.

Por que ele não quis me ver é curioso: talvez devido à fadiga de uma temporada extraordinariamente exigente, de alguém completamente estranho aos bastidores da mídia e da propaganda? Talvez ele estivesse mais competitivo do que nunca, a ponto de querer guardar as melhores histórias para o seu próprio livro. Houve esta sugestão de Falk, que com certeza não era sem fundamento: Michael compete sempre e em qualquer coisa. Quem sabe? Então eu fiz o que os jornalistas de verdade sempre fizeram: trabalhei mais ainda. Embora àquela altura, meados de junho, a temporada já tivesse acabado, e consequentemente também minha fase de entrevistas, eu me propus a fazer mais uma entrevista por dia durante os três meses seguintes, mesmo já escrevendo, só para reforçar o livro. No final, embora eu quisesse ter tido as duas entrevistas semiprometidas, sou grato a Michael Jordan por ter me dado tão livre acesso a seu mundo profissional e, como escritor, sou especialmente grato pelo último capítulo que ele escreveu para este livro durante o sexto jogo em Utah.

Uma última palavra: o mundo do basquete é muito diferente no final dos anos 90. Ele é mais rico e mais frágil. Os montantes são muito, muito maiores; as pressões maiores e o contato humano, (previsivelmente) bem menor. As recompensas são maiores para todos, e isso inclui os treinadores — os uniformes são melhores, os cortes de cabelos são melhores, e a rotatividade nesse negócio, assim como em muitos outros, cresceu dramaticamente. Se existe, para um escritor como eu, algo que fica de uma paisagem que muda tão rapidamente, continuam sendo os eternamente apaixonados, os treinadores assistentes, os olheiros, preparadores e escritores que amam o basquete e atrelam suas vidas ao esporte porque simplesmente não conseguem pensar em fazer outra coisa. Quase tanto quanto jogar ou assistir a um jogo, eles gostam de falar sobre basquete. E embora a oportunidade de ver Michael Jordan jogar noite após noite num nível tão notável tenha sido um grande prazer, no fim das contas, o tempo passado com esses apaixonados, saindo para jantar e conversar sobre basquete com eles noite adentro foi o que tornou o último ano realmente agradável.

SOBRE O AUTOR

David Halberstam, um dos mais importantes jornalistas norte-americanos, nasceu em 10 de abril de 1934. Graduou-se em Harvard em 1955, e começou sua carreira jornalística cobrindo o Movimento dos Direitos Civis para jornais do Mississippi e do Tennessee. Em 1962 é enviado pelo jornal *The New York Times* ao Vietnã como correspondente de guerra, e em 1964 é premiado com o Pulitzer por suas reportagens.

Desde a década de 60 tem publicado diversos livros sobre a política e a cultura norte-americana, e, a partir dos anos 80, também sobre esportes: *The Noblest Roman* (1961); *The Making of a Quagmire: America and Vietnam during the Kennedy Era* (1965); *One Very Hot Day* (1967); *The Unfinished Odyssey of Robert Kennedy* (1968); *Ho* (1971); *The Best and the Brightest* (1972); *The Powers That Be* (1979); *The Breaks of the Game* (1981); *The Amateurs: The Story of Four Young Men and Their Quest for an Olympic Gold Medal* (1985); *The Reckoning* (1986); *Summer of '49* (1989); *The Next Century* (1991); *The Fifties* (1993); *October 1964* (1994); *The Children* (1999); *Playing for Keeps: Michael Jordan and the World He Made* (1999); *War in a Time of Peace: Bush, Clinton, and the Generals* (2001); *Firehouse* (2002); *The Teammates: A Portrait of a Friendship* (2003); *The Education of a Coach* (2005); *The Coldest Winter: America and the Korean War* (2007); *The Glory Game: How the 1958 NFL Championship Changed Football Forever* (2008).

Em 23 de abril de 2007, a caminho de uma palestra na Universidade de Berkeley, na Califórnia, morre em um acidente automobilístico.

Este livro foi composto em Sabon pela Bracher & Malta com CTP e impressão da Edições Loyola em papel Alta Alvura 90 g/m² da Cia. Suzano de Papel e Celulose para a Editora 34, em junho de 2020.